Digitale Industrie. Algorithmische Arbeit. Gesellschaftliche Transformation.

Schriftenreihe Interdisziplinäre Perspektiven
Das politische Fachbuch der Abteilung Studienförderung der Friedrich-Ebert-Stiftung
Herausgegeben von Pia Bungarten und Markus Trömmer
Band 4

In der Reihe sind bisher erschienen:

Band 1: Ursula Bitzegeio, Jürgen Mittag, Lars Winterberg (Hg.):
Der Politische Mensch. Akteure gesellschaftlicher Partizipation im Übergang zum 21. Jahrhundert, Bonn 2015.
Band 2: Ursula Bitzegeio, Frank Decker, Sandra Fischer, Thorsten Stolzenberg (Hg.):
Flucht, Transit, Asyl. Interdisziplinäre Perspektiven auf ein europäisches Versprechen, Bonn 2018.
Band 3: Philipp Adorf, Ursula Bitzegeio, Frank Decker (Hg.):
Ausstieg, Souveränität, Isolation. Der Brexit und seine Folgen für Europa, Bonn 2019.

Wolfgang Schroeder · Ursula Bitzegeio
Sandra Fischer (Hg.)

Digitale Industrie
Algorithmische Arbeit
Gesellschaftliche Transformation

DIETZ

Bibliografische Information der Deutschen Nationalbibliothek

Die Deutsche Nationalbibliothek verzeichnet
diese Publikation in der Deutschen Nationalbibliografie;
detaillierte bibliografische Daten sind im Internet
unter *http://dnb.dnb.de* abrufbar.

ISBN 978-3-8012-4272-5

Verlag J. H. W. Dietz Nachf. GmbH
Dreizehnmorgenweg 24, 53175 Bonn

Schriftleitung: Jacob Hirsch

Umschlaggestaltung: Jens Vogelsang, Aachen

Satz:
Kempken DTP-Service | Satztechnik · Druckvorstufe · Mediengestaltung, Marburg

Druck und Verarbeitung: CPI books, Leck

Printed in Germany 2020

Besuchen Sie uns im Internet: *www.dietz-verlag.de*

Inhaltsverzeichnis

Reiner Hoffmann

Rolle und Gestaltung der Digitalisierung in Wirtschaft, Arbeitswelt und Gesellschaft

Die erste Panik ist an uns vorbeigezogen: Vor fünf Jahren sorgten zwei Oxford-Professoren mit ihrer Studie »The Future of Employment« für große Aufregung. Die Ökonomen Carl Frey und Michael Osborne kamen zu dem Ergebnis, dass fast jeder zweite Amerikaner in einem Beruf arbeitet, dessen Tätigkeit innerhalb der nächsten 20 Jahre wahrscheinlich automatisiert werde. Die Zahlen lösten heftige Debatten aus: Nehmen uns Roboter – wie der SPIEGEL schon in den 1970ern titelte – nun endgültig die Arbeit weg? Wird der Mensch durch die Maschine aus dem Zentrum der Wertschöpfung verstoßen? Und welche sozialen Verwerfungen entstehen daraus?

Dass uns durch *Digitalisierung und die Entwicklung Künstlicher Intelligenz (KI)* die Arbeit ausgehen wird, das glaubt heute nur noch eine Minderheit der Forscher. Aktuelle Schätzungen gehen davon aus, dass zwar in den nächsten zehn Jahren rund 2,5 Millionen Arbeitsplätze, wie wir sie heute kennen, wegfallen werden. Allerdings – so die Prognose – werden im selben Zeitraum 2,7 Millionen neue Jobs entstehen. Studien gehen davon aus, dass das verarbeitende Gewerbe die höchsten Beschäftigungsverluste aufgrund der Digitalisierung erfahren wird; die größten Beschäftigungsgewinne sind dagegen in der Branche »Information und Kommunikation« zu erwarten.

Für die Gewerkschaften ist die zentrale Frage, ob die Menschen beim rasanten Tempo der virtuellen Veränderung mitkommen und die Digitalisierung als Chance für gute Arbeit und mehr Selbstbestimmung nutzen können. Dafür entwickeln wir Strategien, die auf Qualifizierung, Beteiligung und Mitbestimmung basieren.

Dafür braucht es einen politischen Rahmen, um negative Folgen für die Arbeitswelten abzuwenden. Hier helfen keine kleinteiligen Debatten, wie sie zum Beispiel über Ruhezeiten geführt werden. Stattdessen müssen Politik, Sozialpartner und Wissenschaft eine gemeinsame Strategie entwickeln, um die technologischen Potenziale für wirtschaftlichen und gesellschaftlichen Fortschritt zu nutzen. Zwar gibt es einen breiten Konsens in vielen wichtigen Fragestellungen. Am Ende entpuppt sich dieser jedoch oft als oberflächlicher Diskurs, der ohne konkrete Ergebnisse bleibt. Das ist sowohl wirtschaftlich als auch gesellschaftlich schädlich, denn das Tempo der Veränderung nimmt rasant zu.

Für Teile der Bevölkerung sind mit dem digitalen Wandel Ängste und Sorgen verbunden: die Sorge vor Arbeitslosigkeit und sozialem Abstieg oder um die Zukunft der Kinder. Hier geht es nicht um »Modernisierungsskeptiker«, sondern um eine Form von Hilflosigkeit und Kontrollverlust, denn der digitale Wandel ist komplex und schwer zu begreifen. Auch helfen hier keine rhetorischen Beschwichtigungen, sondern eine gesellschaftliche Aufklärung und ein koordiniertes Vorgehen, um die Potenziale der Digitalisierung für sozialen Fortschritt zu heben. Wir brauchen eine Digitale Roadmap mit klaren Entscheidungen für die Zukunft des Sozial- und Gesellschaftsmodells Deutschlands und Europas.

Auch in einer Demokratie ist Digitalisierung ohne starken Datenschutz eine Hochrisikostrategie für die freiheitliche Gesellschaft. Wer Digitalisierung großschreibt und Datenschutz kleinredet, handelt verantwortungslos. Deshalb benötigen wir eine sehr viel intensivere Debatte um Eigentum, Nutzung und Macht der Daten im Transformationsprozess der Arbeitswelt.

Nachdem viel zu lange ergebnislos über lebensbegleitendes Lernen diskutiert wurde, braucht es endlich eine schnelle Umsetzung für berufliche Mobilität im Wandel. Das bedeutet schnelle und massive Investitionen nicht nur in die digitale Infrastruktur, sondern ebenso in digitale Bildung und Weiterbildung. Aktuell fühlen sich nämlich nur 41 % der Beschäftigten durch die Weiterbildungsangebote an ihrem Arbeitsplatz gut auf die Anforderungen neuer digitaler Technik vorbereitet. Kein Wunder: Mehr als die Hälfte der Betriebe hat keine Strategie für die Ausbildung digitaler Kompetenzen. Zudem gibt es in mehr als der Hälfte der Betriebe keine systematische Personal- und Qualifizierungsplanung, wie der Transformationsatlas der IG Metall 2019 zeigt.

Entscheidend für die Gestaltung des Wandels sind die Befähigung der Beschäftigten sowie die Stärkung der sozialpartnerschaftlichen und betrieblichen Aushandlungsprozesse. Tarifpartnerschaft und Mitbestimmung ermöglichen in vielen Fällen zielgenauere Vereinbarungen auf Branchen- oder Betriebsebene, als sie der Gesetzgeber für die Gesamtheit vorgeben könnte. Daher gilt es, weitere Anreize und Instrumente zu entwickeln, mit denen wir Tarifpartnerschaft und Tarifbindung sowie die Mitbestimmung – beispielsweise bei der Frage der Datennutzung und betrieblichen Qualifizierung – weiter stärken können.

Diese Ansätze sollten mit einem Rahmen für mehr digitale Akzeptanz flankiert werden. Dazu gehören die Schaffung fairer Wettbewerbsbedingungen in der Plattformökonomie, die Formulierung von eigenen Strategien, eine Regulierung von Crowdwork und ein verlässlicher Schutz der Persönlichkeitsrechte der »gläsernen Beschäftigten« durch ein Beschäftigtendatenschutzgesetz sowie ein Rechtsrahmen für KI. Die Gewerkschaften werden alles daran setzen, die Entwicklung der Digitalisierung so zu gestalten, dass sie nicht zu einem digitalen Proletariat, sondern zu einem autonomen, selbstbestimmten Arbeitsleben führt.

Wolfgang Schroeder · Ursula Bitzegeio · Sandra Fischer

Wie die Digitalisierung Gesellschaft, Staat und Wirtschaft verändert

Die Digitalisierung ist einer der großen Ströme unserer Zeit. Einerseits besteht Ehrfurcht vor den technologischen und ökonomischen Potenzialen, die damit verbunden sind. Andererseits gibt es viele negative Einschätzungen hinsichtlich der sozialen und gesellschaftlichen Folgen. Konsens besteht darüber, dass Digitalisierung eine treibende Kraft für die dynamische Entwicklung in modernen Gesellschaften, der Politik, Wirtschaft und den Arbeitswelten ist. Mit der unterstellten Allgegenwart digitaler Veränderungen und Herausforderungen könnte man von einem »digitalen Epochenwandel«[1] sprechen. So wundert es auch nicht, dass in der öffentlichen Kommunikation Digitalisierung als unbändige Kraft erscheint, die keinen Stein auf dem anderen lässt. In diesem Band, der auf eine Tagung der Friedrich-Ebert-Stiftung zurückgeht, werden vielfältige Facetten der Digitalisierung zusammengetragen, um die epochalen und disparaten Phänomene sowie Debatten mit ihren Konsequenzen für Gesellschaft, Staat und Wirtschaft als Ganzes

1 Frank Schirrmacher: Die offene Gesellschaft braucht neue Freunde, in: Frankfurter Allgemeine Zeitung v. 7.3.2014.

wie auch ihrer Subsysteme in »ein« Bild zu bringen. Tatsächlich zeigt schon der Vergleich mit der jüngeren Vergangenheit, wie sich gesellschaftliche Wirklichkeit durch Digitalisierung grundlegend verändert.

Was wäre die Corona-Krise ohne digitalisierte Strukturen?

Was wäre gewesen, hätte die Corona-Pandemie die Bundesrepublik nicht im Frühjahr 2020, sondern in den 1980er-Jahren erreicht? Die politischen Abstimmungsprozesse wären wesentlich langwieriger gewesen, hätten beispielsweise Telefonschalten und Videokonferenzen nicht zur Verfügung gestanden. Kleine Betriebe, Soloselbstständige und Angehörige der Freien Berufe, die aufgrund der Corona-Krise in Liquiditätsengpässe geraten sind, könnten ihre Anträge auf Soforthilfe nicht elektronisch bei den entsprechenden Landesbehörden bzw. -stellen einreichen und müssten infolgedessen vielleicht Insolvenz anmelden. Angestellten wäre es nicht möglich gewesen, im Homeoffice weiterzuarbeiten und so dazu beizutragen, dass nicht die komplette Wirtschaft zum Erliegen kommt. Die Wissensvermittlung an Schulen und Hochschulen hätte sich alleine zu Hause bewähren müssen, bestenfalls ergänzt durch postalische und telefonische Einzelfallunterstützung. Bei der Informationsbeschaffung über die Corona-Pandemie wäre man auf die »klassischen« Medien – Print, Radio, Fernsehen – angewiesen gewesen. Kulturinteressierte hätten nicht mithilfe von Streamingplattformen Konzerte, Lesungen, Theateraufführungen und andere kulturelle Veranstaltungen in den eigenen vier Wänden erleben können. Last, but not least wäre die soziale Isolation, die durch das medizinisch gebotene *social distancing*[2] erforderlich ist, nicht durch Videotelefonie zumindest etwas abgemildert worden, hätten soziale Kontakte doch nur über das damals auch noch deutlich teurere Telefonieren und/oder Briefeschreiben stattgefunden.

Bei allen Schwächen, die man dem digitalen Ausbaustand in Deutschland vor Ausbruch der Corona-Krise attestierte, erleichtert nun die digitale Ver-

2 Da es nicht darum geht, soziale Verbindungen zu kappen, sondern physische Nähe zu vermeiden, um die Ausbreitung des SARS-CoV-2-Virus einzudämmen, empfiehlt die Weltgesundheitsorganisation (WHO), von *physical distancing* zu sprechen. WHO: Transkript der Pressekonferenz über Covid-19 v. 20.3.2020, www.who.int (abgerufen am 6.4.2020).

netzung sämtlicher Bereiche das Alltagsleben in Zeiten des Ausnahmezustands ganz erheblich. Die Corona-Pandemie macht nicht nur möglich, was viele vor kurzem noch für undenkbar gehalten haben; sie beschleunigt die Implementation und den Einsatz digitaler Strukturen und Prozesse sogar. So lautet das Ergebnis einer repräsentativen Befragung von 522 berufstätigen Personen,[3] dass 49 % ganz oder teilweise im Homeoffice arbeiten – für 18 % ist dies eine neue Erfahrung, da ihnen ihre Arbeitgeber_innen doch zuvor nicht gestattet hatten, von zu Hause aus zu arbeiten; die anderen 31 % durften schon vorher im Homeoffice arbeiten und tun dies jetzt häufiger oder ganz.[4]

Gleichzeitig bilden die in der Corona-Krise erhöhten digitalen Bedarfe die bereits in »Vor-Corona-Zeiten« diskutierten Defizite wie unter einem Brennglas ab. So beobachtete das Bundesamt für Sicherheit in der Informationstechnik (BSI) im April 2020 eine Zunahme cyberkrimineller Aktivitäten, die sich das Arbeiten im Homeoffice und das gesteigerte Informationsbedürfnis der Bürger_innen zunutze machen.[5] Fake News und (antisemitische) Verschwörungstheorien, die über die Auslöser bzw. die Verursacher_innen der Pandemie spekulieren, grassieren in den sozialen Netzwerken.[6] Hier ist der Rechtsstaat gefragt, dem freilich die Gestaltungshoheit auf weiten Strecken entzogen ist, da es sich bei Google, Facebook und Co. doch um globale Unternehmen handelt, deren Regulierung zumindest auf EU-Ebene erfolgen müsste. Die Debatte darüber, ob mithilfe eines Handy-Trackings, wie es Südkorea oder Singapur praktizieren, die Ausweitung des Virus eingedämmt werden kann, berührt Fragen des Datenschutzes und verdeutlicht, dass das Spannungsverhältnis zwischen »Sicherheit« und »Freiheit« in einer digitalen Welt gesellschaftlich und politisch immer wieder neu auszutarieren ist.[7]

---

3 Insgesamt wurden im Auftrag des Bundesverbandes Informationswirtschaft, Telekommunikation und neue Medien (Bitkom) im März 2020 1.002 Bundesbürger_innen ab dem Alter von 16 Jahren befragt.

4 Bitkom: Corona-Pandemie: Arbeit im Homeoffice nimmt deutlich zu, Pressemitteilung v. 18.3.2020, www.bitkom.org (abgerufen am 6.4.2020).

5 BSI: Cyber-Kriminelle nutzen Corona-Krise vermehrt aus, Pressemitteilung v. 2.4.2020, www.bsi.bund.de (abgerufen am 8.4.2020).

6 Sebastian Leber: Verschwörungstheorien zum Coronavirus: Die Schäbigen, die Tödlichen und die Saudummen, in: Der Tagesspiegel v. 7.4.2020.

7 Alexandra Föderl-Schmid/Simon Hurtz: Wie Überwachung gegen das Virus helfen könnte, in: Süddeutsche Zeitung v. 23.3.2020.

Im Schulsystem wiederum mangelt es beim Lehrpersonal, bei den Eltern und bei den Schüler_innen bisweilen an den für die Nutzung digitaler Medien erforderlichen Kompetenzen. Darüber hinaus ist der digitale Ausbaustand regional sehr unterschiedlich. So sind die Länder maßgeblich für die Umsetzung der 2019 nach langem Hin und Her verabschiedeten Bund-Länder-Vereinbarung »DigitalPakt Schule« zuständig.[8] Dieser regionale »digital divide« findet sich auch andernorts: Zwar scheinen Homeoffice und Videokonferenzen die Netze insgesamt nicht zu überlasten, dennoch zeigen die nun auftretenden Defizite und Engpässe, wie wichtig es ist, den Breitbandausbau voranzutreiben und vor allem ländliche Regionen mit schnellem Internet zu versorgen.[9] Schließlich sind die Arbeitswelten nicht zu vergessen: Auch wenn das Arbeiten im Homeoffice zugenommen hat, kann der größere Teil der Arbeitnehmer_innen seiner Erwerbstätigkeit weiterhin nicht von zu Hause aus nachgehen. Dazu zählen unter anderem Ärzt_innen, das Pflegepersonal in Krankenhäusern und Altenheimen, Reinigungskräfte, Polizist_innen, Feuerwehrleute sowie die Beschäftigten im Lebensmitteleinzelhandel, in der Personen- und Güterbeförderung und in der verarbeitenden Industrie – also die meisten Angehörigen der sogenannten systemrelevanten Berufe, die nicht erst in der Corona-Krise unter schweren Arbeitsbedingungen oftmals gesellschaftlich wenig angesehene und unterdurchschnittlich entlohnte Tätigkeiten verrichten.[10]

---

8 GEW: Schneckentempo des Digitalpakts nach der Corona-Krise beenden, Pressemitteilung v. 7.4.2020, www.gew.de (abgerufen am 8.4.2020) und Bitkom: Digitalisierung der Schulen geht schleppend voran, Pressemitteilung v. 13.3.2020, www.bitkom.org (abgerufen am 8.4.2020).

9 Wenn es dennoch zu Engpässen kommt, liegt dies nicht an den Netz-, sondern an den Serverkapazitäten der Unternehmen. Jonas Jordan: Corona und das Internet: Warum keine Netzüberlastung in Deutschland droht, in: Vorwärts v. 25.3.2020; Vera Weidenbach: Breitbandausbau. Bitte warten …, in: DIE ZEIT Nr. 5/2019 v. 24.1.2019.

10 Josefine Koebe et al.: Systemrelevant und dennoch kaum anerkannt: Das Lohn- und Prestigeniveau unverzichtbarer Berufe in Zeiten von Corona, in: DIW aktuell Nr. 28 v. 24.3.2020, www.diw.de (abgerufen am 8.4.2020).

Digitaler Kapitalismus

Doch wovon sprechen wir, wenn von Digitalisierung die Rede ist? Der Politikwissenschaftler Samuel Greef[11] weist in seinen Arbeiten darauf hin, dass der Begriff »Digitalisierung« in Deutschland ubiquitär für alles genutzt wird, was entfernt mit neuen technologischen Möglichkeiten durch das Internet, Big Data, steigende Rechenleistung, einfachere Datenerfassung oder immer kleinere Sensoren und Prozessoren zu tun hat. Das Spektrum reicht also von einzelnen technischen Prozessen bis hin zu umfassenden gesellschaftlichen Transformationen. Eine konkretere Definition des Begriffs scheint kaum möglich. Im US-amerikanischen Kontext wird zumeist zwischen *digitization, digitalization* und *digital transformation* unterschieden. *Digitization* bezieht sich dabei ausschließlich auf den technischen Vorgang der »Verdatung«, also der Umwandlung von analogen Werten in digitale Daten (Bits, 0en und 1en). *Digitalization* dagegen meint die veränderten Abläufe und Prozesse infolge der Nutzung von Daten und digitalen Technologien. Erst *digital transformation* verweist auf die umfassenden Wandlungsprozesse, die auf Basis von *digitalization* stattfinden – etwa das Entstehen von neuen Geschäftsfeldern.[12]

Wenn man das Digitale als Basistechnologie begreift, ist es nicht weit bis zum Etikett vom »digitalen Kapitalismus«.[13] Wie ein siamesischer Zwilling ist dann auch die schumpetersche Variante vom Kapitalismus und seiner »schöpferische[n] Zerstörung« schnell bei der Hand.[14] Jürgen Kocka erinnert nachdrücklich daran, dass eine anspruchsvolle Beschäftigung mit dem Kapitalismus jeweils eine einleitende Erläuterung des Begriffs zur Voraus-

---

11 Samuel Greef: Netzpolitik – Entsteht ein Politikfeld für Digitalpolitik? Kleine Reihe – Digital. Politik. Kompakt, Bd. 1, Kassel 2017.

12 Daniel R. A. Schallmo/Christopher A. Williams: Digital Transformation Now! Guiding the Successful Digitalization of Your Business Model, Wiesbaden 2018, S. 4 ff.

13 Siehe dazu beispielsweise Ursula Bitzegeio: »Arbeitswelten 4.0« im Spiegel euphorischer und skeptischer Implikationen. Überlegungen über die Konflikträume digitaler Kapitalismus und Postdemokratie, in: spw. Zeitschrift für sozialistische Politik und Wirtschaft, (2017) 222, S. 34-41; Carl B. Frey: The Technology Trap. Capital, Labor, and Power in the Age of Automation, Oxford 2018; Max Neufeind/Jacqueline O'Reilly/Florian Ranft: Work in the Digital Age. Challenges of the Fourth Industrial Revolution, London/Maryland 2018.

14 Joseph Schumpeters Diktum zit. n. Jürgen Kocka: Alte und neue Konfliktlinien im Kapitalismus. Was kann und was soll die Sozialwissenschaft leisten?, in: WSI-Mitteilungen (2017) 2, S. 149-154, hier S. 149.

setzung hat, um neue Varianzen sinnvoll weiterzuentwickeln.[15] Genuin stand der wirkmächtige Kapitalismus in der ersten Periode der Industrialisierung unter dem Eindruck des Aufkommens großer Fabriken, der Ausweitung globaler Firmen, der »Eisenbahnen und Dampfschiffe, der neuen Technologien, der Lohnarbeit als Massenphänomen« und der »großen Kapitalien- und Vermögensunterschiede«.[16] In diesem Kontext konstituierten sich die großen Klassengesellschaften des 20. Jahrhunderts mit ihren Verteilungskämpfen. Die im sogenannten Industriekapitalismus sich verdichtenden und zugleich institutionalisierten Zähmungsstrategien sind weiterhin vielfach existent – wenngleich mit abnehmender Wirkung. Wir sprechen über gesamtgesellschaftliche, branchenbezogene, überbetriebliche und betriebliche Routinierungsarenen, die Antworten suchen auf die den Märkten eigenen Degradierungs-, Instrumentalisierungs- und Kommodifizierungsprozesse.[17] In diesem Sinne sind gerade die Aktivitäten der organisierten Zivilgesellschaft, der Gewerkschaften und des Sozialstaates nach wie vor darauf gerichtet, marktbedingte soziale Unsicherheiten abzubauen.

Als der sozialdemokratische Vordenker Peter Glotz, der viele Debatten im Dreieck zwischen Wirtschaft, Kultur und Gesellschaft schon früh sensibel aufgriff, 2001 mit seinem Buch zu den »Kulturkämpfen im digitalen Kapitalismus«[18] eine umfängliche Debatte über den neuen Kapitalismus entfachen wollte, war die Resonanz noch vergleichsweise gering. Zwei Jahrzehnte später sieht dies schon anders aus. Der Begriff wird selbstverständlich genutzt, ohne ihn jedoch vergleichbar intensiv auf seine gesellschaftspolitischen Dimensionen hin auszulegen. Gemeint ist damit meist, dass die dynamische Triebfeder in den neuen Formen der Onlinedienstleistungen, der Cloudarbeit, des Crowdworking und der Plattformen steckt. Das Attribut »digital« verweist also auf die zentrale Rolle einer »spezifischen Technologie« der Datenspeicherung, -übertragung und -verarbeitung, die für die Weiterentwicklung von

15 Ebd.

16 Ebd.

17 Diese Frontstellung hat sogar im Langzeitvergleich an Schärfe gewonnen, in dem Maß, in dem kapitalistische Logiken sich über den ökonomischen Bereich hinaus in andere Lebensbereiche – etwa Bildung, Unterhaltung und Intimität – hineindrängen, vgl. ebd., S. 150 f.

18 Peter Glotz: Die beschleunigte Gesellschaft. Kulturkämpfe im digitalen Kapitalismus, Reinbek b. Hamburg 2001.

Computern ebenso bedeutsam ist wie für die dadurch hervorgebrachten sozioökonomischen Veränderungen. Es sind besonders die digitalen Konzerne Google, Amazon, Alibaba und Microsoft, die den digitalen Kapitalismus als spezifische Form eines sich wandelnden globalen Kapitalismus prägen. Vielschichtige, ungleichzeitige Prozesse, die sowohl zentrale wie auch dezentrale Steuerungsparameter kennen, sind ineinander verwoben und entziehen sich zunehmend der Steuerbarkeit durch die nationalstaatliche Politik.

Manche sprechen neuerdings auch von »Plattformkapitalismus«. Die Plattformökonomie basiert auf digitalen Plattformen, die über das Internet bereitgestellt werden und jeweils aus drei Akteursgruppen bestehen: dem Plattformbetreibenden und den Marktteilnehmenden auf der Angebots- sowie Nachfrageseite. In der Regel stellt der Betreiber nur die Infrastruktur zur Verfügung, bietet aber nicht selbst die nachgefragte Dienstleistung oder Ware an. Er bestimmt durch seine AGBs jedoch allein über die Bedingungen, zu denen der Handel auf der Plattform erfolgt.[19] Der wesentliche Teil der Plattformökonomie, im Sinne von Umsätzen und Gewinnen, liegt aber nicht im Bereich des Crowdworking und damit nicht bei der Vermittlung von Arbeitskraft und Dienstleistungen, sondern bei denjenigen Plattformen, die dem Verkauf bzw. der Vermietung von Produkten dienen, so etwa Amazon mit seinem »Marketplace« als Plattform für Waren aller Art, iTunes oder Netflix für digitale Medieninhalte, eBay für Gebraucht- und Neuwaren, etsy für Selbstgemachtes oder Delivery Hero für Essen. Diese Handelsplattformen bringen Käufer und Verkäufer zusammen.

Aus Sicht der meisten Akteur_innen in Politik, Wirtschaft und Gesellschaft ist derzeit noch unklar, welche Substanz die Veränderung der Arbeitswelt durch die Plattformökonomie hat. Zwar herrscht weitgehend Einigkeit, dass die Bedeutung plattformbasierter Arbeit in Zukunft noch zunehmen wird. Wie stark diese Entwicklung aber den Arbeitsmarkt als Ganzes verändert und ob die Plattformökonomie in (naher) Zukunft tatsächlich einen relevanten Anteil an Wertschöpfung und Arbeitsverhältnissen ausmachen wird, darüber gehen die Meinungen auseinander. Auch über die mit den neuen Arbeits-

19 Samuel Greef/Wolfgang Schroeder: Plattformökonomie und Crowdworking. Eine Analyse der Strategien und Positionen zentraler Akteure, Berlin 2017.

formen verbundenen Risiken und Herausforderungen besteht kein Konsens. Entsprechend unterschiedlich und vielfach gegensätzlich fallen die Gestaltungsperspektiven und Regulierungsforderungen aus.

Zu diesem Band

Die disparaten Interessen und Ideen aus Politik, Wirtschaft, Wissenschaft und Gesellschaft sind der Ausgangspunkt des vorliegenden Bandes, der Beiträge von Nachwuchswissenschaftler_innen mit etablierter Forschung und praxeologischen Ansätzen verbindet. Gleichzeitig fasst er gemeinsam mit einer parallel erscheinenden Onlinepublikation die Ergebnisse einer Fachtagung der Friedrich-Ebert-Stiftung zum Themenfeld »Digitale Industrie, algorithmische Arbeit, kulturelle Transformation« zusammen, die im Oktober 2018 in Bonn stattgefunden hat. Ziel war es, nicht bloß ein Politikfeld oder einen eng definierten Aspekt der Digitalisierung unter die Lupe zu nehmen, sondern das Phänomen in der Breite zu erfassen. Die beteiligten Wissenschaftler_innen und Expert_innen kommen aus ganz unterschiedlichen Fachdisziplinen, denken aber über dieselben Fragen nach: Was sind die Phänomene des Wandels? Was sind die Konsequenzen, die sich daraus für die jeweiligen Subsysteme sowie das große Ganze ableiten lassen? Stärker theoretisch angelegte Beiträge werden dabei durch Berichte aus der Praxis ergänzt.

Der Band gliedert sich in drei Rubriken. In der ersten Rubrik »Staat und Politik« geht es darum, wie sich die politischen Akteur_innen auf den unterschiedlichen Ebenen des deutschen Regierungssystems in verschiedenen Politikfeldern positionieren. Dies reicht von der bundespolitischen Industrie 4.0, über die Digitalisierungsstrategien der Länder in der Arbeitsmarktpolitik und der Wirtschaftsförderung bis hin zu den staatlichen Rekrutierungsstrategien für den Cyberkrieg. Weitere Beiträge beschäftigen sich damit, wie digitale Instrumente in und von Parteien genutzt werden bzw. neue Formen des Widerstandes ermöglichen. Zudem erfolgt ein Blick über den deutschen Tellerrand hinaus nach China, der Digitalstrategien der dortigen Zentralregierung analysiert.

In der zweiten Rubrik, »Wirtschaft und Arbeitswelten«, geht es zum einen um die Plattformökonomie und die durch sie hervorgebrachten neuen Arbeitsformen. In diesem Feld werden nicht nur die Strategien und Forderungen der Gewerkschaften als arbeitsmarktpolitische Akteure (z. B. im Bereich Crowdworking) analysiert. Es wird auch der Frage nachgegangen, welche Auswirkungen die Beschäftigung in der Plattformökonomie auf die Arbeitszeitnormen, die Entgeltstrukturen und Gender-Regime sowie auf die betriebliche Mitbestimmung haben. Zum anderen beschäftigen sich die Autor_innen mit dem durch die Digitalisierung erzeugten Organisationswandel, dem Innovationspotenzial digitaler Strukturen und Prozesse und deren praktische Konsequenzen in zwei konkreten Arbeitsmarktbereichen: der Reinigungs- und der Musikbranche.

Die dritte Rubrik widmet sich dem Politikfeld »Gesundheit und Technologie«. Thematisch reichen die Beiträge hier von der Verortung der deutschen Telemedizin und der E-Health-Strategien des Bundes und der Länder im europäischen Vergleich über die Auseinandersetzung mit Jean Fourastiés Drei-Sektoren-Hypothese im Feld der Pflege bis hin zu sozial- bzw. medienwissenschaftlichen Betrachtungen der digitalen Psychiatrie und der Klinik 4.0.

Großer Dank gebührt den Teilnehmer_innen der Tagung und den Autor_innen dieses Bandes sowie der Onlinepublikation. Für die Hilfe beim Satz und der Drucklegung danken wir den Mitarbeiter_innen des Verlags J. H. W. Dietz Nachf., vor allem Flora Frank. Stephan Schmauke möchten wir für die konzeptionelle Vorbereitung, Felix Kollritsch und Marie Mannheims für die Unterstützung bei der Durchführung der Tagung danken. Jacob Hirsch und Markus Trömmer danken wir für die redaktionelle und organisatorische Begleitung der Publikationen. Besonderer Dank gebührt auch Simone Stöhr, die sowohl die Tagung mitorganisiert als auch an der Redaktion mitgewirkt hat.

Staat und Politik

Wolfgang Schroeder

Die deutsche Industrie-4.0-Strategie

Die Corona-Krise hat auch Auswirkungen auf die Industrie. Dazu gehört die Frage, ob durch und nach der Krise ein forcierterer Einsatz von Digitalisierung stattfindet, um die deutsche Wirtschaft stärker für den internationalen Wettbewerb sowie auf eine nachhaltige Wirtschaftsweise einzustellen. Am Beispiel der Industrie-4.0-Strategie soll gezeigt werden, dass der flächendeckende und intensive Einsatz digitaler Kommunikations- und Produktionsmethoden kein Selbstläufer ist. Dies ist insofern erstaunlich, als sich nach der Weltwirtschaftskrise 2008/2009 Industrie-4.0- und die KI-Strategie als bundesdeutsche Schwerpunkte im strategischen Arbeitsfeld zwischen Politik und Wirtschaft herauskristallisiert haben. Kanzlerin Angela Merkel bekräftigte 2018, Deutschland stehe beim Thema Digitalisierung primär vor »dem digitalen Wandel in der Industrie, der Industrie 4.0. Das ist ein Schwerpunkt der Bundesregierung«.[1] Joe Kaeser, Vorstandsvorsitzender der Siemens AG, bezeichnete Industrie 4.0 als »die Schicksalsfrage der deutschen

---

1 Angela Merkel: Kanzlerin im Interview mit t-online.de. Den digitalen Wandel gestalten, www.bundesregierung.de/breg-de/themen/digitalisierung/den-digitalen-wandel-gestalten-1549692 (abgerufen am 19.6.2019).

Industrie«, um die industrielle, technologische Vorreiterrolle in der Produktion zu verteidigen.[2]

Dabei hat die Debatte über die Digitalisierung der Produktion in den letzten Jahrzehnten eine neue Dynamik erhalten. In Deutschland wurde in jüngster Zeit kein anderer Wachstumsdiskurs dermaßen durch die staatliche Technologie- und Forschungspolitik forciert und zugleich so eng mit den unternehmerischen und verbandlichen Akteuren verzahnt wie der Industrie-4.0-Diskurs. Als im Oktober 2013 der Bericht »Deutschlands Zukunft als Produktionsstandort sichern – Umsetzungsempfehlungen für das Zukunftsprojekt Industrie 4.0« erschien,[3] rief er eine enorme Resonanz im politischen System hervor, die phasenweise geradezu euphorisch ausfiel. Das Ziel der politischen Aktivitäten hierzulande besteht darin, die deutsche Industrie als weltweit führende Nutzerin und Anbieterin digitalisierter Produktionstechnologien zu positionieren. Im Gegensatz zu den liberalen Ökonomien im angelsächsischen oder den autoritären Volkswirtschaften im asiatischen Raum konzentriert sich die politische Unterstützung in Deutschland dabei nicht nur auf staatliche Ressourcen, sondern beteiligt systematisch auch korporatistische und zivilgesellschaftliche Akteure. Insofern ist es durchaus angemessen, von einer Revitalisierung des kooperativen »rheinischen« Kapitalismus im Zeitalter der Digitalisierung zu sprechen.

Der vorliegende Artikel befasst sich mit Bedingungen, Potenzialen, Akteuren und Perspektiven, die mit den Industrie-4.0-Strategien verbunden sind. Im Zentrum steht dabei nicht nur die Generierung und Nutzung neuer technologischer Möglichkeiten, sondern auch die Frage, ob und wie das deutsche Produktionsmodell, das anders als beispielsweise das disruptive US-amerikanische Modell auf inkrementell-evolutionäre Veränderungen setzt, sich angesichts der neuen Herausforderungen behaupten kann. Mit-

---

2 manager magazin: Joe Kaeser über Industrie 4.0. »Schicksalsfrage der deutschen Industrie«, in: manager-magazin.de v. 12.4.2015, www.manager-magazin.de/unternehmen/industrie/joe-kaeser-ueber-industrie-4-0-schicksalsfrage-a-1028179.html (abgerufen am 14.1.2020).

3 Forschungsunion/acatech: Deutschlands Zukunft als Produktionsstandort sichern. Umsetzungsempfehlungen für das Zukunftsprojekt Industrie 4.0. Abschlussbericht des Arbeitskreises Industrie 4.0, Frankfurt a. M. 2013, www.bmbf.de/files/Umsetzungsempfehlungen_Industrie4_0.pdf (abgerufen am 19.6.2019).

hin geht es um das Spannungsverhältnis zwischen den globalen, mit der Digitalisierung einhergehenden Herausforderungen technologischer und marktwirtschaftlicher Art auf der einen Seite und der Notwendigkeit einer nationalstaatlichen Innovations- und Wettbewerbsstrategie auf der anderen Seite, die sich gleichzeitig im institutionellen Rahmen des deutschen Modells bewegt. Damit verknüpft wird untersucht, ob die deutschen Akteure in der Lage sind, strukturelle Impulse für eine Revitalisierung der Industrie zu setzen, die nicht nur technologische und ökonomische Fortschritte versprechen, sondern auch soziale. Damit gemeint sind soziale Innovationen wie zum Beispiel eine bessere Durchlässigkeit im Arbeitsprozess, neue Qualifikations- und Weiterbildungsaktivitäten, bessere Möglichkeiten der Vereinbarkeit von Beruf und Privatleben sowie letztlich ein Abbau von sozialer Ungleichheit. Angesichts der relativen Offenheit der Prozesse besteht ein gewisser Gestaltungsspielraum für die beteiligten Akteure, seien es die Unternehmen, die Verbände, die Parteien, die Gewerkschaften und nicht zuletzt der Staat.

Industrie 4.0: Nicht revolutionäre, sondern evolutionäre Weiterentwicklung von Produktions- und Geschäftsmodell

Während man lange Zeit die Digitalisierung in erster Linie als Basis der Dienstleistungs- und Wissensgesellschaft betrachtete, fokussiert sich die deutsche Debatte seit einiger Zeit verstärkt darauf, wie die Digitalisierung die Industrie verändert. Mittels der digitalen Verzahnung von Menschen, Maschinen und Objekten werden im gesamten industriellen Wertschöpfungsprozess Produktionsprozesse verändert. Dies bietet vielfältige Chancen, die Effizienz in der Produktion zu steigern.[4] Der Begriff »Industrie 4.0« ist eine Erfindung deutscher Forschungspolitiker, die damit sperrigere Überschriften wie »Cyber-Physical Systems« (CPS) umgehen und ausdrücklich auf die digitale Dimension der zukünftigen industriellen Strukturen verweisen wollten.

4 Philipp Gerbert et al.: Industry 4.0 – The Future of Productivity and Growth in Manufacturing Industries, in: BCG.com v. 9.4.2019, www.bcg.com/de-de/publications/2015/engineered_products_project_business_industry_4_future_productivity_growth_manufacturing_industries.aspx (abgerufen am 15.5.2016).

Mittlerweile hat sich Industrie 4.0 aber auch im internationalen Kontext etabliert.[5] In ihrer Rede auf dem Digital-Gipfel 2018 führte Kanzlerin Angela Merkel aus: »Für diese wirtschaftliche Wertschöpfung haben wir den Begriff Industrie 4.0 geprägt. [...] Man kann selbst in Asien und anderswo von Industrie 4.0 hören. Hier sind wir also durchaus Trendsetter«.[6]

Industrie 4.0 ist Teil des globalen Megatrends der Digitalisierung, dessen Bedeutung in sämtlichen Lebens- und Wirtschaftsbereichen zunimmt. »Internet der Dinge« und »CPS« sind Begriffe, die die Richtung anzeigen: Es geht um eine umfassende Vernetzung aller Elemente des Wertschöpfungsprozesses, ausgehend von den Rohstoffen und Vorprodukten, über den eigentlichen Produktionsablauf bis hin zur Kundenvernetzung sowie den damit einhergehenden Logistik- und Dienstleistungsprozessen. Mittels der Umwandlung analoger in digitale Daten können alle Akteure zu jeder Zeit und von jedem Ort aus die in dieser Produktivitätskette verfügbaren Informationen nutzen. Auf dieser Basis lassen sich Produktions- und Vertriebsprozesse optimieren. Gleichzeitig entstehen neue Märkte und Geschäftsfelder.

Die deutsche Industrie-4.0-Debatte mit ihrer Vorstellung von evolutionärem Wandel und inkrementeller Veränderung unterscheidet sich erkennbar von der in den USA dominierenden Diskussion. Dort betont man vor allem die disruptive Dimension der Digitalisierung und hebt deren Potenzial hervor, bestehende Produktions- und Geschäftsmodelle zu verdrängen. Der deutsche Diskurs um die Industrie 4.0 sieht dagegen weitere Optimierungsinstrumente bei ohnehin schon länger praktizierten Prozessen der Produktions- und Produktverbesserungen. Die Begriffe »Revolution« und »Evolution« verdeutlichen den Unterschied zwischen der US-amerikanischen Debatte, wie sie vor allem bezogen auf das Silicon Valley geführt wird, und dem deutschen Industrie-4.0-Diskurs.

---

5 Ein pointiertes Beispiel ist die italienische Rezeption: Alberto Cipriani/Alessio Gramolati/Giovanni Mari (Hg.): Il Lavoro 4.0. La quarta Rivoluzione Industriale e le Transformazioni delle attivita Lavorative, Florenz 2018.

6 Angela Merkel: Rede von Bundeskanzlerin Merkel beim Digital-Gipfel am 4. Dezember 2018 in Nürnberg, www.bundeskanzlerin.de/bkin-de/aktuelles/rede-von-bundeskanzlerin-merkel-beim-digital-gipfel-am-4-dezember-2018-in-nuernberg-1557288 (abgerufen am 14.1.2020).

Um dennoch die Zäsur zu unterstreichen, für die die Industrie 4.0 steht, ist von der vierten industriellen Revolution die Rede, die faktisch jedoch eher Züge einer Evolution trägt. Nach der ersten industriellen Revolution, symbolisiert durch die Dampfmaschine, die die Mechanisierung industrieller Prozesse möglich machte, folgte als zweite industrielle Revolution die fließbandgetriebene fordistische Massenproduktion. Die dritte industrielle Revolution war bereits durch die Informations- und Kommunikationstechnologie geprägt und führte zur Automatisierung der Produktionsweise.[7] Als zentrales Merkmal der vierten industriellen Revolution wird die intelligente Vernetzung von Produkten und Prozessen, von Industrieproduktion, Automatisierungs-, Informations- und Kommunikationstechnik (IKT) zu integrierten industriellen Wertschöpfungsketten verstanden.[8]

Industrie 4.0 gilt mittlerweile als ein zentrales Ziel strategischer Wirtschafts- und Industriepolitik in Deutschland. Die Chancen der Digitalisierung für eine verbesserte Wettbewerbsfähigkeit der deutschen Industrie lassen sich durch vier Dimensionen abbilden:

1. Fertigungsprozess: Digitalisierung ermöglicht effizientere Herstellungsverfahren und damit Kosteneinsparungen durch Ressourcenoptimierung.
2. Logistik: Digitalisierung ermöglicht effizientere Waren- und Informationsflüsse, eine reduzierte Lagerhaltung sowie Anlageneffizienz. Zudem eröffnet sie neue Geschäftsmöglichkeiten.
3. Kundenbindung: Digitalisierung ermöglicht eine engere Kundenbindung. Daraus resultiert eine gezieltere Berücksichtigung von Kundenbedürfnissen.
4. Hybride Produkte und die damit verbundenen smart services:
   Die Zurverfügungstellung von Daten zur Maschinenüberwachung, Störungsbeseitigung, Reparatur und Instandhaltung per smart services rechtfertigt höhere Preise. Das wiederum ermöglicht den Ausbau des

7 Thomas Bauernhansl: Die Vierte Industrielle Revolution. Der Weg in ein wertschaffendes Produktionsparadigma, in: Industrie 4.0 in Produktion, Automatisierung und Logistik. Anwendung, Technologien, Migration, hg. v. Thomas Bauernhansl/Michael ten Hompel/Birgit Vogel-Heuser, Wiesbaden 2014, S. 5-35.

8 BITKOM/Fraunhofer IAO: Industrie 4.0 – Volkswirtschaftliches Potenzial für Deutschland, Berlin 2014, www.elibrary.vahlen.de/index.php?doi=10.15358/0935-0381-2015-8-9-515 (abgerufen am 16.12.2019).

Qualitätsproduktionslandes Deutschland im Sinne hochpreisiger Industrieprodukte.

Von der Stärkung des industriepolitischen Paradigmas

Dass der Begriff »Industrie 4.0« gerade in Deutschland eine solch herausragende Stellung einnimmt, während im Ausland eher von »Digitalisierung«, »Informatisierung« und dem »second machine age«[9] gesprochen wird, gründet sich in der Rolle der Industrie für die deutsche Wirtschaftsstruktur. Sie gilt als Schlüssel für die strategischen Zukunftsdebatten der deutschen Wirtschaft. Anders gesagt: It's the industry, stupid! Lange Zeit dominierte die Rede von der postindustriellen Dienstleistungsgesellschaft[10] die Debatten in den OECD-Ländern. Dazu gehörte das Hohelied der new economy, das bis zur großen Krise 2008 gesungen wurde. Parallel dazu fand in den klassischen Industrieländern Frankreich, Großbritannien und den USA in den letzten Jahrzehnten eine drastische Reduzierung der industriellen Kapazitäten statt (➞ Abb. 1).

Deutschland hat sich dagegen durch die Modernisierung der Industrie vom »kranken Mann Europas« zu einer relativ stabilen europäischen Volkswirtschaft entwickelt. Während der Industrieanteil an der Wertschöpfung in England oder Frankreich immer weiter abnahm, entwickelte sich das Niveau der industriellen Kerne in Deutschland ständig weiter. In den Krisenjahren 2008/2009 musste zwar auch die Industrie große Einbußen hinnehmen, gleichwohl war dieser Wirtschaftsbereich maßgeblich für die schnelle gesamtwirtschaftliche Stabilisierung.

Der »Abschied vom Industrieland«,[11] von manchen forciert und von anderen befürchtet, prägte allerdings über viele Jahre auch die deutsche Debatte. Noch um das Jahr 1960 arbeitete rund die Hälfte der Beschäftigten

9 Erik Brynjolfsson/Andrew McAfee: The Second Machine Age. Work, Progress, and Prosperity in a Time of Brilliant Technologies, New York 2014.

10 Daniel Bell: The Coming of Post-Industrial Society. A Venture in Social Forecasting, New York 1973.

11 Werner Plumpe: Industrieland Deutschland 1945 bis 2008, in: Einsichten und Perspektiven (2008) 3, S. 160-185, hier S. 161.

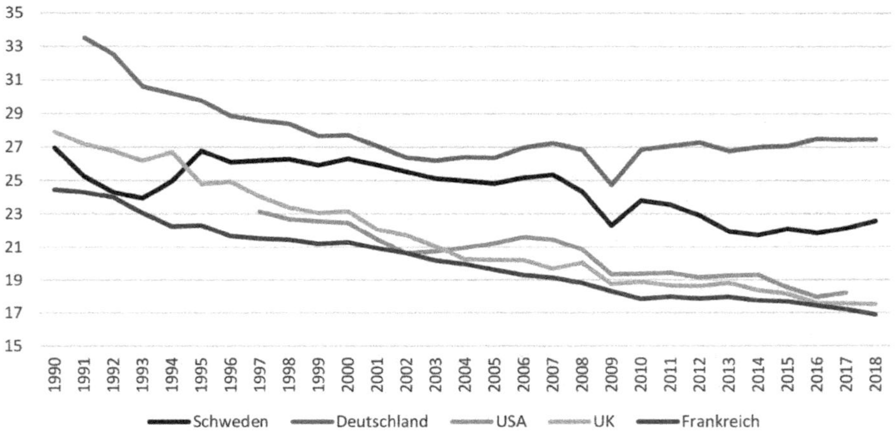

Abb. 1: Anteil der Industrie (inkl. Bau) an der Bruttowertschöpfung. ***Quelle:*** Weltbank 2019.

in der Bundesrepublik in der Industrie; heute sind es im engeren Kontext (produzierendes Gewerbe) nur noch etwa 18,5 %.[12] Dabei gingen vor allem einfache Arbeitsplätze verloren. Dennoch zählt Deutschland zu den am meisten von der Industrie geprägten Ländern in der OECD. Maßgeblich für die erfolgreiche Anpassung der Industrie an veränderte technologische, gesellschaftliche und wettbewerbliche Umwelten sind Prozesse der »sektoralen Spezialisierung«,[13] die getragen werden durch eine starke Konzentration auf forschungsintensive Industrien. Dazu zählen primär die Elektrotechnik, der Maschinenbau, die Chemie und der Fahrzeugbau.[14] Zudem besitzt Deutschland nicht überall gleichermaßen eine starke Industrie, sondern weist sichtbare regionale Disparitäten auf: Die ehemaligen indus-

12 Statistisches Bundesamt: Erwerbstätigkeit. Erwerbstätige und Arbeitnehmer nach Wirtschaftsbereichen (Inlandskonzept) 1000 Personen, www.destatis.de/DE/Themen/Arbeit/Arbeitsmarkt/Erwerbstaetigkeit/Tabellen/arbeitnehmer-wirtschaftsbereiche.html (abgerufen am 13.1.2020).

13 Martin Gornig/Alexander Schiersch: Perspektiven der Industrie in Deutschland, in: Vierteljahreshefte zur Wirtschaftsforschung (2015) 1, hg. v. Deutsches Institut für Wirtschaftsforschung, S. 37-54, hier S. 41.

14 Ebd.

triellen Zentren Deutschlands – das Ruhrgebiet, Sachsen, aber auch der Berliner Raum – haben stark an Gewicht verloren, neue entstanden in Baden-Württemberg und Bayern.

Tab. 1: Erwerbstätige und Bruttowertschöpfung nach Sektoren

Anteil	Erwerbstätige (2019)	Bruttowertschöpfung (2018)
Verarbeitendes Gewerbe	17,20 %	23,20 %
Dienstleistungssektor	74,50 %	68,20 %

Quellen: Statistisches Bundesamt: Volkswirtschaftliche Gesamtrechnungen. Erste Ergebnisse zur gesamtwirtschaftlichen Lage, 2019; Statistisches Bundesamt: Erwerbstätigkeit. Erwerbstätige und Arbeitnehmer nach Wirtschaftsbereichen (Inlandskonzept) 1.000 Personen, 2020.

Das verarbeitende Gewerbe trug 1970 noch 36,7 % zur Bruttowertschöpfung (BWS) bei, 2018 waren es 23,2 %.[15] Der Dienstleistungssektor erzeugte 2018 etwa 68 % der BWS. 1970 lag der Anteil mit 48,3 % nur knapp bei der Hälfte der BWS. Ähnlich ist der Erwerbstätigenanteil in der Industrie geschrumpft: 1970 waren 35,8 % im verarbeitenden Gewerbe tätig, 2019 17,2 %. Dagegen arbeiten im Dienstleistungssektor gegenwärtig etwa 74,5 % der Erwerbstätigen. Gleichwohl ist Deutschland eines der wenigen Länder, die ihren Industrieanteil an der BWS in den letzten 20 Jahren halten konnten.

Diese Zahlen verdecken jedoch die herausragende Bedeutung der Industrie für die gesamtwirtschaftliche Entwicklung in Deutschland. Sie ignorieren, dass das Wachstum der Dienstleistungen außerhalb der Industrie häufig lediglich ein Ergebnis unternehmerischer Auslagerungsstrategien ist. Mit anderen Worten lässt sich das Wachstum außerhalb der Industrie vielfach ohne Bezugnahme auf die industriellen Kapazitäten nicht verstehen. Die Nachfrage nach Industriegütern strahlt auf andere Sektoren aus und gene-

---

15 Statistisches Bundesamt: Volkswirtschaftliche Gesamtrechnungen. Erste Ergebnisse zur gesamtwirtschaftlichen Lage, 2019, www.destatis.de/DE/Themen/Wirtschaft/Volkswirtschaftliche-Gesamtrechnungen-Inlandsprodukt/Publikationen/Downloads-Inlandsprodukt/ergebnisse-gesamtwirtschaftliche-lage-5811113187004.html (abgerufen am 13.1.2020), S. 28.

riert dort Aufträge und Arbeitsplätze. Unternehmensnahe Dienstleistungen profitierten am deutlichsten davon.[16]

Eine besondere Rolle spielt das verarbeitende Gewerbe im Außenhandel. Zwar nahm der Anteil der Dienstleistungen am gesamten Handelsvolumen in den vergangenen Jahren spürbar zu, gleichwohl dominiert nach wie vor der Güterhandel. Über den Zeitraum von 2015 bis 2018 verzeichnete das verarbeitende Gewerbe in Deutschland eine etwas höhere Wachstumsdynamik als die Gesamtwirtschaft. Im Durchschnitt nahm die BWS im verarbeitenden Gewerbe um 2,8 % und in der Gesamtwirtschaft um 1,9 % zu.[17] Der Wachstumspfad im verarbeitenden Gewerbe weist dabei einen deutlich volatileren Verlauf auf. Insbesondere der Einbruch im Zuge der Rezession und die darauffolgende Erholung zeigten sich in der Industrie überdurchschnittlich.

Chancen und Risiken von Industrie 4.0 in Wirtschaft und Gesellschaft

In der Industrie-4.0-Debatte geht es nicht nur um die Frage der Wettbewerbsfähigkeit, sondern auch um die Frage der Steuerung der Folgen der Digitalisierung auf Wirtschaft und Gesellschaft. Im Folgenden werden deshalb die vier zentralen ökonomischen, sozialen und gesellschaftlichen Felder skizziert, auf die sich die deutsche Digitalisierungsdebatte verstärkt konzentriert: erstens die Frage von Produktivitätsentwicklung/Wettbewerbsfähigkeit, zweitens das Feld der Beschäftigung, drittens das Thema Qualifizierung und viertens der Komplex Big Data/Datensicherheit.

16 Dietmar von Edler/Alexander Eickelpasch: Die Industrie – ein wichtiger Treiber der Nachfrage nach Dienstleistungen, in: DIW Wochenbericht (2013) 34, S. 16.

17 Statistisches Bundesamt: Deutsche Wirtschaft ist im Jahr 2018 um 1,5 % gewachsen, Pressemitteilung Nr. 018 v. 15.1.2019, www.destatis.de/DE/Presse/Pressemitteilungen/2019/01/PD19_018_811.html (abgerufen am 14.1.2020).

Produktivität und Wettbewerbsfähigkeit

Die digitale Transformation in der Industrie erreicht womöglich erst in einigen Jahrzehnten ihren Höhepunkt. Allgemein wird davon ausgegangen, dass die Digitalisierung branchenspezifische Differenzen generiert.[18] Angesichts der zuvor beschriebenen Potenziale innerhalb unterschiedlicher Branchen gehen die meisten Prognosen für Deutschland davon aus, dass die wichtigsten Industriebranchen eine zusätzliche Wertschöpfung durch eine beschleunigte Digitalisierung von 1,5 bis 2,2 % pro Jahr bis 2025 erreichen könnten.[19] Tabelle 2 zeigt die unterschiedlichen Steigerungsraten der BWS real und prozentual. So würde sich beispielsweise für den Maschinenbau eine zusätzliche Wertschöpfung von 23 Milliarden Euro bis 2025 ergeben.

Tab. 2: Prognosen Wertschöpfungssteigerung Industrie 4.0

Wirtschaftsbereich	Bruttowertschöpfung (Mrd. €)		Potenzial durch Industrie 4.0	Jährliche Steigerung	Steigerung (Mrd. €)
	2013	2025	2013–2025	2013–2025	2013–2025
Chemische Industrie	40,08	52,1	30%	2,21%	12,02
Kraftwagen- und Kraftwagenteile	74	88,8	20%	1,53%	14,8
Maschinen- und Anlagenbau	76,79	99,83	30%	2,21%	23,04
Elektrische Ausrüstung	40,27	52,35	30%	2,21%	12,08
Land- und Forstwirtschaft	18,55	21,33	15%	1,17%	2,78
Informations- und Kommunikationstechnik	93,65	107,7	15%	1,17%	14,05

Quelle: BITKOM/Fraunhofer IAO: Industrie 4.0 – Volkswirtschaftliches Potenzial für Deutschland, S. 36.

Die Mehrheit der Studien erwartet positive Effekte durch die forcierte Digitalisierung, die auf eine zusätzliche volkswirtschaftliche Wertschöpfung

18 BITKOM/Fraunhofer IAO: Industrie 4.0 – Volkswirtschaftliches Potenzial für Deutschland.
19 Ebd.

von 20 bis 30 Milliarden Euro pro Jahr hinauslaufen.[20] Sie verweisen darauf, dass die Digitalisierung bereits in den vergangenen Jahren einen substanziellen Beitrag zur Steigerung der Wertschöpfung in der deutschen Industrie leistete. Für den Zeitraum 1998 bis 2012 beziffern die Analysen den digital bedingten Wachstumsbeitrag auf durchschnittlich 0,4 % pro Jahr.[21] Dies entspricht einem Drittel des jährlichen Zuwachses der BWS im verarbeitenden Gewerbe insgesamt.

Beschäftigungsentwicklung

Besonders kontrovers diskutiert man die Auswirkungen der erheblichen Rationalisierungspotenziale auf die Beschäftigungsentwicklung. Im Mittelpunkt steht dabei nicht allein die quantitative Dimension, das heißt die Frage, wie viele Arbeitsplätze neu entstehen bzw. wegfallen. Debattiert wird auch, ob sich der Arbeitsmarkt weiter polarisiert, wie stark die Verschiebungen zwischen den Betrieben und Branchen ausfallen und ob es dadurch zu zusätzlichen Arbeitsplatzwechseln kommt. Bezogen auf den industriellen Sektor ist ungewiss, ob der Rückgang der Industriebeschäftigung weiter voranschreitet oder Beschäftigung dort eher stabilisiert wird. Bisherige Innovations- und Rationalisierungsmaßnahmen betrafen meist die Beschäftigten mit geringer bis mittlerer Qualifikation und ersetzten deren Tätigkeiten durch Maschinen. Es deutet sich an, dass die forcierte Digitalisierung nahezu das gesamte Qualifikationsspektrum tangieren wird. Manche Beobachter sprechen deshalb davon, dass die Digitalisierung eine ähnliche Auswirkung auf geistige Arbeit haben könnte wie die Dampfmaschine und das Fließband auf die körperliche Arbeit.[22]

---

20 BMWi: Industrie 4.0 – Volks- und betriebswirtschaftliche Faktoren für den Standort Deutschland. Technologieprogramm AUTONOMIK für Industrie 4.0, Berlin 2015.

21 Prognos/vbw: Digitalisierung als Rahmenbedingung für Wachstum – Update, München 2017.

22 Peter Ittermann/Jonathan Niehaus: Industrie 4.0 und Wandel von Industriearbeit. Überblick über Forschungsstand und Trendbestimmungen, in: Digitalisierung industrieller Arbeit, hg. v. Hartmut Hirsch-Kreinsen/Peter Ittermann/Jonathan Niehaus, Baden-Baden 2015, S. 33-51, hier S. 40 ff.

Den Ausgangspunkt der internationalen Debatte bildet eine vielzitierte Studie von Frey und Osborne aus dem Jahr 2013. Die Autoren gehen davon aus, dass rund 47 % aller Beschäftigten in den USA in Berufen arbeiten, in denen Arbeitsplätze durch die forcierte Digitalisierung in den kommenden 20 Jahren wegfallen könnten. Auch Studien aus Deutschland kommen zu dem Ergebnis, dass sich ein erheblicher Veränderungs- und Anpassungsdruck auf große Teile des Arbeitsmarktes entwickeln wird. Forscher des Mannheimer Zentrums für europäische Wirtschaftsforschung ZEW wandten den methodischen Ansatz von Frey und Osborne auf Deutschland an und gelangten zu dem Ergebnis, dass die Automatisierungswahrscheinlichkeit 42 % beträgt.[23] Stellt man allerdings auf Tätigkeitsprofile und nicht auf Berufe ab, relativiert sich das Ergebnis: Gefährdet seien dann etwa 12 % der Arbeitsplätze. Hinsichtlich der Risikostruktur bestehen Unterschiede nach Bildung und Einkommen. Beschäftigte mit Elementar- oder Primärausbildung weisen in Deutschland ein Automatisierungsrisiko von 80 % auf, für Promovierte beträgt es lediglich 18 %. Ein ähnliches Bild ergibt sich mit Blick auf das Einkommensniveau; mit steigendem Einkommensniveau sinkt die Automatisierungswahrscheinlichkeit.

Mit der zunehmenden Digitalisierung erhöht sich einerseits die Arbeitskräftenachfrage im oberen Qualifikationssegment, andererseits geht sie im mittleren Qualifikationssegment zurück. Vor allem für Personen ohne berufliche Ausbildung steigt die Unterbeschäftigung weiter an. Die Befürchtung, dass insbesondere für industrielle Einfacharbeit kaum noch Bedarf besteht, teilen auch andere Studien und Beobachter: Dabei reicht das Spektrum der Positionen von der These, es werde zukünftig »keine Jobs mehr für niedrig qualifizierte Arbeiter in der industriellen Produktion geben«[24] bis hin zur Auffassung, durch technologische Innovationen wie Datenbrillen und Tablets würden auch weniger gut ausgebildete Menschen qualifizierte Arbeit verrichten können. Die Forschungsunion positioniert sich in ihrem Bericht durchaus skeptisch: »Zu vermuten ist, dass sich der Abbau einfacher, manueller Tätigkeiten fortsetzen wird. Damit würde der Ausschluss zumindest

23 Holger Bonin/Terry Gregory/Ulrich Zierahn: Übertragung der Studie von Frey/Osborne (2013) auf Deutschland, Mannheim 2015, ftp://ftp.zew.de/pub/zew-docs/gutachten/Kurzexpertise_BMAS_ZEW2015.pdf (abgerufen am 19.6.2019).

24 Ittermann/Niehaus: Industrie 4.0 und Wandel von Industriearbeit, S. 43.

von Teilen der Belegschaften (insbesondere von Angelernten) drohen. Dies wäre weder für die Beschäftigten noch mit Blick auf den gesellschaftlichen Anspruch sozialer Integration akzeptabel – und für die erfolgreiche Realisierung von Industrie 4.0 in hohem Maße dysfunktional«.[25]

Mit der Polarisierungsthese eng verbunden ist die Befürchtung, auch die Abwertung von Arbeit könne eine neue Qualität erreichen. Gemeint sind vor allem neue Dimensionen prekärer Ökonomie etwa in Gestalt von internetbasiertem Crowdworking (siehe dazu Greef/Schreiter in diesem Band). Allerdings kommen keinesfalls alle Experten zu dem Ergebnis, dass ein Rückgang der Arbeitsplätze anstehe. So mutmaßt die Boston Consulting Group, für die nächsten zehn Jahre sei ein Beschäftigungszuwachs von 6 % zu erwarten, der sich vor allem auf den steigenden Bedarf an hoch qualifizierten Industriearbeitern zurückführen lasse.[26]

Qualifizierung

Mit Industrie 4.0 steht nicht das Ende der industriellen Arbeit an, sondern deren Veränderung. Technologischer Wandel und neue Anforderungen an Arbeitsinhalte und -prozesse sowie dafür notwendige Qualifikationen und Kompetenzen sind zwei Seiten einer Medaille. In der deutschen Industrie-4.0-Debatte dominiert ein eher optimistischer Diskurs, der die in den Veränderungen steckenden Chancen betont. Mit der Digitalisierung werden nicht nur die Arbeits- und Produktionsprozesse, sondern auch die beruflichen Anforderungsprofile anspruchsvoller, vernetzter und komplexer. Abstraktes Denken, Informationsmanagement, Prozessverantwortung, Dokumentations- und Lesekompetenzen gewinnen an Bedeutung. Ebenso spielen Projektarbeit, Team- und arbeitsteilige Prozesse eine größere Rolle, sodass soziale Kompetenzen wichtiger werden. Dies kann nicht ohne Auswirkungen auf Ausbildungen und Studiengänge bleiben, die sich vor diesem Hintergrund verändern müssen.[27]

25 Forschungsunion/acatech: Deutschlands Zukunft als Produktionsstandort sichern, S. 57.
26 Gerbert et al.: Industry 4.0 – The Future of Productivity and Growth in Manufacturing Industries, S. 8.
27 Ittermann/Niehaus: Industrie 4.0 und Wandel von Industriearbeit, S. 46 ff.

Dementsprechend kommt der Weiterbildung in der Industrie-4.0-Strategie eine wesentliche Funktion zu. Es geht darum, den veränderten Anforderungen im Sinne der Industrie-4.0-Logik gerecht zu werden und gleichzeitig die Arbeitsmarktchancen der betroffenen Individuen zu sichern und zu fördern. Das »Qualifizierungschancengesetz«[28] aus dem Jahr 2019 und das »Arbeit-von-morgen-Gesetz« von 2020 verbesserten die Rahmenbedingungen sowohl für die Unternehmen als auch für die Beschäftigten. Zudem können die Tarifparteien, insbesondere die Gewerkschaften, bei diesem Thema Impulse setzen. Das deutsche Mitbestimmungsrecht gibt ihnen durch die Tarifautonomie im Aus- und Fortbildungsbereich großen Einfluss. Insgesamt geht es sowohl um die Modernisierung von Ausbildungs- und Studiengängen als auch um die Schaffung der Voraussetzungen für erfolgreiche kontinuierliche Lern- und Weiterbildungsprozesse. In diesem Sinne ist die im Jahr 2016 abgeschlossene Sozialpartnervereinbarung zwischen den Arbeitgeberverbänden der Metallindustrie und der IG Metall exemplarisch zu nennen, nach der gemeinsam bestehende, für die Industrie 4.0 relevante Ausbildungsberufe zu modernisieren sind.[29] Auf Basis dieser Übereinkunft entwickelten die Tarifpartner innerhalb eines Jahres gemeinsame Handlungsempfehlungen, die nun in der Aus- und Fortbildung umgesetzt werden.[30]

Big Data – Datensicherheit

Das Thema Datensicherheit spielt in Deutschland eine große Rolle. Mangelnde Datensicherheit gilt nicht nur als individuelles Risiko, sondern auch als

---

28 Vgl. Bundesgesetzblatt Nr. 48 v. 21.12.2018: Gesetz zur Stärkung der Chancen für Qualifizierung und für mehr Schutz in der Arbeitslosenversicherung, www.bgbl.de/xaver/bgbl/start.xav?startbk=Bundesanzeiger_BGBl&jumpTo=bgbl118s2651.pdf#__bgbl__%2F%2F*%5B%40attr_id%3D%27bgbl118s2651.pdf%27%5D__1585586616872.

29 Gesamtmetall et al.: Sozialpartner in der Metall- und Elektro-Industrie analysieren Berufsbilder und Qualifizierungsbedarf für Industrie 4.0, 2016, www.igmetall.de/docs_20160421_2016_04_20_Gemeinsame_PM_af2983ec2e80c90cd25f 658c7c23cbfbd9fcc6da.pdf (abgerufen am 19.6.2019).

30 Gesamtmetall: Bewährte Ausbildungsberufe an die Digitalisierung anpassen, Pressemitteilung v. 31.3.2017, www.gesamtmetall.de/aktuell/pressemitteilungen/bewaehrte-ausbildungsberufe-die-digitalisierung-anpassen (abgerufen am 14.1.2020).

Risiko für die Unternehmen. Spionage von außen oder innen ist ein allgegenwärtiges Thema. Insbesondere die technologieintensiven deutschen kleinen und mittleren Unternehmen (KMUs) sind sehr beunruhigt von der Gefahr, dass ihre mühsam entwickelten Wissens- und Innovationsbestände im Kontext digitalisiert vernetzter Kooperationsstrukturen enteignet werden könnten. Cyberangriffe sind mittlerweile öffentliche Ereignisse, die das Verhältnis zwischen souveränen Staaten belasten. Die Befürchtungen hinsichtlich der Integration in digitalisierte, vernetzte, industrielle Wertschöpfungsstrategien scheinen in diesem Kontext eher gestiegen zu sein. Insofern bestehen Hemmnisse gegenüber der Vernetzung von Geräten und Maschinen sowie der Einbindung in externe Netzwerke. Obwohl diese Herausforderungen schon lange erkannt sind, hat man bislang noch keine überzeugenden »Security«-Lösungen gefunden. Daher wurden zweistufige Vernetzungsstrategien etabliert, die zunächst den Datenaustausch in einem abgeschlossenen Netz ohne Anbindung an das Internet vorsehen (zum Beispiel innerhalb einer Fabrik) und erst im zweiten Schritt die Vernetzung mit externen Systemen.

Durch die Digitalisierung und Big Data können Unternehmen und Behörden Prozesse optimieren; sie können aber auch in noch nie da gewesenem Umfang auf personenbezogene Daten zurückgreifen und diese auswerten. Zudem wird die Ambivalenz von Big Data im Kontext von Industrie 4.0 immer deutlicher: Die neuen, digital basierten Optionen der Transparenz können einerseits zu egalitäreren, interessanteren und anspruchsvolleren Arbeitskontexten führen. Andererseits ermöglichen sie intensive Leistungs- und Verhaltenskontrollen, im schlimmsten Fall sogar eine umfassende Überwachung. In Reaktion darauf werden Reformen der aktuellen Datenschutzgesetze angemahnt, um in Zukunft die Rechte der Privatpersonen und die Interessen der Unternehmen und Behörden besser auszubalancieren.

Um die Digitalisierung erfolgreich zu gestalten, ist es wichtig, die rechtlichen, technologischen und betriebswirtschaftlichen Kompetenzen besser zu verzahnen. So wirft die Industrie-4.0-Strategie beispielsweise ganz neue Haftungsfragen auf. Wenn etwa in der Fertigung etwas schiefläuft, ist zu klären, wer in der Produktionskette dafür verantwortlich ist. Die Debatte hinsichtlich der datenschutzrechtlichen Konsequenzen, die mit der weiteren Digitalisierung verbunden sind, steht erst am Anfang.

Industrie 4.0: Revolutionäre Idee – evolutionäre Implementierung

Die kommunikative Strategie für die Förderung von Industrie 4.0 ist in Deutschland mittlerweile gut entwickelt. Dagegen scheint die reale Industrie-4.0-Praxis in den Betrieben selbst noch ausbaufähig. So schrieb 2015 die »Expertenkommission Forschung und Innovation« der Bundesregierung: »Die Unsicherheit über sich entwickelnde Industriestandards führt insbesondere bei mittelständischen Unternehmen zu Zurückhaltung bei Investitionen in später möglicherweise inkompatible Systeme«.[31]

Ob und in welchem Maße Industrie-4.0-Technologien in die Unternehmen Einzug halten, richtet sich nach der Bereitschaft, sich mit dieser Thematik auseinanderzusetzen, den Geschäftsmodellen, den investiven Ressourcen und den konkreten Möglichkeiten der Umsetzung. Ein entscheidender Faktor für eine (frühzeitige) Implementierung neuer Technologie ist bislang die Unternehmensgröße. Großunternehmen produzieren in hohen Stückzahlen und betreiben eine Strategie der ständigen Optimierung einer hochgradig automatisierten Produktion. Bei den KMUs sind hingegen die nicht automatisierten Tätigkeiten in der Produktion häufiger. Zudem finden die Produkte meist in Nischenmärkten ihren Absatz und besitzen oft einen hohen Spezialisierungsgrad.[32]

Zugleich gibt es große Diskrepanzen innerhalb der Gruppe der KMUs: Einerseits finden sich vereinzelte Vorreiter bei der Implementierung neuer Technologien, andererseits gibt es aber auch eine flächendeckende Reserviertheit, was Planung und Umsetzung anbelangt. Diese Zurückhaltung hat ihre Wurzeln unter anderem im Fehlen von verbindlichen Standards, Normen und klaren Vorgaben vonseiten der Großunternehmen. Hinzu kommen Un-

---

31 Expertenkommission Forschung und Innovation: Gutachten zu Forschung, Innovation und Technologischer Leistungsfähigkeit Deutschlands. Gutachten 2015, www.bmbf.de/files/EFI_Gutachten_2015.pdf (abgerufen am 19.6.2019).

32 IW: Industrie 4.0-Readiness, Aachen/Köln 2015, www.impuls-stiftung.de/documents/3581372/4875835/Industrie+4.0+Readniness+IMPULS+Studie+Oktober+2015.pdf/447a6187-9759-4f25-b186-b0f5eac69974 (abgerufen am 19.6.2019); Experton Group: Industrie 4.0. Status Quo und Entwicklungen in Deutschland, Ismaning 2014; DZ Bank: Mittelstand im Mittelpunkt: Ausgabe Frühjahr 2014, in: DZ Bank Wirtschaftsbrief 24 (2014) 2; BMWi: Industrie 4.0 – Volks- und betriebswirtschaftliche Faktoren für den Standort Deutschland.

wägbarkeiten durch mangelnde Datensicherheit und Kompatibilitätsprobleme bei der Automatisierungssoftware. Infrastrukturelle Schwierigkeiten – zum Beispiel aufgrund eines mangelhaften Breitbandausbaus – tragen ebenfalls dazu bei, eine offensivere Anwendung der Industrie-4.0-Technologien zu behindern. Gleichzeitig gibt es zu wenig Risikokapital. Insbesondere junge Unternehmen, die sich mit eher disruptiven Anwendungen im Segment Industrie 4.0 profilieren wollen, haben Probleme bei der Kapitalbeschaffung.[33]

Der Weg in die Industrie-4.0-Welt ist seit Längerem im Gange; gleichwohl kann nicht von einem flächendeckenden Einsatz der 4.0-Technologien gesprochen werden.[34] Das Ziel der deutschen Industriepolitik besteht immer noch darin, Akzeptanzdefizite zu überwinden und eine bundesweite Industrie-4.0-Landschaft zu ermöglichen. Denn nur dann lassen sich die angestrebten Vorteile im Sinne vernetzter Strukturen auch wirklich realisieren. Um sich diesem Ziel zu nähern, sind Referenzprojekte notwendig. Das Wirtschaftsministerium »kartografiert« Best-Practice-Beispiele, die Fortschritte im Bereich der digitalen Vernetzung und Umsetzung neuer Technologien bereitstellen.[35] Zudem besitzen einige Großunternehmen eigene Forschungsfabriken, so zum Beispiel die »TecFabrik« der Daimler AG,[36] in denen sie neue Logistik- und Fertigungssysteme erproben. Der Transformationsprozess in den KMUs wird in starkem Maße durch staatlich geförderte Forschungsprojekte unterstützt. Exemplarisch hierfür steht die »Wittenstein AG«, die sich aus Bundesmitteln finanziert und relevante Elemente der Industrie 4.0 modellhaft im »CyProSForschungsprojekt« implementiert,[37] das im Bereich der Digitalisierung des Supply-Chain-Managements ansetzt.

---

33 Christian Schröder: Herausforderungen von Industrie 4.0 für den Mittelstand, Bonn 2016, S. 11 f.

34 Vgl. BMWi/BMBF: Plattform Industrie 4.0, www.plattform-i40.de/PI40/Navigation/Karte/SiteGlobals/Forms/Formulare/karte-anwendungsbeispiele-formular.html. Es ist eine klare Konzentration in Westdeutschland erkennbar.

35 Vgl. BMWi: Best Practice für intelligente Vernetzung, www.karten.bmwi.de/.

36 Daimler: Die TecFabrik: Von der Idee über das Versuchsstadium zur Serienproduktion, Stuttgart 2015, www.media.daimler.com/marsMediaSite/de/instance/ko/Die-naechste-Stufe-der-industriellen-Revolution-Industrie-40–Digitalisierung-bei-Mercedes-Benz.xhtml?oid=9906638 (abgerufen am 19.6.2019).

37 BDI: Urbane Produktion der Zukunft – wie die WITTENSTEIN AG zum Vorreiter der Industrie 4.0 wird, v. 2015, www.bdi.eu/artikel/news/urbane-produktion-der-zukunft-wie-die-wittenstein-ag-zum-vorreiter-der-industrie-40-wird/(abgerufen am 11.5.2016).

Politische Initiativen und Akteure: Steuerung der Industrie-4.0-Strategie

Es gibt in Deutschland kein politisch-strategisches Zentrum, das Digitalisierung und Industrie 4.0 entwickelt, verbreitet und steuert. Vielmehr stehen verschiedene Initiativen vonseiten der Wirtschaft, der Politik, der Interessenverbände und der Wissenschaft nebeneinander. Diese agieren einerseits teilweise abgeschottet und in Konkurrenz voneinander, andererseits aber auch in Teilbereichen eng miteinander vernetzt. Viele Initiativen werden direkt durch Politik und Staat verantwortet oder durch einzelne ressourcenstarke Unternehmen angestoßen oder sogar getragen. Dennoch kommt der schon in der alten deutschen korporatistischen Industriekonstellation belastbaren Beziehung zwischen Staat und Interessenverbänden auch bei der Industrie 4.0 eine gewisse Bedeutung zu. Dies gilt vor allem für die flächendeckende Koordination von Innovationen, die Formulierung von Standards und die Schaffung von dafür notwendigen staatlichen Infrastrukturen – insbesondere dann, wenn es darum geht, möglichst passende Rahmenbedingungen für die Infrastruktur (beispielsweise Breitbandausbau, Industrienormen) sowie finanzielle Anreize (zum Beispiel Steuern, Investitionen) zur Implementierung von Industrie 4.0 zu schaffen.

Zu Beginn der Debatte um die Industrie-4.0-Strategie lag die Initiative in starkem Maße bei einzelnen Akteuren aus dem Dreieck Politik, Unternehmen und Wissenschaft, die lose miteinander kooperierten. Im Laufe der Zeit, spätestens aber als es um eine umfassendere Ressourcenmobilisierung und die dafür notwendige Legitimation ging, bezog man auch die Verbände mit ein, und zwar nicht nur die Unternehmerverbände, sondern auch die Gewerkschaften.[38] Die vergleichsweise frühe Einbindung der Verbände war unter anderem der Erfahrung geschuldet, dass sich bei früheren Großprojekten, die ohne deren Beteiligung auszukommen versuchten, schnell ein Scheitern abzeichnete, da der Widerstand zu groß und die Legitimation zu schwach war.

38 Thomas Haipeter: Interessenvertretung in der Industrie 4.0. Das gewerkschaftliche Projekt Arbeit 2020, Baden-Baden 2019.

Die Rolle von Ministerien und Verwaltung

Ministerien sind wichtig, um unterschiedliche Akteure an einen Tisch zu bringen, Initiativen mit stärkerem öffentlichen Gewicht auszustatten sowie finanziell zu unterstützen und nicht zuletzt, um durch Gesetze, Standards und internationale Verabredungen die Ziele von Industrie 4.0 zu bündeln und zu forcieren. Allein sechs Bundesministerien sowie das Kanzleramt sind direkt bzw. indirekt mit dem Thema Industrie 4.0 beschäftigt (➟ Tab. 3).

Tab. 3: Ministerielle Beteiligung an der Industrie-4.0-Politik

Bundesministerium …	Themenfelder
… für Wirtschaft und Energie (BMWi)	Industrieförderung, Bündnisse und Plattformen
… für Bildung und Forschung (BMBF)	Forschungsförderung
… für Arbeit und Soziales (BMAS)	Beschäftigung, Qualifikation
… des Inneren (BMI)	Datensicherheit
… für Verkehr und digitale Infrastruktur (BMVI)	Infrastruktur, Breitbandverkabelung
… für Justiz (BMJV)	Verbraucherschutz, Datensicherheit

Quelle: Eigene Darstellung.

2010 richtete der Deutsche Bundestag eine Enquetekommission »Internet und digitale Gesellschaft« ein, die 2013 ihre Ergebnisse vorlegte. 2014 folgte die »Digitale Agenda 2014–2017« der Bundesregierung – ein umfassendes Arbeitsprogramm, an deren Umsetzung die verschiedenen Ministerien in Abstimmung mit den Bundestagsfraktionen, Wirtschaft, Wissenschaft und Zivilgesellschaft mitwirkten. Die »Digitale Agenda« und die Berichte der Enquetekommission dienten daraufhin als Grundlage für die »Umsetzungsstrategie der Bundesregierung zur Gestaltung der Digitalisierung« unter dem Label »digital-made-in.de«.[39] Ein weiterer wichtiger öffentlicher Referenzpunkt

39 Bundesregierung: Digitalisierung gestalten. Umsetzungsstrategie der Bundesregierung, aktual. Ausgabe September 2019, www.bundesregierung.de/resource/blob/992814/1605

ist der »Nationale IT-Gipfel«, seit 2017 Digital-Gipfel, ein vom Bundeswirtschaftsministerium seit 2006 jährlich organisierter Kongress, der Konzepte entwickeln und präsentieren soll, um Deutschland als IT-Standort zu stärken.[40] Eine Vielzahl an Plattformen und Bündnissen wie beispielsweise die »Digitale Arbeitswelt« unterstützen die Arbeiten an der »Digitalen Agenda«.

Die Bundesregierung verfolgt insgesamt fünf Handlungsfelder:[41] Digitale Kompetenz, Infrastruktur und Ausstattung, Innovation und digitale Transformation, Gesellschaft im digitalen Wandel und Moderner Staat. An den dafür notwendigen Umsetzungsstrategien arbeiten alle Bundesministerien zusammen mit dem Bundeskanzleramt.[42] Eigens eingerichtet wurde dort 2018 das Amt eines Digitalbeauftragten der Bundesregierung im Range eines Staatsministers. Die politische Bedeutung dieses Amtes, das seither von der CSU-Politikerin Dorothee Bär besetzt wird, scheint aber aufgrund der geringen Ressourcenausstattung eher symbolischer Natur zu sein.[43] Schließlich gibt es einen Digitalrat, der die Bundesregierung in Fragen der Digitalisierung unterstützen soll.[44] Diese Regierungsaktivitäten haben zwar keinen direkten Einfluss auf Industrie 4.0, beeinflussen aber gleichwohl die Rahmenbedingungen.

Das Arbeitsministerium

Mit Blick auf die Folgen von Industrie 4.0 für die Quantität und Qualität von Beschäftigung und Qualifikation kommt dem BMAS eine zentrale Rolle zu.

036/61c3db982d81ec0b4698548fd19e52f1/digitalisierung-gestalten-download-bpa-data.pdf?download=1 (abgerufen am 14.1.2020).

40 Thorben Albrecht: An der Schnittstelle, in: Werkheft 01. Digitalisierung der Arbeitswelt, hg. v. BMAS Abteilung Grundsatzfragen des Sozialstaats, Berlin 2016, S. 100 ff.

41 Vgl. Bundesregierung: Digitalisierung gestalten. Umsetzungsstrategie der Bundesregierung.

42 Vgl. Bundesregierung: Umsetzungsstrategie der Bundesregierung zur Gestaltung des digitalen Wandels, www.bundesregierung.de/breg-de/themen/digital-made-in-de.

43 Vgl. Jana Gioia Baurmann: Was macht die Frau da?, in: ZEIT-Online v. 3.12.2018, www.zeit.de/2018/50/digitalisierung-digitaler-wandel-beauftragte-dorothee-baer-cdu; vgl. Markus Balser/Kristiana Ludwig: Falsch gelandet, in: SZ-Online v. 2.12.2018, www.sueddeutsche.de/digital/dorothee-baer-digitalisierung-kanzleramt-flugtaxis-1.4234085.

44 Der Digitalrat hat auch einen eigenen Blog, wo kleinere Artikel von den Mitgliedern des Digitalrates veröffentlicht werden: www.medium.com/digitalrat-deutschland.

Um diese wahrzunehmen, wurde die Plattform »Digitale Arbeitswelt« gegründet, die sich tripartistisch zusammensetzt und sich als Teil der »Digitalen Agenda« der Bundesregierung versteht. Die Leitung der Plattform obliegt dem Bundesarbeitsminister und dem IG-Metall-Vorsitzenden. Thematisch geht es um orts- und zeitflexibles Arbeiten, Beschäftigung und Weiterbildung sowie um soziale Schutzstandards. Um eine stärkere Beteiligung der arbeitspolitischen Akteure zu ermöglichen, hat das Ministerium einen Prozess initiiert, der 2015 mit einem »Grünbuch« begann und im November 2016 mit der Veröffentlichung eines »Weißbuchs« vorläufig endete. Ein Ergebnis des Prozesses ist die Erkenntnis, dass es nicht zur »massenhaften Automatisierung von Arbeitsplätzen« kommen werde, sondern zu einer Verschiebung zwischen den Branchen. Zudem seien im Zuge der Digitalisierung der Arbeit Bestrebungen zur Stärkung von Sicherheit und Flexibilität gleichermaßen geboten.[45] Das BMAS schlägt daher eine »neue öffentliche Arbeitsweltberichterstattung« vor sowie die Förderung von regionalen Innovations- und Beratungszentren, um den Wandel innerhalb der Betriebe zu unterstützen.[46] Im Oktober 2018 gründete das Ministerium darüber hinaus den Think-Tank »Denkfabrik Digitale Arbeitsgesellschaft«.[47]

Das Forschungsministerium

Maßgebliche Anstöße für die Förderung von Industrie 4.0 gehen auch vom BMBF aus. Um flexiblere Strukturen außerhalb der Ministerien, Verbände und Unternehmen zu schaffen, gründete das Forschungsministerium schon 2002 die »Deutsche Akademie der Technikwissenschaften e. V.« (acatech), bei der sich Politiker in technischen, wissenschaftlichen und technologiepolitischen Fragen extern beraten lassen können. Bund und Länder finanzieren die Akademie. Neben der acatech und eng mit ihr verwoben fungierte zwischen 2006 und 2013 die ebenfalls von der Bundesregierung und den Ländern finanzierte »Forschungsunion Wirtschaft – Wissenschaft«

45 BMAS: Weißbuch Arbeiten 4.0, Berlin 2016.
46 Ebd., S. 191 ff.
47 Vgl. www.denkfabrik-bmas.de/veranstaltungen/workshops-und-labs; BDA: Mehr Mut! Mehr gestalten! Mehr Europa! Geschäftsbericht 2018, Berlin 2018, S. 23.

(Forschungsunion) als weiteres Beratungsgremium. 2006 hatte die Bundesregierung ihre »Hightech-Strategie« verabschiedet, die sie 2010 als »Hightech-Strategie 2020« und 2018 als »Hightech-Strategie 2025« fortführte.[48] Aufgabe der Forschungsunion war es, ihre Beratung auf diejenigen »Bedarfsfelder« auszurichten, die die Bundesregierung in ihrer »Hightech-Strategie 2020« benannt hatte: Klima/Energie, Gesundheit/Ernährung, Mobilität, Sicherheit, Kommunikation und gesellschaftliche Rahmenbedingungen.

Verschiedene wissenschaftliche Initiativen spielen für die inhaltliche Arbeit an den Projekten zur Industrie 4.0 ebenfalls eine wichtige Rolle. Dazu zählen etwa der »Münchner Kreis«[49] und renommierte Großinstitute wie die Fraunhofer Gesellschaft, die in vielfältigster Weise eingebunden sind. Vor allem das »Fraunhofer-Institut für Arbeitswirtschaft und Organisation« (IAO) ragt mit seinen Aktivitäten heraus: So startete es 2013 das »Innovationsnetzwerk Produktionsarbeit 4.0«, mit dem Industrieunternehmen und Forschungspartner gemeinsam an Antworten und Lösungen für die Zukunft der Produktionsarbeit in Deutschland arbeiten. Die Akteure aus der acatech, der Forschungsunion und nicht zuletzt der Fraunhofer Gesellschaft sind somit die treibenden Kräfte, die entscheidende Impulse für die Industrie-4.0-Kampagnen gaben und geben.

Das Wirtschaftsministerium

2012 hatte der Arbeitskreis »Industrie 4.0« der Forschungsunion Umsetzungsempfehlungen herausgegeben, um den digitalen Wandel in der Industrie gestalten zu können. Daraufhin ergriffen der »Bundesverband Informationswirtschaft, Telekommunikation und neue Medien« (Bitkom), der »Verband Deutscher Maschinen- und Anlagenbau« (VDMA) und der »Zentralverband Elektrotechnik- und Elektronikindustrie« (ZVEI) die Initiative und beschlossen,

48 BMBF: Forschung und Innovation für den Menschen. Die Hightech-Strategie 2025, Berlin 2018.

49 Münchner Kreis (Hg.): Arbeit in der digitalen Welt. Zusammenfassung der Ergebnisse der AG 1-Projektgruppe anlässlich der IT-Gipfelprozesse 2013 und 2014, München 2014, www.muenchner-kreis.de/fileadmin/dokumente/_pdf/it-gipfel-2014-ag-1-arbeit-in-der-digitalen-welt.pdf (abgerufen am 30.3.2020).

über Verbandsgrenzen hinweg am Projekt »Industrie 4.0« zusammenarbeiten zu wollen. Dies verkündeten sie 2013 auf der Hannover Messe – »die ›Plattform Industrie 4.0‹ war geboren«.[50] Im Herbst 2015 weitete sich diese Initiative aus: Sie wird seitdem gemeinsam vom Wirtschafts- und Forschungsministerium getragen. Unter Federführung des Wirtschaftsministeriums beteiligen sich neben den Wirtschaftsverbänden auch die IG Metall. Die zentrale Aufgabe der Plattform besteht darin, die Einführung der Industrie-4.0-Logik in der deutschen Wirtschaft zu beschleunigen und dafür einen angemessenen Rahmen zu schaffen. Die Umsetzung selbst soll dagegen außerhalb der Plattform erfolgen und eher einer Wettbewerbslogik unterliegen.[51] Mit den inhaltlichen Schwerpunkten der Plattform beschäftigen sich sechs Arbeitsgruppen:

1. Referenzarchitekturen, Standards und Normung;
2. Technologie- und Anwendungsszenarien;
3. Sicherheit vernetzter Systeme;
4. Rechtliche Rahmenbedingungen;
5. Arbeit, Aus- und Weiterbildung;
6. Digitale Geschäftsmodelle in der Industrie 4.0.

Unternehmen und Verbände der Plattform sind an verschiedenen Initiativen beteiligt, um die Standardisierung und den Praxistransfer bei der Industrie 4.0 zu beschleunigen. Zugleich begründete man 2016 eine Kooperation mit dem US-amerikanischen »Industrial Internet Consortium« (IIC), um eine künftige Interoperabilität der Systeme und damit einhergehende Standardisierung sicherzustellen.

Die Industrie-4.0-Plattform hat vor allem im Bereich der Standardisierung wichtige Erfolge vorzuweisen. Den beteiligten Akteuren scheint bewusst zu sein, dass es vor allem darum geht, die Eintrittsschwellen bei den KMUs zu senken. Um deren Einstieg in die Industrie-4.0-Welt zu erleichtern, soll es den KMUs beispielsweise möglich sein, neuere Technologien erst einmal zu testen. Aus der Plattform heraus entstand das Referenzmodell RAMI 4.0 (Re-

---

50 Plattform Industrie 4.0: Über die Plattform – Hintergrund, www.plattform-i40.de/PI40/Redaktion/DE/Standardartikel/hintergrund-plattform.html (abgerufen am 4.4.2020).

51 BMWi: Memorandum der Plattform Industrie 4.0, www.bmwi.de/BMWi/Redaktion/PDF/M-O/memorandung-industrie-4-0,property=pdf,bereich=bmwi2012,sprache=de,rwb=true.pdf (abgerufen am 19.6.2019), S. 11.

ference Architecture Model Industrie 4.0). Es fasst die wesentlichen technologischen Elemente der Industrie 4.0 in einem Modell zusammen und bietet Unternehmen aus verschiedenen Branchen eine einheitliche Orientierung. Die Plattform unterstützt Unternehmen außerdem mit einer Onlinelandkarte, die anhand von rund 250 Anwendungsbeispielen zeigt, wo Industrie 4.0 in Deutschland heute schon stattfindet. Eine Onlinebibliothek bietet mithilfe von Praxisleitfäden, Publikationen und Studien einen einfachen und systematischen Einstieg in das Thema Industrie 4.0.[52]

Nach der im Februar 2019 veröffentlichten »Nationalen Industrie Strategie 2030«[53] gründet sich die Arbeit des Bundeswirtschaftsministeriums auf den folgenden ordnungspolitischen Prinzipien: Erstens gilt es, die Rahmenbedingungen für die industrielle Produktion zu überprüfen und zu verbessern. Zweitens soll es ebenso wenig staatliche Eingriffe in betriebswirtschaftliche Entscheidungen geben wie willkürliche in den Wettbewerb. Drittens bestehen das Prinzip freier und offener internationaler Märkte und des Multilateralismus fort. Viertens werden vergleichbare Rahmenbedingungen für alle Marktteilnehmer anvisiert. Schließlich soll es auf europäischer Ebene zur Etablierung eines Europäischen Rates der Industrieminister kommen.[54]

Das Bündnis für Industrie

Die bislang erwähnten Plattformen, Dialoge und Initiativen bearbeiten die Industrie-4.0-Thematik inhaltlich. Dagegen fehlte bis 2015 eine politisch koordinierende Rahmung, die die Akzeptanz der industriellen Modernisierungsprozesse in der Gesellschaft fördert. In diesem Sinne ergriffen im November 2014 die IG Metall, der Bundesverband der Deutschen Industrie (BDI)

---

52 BMWi: Plattform Industrie 4.0 zieht bei HANNOVER MESSE positive Jahresbilanz – Plattform etabliert sich als zentraler Partner für Unternehmen, 2016, www.bmwi.de/DE/Presse/pressemitteilungen,did=764532.html (abgerufen am 19.6.2019).

53 Nach heftiger Kritik an der ursprünglichen Textfassung erschien eine überarbeitete Variante Ende 2019: Bundesministerium für Wirtschaft und Energie: Industriestrategie 2030. Leitlinien für eine deutsche und europäische Industriepolitik, Berlin 2019, www.bmwi.de/Redaktion/DE/Publikationen/Industrie/industriestrategie-2030.pdf?__blob=publicationFile&v=20 (abgerufen am 30.3.2020).

54 Vgl. ebd., S. 14 f.

und Bundeswirtschaftsminister Sigmar Gabriel die Initiative, um die Gründung eines Bündnisses »Zukunft der Industrie« vorzubereiten. Im März 2015 formierte sich in Berlin ein solches Bündnis, das gegenwärtig aus insgesamt 17 Partnern besteht. Koordinationsinstanz ist das Wirtschaftsministerium. Das Bündnis zielt vor allem darauf ab, die politischen Rahmenbedingungen zu verbessern, die die industrielle Wettbewerbsfähigkeit Deutschlands beeinflussen können. Am 13. Oktober 2015 wurden in der Erklärung »Für eine moderne und nachhaltige Industriepolitik in Deutschland« folgende Teilziele für das Bündnis akzentuiert: Industrieakzeptanz steigern, Wettbewerbsfähigkeit durch Investitionen und Innovationen sichern, freier Handel und fairer Wettbewerb, Digitalisierung als Chance begreifen, Industriepolitik auch in der EU stärken, Fachkräfte unter anderem durch Zuwanderung gewinnen. Der Koalitionsvertrag von CDU/CSU und SPD für die Regierungsperiode 2018–2021 sieht vor, die Arbeit des Bündnisses weiterzuführen: »Wir wollen das Bündnis ›Zukunft der Industrie‹ und die Branchendialoge fortsetzen, um wesentliche industriepolitische Belange auch künftig unter Beteiligung von Sozialpartnern, Wissenschaft und Gesellschaft zu erörtern und abzustimmen«.[55]

Das Bündnis bringt die industriepolitischen Kompetenzen der beteiligten Institutionen zusammen und erleichtert Abstimmungs- und Koordinationsprozesse. Das tripartistische Arrangement aus Staat, Unternehmerverbänden und Gewerkschaften soll die legitimatorische Basis verbreitern. Die »Gestaltung der Zukunft« im Kontext von Digitalisierung und Industrie 4.0 wird so zu einem Gemeinschaftsprojekt, in dem Gewerkschaften und Unternehmerverbände ihre jeweiligen Kompetenzen und Interessen einbringen. Dabei gilt der Grundsatz, dass die Bündnispartner sich auf jene Themen konzentrieren, bei denen sie inhaltlich übereinstimmen und keine Politik der wechselseitigen Überforderung praktizieren. Das Bündnis agiert auf vier Ebenen:

1. Auf der ersten Ebene ist die »High-Level Group« zu nennen, die die Richtung des Bündnisses vorgibt. Neben dem Wirtschaftsminister gehören ihr die Präsidenten bzw. Vorsitzenden der Unternehmerverbände und Gewerkschaften an.

55 Bundesregierung: Koalitionsvertrag 2018, S. 57.

2. Die zweite Ebene bildet die »Sherpa-Runde«, die die Entscheidungen der »High-Level Group« vorbereitet.
3. Auf der dritten Ebene sind fünf Arbeitsgruppen angesiedelt, die die relevante Expertise sowie den politischen Input bereitstellen.
4. Auf der vierten Ebene findet sich das »Netzwerk Zukunft der Industrie«, das als Verein gegründet, eigenständig und unabhängig ist. In ihm kommen die meisten Mitglieder des Bündnisses zusammen. Die Vereinskonstruktion soll hervorheben, dass diese Institution unabhängig von den politischen Konjunkturen der Regierungszusammensetzung agieren will und einen direkteren Draht zu den Verbänden und gesellschaftlichen Initiativen pflegt. Jenseits dieser Eigenständigkeit sieht sich der Verein als originärer Sachwalter der Ideen des Bündnisses und als dessen Kooperationspartner. Vertreter der Wirtschaftsverbände und der Gewerkschaften nehmen den Vorsitz sowie die Geschäftsführung gleichberechtigt wahr. 2019 wurde diese Struktur auf eine operative Arbeitsebene reduziert, um nunmehr lediglich als Plattform einen »Tag der Industrie« zu organisieren und den Austausch von regionalen Erfahrungen und Projekten zur Industrie 4.0 zu befördern.[56]

Industriepolitische Positionen der deutschen Akteure

Im Kontext der Industrie-4.0-Szenarien ergeben sich für die beteiligten Akteure Gestaltungsmöglichkeiten. So will zum Beispiel das Wirtschaftsministerium die wirtschafts- und technologiepolitische Agenda der Regierung durchsetzen bzw. legitimieren. Die Arbeitgeber wirken auf eine flexibilitätsorientierte Ausgestaltung hin, Unternehmerverbände sind an Akzeptanz, Subventionen und einer verbesserten Infrastruktur interessiert. Die Gewerkschaften wollen die Sicherheit der Beschäftigten fördern, Weiterbildung als Rechtsanspruch forcieren, die Arbeitsbedingungen sowie die Mitbestimmung positiv beeinflussen. Dabei müssen die Gewerkschaften verhindern, sich nur

56 Beispielsweise führte man vom 9.-24.9.2019 eine »Woche der Industrie« durch, die in Kooperation mit dem Bündnis »Zukunft der Industrie« veranstaltet wurde, vgl. www.bmwi.de/Redaktion/DE/Dossier/buendnis-zukunft-industrie.html.

als Akzeptanzbeschaffer für die unternehmerischen Interessen instrumentalisieren zu lassen, ohne eigene zentrale Anliegen zu verankern. Es ist also für alle Beteiligten eine Gratwanderung, eigene Interessen durchzusetzen und gleichzeitig pragmatisch auf gemeinsame Ziele hinzuarbeiten.

Regierung

Als der Koalitionsvertrag 2013 verabschiedet wurde, war das Thema Industrie 4.0 noch kaum in der öffentlichen Debatte präsent. Auch die Positionen im Vertragswerk fallen schwächer aus, als es die ihm folgende Regierungspraxis vermuten ließe. Im Zentrum des Koalitionsvertrages steht das Ziel, die digitale Infrastruktur zu verbessern und den Breitbandausbau zu forcieren. Die Koalitionspartner sehen im offenen und freien Internet auf der Basis von WLAN und Netzneutralität eine wichtige Grundlage für die weitere Digitalisierung der deutschen Wirtschaft. Hinsichtlich der Auswirkungen auf den Arbeitsmarkt trägt der Vertrag einerseits den Wandlungsprozessen Rechnung, die mit einer zunehmenden Digitalisierung einhergehen. Andererseits bedenkt die Koalition die dem Arbeitsleben vorgelagerten Kompetenzen im schulischen Kontext. Des Weiteren werden Chancen in flexibleren Formen der Arbeitszeitgestaltung (zum Beispiel »Telearbeit«) gesehen, die die Vereinbarkeit von Familie und Beruf erleichtern. Um den damit verbundenen Gefahren der Entgrenzung zu begegnen, sei aber eine Stärkung des Rechtes der »Nichterreichbarkeit« notwendig. Zudem bedürfe es einer Verbesserung der Medien- und Informationskompetenzen, die durch digitale Qualifizierungs- und Weiterbildungswerkzeuge zu ergänzen seien.

Um die Sicherung der Innovationsfähigkeit zu gewährleisten, lassen sich im Koalitionsvertrag Schwerpunkte erkennen. Der Ausbau der Forschungsaktivitäten im nationalen bzw. internationalen Kontext spielt eine große Rolle. Ebenso bedeutsam ist der Wissenstransfer mithilfe von Kompetenzzentren, Modellregionen, Pilot- und Verbundprojekten sowie Spitzenclustern. Für die erfolgreiche Umsetzung von Industrie-4.0-Technologien ist eine Vereinheitlichung im Bereich der Standardisierung, Interoperabilität sowie Zertifizierung notwendig, was durch Beratungsarbeit sowie durch den Abbau bürokratischer Hürden unterstützt werden soll. Wagniskapital, KfW-Finanzierungen sowie der Ausbau der Förderinstrumente soll dabei helfen, das Innovationspotenzial, das nicht nur in Start-ups besteht, zu erhöhen.

Der Koalitionsvertrag von 2018 enthält ein Bekenntnis zur Industrie in Form einer strategischen Industrie- und Innovationspolitik, eines Ausbaus der Industrie-4.0-Aktivitäten sowie der Unterstützung von Schlüsseltechnologien. Außerdem soll die Zusammenarbeit mit Akteuren wie den Industrie- und Handelskammern (IHK) in Form von Plattformen weiter gefördert werden. Zentral ist für die Koalitionäre die Schaffung von offenen und interoperablen Standards für die Industrie 4.0. Der entscheidende Unterschied zum Koalitionsvertrag aus dem Jahr 2013 ist in der europäischen Orientierung zu sehen. Die Verbindung nationaler und europäischer Initiativen vor allem in Bezug auf Forschungs- und Entwicklungszentren nimmt eine herausgehobene Stellung ein.

Ein neues Investitionsprogramm soll die »Digitalisierung des Mittelstands« weiter in den Fokus rücken. Die Weiterentwicklung der Technologien eröffnet zudem ein völlig neues Handlungsfeld: die Künstliche Intelligenz (KI). Daher entschied sich die Bundesregierung Ende 2018 zur Verabschiedung einer KI-Strategie. Ziel ist es, Deutschland zu einem führenden KI-Standort und »eine verantwortungsvolle und gemeinwohlorientierte Entwicklung und Nutzung von KI« möglich zu machen.

Schließlich haben sich auch 2018 neue Gremien gebildet, die sich mit der Digitalisierung im Allgemeinen beschäftigen. Im Juni 2018 tagte erstmals das Digitalkabinett der Bundesregierung, das für eine ressortübergreifende Digitalpolitik sorgen soll.[57] Außerdem konstituierte sich ein zehnköpfiges Gremium aus Wissenschaft, Forschung und Wirtschaft, der sogenannte Digitalrat. Aufgabe des Rates ist die kritische Begleitung der Arbeit der Bundes-

57 Die Bundesregierung beschloss Ende 2018 eine Strategie zur Umsetzung von Digitalvorhaben, vgl. www.golem.de/news/bundesregierung-digitalkabinett-beraet-zum-erstenmal-1806-135194.html.
Zur Vorbereitung der Umsetzungsstrategie gab es im November 2018 eine Klausurtagung, vgl. www.bundesregierung.de/breg-de/aktuelles/digitalisierung-wird-chefsache-1140420. Im September 2019 ist dazu die Umsetzungsstrategie der Bundesregierung veröffentlicht worden, vgl. www.bundesregierung.de/breg-de/suche/digitalisierung-gestalten-1605002. Zusammenfassend vgl. www.bundesregierung.de/breg-de/themen/digital-made-in-de; www.bundesregierung.de/breg-de/themen/digital-made-in-de/die-digitalstrategie-der-bundesregierung-1549554.

regierung. Die Datenethikkommission berät die Regierung hinsichtlich des Umganges mit Daten, KI und Algorithmen. Trotz der Etablierung unterschiedlicher Gremien und ressortübergreifender Koordinierungsbemühungen kocht immer wieder die Diskussion um die Notwendigkeit eines eigenständigen Digitalministeriums hoch.

Die Interessen der deutschen Unternehmerverbände

Der BDI konzentriert sich insbesondere auf die Ausgestaltung der infrastrukturellen und wirtschaftspolitischen Rahmenbedingungen.[58] Ein Schwerpunkt ist der Ausbau der digitalen Infrastruktur (Breitbandausbau und Digitale Dividende II), um den wachsenden Datenmengen Rechnung zu tragen. Einen zweiten Schwerpunkt bilden die supranationalen und hier besonders die europäischen Rahmenbedingungen. Es geht dabei auch um die Umsetzung der 2016 in Kraft getretenen EU-Datenschutzverordnung. Dabei spielen die Clouddienste, die Abwehr von Cyberangriffen und deren Bekämpfung sowie das Verbot von Wirtschaftsspionage eine große Rolle. Der dritte Schwerpunkt umfasst die konkrete Förderung von Gründungsaktivitäten (beispielsweise durch die Bereitstellung von Risikokapital, Finanzierung über Crowdfunding, Stärkung der Finanzierung in Gründungs- und Wachstumsphasen) und eine Politik der steuerrechtlichen Forschungsförderung und eines funktionierenden Wettbewerbs auf den digitalen Märkten. Der übergeordnete vierte Schwerpunkt liegt in einer gezielten Innovationsförderung, die es deutschen Unternehmen ermöglicht, Technologieführer in diesem Sektor zu werden. Die Handlungsempfehlungen des BDI aus dem Jahr 2017 für die 19. Legislaturperiode des Deutschen Bundestages weichen von den Empfehlungen aus dem Jahr 2015 in ihren wesentlichen Punkten nicht ab.

Die Bundesvereinigung der Deutschen Arbeitgeberverbände (BDA) versucht, die Industrie-4.0-Debatte für eine unternehmenskonforme Umgestaltung der Arbeitsmärkte zu nutzen.[59] Aus dieser Perspektive müssen Deregu-

58 BDI: Digitalpolitik. Handlungsempfehlungen der deutschen Industrie für die 19. Wahlperiode des deutschen Bundestags, Berlin 2017.

59 BDA: Chancen der Digitalisierung nutzen. Positionspapier der BDA zur Digitalisierung von Wirtschaft und Arbeitswelt, 2015, www.arbeitgeber.de/www/arbeitgeber.nsf/res/6308287

lierung und die Flexibilisierung etablierter Standards die Digitalisierung begleiten und zwar sowohl hinsichtlich der Entlohnung als auch der Arbeitszeiten. Man müsse von einer täglichen zu einer wöchentlichen Höchstarbeitszeit kommen. Um eine stärkere wirtschaftliche Dynamik zu erreichen, müsse Werkverträgen, Leiharbeit sowie befristeten Beschäftigungsverhältnissen eine wachsende Bedeutung beigemessen werden. Darüber hinaus würden Regelungen, die aus der Mitbestimmung resultieren, schnellere Entscheidungsfindungs- und Umsetzungsprozesse hemmen. Ein zentrales Augenmerk richtet die BDA auf den Bereich Bildung und Qualifikation. Um das erforderliche Fachkräftepotenzial zu sichern, fordert sie die Stärkung der Bildung in Mathematik, Informatik, Naturwissenschaft und Technik (MINT) sowie die Vermittlung digitaler Kompetenzen in der Schule. Weiterbildung sieht sie als »Königsweg« an, der durch eine arbeitsplatznahe Weiterbildung bzw. eine lernförderliche Arbeitsorganisation unterstützt werden kann.

2018 stellte die BDA außerdem einen Fünf-Punkte-Plan vor, in dem sie erläutert, wie eine Arbeitswelt der Zukunft gestaltet sein muss. Dabei legt sie die Schwerpunkte auf Recruiting und Upskilling, die Zusammenarbeit von Mensch und Maschine als Team und die Offenheit gegenüber neuen Technologien. Sie betont, dass Fachkräfte der Motor des digitalen Wandels sind, und sieht auch in der frühen digitalen Bildung ein hohes Wirkungspotenzial für den Erfolg einer Digitalstrategie.[60]

Gewerkschaften und SPD

Die Gewerkschaften im Deutschen Gewerkschaftsbund insistieren darauf, dass in der Beteiligung und Unterstützung der Beschäftigten das Fundament für eine erfolgreiche Industrie-4.0-Strategie liegt.[61] Zentral sind Qualifizierungs- und Weiterbildungsfragen: Eine entsprechende Arbeitsorganisation sei die Basis für eine lebenslange Weiterbildungskultur, die durch eine vor-

---

022D75F36C1257FA2005707DD/$file/BD A_Chancen_Digitalisierung.pdf (abgerufen am 20.7.2016).

60 BDA: Mehr Mut! Mehr gestalten! Mehr Europa!

61 DGB: Digitalisierung der Arbeitswelt, Berlin 2015, www.dgb.de/themen/++co++49569078-262c- 11e5-a4fc-52540023ef1a (abgerufen am 19.6.2019).

ausschauende Qualifikationsstrategie auf Unternehmensebene, die Schaffung transparenter Strukturen bzw. eine finanzielle Förderung der Beschäftigten sowie ein Weiterbildungsgesetz abzusichern sei. Besonders dringlich sei dies angesichts eines erwartbaren Abbaus von Arbeitsplätzen für An- und Ungelernte. Da neue Arbeitsformen wie zum Beispiel das Crowdworking entstehen, müsse eine Anpassung des Arbeitnehmer- und Betriebsbegriffs sowie eine Ausweitung der Mitbestimmungsrechte erfolgen. Darüber hinaus sei die Absicherung neuer Arbeitsformen mit einer Ausweitung des Sozialversicherungsschutzes auf alle Formen der Erwerbsarbeit essenziell. Auch datenschutzrechtliche Aspekte im Sinne eines umfassenden Beschäftigtendatenschutzes müssten etabliert werden. Damit die Strategie »Gute(r) Arbeit« im Rahmen von Industrie 4.0 eine Zukunft habe, sei eine Erhöhung der Forschungsmittel, unter anderem für Arbeitsforschungsprogramme, erforderlich, was die Große Koalition sowohl 2013 als auch 2018 versprach.[62]

Die SPD-Bundestagsfraktion hat 2015 drei Handlungsfelder herausgestellt, die sie im Kontext der Industrie-4.0-Debatte für besonders wichtig hält. Dies sind die Reflexion über den Menschen in einer zunehmend digitalen Gesellschaft, die Voraussetzungen für wirtschaftliche und soziale Innovationsfähigkeit und die Rahmenbedingungen zum Gelingen von Industrie 4.0.

Im ersten Punkt geht es der Fraktion darum, die veränderten Arbeitsbedingungen im Rahmen einer starken Mitbestimmung der Arbeitnehmer zu gestalten. Neue Arbeitsformen wie Crowdworking machen neue Standards erforderlich, die von der Arbeitszeit über den Ausbau des Betreuungsangebots für Kinder bis zum Anpassen des Arbeitsschutzes reichen. Die Voraussetzungen für eine erfolgreiche Industrie-4.0-Strategie werden im Bildungssystem gelegt. Die Lerninhalte müssen den erforderlichen »digitalen Kompetenzen« Rechnung tragen. Die SPD-Fraktion möchte durch eine stärkere Verbindung von beruflicher und akademischer Bildung sowie durch das berufsbegleitende Studium zusätzliche Bildungspotenziale mobilisieren. Darüber hinaus misst sie der Sicherung des mathematisch-naturwissenschaftlichen Nachwuchses sowie der Reduzierung der Studienabbruchquote Bedeutung bei.

---

62 Samuel Greef/Wolfgang Schroeder: Plattformökonomie und Crowdworking. Eine Analyse der Strategien und Positionen zentraler Akteure, Berlin 2017, S. 31 f.

Im zweiten Punkt setzt die SPD-Bundestagsfraktion auf eine gezielte Innovationsförderung durch die Unterstützung forschungsintensiver KMUs. Der Ausbau von Innovationsclustern, die Fortsetzung der sogenannten Exzellenzinitiative an den deutschen Hochschulen sowie die Kompetenzzentren und Wissensplattformen sollen die Rahmenbedingungen für Innovationen verbessern. Da ein hohes Innovationspotenzial sowohl von bestehenden KMUs wie von Start-ups ausgeht, gilt es, deren Rahmenbedingungen (unter anderem durch Netzwerke mit etablierten Unternehmen, die Bereitstellung von Wagniskapital, den Ausbau von Inkubatoren und Gründerzentren) zu fördern.

Damit die Umsetzung neuer Technologien gelingen kann, nimmt der dritte Punkt Bezug auf die Ausgestaltung der allgemeinen Rahmenbedingungen. Hierzu zählt der Ausbau der digitalen Infrastruktur. Darüber hinaus müssen die Netzneutralität sowie die Datensicherheit gesichert werden. Die Implementierung neuer Technologien in den Unternehmenskontext setzt zugleich Standards und Normen voraus, deren Umsetzung auf nationaler bzw. internationaler Ebene zu erfolgen hat.

Fazit

Die marktwirtschaftlichen und technologischen Herausforderungen, die mit der Digitalisierung einhergehen, sind enorm. Trotz ihres globalen Ausmaßes bedarf es in vielen Bereichen grundsätzlicher Antworten und Strategien auch auf nationalstaatlicher Ebene. Für den deutschen Fall baut die Leistungsfähigkeit der deutschen Wirtschaft primär auf der sektoralen Spezialisierung forschungsintensiver Industrien auf. Flankiert wird dies durch ein »korporatistisches« Ineinandergreifen von Wirtschaft, Wissenschaft und staatlicher Teilsteuerung sowie eine flexible und robuste Arbeitsmarktordnung, in deren Zentrum qualifizierte Facharbeiter stehen. Es spricht im Moment vieles dafür, dass sich diese starke Stellung der deutschen Industrie nicht einfach fortschreiben lässt. Strukturelle Investitions- und Innovationsprobleme sind offensichtlich. Neue Initiativen müssen ergriffen werden, um zusätzliche Wachstumsmöglichkeiten zu eröffnen. Industrie 4.0 wird in diesem Sinne als Projekt begriffen, um technologische Standards zu setzen und die Marktführerschaft bei Schlüsselelementen der digitalisierten Produktion zu erringen.

Um Industrie 4.0 als Basis eines neuen Wachstumszyklus zu verankern, verfolgte man seit der Jahrtausendwende verschiedene Initiativen und Strategien. Eine umfassende Vernetzungsstrategie zwischen der klassischen Industrie und den digitalisierten Strukturen schält sich in Deutschland erst langsam heraus. Dabei sind Initiativen, die durch Automatisierungsschübe und eine umfassende Vernetzung einzelner Teile der Wertschöpfungskette Rationalisierungssprünge erreichen wollen, in Deutschland nicht neu. Weil der ökonomische Erfolg sich nicht so schnell wie gewünscht einstellte und US-amerikanische sowie asiatische IT-Konzerne weiter den Ton angeben, hat sich im Laufe der Zeit auch eine gewisse technologische Abhängigkeit der deutschen Industrie von amerikanischen und asiatischen Technologiekonzernen ergeben. Durch verstärkte internationale Kooperationen wie beispielsweise im »Industrial Internet Consortium« versucht man nun, die eigene Wettbewerbsfähigkeit zu verbessern.

Industrie 4.0 ist eingebettet in die Strukturen der kooperativen Steuerung des deutschen Kapitalismus, die sich von der betrieblichen über die regionale auf die Bundesebene ziehen. Dabei konnte durch die kommunikative Strategie sowie die Einbindung von Verbänden und Wissenschaft eine beachtliche Aufmerksamkeit erreicht werden. Durch die Einbeziehung der Gewerkschaften besteht zudem eine Möglichkeit, die vielerorts kritisierte technologische Verengung aufzubrechen und Industrie 4.0 auch als Projekt der sozialen Innovation und der Gesellschaftspolitik zu begreifen. Wie notwendig dies ist, zeigt sich daran, dass nicht nur Arbeitsplatzabbau, Dequalifizierung und neue Qualifizierungsbedarfe in größerem Umfang anstehen, sondern neue Formen der Leistungs- und Verhaltenskontrolle und der gesellschaftlichen Polarisierung als Gefährdungen ernst zu nehmen sind. Das Feld der Entwicklungspotenziale reicht vom umfassenden automatisierungsbedingten Wegfall einfacher Arbeitsplätze über ihre qualifikatorische Aufwertung bis hin zu neuen Formen digitaler Arbeit auf Plattformen und in Clouds. Industrie 4.0 ist trotz aller Probleme, die damit verbunden sind, eine Chance für das deutsche Modell. Der Schlüssel für den Erfolg von Industrie 4.0 liegt dabei wahrscheinlich bei den Großbetrieben, die die Standards setzen, an denen sich die KMUs orientieren. Notwendig ist zudem eine intensivere

Vernetzung mit den internationalen Konkurrenten, nicht nur auf europäischer Ebene.

Im internationalen Vergleich verläuft der deutsche Weg inkrementell und evolutionär, auch bei der Industrie 4.0. Damit unterscheidet er sich erkennbar von einer schumpeterianischen Sichtweise der schöpferischen Zerstörung durch die Digitalisierung – die vor allem in der US-amerikanischen Perspektive als Strategie der »disruptiven Veränderungen« gesehen wird. Damit der deutsche evolutionäre Weg funktionieren kann, ist das Vorurteil zu entkräften, dass sich durch die Digitalisierung alles verändert und damit größte Unsicherheiten und Unplanbarkeit verbunden sind. Der eingeschlagene Weg liegt in der Tradition der deutschen korporatistischen Politik der Staat-Verbände-Koordination – auch aus diesem Blickwinkel haben wir es also eher mit Pfadabhängigkeit als mit revolutionär neuen Ansätzen zu tun. Diesmal geht es um eine enge Verzahnung von betriebswirtschaftlichen, volkswirtschaftlichen, arbeitsmarkt-, forschungs-, rechts- und gesellschaftspolitischen Themen und Politikfeldern. Angesichts der gesellschaftlichen Sprengkraft, die der Industrie-4.0-Logik innewohnt, sollte durch diesen breiten Ansatz eine technologische und einzelwirtschaftliche Verengung der Digitalisierungspolitik umgangen werden. Das Ziel ist eine technologisch und ökonomisch erfolgreiche Politik, die zugleich positive sozialintegrative Konsequenzen für die Gesamtgesellschaft hat.

Alexander Berzel

Digitalisierungsstrategien der deutschen Länder

Nur wenige Themen beherrschen die politische Agenda in den letzten Jahren so sehr wie die Digitalisierung. Spannend ist aber nicht nur die thematische Dominanz: Neben den inhaltlichen Aspekten behandelt der Diskurs maßgeblich die Steuerungsebene von Politik. Es geht nicht nur um Maßnahmen wie Breitbandausbau, Smart Cities oder Weiterbildungsoffensiven. Man diskutiert auch Digitalministerien, Digitalisierungskabinette und Digitalbeauftragte – also Steuerungsinstrumente. Offenkundig wird die Digitalisierung als eine Herausforderung bewertet, die Reformen des gegebenen politischen Institutionengefüges benötigt.

Das Thema Digitalisierung betrifft nicht nur ein Politikfeld oder ein Ministerium, sondern eine Vielzahl bisher nicht (ausreichend) korrespondierender Akteure[1] und Institutionen aus sämtlichen Politikfeldern. Die politischen Akteure, bestehenden Institutionen und darin angelegten Strukturen können die Herausforderung nur unzureichend aufnehmen. Es benötigt also neue Impulse an vielen Stellen. Die Politikwissenschaft verhandelt diesen

1 Aus Gründen der leichteren Lesbarkeit wird in dem vorliegenden Beitrag die gewohnte männliche Sprachform bei personenbezogenen Substantiven und Pronomen verwendet. Dies impliziert jedoch keine Benachteiligung des weiblichen Geschlechts, sondern soll im Sinne der sprachlichen Vereinfachung als geschlechtsneutral zu verstehen sein.

Diskurs unter dem Begriff der Policy-Integration. Das starre sektorale Institutionengefüge wird für die komplexen, möglicherweise transformativen Problemkonstellationen als nicht passend angesehen. Zur Durchsetzung der inhaltlichen Ziele ist es dieser Lesart zufolge nötig, die Digitalisierungsaspekte quer zur bestehenden Ressortverteilung mitzudenken und in die entsprechenden Handlungslogiken zu integrieren.

In diesem Beitrag geht es um einen Ausschnitt der digitalen Transformation, nämlich die Digitalisierung von Arbeit. Der Blick wird auf jene Akteure und Prozesse verengt, die Bezüge zu dieser Schwerpunktsetzung – bestehend aus den beiden Politikfeldern Arbeitsmarktpolitik und Wirtschaftsförderung – aufweisen. Anhand von Strategiedokumenten, den Digitalstrategien der deutschen Länder, soll der vielfältige inhaltliche wie steuerungsbezogene Ideenraum für die Forschung erschlossen werden. Eine Querschnittsanalyse der Länder dient dazu, die angesprochene Vielfalt aufzuzeigen und zu betrachten, ob die Publikationen bereits geeignet sind, eine Landkarte der Länderaktivitäten zu zeichnen. Dies soll folgende zentrale Fragen beantworten: Inwiefern erfüllen die Landesregierungen in ihren Digitalstrategien die Anforderungen an Strategien zur digitalen Transformation? Können sie die Vielzahl der Akteure und die beiden Politikfelder im Handlungsfeld Digitalisierung von Arbeit zusammenbinden? Und: Welche Schwerpunkte setzen sie dabei?

Konzeptionelles: Strategien, Policy-Integration und die Länderebene bei der Digitalisierung von Arbeit

Digitalisierung soll hier verstanden werden als die transformativen Auswirkungen der durch den technologischen Wandel induzierten Veränderungs- und Innovationsprozesse auf Politik, Wirtschaft und Gesellschaft.[2] Im Vorder-

2 Der Digitalisierungsbegriff kann im Deutschen mehrere Bedeutungen haben. Der englischsprachige Diskurs macht die Differenzierung deutlicher, da Digitization (der technische Prozess der Umwandlung von analogen Werten in digitale Daten), Digitalization (der Wandel in den Prozessen durch die Nutzung von Daten und neuer Technologien) und Digital Transformation (der durch Digitalization ermöglichte Wandel im umfassenden Sinne) begrifflich getrennt werden. Hier ist diese umfassende digitale Transformation gemeint,

grund steht die subnationale Ebene, um die Gestaltungsvielfalt der deutschen Länder aufzuzeigen. Thematisch wird die Digitalisierung von Arbeit insbesondere mit Blick auf die Politikfelder Wirtschaftsförderung und Arbeitsmarktpolitik untersucht. Die beiden Politikfelder gehören zwar nicht zu den Kernkompetenzen der Länder, zeichnen sich jedoch dadurch aus, dass sie Landesregierungen die Möglichkeit verschaffen, eigene Schwerpunkte zu setzen und so strategische Ziele zu verfolgen.[3]

Als Grundlage des angestrebten Vergleichs dienen die Digitalstrategien der Länder. In diesen integrieren die Landesregierungen nach außen sichtbar die entstehenden Herausforderungen in ihr Handeln. Ziel der Analyse ist also eine erste Übersicht der Außenkommunikation von Landesregierungen zur Digitalisierung. Der oben angesprochene Dualismus aus inhaltlichen und steuerungsbezogenen Aspekten findet sich hier wieder. Entscheidend ist der transformative Charakter der Digitalisierung. Es geht nicht um IT- oder E-Government-Strategiepapiere, sondern um diejenigen Regierungsdokumente, die sich den ganzheitlichen Effekten der Digitalisierung widmen. Zu den zentralen Funktionen einer digitalen Transformationsstrategie gehört

---

die Regierungen nicht nur dadurch herausfordert, dass digitale Dienstleistungen eine Modernisierung der Verwaltung erfordern, sondern auch, indem sie ins Gesellschafts-, Wirtschafts-, Arbeits- und Privatleben hineinwirkt. Dieses Allgegenwärtige erfordert eine politische Reaktion – und zwar nicht nur aus einem Ressort oder Politikfeld, sondern übergreifend (Daniel R. A. Schallmo/Christopher A. Williams: Digital Transformation Now! Guiding the Successful Digitalization of Your Business Model, Wiesbaden 2018, S. 4-7; siehe auch Roland Heuermann/Andreas Engel/Jörn von Lucke: Digitalisierung. Begriff, Ziele und Steuerung, in: Digitalisierung in Bund, Ländern und Gemeinden. IT-Organisation, Management und Empfehlungen, hg. v. Roland Heuermann/Matthias Tomenendal/Christian Bressem, Berlin/Heidelberg 2018, S. 9-45, hier S. 9-12).

3 Für die Arbeitsmarktpolitik siehe Josef Schmid/Susanne Blancke: Arbeitsmarktpolitik der Bundesländer. Chancen und Restriktionen einer aktiven Arbeitsmarkt- und Strukturpolitik im Föderalismus, Berlin 2001; Josef Schmid/Horst Hedrich: Arbeitslosigkeit und Arbeitsmarktpolitik in den Bundesländern. Differenzierungen und Differenzen, in: Die Politik der Bundesländer. Staatstätigkeit im Vergleich, hg. v. Achim Hildebrandt/Frieder Wolf, Wiesbaden 2008, S. 193-214; zur Wirtschaftspolitik vgl. Markus M. Müller: Länderwirtschaftspolitik, in: Die Politik der Bundesländer. Staatstätigkeit im Vergleich, hg. v. Achim Hildebrandt/Frieder Wolf, Wiesbaden 2008, S. 215-234; Dieter Rehfeld: Clusterpolitik im Rahmen des strukturpolitischen Mehrebenensystems. Pfadabhängigkeiten, Rahmenbedingungen und Herausforderungen für die kommunale Wirtschaftsförderung, in: Zukunft der Wirtschaftsförderung, hg. v. Rasmus C. Beck/Rolf G. Heinze/Josef Schmid, Baden-Baden 2014, S. 591-612.

nicht nur die Beschreibung des inhaltlichen Zielbildes (Orientierungsfunktion), sondern auch die Reflexion, wie die Organisation dorthin gelangen will und inwiefern dies organisatorischer Veränderungen bedarf.

Letzterer Punkt ist nicht zu unterschätzen. Schließlich gelten Führung und Richtung als Voraussetzung von Strategiefähigkeit.[4] Führung meint nicht nur die personelle Ebene – wer führt –, sondern auch die steuerungsbezogene – die Frage nach dem Organisationsdesign dieser Führung. Die digitale Strategiefähigkeit baut also auf der Klärung von Führungs- und Organisationsfragen hinsichtlich der digitalen Transformation auf. Da diese Führungs- und Organisationsfragen mit den inhaltlichen Zielen der Strategie zusammenwirken, ist bei der Analyse der Länderstrategien darauf zu achten, inwiefern strukturell-organisatorische Steuerungsfragen neben den Ziel-Maßnahmen-Programmen Platz finden und damit die eigene Strategiefähigkeit thematisiert wird. Anders formuliert geht es darum, ob die Regierungsdokumente, die als Digitalstrategien firmieren, diesem Strategie-Anspruch genügen oder ob sie eher eine kommunikativ-symbolische Funktion vonseiten der Länder erfüllen.

Wer macht was bei der Digitalisierung von Arbeit: Übersicht und Vorgehen

Wie gehen die Landesregierungen vor, um die Herausforderungen der digitalen Transformation anzugehen und die Vielzahl an Themen, Akteuren und Verantwortlichkeiten zusammenzubinden? Derzeit[5] finden sich in den deutschen Ländern 14 analysierbare Digitalstrategien.[6] Für diese in Tabelle 1 abgebildeten Länderstrategien gilt, dass nur ausgewertet wird, was in den Strategien steht. Es geht also nicht darum, was die Länder insgesamt hin-

4 Joachim Raschke/Ralf Tils: Politische Strategie. Eine Grundlegung, Wiesbaden 2013, S. 332.
5 Der Beitrag entstand im Frühjahr 2019.
6 In der Analyse fehlt Bremen, dessen Strategie lediglich auf die eigene Verwaltung zielt und somit für diesen Beitrag nicht fruchtbar zu machen ist. Im Saarland existiert ein Dokument namens »Digitalisierung und Technologietransfer«, das allerdings als Broschüre firmiert und dem nicht der Status einer Digitalstrategie im definierten Sinne zugesprochen werden kann.

sichtlich der Digitalisierung von Arbeit unternehmen, sondern darum, welche Aktivitäten die jeweiligen Digitalstrategien nach außen abbilden.

Wie Tabelle 1 zeigt, ist die Mehrzahl der Länderstrategien ein recht neues Phänomen.[7] Bayern und Hamburg 2015 sowie Berlin, Hessen und Sachsen 2016 sind die Vorreiter darin, ihre Überlegungen zur digitalen Transformation in dieser Form gebündelt zu veröffentlichen. Zuvor gab es eine Bandbreite an Formaten, die die unterschiedlichen Regierungen nutzten, um ihre Haltung wie auch ihre Vorhaben zu verdeutlichen. Dazu gehörten allgemeine und themenspezifische Regierungserklärungen, Koalitionsverträge oder Broschüren zu Einzelthemen. Spätestens 2018 setzte sich die politikfeldübergreifende Gesamtstrategie durch; gleich sieben Länder veröffentlichten eine solche (➟ Tab. 1, S. 60).

Der Frage nach den strukturellen und inhaltlichen Schwerpunkten der jeweiligen Landesstrategien wird in diesem Beitrag mit einer qualitativen Inhaltsanalyse nachgegangen. Dazu wurden die Dokumente mithilfe des Textanalysetools MAXQDA codiert und analysiert. Das Codierschema nutzt dazu drei Codes: »Struktur/Strategische Inhalte«, »Wirtschaftspolitisches Motiv« und »Arbeitsmarktpolitisches Motiv«.

Aus diesen Zuordnungen werden im nächsten Schritt Summaries erstellt, die die Aussagen der Dokumente komprimiert, aber in der nötigen Breite umfassen. Für die inhaltlichen Schwerpunkte werden die identifizierten Aussagen in mehreren Abstraktionsschritten miteinander verglichen und zu Themenbündeln verdichtet. Dieses Vorgehen liegt darin begründet, dass die Inhalte erst identifiziert werden müssen – sie sind gerade das Erkenntnisinteresse.

7 Die aufgeführten Dokumente entsprechen am ehesten der diesem Artikel zugrundliegenden Definition der Digitalstrategie. Für Brandenburg wird also die Zukunftsstrategie Digitales Brandenburg analysiert und nicht der Statusbericht der Landesregierung von 2017. Ebenso wurde etwa für Schleswig-Holstein nicht die Digitale Agenda aus dem Jahr 2016, sondern das Digitalisierungsprogramm von 2018 aufgenommen. In Bayern hingegen behandelt die Strategie BAYERN DIGITAL I 2015 die Steuerungsebene, während dies bei BAYERN DIGITAL 2017 nicht der Fall ist.

Tab. 1: Übersicht der untersuchten Digitalstrategien

Land	Bezeichnung	Jahr
Baden-Württemberg	Digitalisierungsstrategie digital@bw	2018
Bayern	Zukunftsstrategie BAYERN DIGITAL	2015
Berlin	Digitale Hauptstadt Berlin. Bericht über Maßnahmen des Landes Berlin und ihre Umsetzung	2016
Brandenburg	Zukunftsstrategie Digitales Brandenburg	2019
Hamburg	Die Digitalisierung der großen Stadt – Chancen für Wirtschaftskraft, Kommunikation und öffentliche Dienstleistungen	2015
Hessen	Strategie Digitales Hessen Intelligent. Vernetzt. Für Alle	2016
Mecklenburg-Vorpommern	Digitale Agenda für Mecklenburg-Vorpommern	2018
Niedersachsen	Die Strategie Niedersachsens zur digitalen Transformation. Masterplan Digitalisierung	2018
Nordrhein-Westfalen	Strategie für das digitale Nordrhein-Westfalen Teilhabe ermöglichen – Chancen eröffnen*	2018
Rheinland-Pfalz	Strategie für das digitale Leben »Rheinland-Pfalz digital. Wir vernetzen Land und Leute«	2018
Sachsen	SACHSEN DIGITAL Die Digitalisierungsstrategie des Freistaates Sachsen	2016
Sachsen-Anhalt	Digitale Agenda für das Land Sachsen-Anhalt	2018
Schleswig-Holstein	Digitalisierungsprogramm für Schleswig-Holstein	2018
Thüringen	Thüringer Strategie für die Digitale Gesellschaft Arbeitsfassung	2017

* Hier handelt es sich um die Arbeitsfassung vom Dezember 2018 und nicht um die Neufassung vom April 2019. **Quelle:** Eigene Zusammenstellung.

Struktur und strategische Inhalte der Digitalstrategien der Länder

Ausgehend von den Funktionen von Digitalisierungsstrategien gilt es, die Dimension »Struktur/Strategische Inhalte« zu bewerten. Hier stellt sich die Frage, was die jeweilige Digitalstrategie beinhaltet. Casado-Asensio und Steurer unterscheiden narrativbezogene und aktionsbezogene Strategien.[8] Hinzu tritt eine dritte Strategieart, die reflexive Strategie.[9] Bei dieser geht es darum, ob die Anforderungen an eine Digitalstrategie erfüllt werden und zwar einerseits hinsichtlich ihrer Orientierung bzw. ihres Zielbildes – abzulesen an den Ziel-Maßnahmen-Programmen. Andererseits muss Reflexion über die eigene Strategiefähigkeit in Form einer thematisierten regierungsinternen Steuerungsstrategie stattfinden (➟ Tab. 2, S. 62).[10]

Empirisch zeigt sich in Tabelle 3, dass sich alle drei Typen in den untersuchten Digitalstrategien wiederfinden. Insgesamt übertreffen die Strategien mit reflexivem Fokus (acht Länder) diejenigen mit Aktionsbezug (vier Länder) und narrativem Schwerpunkt (zwei Länder). Von Bedeutung ist jedoch der Faktor Zeit. Während die frühen Strategien aus den Jahren 2015/2016 mit Ausnahme von Sachsen noch einen narrativ- oder aktionsbezogenen Fokus aufweisen (Bayern, Berlin, Hamburg,[11] Hessen), überwiegen seitdem reflexive Strategien (Brandenburg, Baden-Württemberg, Niedersachsen, Rheinland-

8 Juan Casado-Asensio/Reinhard Steurer: Integrated strategies on sustainable development, climate change mitigation and adaptation in Western Europe. Communication rather than coordination, in: Journal of Public Policy 34 (2014) 3, S. 437-473, hier S. 456.

9 Viele Strategien stellen zwar einzelne Überlegungen an, wie man etwa mit externen Akteuren zusammenarbeiten kann oder wie die technologische Komponente innerhalb der Verwaltung gesteuert wird. Dies ist aber nicht ausreichend für eine Zuordnung zum reflexiven Fokus. Notwendig dafür ist eine Auseinandersetzung mit dem regierungsinternen organisatorischen Aufbau im Hinblick auf die politikfeldübergreifende Herausforderung durch die Digitalisierung.

10 Für einen Vergleich der konkreten Steuerungsinstrumente der Landesregierungen vgl. Alexander Berzel: Digitalisierung auf Länderebene, in: Handbuch Digitalisierung in Staat und Verwaltung, hg. v. Tanja Klenk/Frank Nullmeier/Göttrik Wewer, Wiesbaden 2020 (i. E.).

11 Hamburg stellt insofern einen Sonderfall dar, als die Strategie zwar die Steuerungsebene behandelt, aber auf der inhaltlichen Ebene nur einen kurzen Abriss über städtische Handlungsfelder bietet, wie die Verwaltung, den Hafen oder das Verkehrssystem. Sie enthält hingegen kein breit angelegtes Ziel-Maßnahmen-Programm. Im Januar 2020 hat der Hamburger Senat eine neue Digitalisierungsstrategie beschlossen, die für diesen Beitrag nicht mehr analysiert werden konnte.

Tab. 2: Dimension Struktur/Strategische Inhalte

Dimension	Fragestellung	Merkmalsausprägung
»Struktur/ Strategische Inhalte«	»Inwiefern werden die Anforderungen an eine Digitalstrategie erfüllt?«	»Handlungsfelder (lose/ allgemeine Handlungs- und Absichtserklärungen → **narrativbezogener Fokus**)«
		»Handlungsfelder + Maßnahmen + max. Beschreibung (kollaborative) Erstellung DS (präzise Handlungs- und Absichtserklärungen → **aktionsbezogener Fokus**)«
		»Handlungsfelder + Maßnahmen + Steuerungsstrategie (→ **reflexiver Fokus**)«

Quelle: Eigene Darstellung.

Pfalz, Sachsen-Anhalt, Schleswig-Holstein, Thüringen). Ein gewisser Lerneffekt und damit einhergehend der Einbezug regierungsseitiger organisatorisch-struktureller Überlegungen ist nicht von der Hand zu weisen. Dieser Eindruck verstärkt sich, wenn man berücksichtigt, welche der Strategien Vorgängerprogramme hatten, wo sich die Regierungen also bereits auf (öffentlich nachvollziehbare) länger anhaltende Strategieprozesse berufen können. Mit Ausnahme von Nordrhein-Westfalen werden in diesen Ländern stets auch strukturell-organisatorische Fragen der regierungsinternen Steuerung von Digitalisierung mitbedacht (→ Tab. 3).

Inhaltliche Varianzen der Länder

Generell gilt für die analysierten Dokumente, dass sich die abgedeckten Themenbündel, die die Länder für sich als Handlungsfelder der Digitalisierung von Arbeit definieren, nicht deutlich unterscheiden. In der Themenauswahl

Tab. 3: Arten der Länderstrategien unter Berücksichtigung des Veröffentlichungsjahres

Land	Struktur/Strategische Inhalte	Jahr	Vorgänger-Programme
Baden-Württemberg	reflexiver Fokus	2018	Ja
Bayern	aktionsbezogener Fokus	2015	Nein
Berlin	narrativbezogener Fokus	2016	Nein
Brandenburg	reflexiver Fokus	2019	Ja
Hamburg	narrativbezogener Fokus	2015	Nein
Hessen	aktionsbezogener Fokus	2016	Nein
Mecklenburg-Vorpommern	aktionsbezogener Fokus	2018	Nein
Niedersachsen	reflexiver Fokus	2018	Ja
Nordrhein-Westfalen	aktionsbezogener Fokus	2018	Ja
Rheinland-Pfalz	reflexiver Fokus	2018	Ja
Sachsen	reflexiver Fokus	2016	Nein
Sachsen-Anhalt	reflexiver Fokus	2018	Nein
Schleswig-Holstein	reflexiver Fokus	2018	Ja
Thüringen	reflexiver Fokus	2017	Ja

Quelle: Eigene Darstellung.

wie auch in der inhaltlichen Auseinandersetzung weisen sie einige Ähnlichkeiten auf. Um eine vergleichbare Basis zwischen den 14 Strategien zu generieren, werden Ziele und Motive der Landesregierungen analysiert, nicht jedoch die teilweise ausführlichen und in ihrer Tiefe voneinander abweichenden Maßnahmenprogramme. Damit einher geht, dass diejenigen Aussagen codiert werden, die auf Motive der Landesregierungen schließen lassen – bei denen also eine Handlungsabsicht, ein Handlungsaufruf oder wenigstens eine Wertung eines Phänomens erkennbar ist. Ausgeschlossen sind diejenigen Statements, die deskriptive Schilderungen von Ist-Zuständen oder Problembedarfen enthalten. Schließlich sei hier nochmals auf die beiden Politikfelder Arbeitsmarktpolitik und Wirtschaftsförderung verwiesen;

die inhaltliche Auswertung beschränkt sich auf diese und exkludiert damit andere Themenfelder wie Verkehr, Breitbandausbau oder IT-Security.

Das Politikfeld Arbeitsmarkt

Im Politikfeld Arbeitsmarkt konnten folgende Themenbündel identifiziert werden:

- Aus- und Weiterbildung
- War for Talent/Fachkräftemangel
- Standards Guter Arbeit
- Sozialpolitische Ziele

Zwölf der 14 Landesregierungen adressieren mindestens drei Bündel (➟ Tab. 4). Die Sicherung und Entwicklung von Standards Guter Arbeit wird in 13 der 14 Strategien als Motiv genannt. Zumindest zehn Landesregierungen verbinden den Wandel auf dem Arbeitsmarkt mit sozialpolitischen Aspekten (sozialpolitische Ziele). Auffällig sind die Sonderfälle der narrativbezogenen Hamburger und Berliner Berichte, die kein bzw. bloß ein Themenbündel adressieren.

Aus-/Weiterbildung: In diesem Themenbündel geht es um die Anpassung von Aus- und Weiterbildung an die Herausforderungen der digitalen Transformation. Der allgemeine (Schul-)Bildungsbereich als eigenständiges Politikfeld wurde für diesen Beitrag nicht codiert, sondern das Augenmerk auf die direkten Bezüge zum Arbeitsmarkt gelegt. Über alle Strategien dominiert dabei das Ziel, einerseits Kompetenzen, Qualifikationen und Fertigkeiten von Individuen und andererseits Berufsbilder durch eine Veränderung der Lerninhalte von Aus- und Weiterbildungen an den von der Digitalisierung ausgehenden Transformationsprozess anzupassen. Außerdem spielen strukturelle Änderungen in Richtung des lebenslangen Lernens eine zentrale Rolle. Argumentativ finden sich individuums- als auch unternehmenszentrierte Begründungsmuster, wie das Beispiel Baden-Württemberg zeigt: »Um die Beschäftigungsfähigkeit des Einzelnen und die Wettbewerbsfähigkeit der Unternehmen zu sichern, müssen die Kompetenzen und Qualifikationen der Erwerbstätigen an die Veränderungen durch die Digitalisierung der Wirtschaft angepasst werden«.[12]

Tab. 4: Überblick adressierter Themenbündel in der Arbeitsmarktpolitik

Land	Aus- und Weiterbildung	War for Talent/ Fachkräftemangel	Standards Gute Arbeit	Sozialpolitische Ziele	Anzahl
Baden-Württemberg	X	X	X	-	3
Bayern	X	X	X	-	3
Berlin	-	-	X	-	1
Brandenburg	X	X	X	X	4
Hamburg	-	-	-	-	0
Hessen	X	X	X	X	4
Mecklenburg-Vorpommern	-	X	X	X	3
Niedersachsen	X	X	X	X	4
Nordrhein-Westfalen	X	-	X	X	3
Rheinland-Pfalz	X	X	X	X	4
Sachsen	X	X	X	X	4
Sachsen-Anhalt	X	X	X	X	4
Schleswig-Holstein	X	X	X	X	4
Thüringen	X	X	X	X	4
Anzahl	**11**	**11**	**13**	**10**	

Quelle: Eigene Darstellung.

Konkrete Auseinandersetzungen damit, wie die digitale Transformation, das Aufkommen maschinellen Lernens, die Automatisierung von Geschäftsprozessen oder der Wegfall vormals menschlicher Aufgaben die Art und Weise der benötigten Kompetenzen beeinflussen, finden sich dabei in einzel-

12 Landesregierung von Baden-Württemberg: Digitalisierungsstrategie digital@bw, www.digital-bw.de/documents/20142/0/DigitalisierungsstrategieBaWue2017.pdf/2ca4e48e-0830-c81c-8dc2-6ebde1a93024 (abgerufen am 13.5.2019), hier S. 48.

nen Strategien. Thüringen etwa bezieht die Ergebnisse der Untersuchungen zu Substitutionsrisiken bestimmter Berufe und Tätigkeitsfelder des Instituts für Arbeitsmarkt- und Berufsforschung (IAB) in die Analyse ein.[13] Die Forderungen nach einer Förderung digitaler Kompetenzen finden sich nahezu in allen Strategien. Es gibt aber auch alternative Schwerpunktsetzungen. Brandenburg[14] und Hessen[15] betonen die Stärken des Menschen und damit nicht substituierbare Fähigkeiten im Verhältnis Mensch-Maschine.

War for Talent/Fachkräftemangel: Durch die demografische Entwicklung oder die Zunahme kognitiver Bedarfe in der Wissensgesellschaft sind nicht nur Unternehmen in einen Wettstreit um die besten Talente eingetreten. Auch für die Länder ist mit der verstärkten Mobilität über Regionen hinweg ein Handlungsdruck entstanden. Neben dem Bedarf der Fachkräfteentwicklung verbinden Länder wie Baden-Württemberg (»attraktiver Standort für die besten Talente weltweit«),[16] Bayern (»Digitale berufliche Weiterbildung soll Bayern vor anderen Regionen auszeichnen«)[17] oder Thüringen (»Die Qualität der Forschung in Thüringen ist ein wesentlicher Standortfaktor«)[18] mit der Digitalisierung den Ansporn, ihre Führungsposition als Arbeitsmarkt zu erhalten bzw. zu entwickeln. Andere Länder (Hessen, Mecklenburg-Vorpommern, Rheinland-Pfalz oder Schleswig-Holstein) erkennen die Chance einer Aufwertung ländlicher Regionen durch das Halten junger Fachkräfte, insbesondere durch die mögliche Entkopplung von individuellem Arbeitsplatz und Unternehmenssitz.

---

13 Thüringer Landesregierung: Thüringer Strategie für die Digitale Gesellschaft. Arbeitsfassung, www.thueringen.de/mam/th6/pub/digitalstrategie_2017.pdf (abgerufen am 13.5.2019), hier S. 26.

14 Brandenburgische Landesregierung: Zukunftsstrategie Digitales Brandenburg, digitalesbb.de/wp-content/uploads/2018/12/181211-Strategiepapier.pdf (abgerufen am 13.5.2019), hier S. 30.

15 Hessische Landesregierung: Strategie Digitales Hessen. Intelligent. Vernetzt. Für Alle, www.digitalstrategie-hessen.de/img/Digitalstrategie_Hessen_2016_ver1.pdf (abgerufen am 13.5.2019), hier S. 59.

16 Landesregierung von Baden-Württemberg 2018 – Digitalisierungsstrategie digital@bw, S. 15.

17 Bayerische Staatsregierung: Zukunftsstrategie BAYERN DIGITAL, www.kmu-digital.eu/de/service-kompetenz/publikationen/broschueren/35-zukunftsstrategie-bayern-digital/file (abgerufen am 13.5.2019), hier S. 82.

18 Thüringer Landesregierung: Thüringer Strategie für die Digitale Gesellschaft, S. 41.

Standards Guter Arbeit: Die Formulierungen in diesem Themenbündel ähneln sich über die einzelnen Strategien hinweg sehr. Die Regierungen stehen »zu den Werten von ›Guter Arbeit‹ und [...] [möchten] diese in die digitale Arbeitswelt überführen«,[19] sie wollen »für den Schutz sozialer und arbeitsrechtlicher Standards [eintreten]«[20] und streben eine »starke Sozialpartnerschaft, eine moderne Mitbestimmung und offene Unternehmenskultur«[21] an.

Einen der wenigen Ausreißer stellt hier die bayerische Strategie dar. Diese lässt wenige individuumszentrierte Handlungsmotive erkennen, sondern konzentriert sich auf die Perspektive der Wirtschaft:[22]

> »Der Mittelstand braucht flexiblere Arbeitsbedingungen, um die Chancen der Digitalisierung nutzen zu können. [...] Das sozialversicherungspflichtige Normalarbeitsverhältnis wird in diesem Zusammenhang weiter an Bedeutung verlieren. Es stellt sich dann die Frage, welche arbeits- und sozialrechtlichen Standards wir dann noch aufrechterhalten wollen und können.«[23]

Eine weitere Besonderheit bilden jene Regierungen, die konkrete Phänomene der Digitalisierung von Arbeit thematisieren. So möchte die hessische Landesregierung »ein neues Leitbild der Arbeit [...] definieren, [...] um neue Arbeitsformen wie beispielsweise das Crowdworking zu erfassen«,[24] Sachsen will »daran arbeiten, dass durch neue Formen der Arbeitsorganisation wie

19 Brandenburgische Landesregierung: Zukunftsstrategie Digitales Brandenburg, S. 30.

20 Hessische Landesregierung: Strategie Digitales Hessen, S. 3.

21 Landesregierung von Nordrhein-Westfalen: Strategie für das digitale Nordrhein-Westfalen. Teilhabe ermöglichen – Chancen eröffnen. Arbeitspapier, www.digitalstrategie.nrw/digitalnrw/de/home/file/fileId/144/name/Digitalstrategie_NRW_Erstfassung_Final.pdf (abgerufen am 13.5.2019), hier S. 27.

22 Eine Schwerpunktsetzung, die sicherlich auf den Herausgeber der Strategie, das Bayerische Staatsministerium für Wirtschaft und Medien, Energie und Technologie, zurückzuführen ist, auch wenn betont wird, dass alle Ressorts Input geliefert haben (Vgl. Bayerische Staatsregierung: Zukunftsstrategie BAYERN DIGITAL, S. 2).

23 Ebd., hier S. 78.

24 Hessische Landesregierung: Strategie Digitales Hessen, S. 59.

Crowdsourcing [...] keine prekären Beschäftigungsformen unterstützt werden«.[25]

Sozialpolitische Ziele: Neben Aussagen dazu, wie arbeitsmarktpolitische Strukturen adaptiert werden müssten, finden sich sozialpolitische, das Individuum ins Zentrum der Überlegungen stellende Ziele und Chancen in den Länderstrategien. Häufigstes Motiv in diesem Bündel ist eine Verbesserung der Work-Life-Balance bzw. der Vereinbarkeit von Beruf und Familie durch eine Flexibilisierung von Arbeitszeiten und -orten (Brandenburg, Hessen, Mecklenburg-Vorpommern, Niedersachsen, Nordrhein-Westfalen, Rheinland-Pfalz, Sachsen, Sachsen-Anhalt und Thüringen). Daneben erwarten die Landesregierungen Potenziale zur Wiedereingliederung Arbeitsloser, die Eröffnung neuer Aufstiegswege (Brandenburg, Mecklenburg-Vorpommern, Niedersachsen, Nordrhein-Westfalen und Schleswig-Holstein) und Möglichkeiten zur Überwindung asymmetrischer Strukturen (Gleichstellung der Geschlechter: Niedersachsen und Sachsen-Anhalt; Inklusionspolitiken: Brandenburg, Nordrhein-Westfalen, Rheinland-Pfalz und Sachsen-Anhalt).

Das Politikfeld Wirtschaftsförderung

Bei der Wirtschaftsförderung sind es neben allgemein-wirtschaftlichen Zielen, wie dem Versprechen auf Wachstum oder neue Arbeitsplätze, vor allem folgende vier Themenbündel, die die Länderstrategien prägen:

- KMU-Fokus
- Start-ups/Gründerdynamik
- Netzwerkarbeit Unternehmen-Forschung
- Netzwerkarbeit Unternehmen-Unternehmen

Auch bei der Wirtschaftsförderung fällt auf, dass sich über die 14 Strategien hinweg – wieder mit Ausnahme von Hamburg – keine frappierenden Unterschiede beim Adressieren der Themenbündel ergeben (➡ Tab. 5). Dennoch

25 Sächsische Staatsregierung: SACHSEN DIGITAL. Die Digitalisierungsstrategie des Freistaates Sachsen, publikationen.sachsen.de/bdb/artikel/25926/documents/36501 (abgerufen am 13.5.2019), hier S. 30.

finden sich bei der Auswertung der Aussagen in den Strategien interessante Differenzierungen innerhalb der Bündel.

Tab. 5: Überblick adressierte Themenbündel Wirtschaftsförderung

Land	KMU-Fokus	Start-ups/ Gründer-dynamik	Netzwerk-arbeit UN-UN	Netzwerk-arbeit UN-Forschung	An-zahl
Baden-Württemberg	X	X	X	X	4
Bayern	X	X	X	X	4
Berlin	-	X	X	X	3
Brandenburg	X	X	X	X	4
Hamburg	-	-	X	-	1
Hessen	X	X	X	X	4
Mecklenburg-Vorpommern	X	X	X	X	4
Niedersachsen	X	X	-	X	3
Nordrhein-Westfalen	X	X	-	X	3
Rheinland-Pfalz	X	X	X	X	4
Sachsen	X	X	X	X	4
Sachsen-Anhalt	X	X	X	X	4
Schleswig-Holstein	X	X	X	X	4
Thüringen	X	X	X	X	4
Anzahl	12	13	12	13	

Quelle: Eigene Darstellung.

KMU-Fokus: Die Förderung von kleinen und mittelständischen Unternehmen (KMU) gehört im Rahmen der Digitalisierung zu den zentralen Aufgaben der Wirtschaftsförderung, doch sind die KMU mit Blick auf ihre Ressourcen und Kompetenzen durch die Digitalisierung besonders herausgefordert.[26] Aber nicht nur das Nutzen der Chancen der Digitalisierung bzw. das Sichern von Wettbewerbsfähigkeit wird artikuliert. Länder wie Niedersachsen (»Wir streben den nationalen Benchmark beim Digitalisierungsgrad in den kleinen und mittelständischen Unternehmen an«)[27] und Bayern (»Die Spitzenstellung des bayerischen Mittelstands in unterschiedlichsten Branchen muss jetzt im Bereich digitaler Verfahren gesichert und ausgebaut werden«)[28] formulieren klare Wettbewerbsansprüche innerhalb Deutschlands.

Start-ups/Gründerdynamik: Die Stimulation von Gründerdynamiken ist kein neues Phänomen. Im Rahmen der Entwicklung der Wirtschaftsförderung hin zu einem strategischer agierenden, auf Clustern aufbauenden Streben nach klaren Stärkeprofilen gehört sie zu den im Zeitverlauf ergänzten Aufgaben.[29] Das am häufigsten genannte Element in diesem Themenbündel ist die Absicht, finanzielle Unterstützung in der Gründungs- und frühen Entwicklungsphase zu leisten. Dies ist auch deshalb notwendig, weil der deutsche Wagniskapitalmarkt im internationalen Vergleich unterdurchschnittlich ausgestattet ist. Gleiches gilt für die Gründungsdynamik allgemein.[30] Viele der Strategien wollen die Digitalisierung deshalb als Anlass nutzen, nicht nur individuell Gründern unter die Arme zu greifen, sondern entsprechende Anreize auszubauen, um die Innovationsfähigkeit des Landes insgesamt zu stärken. Zu dieser Gruppe gehören Baden-Württemberg, Bayern, Niedersachsen, Nordrhein-Westfalen und Schleswig-Holstein. Baden-Württemberg (»Baden-Württemberg zu einem hochdynamischen Gründerland […] machen«)[31] formuliert dieses Ziel am explizitesten.

---

26 Frank Lennings et al.: Auswirkungen und Chancen der Digitalisierung für KMU, in: Arbeit in der digitalisierten Welt. Beiträge der Fachtagung des BMBF 2015, hg. v. Christopher Schlick, Frankfurt a. M. 2015, S. 193-206, hier S. 193 f.

27 Niedersächsische Landesregierung: Die Strategie Niedersachsens zur digitalen Transformation. Masterplan Digitalisierung, www.mw.niedersachsen.de/download/135324/Masterplan_Digitalisierung_Niedersachsen.pdf (abgerufen am 13.5.2019), hier S. 6.

28 Bayerische Staatsregierung: Zukunftsstrategie BAYERN DIGITAL, S. 26.

29 Rehfeld: Clusterpolitik im Rahmen des strukturpolitischen Mehrebenensystems, S. 603-604.

30 Zentrum für Europäische Wirtschaftsforschung: Unternehmensdynamik in der Wissenswirtschaft in Deutschland 2016. Gründungen und Schließungen von Unternehmen; Gründungsdynamik in den Bundesländern; Internationaler Vergleich; Wagniskapital-Investitionen in Deutschland und im internationalen Vergleich, www.e-fi.de/fileadmin/Innovationsstudien_2018/StuDIS_03_2018.pdf (abgerufen am 12.5.2019).

31 Landesregierung von Baden-Württemberg: Digitalisierungsstrategie digital@bw, S. 29.

Nordrhein-Westfalen stellt außerdem die Potenziale von Start-up-Unternehmen als Unterstützung für etablierte Unternehmen durch Spill-over-Effekte heraus.[32] Sozialpolitische Vereinbarkeitspolitiken adressiert schließlich die rheinland-pfälzische Strategie, die vor allem Gründerinnen motivieren und fördern möchte.[33]

Netzwerkarbeit Unternehmen-Unternehmen: Mit Blick auf die bereits beschriebenen Größennachteile von KMU wird in diesem Bündel auf die Synergieeffekte der Vernetzung abgestellt, etwa durch eine intensive Netzwerkarbeit zwischen fortgeschrittenen und aufholenden Unternehmen. Beratungsmöglichkeiten, Best-Practice-Sammlungen/Wissensmanagement oder die Bündelung und Vernetzung unterschiedlicher Kompetenzen und Experten sind Beispiele, wie Unternehmen profitieren sollen. Dabei geht es nicht nur darum, dem einzelnen Unternehmen zu helfen, sondern eine vernetzte Infrastruktur aufzubauen, die regionalpolitisch Wirkung entfaltet. Wenn kleinere Unternehmen ihren Standort in strukturell schwächeren Gegenden erhalten oder ansiedeln sollen, brauchen sie neben technologischen Notwendigkeiten (Mobilfunkstandards, Breitbandausbau) eine Wissensinfrastruktur, die in strukturstarken Regionen bereits vorhanden ist.

Die Strategie Thüringens nennt entsprechend einen »Paradigmenwechsel hin zu einer unternehmensübergreifenden kollaborativen und interdisziplinären Zusammenarbeit«[34] als zentralen Beitrag zur Sicherung von Wettbewerbsfähigkeit. Auch der Regionalisierung von Vernetzungs- und Beratungsstrukturen wird eine hohe Bedeutung zugesprochen (Baden-Württemberg, Rheinland-Pfalz, Schleswig-Holstein und Sachsen-Anhalt), während Brandenburg, Baden-Württemberg und Hessen den branchen- und clusterübergreifenden Austausch in den Vordergrund rücken.

Netzwerkarbeit Unternehmen-Forschung: Ähnliche Herausforderungen und Lösungsansätze, aber unterschiedliche Kooperationsakteure und Ziele werden unter dem Themenbündel der Netzwerkarbeit zwischen Unterneh-

---

32 Landesregierung von Nordrhein-Westfalen: Strategie für das digitale Nordrhein-Westfalen, S. 19.

33 Landesregierung von Rheinland-Pfalz: Strategie für das digitale Leben. »Rheinland-Pfalz digital. Wir vernetzen Land und Leute«, landesvertretung.rlp.de/fileadmin/landesvertretung/Strategie_fuer_das_Digitale_Leben_RLP.pdf (abgerufen am 13.5.2019), hier S. 24.

34 Thüringer Landesregierung: Thüringer Strategie für die Digitale, S. 18.

men und Forschung subsumiert. Vor allem KMU, die geringe oder keine Forschungs- und Entwicklungskapazitäten vorhalten können, sollen von der regionalen Forschungsinfrastruktur profitieren. Hilfreich ist dies zudem für die strukturschwächeren Regionen und deren Wissensbedarfe. Als weitere Ziele der Landesregierungen sind Innovationsförderung und eine entsprechende Transferstrategie zu nennen, um Wissen aus den Forschungsinstitutionen in die Wirtschaft zu übertragen.

Die niedersächsische Strategie adressiert dieses Ansinnen: »Wir streben eine Weiterentwicklung vom Forschungsland zum Transferland an. Die Forschungskompetenz soll durch eine breite Transferinitiative zu einer engen Verzahnung von Wissenschaft, Forschung und Wirtschaft beitragen«.[35] Dieser Transfer soll in vielen Ländern auch durch Infrastruktur gelingen, wie das Beispiel Sachsen-Anhalt zeigt (»Den sogenannten Wissenstransfer zwischen Wissenschaft und Wirtschaft wird das Land in den kommenden Jahren über die Förderung von Transfereinrichtungen und -netzwerken weiter vorantreiben«).[36] Zudem soll er der Wettbewerbsfähigkeit der Wirtschaft dienen, wie in Sachsen (»Durch einen gezielten Ausbau der Forschungsinfrastruktur wollen wir die Wettbewerbsfähigkeit der sächsischen Einrichtungen und ihre Kooperationsfähigkeit mit der Industrie auf hohem Niveau erhalten und optimieren«).[37] Die nordrhein-westfälische Strategie thematisiert die Anpassung der unterschiedlichen Handlungslogiken von Wirtschaft und Wissenschaft: »Der Transfer wissenschaftlicher Erkenntnisse in marktfähige Produkte braucht […] eine Kultur der gegenseitigen Wertschätzung, […] unternehmerisches Denken und wirtschaftliches Know-how bei der anwendungsorientierten Forschung sowie eine Offenheit in der Wirtschaft gegenüber kreativen Ideen aus der Wissenschaft«.[38]

35 Niedersächsische Landesregierung: Die Strategie Niedersachsens zur digitalen Transformation, S. 7.

36 Landesregierung von Sachsen-Anhalt: Digitale Agenda für das Land Sachsen-Anhalt, digital.sachsen-anhalt.de/fileadmin/Bibliothek/Politik_und_Verwaltung/StK/Digital/DigitaleAgenda_Sachsen-Anhalt.pdf (abgerufen am 13.5.2019), hier S. 3.

37 Sächsische Staatsregierung: SACHSEN DIGITAL, S. 30.

38 Landesregierung von Nordrhein-Westfalen: Strategie für das digitale Nordrhein-Westfalen, S. 57.

Fazit und Ausblick

Nicht alle Länder nutzen die Gelegenheit, über eine Digitalstrategie eine Profilbildung der Digitalisierung zu entwickeln. Die vorgenommene Analyse zeigt, dass die strategische Landkarte auf Basis der Digitalstrategien noch divers bleibt. Länder mit weit fortgeschrittenen Strategieprozessen und mehreren dazugehörenden Publikationen stehen Ländern gegenüber, die erst eine grobe Skizze ihrer Bemühungen veröffentlicht haben. Insgesamt sind die Strategien somit noch wenig geeignet, einen strukturierten Vergleich der Digitalisierungsaktivitäten vorzunehmen und darauf aufbauend zum Beispiel Länderprofile zu entwickeln. Ein Gesamtbild ergibt sich erst durch die intensive Recherche in weiteren Dokumenten wie regionalen Innovationsstrategien, operationellen Programmen zu den EU-Investitionsfonds, Koalitionsvereinbarungen oder auf den ministeriellen Webseiten.

Darum sollte es in diesem Beitrag aber nicht gehen. Ziel war es, zu untersuchen, welche Einblicke die Digitalstrategien im Bereich der Digitalisierung von Arbeit selbst bereits gewähren. Einige Landesregierungen vermögen es, der interessierten Öffentlichkeit einen Eindruck ihrer Digitalisierungsaktivitäten zu vermitteln. Dabei adressieren sie sowohl die Orientierungsfunktion über eine breite Beschreibung ihrer Ziel-Maßnahmen-Programme als auch die Strukturfunktion durch eine Reflexion organisatorischer Veränderungen. Sie decken nicht nur bei den inhaltlichen Themenbündeln eine breite Palette ab. Sie diskutieren zudem, wie die Herausforderung der digitalen Transformation quer zu den bestehenden Strukturen in das Regierungshandeln zu integrieren ist.

Auffällig ist, dass die Landesregierungen mit der Ausbildung regionaler Stärkeprofile versuchen, Akzente einer Wettbewerbsorientierung zu setzen bzw. eine Art Digital Leadership zu übernehmen. Hervorzuheben sind vor allem jene Länder, die schon zuvor für einen kompetitiveren Föderalismus eingetreten sind. Dass Baden-Württemberg, Bayern und Hessen mit ihrem Wirtschaftspotenzial wettbewerbsbezogene Führungsansprüche anmelden und mit ihren Leitbranchen internationale Exzellenz anstreben bzw. diese erhalten wollen, überrascht wenig. Auch das in der Strukturpolitik mit führende Nordrhein-Westfalen[39] und das aufgrund seiner starken Automobil- und Zuliefererindustrie frühzeitig engagierte Niedersachsen besitzen solche

Ambitionen. Gleichzeitig hoffen aber ebenfalls Länder wie Thüringen oder Berlin darauf, durch ihre spezifisch digitalisierungsaffine Wirtschaftsstruktur Konkurrenzvorteile zu generieren. Thüringen ist es auch, das wie Baden-Württemberg und Bayern seinen Arbeitsmarkt bzw. seine Qualität in der Weiterbildung als besonderen Anziehungsfaktor für Talente betont.

Dass die Digitalstrategien noch kein die beiden untersuchten Politikfelder übergreifendes Handlungsfeld der Digitalisierung von Arbeit mit aufeinander abgestimmten Elementen (inhaltliche Ziele und Maßnahmen zwischen Arbeitsmarkt- und Wirtschaftspolitik und entsprechende Steuerungsinstrumente) entwickelt haben, sollte deutlich geworden sein. Auch konkrete Phänomene der Digitalisierung von Arbeit, wie Crowdwork oder die Plattformökonomie, werden in den Handlungsabsichten der Regierungen nur randständig behandelt. Strategien, die speziell das Handlungsfeld der Digitalisierung von Arbeit in den Blick nehmen und dadurch entsprechend gehaltvoller sind, müssten den nächsten Schritt darstellen. Dabei könnten Lehren im Sinne des Policy-Learning aus den Erkenntnissen mit integrierten Umwelt- und Nachhaltigkeitsstrategien gezogen werden. Umfassende Strategien entfalten durchaus eine Wirkung, indem sie die Gestaltungsvision der Regierungen kommunizieren und für das darauf einzahlende Bewusstsein sensibilisieren. Allerdings können solch breit angelegte Strategien stärker zielgerichtete Strategien nicht ersetzen: »None of these [integrated strategies; Anmerk. des Verf.] can replace more focused strategies that embrace [the addressed topics; Anmerk. des Verf.] on a narrower, perhaps sectoral basis«.[40] Es braucht also beides: die Digitalstrategie über alle verbundenen Themen hinweg und die Fokusstrategie für die Digitalisierung von Arbeit. Rheinland-Pfalz beispielsweise hat sich mit seinem Prozess zu einem spezifischen »Masterplan Zukunft der Arbeit in Rheinland-Pfalz« bereits auf diesen Weg begeben.

39 Rehfeld: Clusterpolitik im Rahmen des strukturpolitischen Mehrebenensystems, S. 604.
40 Casado-Asensio/Steurer: Integrated strategies on sustainable development, S. 460.

Heike Raab

Der Landesrat für digitale Entwicklung und Kultur

Die digitalen Medien haben unsere Welt und unsere Gewohnheiten bereits verändert. In Tel Aviv, wo die Start-up-Szene boomt, werden die Ampeln in den Bordsteinen an Fußgängerüberwegen integriert und nicht mehr auf Augenhöhe. So muss man den Blick vom Smartphone nicht mehr abwenden. Manche Veränderungen durch das Internet sind praktisch und bequem, andere frech und lustig. Manche wiederum können jedoch Grund zur Besorgnis darstellen. Deshalb muss eine öffentliche Diskussion darüber geführt werden, »wie die digitale Welt unsere Gesellschaft verändert und welche ethischen und moralischen Fragen und Aufgaben sich daraus ergeben«[1] – mit diesen Worten rief Malu Dreyer in ihrer ersten Regierungserklärung als Ministerpräsidentin den Landesrat für digitale Entwicklung und Kultur ins Leben. Zu Beginn ihrer Amtszeit im Jahr 2013 schuf sie ein Expertengremium aus Wissenschaft, Wirtschaft und Zivilgesellschaft, um die komplexen Debatten

1 Regierungserklärung von Ministerpräsidentin Malu Dreyer in der 42. Plenarsitzung des rheinland-pfälzischen Landtages v. 1.6.2016, www.rlp.de/fileadmin/rlp-stk/pdf-Dateien/Ministerpraesidentin/20160601_Regierungserklaerung_der_Ministerpraesidentin_Dreyer.pdf (abgerufen am 4.2.2020).

des digitalen Wandels faktenbasiert zu führen und politische Schlüsse daraus ziehen zu können.

Aufgabe des Expertengremiums

Die Mitglieder des Landesrates für digitale Entwicklung und Kultur (kurz: Landesrat) diskutieren und beraten über die großen gesellschaftlichen Chancen und Herausforderungen, die mit der Digitalisierung einhergehen. Sie sind wichtige Impuls- und Ratgeber im Bereich der rheinland-pfälzischen Daten- und Netzpolitik. Die wachsende Macht sozialer Netzwerke und ihrer Algorithmen, die Entwicklung von Künstlicher Intelligenz, der Breitband- und Mobilfunkausbau mit immer höheren Geschwindigkeiten, die Datensouveränität und die Netzneutralität sind nur einige Themen, die die Landesregierung beschäftigen.

Der Landesrat für digitale Entwicklung und Kultur ist ein Baustein der Digitalpolitik der Landesregierung. Digitalisierung ist in Rheinland-Pfalz Chefinnensache, zugleich aber auch eine Querschnittsaufgabe, die ressortübergreifend gelöst wird. Mit der neuen Legislaturperiode wurde 2016 als weiterer Baustein das erste deutsche Digitalkabinett gegründet, das die digitalen Weichenstellungen für Rheinland-Pfalz vornimmt. Unter anderem beschloss das Kabinett die »Strategie für das digitale Leben in Rheinland-Pfalz« und den Gigabit-Breitbandausbau. Beide Gremien arbeiten unabhängig voneinander: Der Landesrat als Impulsgeber und Berater, das Digitalkabinett als Entscheidungsgremium aller Ministerinnen und Minister.

Die Zusammensetzung des Landesrates

Bei der Gründung bestand das Gremium aus 14 Expertinnen und Experten unter der Leitung von Valentina Kerst, die heute das Amt der thüringischen Staatssekretärin für Wirtschaft, Wissenschaft und digitale Gesellschaft innehat. Mit ihr gemeinsam berieten Wissenschaftler, Unternehmer, Verwaltungsleiter und Aktivisten aus ganz Deutschland die Ministerpräsidentin. Mittlerweile ist der Landesrat weiblicher und »rheinland-pfälzischer« geworden; in den Oberzentren Mainz, Kaiserslautern, Trier und Koblenz sind Universitäten und Hochschulen mit der Industrie und dem Mittelstand vernetzt. Im Landesrat sitzen gegenwärtig elf Expertinnen und Experten aus verschiedenen Bereichen an einem Tisch – und arbeiten somit interdisziplinär (➟ Tab. 1, S. 78 f.).

Die Mitglieder aus Wissenschaft, Wirtschaft, Start-ups, Medien und Zivilgesellschaft sind in verschiedenen digitalen Welten zuhause. In ihren Fachbereichen sind sie weit vernetzt und kennen die unterschiedlichen Positionen und Interessen ihrer Disziplinen. Sie alle sind Entwickler oder Anwender, die den digitalen Wandel mitgestalten wollen. Zu bestimmten Themen laden der Landesrat und seine Vorsitzende Malu Dreyer auch weitere Gäste ein. Die Staatssekretärin für Medien und Digitales in der Staatskanzlei koordiniert die Sitzungen des Landesrates.

Malu Dreyer ist bundesweit als Medien-Ministerpräsidentin bekannt. Sie bringt sich engagiert in die medienpolitischen Debatten ein – vor allem auch als Vorsitzende der Rundfunkkommission der Länder oder Verwaltungsratsvorsitzende des ZDF.

Die Themen der Sitzungen

Der Landesrat kommt einmal im Quartal zusammen, um über aktuelle Themen der Netzpolitik, digitalpolitische Initiativen und Trends der Informationstechnologie zu sprechen. Dabei lebt das Gremium von den Impulsen seiner Mitglieder, die selbst Themen vorschlagen. Die Tagesordnungen der vergangenen Monate sind ein Spiegel des digitalen Wandels: Gigabit-Ausbau, Start-up-Förderung, Störerhaftung, Netzneutralität, Datensouveränität, Big Data, Arbeit 4.0,[2] Digitale Bildung, Gaming, Algorithmen, Blockchain, Künstliche Intelligenz, 5G – um nur einige zu nennen.

Die Diskussionen beschränken sich niemals nur auf die technische Dimension, sondern nehmen immer die Chancen und Risiken für Gesellschaft, Wirtschaft und Wissenschaft in den Blick. Die Aufarbeitung der Themen ist stets von einer großen Sachlichkeit geprägt, realistisch distanziert von blin-

2 Zu »Arbeit 4.0« siehe Wolfgang Däubler: Digitalisierung und Arbeitsrecht. Internet, Arbeit 4.0 und Crowdwork, Frankfurt a. M. 2018.

Tab. 1: Landesrat für Digitale Entwicklung und Kultur Rheinland-Pfalz

Wissenschaft	Wirtschaft/ Start-ups	Medien	Zivilgesellschaft
Prof. Dr. Linda Breitlauch • Inhaberin des Games- und 3D-Lehrstuhls an der Hochschule Trier. • Professorin für Game-Design an der Hochschule für Design und Informatik in Düsseldorf.	**Julia Kasper** • Gründerin und Geschäftsführerin von holzgespuer.de. • Mitglied des Beirats »Junge Digitale Wirtschaft« beim Bundesministerium für Wirtschaft und Energie.	**Mirko Drotschmann** • Bekannt als »MrWissen2go«, einer der größten deutschsprachigen Bildungschannels auf Youtube. • Geschäftsführer der objektiv media GmbH in Nierstein bei Mainz.	**Laura-Kristine Krause** • Deutschland-Direktorin von »More in Common« und Co-Vorsitzende des Vereins »D64 – Zentrum für digitalen Fortschritt«.
Prof. Dr. Leonhard Dobusch • Professor für Betriebswirtschaftslehre an der Universität Innsbruck. • Vertreter für die Interessengruppe »Internet« im ZDF-Fernsehrat und Autor auf netzpolitik.org.	**Sarah Kübler** • Start-upperin und Geschäftsführerin der Youtube- und Influencer-Marketing Agentur HitchOn GmbH in Mainz. • Gründungsmitglied des Bundesverbandes Influencer Marketing e. V.	**Florian Hager** • Programmgeschäftsführer bei funk in Mainz. Funk produziert Online-Formate von ARD und ZDF für 14- bis 29-Jährige.	**Julia Probst** • Aktivistin für Inklusion und Barrierefreiheit. • Lippenleserin.
Prof. Dr. Thorsten Faas • Professor für Politische Soziologie der Bundesrepublik Deutschland am Otto-Suhr-Institut für Politikwissenschaft an der FU Berlin.	**Nico Lumma** • Managing Partner bei Next Media Accelerator in Hamburg, das Start-ups berät und begleitet.		

Prof. Dr. Peter Liggesmeyer • Leiter des Fraunhofer-Instituts für Experimentelles Software Engineering. • Inhaber des Lehrstuhls für Software Engineering Dependability am Fachbereich Informatik der Technischen Universität Kaiserslautern.			

Quelle: Eigene Darstellung.

dem Fortschrittsglauben und dennoch darum bemüht, nicht dem Kulturpessimismus zu verfallen. Im Gegensatz zur Verwaltung kann der Landesrat unbeschränkt Ideen und Szenarien entwerfen, die von administrativen Denkmustern abweichen.

Ergebnisse und Einfluss

Die Impulse des Landesrates fließen immer wieder in die Arbeit der Landesregierung ein. Beispielsweise beauftragte sie auf Initiative des Landesrates eine Machbarkeitsstudie zum Breitbandausbau. Mit dem Titel »Weichen stellen für die Anforderungen von morgen – Ausbau der Breitbandinfrastruktur in Rheinland-Pfalz« lag erstmals eine Studie für ein Bundesland vor, die vollumfänglich einen langfristig kompletten Netzinfrastrukturwechsel schrittweise von Kupfer- auf Glasfaserinfrastrukturen untersucht hat.[3] Im Auftrag des Breitband-Kompetenzzentrums hatte der TÜV Rheinland eine Zielnetzplanung für ganz Rheinland-Pfalz erstellt, welche die Versorgung mit

3 Studie abrufbar unter www.breitband.rlp.de/fileadmin/news_import/Finaler_Bericht_300_Mbits_Studie_RLP.pdf (abgerufen am 5.2.2020).

Bandbreiten von mindestens 300 Mbit/s gewährleistet und so den Weg in die Gigabitgesellschaft durch einen schrittweisen Netzinfrastrukturwechsel vorbereitet.

Aber auch in die Bundesebene wirken die Empfehlungen des Expertengremiums: Bei den Koalitionsverhandlungen nach den beiden letzten Bundestagswahlen brachte Ministerpräsidentin Malu Dreyer Ideen aus Rheinland-Pfalz in das Vertragswerk zwischen CDU und SPD ein. Mitglieder des Landesrates regten das Freiwillige Soziale Jahr digital (FSJ digital) an, das im Jahr 2013 zunächst als Modellprojekt festgeschrieben wurde. Junge Menschen erhalten Fortbildungen und Beratungen, um ihr digitales Wissen an gemeinnützige Einrichtungen weitergeben zu können, etwa bei einem Handykurs im Seniorenheim oder einem Roboterworkshop im Jugendtreff. Seit 2015 wurden so in Rheinland-Pfalz und Sachsen fast 250 Freiwillige und deren Einsatzstellen begleitet und bei der Umsetzung von Projekten mit Medienbezug unterstützt. Der im Jahr 2018 gefasste Koalitionsvertrag sieht nun eine bundesweite Umsetzung des Projektes vor.

Die »Strategie für das digitale Leben in Rheinland-Pfalz«

»Wir vernetzen Land und Leute« ist der Leitspruch der »Strategie für das digitale Leben«. Das Ziel ist es, eine Digitalstrategie zusammen mit den Bürgern in Rheinland-Pfalz zu erarbeiten. Deshalb wurde im Herbst 2016 mit dem »Digital-Dialog« ein neuer innovativer Weg des Bürgerdialogs eingeschlagen. Bürgerinnen und Bürger, Verbände und Unternehmen haben ihre Ideen mit eingebracht. Die Landesregierung hat zur Beteiligung die digitalen Möglichkeiten einer schnellen und einfachen Onlinekommunikation genutzt und die Onlineplattform www.digital.rlp.de eingerichtet. Anhand von zwölf Themenfeldern sind hier der digitale Wandel und seine Auswirkungen in unterschiedlichen Lebenslagen genauer dargestellt.

Bis August 2017 konnten Interessierte auf der Website circa 100 Fragen zu den unterschiedlichen Themenfeldern beantworten und kommentieren. Zwar registrierten sich nur 175 Teilnehmerinnen und Teilnehmer, jedoch fanden darauf aufbauend über 70 Veranstaltungen zu verschiedenen Themenfeldern statt. So konnten die Mitglieder der Landesregierung in ganz

Rheinland-Pfalz vor Ort mit Bürgerinnen und Bürgern einen direkten und intensiven Austausch zum Thema Digitalisierung führen. Die Eingaben und Ergebnisse des Dialogprozesses – egal ob online oder auf Veranstaltungen – sind alle in der Strategie für das digitale Leben in Rheinland-Pfalz berücksichtigt worden. Der Landesrat für digitale Entwicklung und Kultur war ein wichtiger Ratgeber bei der Bewertung der vielen eingebrachten Vorschläge. Viele Ideen finden sich als konkrete Projekte in den Maßnahmen der Digital-Strategie wieder.

Rheinland-Pfalz vernetzt Land und Leute

Die nun vorliegende Strategie für das digitale Leben in Rheinland-Pfalz ist der Leitfaden der Landesregierung und gleichzeitig einer ihrer politischen Schwerpunkte. Sie bildet die Grundlage für die weiteren Schritte in die digitale Zukunft von Rheinland-Pfalz. Digitalisierung wird so zu einer gesellschaftspolitischen Gestaltungsaufgabe, die in allen Politikfeldern relevant ist und von der Landesregierung so umfassend wie vernetzt vorangetrieben wird. Deswegen hat die Landesregierung ihre Digitalpolitik auf drei Säulen gestellt: 1. die breite Beteiligung der Bürgerinnen und Bürger durch den Digital-Dialog, 2. das Digitalisierungskabinett als der zentrale Ort der Entscheidungen über die gemeinsame Digitalisierungspolitik und 3. der Landesrat für digitale Entwicklung und Kultur als Expertengremium, das direkt bei der Ministerpräsidentin angesiedelt ist.

Rheinland-Pfalz war auch Impulsgeber auf Bundesebene: Die Bundesregierung hat fünf Jahre später einen Digitalrat und ein Digitalkabinett nach ähnlichem Konzept bei der Bundeskanzlerin einberufen. Etwa zeitgleich nahm im Jahr 2018 der Kabinettausschuss Digitalisierung im Bundeskanzleramt seine Arbeit auf. Auch die Bundesregierung hat mittlerweile eine »Umsetzungsstrategie der Bundesregierung zur Gestaltung des digitalen Wandels« veröffentlicht, jedoch ohne eine breite Beteiligung der Bürgerinnen und Bürger wie beim Digital-Dialog der rheinland-pfälzischen Landesregierung.

Mit den digitalen Möglichkeiten rüstet sich Rheinland-Pfalz für die Zukunft: in den Digitalen Dörfern,[4] der smarten Landwirtschaft, der digitalen Stadt Kaiserslautern[5] oder im Coworking-Space in Prüm in der Eifel.[6] Der Nutzen digitaler Technologien für die Menschen steht im Zentrum der gemeinsamen Arbeit. Sie soll strategisch digitale Gestaltungspotenziale herausstellen und langfristig Innovationsfähigkeit gewährleisten.

4 Das Projekt »Digitale Dörfer« des Fraunhofer-Instituts für Experimentelles Software Engineering IESE entwickelt internetbasierte Konzepte für ländliche Regionen, die so von der Digitalisierung profitieren sollen. Es wird gefördert vom rheinland-pfälzischen Ministerium des Innern und für Sport, www.digitale-doerfer.de (abgerufen am 4.2.2020).

5 Der geplante »Ausbau von Kaiserslautern zu einer digitalen Modellstadt« ist in der »Strategie für das digitale Leben« der Landesregierung Rheinland-Pfalz beschrieben, www.digital.rlp.de/fileadmin/Redaktion/Anhaenge_news/Strategie_fuer_das_Digitale_Leben_RLP.pdf, S. 33 (abgerufen am 5.2.2020).

6 Vgl. Entwicklungsagentur Rheinland-Pfalz e. V. (Hg.): Schreibtisch in Prüm. Coworking-Space, www.schreibtischinpruem.de/(abgerufen am 3.3.2020).

Justin Grapentin

Künstliche Intelligenz und Verantwortung im deutschen Zivilrecht

> »Das Wunder von gestern ist die Selbstverständlichkeit von heute geworden, und von diesem Augenblick an hat die Erde gleichsam einen einzigen Herzschlag; sich hörend, sich schauend, sich verstehend lebt die Menschheit nun gleichzeitig von einem bis zum anderen Ende der Erde, göttlich allgegenwärtig durch ihre eigene Schöpferische Kraft. Und herrlich wäre sie dank ihres Sieges über Raum und Zeit nun für alle Zeiten vereint, verwirrte sie nicht immer wieder von neuem der verhängnisvolle Wahn, unablässig diese grandiose Einheit zu zerstören und mit denselben Mitteln, die ihre Macht über die Elemente geben, sich selbst zu vernichten«.[1]

Der Einsatz von Künstlicher Intelligenz in der Gegenwart

Ob »SmartHome«, »SmartFactory«, »Industrie 4.0« oder »Arbeit 4.0«, der digitale Wandel hat unsere Gesellschaft bereits nachhaltig beeinflusst

1 Stefan Zweig: Sternstunden der Menschheit, Frankfurt a. M. 2018, S. 176.

und wird auch in naher Zukunft eines der bestimmenden Themen im gesellschaftlichen Diskurs bleiben. Die Veränderungen und Auswirkungen sind gravierend und von solch grundlegender Natur, dass man sie sogar als vierte industrielle Revolution bezeichnet.[2] Besonders das autonome Fahren und die Veränderungen auf dem Arbeitsmarkt stehen derzeit im Fokus der Diskussion. Zuletzt stellte der Branchenverband Bitkom in einer Studie fest, dass sich 25 % der Unternehmen, die mindestens 20 Mitarbeiter sozialversicherungspflichtig beschäftigen, in ihrer Existenz durch die Digitalisierung bedroht sehen.[3] Ob die Digitalisierung zu einem tatsächlichen Verlust an Arbeitsplätzen führen wird, ist damit allerdings nicht gesagt. Sie wird (in Verbindung mit der Robotik) einerseits immer mehr einfache Arbeitsbereiche übernehmen können und damit die menschliche Arbeitskraft in diesen Teilbereichen entbehrlich machen. Andererseits bedingt der Softwareeinsatz die Schaffung neuer Arbeitsplätze im Bereich der IT. Denn Softwareanwendungen sind nicht wartungs- und fehlerfrei. Sie bedürfen einer intensiven Überwachung, seien sie noch so hoch entwickelt und intelligent. Während auszuführende Arbeitsabläufe in Zukunft durch automatisierte Prozesse verrichtet werden, wird für ihre Wartung und Beobachtung ein hohes Kompetenzniveau der Mitarbeiter Voraussetzung sein. Dennoch unterscheidet sich die vierte industrielle Revolution grundlegend von ihren »Vorläufern«. Neben einfachen Arbeitsprozessen, die durch eine kluge Vernetzung von Software und Robotik durch eine Künstliche Intelligenz (KI) übernommen werden können, greift die Entwicklung von zunehmend autonom handelnden Softwareanwendungen in einen Bereich ein, der eigentlich dem Menschen vorbehalten war – namentlich seine geistige Schaffenskraft. Durch die Fähigkeit, vom Besonderen auf das Allgemeine und sodann vom Allgemeinen wieder auf das Besondere zu schließen, zeichnet sich bereits jetzt ab, dass eine KI den Menschen im Bereich der Entscheidungsfindung nicht mehr nur wird unterstützen können, sondern vielmehr in der Lage sein wird, selbst-

2 Volker Andelfinger/Till Hänisch: Internet der Dinge. Technik, Trends, Geschäftsmodelle, Wiesbaden 2015, S. 1-8; so auch das BMBF im Internet, www.bmbf.de/de/9072.php (abgerufen am 26.4.2019).

3 www.bitkom.org/Presse/Presseinformation/34-Millionen-Job-stehen-auf-dem-Spiel.html (abgerufen am 28.12.2018).

ständig (autonom) Entscheidungen für und gegen ihn zu treffen. Hierdurch geraten erstmals auch akademische Berufe unter Druck.[4]

Ob sich dieses Szenario in letzter Konsequenz durchsetzen wird, hängt von verschiedenen Faktoren ab. Zumindest wird dort eine Grenze zu ziehen sein, wo eine Software über einen Menschen oder über das Verhältnis zwischen Menschen entscheiden soll. Dass der Richter sowie der Richterspruch als solcher nicht durch eine Software ersetzt werden können, ergibt sich nicht erst aus Art. 97 Grundgesetz (GG), sondern bereits aus der ethisch-moralischen Verpflichtung, Art. 1 Abs. 1 GG, dass eine Software nicht über einen Menschen befinden darf. Aber warum sollte sich der Richter nicht einer Software bedienen, um einen Vorschlag für die spätere Entscheidung erarbeiten zu lassen? Die letztendliche Entscheidung – das Urteil – obläge ihm auch weiterhin. Nicht mehr nur theoretisch, sondern bereits gelebte Praxis ist eine solche Verwendung von intelligenten Softwareanwendungen im Bereich der Strafverfolgung, etwa bei der umfangreichen Auswertung und Analyse von Datenbeständen zur Identifizierung von Straftätern oder der Vorbeugung von Straftaten.[5]

Künstliche Intelligenz und ihre Möglichkeiten

Zumindest im Bereich einer beratenden Tätigkeit und der Geltendmachung von Ansprüchen im vorgerichtlichen Verfahren stehen dem Einsatz von KI und Algorithmen weder das Grundgesetz noch einfachgesetzliche Normen entgegen. Bereits heute treten Fluggäste ihre gegenüber einer Fluggesellschaft bestehenden Rechte auf Schadensersatz (etwa wegen Verspätung) an hierauf spezialisierte Unternehmen ab und erhalten im Gegenzug einen Prozentsatz des möglichen Schadensersatzanspruches.[6] Gegenüber

4 Zur LegalTech siehe beispielhaft Yorck Frese: Recht im zweiten Maschinenzeitalter, in: NJW 68 (2015) 29, S. 2090-2092.

5 Zu neuen strafprozessualen Ermittlungsmethoden Arndt Schlegel: Normative Grenzen für internetbasierte Ermittlungsmethoden. Zugleich ein Beitrag zur Technikoffenheit strafprozessualer Befugnisnormen, Berlin 2019.

6 Zu Smart Contracts vgl. Matthias Kilian: Zukunft der Juristen. Weniger, anders, weiblicher, spezialisierter, alternativer – und entbehrlicher?, in: NJW 70 (2017) 42, S. 3043-3050.

der Fluggesellschaft macht das Unternehmen dann den gesamten Schadensersatz geltend. Bei der Bewertung, ob das Recht des Fluggastes besteht – also die dahinterstehende Überlegung, ob sich der Ankauf wirtschaftlich lohnt – kommt ein Algorithmus zum Einsatz, der sich sofort nach der wirksamen Abtretung selbstständig und schriftsätzlich an das Flugunternehmen wendet und den Anspruch geltend macht.[7] Eine reale Person muss nur noch dann eingreifen, wenn das Flugunternehmen den abgetretenen Anspruch nicht sofort anerkennt und sich eine gerichtliche Auseinandersetzung anschließt.

Der Begriff der Künstlichen Intelligenz

Dies alles setzt voraus, dass die Software wirklich eine »Künstliche Intelligenz« ist.[8] Was unter diesem Begriff zu verstehen ist, konnte man bisher nicht einheitlich klären.[9] Der Begriff der Künstlichen Intelligenz ist eine wortgetreue Übersetzung aus dem Englischen und geht zurück auf einen Tagesordnungspunkt der Dartmouth Conference on Artificial Intelligence im Jahr 1956 in New Hampshire (USA). Besonders in den vergangenen Jahren wurde der Begriff auffallend häufig verwendet, in vielen Fällen führte dies jedoch eher zu Verwirrung. So verhielt es sich beispielsweise beim autonomen Fahren. An zwei Beispielen lässt sich dort besonders deutlich der Unterschied einer KI zu anderen intelligenten Systemen hervorheben: Wird eine Software eingesetzt, die nach Eingang und Auswertung von Sensorendaten optische oder akustische Warnhinweise von sich gibt (etwa eine Einparkhilfe), handelt es sich um ein Assistenzsystem, welches den Fahrzeugführer beim Führen des Fahrzeugs unterstützt. Übernimmt die Software den Einparkvorgang für den Fahrzeugführer komplett selbstständig – übergibt dieser also die Fahrzeugführung an die Software –, handelt die Software teilweise autonom; allerdings ist sie deshalb noch nicht als KI zu qualifizieren. Als weiteres Beispiel sei das

7 Hierzu der Artikel in der SZ-Online v. 8.4.2018, www.sueddeutsche.de/digital/smart-contracts-wenn-der-algorithmus-selbstjustiz-uebt-1.3934283 (abgerufen am 26.4.2018).

8 Hierzu ausführlich Rotraud Gitter: Softwareagenten im elektronischen Geschäftsverkehr. Rechtliche Vorgaben und Gestaltungsvorschläge, Berlin 2003, S. 46.

9 Zur Übersicht siehe Justin Grapentin: Vertragsschluss und vertragliches Verschulden beim Einsatz von Künstlicher Intelligenz und Softwareagenten, Baden-Baden 2018, S. 33 ff.

CTA (Container Terminal Altenwerder) im Hamburger Hafen genannt: Übernimmt eine Software die Entladung eingelaufener Containerschiffe sowie die sich anschließende Verbringung der gelöschten Ladung zur Zwischenlagerung, handelt es sich um einen Vorgang der Automatisierung.[10]

Die Unterscheidung zwischen Assistenz, (teil-)autonomen und automatisierten Abläufen ist anhand der im Quellcode vorgesehenen Möglichkeiten der Software vorzunehmen. Bei automatisierten Vorgängen ist das Handlungsmuster der Software (und gegebenenfalls der Alternativen für vorher erkannte problematische und entscheidungsbedürftige Situationen) bereits im Programmcode verankert. Die Software kann hiervon nicht selbstständig abweichen. Deshalb erfolgt die Abwicklung des Containerverkehrs am CTA durch AGV (Automated Guided Vehicles), die mittels Sensoren den Fahrweg der Transportfahrzeuge vorgeben und ihn gleichzeitig begrenzen. Würde ein Hindernis den Weg der Fahrzeuge blockieren (ein umgestürzter Baum oder ein liegengebliebenes Fahrzeug), kann das hierauf treffende automatisierte Fahrzeug nur anhalten und auf weitere manuelle Befehle warten. Es ist nicht befugt, die Gefahrenstelle eigenständig zu umfahren, zumal es hierfür den durch die Sensoren abgesteckten Fahrweg verlassen müsste. Eine (echte) KI würde diese Möglichkeiten durch den gezielten Einsatz fahrzeugeigener Sensoren hingegen mit erwägen und autonom ausführen.[11] Auf eine vorherige Festlegung im Quellcode käme es nicht an.

KI zeichnet sich also dadurch aus, dass sie im Stande ist, vom Besonderen auf das Allgemeine und vom Allgemeinen auf das Besondere zu schließen. Sie ist an die Zwänge ihrer ursprünglichen Programmierung nicht mehr gebunden, kann diese sogar überwinden.[12] Sie ist nicht mehr auf ein Eingreifen ihres Nutzers angewiesen, sie sammelt selbstständig die für ihre Entscheidung notwendigen Daten, evaluiert diese, berechnet die möglichen Handlungsvarianten, wählt eine aus und setzt diese um. Eine solche (in der Regel auf Neuronalen Netzwerken basierende) KI konnte ihre Möglichkeiten

---

10 Das Container Terminal Altenwerder der HHLA wird größtenteils ohne menschliches Zutun betrieben, siehe dazu die Internetpräsenz der Hamburger Hafen und Logistik AG, www.hhla.de/de/container/altenwerder-cta/so-funktioniert-cta.html (abgerufen am 28.12.2018).

11 Zur Abgrenzung siehe Grapentin: Vertragsschluss und vertragliches Verschulden, S. 36 ff.

12 Wolfgang Hoffmann-Riem: Verhaltenssteuerung durch Algorithmen – eine Herausforderung für das Recht, in: AöR 142 (2017) 1, S. 1-43, hier S. 3.

in beeindruckender Weise bereits im Brettspiel »Go« unter Beweis stellen.[13] Beim autonomen Fahren offenbarte sich jedoch, dass auch eine hoch entwickelte Form von KI Entscheidungen treffen kann, welche die Rechtsgüter anderer schädigen. Der Einsatz von KI verhindert Unglücke und damit verbundene Schädigungen gerade nicht.[14]

Die Handlungsweise einer KI

Dafür gibt es verschiedene Gründe. Zum einen kann es zu einer fehlerhaften oder ungenügenden Übermittlung von Daten durch die der KI zur Verfügung stehenden Sensoren kommen. Die KI ist – wie jede Software – auf valide Daten aus ihrer Umgebung angewiesen. Liefern die Sensoren falsche Daten, zieht die KI ihre Rückschlüsse aus einer nur unzureichenden Datenbasis.

Zum anderen kann das Ergebnis der Entscheidungsfindung auf einem falschen Lernverhalten bzw. -prozess beruhen. Die KI ist einem ständigen Lernprozess unterworfen. Ihr großer Vorteil besteht gerade darin, dass sie auf unbekannte (vom Programmcode nicht erfasste) Situationen reagieren kann. Sie erarbeitet ein für jede neu auftretende Situation passendes individuelles Handlungsmodell. Ob dieses in der noch neuen und unbekannten Situation praktikabel ist oder nicht, kann im Vorfeld nur eingeschränkt simuliert werden. Die KI ist deshalb gezwungen, verschiedene Handlungen und die hierauf folgenden Reaktionen ihrer Umwelt zunächst auszutesten. Anhand der Ergebnisse konkretisiert die KI ihr Handlungsmodell und nimmt eine erneute Erprobung des aktualisierten Modells vor. Dies ist nicht weniger als ein echter Lernprozess, wie wir ihn aus menschlichen Lern- und Verhaltensweisen kennen. Das bedeutet im Ergebnis jedoch, dass die KI nur dann eine noch objektiv tolerierbare Lösung hervorbringen wird, wenn sie ein gewisses Trainingslevel erreicht hat. Solange die KI nicht zielgerichtet ma-

13 Artikel in der SZ-Online v. 13.3.2016, www.sueddeutsche.de/wissen/kuenstliche-intelligenz-mensch-unterliegt-maschine-computer-gewinnt-das-komplexeste-spiel-der-welt-1.2904384 (abgerufen am 26.4.2018).

14 Zum tödlichen Unfall eines Tesla-Fahrzeugs in den USA siehe den Artikel in der SZ-Online v. 19.3.2018, www.sueddeutsche.de/wirtschaft/kuenstliche-intelligenz-frau-stirbt-bei-unfall-mit-autonomen-auto-von-uber-1.3913385 (abgerufen am 26.4.2019).

nipuliert wird, basiert ihr Ergebnis auf einer mathematisch zutreffenden Berechnung, das Ergebnis ist daher objektiv richtig, selbst wenn es subjektiv nicht gewollt und schadensbegründend ist.[15] Es reicht deshalb beispielsweise nicht aus, der KI beim autonomen Fahren die Regelungen des Straßenverkehrsgesetzes (StVG) und der Straßenverkehrsordnung (StVO) in ihren Programmcode zu implementieren. Sie muss vielmehr üben, sich im alltäglichen Verkehr richtig zu verhalten und diesen ohne Unfälle zu bestehen. Bei Bedarf können ihr allerdings Handlungsanweisungen vorgegeben werden, wonach unter allen Umständen – auch unter Einbeziehung erheblicher Sachschäden – die Verletzung der im Fahrzeug beförderten Personen zu vermeiden ist.[16]

Ein Lernprozess lebt auch vom Scheitern. Einige der bisherigen Ergebnisse der Testfahrten autonomer Fahrzeuge zeigen dies auf tragische Weise, verdeutlichen sie doch, dass selbst eine KI nicht unfehlbar ist.[17] Sie vermag lediglich dazu beizutragen, das Risikopotenzial von durch menschliches Versagen hervorgerufenen Unfällen zu minimieren. Zumindest bei ihrem erstmaligen Einsatz besteht eine Ungewissheit über die Handlungsweise, weshalb es zwingend erforderlich ist, eine Überwachung und Begleitung während des Trainings durch den Menschen sicherzustellen. Aber selbst dies bietet im Ergebnis keine Gewissheit dafür, dass eine Schädigung fremder Rechtsgüter ausbleiben wird. Denn die bisher durch die KI verursachten (tödlichen) Unfälle von autonomen Fahrzeugen sind wohl nicht aufgrund eines fehlerhaften Programmcodes eingetreten,[18] sondern das Ergebnis des nur mangelhaften Trainingsprozesses. Der Eintritt des Unfallereignisses bleibt das Ergebnis eines korrekten Rechenvorgangs.

---

15 Grapentin: Vertragsschluss und vertragliches Verschulden, S. 28; Claus D. Müller-Hengstenberg/Stefan Kirn: Intelligente (Software-)Agenten. Eine neue Herausforderung unseres Rechtssystems – Rechtliche Konsequenzen der »Verselbstständigung« technischer Systeme, in: MMR (2014) 5, S. 307-313, hier S. 310.

16 Zu sogenannten »Dilemma-Situationen« Philipp Weber: Dilemmasituationen beim autonomen Fahren, in: NZV 29 (2016) 6, S. 249-254.

17 Artikel in Welt-Online v. 31.3.2018, www.welt.de/wirtschaft/article175056091/Toedlicher-Tesla-Unfall-Autopilot-war-an-Fahrer-reagierte-nicht-auf-Kollisionswarnungen.html (abgerufen am 26.4.2019).

18 Entsprechende Fehlerdiagnosen sind bisher nicht publik gemacht worden.

Der Begriff der Verantwortlichkeit im Recht

Besonders die subjektiv nicht gewollten Ergebnisse rücken die Frage nach der rechtlichen Verantwortung in den Vordergrund, weil nach einem schädigenden Ereignis in aller Regel über die bestehenden Schadensersatzansprüche gestritten wird. Denkbar sind zudem Unterlassungsansprüche, wenn ein von der KI gesteuerter Bot[19] in den sozialen Medien oder anderen Internetplattformen gezielt Falschinformationen verbreitet, andere Personen in strafrechtlich relevanter Weise beleidigt oder wettbewerbsverzerrend agiert.[20] Herkömmliche Software, insbesondere Algorithmen, bilden ein in sich geschlossenes System mit definiertem Anfang und Ende. Deshalb können deren Handlungen in jedem Fall dem Nutzer zugerechnet werden, da ihr Einsatz und die in Betracht kommenden Handlungsvarianten von dessen Willen getragen sind.[21] Im Gegensatz dazu sind der Entscheidungsfindungsprozess und die Handlungsauswahl bei einer KI nicht mehr vorhersehbar. Es stellt sich dann die Frage, ob auch solche Ergebnisse vom Nutzer zu verantworten sind, die eindeutig nicht mehr von dessen Willen getragen werden.

Der Gesetzgeber hat den Begriff der Verantwortung nicht einheitlich geregelt, sie bestimmt sich vielmehr anhand der jeweils einschlägigen gesetzlichen Fachmaterie.[22] Für den Einsatz von KI finden sich bisher keine oder nur rudimentäre Ansätze in den gesetzlichen Regelungen.[23] Eine einheitliche Bestimmung des Begriffs der Verantwortung wäre auch nicht praktikabel. Welches Rechtssubjekt die Verantwortung für eine eigene oder fremde Handlung trägt, ist ebenfalls im Kontext der jeweiligen Fachmaterie zu erörtern. Das Strafrecht sanktioniert gesellschaftlich missbilligte Handlungen, die dem Täter als eigene zugeordnet werden können. Die Tat muss sich gerade

19 Der Begriff »Bot« wird umgangssprachlich verwendet und ist ein Kürzel für Roboter. Gemeint ist aber nicht ein Roboter im klassischen Sinne, sondern ein Algorithmus. Zur Abgrenzung vgl. Grapentin: Vertragsschluss und vertragliches Verschulden, S. 36 ff.

20 Beispielsweise steht die Abstimmung über den »Brexit« unter Manipulationsverdacht, so Hoffmann-Riem: Verhaltenssteuerung durch Algorithmen, S. 1 und 14.

21 OLG Frankfurt a. M., in: MMR 6 (2003), S. 405-407; LG Köln, in: MMR 7 (2003), S. 481-482; zur Störerhaftung KG Berlin, in: MMR 6 (2006), S. 393-396; Josef Mehrings: Vertragsabschluß im Internet. Eine neue Herausforderung für das »alte« BGB, in: MMR (1998) 1, S. 30-33, hier S. 31.

22 Mit weiteren Nachweisen Grapentin: Vertragsschluss und vertragliches Verschulden, S. 45 f.

23 Beispielhaft § 1b StVG; § 80 Gesetz über den Wertpapierhandel (WpHG).

als seine Tat herausstellen – er muss sie schuldhaft begehen. Im öffentlichen Recht liegt es nahe, abstrakte Verhaltenspflichten oder Verbote zu bestimmen, welche für die Funktionsfähigkeit des Gemeinwesens unerlässlich sind, etwa solche zur Aufrechterhaltung der öffentlichen Sicherheit und Ordnung.[24] Im Zivilrecht wird unterschieden zwischen der Verantwortung für eigenes und fremdes Verschulden bei sogenannten Realakten sowie für die Abgabe eigener und fremder Erklärungen. Gemein ist dem Straf-, Zivil- und öffentlichen Recht, dass es bei der Bestimmung der Verantwortung dem Grunde nach stets um die Zurechnung von Verhalten einer (natürlichen oder juristischen) Person an ein anderes Rechtssubjekt geht. Im Zivilrecht tritt zusätzlich die abstrakte Verantwortung für die Unterhaltung einer Gefahrenquelle hinzu – die sogenannte Gefährdungshaftung.

Abstrakte Verantwortung

Im Gegensatz zur Verschuldenshaftung spielt im Rahmen der Gefährdungshaftung ein individuelles Fehlverhalten keine Rolle. Derjenige, der eine abstrakte Gefahrenquelle für die Rechtsgüter anderer beherrscht, muss auch einen hieraus entstehenden Schaden verantworten. Der Gesetzgeber hat für besonders relevante (und gefährliche) Fallgestaltungen entsprechende Gefährdungshaftungstatbestände geschaffen. Eine der wohl bekanntesten – und für den Einsatz von KI derzeit wichtigsten – Vorschriften ist § 7 StVG. Nach dieser Vorschrift haftet der Halter eines Fahrzeugs, wenn mit dessen Betrieb eine Rechtsgutsverletzung eines anderen einhergeht.

Entscheidend für die Haftung des Halters ist, dass der Unfall durch sein Fahrzeug verursacht wurde. Ob ein mechanischer oder technischer Defekt zu dem Schadensereignis geführt hat, ist zunächst ohne Bedeutung. Dieser Umstand ist gleichwohl folgenreich, wenn eine KI zum Einsatz kommt und das Fahrzeug anstelle des Halters führt. Unabhängig davon, ob ein Fehler innerhalb der Programmierung der Software vorliegt, muss der Halter auch dann für einen entstandenen Schaden haften, wenn die KI eine Entscheidung

24 Etwa §§ 8, 9 Hamburgisches Gesetz zum Schutz der öffentlichen Sicherheit und Ordnung (HmbSOG).

trifft, die mathematisch korrekt ist, gleichzeitig aber zu einem Unfall führt. Ob der Halter des Fahrzeugs darüber hinaus die Handlung der KI zu verantworten hat, ist im Rahmen der Gefährdungshaftung nicht näher zu erörtern. Der Halter muss sich die Handlung zurechnen lassen und für den Schaden einstehen.

Ob er auf diesem Schaden letztlich »sitzen bleibt«, ist eine andere Frage, namentlich, ob ihm ein weiterführender Regressanspruch gegen den Verkäufer des Fahrzeugs oder den Hersteller selbst zur Verfügung steht. Sofern er den direkten Durchgriff auf den Hersteller unternimmt, ist der Halter auf das Produkthaftungsgesetz (ProdHaftG) verwiesen. Der große Nachteil dieser Vorgehensweise liegt dann in der Darlegungs- und Beweislast begründet. Gemäß § 1 Abs. 4 Satz 1 ProdHaftG hat der Halter des Fahrzeugs die Beweislast, dass die Software ein fehlerhaftes Produkt im Sinne des § 1 Abs. 1 ProdHaftG ist. Da es bei einer KI nicht mehr alleine auf die Sicherheit des Programmcodes ankommt, sondern vielmehr das Trainingslevel entscheidend ist, wird dem Halter der Beweis nur schwer und selten sowie unter größten Anstrengungen gelingen können.

Nicht anders verhält es sich, wenn der Halter über den mit dem Händler geschlossenen Kaufvertrag auf diesen Rückgriff zu nehmen versucht – obwohl er sich damit in den Bereich der Verschuldenshaftung begibt. Die Gefährdungshaftung begründet die Verantwortlichkeit für die Handlung einer KI folglich auf eine denkbar einfache Art. Derjenige, der sich einer KI bedient, muss deren Einsatz und die Folgen voll verantworten, immer vorausgesetzt, dass ein entsprechender Gefährdungshaftungstatbestand überhaupt existiert. Dies ist letztlich eine Wertungsentscheidung des Gesetzgebers, die aus Gründen des Opferschutzes geboten sein kann.

Daran ändert auch die Einführung der §§ 1a, b StVG nichts. Der Gesetzgeber hat die besondere Regelungsbedürftigkeit erkannt, die das autonome Fahren auslöst. Daraufhin hat er verschiedene Pflichten des Fahrzeugführers normiert, wenn er sich zur Führung des Fahrzeugs einer Software bedient. § 1b Abs. 1 StVG erlaubt es dem Fahrer grundsätzlich, die Fahrzeugsteuerung aus der Hand zu geben, er muss aber jederzeit eingriffsbereit sein. Abs. 2 konkretisiert dies, indem der Fahrzeugführer verpflichtet wird, die Kontrolle zu übernehmen, wenn ihn das System dazu auffordert (Nr. 1) oder wenn er erkennt, dass die Voraussetzungen einer bestimmungsgemäßen Verwendung nicht mehr vorliegen (Nr. 2). Diese Regelung erscheint allerdings banal, wenn man sich die Eigenschaften einer KI erneut vor Augen führt. Im Gegensatz zum Menschen kann eine Software eine gefährliche Situation im Bruchteil einer Sekunde erfassen, bewerten, Handlungsalternativen auswählen oder erarbeiten. In jedem Fall liegt in der Schnelligkeit der womöglich entscheidende Vorteil gegenüber dem menschlichen Handeln.

Dagegen geht der Gesetzgeber in der Gesetzesbegründung ausdrücklich davon aus, dass die hoch- und vollautomatisierten Systeme ihre »Grenzen« erkennen und den Fahrer bei Bedarf zur (Wieder-)Übernahme auffordern.[25] Damit verhindert der Gesetzgeber, dass die KI ihren eigentlichen Vorteil überhaupt ausspielen kann. Dass der Fahrer gemäß § 1b Abs. 2 Nr. 2 StVG die Fahrzeugführung unverzüglich wieder zu übernehmen hat, wenn er erkennt oder erkennen muss, dass die Situation dies erfordert, dürfte in der Praxis nämlich weitestgehend bedeutungslos sein. Erkennt der Fahrer den Eintritt einer gefährlichen Situation oder wird ihm in einer solchen die Kontrolle über das Fahrzeug wieder übergeben, wird es meistens zu spät sein. Zudem ist es wahrscheinlich, dass sich die nach der Übernahme der Fahrzeugsteuerung intuitiv vom Fahrer vorgenommene Reaktion auf die Gefahrenlage nicht mit der von der KI bereits erarbeiteten Handlungsoption und dem von ihr angedachten Problemlösungsweg deckt oder der Entscheidung sogar zuwiderläuft. Auf diese Weise werden gefährliche Situationen noch verschärft oder überhaupt erst geschaffen, denn es vergehen in jedem Fall wertvolle Sekunden.

Letztlich bleibt zweifelhaft, ob eine KI überhaupt unter den Wortlaut des Gesetzes subsumiert werden kann. Entgegen der Überschrift der Vorschrift (»Rechte und Pflichten des Fahrzeugführers bei Nutzung von hoch- oder vollautomatisierter Fahrfunktion«) und der in ihr verwendeten entsprechenden Tatbestandsmerkmale handelt es sich, wie bereits festgestellt, bei einer KI weder um eine hoch- noch um eine vollautomatisierte Funktion.

25 BT-Drs. 18/11534, S. 1, abrufbar unter www.bundestag.de.

Zurechnung von Handlungen der KI

In den Bereichen des Zivilrechts, in denen ein Gefährdungshaftungstatbestand nicht existiert, stellt sich die Frage, ob sich der Anwender der KI jegliche Handlung oder Erklärung der KI zurechnen lassen muss. Dass dies im Grundsatz der Fall sein sollte, ist auf den ersten Blick naheliegend. Jedoch zwingt die völlige Unvorhersehbarkeit des Entscheidungsprozesses einer KI zu einer vertieften Auseinandersetzung mit der Entscheidungszurechnung an ihren Anwender und mit der Frage, ob dieser im Falle des Auseinanderfallens der von der KI getroffenen Entscheidung mit seinem wirklichen Willen aus der Verantwortung zu entlassen, ihm die Entscheidung der KI mithin nicht zurechenbar ist.

Eine KI als eigenes Rechtssubjekt

In diesem Zusammenhang wird in der Rechtswissenschaft darüber gestritten, ob eine Software ein eigenes Rechtssubjekt – eine »E-Person« – sein kann. Rechtssubjekte sind solche, die selbst Träger von Rechten und Pflichten sein können. Diese Eigenschaft wird dem jeweiligen Subjekt (ausschließlich) kraft Gesetzes übertragen. Der Mensch ist etwa mit der Vollendung seiner Geburt Rechtssubjekt im zivilrechtlichen Sinne, § 1 BGB. Daneben entstehen Rechtssubjekte durch einen gesetzlich geregelten Gründungsakt, wie es bei den juristischen Personen der Fall ist, beispielsweise bei einem eingetragenen Verein, §§ 21 ff. BGB.

Gegen die Erhebung einer KI zum Rechtssubjekt wird insbesondere vorgebracht, dass die Handlung eines Rechtssubjekts stets auf einen menschlichen Willen rückführbar sein müsse.[26] Dies ist nicht von der Hand zu weisen, allerdings ließe sich dieses Argument ebenfalls gegen die Existenz der juristischen Person ins Feld führen. Letztlich bleibt es dem Gesetzgeber vorbehalten, über diese Frage zu befinden. Es handelt sich dem Grunde nach um

26 Georg Borges: Rechtliche Rahmenbedingungen für autonome Systeme, in: NJW (2018) 14, S. 977-982, hier S. 977.

eine ethisch-moralische Entscheidung, deren juristische Umsetzbarkeit möglich wäre.

Zurechnung über die Grundsätze der Stellvertretung

Bereits in ihrer jetzigen Form stellt KI die geltende Privatrechtsordnung vor große Herausforderungen. Ihre Erscheinungsform lässt sich nur schwer unter das bestehende Recht subsumieren. Für die Zurechnung einer von einer Software abgegebenen Erklärung an den Nutzer wurde immer wieder an die Heranziehung der Stellvertretungsregelungen nach §§ 164 ff. BGB gedacht.[27] Nach § 164 Abs. 1 BGB gibt der Stellvertreter für den Vertretenen eine Willenserklärung mit Vertretungsmacht in dessen Namen ab. Beauftragt A etwa B mit dem Verkauf seines Kfz, weil dieser über mehr Erfahrung und Sachverstand verfügt als A selbst, so bevollmächtigt er B. Dieser gibt seinerseits gegenüber einem Dritten eine auf einen Kaufvertrag gerichtete Willenserklärung ab, welche allerdings A rechtlich bindet. Die Idee der Anwendbarkeit des Stellvertretungsrechts auf die KI ist zunächst naheliegend: Eine KI ist durch ihre Fähigkeit zum autonomen Handeln derart eigenständig, dass eine Rückkoppelung mit ihrem Nutzer nicht mehr oder nur in zuvor programmierten Situationen erforderlich wird.[28] Damit besitzt sie einen eigenen Handlungsspielraum und kann selbstständig eine Willenserklärung abgeben. Handelt sie dabei offenkundig im Namen des Nutzers, gibt sie diese für ihn gegenüber einem Dritten ab. Auch in dieser Konstellation wird der Hintermann – der Nutzer – gebunden und nicht etwa die KI selbst. Jedoch wenden sich hiergegen zu Recht die überwiegenden Stimmen in der Literatur.[29] Gegen die Zurechnung einer von der KI abgegebenen Erklärung im Rahmen der Stellvertretung spricht vor allem die fehlende Haftungsmasse der KI,

27 Ausführliche Darstellung und mit weiteren Nachweisen bei Grapentin: Vertragsschluss und vertragliches Verschulden, S. 91 ff.

28 Torsten Eymann: Digitale Geschäftsagenten, Berlin 2003, S. 21.

29 Beispielhaft Tanja Nitschke: Verträge unter Beteiligung von Softwareagenten – ein rechtlicher Rahmen, Frankfurt a. M. 2011, S. 51 f. Für eine zumindest teilweise analoge Anwendung Thomas Schulz: Verantwortlichkeit bei autonom agierenden Systemen, Baden-Baden 2015, S. 113.

wenn sie ihre Vertretungsmacht überschreitet (sogenannter »Falsus procurator«) und damit nach § 179 Abs. 1 BGB selbst einzustehen hätte.[30] Es besteht in diesem Fall die Gefahr, dass sich der Nutzer durch die Verwendung der Software von seiner eigenen Haftung ungerechtfertigt exkulpieren könnte. Weiter spricht der Rechtsgedanke des § 165 BGB gegen eine Anwendbarkeit des Stellvertretungsrechts. Denn nach dieser Vorschrift muss der Stellvertreter zumindest beschränkt geschäftsfähig und damit selbst Rechtssubjekt sein.[31] Dies ist eine KI gerade nicht.

Kann eine Rechtsnorm nicht direkt angewendet werden, ist allerdings an eine analoge Anwendung zu denken. Eine solche Heranziehung des Stellvertretungsrechts muss jedoch ausscheiden, da die fehlende Eigenschaft als Rechtssubjekt nicht durch einen Analogieschluss zu überwinden ist. Vielmehr hat über die Frage der Rechtssubjektseigenschaft nur der Gesetzgeber selbst zu entscheiden.[32]

Verantwortung für KI im Vertragsrecht

Folglich muss sich der Nutzer einer KI deren Handlungen und Erklärungen stets als eigene zurechnen lassen. Für den Nutzer bedeutet dies unter anderem, dass er sich im Grundsatz nicht von einer ungewollten und schädigenden Handlung wird freisagen können, wenn die Software sie als Resultat ihres Einsatzes hervorbringt. Begrenzt wird die Verantwortlichkeit nur durch das sogenannte Verschulden.[33] Sowohl die vertragliche als auch die vertragsähnliche und in Teilen die deliktische Haftung setzen voraus, dass der Nutzer zumindest fahrlässig eine ihm obliegende Pflicht verletzt. Fahrlässig handelt gemäß § 276 Abs. 2 BGB, wer die im Verkehr erforderliche Sorgfalt außer Acht lässt.

Mit dieser Legaldefinition des Begriffs der Fahrlässigkeit hat der Gesetzgeber der Rechtsprechung einen groben Rahmen zur Verfügung gestellt, ab

30 Kai Cornelius: Vertragsabschluss durch autonome elektronische Agenten, in: MMR 353 (2002) 6, S. 353-358, hier S. 355.

31 Ebd., S. 354.

32 Grapentin: Vertragsschluss und vertragliches Verschulden, S. 99.

33 Hierzu ebd., S. 122 ff.

wann eine Handlung vom Schuldner bzw. Schädiger noch zu vertreten (zu verschulden) sein soll. Im Übrigen obliegt es der Rechtsprechung, dieses gesetzliche Tatbestandsmerkmal näher auszuführen. Im Bereich des IT-Rechts hat sich die Rechtsprechung in der Vergangenheit immer wieder mit dem Verschulden für fehlerhafte Software auseinandersetzen müssen.[34] Der im Laufe der Zeit entwickelte und stetig gewachsene Katalog an Sorgfaltspflichten für den Hersteller und Anwender einer Software ist nicht zu unterschätzen. Angefangen von Konstruktionspflichten,[35] die einen umfassenden Überblick und eine genaue Einschätzung des potenziellen Aufgabengebiets erfordern, über Warn- und Hinweispflichten,[36] bis hin zu Überwachungs- und internen Organisationspflichten[37] wird ein hohes Maß an Aufmerksamkeit beim Softwareeinsatz verlangt. Ob diese Anforderungen aber dem Einsatz von KI gerecht werden können, ist zweifelhaft. Denn auch die beste Konstruktion eines Programmcodes[38] kann nicht verhindern, dass die KI ein für die Beteiligten ungewolltes Ergebnis hervorbringt. Es kommt nunmehr maßgeblich auf das Trainingslevel der Software an. Da die Entscheidungsprozesse im Bruchteil von Sekunden stattfinden können und im Übrigen nicht mehr oder nur bedingt in ihrer Entstehung nachvollziehbar sind, kann eine Überwachung und die damit zusammenhängende interne Organisation des Anwenders kaum noch Schutz bieten.

Überdies kann von einem privaten Anwender oder einem kleineren Unternehmen schwerlich die gleiche Sorgfalt erwartet werden wie von den großen Konzernen der Branchenspitze. Kleinere Unternehmen verfügen in der Regel nicht über die Ressourcen und Kenntnisse, um eine eigene IT-Abteilung vorzuhalten, welche die eingesetzte KI ständig zu überwachen vermag. Damit setzen sie sich jedoch zugleich dem Haftungsrisiko aus, wenn man dem Anwender vorwirft, der Einsatz von KI sei fahrlässig gewesen.

---

34 Überblick bei ebd., S. 144.

35 Etwa OLG Stuttgart, in: NJW-RR 20 (1986), S. 1245; OLG Köln, in: NJW 20 (1994), S. 1355.

36 Mit weiteren Nachweisen Gerald Spindler: Das Jahr-2000-Problem in der Produkthaftung. Pflichten des Herstellers und der Softwarenutzer, in: NJW 52 (1999) 51, S. 3737-3745, hier S. 3739.

37 Beispielhaft im Deliktsrecht Matthias Kuhn: Rechtshandlungen mittels EDV und Telekommunikation, München 1991, S. 291; für die Besonderheiten beim Einsatz von KI Eymann: Digitale Geschäftsagenten, S. 303 f.

38 Gemeint ist ein gegen Hacking und andere Angriffe gesicherter Programmcode.

In einem zwei- oder mehrseitigen Vertragsverhältnis ist aber auch der Gläubiger (also derjenige, der den Einsatz der KI wünscht, ihn dann allerdings durch den Schuldner durchführen lässt) nicht aus der Verantwortung zu entlassen. Ihm obliegt eine eigene Pflicht zur Mitwirkung nach § 254 Abs. 1, 2 BGB. Insbesondere muss der Gläubiger den Schuldner – den Anwender der Software – auf mögliche Schadenspotenziale hinweisen. Hierzu zählt, dass dem Nutzer der KI alle nötigen Informationen zur Verfügung gestellt werden, die für das Training der Software erforderlich sind, damit der Schuldner die KI möglichst effizient einsetzen und am Einsatzzweck orientiert trainieren kann. Um ein hohes Trainingsniveau zu erreichen, braucht die KI eine möglichst umfangreiche Datenbasis.[39]

Verantwortung für KI im Produkthaftungsrecht

Setzt der Nutzer eine KI ein, die er zuvor erworben hat oder die spezifisch für ihn angefertigt wurde, kommt stets ein Rückgriff über das Produkthaftungsrecht auf den Hersteller in Betracht. Damit tritt dieser als weiterer potenziell Verantwortlicher hinzu. Nach § 1 ProdHaftG hat der Hersteller einen durch ein fehlerhaftes Produkt entstandenen Schaden zu ersetzen. Auch die Herstellung von Softwareanwendungen unterfällt dem ProdHaftG.[40] Eine Verantwortung nach diesem Gesetz setzt allerdings voraus, dass ein Produktfehler vorliegt und das Produkt durch den Hersteller in den Verkehr gebracht wurde.

Produktfehler

Wann ein Produkt fehlerhaft ist, bestimmt sich nach § 3 Abs. 1 ProdHaftG. Die Haftung ist jedoch gemäß § 1 Abs. 2 Nr. 5 ProdHaftG ausgeschlossen, wenn das Produkt zum Zeitpunkt des In-den-Verkehr-Bringens dem Stand

39 Ausführlich zum Lernverhalten Grapentin: Vertragsschluss und vertragliches Verschulden, S. 69 ff.

40 Christian Förster: Kommentierung zu § 2 ProdHaftG, in: BeckOK BGB, hg. v. Heinz Georg Bamberger et al., München 2018, Rn. 22.

von Wissenschaft und Technik entsprach. Beim Einsatz von KI ist dabei zwischen zwei Aspekten zu unterscheiden: Erstens wird vom Hersteller, gegebenenfalls unter Berücksichtigung besonderer Kundenwünsche, der klassische Quellcode der KI angefertigt. Dieser Code muss dem Stand von Wissenschaft und Technik entsprechen. Der Hersteller hat insbesondere auf bekannte Risiken und neueste Entwicklungen in der Fachwelt Rücksicht zu nehmen.[41] Bekannte Lücken in Quellcodes müssen bei Abschluss der Entwicklung beseitigt sein. Zweitens geht das eigentliche Risikopotenzial einer KI nicht (nur) vom Quellcode, sondern von einem unzureichenden Lernprozess der Software aus. Während der klassische Quellcode lediglich das Gerüst darstellt und die Fähigkeiten der Software festlegt, bestimmt im Übrigen das anhand der eingepflegten Daten vorgenommene Training die Verhaltensweise der KI. Damit liegt aber kein Fehler im Sinne des ProdHaftG vor, Gegenteiliges ist sogar anzunehmen. Sofern der Hersteller nicht gleichzeitig zum Training der Software verpflichtet war, kommt eine Verantwortlichkeit nach dem ProdHaftG nicht in Betracht.

In den Verkehr bringen

Daneben stellt sich die Frage, ab wann eine KI als »in den Verkehr gebracht« angesehen werden kann. Kommt es für die Fehlerhaftigkeit nicht mehr nur auf den Programmcode der Software, sondern auf das Trainingslevel an, so verschiebt sich der Zeitpunkt des In-den-Verkehr-Bringens. Sofern der Hersteller zusätzlich das Training der Software übernimmt, ist nicht mehr wie bei hergebrachter Software der Zeitpunkt des erstmaligen Verwendens maßgeblich – namentlich die »Inbetriebnahme« nach der Vollendung des Quellcodes –, sondern der Zeitpunkt des Trainingsabschlusses. Erst jetzt kann sich zeigen, ob sich die Software überhaupt für ihre Bestimmung im Verkehr eignet. Denn eine KI wird nicht immer über den klassischen Vertriebsweg in den Verkehr gebracht. Vielmehr muss sie unter den später für sie realen Bedingungen in einem abgeschlossenen Netzwerk beim Hersteller oder späteren Anwender getestet und trainiert werden. Beispielhaft

41 Mit weiteren Nachweisen Grapentin: Vertragsschluss und vertragliches Verschulden, S. 161.

hierfür sei nur auf die Testfahrten von Tesla im regulären Straßenverkehr in den USA hingewiesen, welche sowohl der Erprobung als auch dem Training der Software dienen. Die wahren Herausforderungen des alltäglichen Lebens lassen sich nur bedingt unter »Laborbedingungen« in abgeschlossenen Netzwerken simulieren. Die Aus- und Einwirkungen von den durch die Sensoren erlangten Daten sowie anderer Softwareanwendungen auf die zu trainierende KI lassen sich ausschließlich im tatsächlichen späteren Anwendungsumfeld realistisch abbilden. Zudem lassen sich in diesem Verfahrensstadium ungewollte Verhaltensmuster durch nachträglich eingefügte Vorgaben im Programmcode noch minimieren oder gänzlich ausschließen.

Fazit

Eine KI ist in ihren Handlungen weitestgehend unabhängig von ihrem Verwender, wenn nicht im Programmcode ausdrücklich Handlungsanweisungen oder -verbote vorgesehen sind. Daraus folgt aber nicht, dass eine KI für ihre Entscheidungen und Handlungen eigenverantwortlich ist. Der Einsatz einer KI wird ihrem Nutzer zugerechnet. Er ist für ihr Handeln verantwortlich und muss gegebenenfalls für hieraus resultierende Schäden einstehen. Softwareanwendungen im Allgemeinen und KI im Besonderen sind selbst nicht Rechtssubjekte und können daher nicht Träger von Rechten und Pflichten sein. Dieses Ergebnis ist nur richtig, da andernfalls der Verwender der Software vorschnell aus der ihm durch das Gesetz auferlegten Verantwortung entlassen werden würde. Auch verfügt eine KI selbst über keine eigene Haftungsmasse, aus der sie entstandene Schäden begleichen könnte. Eine Eigenhaftung der Software würde, ohne gleichzeitig eine Versicherungspflicht zu normieren, faktisch leerlaufen.

Dass sich der Gesetzgeber nur in Ansätzen und die Rechtsprechung noch gar nicht mit dem Phänomen von KI auseinandersetzen mussten, ist dem bisher geringen tatsächlichen Einsatz geschuldet. Der Handlungsbedarf wird allerdings dringender, wenn der Einsatz von KI zunehmend auch Rechtsgüter von hohem oder höchstem Rang gefährdet. Der Gesetzgeber wird sich entscheiden müssen, ob er den Weg einer abstrakten Verantwortlichkeit wählt und damit eine Gefährdungshaftung schafft oder dem Konzept des Verschuldens treu bleibt und einen zu beachtenden Pflichtenkatalog entwirft, wie er es bereits im Wertpapierhandel getan hat.[42]

42 Vertiefend Grapentin: Vertragsschluss und vertragliches Verschulden, S. 146 ff.

Jonas Botta

Industrie 4.0: Menschenwürde und verfassungsrechtliche Perspektiven

»Was einen Preis hat, an dessen Stelle kann auch etwas anderes, als Äquivalent, gesetzt werden; was dagegen über allen Preis erhaben ist, mithin kein Äquivalent verstattet, das hat eine Würde.«[1]

Digitalisierung am Arbeitsplatz: Feuer des Prometheus oder Büchse der Pandora?

In der griechischen Mythologie begründete der Titan Prometheus die menschliche Zivilisation, indem er den Göttern das Feuer stahl und es den Sterblichen brachte. Einen ähnlichen Entwicklungsschub verheißt die Digitalisierung der industriellen Produktion. Unter dem Schlagwort der »Industrie 4.0« schreitet die digitale Vernetzung der gesamten Wertschöpfungskette unaufhaltsam voran. In der intelligenten Fabrik setzt der Arbeitgeber beispiels-

1 Immanuel Kant: Grundlegung zur Metaphysik der Sitten, Riga 1785, in: Akademie-Ausgabe Band IV, S. 434.

weise Datenbrillen, aktive Exoskelette oder Industrieroboter ein, die direkt mit den Beschäftigten agieren (sogenannte Cobots). Mittels cyberphysischer Systeme sind alle diese Geräte und die Menschen, die sie tragen bzw. bedienen, miteinander verbunden.[2] Beschäftigte können dank des technischen Fortschritts auf vereinfachte Arbeitsprozesse und ein Mehr an Arbeits- und Gesundheitsschutz hoffen.

Doch wie der Feuerraub des Prometheus bleibt auch die Digitalisierung am Arbeitsplatz nicht folgenlos. Während der Göttervater Zeus aus Rache für Prometheus' Frevel Pandora zu den Menschen sandte und sich aus ihrer Büchse alles Übel auf der Welt verbreitete, birgt die Industrie 4.0 zahlreiche Gefahren für die in ihr Beschäftigten in sich. Denn jede neue technische Errungenschaft kann auch dazu führen, dass sich die Erwartungen des Arbeitgebers an die neuen Leistungsfähigkeiten seiner Beschäftigten anpassen. Denn wer mittels Datenbrille immer den schnellsten Weg zur auszuliefernden Ware findet oder durch das Tragen eines Exoskeletts in der Lage ist, bis zu 90 kg zu stemmen, der kann seine Produktivität entsprechend steigern, statt auf seinem bisherigen Niveau zu verharren. So kann der Arbeitgeber potenziell den für ihn »perfekten Arbeitnehmer« schaffen.[3] Und die Industrie 4.0 kann nicht nur in einem stetigen Optimierungszwang enden, sondern infolge der umfassenden Datenverarbeitung zugleich zu »gläsernen Beschäftigten« führen, die der Arbeitgeber an ihrem panoptischen Arbeitsplatz bei jedem Handgriff überwacht.[4]

2 Jens Günther/Matthias Böglmüller: Arbeitsrecht 4.0. Arbeitsrechtliche Herausforderungen in der vierten industriellen Revolution, in: NZA 32 (2015) 17, S. 1025-1031, hier S. 1025; Kai Hofmann: Smart Factory – Arbeitnehmerdatenschutz in der Industrie 4.0. Datenschutzrechtliche Besonderheiten und Herausforderungen, in: ZD 6 (2016) 1, S. 12-17, hier S. 12 f.; Mario Martini/Jonas Botta: Iron Man am Arbeitsplatz? – Exoskelette zwischen Effizienzstreben, Daten- und Gesundheitsschutz. Chancen und Risiken der Verschmelzung von Mensch und Maschine in der Industrie 4.0, in: NZA 35 (2018) 10, S. 625-637, hier S. 625.

3 Vgl. Martini/Botta: Iron Man am Arbeitsplatz?, S. 627.

4 Vgl. ebd.

Rückbesinnung auf die Menschenwürde als oberster Verfassungswert

Die deutsche Rechtswissenschaft hat die Digitalisierung der Arbeitswelt bisher zumeist entlang der Vorschriften des Arbeits- und Gesundheitsschutzes bzw. des Beschäftigtendatenschutzes diskutiert. Es ist gleichwohl nicht ausreichend, allein das einfache, das heißt das unterverfassungsrechtliche Recht darum zu bemühen, diesen tief greifenden Umbruch unserer Lebenswelt zu erfassen und daraus einen Ordnungsrahmen für die digitale Transformation abzuleiten. Denn der einfache Gesetzgeber kann den Wettlauf mit dem technischen Fortschritt nicht gewinnen. Sobald er einen Lebenssachverhalt (scheinbar) abschließend reguliert hat, befinden sich schon wieder neue Technologien auf dem Vormarsch, die bislang ungeahnte rechtliche Fragen aufwerfen.

Ordnung lässt sich in dieses innovative Chaos nur bringen, indem man die Vorschriften des Grundgesetzes als normative Leitplanken heranzieht. Denn die in den Art. 1 bis 19 GG niedergelegten Grundrechte begründen nicht nur subjektiv-rechtliche Abwehr- und Leistungsrechte des einzelnen Bürgers, sondern auch eine objektive Werteordnung, die in das einfache Recht ausstrahlt.[5] Aus Sicht des Verfassungsrechts stellt sich die Industrie 4.0 vornehmlich als Herausforderung für die informationelle Selbstbestimmung (Art. 2 Abs. 1 i. V. m. Art. 1 Abs. 1 GG),[6] aber auch für die körperliche Unversehrtheit (Art. 2 Abs. 2 GG) und die Berufsfreiheit (Art. 12 Abs. 1 GG) der Beschäftigten dar. Im Verhältnis zwischen Arbeitnehmer und Arbeitgeber wirken die Grundrechte gleichwohl nur mittelbar, da sie vorrangig den Staat als Grundrechtsverpflichteten und nicht Private binden (vgl. Art. 1 Abs. 3 GG).[7] So bewirken Maßnahmen zur Mitarbeiterüberwachung zwar grund-

---

5 BVerfGE 7, 198 (205).

6 Trotz Geltung der Datenschutz-Grundverordnung finden im Beschäftigtendatenschutz vorrangig die Vorschriften des Grundgesetzes und nicht der Grundrechtecharta der Europäischen Union Anwendung. Grund hierfür ist, dass die nähere Ausgestaltung des Beschäftigtendatenschutzes weiterhin den Mitgliedsstaaten obliegt (Art. 88 DSGVO), s. Martini/Botta: Iron Man am Arbeitsplatz?, S. 631 mit Fn. 54; vgl. zudem BVerfG, Beschluss v. 6.11.2019 – 1 BvR 16/13 –, Rn. 74.

7 Christian Hillgruber: Art. 1, in: Beck'scher Online-Kommentar Grundgesetz, 40. Ed., hg. v. Volker Epping/Christian Hillgruber, Stand: 15.2.2019, Rn. 72.

sätzlich einen Eingriff in die informationelle Selbstbestimmung der Beschäftigten, dieser kann aber durch den Eigentumsschutz ihrer Arbeitgeber (Art. 14 Abs. 1 GG) gerechtfertigt sein.

Unantastbarer Kern der betroffenen Grundrechte ist indes die Menschenwürde (Art. 1 Abs. 1 GG). Als Konsequenz aus der menschenfeindlichen Politik der NS-Diktatur steht sie dem Grundgesetz unabänderlich voran (vgl. Art. 79 Abs. 3 GG). Jeder Mensch hat sie inne.[8] Er darf daher nicht zu einem bloßen Objekt staatlichen[9] oder privaten[10] Handelns werden (sogenannte Objektformel). Die Industrie 4.0 birgt jedoch ernst zu nehmende Gefahren für die Subjektqualität der Beschäftigten in sich. Eine analytische Rückbesinnung auf die Menschenwürde als oberster Verfassungswert[11] könnte sich daher als förderlich erweisen, um die Transformation der Arbeitswelt rechtlich zu erfassen.

Zwar sind die Grundrechte der Art. 2 ff. GG stets vorrangig zu prüfen, da sie die Menschenwürde konkretisieren.[12] Allein die Menschenwürde vermag es aber, die absoluten Grenzen der rechtlich zulässigen Digitalisierung aufzuzeigen. Denn zum einen sind Eingriffe in sie immer verfassungswidrig und zum anderen ist sie abwägungsresistent, das heißt auch entgegenstehende Grundrechtspositionen auf Arbeitgeberseite können Eingriffe in sie nicht ausgleichen.[13] Dennoch fristet die Menschenwürde – oft als zu irrational oder moralisierend kritisiert – in der Rechtswissenschaft bei Digitalisierungsfragen lediglich ein Schattendasein.[14] Dabei birgt sie das Potenzial in sich, als verfassungsrechtlicher Wertekompass für die Industrie 4.0 zu dienen.

8 BVerfGE 87, 209 (228).

9 BVerfGE 27, 1 (6); 45, 187 (228); 96, 375 (399).

10 BAGE 38, 69 (80 f.).

11 Vgl. die ständige Rechtsprechung des Bundesverfassungsgerichts seit BVerfGE 6, 32 (36 bzw. 41).

12 BVerfGE 93, 266 (293); 107, 275 (284).

13 Vgl. Hillgruber: Art. 1, Rn. 10.

14 Vgl. Kai von Lewinski: Die Matrix des Datenschutzes. Besichtigung und Ordnung eines Begriffsfeldes, Tübingen 2014, S. 19.

Die Industrie 4.0 im Lichte der Menschenwürde

Bereits in seinem »Volkszählungsurteil« aus dem Jahr 1983 warnte das Bundesverfassungsgericht vor der »Gefahr einer persönlichkeitsfeindlichen Registrierung und Katalogisierung des [E]inzelnen«.[15] Mit Weitsicht erkannte der Erste Senat, dass es »unter den Bedingungen der automatischen Datenverarbeitung kein ›belangloses‹ Datum mehr« gebe.[16] Dennoch verletzte das Erhebungsprogramm des Volkszählungsgesetzes, das damals Verfahrensgegenstand war, aus seiner Sicht die Menschenwürde der Betroffenen nicht, da es noch keine Totalerfassung der Bundesbürger darstellte.[17] Sehr wohl griff es aber ungerechtfertigt in das neu geschaffene Recht auf informationelle Selbstbestimmung ein,[18] das Karlsruhe aus dem allgemeinen Persönlichkeitsrecht und damit auch aus der Menschenwürde ableitete und das seitdem als zentrales Grundrecht im digitalen Zeitalter fungiert.

Der technische Fortschritt der vergangenen 35 Jahre ist jedoch gewaltig gewesen. In der vernetzten Fabrik fallen unzählige Daten über den Einzelnen an: Der Arbeitgeber kann jeden Arbeitsschritt – vom Verfassen einer E-Mail (zum Beispiel anhand der Wortwahl oder Schreibgeschwindigkeit) bis zur benötigten Zeit am Fließband – überwachen, statistisch auswerten und miteinander in Verbindung setzen.[19] Somit kann er ganze Persönlichkeitsprofile seiner Mitarbeiter erstellen.

Je transparenter die Beschäftigten für ihren Arbeitgeber werden, desto mehr verschieben sich indes die Machtasymmetrien im Arbeitsverhältnis zu ihren Ungunsten. Dies zeigt ein Beispiel aus dem Personalmanagement auf: Wen es schon schockiert hat, dass die Deutsche Post DHL Group eine Entfristung ihrer Brief- und Paketzusteller von der Anzahl der Krankheitstage

15 BVerfGE 65, 1 (48) unter Verweis auf BVerfGE 27, 1 (6).

16 BVerfGE 65, 1 (45).

17 BVerfGE 65, 1 (52 ff.).

18 BVerfGE 65, 1 (58 ff.).

19 Weiterführend Boris Dzida: Big Data und Arbeitsrecht, in: NZA 34 (2017) 9, S. 541-546, hier S. 544 ff.; Detlef Grimm: Überwachung im Arbeitsverhältnis. Von Befragungen bis zur GPS-Ortung – wie viel Kontrolle ist erlaubt?, in: jM (2016) 1, S. 17-27, hier S. 20 ff.; Michael Kort: Neuer Beschäftigtendatenschutz und Industrie 4.0. Grenzen einer »Rundumüberwachung« angesichts der Rechtsprechung, der DSGVO und des BDSG nF, in: RdA 71 (2018) 1, S. 24-33, hier S. 25 ff.; Martini/Botta: Iron Man am Arbeitsplatz?, S. 627.

abhängig macht,[20] sollte nicht zu viele Gedanken darauf verwenden, was Arbeitgebern künftig möglich ist. Beim Onlineversandhändler Amazon erfasst ein Algorithmus etwa schon längst die Produktivität der Logistikmitarbeiter in Echtzeit und spricht gegebenenfalls Verwarnungen oder sogar Entlassungen aus.[21] Eine digitale Totalerfassung des Einzelnen ist längst keine orwellsche Dystopie mehr, sondern nur noch eine Frage des Wollens und des rechtlichen Dürfens. Sie würde den Einzelnen aber nicht nur in seiner informationellen Selbstbestimmung verletzen, sie griffe auch seine Menschenwürde an.[22]

Darüber hinaus bedrohen der Einsatz von Computer-Algorithmen und Künstlicher Intelligenz die menschliche Autonomie. Lernfähige Systeme versprechen Entscheidungen schneller und besser als Menschen zu treffen und könnten Letztere daher bald auch in Verantwortungspositionen ersetzen.[23] Wenn »Kollege Roboter« aber zum Vorgesetzten wird und die menschlichen Mitarbeiter künftig seine maschinellen Anweisungen zu befolgen haben, kann sich perspektivisch das Verhältnis zwischen Mensch und Maschine in sein Gegenteil verkehren: Der Mensch wird zum Werkzeug intelligenter Systeme. Statt in mehr Selbstbestimmung würde die Industrie 4.0 dann in mehr Fremdbestimmung der Beschäftigten münden. Es gehört indes zum Wesen des Menschen, selbstbestimmt zu leben und sich frei zu entfalten.[24] Dem stünde eine »Herrschaft der Maschinen« in der Fabrik der Zukunft diametral entgegen.[25] Denn wenn Menschen nur noch reine Befehlsempfänger der Maschinen wären, drohten sie, ihre Subjektqualität zu verlieren.

20 Kristina Ludwig: Brief- und Paketboten: Krank sein bei der Post? Besser nicht, in: SZ-Online v. 6.5.2018, www.sueddeutsche.de/wirtschaft/brief-und-paketboten-krank-sein-bei-der-post-besser-nicht-1.3969098.

21 Colin Lecher: How Amazon automatically tracks and fires warehouse workers for »productivity«, in: The Verge v. 25.4.2019, www.theverge.com/2019/4/25/18516004/amazon-warehouse-fulfillment-centers-productivity-firing-terminations.

22 Vgl. BVerfGE 65, 1 (53).

23 Adrian Lobe: Der ist jetzt Koch, und der ist Kellner, in: FAZ-Online v. 24.5.2016, www.faz.net/aktuell/feuilleton/debatten/die-digital-debatte/kuenstliche-intelligenz-roboter-als-chef-14239957.html.

24 BVerfGE 45, 187 (227 f.); 115, 118 (153).

25 Vgl. Martini/Botta: Iron Man am Arbeitsplatz?, S. 629.

Ein weiteres Risikoszenario kann aus der Interaktion von Mensch und Maschine erfolgen, da Sicherheitsabstände und Trennwände inzwischen regelmäßig der Vergangenheit angehören. Wenn aber Mensch und Roboter direkt miteinander arbeiten, lassen sich Unfälle nie gänzlich ausschließen. Damit einhergehend stellt sich die Frage, wie das grundlegende Dilemma aufzulösen ist, wenn ein System darüber entscheiden muss, ob es den einen Mitarbeiter potenziell gefährdet, um den anderen zu schützen. Dabei ist stets zu befürchten, dass der Beschäftigte zum bloßen Faktor in einer maschinellen Entscheidungsberechnung – im krassesten Fall über Leben und Tod – wird. Dies wäre indes eine unzulässige Verobjektivierung des Einzelnen.

Verschmelzen Mensch und Maschine immer weiter miteinander, entstehen zudem ganz neue Gefahren für die Subjektqualität der Arbeitnehmer. Aktuelle Anwendungsbeispiele wie aktive Exoskelette sind zwar noch weit entfernt vom Bild eines »Cyborgs«,[26] doch das Risiko der Entmenschlichung ist nicht mehr allein Stoff für Science-Fiction-Romane. Dies gilt insbesondere, wenn der gesellschaftliche oder zumindest innerbetriebliche Druck besteht, sich mittels neuer Technologien immer mehr zu optimieren: mehr Körperkraft aufzuwenden, länger zu arbeiten oder auch geistig leistungsfähiger zu sein. Hat die Industrie 4.0 den »perfekten Beschäftigten« zum Ziel, bedroht sie die Menschenwürde.

Wertekompass oder Fortschrittshemmnis?

Doch ist die Menschenwürde wirklich als verfassungsrechtlicher Wertekompass für die Digitalisierung der Arbeitswelt geeignet, um die aufgezeigten Risiken für die Beschäftigten zu umsteuern, oder erweist sie sich am Ende nur als fortschrittshemmender Irrweg?

Ein regelmäßiger Vorwurf gegen den argumentativen Rückgriff auf die Menschenwürde ist, dass der bloße Verweis darauf, dass sie verletzt sei, jeglichen Diskurs tabuisiere und unwiederbringlich beenden könne.[27] Über-

26 Ebd., S. 631.

27 Ralf Poscher: »Die Würde des Menschen ist unantastbar.«, in: JZ 59 (2004) 15/16, S. 756-762, hier S. 758 ff.

tragen auf die Digitalisierung der Arbeitswelt könnte eine Heranziehung der Menschenwürde eine technikfeindliche Haltung begründen und neue Innovationen langfristig erschweren.

Betrachtet man die Industrie 4.0 im Lichte der Menschenwürde, so werden einem gleichwohl nicht nur die zwingenden Grenzen der Vernetzung und Leistungssteigerung offenbart, sondern auch, wer in ihrem Zentrum stehen muss: der Mensch. Nur wer sich dessen bewusst ist, dass er die Subjektqualität jedes einzelnen Individuums zu achten hat, kann den technischen Fortschritt zum Wohle aller Menschen nutzen. Als Wertekompass verhindert die Menschenwürde Innovationen somit nicht, sondern fördert vielmehr deren Entwicklung zugunsten der Betroffenen. Damit ermöglicht die Menschenwürde einen verfassungsrechtlichen Ordnungsrahmen dort, wo einfaches Recht versagt, zeitnah auf neue Technologien zu reagieren.

Insofern entzieht sich die Menschenwürde auch nicht einem rationalen Digitalisierungsdiskurs, sondern öffnet diesen überhaupt erst für eine umfassende Debatte und Reflexion. Zwar darf sie dabei nicht zur »kleinen Münze« des Verfassungsrechts entwertet werden,[28] doch stehen wir mit der Digitalisierung (der Arbeitswelt) vor einem solch enormen Transformationsprozess, dass es nur die Menschenwürde vermag, das grundrechtliche Fundament dafür zu legen, um die wesentlichen Fragen unserer Zeit zu beantworten.

28 Vgl. Günter Dürig: Der Grundrechtssatz von der Menschenwürde. Entwurf eines praktikablen Wertsystems der Grundrechte aus Art. 1 Abs. I in Verbindung mit Art. 19 Abs. II des Grundgesetzes, in: AöR 81 (1956) 2, S. 117-157, hier S. 124.

Jennifer Ten Elsen

Piraten und AfD: Internetpartei oder Partei im Internet?

Von »Bild, BamS und Glotze« zu »#BTW17«. Politikvermittlung unter veränderten Vorzeichen

Digitale Transformationsprozesse bedingen zweifellos einen Strukturwandel der politischen Öffentlichkeit und Kommunikation. Während Gerhard Schröder kurz vor seinem Amtsantritt als Bundeskanzler im Jahr 1998 angab, er brauche zum Regieren nur »Bild, BamS und Glotze«, löste der Wahlerfolg der Piraten in den Jahren 2011 und 2012 ein Umdenken und einen Innovationsschub im politischen Kommunikationsverhalten der deutschen Parteien aus. Anders als in den 1990er- und 2000er-Jahren, in denen konstatiert wurde, dass »Wahlen im Fernsehen entschieden werden«,[1] spielen das Internet und Onlinewahlkämpfe nicht zuletzt seit dem historischen Wahlsieg Barack Obamas im Jahr 2008 eine dominante Rolle.

Somit erfolgt Politikvermittlung heute unter veränderten Bedingungen; die technischen Entwicklungen im Bereich der Massenmedien erzeugen

---

1 Hans Mathias Kepplinger/Marcus Maurer: Abschied vom rationalen Wähler. Warum Wahlen im Fernsehen entschieden werden, Freiburg i. Br./München 2005.

neue Quantitäten und Qualitäten. Das deutsche Mediensystem war über Jahrzehnte hinweg durch ein relativ konstantes, privatwirtschaftliches Pressewesen gekennzeichnet: Zeitungen hatten durch ihre hohe Gesamtauflage eine Monopolstellung, Rundfunk und Fernsehen fungierten als »duales System« und kamen ihrer Funktion der »Grundversorgung« mit umfassenden Informationen nach. Mit dem Aufkommen der sozialen Medien wurden neue Formen der Responsivität und Partizipation geschaffen. Durch die veränderte Kommunikationsstruktur werden immer mehr Menschen nicht mehr nur zu Empfängern, sondern auch zu Sendern von Informationen.

Zugleich birgt der multiplikatorische Effekt sozialer Netzwerke in Verbindung mit der algorithmischen Auswahl der angezeigten Nachrichten die Gefahr, sogenannte Filterblasen zu produzieren, in denen sich (ungefilterte) Informationen – zuweilen auch sogenannte »Fake News« – gleicher Konnotationen kumulieren. Somit werden Redaktionen und Journalist_innen in ihrer Funktion als Gatekeeper,[2] neutrale Pförtner_innen oder Schleusenwärter_innen abgelöst. Durch die Möglichkeiten, große Reichweiten zu generieren, dialogische Kommunikationsprozesse anzuregen und Informationen (ungefiltert) zu teilen, bieten soziale Medien vielfältige Nutzungsmöglichkeiten und sind für Parteien – gerade in Wahlkampfsituationen – äußerst attraktiv.

Mit der Piratenpartei (Die Piraten), aber auch mit der Alternative für Deutschland (AfD) entstanden in den vergangenen Jahren zwei Parteien, denen das Attribut »Internetpartei«[3] in den öffentlichen und wissenschaftlichen Diskursen zugewiesen worden ist. Während die Piraten als »Internet-NGO mit Parteistatus«[4] beschrieben werden, bezeichnet Justus Bender die

2 Gatekeeper entscheiden, welche Ereignisse zu öffentlichen Ereignissen werden und welche nicht. Folglich tragen sie zur Formung des Gesellschafts- bzw. Weltbildes der Rezipient_innen bei. Jede Entscheidung für ein bestimmtes Thema führt dabei zwangsläufig zur Unterdrückung eines anderen Themas. White kam zu dem Ergebnis, dass subjektive Dispositionen und technische Zwänge die Druckseiten und Zeitbudgets den Selektionsprozess von Journalisten steuern. David Manning White: The »Gate keeper«. A Case Study in the Selection of News, in: The Journalism Quarterly 27 (1950) 4, S. 383-390.

3 Markus Lewitzki: Das Internet in Parteiform. Wie segelt die Piratenpartei?, in: Regierungsforschung.de, Parteien und Wahlforschung v. 7.1.2011, S. 6 ff., www.regierungsforschung.de/das-internet-in-parteiform-wie-segelt-die-piratenpartei/ (abgerufen am 25.4.2019).

4 Christopher Lauer/Sascha Lobo: Aufstieg und Niedergang der Piratenpartei. Versuch der Erklärung eines politischen Internetphänomens, Hamburg 2014, S. 10.

AfD als »die erste wirkliche Internetpartei der deutschen Geschichte«.[5] Unklar ist, welche Indikatoren eine »Internetpartei« kennzeichnen: Ist es die programmatische Ausrichtung auf internetbezogene Themen? Ist es die intensive Nutzung des Netzes zur innerparteilichen Kommunikation und Organisation oder zur Wähler_innenansprache und zum Bürger_innendialog? Oder lassen sich andere Indikatoren beschreiben?

Der Beitrag geht von der These aus, dass es sich bei den Piraten und der AfD um zwei Parteien handelt, die das Internet im Vergleich zu den etablierten deutschen Parteien in besonders hohem Maße nutzen, jedoch auf unterschiedliche Art und Weise. Die zentrale Frage ist, welche Rolle das Internet für Funktion, Organisation und Erfolg der Parteien spielt. Lassen sich beide Parteien als »Internetparteien« typisieren? Und wenn ja, warum konnte sich die AfD im vermehrt online geprägten Parteienwettbewerb erfolgreicher behaupten als die Piraten? Welche Chancen und Herausforderungen lassen sich daraus für die etablierten Parteien ableiten?

Internet, Parteien und Wettbewerb

Der Begriff »Internetpartei« ist ebenso schillernd wie unspezifisch und bedarf einer differenzierteren Betrachtung. Das bisher defizitär ausgearbeitete Konzept der »Internetpartei« wird »in diversen semantischen Ausprägungen«[6] wie der »Cyber-Party«[7] oder der »eDemocracy-Party«[8] verwendet. Die Konstruktion eines geeigneten Analyserahmens ist auch deshalb von besonderer Bedeutung, weil internetbasierte Kommunikation in allen Dimensionen des Politischen (Polity, Politics und Policy) bedeutsam ist. Zu unterscheiden ist dabei zwischen »Internetpolitik« und »Politik im Internet«.[9] Während Letzteres internetbasierte Kommunikationsprozesse meint, die Formen des

5 Justus Bender: Was will die AfD? Eine Partei verändert Deutschland, München 2017, S. 63.
6 Lewitzki: Das Internet in Parteiform, S. 5.
7 Helen Margetts: Cyber Parties, in: Handbook of Party Politics, hg. v. Richard Katz/William Crotty, London/Thousand Oaks, CA/New Delhi 2006, S. 528-535.
8 Ovid Pacific Boyd: Differences in eDemocracy parties' eParticipation systems, in: Information Polity 13 (2008) 3-4, S. 167-188.
9 Lewitzki: Das Internet in Parteiform, S. 5.

Bürgerprotests, Onlinekampagnen oder Bürgersprechstunden implizieren,[10] zielt der Begriff »Internetpartei« im Sinne von »Internetpolitik« auf eine strukturierte Nutzung des Internets, die nicht nur die Konstituierung einer eigenen Kommunikationsbasis im technischen Sinne meint und auf eine spezifische Responsivität und Offensivität der internen und externen Kommunikation verweist, sondern auch internet- und netzpolitische Inhalte fokussiert. Eine nur eindimensionale Betrachtung würde daher zu kurz greifen. Vielmehr lassen sich drei Ebenen identifizieren, anhand derer die Charakterisierung einer Partei als »Internetpartei« erfolgen kann:

1. Internet und Netzpolitik als dominanter Inhalt und Policy-Issue der Parteiprogrammatik.
   Daraus ergibt sich die Frage, welche Rolle internet- und netzpolitische Inhalte für die Parteien spielen.
2. Herausragende Bedeutung des Internets und der digitalen Medien in der externen Parteikommunikation.
   Auf dieser Ebene stehen internetbasierte Kommunikationsprozesse mit den Wähler_innen und der Öffentlichkeit jenseits von Wahlkämpfen im Mittelpunkt.
3. Zentrale Rolle des Internets und digitaler Tools in der internen Kommunikation und für parteiinterne Prozesse.
   Dies meint die Institutionalisierung der Parteiorganisation im virtuellen Raum, die über singuläre Events (wie beispielsweise einzelne virtuelle Parteitage) hinausreicht. Verbunden damit ist die Frage, welchen Stellenwert digitale Strukturen in der Binnenkommunikation von Parteien sowie für innerparteiliche Entscheidungs- und Personalrekrutierungsprozesse einnehmen.

Während die erste Ebene in der Typologie von Parteizielen[11] der Dimension des Policy-Seeking (dem Streben nach der Umsetzung inhaltlicher Ziele) entspricht, lässt sich die zweite Ebene der Dimension des Vote-Seeking (dem Streben nach Wähler_innenstimmen) zuordnen. Die dritte Ebene bezieht

---

10 Ebd.

11 Kaare Strøm: A Behavioral Theory of Competitive Political Parties, in: American Journal of Political Science 34 (1990) 2, S. 535-598.

sich dagegen auf die strategische Ebene des Machterwerbs im politischen System (public-office-seeking).

Wenngleich die Ebenen eng miteinander verbunden sind, ergeben sich für den Parteienwettbewerb primär aus den ersten beiden Ebenen zwei mögliche Effekte: Zum einen ein themenbasierter Parteienwettbewerb, der vorliegt, wenn a) ein neuer Wettbewerber ein bislang nicht fokussiertes Thema bearbeitet und damit das Angebot für Wähler_innen erhöht oder b) eine verstärkte Konkurrenz zwischen Parteien um die Deutungshoheit von Themen entsteht (mögliche Polarisierung des Parteiensystems).

Zum anderen wird gegebenenfalls ein Wettbewerb um das gleiche Wähler_innensegment ausgelöst, der zu einer veränderten Austragung des Wahlkampfs bzw. zu einer Verschiebung der Wähler_innenmobilisierung und -demobilisierung führt. Im Folgenden soll die Charakterisierung der Piratenpartei und der AfD als »Internetparteien« auf den drei Ebenen Programmatik, externe und interne Kommunikation überprüft und die damit verbundenen Implikationen für den Parteienwettbewerb diskutiert werden.

Piratenpartei – unterwegs in digitalen Gewässern

Bereits 2006 gegründet, war die Partei bei den Landtagswahlen 2008 in Hessen (0,2 % Stimmenanteil) und bei der Europawahl 2009 (0,9 % Stimmenanteil) nahezu unsichtbar. Deutliche Resonanz erhielt sie erstmals im Jahr 2009, als sie am öffentlichen Protest gegen das von der damaligen Familienministerin Ursula von der Leyen geplante »Zugangserschwerungsgesetz« partizipierte. Der Gesetzesentwurf, der die Sperrung von Internetseiten strafbaren Inhalts vorsah, stieß im Bundestag auf Gegenwind von den Abgeordneten der FDP und der Partei Die Linke sowie von einem Teil von Bündnis 90/Die Grünen. Insbesondere der Piratenpartei gelang es, sich als außerparlamentarischer Akteur für ein freies Internet einzusetzen. Dies führte zu einem starken Anstieg der Mitgliederzahlen und ging mit Wahlerfolgen einher.[12] 2011 und 2012 zog die Partei innerhalb von neun Monaten in

12 Michael Theurer: Erfolg hat, wer Internet kann!, in: Digitale Politikvermittlung. Chancen und Risiken interaktiver Medien, hg. v. Mike Friedrichsen/Ronald A. Koch, Wiesbaden 2015,

vier deutsche Landesparlamente ein. 2014 konnte sie einen Sitz im EU-Parlament erringen, dann erfolgte der Abstieg. Bei den Bundes- und Landtagswahlen 2017 erreichte sie nur noch zwischen 0,4 % und 1,0 % der Stimmen.

Ungeachtet dessen, dass sich die Piratenpartei nicht langfristig in den Parlamenten etablieren konnte, steht sie für eine spezifische Internet- und Kommunikationskultur, die sowohl ihre programmatische und ideologische Ausrichtung als auch ihre Organisation prägt.[13] Zu ihrer Hochzeit versprühte sie den Esprit des digitalen Aufbruchs und setzte auf Themen, die von den anderen Parteien bis zu diesem Zeitpunkt allenfalls »stiefmütterlich« behandelt wurden. Der inhaltliche Markenkern der Piraten ist das Politikfeld Netzpolitik; die Themenbereiche umfassen Fragen der Transparenz und Partizipation im politischen System der Bundesrepublik und berühren rechtliche Anliegen (zum Beispiel geistige Eigentums- und Urheberrechte, Open Data, Reform des Wahlsystems, Vorratsdatenspeicherung, Digital Economy Act).[14] Dies sind Themen, die heute auch von den anderen Parteien mehr oder weniger prononciert bearbeitet werden, wozu letztlich der kurzzeitige Erfolg der Piraten beigetragen hat.[15]

Neben dieser inhaltlichen Vorreiterrolle fungierte die Partei als Labor für digitale Formen der Kommunikation, Organisation und Partizipation. Ziel der Piraten war es, eine Partei neuen Typus zu konstituieren und einen Willens- und Entscheidungsprozess zu installieren, der zu großen Teilen online organisiert ist und eine basisdemokratische Ausrichtung gewährleisten soll. Folglich ist die innerparteiliche Kommunikation weitgehend partizipativ

---

S. 369-394, hier S. 379.

13 Uwe Jun: Die Piraten. Bedingungen und Ursachen des plötzlichen Auf- und Abstiegs einer Internet- und Protestpartei, in: Abkehr von den Parteien? Parteiendemokratie und Bürgerprotest, hg. v. Oskar Niedermayer/Benjamin Höhne/Uwe Jun, Wiesbaden 2013, S. 261-288, hier S. 226.
Die schwedische Schwesterpartei wird häufig als internationales Vorbild und Wurzel der deutschen Piratenpartei wahrgenommen. Das Internet spielte in Schweden bereits vor der Piratenbewegung eine wichtige Rolle als zentrale Mobilisierungsressource und Ort der Entscheidungsfindung. Stephan Klecha/Alexander Hensel: Zwischen digitalem Aufbruch und analogem Absturz. Die Piratenpartei, Opladen/Berlin/Toronto 2013, S. 18 ff.

14 Ebd., S. 23.

15 Ebd., S. 132-142.

organisiert.[16] Die verschiedenen Mailinglisten, Video- und Audiostreamingdienste, das Partei-Wiki und die parteibezogene Blogsphäre bilden ein dichtes »Kommunikationsgeflecht«.[17] Dadurch wird die Möglichkeit des kollaborativen Arbeitens an Programmentwürfen, Anträgen und Positionspapieren geschaffen.[18] Dabei werden bei den Piraten die Partizipationsmöglichkeiten weniger von oben nach unten, sondern mehrheitlich »bottom-up« organisiert. Das internetbasierte Beteiligungsinstrument »LiquidFeedback« dient dazu, die demokratietheoretische Version der »Liquid Democracy« zu realisieren.[19] Ziel ist es, Elemente der repräsentativen und direkten Demokratie zu verbinden und eine flexible, deliberative und offene Form innerparteilicher Demokratie zu schaffen.[20]

Die Nutzung von interaktiven Mitmachmedien sowie die Offenheit und Transparenz in Verbindung mit einer »spielerischen Unprofessionalität« lösten einen starken Beteiligungsimpuls und die Mobilisierung junger Menschen aus.[21] Zudem setzten die niederschwelligen Zugangshürden – Verfassen von Einträgen im Partei-Wiki, Konversationen via Twitter oder ande-

---

16 Christoph Bieber/Markus Lewitzki: Das Kommunikationsmanagement der Piraten, in: Die Piratenpartei, hg. v. Oskar Niedermayer, Wiesbaden 2013, S. 101-124.

17 Uwe Zolleis/Simon Prokopf/Fabian Strauch: Die Piratenpartei. Hype oder Herausforderung für die deutsche Parteienlandschaft, München 2010, S. 23.
Die Binnenkommunikation ist allerdings nicht ausschließlich durch computervermittelte Kommunikationsprozesse, sondern durch eine Verknüpfung von Online- und Offlinestrukturen – vorwiegend klassische Formen der lokalen Verankerung – gekennzeichnet. Daher changiert die Partei »als digital-analoger Hybrid zwischen Innovation und Konvention«. Alexander Hensel: Erfolgreich gescheitert? Die Entwicklung der Piraten als Partei der Internetkultur, in: Der Bürger im Staat 64 (2014) 4, S. 246-251, hier S. 246.

18 Rainer Kuhlen: Potenziale einer politischen Kollaborationskultur, in: Von der Politik- zur Gesellschaftsberatung. Neue Wege öffentlicher Konsultation, hg. v. Claus Leggewie, Frankfurt a. M. 2007, S. 199-222.

19 Marina Weisband: Wir nennen es Politik. Ideen für eine zeitgemäße Demokratie, Stuttgart 2013, S. 77 ff.

20 Sebastian Buck: Liquid Democracy – eine Realisierung deliberativer Hoffnungen? Zum Selbstverständnis der Piratenpartei, in: Zeitschrift für Parlamentsfragen 43 (2012) 3, S. 626-635; Anna-Lena Wilde-Krell: Parteipolitisches Engagement bei der Piratenpartei – Eine neue Form der Partizipation, in: Der politische Mensch. Akteure gesellschaftlicher Partizipation im Übergang zum 21. Jahrhundert, hg. v. Ursula Bitzegeio/Jürgen Mittag/Lars Winterberg, Bonn 2015, S. 392-400.

21 Bieber/Lewitzki: Das Kommunikationsmanagement der Piraten, S. 105; Anna-Lena Wilde: Piraten ahoi! Warum junge Menschen die Piratenpartei entern, Berlin 2011.

ren sozialen Netzwerken etc. – »an der ›digitalen Alltagskommunikation‹ vieler Menschen an und verlängerten diese in den politischen Raum«.[22] Insgesamt leisteten die vielfältigen Kommunikations- und Partizipationsmöglichkeiten, die einen dialogischen, emotionalen und responsiven Austausch befördern, einen wichtigen Beitrag zum kollektiven Identitätsmanagement der Partei.[23]

Bezogen auf die drei skizzierten Ebenen, die eine »Internetpartei« kennzeichnen, dominieren bei den Piraten insbesondere netzpolitische Issues. Damit speiste die Partei das Thema Internet in bisher nicht bekannter Form als Inhalt in die gesellschaftspolitische Debatte ein. Gleichzeitig verbanden die Piraten ihre basisdemokratischen Ideen mit kollaborativen Web-2.0-Techniken, wie »LiquidFeedback«, und installierten neue Formen der Wähler_innenkommunikation. Da das Internet sowohl als zentraler Politikinhalt fungierte als auch zur Basis interner wie externer Kommunikationsprozesse avancierte, ist es gerechtfertigt, die Piraten als »Internetpartei« zu klassifizieren.

AfD – auf der alternativen Welle surfen

Im Februar 2013 gegründet, misslang der AfD bei den Bundestagswahlen im Herbst desselben Jahres mit 4,7 % der Stimmen zwar noch knapp der Einzug in den Deutschen Bundestag, jedoch erreichte sie bei allen Wahlen seit 2014 Parlamentsmandate, so auch bei der Bundestagswahl 2017, aus der sie als größte Oppositionsfraktion hervorging.

Während die Kontroversen um die Eurorettungspolitik in den ersten Jahren inhaltlich dominierten, gewannen rechtspopulistische Positionen seit Mitte 2015 – und mit dem Rückzug von Bernd Lucke aus der Partei – gegenüber den liberal-konservativen an Gewicht. Die AfD reiht sich ideologisch

22 Bieber/Lewitzki: Das Kommunikationsmanagement der Piraten, S. 105.

23 Jan Schmidt: Das neue Netz. Merkmale, Praktiken und Folgen des Web 2.0, Konstanz 2009; Jan Schmidt: Persönliche Öffentlichkeiten und politische Kommunikation im Social Web, in: Wahl-Probleme der Demokratie, hg. v. Béatrice Ziegler/Nicole Wälti, Zürich 2012, S. 137-147.

und programmatisch in die Parteienfamilie des europäischen Rechtspopulismus ein.[24]

Das Thema Digitalisierung spielt im Grundsatzprogramm der Partei eine untergeordnete Rolle; betont wird der hohe Stellenwert des Datenschutzes.[25] Auch können die Ebene der Parteiorganisation und internen Kommunikation als eher klassisch und nach dem Vorbild der etablierten Parteien bezeichnet werden. Ihre Klassifizierung als »Internetpartei« im wissenschaftlichen und öffentlichen Diskurs resultiert vor allem aus der konfliktbeladenen Beziehung der AfD zu den klassischen Print- und Rundfunkmedien. So beklagte Bernd Lucke bereits in der Gründungsphase das schwierige Verhältnis zu den Medien und schrieb in einem offenen Brief an die Parteimitglieder:

> »Ein Schelm, wer Böses dabei denkt. Ich schreibe Ihnen heute, weil ich in Erinnerung rufen möchte, dass die Berichterstattung der Medien – lassen Sie es mich vorsichtig ausdrücken – anderen Interessen folgt als der Förderung des Parteiwohls.«[26]

Die AfD problematisiert, dass sie in den klassischen Medien »Verbiegungen und Verleumdungen«[27] ausgesetzt sei. Die Einladung zu Fernsehrunden diene hauptsächlich der »Vorführung der AfD und ihrer Desavouierung«.[28] Um als potenzielle Wahlalternative wahrgenommen zu werden, ist es insbesondere für kleine und neue Parteien wichtig, in der medialen Berichterstattung vorzukommen.[29] Gleichzeitig muss es gelingen, im Sinne eines

24 Frank Decker/Marcel Lewandowsky: Die rechtspopulistische Parteienfamilie, in: Parteienfamilien. Identitätsbestimmend oder nur noch Etikett?, hg. v. Uwe Jun/Benjamin Höhne, Opladen 2012, S. 268-281, hier S. 270.

25 Alternative für Deutschland: Programm für Deutschland. Das Grundsatzprogramm der Alternative für Deutschland, v. 8.5.2019, www.afd.de/grundsatzprogramm/.

26 Bernd Lucke: Die AfD in den Medien, in: Alternative für Deutschland v. 26.2.2015, www.afd-mettmann.de/aktuelles/2015/02/die-afd-in-den-medien/(abgerufen am 9.5.2019).

27 Alternative für Deutschland: Demokratie wieder herstellen. Dem Volk die Staatsgewalt zurückgeben. AfD – Manifest 2017, in: Weser Kurier v. 22.12.2016, www.weser-kurier.de/cms_media/module_ob/2/1389_1_AfD-Strategie-2017_58a5b0701d8dd.pdf (abgerufen am 4.3.2019), S. 19 f.

28 Ebd., S. 18.

29 Christian Nestler/Jan Rohgalf: Eine deutsche Angst – Erfolgreiche Parteien rechts von der Union. Zur AfD und den gegenwärtigen Gelegenheitsstrukturen des Parteienwettbewerbs,

»Issue-ownerships«[30] die eigenen Themen und Politikziele in den Medien zu platzieren. Da jungen Parteien die entsprechenden Kontakte zu den Massenmedien fehlen, ist es nicht immer einfach, diese »Integrationsschwelle«[31] zu überschreiten. Insofern gilt, was Kurt Tucholsky bereits 1921 konstatierte: »Der geschickte Journalist hat eine Waffe: das Totschweigen«.[32] Julian Schärdel hat die Berichterstattung über die AfD auf drei der einflussreichsten Plattformen deutscher Onlinemedien (faz.de; spiegel.de; bild.de) untersucht und bilanziert, dass die AfD »sowohl im Rahmen der Bundestagswahl 2013 als auch der Europawahl 2014 eine deutlich überdurchschnittliche Aufmerksamkeit erhielt«.[33] Zugleich überwiegt auf allen drei Plattformen eine negative Berichterstattung über die Partei, die durch eine »massiv positive Medienproduktion«[34] in den Nutzer_innenkommentaren ergänzt werde. Folglich muss die Kritik Luckes an der medialen Berichterstattung über die AfD differenziert bewertet werden. Zwar berichteten die Medien tendenziell negativ über die Partei, die sich anschließende Kritik an der Berichterstattung »entfaltete jedoch nach innen eine integrative Wirkung«.[35]

Mit ihrem »Schimpfen auf die ›Lügenpresse‹ [hat sich die Partei] einen Bedarf nach wahrhaftigen Medien geschaffen.«[36] Das Internet eröffnet diesbezüglich ressourcenschonende Kommunikationsmöglichkeiten, mittels derer inhaltliche wie quantitative Zugangsschranken klassischer Medienformate durch das sogenannte »bypassing« umgangen werden können.[37] Über digitale Wege entsteht so die Möglichkeit, einerseits potenzielle Wäh-

in: ZfP 64 (2014) 4, S. 389-413.

30 John R. Petrocik: Issue Ownership in Presidential Election, with a 1980 Case Study, in: American Journal of Political Science 40 (1996) 3, S. 825-850.

31 Dieter Roth: Empirische Wahlforschung. Ursprünge, Theorien, Instrumente und Methoden, Wiesbaden 2008.

32 Kurt Tucholsky (als Ignaz Wrobel): Presse und Realität, in: Weltbühne (1921) 41, S. 373.

33 Julian Schärdel: »Ein Schelm, wer Böses dabei denkt«. Eine empirische Analyse der Onlineberichterstattung über die Alternative für Deutschland unter Einbezug von Leserkommentaren, in: Zeitschrift für vergleichende Politikwissenschaft 10 (2016) 2, S. 131-163.

34 Ebd.

35 Ebd.

36 Zit. n. Maria Fiedler et al.: So twittert die AfD, in: Digital Present-Tagesspiegel v. 18.4.2017, www.digitalpresent.tagesspiegel.de/afd (abgerufen am 4.3.2019).

37 Carsten Reinemann: Populismus, Kommunikation, Medien. Ein Überblick über die Forschung zu populistischer politischer Kommunikation, in: ZfP 64 (2017) 2, S. 167-190, hier S. 184.

ler_innen – ungefiltert – zu erreichen.[38] Andererseits sind der quantitativen Mobilisierung keine Grenzen gesetzt. So hat eine Auswertung des Medienwissenschaftlers Trevor Davis ergeben, dass die AfD von Oktober 2018 bis März 2019 auf 1,8 Millionen von Nutzer_innen geteilte Beiträge auf Facebook kommt (85 %), auf alle anderen Bundestagsparteien entfallen zeitgleich zusammen nur 295.000 Shares (15 %).[39] Martin Fuchs nennt die AfD die »erste Facebook-Partei« des Landes. Die Partei profitiert dabei nicht nur von der geschickten Nutzung der Möglichkeiten von sozialen Netzwerken wie Facebook und Twitter.[40] Vielmehr lässt sich ein verwobenes Geflecht aus Accounts und Blogs sowie integrierten Onlineaufritten neurechter Klassiker der Medien- und Verlagslandschaft – wie die »Junge Freiheit« und das »Compact-Magazin« – erkennen. Im Sinne der Schaffung einer Gegenöffentlichkeit strebt die Partei die Unabhängigkeit von den klassischen (insbesondere öffentlich-rechtlichen) Medien an. Ziel sei es, so AfD-Sprecher Christian Lüth, unabhängig »eine Art War Room aufzubauen, der für uns unsere Inhalte ungefiltert an den Mann bringt«.[41] In ihrem »separierten Medienbiotop [...]«[42] versteht es die Partei, die sozialen Medien als »Erregungsmaschinerie zu nutzen«[43] und darüber Resonanz und Aufmerksamkeit zu erzeugen.

Vor dem Hintergrund der drei Analyseebenen, die eine »Internetpartei« auszeichnen, zeigen sich im Fall der AfD starke Bezüge zur Nutzung des Internets als Medium externer Parteikommunikation (vote-seeking). Es entsteht der Eindruck, dass das Internetverhalten der AfD nicht aus einer netzpolitischen Affinität resultiert – entsprechende Policy-Inhalte sind in der Programmatik der Partei unterrepräsentiert –, sondern vielmehr Ausdruck eines schwierigen Verhältnisses zu klassischen Medienformaten ist.

---

38 Nicole Berbuir/Marcel Lewandowsky/Jasmin Siri: The AfD and its Sympathisers. Finally a Right Wing Populist Movement in Germany?, in: German Politics 24 (2015) 2, S. 154-178.

39 Jörg Diehl et al.: Die rechte Welle surfen, in: Der Spiegel v. 26.4.2019, S. 18-19, hier S. 18.

40 Ebd.

41 Jens Schneider: Ein »War Room« für die AfD, in: SZ-Online v. 13.2.2018, www.sueddeutsche.de/medien/afd-eigene-pr-abteilung (abgerufen am 9.5.2019).

42 Bernd Gäbler: AfD und Medien. Erfahrungen und Lehren für die Praxis, Frankfurt a. M. 2018, S. 6.

43 Ebd.

Internet. Inhalt oder Instrument?

Für Justus Bender war das Internet »für die politische Eintagsfliege der Piraten [...] mehr eine Selbstverständlichkeit denn eine Notwendigkeit für die Existenz ihrer Partei«.[44] Im Gegensatz dazu sei der Erfolg der AfD als »erste wirkliche Internetpartei«[45] mitunter erst durch das Internet möglich gewesen. Das Internet erlaube eine Vernetzung von politisch Gleichdenkenden. Während Parteien aus sozialen Strukturen, einzelnen Ortsverbänden und dortigen Veranstaltungen wachsen, können neu gegründete Parteien nicht auf solche Netzwerke zugreifen. Insofern ermöglicht das Internet eine vielfältige Vernetzungsleistung, von der insbesondere junge Parteien, denen »langjährige Netzwerke mit den [klassischen] Medien fehlen und [die] sich durch die Medien nicht so umfassend und fair [...] behandelt fühlen«,[46] profitieren. In dieser Einschätzung unberücksichtigt bleibt, dass das Label »Internetpartei« auf eine mehrdimensionale Internetaffinität hindeutet, die interne wie externe Kommunikationsprozesse und eine entsprechende Programmatik einschließt. Für die AfD avanciert das Internet zum Kristallisationspunkt der Wähler_innenmobilisierung und -vernetzung im Sinne der Vote-Seeking-Ebene. Insofern gelingt es der Partei, die Errungenschaften der Digitalisierung – insbesondere die Mechanismen sozialer Netzwerke – geschickt zu nutzen. Die dialogisch angelegte Kommunikation dient allerdings nicht primär der aktiven Mitgestaltung politischer Inhalte, sondern fungiert vielmehr als Vernetzungs- und Austauschplattform. Digital- und netzpolitische Fragestellungen sind kein Markenkern der Partei. Im Gegensatz dazu ist das Internet für die Piraten der inhaltliche (Netzpolitik), kommunikative (Kommunikations- und Partizipationsmedium) und organisationsstrukturelle (online organisierte Willensbildungs- und Entscheidungsprozesse) Referenzpunkt für politische Aktivitäten. Bei den auf den »Internetpartei«-Status bezogenen Parteizielen der Piraten dominiert die Policy-Seeking-Ebene. Hier liegt jedoch auch eine der Ursachen für den Misserfolg der Piraten im Parteienwettbewerb. Die Piraten konnten ihren Status als einzige Internetthe-

44 Bender: Was will die AfD?, S. 63.

45 Ebd.

46 Wolfgang Schroeder et al.: Parlamentarische Praxis der AfD in deutschen Landesparlamenten, in: WZB Discussion Paper SP V (2017) 102, S. 42.

men-Partei nicht lange aufrechterhalten, weil die anderen Parteien schnell die entsprechenden Inhalte aufgriffen, netzpolitische Arbeitsgruppen und Sprecher_innen etablierten und damit den Wähler_innen ein alternatives Angebot unterbreiteten. Den Piraten gelang es nicht, ihr politisches Profil zu erweitern.

Eine weitere Ursache für ihren Misserfolg hängt unter anderem mit der Ebene der internetgestützten Parteiorganisation zusammen. Die Versuche einer transparenten, partizipativen und digital organisierten Strukturierung der Partei führten zu öffentlich ausgetragenen Personalstreitigkeiten und boten »Trollen« eine ungefilterte Plattform. »Die permanente, hemmungslose und öffentliche Schlammschlacht der Piraten hat Einigung, Konsens und Professionalisierung verhindert.«[47] Während die anderen Parteien vor der Herausforderung stehen, sich »von klassischen Offline-Partei[en] hin zu internetgestützten Formen der Parteiarbeit« zu entwickeln, gelang es den Piraten nicht, sich als »internetbasierte Partei in ein […] nicht-internetbasierte[s] politische[s] System«[48] zu integrieren und langfristig zu etablieren.

Abschließende Überlegungen

Bei näherer Betrachtung zeigt sich, dass das Label »Internetpartei« als Beschreibung der Piratenpartei und der AfD einer Differenzierung und Erläuterung bedarf. Die Piratenpartei nutzt das Internet auf allen drei Analyseebenen: als inhaltlichen Bezugspunkt sowie als interne Kommunikationsplattform und externe Partizipations- und Mobilisierungsmaschinerie. Indem die Piraten das Internet als erste Partei konsequent auf ihre politische Agenda setzten, beförderten sie einen issuebasierten Parteienwettbewerb. Zwar gelang es der Partei, entsprechende Lernprozesse in den etablierten Parteien auszulösen und netzpolitische Themen stärker in den politischen Diskurs zu integrieren, jedoch verlor die Single-issue-Partei dadurch gleichzeitig ihr Alleinstellungsmerkmal.

47 Philip Banse: Zum Ende der Piratenpartei. Gar kein so schlechter Hack, in: Deutschlandfunk Kultur v. 16.9.2019, www.deutschlandfunkkultur.de/zum-ende-der-piratenpartei-gar-kein-so-schlechter-hack.1005.de.html?dram:article_id=365991 (abgerufen am 12.3.2019).

48 Lewitzki: Das Internet in Parteiform, S. 28.

Auch nach dem Abschwellen der medialen Windböen, die durch die Piratenpartei aufkamen, bleibt die Frage bestehen, wie Parteien mit netzpolitischen Fragestellungen und internetbasierten Kommunikationsmöglichkeiten umgehen. Die Aussage Laurenz Meyers, »man wird Wahlen nicht durchs Internet gewinnen können, aber ohne das Netz wird man sie verlieren«,[49] verdeutlicht die transformative Wirkung des Internets auf den Parteienwettbewerb. Insofern befördern das Internet im Allgemeinen und soziale Medien im Besonderen einen Strukturwandel der Öffentlichkeit und der politischen Kommunikation, der die Parteien auch zukünftig betrifft und herausfordert.

Die AfD nutzt das Internet als Instrument zur externen Kommunikation (Vote-Seeking-Ebene) und kann tatsächlich in nicht unerheblichem Maße Wähler_innen mobilisieren. Dennoch kann die AfD nur unter Vorbehalt als »Internetpartei« beschrieben werden, denn weder in ihrer Programmatik noch in ihren internen Kommunikationsstrukturen spielt das Internet eine ausgewiesene Rolle. Plausibler ist es, die AfD als »Partei im Internet« zu beschreiben. Der besondere Schwerpunkt internetbasierter Wähler_innenansprache resultiert in erster Linie aus einem als defizitär empfundenen Verhältnis zu klassischen Medienformaten. Soziale Netzwerke fungieren vor diesem Hintergrund als Arenen politischer Kommunikation, in denen Informationen ungefiltert, ressourcenarm und breit gestreut werden können. Bei näherer Betrachtung zeigt sich also, dass die Piraten das Internet und die Netzpolitik als erste Partei auf die politische Agenda gesetzt haben. Im Gegensatz dazu hat die AfD die politischen Potenziale des Internets aufgegriffen, um eine konfrontative Gegenöffentlichkeit zu den klassischen Medienformaten zu schaffen und eine (empörungsgeladene) Mobilisierung zu bewirken.

49 Zit. n. Christoph Schult: Serie »Parteien im Netz«. Seismograf der Volksseele, in: Spiegel Netzwelt v. 6.6.2001, www.spiegel.de/netzwelt/web/serie-parteien-im-netz-seismograf-der-volksseele-a-138004.html (abgerufen am 14.5.2019).

Gernot Wolfram

Digitale Ebenen der Transkultur und neue Formen des Widerstands

Durch die digitale Transformation vieler Arbeits- und Lebensbereiche, besonders auch in Kunst und Medien, sind in den letzten Jahren kulturhybride Phänomene entstanden.[1] Man kann mittlerweile von einer einflussreichen globalen digitalen Hybridkultur sprechen.[2] Durch den globalen Transfer von Ideen, Kunstwerken, Widerstandsformen und ästhetischen Formationen ist Transkultur in den sozialen Netzwerken schon seit Langem Realität. Auch hier bedarf es jedoch sinnvoll anwendbarer Begriffe und Kategorien, welche diese neue Komplexität angemessen beschreiben können.

Gerade in politisch oder ökonomisch instabilen Ländern sind digitale Ausdrucksformen mitunter der einzige Weg für Netzaktivist_innen, sichtbar und hörbar zu werden. Menschen können sich über weite Entfernungen hinweg über Fragen austauschen, die sie insgeheim bewegen. In der Be-

1 Vgl. Florian Sprenger/Christoph Engemann (Hg.): Internet der Dinge. Über smarte Objekte, intelligente Umgebungen und die technische Durchdringung der Welt, Bielefeld 2015.

2 Vgl. Felix Stalder: Kultur der Digitalität, Frankfurt a. M. 2016.

gegnung entsteht oft auch eine Form des Widerstands, welcher den Geist kultureller Kollaboration trägt. Auf diversen Plattformen und Netzwerken fließt vielfältiges Wissen zusammen und wird zu einem Pool hybriden widerständigen Denkens. Transkultur versammelt Stimmen, kulturelle Referenzen und Ideen über Grenzen hinweg.

Der vorliegende Beitrag stellt aus kulturwissenschaftlicher Sicht die Frage nach den Bedingungen für transkulturellen Widerstand durch digitale Instrumente und stellt dazu Beispiele aus verschiedenen Ländern vor, wobei vor allem ein Schwerpunkt auf dem Vergleich zwischen demokratischen und nicht demokratischen Systemen gelegt werden soll. Hier lässt sich zeigen, dass digitale Kommunikationen und Kooperationen, etwa im Bereich der Gestaltung von Memen, fluide Wege finden, um bestehende Grenzen und Regulierungen zu umgehen. Identitätsdiskurse spielen dabei nur noch eine untergeordnete Rolle. In der Folge soll auch die Rolle von verschiedenen Medieninstitutionen als (potenzielle) Partner dieses Entwicklungsprozesses beleuchtet werden.

Was lässt sich unter Transkultur verstehen?

Transkultur ist kein Konzept.[3] Sie ist vielmehr, wie es der Netzwerkforscher Patrick Föhl auf der Tagung »Transkultur!« der FernUniversität Hagen in Berlin betonte,[4] »eine Perspektive, die nicht Rezepte liefert, sondern neue Denkhorizonte in der Kultur«.[5] Als Tagungsdefinition wurde folgende Formulierung gewählt, welche sich auch für die Argumentation in diesem Beitrag eignet: »Transkultur beschreibt ein dynamisches Verständnis von Kultur, bei dem sich unterschiedliche kulturelle Einflüsse begegnen und miteinan-

3 Vgl. hierzu auch Gernot Wolfram: Abschied von der Interkultur. Warum die Kulturszenen sich stärker transkulturell ausrichten sollten, v. 7.11.2017, www.kultur-oeffnet-welten.de/positionen/position_5888.html.

4 Tagung »Transkultur! Wer spricht? Wer hört zu? Wer verbindet?« – Erkundungen in einem sich wandelnden Forschungs- und Praxisfeld. 12./13. Oktober 2017 FernUniversität Hagen, Regionalzentrum Berlin 2017.

5 Patrick Föhl: Artistic Community Building as Answer against Hate and Exclusion?, Vortragsmanuskript, Tagung »Transkultur!«, Berlin 2017.

der verschmelzen. Es wird nicht mehr von klar abgezirkelten Unterschieden gesprochen, sondern von einem Set diverser kultureller Einflüsse, die nicht nur in einem Land, sondern auch in den Individuen selbst gleichzeitig wirksam sind. Diese Diversität ist häufig nur unterbewusst präsent, da das soziale Zusammenleben von Menschen von bestimmten Normen und Werten geprägt ist. Kulturelle Diversität zu erkennen und zu differenzieren, ist immer von einem Refle[x]ionsprozess abhängig.«[6]

Zentral steht in dieser Perspektive die Suche nach gemeinsamen Themen und Handlungskompetenzen, in denen das Aushandeln der Bedeutung wichtiger ist als die Betonung von Differenz. Das leugnet nicht die Realität der Konflikte zwischen verschiedenen Kulturen.[7] Die veränderte Sichtweise bietet aber ein anderes Set von Lösungsvorschlägen an, nämlich das Aufspüren von gemeinsamen »Assoziationen«[8] zwischen Menschen, wie es Bruno Latour beschreibt.

Statt also den Konzepten von Interkulturalität zu folgen, welche häufig stark auf die Begegnung und Differenz verschiedener Kulturen verweisen,[9] wird hier ein Ansatz bevorzugt, der die Gleichzeitigkeit unterschiedlicher biografischer Erfahrungen und kultureller Prägungen in den Blick nimmt.

Obgleich der Begriff »Transkultur« in vielen künstlerischen, sozialen und politischen Kontexten mittlerweile verwendet wird, scheint es bislang nicht immer ausreichend Klarheit zu geben, was er eigentlich jeweils genau meint. Bezieht er sich auf verschiedene, gleichzeitig wirkende kulturelle Einflüsse? Ist er ein politischer Begriff, referiert er auf interdigitale Formen der Kooperation? Taugt er gar als Entgegnung für die grassierende Rückkehr nationalistischer und monokultureller Rezepte in den öffentlichen Debatten?

Der Kulturwissenschaftler Arata Takeda schlägt in seinem Essay »Wir sind wie Baumstämme im Schnee«[10] vor, auf die im Englischen ähnlich klingenden Worte »roots/routes« (Wurzeln/Wege) zu blicken. Statt zuerst nach den

6 Gernot Wolfram/Patrick Föhl: Transkultur. Eine kurze Einführung, München/Berlin 2018.
7 Vgl. ebd., S. 2.
8 Bruno Latour: Eine neue Soziologie für eine neue Gesellschaft, Frankfurt a. M. 2010.
9 Vgl. exemplarisch Alexander Thomas et al.: Handbuch Interkulturelle Kommunikation und Kooperation, Band 1 und 2, Göttingen 2009.
10 Arata Takeda: Wir sind wie Baumstämme im Schnee. Ein Plädoyer für transkulturelle Erziehung, Münster i. Westf. 2012.

Wurzeln (roots) von Menschen zu fragen, erscheint es ihm sinnvoller, sensibel zu sein für die Wege (routes), die Menschen in ihrem Leben gegangen sind und gehen. Und was diese Wege mit ihnen machen.

Transkultur ist in der digitalen Sphäre

Ayad Al-Ani, assoziiertes Mitglied am Berliner Einstein Center Digital Future, betont hingegen, dass in digitalen Kollaborationen der Begriff Transkultur bereits global Anwendung findet:

> »Die verschiedenen Hintergründe eines digitalen Akteurs, kulturelle, wie kompetenzbasierte, finden zusammen in seinem Handeln, in der Art und Weise des Agierens im digitalen Raum. Die klassischen ›credentials‹ wie Herkunft, Bildung, Habitus verlieren ihre zentrale Macht, treten zurück und eröffnen Perspektiven auf etwas Neues. Transkultur ist bereits eine Realität in den Kommunikationsräumen der digitalen Sphäre. Oder mit den Worten eines Softwareherstellers: ›Das sind keine arabischen Programmierer. Das sind Programmierer.‹«[11]

Al-Anis Ansatz verlegt den Fokus von kultureller Identität hin zu einer genaueren Betrachtung von Handlungen und Selbstbestimmungen von digitalen Akteur_innen. Diese Perspektive hat den großen Vorteil, dass sich innerhalb der komplexen Vernetzung von Kommunikationskanälen und kommunikativen Positionen im Netz immer stärker abzeichnet, dass sich nur durch das konkrete Handeln eine politische und widerständige Haltung von Akteur_innen beschreiben lässt und nicht durch eine statische Zuordnung zu einer Kultur oder fixierten Identitätsauskünften.[12] Die zahlreichen Maskierungen, die etwa Blogger oder Netzaktvist_innen in Diktaturen gezwungen sind anzunehmen, um sich vor Verfolgung zu schützen, haben nicht nur eine sym-

11 Ayad Al-Ani: Transkultur in der digitalen Gesellschaft – Beispiele und Cases. Vortragsmanuskript, Tagung »Transkultur!«, Berlin 2017.

12 Maskierung meint hier nicht nur ein Verstecken der realen Namen und Adressen, sondern auch das Spiel mit multiplen Identitäten, welches man in der digitalen Sphäre ausgiebig spielen kann.

bolische Funktion. Sie machen ihre Ansätze des Widerstands auch anschlussfähig für andere Akteur_innen in anderen Ländern.

Beispiel Meme und Schwämme

Besonders eindrücklich lässt sich diese Form eines transkulturellen Widerstands durch Maskierung anhand von Internet-Memen studieren, vor allem in nicht demokratischen Gesellschaften wie etwa im heutigen China.[13] Viele politische Meme in sozialen Netzwerken, wie die israelische Medienforscherin Limor Shifman meint,[14] sind einerseits einprägsame Ausdrucksformen einer Kritik am herrschenden System. Andererseits arbeiten sie mit Stilformen der Ironie, des Humors und der Maskierung. Die verwendeten Meme sind zunächst kein direkter Widerstand, sondern das Angebot für eine bestimmte Lesart gesellschaftlicher Realitäten.

Shifman wählt als Beispiel dafür die Flusskrebs-Meme, die auf die chinesische Internetzensur reagieren. Neben der Zensur von Blogs, Websites und Mikrobloggingplattformen ruft die chinesische Regierung regelmäßig zur Selbstzensur auf, was zu einer programmatisch ausgerichteten »harmonischen Gesellschaft« führen soll, eine Formulierung, die dem bis 2013 im Amt waltenden Präsidenten Hu Jintao zugeordnet wird.

> »Dieses Programm rief viele Formen des Widerstands hervor. Beispielsweise beschreibt der amerikanische Sinologe Christopher Rea die sarkastischen Klagen von Netzbürgern, deren Blogs oder Chatrooms von Regierungszensoren geschlossen wurden, sie seien ›harmonisiert‹ worden. Dieser ironische Gebrauch führte dazu, dass das Wort von den Behörden als Schlagwort markiert wurde […]. Blogger […] reagierten darauf, indem sie die Schriftzeichen, aus denen sich das Wort zusammensetzt, so verschoben, dass daraus ein neuer Ausdruck mit einer etwas anderen Betonung wurde. Damit ergab sich ein Wortwitz, denn das neue Schlagwort bedeutete ›Fluss-

---

13 Vgl. hierzu auch: Gernot Wolfram: Polyphoner Widerstand, in: Widerstand in Organisationen. Organisationen im Widerstand. Virtuelle Plattformen, Edupunks und der nachfolgende Staat, hg. v. Ayad Al-Ani, Wiesbaden 2017, S. 251-258.

14 Limor Shifman: Meme. Kunst, Kultur und Politik im digitalen Zeitalter, Frankfurt a. M. 2014.

krebs‹. Wenn Blogger also über einen ›Flusskrebs‹ schrieben oder darüber ›geflusskrebst‹ geworden zu sein, dann sprachen sie eigentlich über Zensur. Daraus entwickelten sich schon bald beliebte visuelle Meme«.[15]

Die im Netz veröffentlichten Fotos von Flusskrebsen, die zum Teil mit teuren Uhren oder anderen Statussymbolen verziert sind, von immer neuen Usern bearbeitet und modifiziert, sind kreativer Ausdruck eines politischen Protests. Sie unterhalten und amüsieren einerseits, andererseits klären sie auf, maskieren sich in ihrem Widerstand und zeigen zugleich Wege auf, wie der Einzelne sich wehren kann. Diese besondere Form der Kreativität entstammt dem individuellen Ideenreichtum von Aktivist_innen und Usern. Sie bietet Widerstand durch individuelle Taktiken, die sich nicht auf das Programm von Parteien, Ideologien und Manifeste beziehen, sondern auf die Kraft der Rezeption. Sie beziehen sich eben auch nicht – und das ist ihr transkultureller Gehalt – auf genuin chinesische Kulturformen, obgleich sie freilich die chinesische Sprache verwenden. Die Taktiken dieser Blogger sind transkulturell, da sie im Zusammenhang stehen mit Mem-Strategien und digitalen Kommunikationsformen, welche weltweit verwendet werden und immer neue Adaptionen erfahren, die gleichzeitig Referenzen auf bereits vorhandene Mem-Beispiele machen. Hierbei ist zu betonen, dass zum Zeitpunkt der Veröffentlichung solcher Phänomene, vor allem wenn sie in der Folge wissenschaftlich analysiert werden, ihre aktive Existenz schon wieder vernichtet sein kann, denn es gehört zum Wesen solcher Meme, das sie auftauchen und wieder verschwinden bzw. von neuen Bearbeitungen abgelöst werden. Zumal in Diktaturen die Kontrollinstanzen des Staates auch mitlernen und sich auf diese instabilen Widerstandstechniken einstellen. Für den vorliegenden Beitrag ist jedoch wichtig zu betonen, wie eben auch die wissenschaftliche Betrachtung in sich selbst einen transkulturellen Charakter haben kann.

Allein der Umstand, dass eine israelische Wissenschaftlerin für ihr einflussreiches Buch über Kunst, Kultur und Politik im digitalen Zeitalter unter anderem dieses chinesische Beispiel wählt, um die Kraft politischer Meme zu illustrieren, zeigt an, dass der Diskurs transkulturell geprägt ist. Denn Shifman erläutert kein kulturelles Prinzip, sondern digitale Widerstands-

15 Ebd., S. 138 f.

formen durch Meme, welche in vielen Ländern und Kulturen immer neue Modifikationen erfahren. Blickt man dabei auf die Entstehungsgeschichte des Mem-Begriffes lässt sich auch an seiner Definition bereits transkulturelles Denken erkennen. Der britische Biologe Richard Dawkins führte den Begriff in seinem Buch »The Selfish Gene« (dt. »Das egoistische Gen«) ein.[16]

Das Buch definierte die Meme als »kleine Einheiten der kulturellen Vererbung, analog zu den Genen, die durch Kopie oder Imitation von Mensch zu Mensch weitergegeben werden [...] doch nur Meme, die zu ihrem soziokulturellen Umfeld passen, verbreiten sich erfolgreich, während andere aussterben«.[17]

Es sind also keine kulturell fixierten Erscheinungen, sondern Phänomene, die sich je nach Bearbeitung, Umfeld, Aufmerksamkeit und Verbreitung entwickeln. Man könnte sie auch als Schwämme bezeichnen, welche in der Lage sind, unterschiedliche kulturelle Muster, kommunikative Praktiken und Einflüsse in sich aufzunehmen und sich durch diesen Zufluss nahezu organisch zu verändern. Eine originäre Zurückführung auf klar definierte Kultureinflüsse ist häufig nur schwer möglich. Mit dieser Perspektive gelingt es wesentlich überzeugender, digitale Widerstandsformen zu beobachten und sie als Teil einer globalen Netzkultur zu begreifen. Man entgeht mit dieser Perspektive einer Kulturalisierung, welche mühsam nach Identitätskategorien sucht. Die Gleichzeitigkeit verschiedener Einflüsse und dynamischer Bearbeitungen wird erkennbar und zeigt eine besondere Qualität an Flexibilität und Wandlungsfähigkeit. Daher eröffnet gerade der digitale Raum neue Möglichkeiten der Kooperation. Die häufig in Interkulturdiskursen präsente Aushandlung von Identitätskategorien rückt in den Hintergrund. Stattdessen wird die performative Kraft von Akteur_innen gestärkt und betont.

Transkulturelles Schreiben und Protestieren

Ein anderes Beispiel aus einem westlich geprägten Kontext ist das Redaktionsnetzwerk Capulcu, welches nicht mit Methoden der Maskierung arbei-

16 Richard Dawkins: Das egoistische Gen, Berlin/Heidelberg/New York 1976.
17 Shifman: Meme, S. 16.

tet, sondern mit Informationskampagnen. Das Symbol des Netzwerks ist ein Pinguin mit Gasmaske. Es handelt sich bei Capulcu um Netzaktivist_innen, die sich kritisch mit der ideologischen Nutzung digitaler Kanäle und Datensammlungen im Kontext von politischer Beeinflussung und Meinungsbildung auseinandersetzen.

Spannend in Bezug auf die transkulturelle Thematik ist hier bereits die Wahl des Namens.

> »Capulcus sind (türkisch) ›Wegelagerer‹ bzw. ›Nichtsnutze‹. Der damalige türkische Ministerpräsident Erdogan versuchte so die Regierungsgegner_innen der breiten Revolte von 2013 zu diffamieren. Statt über die Gezi-Proteste in Istanbul zu Beginn des Aufstands zu berichten, ließ Erdogan eine Pinguin-Dokumentation im Staatsfernsehen zeigen. Der Widerstand machte daraufhin den Pinguin zu seinem Symbol. Die Revoltierenden nannten sich fortan Capulcus«.[18]

Aus einem ursprünglich türkischen Kontext werden vereinzelte (Sprach-) Elemente herausgelöst und zu einem kooperativen Netzwerk umgeformt, das seine Thesen, Untersuchungen und Analysen im Web auf Deutsch, Englisch und Französisch publiziert. Die kritischen Analysen beziehen sich keineswegs nur auf die Türkei, sondern versuchen einen globalen Kontext zu beschreiben, in welchem, nach Meinung der Capulcu-Redaktion, Firmen die Autonomie von Individuen immer stärker einschränken.

> »Soziale Punktesysteme verlängern mit ihrem permanenten ›Rating‹ und ›Scoring‹ die Reichweite der lenkenden Disziplinierung weit über die direkte Ausbeutung im Arbeitsverhältnis hinaus. Mit welchen Methoden und Zukunftsvisionen überformen Unternehmen wie Facebook, Google, Amazon & Co. unsere Kommunikation und unser Denken? Wie verändern sich angesichts einer zunehmend digitalisierten Fremdbestimmung die Bedingungen für Autonomie und soziale Revolte? Und wie lässt sich die beabsichtigte Vereinzelung und Entsolidarisierung bekämpfen?«[19]

18 Vgl. www.capulcu.blackblogs.org/ueber-uns/.

19 www.capulcu.blackblogs.org/.

Solche Fragen werden in den Publikationen erörtert, welche das Redaktionsnetzwerk kostenfrei auf seiner Website zur Verfügung stellt. In der Capulcu-Broschüre mit dem Namen »DISRUPT!«, welche 2017 in den Buchhandel kam und ebenfalls als Onlineversion zur Verfügung steht, wurde als Titelcover ein Filmstill aus Fritz Langs berühmten Film Metropolis (1925/1926) ausgewählt. Der Film beschreibt eine technologisierte Zweiklassengesellschaft und die Transformation von Menschen in willfährige Maschinen.[20] Es wird also eine Referenz auf eine deutsche Filmproduktion gemacht, die im Kontext von Beispielen aktueller weltweiter Datenüberwachung und sozialer Ungleichheiten steht. Innerhalb der publizierten Texte, Analysen und Meinungen ergibt sich dann noch ein weitaus vielschichtigeres politisches und kulturelles Referenzfeld. Die adressierten Probleme sollen als globale Probleme verstanden werden. Daher auch die Mehrsprachigkeit in der Kommunikation von Capulcu.

Man könnte hier einwenden, dass besonders innerhalb linker politischer Bewegungen die Forderung nach Solidarität mit anderen Ländern und (Arbeiter-)Kulturen schon im späten 19. Jahrhundert eine wichtige Rolle spielte und daher nichts Neues sei. Das würde aber verkennen, dass der transkulturelle Ansatz eben nicht mehr eindeutig Unterscheidungen trifft zwischen Gruppen, Ländern, Kulturen und Nationen, sondern eben mit der Logik digitaler Schwämme operiert und partiell und sequenziell das aufgreift, was an passendem Material vorgefunden wird, vor allem innerhalb der Selbstrepräsentation im Netz durch Bilder, Symbole, Assoziationen und Referenzen. Es entsteht ein neuer Referenzrahmen, dem man zuweilen freilich eine gewisse Beliebigkeit vorwerfen könnte. Das würde aber verkennen, dass Eindeutigkeiten und klare Zuordnungen in einer globalisierten Welt generell schwierig sind, besonders innerhalb von politischem und künstlerischem Widerstand.

Viele Netzaktvist_innen haben einen Exilhintergrund. Sie verfügen häufig nicht mehr über die Erlaubnis, sich in ihren Heimatländern aufzuhalten, geschweige denn dort zu publizieren. Daher nutzen sie die Möglichkeiten und auch die Erfahrungen, welche ihnen die neuen Heimatländer bieten. Und sie nutzen die Topografien des Digitalen. Es sind daher oft weniger ihre

20 Vgl. Michael Töteberg: Fritz Lang, Reinbek b. Hamburg 1985.

kulturellen Wurzeln (roots), sondern ihre Erfahrungen, Einsichten und biografischen Neuorientierungen (routes) in den Aufnahmeländern, welche die Art und Weise ihres Widerstands und Engagements bestimmen. Digitale Kommunikation lässt sich viel schwieriger ein- und ausgrenzen als in früheren Zeiten. Daher sind es die konkreten Kommunikationshandlungen, die klare Standpunkte jenseits von Beliebigkeit und Austauschbarkeit als transkulturelle Perspektive bieten.

Die besondere Rolle der Netzkunst

Vor allem Künstler_innen und Kunstkollektive in verschiedenen Ländern betonen diese veränderte kulturelle Selbstbetrachtung, ohne dass sie dabei freilich in jedem Fall den Begriff Transkultur verwenden würden. Symptomatisch für diese Haltung ist ein Zitat aus der in München ansässigen Künstlerkooperative Boa, die bereits 2011 feststellte: »Die Bezeichnung ›russisches Internet‹ oder ›russischer Cyberspace‹ ist problematisch, da nationale Grenzen im Netz nicht mehr gelten und auch die nationalen Domains – etwa ›ru‹ – im Grunde ein Anachronismus sind«.[21]

Stattdessen richtet sich besonders im Westen der widerständige künstlerische Blick nicht allein auf nationale oder kontinentale politische Entwicklungen, sondern immer auch auf die Entwicklung der digitalen Techniken selbst: auf die universelle Entpolitisierung des öffentlichen Raums und die Manipulation des täglichen Lebens durch digitale Medien. Nachrichten, Werbung, Unterhaltung und Pornografie wirken in einem gewaltigen Strom der Gleichzeitigkeit auf das Individuum ein. Die weltweite Verbreitung digitaler Produkte, etwa durch Firmen wie Apple, Samsung, Huawei etc., verdeutlicht, dass die Kritik einen transnationalen und transkulturellen Charakter benötigt, um überhaupt angesichts dieser Marktmächte breit rezipiert werden zu können.

Ein Beispiel für diese Perspektive sind die Arbeiten des belgischen Netzkünstlers Tom Galle, der seine Arbeiten vor allem auf Instagram publiziert und präsentiert. Er nutzt das digitale Massenmedium, um die Einflüsse der

21 www.boa-muenchen.org/boa-kuenstlerkooperative/kunsts24.htm.

digitalen Technik auf Menschen im privaten und öffentlichen Raum kritisch zu hinterfragen. So zeigt er Bilder von sich in dem Projekt »Tinder VR«,[22] wie er mit einer Virtual Reality Brille durch den öffentlichen Raum läuft und verschiedene Tinderprofile beiseite wischt, ohne überhaupt die soziale Welt um sich herum wahrzunehmen. Oder er postet ein Video unter dem Titel »iPhone 6S Bento Box«,[23] das zeigt, wie jemand mit Stäbchen aus einer Originalverpackung des iPhones Sushiröllchen isst.

Diese Posts können geteilt werden. Sie spielen mit der Verbreitung von Netzinhalten, karikieren ihre Beliebigkeit und die Abwesenheit von politischem Bewusstsein. Zugleich sind die Arbeiten Galles so gestaltet, dass sie weltweit verständlich sind. Galle thematisiert ironisch und mit ähnlicher Hintersinnigkeit wie die chinesischen Meme die Präsenz von Macht und die Verschleierung von politischen Kräfteverhältnissen durch Konsum. Er tut dies in einem westlichen Kontext, wo eben nicht Verbote politisches Denken unterdrücken, sondern häufig Ignoranz und Desinteresse an Politik vorherrschen. Seine Kunstwerke sind dabei nicht statisch, sondern laden ein, kritisch mit den materiellen wie immateriellen Artefakten digitaler Technologie umzugehen. Insofern präsentieren sie eine zeitgemäße Form des Widerstands. Galles Arbeiten sind Teil der großen Bilderproduktion auf Instagram. Zugleich wählt auch er eine Maskierung. Hinter den witzigen Videos, Bildern und Fotoinstallationen verbirgt sich eine widerständige Haltung, eine visuelle Gegenformation, die an Ideen des »Cultural Hackings«[24] anschließt.

Digitale Schwämme

Zieht man noch einmal den Vergleich zwischen den chinesischen Widerstands-Memen und den Arbeiten von Tom Galle, dann zeigt sich, dass digitaler Widerstand einerseits nicht losgelöst gesehen werden kann von spezifischen kulturellen Kontexten. Andererseits, sofern man konzentriert auf die Strategien des jeweiligen Widerstands blickt, zeigt sich, dass diese Strategien

22 Vgl. www.tomgalle.online/Tinder-VR.

23 Vgl. www.tomgalle.online/iPhone-6S-Bento-Box.

24 Vgl. Thomas Düllo/Franz Liebl: Cultural Hacking. Kunst des Strategischen Handelns, Wien/New York 2005.

ebenfalls Schwämme sind. Sie kommen zwar aus unterschiedlichen kulturellen und nationalen Kontexten, lernen jedoch voneinander, beziehen sich aufeinander und ergänzen sich. Das ist die besondere Charakteristik dieser globalen Widerstandsstrategien, dass sie schnell veränderbar, lernfähig und adaptionsfreudig sind. Und, vielleicht der zentralste Punkt, sie agieren häufig unabhängig von staatlichen Institutionen, wobei hier vor allem staatliche Medien gemeint sind.

Netzaktivist_innen und Künstler_innen benötigen nicht zwingend eine Radio- oder Fernsehstation, Stiftungen, Galerien oder NGOs, um sich bemerkbar zu machen. Zumindest was den Austausch mit den Rezipienten betrifft. Sie adressieren ihr Publikum direkt. Sie setzen auf Viralisierung, auf kompetente Aufmerksamkeit und die Lust an der Maskierung. Deswegen scheinen auch viele digitale Akteur_innen in diesem Feld kein großes Interesse an nationalkulturellen Diskursen zu haben. Der Wandel, für den sie einstehen, ist vor allem in einem hybriden, transnationalen und transkulturellen Kontext sinnvoll, da die Rezeption ihrer Positionen genau dies einfordert. Daher sind sie an Netzwerken und Plattformen interessiert, die möglichst wenig Kontrolle und Begrenzung mit sich bringen.

Marginalisierung von Institutionen?

Die angesprochene Marginalisierung von Medieninstitutionen ist ein in der Forschung breit diskutiertes Thema.[25] Hier zeigen sich auch nach wie vor häufig die größten Irritationen. Denn es geht um nichts weniger als um die Legitimation von Institutionen als zeitgemäße Organisationsform von funktionierendem, relevantem Widerstand gegen gesellschaftliche Fehlentwicklungen.

Politische Stiftungen, Gewerkschaften, NGOs, Bildungseinrichtungen, aber auch kulturelle Akteure wie Museen, Galerien und Theater sind über lange Zeiträume gewachsene Drehscheiben für politischen Widerstand und

25 Vgl. exemplarisch Lewis A. Coser: Gierige Institutionen. Soziologische Studien über totales Engagement, Frankfurt a. M. 2015; Sønke Gau: Institutionskritik als Methode. Hegemonie und Kritik im künstlerischen Feld, Wien 2016; Georg Krücken/Carmela Mazza/Renate Meyer (Hg.): New Themes in Institutional Analysis, Cheltenham 2017.

kulturelle Selbstvergewisserung. Sie fungieren als Organisatoren, Kommunikatoren, Übersetzer, Multiplikatoren und Finanzierungshelfer, häufig in einem national definierten Setting, mit klaren politischen bzw. kulturpolitischen Aufgabenstellungen. Kooperationen mit anderen Ländern und Kulturen gehören bei den meisten der genannten Institutionen ebenfalls zum traditionellen Aufgabenspektrum. Für den vorliegenden Beitrag sind jedoch vor allem die traditionellen Medieninstitutionen von Interesse.

Staatliche wie private Medienanstalten sind lokalisierbar, haben eine Adresse. Sie dürfen sich in demokratischen Gesellschaften nicht maskieren, müssen ihre Tätigkeitsfelder transparent halten und nachweisen, was sie tun und warum sie es tun. Auch wenn sie kritische Positionen vertreten, sind sie aufgrund ihrer Organisation immer auch Machtakteure, jedenfalls in der Kontrolle des von ihnen akkumulierten und verwalteten Wissens und der von ihnen beanspruchten Ressourcen. Sie haben die Möglichkeit, bestimmte Definitionen von Widerstand in gesellschaftlichen Diskursen zu befördern und zu verankern. Für sie stellt es oft eine große Herausforderung dar, nachzuvollziehen, dass sich traditionelle Widerstandsansätze, Definitionen und Rollenverteilungen zumindest in der digitalen Sphäre massiv verschoben haben und verschieben. Stattdessen sehen sie sich einer wachsenden Zahl von international verknüpften Netzwerken und Plattformen gegenüber, die nach eigenen Regeln und Logiken handeln. Al-Ani spricht von einer »De-Institutionalisierung von Macht« und stellt dem die dynamischere Organisation von Netzwerken und Plattformen gegenüber.

> »Politisch gesehen, stellen Netzwerke eine De-Monopolisierung von Macht dar. Macht, in Form von Reputation, die Einfluss ermöglicht, wird durch die individuellen Plattformmitglieder bzw. ihre Expertise und Partizipation verkörpert. Wenn ein Individuum nicht mehr partizipiert oder keine relevante Expertise einbringen kann, verliert es diesen Einfluss wieder. Falls es einigen Mitgliedern der Plattform dennoch gelingt, Macht zu monopolisieren, haben die übrigen Mitglieder immer die Möglichkeit, das Netzwerk zu verlassen bzw. eine eigene Plattform zu gründen.«[26]

26 Ayad Al-Ani: Widerstand in Organisationen. Organisationen im Widerstand. Virtuelle Plattformen, Edupunks und der nachfolgende Staat, Wiesbaden 2017, S. 176.

Das macht klassische Medien nicht überflüssig, zeigt aber ihre Grenzen auf. Solange die Dynamik transkulturellen Handelns und Denkens nicht auch in den vertrauten Mediendistributionen reflektiert wird, besteht die Gefahr, dass sich Widerstandshandlungen von Beginn an dezentralisieren, sich ihre eigenen Netzwerke und Plattformen suchen.

Diese Kategorien benötigen im digitalen Raum keine Institutionen. Sie bedürfen auch keiner kulturellen wie organisationalen Eindeutigkeiten. Sie können, wie bei Al-Ani beschrieben, jederzeit neue Konfigurationen eingehen, ohne vorherige institutionelle Rückversicherung. Genau hier kann es aber möglicherweise zu einer *Renaissance von Institutionen* kommen, wenn sie sich nicht als Konkurrenten, sondern als Förderer und Begleiter dieser transorganisationalen und transkulturellen Selbstorganisation verstehen.

In vielen Kulturinstitutionen wird dieser Wandel bereits vollzogen, indem sie sich als lernende Institutionen begreifen. Und als Orte, um der Fragmentierung von Widerstand etwas entgegenzusetzen. Denn es sollte nicht vergessen werden, dass dynamische Netzwerke und Plattformen einen großen Nachteil haben. Sie sind fragmentiert, zerfallen häufig auch schnell wieder und sind wenig nachhaltig. Sie schaffen es nur selten, einen breiten gesellschaftlichen Diskurs über längere Zeiträume hinweg zu tragen und zu begleiten.[27] Daher haben Institutionen zukünftig möglicherweise eine noch stärkere kuratorische, moderierende und erklärende Funktion. Sie können Plattformen, Netzwerke und insbesondere transkulturelle Ideen miteinander ins Gespräch bringen, Komplexität verständlich machen, Verknüpfungspunkte suchen und Diskussionen zusammenzufassen.[28] Der Begriff der transkulturellen Hybridität kann ebenso Beliebigkeit umfassen wie eine reiche Vielfalt von Stimmen, Meinungen und Ideen. Es ist daher als ein offenes Projekt zu sehen, ob der hybride digitale Raum Widerstand immer stärker individualisiert, fragmentiert und auf verschiedene Gruppen verteilt oder ob es zu neuen Formen von gemeinsamem Widerstand gegenüber bestehenden gesellschaftlichen Problemen kommt.

---

27 Vgl. ebd., S. 177 ff.

28 Anna Babka/Gerald Posselt/Homi K. Bhaba: Über kulturelle Hybridität. Übertragung und Übersetzung, Wien 2012.

Anna Wenz-Temming

Die deutsche Elektromobilitätsstrategie

Mobilität[1] gilt als eine wesentliche, wenn nicht die Grundvoraussetzung sowohl für eine florierende, arbeitsteilige Wirtschaft als auch für eine prosperierende gesellschaftliche Entwicklung insgesamt. Auch in der deutschen Gesellschaft ist der Mobilitätsbegriff mit deutlicher Mehrheit positiv besetzt und wird mit individueller Freiheit, sozialer Teilhabe und wirtschaftlichem Wohlstand assoziiert. Früh wurden zwar ebenfalls die negativen Auswirkungen in Form von Verkehrsunfällen, Lärm, Abgasen sowie der Infrastrukturüberlastung thematisiert. Das Bestreben, die schädlichen Effekte des Verkehrs zu reduzieren, ist jedoch nicht immer mit Erfolg verbunden. Zwar ging beispielsweise die Anzahl der Verkehrstoten seit Anfang der 1970er-Jahre deutlich zurück,[2] doch wurden im Jahr 2019 in etlichen deutschen Städten wieder die EU-Grenzwerte zur Luftreinhaltung überschritten. Darü-

---

1 Die Begriffe Mobilität und Verkehr werden im Folgenden synonym im Sinne einer Überwindung von Raum verwendet. Siehe dazu Stephan Rammler: Nachhaltige Mobilität. Gestaltungsszenarien und Zukunftsbilder, in: Handbuch Verkehrspolitik, hg. v. Oliver Schwedes/Weert Canzler/Andreas Knie, Wiesbaden 2016, S. 899-917, hier S. 902-905.

2 Statistisches Bundesamt: Verkehrsunfälle und Verunglückte im Zeitvergleich, www.destatis.de/DE/Themen/Gesellschaft-Umwelt/Verkehrsunfaelle/Tabellen/liste-strassenverkehrsunfaelle.html.

ber hinaus ließ sich im Verkehr als einzigem Sektor seit 1990 keine Reduktion der Treibhausgasemissionen in Deutschland erzielen.

Dabei trägt beruflich bedingte Mobilität deutlich zum hinter den potenzierten Umweltbelastungen stehenden Verkehrswachstum bei.[3] So nahm diese von 2002 bis 2017 um 30 % zu bei einem Anstieg der Verkehrsleistung von insgesamt 18 %. Die Hälfte der beruflichen Verkehre, die einen Gesamtanteil am Verkehr von 41,8 % haben, entfallen wiederum auf den Weg zur Arbeit.[4] Dieser Verkehrsbereich bietet demnach einen wichtigen Anknüpfungspunkt für verkehrs- und umweltpolitisches Handeln und wird auch in aktuellen Programmen zur Umstellung auf eine nachhaltige Mobilität aufgegriffen. Dabei soll es gelingen, auf der Basis technologischer Innovationen in Form von »automatisierte[m] und vernetzte[m] Fahren und alternativen Antrieben [...] mehr Mobilität mit weniger Emissionen zusammen[zu]bringen«.[5] Neben der Elektrifizierung zugunsten emissionsarmer motorisierter Fortbewegung gilt die Digitalisierung hier vielfach als der entscheidende »Treibstoff« für eine »echte Mobilitätswende«.[6] Bisher lässt diese allerdings auf sich warten. Nicht nur ist die Anzahl von E-Fahrzeugen (Stand 1.1.2019: 150.172 reine Batterieelektro- und von außen aufladbare Plug-in-Hybridfahrzeuge, das heißt 0,3 % des Fahrzeugbestandes)[7] weiterhin sehr begrenzt, sondern bisher konnte auch keine nennenswerte Verschiebung des sogenannten *Modal-Split* erreicht werden: Im Jahr 2017 entfielen 75 % der Verkehrsleistung auf den motorisierten Individualverkehr;[8] 60,6 % der Emissio-

3 Das heißt die Anzahl der auf dem Weg zu Ausbildung, Arbeitsplatz oder dienstlich (zum Beispiel von Paketdiensten) zurückgelegten Kilometer.

4 Claudia Nobis et al.: Mobilität in Deutschland – Zeitreihenbericht 2002 – 2008 – 2017. Studie von infas, DLR, IVT und infas im Auftrag des Bundesministeriums für Verkehr und digitale Infrastruktur, Bonn/Berlin 2019, S. 60.

5 Bundesministerium für Verkehr und digitale Infrastruktur: Energie auf neuen Wegen. Aktuelles zur Weiterentwicklung der Mobilitäts- und Kraftstoffstrategie der Bundesregierung, Berlin 2018.

6 Rammler: Nachhaltige Mobilität, S. 914.

7 Kraftfahrtbundesamt: Bestand an Pkw am 1. Januar 2019 nach ausgewählten Kraftstoffarten, www.kba.de/DE/Statistik/Fahrzeuge/Bestand/Umwelt/2019_b_umwelt_dusl.html?nn=663524.

8 Nobis: Mobilität in Deutschland, S. 50.

nen des Verkehrs werden durch Pkw erzeugt.[9] So greifen auch zwei Drittel der über 45 Millionen Erwerbstätigen in Deutschland für den Weg zur Arbeit auf das Auto zurück.[10] Als möglichen Grund für mangelnde Erfolgswirksamkeit politischer Maßnahmen – hier zur Umstellung auf nachhaltige Mobilität – identifiziert die Forschungsliteratur zu *Policy-Integration* interne Unstimmigkeiten von *Policies*, das heißt innerhalb politischer Programme.[11] Beim vorliegenden Thema stellt sich daher die Frage, ob das bisherige Mobilitätsparadigma konsequent zugunsten nachhaltiger Verkehrspolitik aufgebrochen wurde, sodass eine kohärente Gesamtstrategie zu erkennen ist. Einen Hinweis auf konzeptionelle Mängel lieferte erst kürzlich eine Studie zur Folgeneinschätzung des im Herbst 2019 von der Bundesregierung beschlossenen Klimaschutzprogramms 2030, dem nicht zuletzt in Bezug auf die Maßnahmen im Bereich Verkehr Nachbesserungsbedarf attestiert wurde.[12]

In den folgenden Abschnitten wird diesen Fragen exemplarisch am Beispiel von Policy-Maßnahmen zur Förderung ökologischer Nachhaltigkeit durch technologische Innovationen im Bereich beruflich bedingter Verkehrswege nachgegangen, der einen großen Teil der Verkehrsteilnehmer direkt betrifft. Dazu werden zunächst grundlegende Analysetools der *Policy-Integration*-Forschung dargelegt. Anschließend werden die konzeptionellen Leitlinien nachhaltiger Mobilität den bisherigen verkehrspolitischen Paradigmen gegenübergestellt. Darauf aufbauend untersucht der vierte Abschnitt aktuelle Maßnahmen der Bundesregierung zur Mobilitätswende exemplarisch

9 Caterina Salb et al.: Klimaschutz in Zahlen. Fakten, Trends und Impulse deutscher Klimapolitik, hg. v. Bundesministerium für Umwelt, Naturschutz und nukleare Sicherheit, Berlin 2018, S. 38 f.

10 Statistisches Bundesamt: Berufspendler, v. 21.8.2017, www.destatis.de/DE/Themen/Arbeit/Arbeitsmarkt/Erwerbstaetigkeit/Tabellen/pendler1.html#fussnote-1-103722.

11 Im vorliegenden Beitrag geht es insbesondere um *Policy-Integration* in zeitlicher statt sektorieller Dimension. Ein Überblick zu verschiedenen Forschungssträngen bei Jeremy Rayner/Michael Howlett: Introduction. Understanding integrated policy strategies and their evolution, in: Policy and Society 28 (2009) 2, S. 99-109; Jale Tosun/Achim Lang: Policy integration. Mapping the different concepts, in: Policy Studies Journal 38 (2017) 6, S. 553-570.

12 Siehe Umweltbundesamt: Treibhausgasminderungswirkung des Klimaschutzprogramms 2030 (Kurzbericht) v. 3.2020, www.umweltbundesamt.de/sites/default/files/medien/1410/publikationen/2020-03-05_climate-change_12-2020_treibhausgasminderungswirkungen-klimaschutzprogramm-2030.docx_.pdf.

anhand der für berufliche Mobilität besonders relevanten Instrumente. Im Fazit werden feststellbare Inkonsistenzen der verkehrspolitischen Ausrichtung problematisiert und ein Zusammenhang zu den politischen und gesellschaftlichen Rahmenbedingungen hergestellt.

Policy-Integration für erfolgreiches Policy-Making

Die zunehmende Komplexität politischer Problemstellungen verlangt, Aspekte vieler verschiedener Politikfelder und damit vielfältige Interessen einzubeziehen. Bestehende Institutionen und Akteure müssen zusammenarbeiten, obwohl ihre jeweiligen *Policy-Subsysteme* bisher möglicherweise abweichenden Logiken folgten. Neben dieser sektoriellen Integration liegt in der temporären Dimension vielfach eine Herausforderung, der Umgang mit sogenannten *Policy-Legacies*. So startet eine *Policy* selten auf unberührtem Boden. Bestehende Programme erzeugen ein Beharrungsvermögen, das politische Veränderungen erschwert.[13] Sie haben die Erwartungen der Akteure geprägt und Investitionen kanalisiert, die bei einer Umsteuerung potenziell an Wert verlieren. Gerade im Verkehrsbereich, den aufwändige Planungsverfahren und langfristige Investitionen in Infrastruktur und Fazilitäten kennzeichnen, ist eine abrupte, vollständige Umsteuerung kaum realistisch. Versucht eine *Policy* dann noch möglichst vielen Interessen gerecht zu werden, drohen disharmonische Gesamtkonzeptionen. Dabei können die Kohärenz verschiedener Ziele, die Konsistenz, das heißt die gegenseitige Verstärkung der Instrumente sowie die Kongruenz von Zielen und Instrumenten innerhalb eines *Policy*-Mixes beschädigt werden. Die Folge sind mangelhafter *Policy-Impact* bis zur vollständigen *Policy-Failure*. Zwar ist die Kombination verschiedener Ziele durchaus möglich und kann mithin sogar dazu genutzt werden, um neue Mitstreiter zu gewinnen.[14] Doch um eine erfolgreiche *Policy* zu gestalten, gilt es im Sinne eines rationalen Problemlösungsprozesses Ziele und Maßnahmen aufeinander abzustimmen. In der

13 Zum Pfadabhängigkeitstheorem Paul Pierson: Increasing Returns, Path Dependence, and the Study of Policy, in: American Political Science Review 94 (2000) 2, S. 251-267.

14 Vgl. Oliver Lah: Sustainable Urban Mobility Pathways. Policies, Institutions, and Coalitions for Low Carbon Transportation in Emerging Countries, Amsterdam 2019, S. 16-17.

Literatur werden verschiedene Formen des Policy-Wandels beschrieben. Als suboptimalen Ergebnissen zugrunde liegend wird dabei unter anderem *Policy-Layering* angesehen, bei dem lediglich neue Elemente zu bestehenden *Policies* hinzugefügt werden. *Conversion* beschreibt eine Entwicklung, bei der mit den gleichen Arrangements neue Ziele verfolgt werden. Im Falle von *drift* wird trotz veränderter Umstände keine Anpassung der *Policy* vorgenommen, sodass deren Wirkung abnimmt. Rückt ferner innerhalb eines *Policy-Regimes* ein bereits existierendes, alternatives Konzept nun in den Vordergrund, wird dies mit *displacement* benannt. *Exhaustion* meint währenddessen einen Prozess, bei dem eine *Policy* soweit an Unterstützung bzw. Notwendigkeit verliert, dass der Weg für eine neue Policy-Konzeption frei wird (*replacement*).[15] Um entsprechende Muster in den aktuellen Programmen zu identifizieren, gilt es zunächst zu klären, welche Grundannahmen mit *nachhaltiger Mobilität* assoziiert werden und welche Potenziale der Digitalisierung zu ihrer Umsetzung zugesprochen werden.

Nachhaltige Mobilität und die Potenziale technologischer Innovationen

Nachhaltigkeit beschreibt nach verbreitetem Verständnis das Bestreben, ökologische Verträglichkeit, ökonomische Wohlstandssicherung sowie soziale Gerechtigkeit in Einklang zu bringen.[16] Gleichwohl liegt in der öffentlichen Diskussion der Fokus insbesondere auf dem Aspekt ökologischer Nachhaltigkeit, die daher auch im vorliegenden Beitrag im Mittelpunkt steht. Eine Übertragung des Nachhaltigkeitsparadigmas auf den Bereich der Mobilität kann beispielsweise folgendermaßen formuliert werden:

> »This means a transport system where environmental (e. g. fuel consumption, emissions, congestion) social (e.g. safety and equity) and economic

15 Vgl. Rayner/Howlett: Introduction, S. 103.

16 Zurückgehend auf World Commission on Environment and Development: Our Common Future, Oxford 1987, S. 8.

accessibility can be sustained without causing harm to future generations of people.«[17]

Wird dementsprechend die Gestaltung von Mobilität nicht mehr primär anhand ökonomischer Kriterien bewertet, sondern werden auch soziale und ökologische Kosten einbezogen, ergeben sich daraus veränderte Leitlinien für verkehrspolitische Maßnahmen. In der Vergangenheit resultierte das Streben nach einer ökonomischen Optimierung in dem Bemühen, den notwendigen Einsatz von Geld und Zeit für Mobilität stetig zu verringern. Daraus ergab sich die Beschleunigung von Mobilität und in Konsequenz auch ein anhaltendes Verkehrswachstum. Die Abwägung mit anderen Gütern (Umwelt, Gesundheit) kann hingegen etwa zu einer Entschleunigung von Mobilität führen. Maßnahmenbeispiele bieten etwa Geschwindigkeitsbegrenzungen zugunsten einer höheren Verkehrssicherheit und einem niedrigeren Kraftstoffverbrauch. Zudem verliert der vom Verbrennungsmotor angetriebene Pkw durch die neuen Bewertungsdimensionen seine Vormachtstellung.[18] Dies ist zum einen auf die Antriebsform bezogen, zum anderen wird der motorisierte Individualverkehr grundsätzlich infrage gestellt. In beiderlei Hinsicht spielen digitale Technologien eine Schlüsselrolle.

So ist der Verbrennungsmotor zwar aktuell aufgrund bestehender Kapazitäten verhältnismäßig günstig in der Anschaffung und Herstellung und trägt einen bedeutenden Teil zum bundesdeutschen Sozialprodukt bei. Unter dem Nachhaltigkeitsparadigma kann er jedoch aufgrund seiner sozialen und ökologischen Nachteile kaum mehr neben emissionsärmeren Antriebsformen wie dem Elektroantrieb bestehen. Letzterer verheißt geringere Lärm-, Feinstaub-, Stickoxid- und CO_2-Belastungen. Letzteres ist allerdings vom Anteil erneuerbarer Energien am nationalen Energiemix abhängig. Um eine große Anzahl von E-Fahrzeugen in primär aus erneuerbaren Energien gespeiste Stromnetzen zu integrieren, in deren Rahmen die Energieerzeugung nicht nachfrageorientiert temporär gesteigert werden kann, bedarf es jedoch

17 Karolina Isaksson/Hans Antonson/Linnea Eriksson: Layering and parallel policy making – complementary concepts for understanding implementation challenges related to sustainable mobility, in: Transport Policy 53 (2017), S. 50-57, hier S. 51.

18 Vgl. David Banister: The sustainable mobility paradigm, in: Transport Policy 15 (2008), S. 73-80, hier S. 74 f.

moderner Informations- und Kommunikationstechnologie (IKT), um etwa Ladevorgänge an die allgemeine Stromnachfrage und -verfügbarkeit anzupassen (*smart grid*).[19] Darüber hinaus verlangt das E-Auto insgesamt eine umfangreichere *smarte* Steuerung unter anderem für ein batterieschonendes Laden, die Bezahlung der Ladevorgänge oder um sicherzustellen, dass etwa durch eine gedrosselte Geschwindigkeit die nächste Ladesäule sicher erreicht wird. Digitalisierung ist also eine notwendige »Hilfstechnologie« zur Realisierung elektrischer Antriebe.

Allerdings stellt das Nachhaltigkeitsparadigma den motorisierten Individualverkehr auch unter diesen verbesserten Bedingungen grundsätzlich infrage.

Schließlich ist der Pkw-Verkehr zwar mit hohen ökonomischen Vorteilen für den Einzelnen verbunden, birgt jedoch ebenso hohe ökologische und soziale Kosten für die Gesamtheit hinsichtlich Ressourcenverbrauch, Lärmbelastung und der Inanspruchnahme öffentlichen Raums. Eine nachhaltige Verkehrsplanung verlangt daher, den Bedürfnissen der weniger ressourcenintensiven Fußgänger, Fahrradfahrer und dem ÖPNV eine höhere Priorität einzuräumen sowie neue, digital basierte Mobilitätsmodelle wie *Car-* und *Ride-Sharing* einzubeziehen.[20] Die für eine Verhaltensänderung notwendige Attraktivität alternativer Fortbewegungsmittel gegenüber dem Pkw verspricht wiederum die digitale Vernetzung zu liefern – durch auf Echtzeitdaten basierende höhere Transparenz und Passgenauigkeit der Angebote sowie eine komfortablere individuelle Wegeplanung zugunsten höherer Inter- und Multimodalität, das heißt die Verknüpfung verschiedener Fortbewegungsmittel für einen wie auch mehrere Wege.[21]

Eine noch grundlegendere Abkehr von bisherigen verkehrspolitischen Leitlinien liefert schließlich der Ansatz, eine Verkürzung von notwendigen

19 Siehe Przemyslaw Komarnicki/Jens Haubrock/Zbigniew A. Styczynski: Elektromobilität und Sektorenkopplung. Infrastruktur- und Systemkomponenten, Berlin/Heidelberg 2018, S. 137.

20 Vgl. Banister: Sustainable Mobility Paradigm, S. 75.

21 Vgl. dazu Barbara Richardson: Toward a Policy on a Sustainable Transportation System, in: Transportation Research Record 1670 (1999), S. 27-34, S. 31-32; Ingo Kollosche/Oliver Schwedes: Mobilität im Wandel. Transformationen und Entwicklungen im Personenverkehr, in: WISO Diskurs 14/2016, S. 25.

Wegen bzw. die vollständige Vermeidung substituierbarer Verkehre. Mobilität soll reduziert werden, statt auf erhöhte Mobilitätsnachfrage etwa mit dem Ausbau von Straßeninfrastruktur zu antworten. Im beruflichen Kontext bieten dazu digital durchgeführte Meetings oder Homeoffice-Regelungen Ansatzpunkte, wobei letzte bisher nur von 13 % der Pendler genutzt werden.[22] Damit sind arbeitspolitische Fragen angesprochen, was in den Bereich der *Policy-Integration* zwischen verschiedenen Politikfeldern fällt. Im folgenden Abschnitt wird hingegen der Frage nachgegangen, inwiefern Elemente traditioneller einerseits und neuer, nachhaltiger verkehrspolitischer Ausrichtung andererseits aktuelle Maßnahmen zur Förderung technologischer Innovationen im Verkehr prägen.

Aktuelle Maßnahmen zur Digitalisierung im (beruflichen) Verkehr

In den Strategien zur Förderung digitaler Technologien im Verkehr spielen die Themen Umweltschutz und Nachhaltigkeit eine bedeutende Rolle. Nicht zuletzt sollen technologische Innovationen dazu beitragen, die Emissionen im Verkehrssektor gegenüber den Werten von 1990 bis 2030 um 40–42 % zu reduzieren. Ein Schwerpunkt der Maßnahmen liegt auf der (monetären) Forschungs- und Entwicklungsförderung, auch in Form sogenannter »digitaler Testfelder« etwa auf der A9, die Herstellern die Möglichkeit zur Erprobung technologischer Neuerungen im Straßenverkehr geben. Neben dem Aufbau des 5G-Mobilfunknetzes, intelligenter Straßeninfrastruktur sowie der Sammlung, dem Schutz und der Bereitstellung relevanter Daten wird zudem an den rechtlichen Grundlagen für den praktischen Einsatz von automatisiertem und vernetztem Fahren (AVF) gearbeitet.[23] Eine Änderung des Straßenverkehrsgesetzes im Jahr 2017 ermöglicht bereits den (eingeschränkten) Einsatz automatisierten Fahrens bis zur vierten von insgesamt fünf Automatisierungs-

22 Siehe Nationale Plattform Zukunft der Mobilität/Arbeitsgruppe 1: Klimaschutz im Verkehr. Wege zur Erreichung der Klimaziele 2030 im Verkehrssektor. Zwischenbericht 03/2019, Berlin 2019, S. 45 f.; Nobis: Mobilität in Deutschland, S. 111.

23 Siehe dazu Bundesministerium für Verkehr und digitale Infrastruktur: Digitalisierung und Künstliche Intelligenz in der Mobilität. Aktionsplan, Berlin 2018.

stufen (Stufe 4: vollautomatisiertes Fahren). Im Koalitionsvertrag der Bundesregierung von 2018 wird darüber hinaus angestrebt, im Laufe der Legislaturperiode »die rechtlichen Voraussetzungen für vollautonome Fahrzeuge (Stufe 5) auf geeigneten Infrastrukturen [zu] schaffen«, womit der höchste Automatisierungsgrad (Fahrzeug ohne Fahrer) angesprochen ist.[24] Das autonome und vernetzte Fahren könne schließlich nicht nur für mehr Sicherheit, sondern auch für mehr Umweltschutz sorgen. Autonom fahrende Fahrzeuge könnten mit 15–16 % weniger Kraftstoff auskommen. Zudem ließen sich Verkehrsströme bei einer Kommunikation von Fahrzeugen untereinander sowie mit der Verkehrsinfrastruktur besser lenken und so Effizienzsteigerungen bezüglich der Infrastrukturausnutzung erzielen.[25] Darauf zielt beispielsweise die Förderung einer »Digitalisierung kommunaler Verkehrssysteme« im Rahmen des »Sofortprogramms Saubere Luft 2017–2020« ab. Hier geht es etwa um den Aufbau intelligenter Parkleitsysteme.

Mit dieser Vision von digital unterlegtem motorisiertem Individualverkehr findet jedoch eher eine Verstärkung des bisherigen verkehrspolitischen Leitbildes statt. Die Optimierung von Verkehrsflüssen durch digitale Vernetzung und Automatisierung setzt letztlich den traditionell betriebenen Infrastrukturausbau fort, der seit jeher weiteres Verkehrswachstum befördert hat. So wird nun zwar auch das Ziel der Emissionsreduktion verfolgt, doch ohne eine Anpassung der Grundausrichtung der Politik, was sich als Policy-Wandel durch *conversion* interpretieren lässt. Indem die neuen technologischen Möglichkeiten genutzt werden, um einen Komfortmangel (Notwendigkeit sich auf das Fahren zu konzentrieren) und Unzulänglichkeiten menschlicher Steuerung durch digitale Unterstützung zu beheben, wird das Fahren noch attraktiver. Im entsprechenden Strategiepapier des Bundesministeriums für Verkehr und digitale Infrastruktur heißt es: »Das Auto wird zu einem weiteren Lebensmittelpunkt neben Büro und Zuhause«.[26] Für Berufspendler könnte

24 Siehe dazu Wissenschaftlicher Dienst des Deutschen Bundestages: Autonomes und automatisiertes Fahren auf der Straße – rechtlicher Rahmen v. 22.5.2018, www.bundestag.de/resource/blob/562790/c12af1873384bcd1f8604334f97ee4b9/wd-7-111-18-pdf-data.pdf.

25 Siehe Nationale Plattform Zukunft der Mobilität/Arbeitsgruppe 1: Klimaschutz, S. 46 f.

26 Bundesministerium für Verkehr und digitale Infrastruktur: Strategie automatisiertes und vernetztes Fahren. Leitanbieter bleiben, Leitmarkt werden, Regelbetrieb einleiten, Berlin 2015, S. 3.

Büroarbeit bereits während der Fahrt beginnen. Dies könnte zur Folge haben, dass künftig beispielsweise noch längere Arbeitswege akzeptabel sind. Somit droht zusätzliches Verkehrswachstum, das errungene Emissionsreduktionen konterkarieren kann.[27]

Zugleich finden sich aber auch Maßnahmen, die die Potenziale der Digitalisierung für einen tiefer greifenden Umbau des Verkehrssystems nutzen wollen. Im oben genannten Programm »Digitalisierung kommunaler Verkehrssysteme« werden etwa auch verbesserte Informationssysteme im ÖPNV und dessen Vernetzung mit neuen Mobilitätsangeboten gefördert.[28] Im Jahr 2017 wurde ferner das »Gesetz zur Bevorrechtigung des Carsharing« verabschiedet, eine Anpassung des Personenbeförderungsgesetzes als eine geeignete Grundlage für digital basierte Mobilitätsangebote wie *Ride-Sharing* oder *-Pooling* ist in Planung. Gerade Pendler, die in der Regel zu den Hauptverkehrszeiten unterwegs sind, dürften vom Ausbau des ÖPNV und ergänzenden Angeboten profitieren. Auf beruflich bedingte Mobilität zugeschnitten ist in diesem Sinne die 2017 gestartete gemeinsame Initiative von Bundesverkehrs- und Bundesumweltministerium »mobil gewinnt«. In deren Rahmen wird die Entwicklung eines betrieblichen Mobilitätsmanagements gefördert, um die vom Unternehmen verursachte Mobilität effizienter und umweltfreundlicher zu gestalten. Das Unternehmen als dezentraler Mobilitätsmanager tritt dabei nicht nur als Bereitsteller beispielsweise von elektrisch betriebenen Poolfahrzeugen, sondern im Bereich der digitalen Innovationen häufig als Koordinator auf, zum Beispiel durch den Betrieb einer App zur *smarten* Organisation privater Fahrgemeinschaften mit Belohnungsfunktion. Zu den geförderten Projekten zählen ferner digitale Mobilitätsplattformen für umweltbewusste Dienstreiseplanung oder *On-Demand*-Busangebote für Mitarbeiterinnen und Mitarbeiter.[29] Angesichts des gleichzeitigen Festhaltens am Leitbild des motorisierten Individualverkehrs wirken diese Maßnahmen jedoch »aufgepfropft« ohne systematische Einpassung in eine kohärente

---

27 Vgl. Nationale Plattform Zukunft der Mobilität/Arbeitsgruppe 1: Klimaschutz, S. 49.

28 Siehe Bundesministerium für Verkehr und digitale Infrastruktur: Zukunftschecks in Höhe von rund 200 Millionen Euro für die »Digitalisierung kommunaler Verkehrssysteme«, www.bmvi.de/SharedDocs/DE/Artikel/DG/Zukunftsschecks-in-Hoehe-rund-200-Millionen-Digitalisierung-kommunaler-Verkehrssysteme.html.

29 Eine Übersicht über die Förderinitiative unter www.mobil-gewinnt.de.

Gesamtstrategie. Ein solches Vorgehen in Form von *Policy-Layering* ist mit dem Risiko verbunden, dass die Maßnahmen, die auf eine Veränderung des Verkehrsverhaltens abzielen, nicht ihre volle Wirkung entfalten.

Ähnlich stellt sich die Förderung moderner IKT »als Schlüssel für den Erfolg der Elektromobilität« dar,[30] wozu etwa das bereits 2009 gestartete, aus dem Konjunkturpaket II finanzierte Technologieprogramm »IKT für Elektromobilität« zählt.[31] Dabei wurde die Unterstützung für E-Autos insgesamt in den letzten Jahren erheblich verstärkt: Neben einer Kaufprämie für E-Autos seit 2016 zeichnet sich ein vermehrter Einsatz regulativer Instrumente ab, die im Gegensatz zu finanziellen Fördermaßnahmen, die gemeinhin als distributiv empfunden werden, ein höheres politisches Konfliktpotenzial bergen. So wurde 2015 das Elektromobilitätsgesetz (EmoG) verabschiedet, das eine Privilegierung von E-Fahrzeugen im öffentlichen Raum zum Beispiel durch die Nutzung von Busspuren ermöglicht. Im Herbst 2019 wurde ferner eine verbindliche Vorgabe für Tankstellen in Aussicht gestellt, auch Stromladesäulen anzubieten.[32] Eine Reform des Wohneigentums- und Mietrechts zum vereinfachten Einbau von Ladeinfrastruktur befindet sich im Gesetzgebungsprozess. Zu den explizit auf berufliche Mobilität gerichteten Maßnahmen zählt etwa die steuerliche Förderung von E-Dienstwagen seit 2013 sowie die Überlassung von Ladestrom und -infrastruktur durch den Arbeitgeber. Aus Perspektive der Verbreitung von E-Fahrzeugen macht diese Förderung aus zweierlei Gesichtspunkten Sinn. So erhöht die Nutzungserfahrung von E-Fahrzeugen wie zum Beispiel über den Arbeitgeber als Pool- oder Dienstwagen die Kauf- und Nutzungsbereitschaft auch privater Halter.[33]

30 Bundesministerium für Wirtschaft und Energie: Fortschrittsbericht 2018. IKT für Elektromobilität III. Einbindung von gewerblichen Elektrofahrzeugen in Logistik-, Energie- und Mobilitätsinfrastrukturen, Berlin 2018, S. 12.

31 Weitere Beispiele liefern das Programm »Erneuerbar mobil« u. a. zur Netzintegration von E-Fahrzeugen (2011) oder der Forschungscampus »Mobility2Grid« (2015).

32 Siehe Bundesregierung: Klimaschutzprogramm 2030 zur Umsetzung des Klimaschutzplans 2050, Berlin 2019, www.bundesregierung.de/resource/blob/975226/1679914/e01d6bd855f09bf05cf7498e06d0a3ff/2019-10-09-klima-massnahmen-data.pdf?download=1, S. 78.

33 Vgl. zum Beispiel Kathrin Dudenhöffer: Akzeptanz von Elektroautos in Deutschland und China. Eine Untersuchung von Nutzungsintentionen im Anfangsstadium der Innovationsdiffusion, Wiesbaden 2015.

Zudem beträgt der Anteil von Firmenwagen an den Neuzulassungen laut dem Verband der Automobilindustrie (VDA) immerhin 32 %, an den E-Neuzulassungen 44 %.[34] Pkw in gewerblicher Hand weisen darüber hinaus eine kürzere durchschnittliche Haltedauer von drei bis vier Jahren auf (gegenüber 6,2 Jahren in privatem Besitz),[35] was sich positiv auf die Entstehung eines Gebrauchtwagenmarkts auswirken dürfte.

Somit wird auch hier weiterhin auf den ressourcenintensiven motorisierten Individualverkehr gesetzt, der den Kernelementen ökologisch nachhaltiger Verkehrspolitik widerspricht. Die Ankündigung der Bundesregierung, die steuerlichen Vorteile für E-Dienstwagen bis 40.000 Euro zusätzlich zu erhöhen[36] und so stärker den Kauf kleinerer Fahrzeuge zu fördern, weist auf genau diesen internen Widerspruch und die Inkohärenz der Ziele (Ressourcenschonung und Emissionsreduktion einerseits, Förderung des motorisierten Individualverkehrs andererseits) hin. Jene Maßnahmen, die einer wirklich nachhaltigen Verkehrswende dienen, wie beispielsweise zur Anschaffung von E-Bussen für den ÖPNV oder E-Lastenfahrrädern für Unternehmen[37] wirken – wie im Bereich der Digitalisierung – nur ergänzend hinzugefügt. Dieser Eindruck wird dadurch untermauert, dass eine Elektrifizierung als Lösung erscheint, um die Dominanz des Pkw trotz »Klimakrise« zu erhalten. Schließlich stehen das Autoland Deutschland und seine Industrie durch den Dieselskandal ab 2015, die EU-Flottenemissionsvorgaben und die öffentliche Klimadiskussion zunehmend unter Druck.[38] In der Folge werden bestehende Instrumente wie die Dienstwagenförderung im Sinne von Policy-Wandel durch *conversion*, also erneut das Hinzufügen neuer Ziele zu gleichbleibenden Arrangements, suboptimal angepasst. Das Ergebnis ist eine Disharmonie der Gesamtkonzeption, sodass mit einem verminderten *impact* gerechnet werden muss.

---

34 Verband der Automobilindustrie: Wichtiger Beitrag zum Markthochlauf der Elektromobilität v. 1.8.2018, www.vda.de/de/presse/Pressemeldungen/20180801-vda-wichtiger-beitrag-zum-markthochlauf-der-elektromobilitaet.html.

35 Siehe Patrick Plötz et al.: Elektromobilität in gewerblichen Flotten, Karlsruhe 2014, S. 9.

36 Siehe Bundesregierung: Klimaschutzprogramm, S. 76 f.

37 So im Rahmen der »Kleinserien-Richtlinie« des Bundesministeriums für Umwelt, Naturschutz und nukleare Sicherheit unter der Nationalen Klimaschutzinitiative (NKI).

38 Vgl. dazu auch Alexander Bollmann/Annette Elisabeth Töller: Lösungen auf der Suche nach Problemen? Instrumentenwandel in der deutschen Elektromobilitätspolitik, in: Zeitschrift für Umweltpolitik und Umweltrecht 9 (2018) 2, S. 105-142, hier S. 106.

Fazit

Die bundespolitischen Fördermaßnahmen zur Digitalisierung im Verkehr lassen eine gradlinige Gesamtkonzeption zugunsten nachhaltiger Mobilität vermissen. Stattdessen finden sich Inkonsistenzen zwischen den verschiedenen Policy-Instrumenten. Insbesondere spielt die Förderung des Pkw-Verkehrs weiterhin eine zentrale Rolle. Neue digitale Technologien sollen unter anderem dazu eingesetzt werden, Verkehrsströme zu optimieren sowie den Pkw-Verkehr schneller und sicherer zu machen. Zwar werden damit auch Emissionseinsparungen angestrebt, die jedoch durch die möglichen *Rebound*-Effekte aufgehoben werden könnten. Darüber hinaus droht die weitere Förderung des Pkw-Verkehrs die Wirkung von Maßnahmen zugunsten eines für eine echte nachhaltige Verkehrswende notwendigen *modal shift* einzuschränken. Angesichts der aktuellen Attraktivität des motorisierten Individualverkehrs ist die gezielte Förderung des ÖPNV, des Fuß- und Radverkehrs sowie neuer Mobilitätsangebote, die aktuell lediglich im Sinne eines *Policy-Layerings* parallel betrieben wird, umso wichtiger.[39] Dabei reflektiert die Inkonsistenz der Instrumente die Inkohärenz der Ziele: Nachhaltigkeit bei gleichzeitiger Aufrechterhaltung der tief mit der Identitätsbildung der Bundesrepublik Deutschland verbundenen Autofahrernation.[40]

Sowohl Digitalisierung als auch E-Mobilität werden somit (auch) zum Schutz des bisherigen Verkehrsparadigmas genutzt. Die zunehmend politisch auch regulativ beförderte Verbreitung von E-Fahrzeugen kann demnach nicht als Beleg für einen grundlegenden Paradigmenwechsel zu einer nachhaltigen Mobilitätspolitik gedeutet werden. Zu bedenken ist allerdings, dass es sich bereits beim Umstieg auf Elektroantriebe und erst recht bei einer Abkehr vom Pkw für die Autoindustrie, die eine bedeutende Position in der deutschen Volkswirtschaft einnimmt, um einen mit erheblichen Verände-

39 Siehe dazu Michael Krail et al.: Energie- und Treibhausgaswirkungen des automatisierten und vernetzten Fahrens im Straßenverkehr, Karlsruhe 2019, www.isi.fraunhofer.de/content/dam/isi/dokumente/ccn/2019/energie-treibhausgaswirkungen-vernetztes-fahren.pdf, S. 158.

40 Vgl. dazu Dietmar Klenke: Bundesdeutsche Verkehrspolitik und Motorisierung, Bonn 1993.

rungen verbundenen, »disruptiven« Innovationsprozess handelt.[41] Die wirtschaftlichen Auswirkungen, wenn bisher geschätztes deutsches *Know-how* zum Verbrennungsmotor bzw. zur Automobilherstellung insgesamt drastisch an Wert verlieren, kann in politischen Strategien – auch im Sinne von sektorieller *Policy-Integration* – nicht unbeachtet bleiben. Fraglich ist ferner, wie schnell ein deutlicher *modal shift* herbeigeführt werden kann. Dennoch soll nicht mit der »autoritären Keule« vorgegangen werden. Fahrverbote oder ein politisch erzwungener drastischer Anstieg der Benzinpreise könnten erhebliche politische Konflikte hervorrufen. Eine Verkehrswende berührt fest verankerte wirtschaftliche und gesellschaftliche Strukturen. Neben der Einführung technologischer Innovationen verlangt nachhaltige Mobilität insbesondere deutliche Verhaltensänderungen.[42] Eine umsichtige, zwischen den Bedürfnissen des urbanen und ländlichen Raums differenzierende und insbesondere zur Verhaltensänderung motivierende Politik erscheint der Vielschichtigkeit der Thematik daher durchaus angemessen. Eine neben dem ÖPNV-Ausbau angestrebte Dekarbonisierung des Autoverkehrs mittels alternativer Antriebe kann somit gerade im urbanen Umfeld als notwendige Übergangsphase angesehen werden. Für die erfolgreiche Implementierung politischer Maßnahmen bedarf es schließlich neben einer theoretischen Stringenz des Policy-Konzepts auch der Anpassung an die politischen und sozialen Rahmenbedingungen. Dies impliziert die Umsetzbarkeit und Adäquatheit, den *goodness of fit* politischer Maßnahmen.[43]

Allerdings ist zu diskutieren, wie hoch finanzielle Investitionen in eine Übergangslösung ausfallen sollten. Zudem werden mit der Verbreitung digital gesteuerter und elektrisch angetriebener Pkw neue Entwicklungspfade begründet, auf die sich die Akteure ihrerseits durch Investitionen einstellen. Dies kann erneute Korrekturen umso schwieriger machen. Allerdings könnte so Zeit gewonnen werden, bis das bisherige verkehrspolitische Paradigma

41 Vgl. dazu Timo Strathmann: Elektromobilität als disruptive Innovation. Herausforderungen und Implikationen für etablierte Automobilhersteller, Wiesbaden 2019.

42 Vgl. Banister: The sustainable mobility paradigm, S. 75; Rammler: Nachhaltige Mobilität, S. 906.

43 Vgl. Michael Howlett/Jeremy Rayner: Patching vs Packaging in Policy Formulation. Assessing Policy Portfolio Design, in: Politics and Governance 1 (2013) 2, S. 170-182, hier S. 172; Lah: Sustainable Urban Mobility, S. 127.

soweit geschwächt ist, dass jenes der Nachhaltigkeit mit seiner veränderten Zielhierarchie[44] weiter an Zulauf gewinnt. »[N]achhaltige Mobilität [ist] ein Bewusstwerden der Nichtnachhaltigkeit gegenwärtiger Mobilität«.[45] Auf dieser Basis könnte es zur *exhaustion* früherer verkehrspolitischer Ausrichtungen kommen und ein Gesamtkonzept nachhaltiger Verkehrspolitik etabliert werden, ohne dabei Gefahr zu laufen, die Gesellschaft einer Zerreißprobe auszusetzen. In jüngster Zeit zeigen sich durchaus Hinweise, dass das alte Verkehrsparadigma ins Wanken gerät, beispielsweise in höheren Bußgeldern für den Rad- und Fußverkehr behindernde falsch parkende Autos.[46] Doch auch wenn Übergangslösungen als Zugeständnis an die politischen und gesellschaftlichen Rahmenbedingungen akzeptiert werden, kann auf ein langfristiges, harmonisches verkehrspolitisches Gesamtkonzept nicht verzichtet werden, soll nachhaltige Mobilität in einem angemessenen Zeitraum erreicht werden.[47] Unter der Bedingung eines klaren Bekenntnisses zum Umbau des aktuellen hin zu einem nachhaltigen Verkehrssystem und klar formulierter Leitlinien ließen sich aus Sicht der *Policy-Integration* notwendige Anpassungen einer theoretisch idealen *Policy* harmonisch in eine Gesamtkonzeption einfügen, sodass sie die Schaffung nachhaltiger Mobilität nicht behindern, sondern stattdessen durch einen erleichterten Übergang vielmehr zu ihrer Durchsetzung beitragen.

---

44 Vgl. dazu Peter Hall: Policy Paradigms, Social Learning, and the State. The Case of Economic Policymaking in Britain, in: Comparative Politics 25 (1993) 3, S. 275-296, hier S. 279.

45 Vgl. Kollosche/Schwedes: Mobilität im Wandel, S. 10.

46 Siehe Jan Hauser: Falschparken wird teuer, in: FAZ v. 21.2.2020, S. 21.

47 Ähnlich Jürgen Rüttgers: Die Zukunft von ›Smart City‹ und ›Smart Country‹, Essay v. 26.2.2020, www.regierungsforschung.de/wp-content/uploads/2020/02/26022020_regierungsforschung.de_Rüttgers_Smart-Cities.pdf, S. 12.

Sebastian Pütz

Globale Herausforderungen, Robotik und KI in der Landwirtschaft

Die vernetzte und digitale Welt steht vor großen Herausforderungen. Der digitale Wandel bringt neue Möglichkeiten mit sich, um Lösungen für ökologische und ökonomische Probleme im globalen Kontext zu finden. Die stetig wachsende Weltbevölkerung, deren Fortschrittsprozess und internationale ökonomische und ökologische Systeme erreichen ein steigendes Maß an komplexen Abhängigkeiten.

Menschen können diese schon lange nicht mehr vollständig durchdenken und auffassen, geschweige denn aus diesen globale zielorientierte Handlungen ableiten. Außerdem erreichen Parameter- und Systemänderungen eine Geschwindigkeit, die der Mensch nicht mehr verarbeiten kann. Künstlich intelligente Maschinen, KI-Software und intelligente Roboter ermöglichen neue Anwendungen und Möglichkeiten, um komplexe Probleme mit großen Datenmengen in kürzester Zeit zu lösen. Sie bringen gleichzeitig aber auch ein hohes Maß an Komplexität mit sich. Auf der Suche nach Lösungsansätzen werden Methoden und Paradigmen wie zum Beispiel »Open Innovation« und »Open Source« weiterentwickelt und verstärkt genutzt, um die Komplexität zu modularisieren. Sie setzen Aufgaben und

Lösungen gemeinschaftlich um und bündeln gleichzeitig Ressourcen und Interessen.

Richard Stallman, der 1985 die Freie-Software-Bewegung gründete, sagt, dass der verschwenderische Aufwand von doppelten Systemprogrammierungen durch Freie Software verhindert werde. Die Arbeitskraft kann dann eher in die Weiterentwicklung vom Stand der Technik der bestehenden geteilten Software gehen.[1] Das Ziel der Freie-Software-Bewegung war es, die Idee der Freien Software zu verbreiten und damit Freiheiten für die Benutzung von Software, deren Zugänglichkeit und das Recht, diese zu ändern, zu kopieren und zu verteilen, zu ermöglichen. Die Philosophie der Bewegung ist es, die Menschen nicht in ihrem Arbeitsprozess und in der Zusammenarbeit am Computer zu behindern.

Schon lange ist Open Source in vielen Forschungseinrichtungen ein bekanntes und genutztes Paradigma. In der Wirtschaft gewinnen quelloffene Softwarelösungen zunehmend an Bedeutung. Insbesondere in der Informatik, Robotik und KI ist ein riesiges quelloffenes globales Netzwerk an Softwarelösungen entstanden. In der Forschung ermöglicht die Globalisierung und Diversität einen Zugewinn von internationalen und gemeinschaftlichen Lösungen. Digital- und Softwareinnovationen bestehen meist aus einer Vielzahl an Services und bauen auf quelloffenen Modulen auf oder setzen sich aus solchen zusammen.

Entwickler_innen aus der ganzen Welt bieten neuartige quelloffene Software- und Hardware-Ansätze, im Kleinen als dezentrales Modul sowie im Großen als Konfiguration und Netzwerk von Modulen und Services.

Neue Module, Software oder Algorithmen werden in Anwendungen verbaut und eingesetzt. Ob für das autonome Fahren, im Bereich der Lagerlogistik, für Maschinen in der Landwirtschaft oder als Betriebssystem für den Computer oder das Handy. Das Smartphone-Betriebssystem Android ist zum Beispiel ein gewaltiges Open-Source-Projekt: Seit 2013 ist Android das meistgenutzte Smartphone-Betriebssystem weltweit. Seit 2017 nutzen mehr als 70 % aller Smartphone-Nutzer Android.[2] »Als Open-Source-Projekt ist es

1 Richard Stallman: The GNU Manifesto, v. 1985, www.gnu.org/gnu/manifesto.html.

2 StatCounter: Marktanteile der führenden mobilen Betriebssysteme an der Internetnutzung mit Mobiltelefonen weltweit von September 2009 bis Januar 2020, in: Statista, www.

das Ziel von Android, jeden zentralen Fehlerpunkt zu vermeiden, bei dem ein Unternehmen die Innovationen eines anderen Unternehmens einschränken oder kontrollieren kann«.[3]

Gerade in Deutschland entstehen viele neue Innovationen und Forschungseinrichtungen setzen auf Open Source. Lehrstühle in der Informatik setzen auf Distributionen des Freie Betriebssystems Linux. Linux-Distributionen werden zum Beispiel auf den weltweit Top-500-Supercomputern eingesetzt.[4] Darunter findet sich kein anderes Betriebssystem, geschweige denn ein proprietäres. Es gibt etliche erfolgreiche Open-Source-Software-Beispiele. Es lässt sich auch bei ersten Unternehmen ein Paradigmenwechsel erkennen.

Im Bereich »Precision Farming« – dem zielgerichteten Bewirtschaften von landwirtschaftlichen Nutzflächen im Kontext der Digitalisierung der Landwirtschaft – entstehen neue quelloffene Hard- und Softwarelösungen um ökologische Landwirtschaft neu zu betrachten. Durch ein Netzwerk an Tools und Modulen aus bestehender quelloffener Software ist es leichter denn je, neue Ideen zu implementieren und/oder auf anderen aufzubauen. Dies kann sicherlich als innovationsförderlich betrachtet werden.

Seit Joseph Schumpeter werden Innovationen üblicherweise als die erfolgreiche Durchsetzung einer Neuerung verstanden: »Eine Innovation ist die erfolgreiche Durchsetzung einer technischen oder organisatorischen Neuerung, nicht allein ihre Erfindung«.[5]

Kann das Konzept der Freien Software und der offenen Innovationen das Potenzial für Lösungen im Bereich der Robotik und KI erhöhen, um Lösungen für globale Herausforderungen zu finden?

Es werden Zusammenhänge herausgearbeitet und die wichtigsten Methoden und Begriffe der modernen Entwicklung genannt. Die Voraussetzungen, um Forschung und Entwicklung mit dem Ziel von Innovationen voranzutreiben, haben sich geändert. In KI- und Robotikforschung und -entwicklung spielen offene Innovationen und insbesondere Freie Software eine

---

de.statista.com/statistik/daten/studie/184335/umfrage/marktanteil-der-mobilen-betriebssysteme-weltweit-seit-2009/.

3 Android: About the Android Open Source Project, www.source.android.com/.

4 Top 500: www.top500.org/.

5 Joseph Schumpeter, www.ipek.kit.edu/447.php.

immer größere Rolle. Weltweit begründen Unternehmen und Universitäten die Entwicklung und Weiterentwicklung von Produkten oder Forschung auf der Basis von freier Software und sind damit erfolgreich. Open-Source-Soft- und Hardwarelösungen animieren zum Weiterentwickeln und bieten die notwendigen Voraussetzungen, um an bestehenden Problemen zu forschen und für ebenjene Lösungen zu entwickeln. Ein Paradigmenwandel zu offenen Innovationen und Open Source bietet neues Potenzial in Bezug auf gesellschaftliche und ökologische Herausforderungen.

Zunächst betrachten wir die momentan genutzten Kriterien und Faktoren, um das Innovationspotenzial von Deutschland in Zeiten der vierten industriellen Revolution in den Vergleich mit anderen Ländern zu stellen.

Deutschland ist Innovationsweltmeister

»Kein Land der Welt ist so innovativ wie Deutschland. Zu diesem Schluss kommt das Weltwirtschaftsforum (WEF) in seiner jährlichen Studie zur Wettbewerbsfähigkeit«.[6] Diese Aussage aus dem Jahr 2018 steht im Kontrast zur in Deutschland verbreiteten Kritik, dass man es in Deutschland nicht verstehe, Ideen in Produkte und Firmen umzusetzen. In dem diesem Befund zugrunde liegenden Bericht, dem Global Competitiveness Report, wird festgestellt, dass »die vierte industrielle Revolution« die Wettbewerbslandschaft dramatisch verändert. Im Feld wurden hier 140 Industriestaaten, Schwellen- und Entwicklungsländer mittels zwölf Faktoren bestehend aus insgesamt 98 Indikatoren untersucht. Die gruppierenden Faktoren sind: Institutionen, Infrastruktur, Einführung von Informations- und Kommunikationstechnik, makroökonomische Stabilität, Gesundheit, Qualifikationen, Produktmarkt, Arbeitsmarkt, Finanzsystem, Marktgröße, Geschäftsdynamik, Innovationsfähigkeit. Mit diesen Faktoren wurde dann die Wettbewerbsfähigkeit gemessen.[7] Indikatoren, wie zum Beispiel Ideenfindung, unternehmerische Kultur,

6 Martin Hesse: Deutschland ist Innovationsweltmeister, in: Spiegel-Online v. 17.10.2018, www.spiegel.de/wirtschaft/unternehmen/wettbewerbsbericht-deutschland-ist-innovationsweltmeister-a-1233607.html.

7 Klaus Schwab: The Global Competitiveness Report 2018, in: World Economic Forum, www3.weforum.org/docs/GCR2018/05FullReport/TheGlobalCompetitivenessReport2018.pdf.

gesellschaftliche Offenheit und Beweglichkeit haben in der Vergangenheit kaum Einfluss auf die Entscheidungsfindung in der Politik gehabt; das ist nun anders. Im Ergebnis plädiert das WEF für offene Märkte, jedoch bei zeitgleicher Unterstützung der sogenannten »Globalisierungsverlierer«. Umverteilung steht dabei nicht im Widerspruch zur höheren Wettbewerbsfähigkeit.[8]

Auf der Grundlage des Berichts titelte *Der Spiegel*: »Deutschland ist Innovationsweltmeister«.[9] Das sehr gute Ergebnis Deutschlands im Bereich Innovation ist auf eine starke Leistung bei Patenten, Forschungspublikationen, erstklassigen Forschungseinrichtungen und einen sehr hohen Grad an Käufer-Raffinesse zurückzuführen. Der Indikator »Käufer-Raffinesse« lässt sich auf die Umfrage »Auf welcher Grundlage treffen Käufer in Ihrem Land Kaufentscheidungen?« zurückführen.[10]

Zusammenfassend war Deutschland 2019 in Europa der stärkste Akteur und weltweit auf dem dritten Platz und konnte insbesondere im Bereich Innovationen gut abschneiden. Wenn Innovationen zur Marktreife gebracht werden sollen, dann seien dynamische Unternehmenssektoren meist produktiver; dies sei hier der Fall. Deutschlands starke Wettbewerbsfähigkeit lasse sich durch ein stabiles makroökonomisches Umfeld und eine gesunde, gut ausgebildete und hoch qualifizierte Bevölkerung erklären. »Innovators benefit from a vibrant business sector to bring innovations to market [81.6, 2nd]. Germany's strong overall competitiveness performance is further explained by very solid fundamentals, such as a stable macroeconomic environment and a healthy, well-educated and highly-skilled population«.[11]

Weiter wird in der Studie beschrieben, dass im Zeitalter der vierten industriellen Revolution alle Volkswirtschaften die Möglichkeit haben, einen Weg zur Wettbewerbsfähigkeit zu finden. Im 20. Jahrhundert galt überwiegend, dass Länder mit geringeren Einkommen sich durch fortschreitende Industrialisierung entwickeln. Ungelernte Arbeitskräfte bildeten die Basis der Entwicklung während des größten Teils des 20. Jahrhunderts. Heute sei die Reihenfolge weniger klar. Automatisierung und später auch Robotik machen beispielsweise die Herstellung in der Industrie weniger arbeitsin-

8 Ebd.
9 Hesse: Deutschland ist Innovationsweltmeister.
10 Ebd.
11 Schwab: The Global Competitiveness Report 2018, S. 29.

tensiv. Im 21. Jahrhundert sei es durch die vierte Revolution einfacher für einkommensschwache Länder, bestimmte Bereiche zu überspringen, schreibt Klaus Schwab in seinem Abschlussbericht. Beispielsweise sei gezeigt worden, dass Informations- und Kommunikationstechnik (IKT) den Zugang zu grundlegenden Diensten erleichtert und neue Geschäftsmodelle ermöglicht. IKT und Globalisierung würden einen raschen Transfer von Ideen und Technologien ermöglichen. Außerdem seien Innovationshemmnisse verringert worden, neue Entwicklungsmöglichkeiten böten sich im Zug von IKT an.

Durch die Entwicklung von IKT, KI und Robotik werden viele innovationsgetriebene Bereiche komplexer, interdependenter und in neuen Bereichen eingesetzt, die vorher vielleicht gar keinen technischen Aspekt bedient haben. Das Know-how und die Ressourcen sind zunehmend verteilter: Spezialisierte Akteure müssen zusammenarbeiten, um künftig innovative Produkte zu schaffen und zu optimieren.

Von der vierten industriellen Revolution zu Open Innovation

Diese Käufer-Raffinesse, als ein wesentlicher Faktor für die sehr gute Innovationsfähigkeit Deutschlands, führt dazu, dass Unternehmen ständig von ihren Kunden zu Innovationen aufgefordert werden. Der Trend geht zu einer Art Open-Innovation-Prozess, bei dem die Produkte partiell zusammen mit dem Kunden entwickelt werden. Herangehensweisen wie zum Beispiel *Design-Thinking* sind fast schon ein fester Standard in solchen Prozessen geworden: *Think big* und Kunden-Feedback sollen die Idee und das Konzept festigen und eine Nutzermenge definieren. In hoch innovativen KI- und Robotik-Bereichen ist nicht immer sofort klar, wie das fertige technische Produkt auszusehen hat, es wird mit der Zeit über mehrere Iterationen an die Gegebenheiten und Anforderungen angepasst und in diese Richtung entwickelt. Ein Beispiel: Roboter sollen in Waren- und Lagerhäusern Produkte von A nach B bringen. Diese Aufgabe hängt sehr stark von den Gegebenheiten der Umgebung beim Kunden ab. Dies kann die Art der Regale, die Breite der Gänge, die Ordnung oder Unordnung sein. Die Roboter können nur dann robust funktionieren, wenn sie vor Ort weiterentwickelt werden und auf die Gegebenheiten, insbesondere auf unvorhersehbare Ereignisse, wie sie zum Beispiel insbesondere von Menschen verursacht werden, optimiert und trainiert werden. Ab einer gewissen Entwicklungsstufe mag eine Generalisierung und automatisches Lernen der Systeme möglich sein.

Durch den wachsenden Wettbewerbsdruck und den höheren Innovationsdruck werden Unternehmen gezwungen, den eigenen Innovationsprozess zu öffnen. Das Innovationspotenzial soll durch die Einbeziehung externer Akteure erhöht werden.[12] Der Open-Innovation-Ansatz bezeichnet dabei die strategische Einbeziehung externer Akteure. Eine der meist verwendeten Definitionen von Open Innovation stammt von Chesbrough und Crowther: »Die Verwendung zielgerichteter Zu- und Abflüsse von Wissen, um interne Innovationen zu beschleunigen und die Märkte für die externe Nutzung von Innovationen zu erweitern«.[13] In vielen industriellen Bereichen, die auf Innovationen abzielen oder diese benötigen, um weiter bestehen zu können und um wettbewerbsfähig zu bleiben, zeichnet sich ein Bild ab, bei dem der Entwicklungsprozess sich von geschlossenen und geheimen Innovationen weiter in Richtung offener Innovationen bewegt.

Oliver Gassmann und Ellen Enkel beschreiben, wie durch die Öffnung des Innovationsprozesses das Innovationspotenzial gesteigert werden kann. Sie analysieren die Daten von 124 überwiegend größeren und mittelständischen Unternehmen und konnten so drei Kernprozesse des Open-Innovation-Ansatzes ermitteln: 1. Outside-in-Prozess, die Integration externen Wissens oder externer Wissensträger, 2. Inside-out-Prozess, externe Kommerzialisierung von Innovationen durch das Investment in neue Geschäftsfelder außerhalb des Unternehmens und 3. Coupled-Prozess, kooperative Innovationsprozesse mit komplementären Partnern wie auch Wettbewerbern in strategischen Allianzen oder Innovationsnetzwerken. Open Innovation steht im Kontrast zur geschlossenen Innovationsstrategie. Die Grenzen zwischen einem Unternehmen und seiner Umgebung, einschließlich Kunden, Lieferanten und Wettbewerbern würden durch Anwendung offener Innovationsansätze verschwimmen und durchlässig werden. Daher sollte techno-

12 Oliver Gassmann/Ellen Enkel: Open Innovation. Die Öffnung des Innovationsprozesses erhöht das Innovationspotenzial, in: zfo 75 (2006) 3, S. 132-138.

13 Valentina Lazzarotti et al.: Open Innovation in the automotive industry. Why and How? Evidence from a multiple case study, in: International Journal of Technology Intelligence and Planning 9 (2013) 1, S. 37-56.

logisches Wissen selbst als wirtschaftliches Gut betrachtet werden.[14] Valentina Lazzarotti et al. schreiben 2013, dass die Automobilindustrie von Kosten- und Innovationsdruck der Kunden erfasst werde. Diese Aussage deckt sich noch mit dem Jahresbericht 2018 den WEF zur Wettbewerbsfähigkeit. Tatsächlich scheinen Faktoren wie Globalisierung, Technologiefusion – Fusion oder Integration verschiedener Technologien in das Endprodukt, zum Beispiel das Auto – und Technologieintensität die Unternehmen zu zwingen, nach externen Wissensquellen zu suchen. Dies zeigt sich auch auf großen Konferenzen wie zum Beispiel der internationalen Konferenz für Intelligente Roboter und Systeme 2018 – Auf dem Weg zu einer Robotik-Gesellschaft in Madrid 2018 (International Conference on Intelligent Robots and Systems, Towards a Robotic Society),[15] aber auch auf der ROSCon[16] mit Beiträgen von Firmen wie zum Beispiel Bosch,[17] die die öffentliche Forschung mit einer Reihe von Publikationen unterstützen, um Teil des Netzwerks zu sein. Durch wissenschaftliche Publikationen, Open-Source-Software und das zugrunde liegende Ökosystem werden Wissen und Ansätze mit der Gesellschaft weltweit geteilt. Dabei sind die Komplexität der heutigen Ansätze und die Anzahl an Modulen, die ein fertiges Produkt in der Robotik erfolgreich integrieren muss, in den letzten Jahren stetig gestiegen.

Von Open Innovation zu Open Source

Die Grundzüge von Open Source sind bereits zwischen den 1970er- und den 1990er-Jahren entstanden. Offiziell begründete Richard Stallman 1983 durch das GNU-Projekt und 1985 durch die Free-Software-Foundation die Freie-Software-Bewegung, deren Ziel es war, die Idee der Freien Software zu verbreiten und damit Freiheiten für die Benutzung von Software, deren Zugänglichkeit und das Recht diese zu ändern, zu kopieren und zu verteilen. Freie

14 Henry Chesbrough: Open Innovation. The New Imperative for Creating and Profiting from Technology, Boston 2003.

15 International Conference on Intelligent Robots and Systems, www.iros2018.org/.

16 ROSCon, www.roscon.ros.org/.

17 Deepfield Robotics: Agricultural Robotics with ROS at Bosch. From the internet of fields to the internet of plants, v. 2016, www.vimeo.com/187696092.

Software würde dem Fortschritt der Technologie also eher helfen als diesem zu schaden, da auf bestehende Software aufgebaut werden kann. Doch nicht alle Programmierer von Freier Software halten proprietäre lizenzierte Software für komplett unmoralisch.

Unternehmen beginnen damit, ihre Kunden nicht mehr nur als Wertempfänger zu betrachten, sondern auch sie in die Wertschöpfungskette mit einzubinden und diese als Produktiventwickler mit aktiv werden zu lassen.[18] Die Entwicklung von Open-Source-Software ist maßgeblich geworden und bildet die Grundlage für ein internationales Forschungsnetzwerk und den Wissenstransfer von Universitäten und Unternehmen sowie auch Privatpersonen. Viele Forschungsbereiche bilden nur Subsysteme, die in komplexe Gesamtsysteme integriert werden und die im Netzwerk bestehende Forschung und Technologien voraussetzen und auf diesen aufbauen. In der Open-Source-Gemeinschaft organisieren sich Nutzer_innen bzw. Entwickler_innen nicht nur in »Communities« auf Webplattformen, um gemeinschaftliche Produkte zu realisieren. Sie schaffen sich auch eine eigene Entwicklungsumgebung, Frameworks, inklusive eigener Regeln für die Gemeinschaft und die Organisation.[19] So seien Produkte wie Linux oder der Apache Web Server entwickelt worden, die inzwischen keine Angelegenheit mehr von Computerfreaks seien, sondern Massenprodukte. Damit zeige sich, dass Kunden und Nutzer nicht nur Produkt-, sondern auch Organisations- und Führungs-Know-how besäßen. Open Innovation könne auf verschiedene Arten realisiert werden, auch mit der Beteiligung von Open-Source-Software.[20] Die Ergebnisse von offenen Innovationen sind nicht auf Innovationen für Produkte beschränkt, sondern umfassen auch Prozessinnovationen wie zum Beispiel verbesserte Methoden und Anwendungen für die Softwareentwicklung. Dem Beispiel folgend, gibt es immer mehr Open-Source-Software, die von Unternehmen und Universitäten genutzt und weiterentwickelt wird. Dabei steht der Wissensaustausch im Vordergrund. Hussan Munir et al. beschreiben, wie zum Beispiel Sony Mobile Open-Source-Software nutzt und

18 Frank Piller: Von Open Source zu Open Innovation, in: Harvard Business Manager 25 (2003) 12, S. 114 f.

19 Ebd.

20 Hussan Munir et al.: Open innovation using open source tools. A case study at Sony Mobile, in: Empirical Software Engineering 23 (2018) 1, S. 186-223.

zu dieser beiträgt. Dabei wird Open-Source-Software oft in laufende Integrationsketten implementiert. Große Teile von Open-Source-Software basieren auf Versionsverwaltungsanwendungen und Umgebungen, um eine reibungslose Integration von neuen Funktionalitäten in bestehende Software zu garantieren, Fehler zu verfolgen und zu lösen. Dies ist notwendig, wenn viele Entwickler_innen zusammen und mit Projektmanager_innen an einem Produkt arbeiten und dieses umsetzen oder verbessern wollen. So ist zum Beispiel Git[21] die weitverbreitetste, meistgenutzte und modernste Versionierungsanwendung, um Software zu versionieren und Änderungen zu tracken.

GitHub oder GitLab sind Review-Systeme und Plattformen für Git, bei der die Gemeinschaft oder Community zusammen über Code-Änderungen an einer Software diskutiert, um diese schließlich zu integrieren oder abzulehnen. Sie eröffnen die Möglichkeit, alle Änderungen von einem oder mehreren Benutzern bestätigen zu lassen, bevor sie in den offiziellen Quellcode integriert werden. Oft wird ein automatischer Build-Prozess, wie ihn etwa Jenkins Server zur Verfügung stellt, verwendet. Diese Server sind in der Lage, Software auf definierte Fälle zu testen und die Software für diverse Hardware zu kompilieren, sodass diese Software direkt auf den unterstützten Hardware-Architekturen installiert werden kann und für die Ausführung bereitsteht. Diese kontinuierliche Integration ermöglicht ein hohes Maß an Dynamik im Bereich von Softwareupdates, Erneuerungen und Verbesserungen oder auch die Möglichkeit, Fehler in neuen Versionen schnellstmöglich zu beseitigen und die neuen Versionen an Nutzer zu verteilen.

Git ermöglicht und ermutigt, mehrere lokale Zweige von Software-Quellcodes zu eröffnen, die völlig unabhängig voneinander sein können. Eine parallele Entwicklung verschiedener Funktionen kann so stattfinden. Das Erstellen, Zusammenführen und Löschen dieser Entwicklungslinien dauert Sekunden. Es ermöglicht reibungslose Kontextumschaltung. Es werden neue Zweige erstellt, um Ideen auszuprobieren oder an Stellen in der Software zu experimentieren. Ein sehr verbreitetes Paradigma sind rollenbasierte Codelines. Es wird zum Beispiel ein Zweig oder »Branch« festgelegt, der immer nur den veröffentlichten Softwarequelltext eines Produkts enthält. Ein weiterer Zweig enthält die Software und Arbeiten, die in Tests eingebunden

21 Git: www.git-scm.com/about.

werden. Andere Zweige werden zur Entwicklung neuer Ideen erstellt und später gegebenenfalls mit den anderen Zweigen zusammengefügt und dann zu diesen überführt. Diese Strategie ermöglicht die sichere Integration von neuen Teilen in kritische Softwareanwendungen. So können viele Nutzer_innen weltweit und gleichzeitig an derselben Software arbeiten und über Änderungen diskutieren, diese vorschlagen, Fehler melden oder beheben. Dabei ist der ganze Prozess öffentlich einsehbar und jeder kann sich beteiligen. GitHub und GitLab ist für öffentliche Projekte kostenlos. Es gibt natürlich auch noch andere Plattformen und auch die Möglichkeit, Closed-Source auf diesen Plattformen zu entwickeln bzw. nicht alle Projekte öffentlich einsehbar zu konfigurieren. Dies ist meist kostenpflichtig.

Heutzutage basieren die meisten Open-Source-Projekte auf der Versionsverwaltung durch *Git*. Es ermöglicht die verteilte Entwicklung. Eine komplette Kopie des Quellcodes vom Server wird in lokalen Entwicklungsumgebungen weiterentwickelt, getestet und schließlich auf den Server zurückgeführt. Um Wissen und Softwareprodukte über Generationen von Mitarbeiter_innen und Forscher_innen zu erhalten, bewegt sich der Trend in Richtung automatisierter kontinuierlicher Integration von Software. Oft ist das gesamte Produkt längst zu komplex geworden, um es vollständig zu überblicken. Die systematische Zerlegung in einzelne Module und Funktionen wird angestrebt.

Längst hat sich der Markt im Sektor von Industrie 4.0 zu einem Markt von Services und Open Innovation gewandelt. Externe Module und Teilfunktionen werden in Produkte integriert, um wettbewerbsfähig zu bleiben. Gleichermaßen werden Teilfunktionen, die nicht in die Kernkompetenz oder das Kerngeschäft fallen, für die Open-Source-Gemeinschaft geöffnet und somit auf ihre freie Brauchbarkeit getestet und gegebenenfalls durch die Community weiterentwickelt. Externe Experten und Entwickler nutzen, testen und entwickeln die Produkte weiter und profitieren gleichermaßen von den Erneuerungen anderer Nutzer. Munir et al. schreiben, dass Vermögenswerte, die weder als Wettbewerbsvorteil noch als Einnahmequelle angesehen werden, den Open-Source-Gemeinschaften zugänglich gemacht werden. Dadurch werde die Organisation nach und nach offener. Der Anforderungsentwicklungsprozess gegenüber der Community sei informell und basiere auf Engagement.

Munir et al. schreiben weiter, dass die Einführung von offenen Innovationen das Ergebnis eines Paradigmenwechsels von Windows zu Linux sei.[22] Dank dieser Veränderung konnte die Open-Source-Community Jenkins und Gerrit von Sony Mobile nutzen. Generell lässt sich bei Open-Source-Software eine Neigung zu einer gesteigerten Softwarequalität erkennen.

Open Source und Open Innovation in der Robotik

In den letzten zehn Jahren hat sich weltweit ein Ökosystem der quelloffenen Forschung und Entwicklung gebildet. Mit dem Robot Operating System, dem Roboter-Betriebssystem, kurz ROS, wurde der Open-Innovation-Prozess zusammen mit dem Open-Source-Konzept umgesetzt. ROS ist ein Framework für Roboter-Software. Es ist eine Sammlung von Anwendungen, Werkzeugen, Softwarebibliotheken und Konventionen mit dem Ziel, komplexes und robustes Roboter-Verhalten für eine Vielzahl von Robotern stark zu vereinfachen.

Immer mehr Unternehmen und Forschungseinrichtungen setzen ROS ein, wie zum Beispiel Fetch Robotics, Clearpath Robotics, NASA, PAL Robotics, Yujin Robot, Intel, University of California, Oregon State University, Bosch Forschungs- und Technologiezentrum, ETH Zürich, Universität Osnabrück und viele mehr. Bevor ROS zu einem Ökosystem wurde, wurden verschiedene Frameworks für Forschungsroboter-Software entwickelt, darunter der Stanford Artificial Intelligence Robot (STAIR) und das Personal Robot (PR2)-Programm. Nach 2007 wurde Willow Garage aus dem Programm der Stanford University gegründet und lieferte erprobte Implementierungen.[23] In den letzten zehn Jahren hat sich ROS als führendes Open-Source-Roboter-Framework etabliert, das von zahlreichen Forschungsinstituten und Unternehmen auf der ganzen Welt unterstützt und genutzt wird, die durch die Entwicklung und Erweiterung des ROS-Kerns sowie einer ständig wachsenden Anzahl von ROS-Paketen einen Beitrag leisten. Die Open Source Robotics Foundation Inc. hat seit einigen Jahren die Verwaltung der ROS-Infrastruktur

22 Vgl. Munir et al.: Open innovation.

23 Morgan Quigley: ROS. An open-source Robot Operating System, in: ICRA workshop on open source software v. 2009.

übernommen und veranstaltet jedes Jahr die ROSCon-Konferenz, um den Austausch und das Netzwerk in der ganzen Welt zu fördern. Dort kommen Hunderte Forscherinnen aus der ganze Welt zusammen und stellen ihre Erfahrungen und Lösungen in Form von Software oder Problemen vor, die sie mithilfe von ROS und den vielzähligen ROS-Modulen gelöst haben. Weltweit verwenden Zehntausende Anwender_innen aus den unterschiedlichsten Bereichen ROS, um ihre Systeme und Roboter zu programmieren, von kleinen privaten Projekten bis hin zu großen industriellen intelligenten Systemen.

Robuste, allgemeingültige Roboter-Software zu programmieren und zu schreiben, ist schwer. Viele Probleme, die für Menschen einfach erscheinen, die wir Menschen tagtäglich lösen und als einfach empfinden, wie zum Beispiel Gehen, das Planen von Aktionen, das Verstehen und Analysieren von Aktionen und die Kommunikation, sind hochgradig komplex für intelligente Maschinen. Diese Probleme sind Herausforderungen, die kein Unternehmen und keine Forschungseinrichtung alleine lösen kann. Robotik greift alle Disziplinen der Informatik und anderer Naturwissenschaften auf und wird meist wiederum in fast allen Lebensbereichen eingesetzt. Des Weiteren besteht die Herausforderung, Maschinen, Fahrzeuge, Roboter, fliegende Objekte und intelligente Maschinen oder Programme umzusetzen, die sich in der echten kontinuierlichen Welt bewegen, Objekte erkennen, bewegen oder manipulieren, Wissen sammeln, lernen oder ableiten. Dieses Wissen muss für die Aufgabenplanung gezielt, zeit-, energie- und kosteneffizient eingesetzt werden, um Menschen bei der Arbeit und auch im Alltag zu unterstützen.

Als Konsequenz wurde ROS von Anfang an als kooperatives Ökosystem entwickelt, um kollaborative Entwicklung von Roboter-Software zu ermöglichen. Dabei profitieren Forschungseinrichtungen und Entwicklungsabteilungen gegenseitig voneinander. ROS stellt die nötigen Hilfsanwendungen und Systeme bereit und definiert Schnittstellen, damit die einzelnen Komponenten aus der ganzen Welt zueinander passen und modular konfiguriert werden können. Jeder mit Internetzugang kann durch viele verfügbare Tutorials lernen, wie man Roboter programmiert. Bereits für ein paar 100 Euro bekommt man einen einfachen kleinen Roboter mit Rädern. Dies ermöglicht einen kostengünstigen Einstieg in die Materie. Oft werden Roboter mit nicht intelligenten automatisierten Maschinen verwechselt; diese folgen einfach nur fest definierten Pfaden, wie zum Beispiel in einer Fertigungskette, aber können nicht auf Unvorhergesehenes reagieren oder planen. Der Übergang der beiden Kategorien ist fließend.

Außer dem rein intrinsischen Forschungsinteresse besteht ein Forschungsdruck nach neuen Lösungen, getrieben aus der Wirtschaft und deren Forschungs- und Entwicklungseinrichtungen aus den verschiedensten Bereichen. Roboter finden wir heutzutage in Bereichen wie den autonomen Fahrzeugen im Straßenverkehr oder in der Landwirtschaft, in Lagerlogistik, in Fertigungshallen, im Service und in vielen anderen Bereichen.

Open-Source-Software navigiert autonome Roboter in der Lagerlogistik

Zusammen mit dem Unternehmen Magazino GmbH wurde ein Roboter-Navigationsframework entwickelt, um auf der einen Seite mehr Flexibilität bei der Integration in komplexe Anwendungen zu bieten und auf der anderen Seite aber auch nicht von internen Kartendarstellungen abhängig zu sein. Das Navigationsframework Move Base Flex[24] (MBF) wird mittlerweile von einigen Universitäten und Unternehmen eingesetzt und auch weiter entwickelt. Neben der Universität Osnabrück wird es zum Beispiel von der University of Auckland, der University of Sydney und der University of Oxford eingesetzt, um die Forschung im Bereich von Roboternavigation voranzutreiben. Neben Magazino benutzen Robotikunternehmen wie Ruvu, Intermodalics, 6 River Systems, synapticon, Eurogroep, Brisa, iFollow[25] MBF oder haben es verwendet. Das zeigen die Daten auf der Open-Source-Plattform GitHub, auf der auch die meisten ROS-Pakete gehostet sind. Abbildung 1 zeigt das Verzweigungsnetzwerk und die Open-Source-Organisationsverzweigung einiger der genannten Unternehmen bis zum 14.5.2019. Dies verdeutlicht die beschriebenen Verzweigungsmöglichkeiten von *Git* und wie

24 Sebastian Pütz et al.: Move Base Flex. A Highly Flexible Navigation Framework for Mobile Robots, in: IEEE/RSJ International Conference on Intelligent Robots and Systems, IROS, Vortragsmanuskript, Madrid 2018.

25 Vgl. www.ruvu.nl, www.intermodalics.eu, www.6river.com, www.synapticon.com, www.eurogroep.com, www.brisa.tech, www.ifollow.fr.

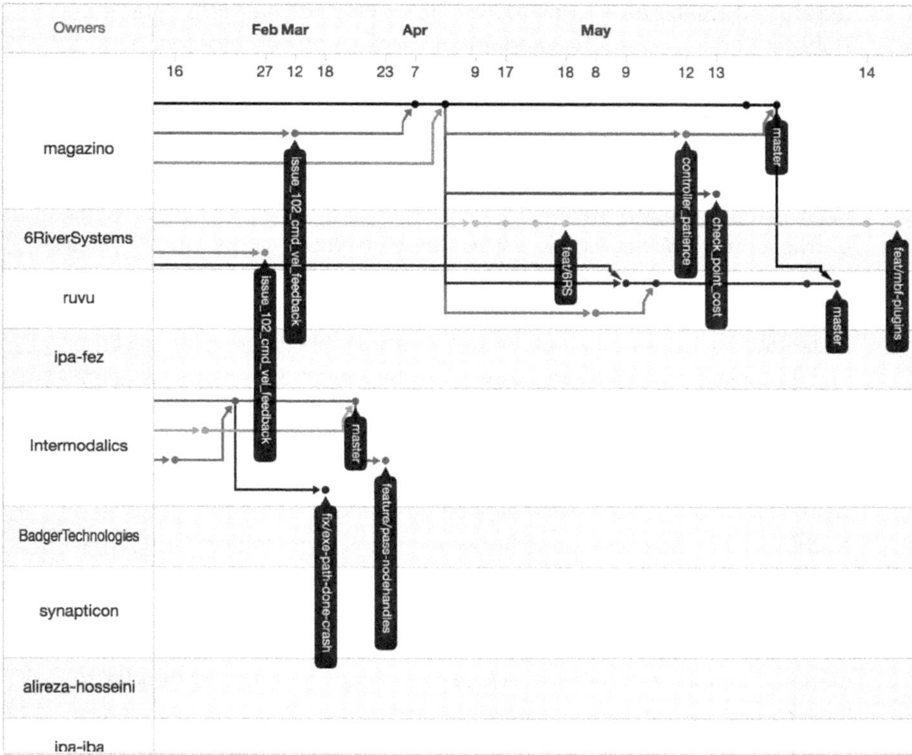

Abb. 1: Auszug aus GitHub-Netzwerkübersicht des »Move Base Flex«-Repositorys. *Quelle:* Eigene Darstellung.

verschiedene Unternehmen, aber auch Universitäten und Privatpersonen zusammen an Software arbeiten und diese in der Produktion einsetzen.

Welche flexiblen Einsatzszenarien die Software ermöglicht, wird exemplarisch in einem zu dem »Move Base Flex«-Paper korrespondierenden Video[26] gezeigt. MBF ist nur eine von vielen Open-Source-ROS-Paketsammlungen, die in der Forschung und Entwicklung von Universitäten und Unternehmen

26 Wissensbasierte Systeme (Hg.): Move Base Flex – Flexible Navigation Examples Using a Behaviour Tree with Magazino's Toru Robots, www.youtu.be/Pgn3UnPxmUU.

bereits eingesetzt oder auch aktiv weiterentwickelt werden. Gerade der Robotik-Bereich erfordert Paradigmenwechsel von geschlossenen hin zu offenen Innovationen, um komplexe Anwendungen überhaupt zu ermöglichen und auf bestehende Forschung aufzubauen. Move Base Flex ist praktisch ein Nachfolger von Move Base, dem Navigationsframework, das vor gut zehn Jahren im Silicon Valley von Willow Garage entwickelt wurde. Es ist nicht einfach, nachhaltige Software zu produzieren, die mit der Zeit immer weiterentwickelt wird. Wenn eine kritische Masse an Nutzer_innen und Entwickler_innen, die zu dem Projekt beitragen, erreicht wurde, ist es einfacher, den Aktualitätsprozess am Laufen zu halten. Neben der Funktion sind die Modularität und auch die Flexibilität der Software ausschlaggebend für den Erhalt und das Bestehen in der Open-Source-Gemeinschaft. Sogenannte »Maintainer« sind die Schirmherren der jeweiligen Software oder des jeweiligen Softwarepakets. Wechseln diese Maintainer jedoch von der Universität in die Wirtschaft oder haben sie aus anderen Gründen andere Prioritäten, neigen viele Projekte dazu, nicht weiter gepflegt zu werden, sodass zum Beispiel von Nutzer_innen vorgeschlagene Änderungen ins Leere laufen. Um den Anwendungsraum von MBF möglichst groß zu halten, basiert MBF auf einem abstrakten Softwarekern, der es ermöglichen soll, neue zugrunde liegende Kartendarstellungen, in der die Roboter-Software Fahrplanung und Routenplanung betreibt, schnell hinzuzufügen. So können weitere Kartendarstellungen in die Paketstruktur von MBF integriert werden. Roboteranwendungen, die die flexiblen Navigationsschnittstellen einbinden, tauschen letztendlich nur den Navigationskern, nämlich die Anbindung an die Kartendarstellung, aus. Wissenschaftlich gesehen macht dies Kartendarstellungen in Hinblick auf Fahrplanung vergleichbar. Insbesondere können sich Forscher_innen so zum Beispiel auf den Bereich der Fahrplanung oder die Bewegungsregelung konzentrieren, ohne das jeweilige zugrunde liegende Setup zu implementieren. Sie bauen damit auf bestehende Funktionalität auf.

Open-Source-Software für Agraranwendungen

Ein wichtiges Beispiel für die Entwicklungseffekte von Open Source für Innovationspotenziale in den Entwicklungs- und Schwellenländern, wie die Länder des globalen Südens, zeigt sich in der Open-Source-Software für Agraranwendungen. Schätzungen zufolge wird die Weltbevölkerung bis 2050 von rund 7 Milliarden auf über 9,8 Milliarden ansteigen. Das steht in einem Synthesebericht des World Resources Institute, veröffentlicht im Dezember 2018.[27] Das hat zur Konsequenz, dass wir mehr Nahrung brauchen werden.

Neben ROS gibt es weitere Open-Source-Projekte, die gewaltig an Popularität gewinnen und sich auch mit Agrarrobotern befassen. Eines davon ist FarmBot, ein Open-Source-Präzisionslandwirtschaftsprojekt. Es besteht aus einer Roboter-Landwirtschaftsmaschine, die sich in einem kartesischen Koordinatensystem über einem Beet bewegt, zusammen mit Software und Dokumentation einschließlich eines Datenbestands für die Landwirtschaft. Das Projekt zielt darauf ab, »eine offene und zugängliche Technologie zu schaffen, die jedem hilft, Nahrung anzubauen«.[28]

Abb. 2: FarmBot in Ruheposition am Tag. FarmBot Genesis with solar panel, battery and compost bin. *Quelle:* www.farmbot.io, CC BY 4.0.

Abb. 3: FarmBot bei Nacht am Wässern des Beets mit Beleuchtung. FarmBot Genesis Lights at night. *Quelle:* www.farmbot.io; CC BY 4.0.

FarmBot ist ein Open-Source-Projekt, das Änderungen und Ergänzungen von Hardware, Software und Dokumentation durch Nutzer_innen ermöglicht,

27 World Resources Report 2018: Creating a sustainable Food Future. A Menu of Solutions to Feed Nearly 10 Billion People by 2050, Synthesis Report December 2018, www.wriorg.s3.amazonaws.com/s3fs-public/creating-sustainable-food-future_2.pdf.

28 Rory Aronson: Project Details For FarmBot – Open-Source CNC Farming, v. 2014, www.hackaday.io/project/2552-farmbot-open-source-cnc-farming/details.

wie es für die beschrieben Open-Source-Gemeinschaft allgemein gilt. Im Haushalt können Nutzer_innen nach erfolgreicher Installation der Hard- und Software vom individuellen Säen bis zum gezielten Bewässern der einzelnen Pflanzen ein Beet halb autonom bestellen lassen. Dadurch, dass FarmBot ein Open-Source-Projekt ist, wird dies stetig weiterentwickelt. Entwickler und Entwicklerinnen bringen neue Ideen und erweitern das Projekt mit der Zeit. FarmBot ist exemplarisch in Abbildung 2 und Abbildung 3 dargestellt.

Um die Weltbevölkerung 2050 zu ernähren, müssen die Farmen der Welt die Produktion um etwa 56 % gegenüber 2010 steigern, so der Bericht aus 2018 des World Resources Institute. Das ist eine große Herausforderung. Eine Möglichkeit, unseren Herausforderungen in der Landwirtschaft zu begegnen, sind Verfahren, die als Präzisionslandwirtschaft bezeichnet werden, kombiniert mit ökologischeren und nachhaltigeren Anbauweisen.

Um präzise robotergesteuerte Agraranwendungen zu ermöglichen, die sich in beliebigen freien Umgebungen befinden, ist eine Analyse in solchen Gebieten unabdingbar. Dabei können 3D-Hyperspektralpunktwolken und semantische Karten den Weg in die Zukunft für moderne, hoch präzise Agraranwendungen weisen. Die Informationstechnik in der heutigen Agrarwirtschaft ist bereits gut entwickelt. Autonome und intelligente Landmaschinen fahren schon heutzutage räumlich und zeitlich hoch präzise Szenarien. Um die Agrarproduktion langfristig ökonomisch und ökologisch zu optimieren, ist Nachhaltigkeit in der Bodennutzung ein wichtiges Ziel der Agrarwirtschaft.[29] Zeitliche und räumliche Modellierung des Pflanzenbestands und des Bodens bilden die Basis, um diese Optimierung mit IKT zu unterstützen. Dieser Forschungs- und Anwendungsbereich ist international als »Smart Farming« bekannt. Zur Ableitung von Pflanzen- und Bodenparametern in der Landwirtschaft werden bereits Hyperspektraldaten herangezogen. Die Fernerkundung definiert dabei »Hyperspektral« als ein Sensorsystem, das ein Spektrum aufnehmen kann, bei dem die Wellenlängen des einfallenden Lichts eng beieinanderliegen. Menschen können nur in multispektraler Weise sehen. Sie sehen nur eine Verteilung der Wellenlängen, die wir den Farben Rot, Grün

29 Martin Kanning et al.: 3D-Hyperspektralpunktwolken und semantische Karten für präzise Agraranwendungen, in: Deutscher Kongress für Geographie, Vortragsmanuskript, Tübingen 2017.

und Blau zuordnen. Hyperspektralsysteme nehmen hingegen eine Vielzahl von Kanälen gleichzeitig auf. Das reflektierte Licht wird beispielsweise durch ein Prisma gebrochen und auf dem Detektor gestreut und so in verschiedene Wellenlängen aufgeteilt. Das für Menschen sichtbare Licht hat eine Wellenlänge im Bereich zwischen 380 nm und 780 nm. Zusätzlich zum Vorteil von Hyper- zu Multispektral decken Hyperspektralkameras je nach Ausführung und Kamera einen Bereich zwischen zum Beispiel 400 nm und 1000 nm ab. Aus dieser Vielzahl an Informationen, die wir Menschen nicht mit dem Auge wahrnehmen können, kann Wissen abgleitet werden. Detaillierte Hyperspektraldaten liefern die Grundlage, um zum Beispiel Aussagen über die Gesundheit einer Pflanze zu machen sowie beispielsweise Ableitungen über das reflektierende Material zu generieren. Lern- und Klassifikationsalgorithmen der KI dienen dabei als Tools, um die gewonnenen Hyperspektraldaten auszuwerten. Die Auswertung sowie die hoch präzise Aufnahme dieser Daten bilden einen wichtigen Bereich aktueller Forschung.

Abb. 4: Mobiler Roboter Pluto, ausgestattet mit einem hochauflösenden Laserscanner und einer Hyperspektralkamera. *Quelle:* Eigene Darstellung.

Der drohnengestützte und terrestrische Einsatz aktueller Hyperspektraltechnik ermöglicht eine noch genauere Erfassung spektral hoch aufgelöster Daten zur Ableitung relevanter Parameter. In der Forschung werden am Boden hoch präzise 3D-Laserscanner verwendet, um räumliche Modelle der Umgebung in 3D zu erstellen. Im Agrarbereich repräsentieren diese Modelle räumliche Strukturen. Im Großen können sowohl Kuppen, Senken, Feldgrenzen erkannt werden als auch Fahr- und Drillspuren im Kleinen.

Terrestrische Hyperspektral- und 3D-Daten können miteinander kombiniert werden, um für Agraranwendungen ein umfassendes, hoch aufgelöstes Modell einer landwirtschaftlichen Umgebung zu erstellen. Ein mobiler Roboter (→ Abb. 4) am Boden in kurzer Entfernung zum Pflanzenbestand und zum Boden kann dabei zeitlich und räumlich hoch aufgelösten Daten sammeln. Die aufgenommenen Laserscan- und Hyperspektraldaten beider Sensoren werden zueinander registriert, sodass eine Hyperspektralpunktwolke entsteht.[30] Räumlich verteilte Hyperspektralpunktwolken werden inkrementell registriert und konsistent zu einem globalen Modell zusammengefügt. Das Resultat ist eine 3D-Hyperspektralpunktwolke der kompletten Fläche, siehe Videos: Hyperspectral Point Cloud[31].

Die Videos zeigen eine Projektion einer hyperspektralen Punktwolke, aufgenommen im Botanischen Garten in Osnabrück, die mittels bestimmter Wellenlängen eingefärbt wurde. Erst ist die Szene in RGB-Farben dargestellt und später im NDVI-Farbschema (Normalized Difference Vegetation Index). Gelbe und rote Farben codieren Pflanzen, während der Weg und vegetationsfreie Bereiche durch Magenta identifiziert werden können.

Eine Hyperspektralpunktwolke ist Grundlage für eine semantische Karte, die semantische Kategorien an korrespondierende geometrische und hyperspektrale Daten bindet und räumliche und semantische Abfragen erlaubt. Die Daten werden von der Roboterplattform automatisch räumlich und georeferenziert aufgenommen und in der semantischen Karte persistent hinterlegt. Semantische Karten können genutzt werden, um gezielt Wissen

30 Felix Igelbrink et al.: Markerless Ad-hoc Calibration of a Hyperspectral Camera and a 3D Laser Scanner, in: Intelligent Autonomous Systems 15, hg. v. Marcus Strand et al., Cham 2018, S. 748-759.

31 Wissensbasierte Systeme (Hg.): Hyperspectral Point Cloud – Botanical Garden, www.youtu.be/EKZcJWdEYho; www.youtu.be/VXQKwCdfH9g.

abzuleiten und mit diesem Wissen zu planen, um hoch präzise ökologische und ökonomische Agraranwendungen der Zukunft zu realisieren. Zur Visualisierung und Einbindung dieser Daten in ROS wurde weitere Open-Source-Werkzeuge implementiert und veröffentlicht.[32]

Organisationen und Gesellschaft im Wandel

Der Prozess der Entwicklung von offenen Innovationen hat gerade erst begonnen und ist noch lange nicht in alle Bereiche vorgedrungen. Immer noch ist in vielen Bereichen unklar, wie der Open-Innovation-Ansatz in die bestehenden Organisationsstrukturen eingebunden werden kann. Doch es gibt auch Gegenbeispiele wie zum Beispiel Bosch: Bosch hat zwei Unternehmen mit dem Open Bosch Award ausgezeichnet. Hier wird die Zusammenarbeit von Start-ups mit Bosch in Open-Innovation-Projekten ausgezeichnet.[33] Es lässt sich dabei ein Paradigmenwechsel erkennen. Darüber hinaus gibt es Wettbewerbe, wie zum Beispiel Hackathons, Hackdays oder Innovationswettbewerbe, um neue Ideen und die Kreativität möglichst vieler externer Personen zu nutzen.

Durch das Internet of Things (IoT) eröffnen sich neue Möglichkeiten, um noch modularere Produkte zu realisieren. Viele neue Anwendungen nutzen Cloudservices, basieren auf diesen oder greifen auf API-Schnittstellen zu, um existierende Dienste zu nutzen. Das Internet der Dinge beschreibt ein globales Netz der Informationsgesellschaft, in dem Geräte (physische Gegenstände) mit Services und Anwendungen (virtuellen Gegenständen) vernetzt werden können. Diese fungieren dann als eine Einheit und können sich so ergänzen, um die Interaktion mit dem Menschen und mit anderen Systemen im IoT zu ermöglichen. Das IoT ist neben KI und Robotik eines der gern ge-

32 Sebastian Pütz et al.: Tools for Visualizing, Annotating and Storing Triangle Meshes in ROS and Rviz, conference paper, in: Proceedings 2019. European Conference on Mobile Robots (ECMR-2019), Prag 2019; siehe auch www.github.com/uos/mesh_tools.

33 Trix Boehne: Bosch prämiert Open-Innovation-Projekte von Start-ups mit Bosch. Open Bosch Award für Code Intelligence und Hesai Photonics Technology, www.bosch-presse.de/pressportal/de/de/bosch-praemiert-open-innovation-projekte-von-start-ups-mit-bosch-190400.html.

nutzten Schlagwörter, die mit der vierten industriellen Revolution einhergehen.

Gesellschaftlich ist die aktuelle Entwicklung im Rahmen der zunehmenden Digitalisierung sicherlich mit Vorsicht zu betrachten. So seien gegenwärtig knapp 80 % der über 14-Jährigen in Deutschland online und die Hälfte aller Beschäftigten würden das Internet bei der Arbeit nutzen, schreibt Christian Papsdorf über das Thema Arbeit und Internet.[34] Im Durchschnitt erhielten Beschäftigte 18 E-Mails am Tag. Diese Zahl zeige, wie hoch bereits die tägliche Nutzung des Internets in der Gesellschaft sei, dennoch fehle es an Konzepten und Untersuchungen zur Nutzung. Der Zusammenhang von Arbeit und Internet sei bisher lediglich punktuell erforscht worden.

Die rasante Entwicklung in Richtung vernetzter Systeme und einer weiter zunehmenden digitalisierten Gesellschaft ist wohl nicht aufzuhalten, unabhängig von der Frage, ob dies sinnvoll ist.

> »Die Dynamik dieses Mitmachnetzes nutzten auch viele Unternehmen, indem bisher unternehmensinterne Leistungen im Rahmen von Wettbewerben, Partizipations- und Demokratisierungsinitiativen oder Open Innovation an die User des Internets ausgelagert wurden. Die wichtigsten Ziele einer solchen Internetnutzung sind auf der einen Seite Kostenersparnis, verbesserte Kundenakquise und -bindung sowie auf der anderen Seite der Zugang zu bisher schwer oder nicht erreichbaren Arbeitskraft- und Wissenspotenzialen. Damit gewinnen die Merkmale der Offenheit, Plattformhaftigkeit und User-Partizipation im Rahmen von Internetkommunikation auch für die gesellschaftliche Arbeit stark an Bedeutung.«[35]

Da Forschung – insbesondere in der Robotik und KI – immer komplexer wird, ist es unabdingbar, gemeinsame Grundlagen zu schaffen, in denen Unternehmen und Universitäten untereinander und miteinander zusammenarbeiten, um die Probleme der Weltgemeinschaft zu lösen. Allein der Fakt, dass man auf bestehenden offenen Lösungen aufbauen kann, spart viel Zeit,

---

34 Christian Papsdorf: Arbeit und Internet, in: Handbuch Arbeitssoziologie, hg. v. Fritz Böhle/G. Günther Voß/Günther Wachtler, Wiesbaden 2018, S. 401-434.

35 Ebd.

welche wiederum in Lösungen, Erneuerungen und Erweiterungen fließen kann. Offene Quellen untermauern zudem publizierte wissenschaftliche Ergebnisse, die sich viel besser reproduzieren, überprüfen und vergleichen lassen. Zusätzlich können komplexe Projekte nicht nur von profitorientierten Unternehmen getragen werden. Offene Quellen ermöglichen den leichten Zugang zu freier Software und Algorithmen.

IKT und Globalisierung tragen maßgeblich zu einem raschen Transfer von Ideen und Technologien bei. Außerdem werden Innovationshemmnisse verringert und neue Entwicklungsmöglichkeiten bieten sich im Zuge von IKT an, wie es im »The Global Competitiveness Report 2018«[36] beschrieben wird. Letztlich steigt das Innovationspotenzial durch Open Source und Open Innovation auch für budgetschwache Organisationen, wie zum Beispiel kleinen NGOs. Insbesondere in der Robotik und KI stehen viele Tools und Module zur freien Verwendung bereit und können in Anwendungen integriert werden, um schnell neue Prototypen zu bauen und Ideen zu testen. Mit der richtigen Motivation können so bereits kostengünstig Soft- und teilweise Hardwareprototypen entwickelt werden, um Lösungen für Aspekte globaler Herausforderungen zu finden. Beispielsweise lassen sich relativ schnell neue Ansätze für eine nachhaltige und ökologische Landwirtschaft sowohl im kleinen als auch im großen Maßstab finden. Dies sollte natürlich politisch gewollt und unterstützt werden.

36 Schwab: The Global Competitiveness Report 2018.

Philipp von Wussow

Staatliche Rekrutierungsstrategien für den Cyberkrieg

Personal bildet im Bereich der IT-Sicherheit die größte und am schwersten nachhaltig zu schließende Sicherheitslücke. Typische Beispiele sind Mitarbeiter, die auf telefonische Anweisung hin große Summen auf fremde Konten verschieben (ein typischer Scam), auf einen Spam-Link klicken, ihre Hochsicherheits-E-Mails an die private E-Mail-Adresse weiterleiten oder ihr Hochsicherheitsnotebook mit nach Hause nehmen und dort (am besten über WLAN) damit surfen – so soll das Stuxnet-Virus in die iranische Atomanlage in Natanz gelangt sein. Vieles lässt sich in der Arbeitswelt über Schulungen und schärfere Regelungen verbessern. Die Förderung von *cyber awareness* wird damit zum wichtigen Bestandteil von Digitalisierungsstrategien. Doch viele solcher Nachlässigkeiten werden erst über Haftungsfragen zu ändern sein, das heißt, wenn es teuer wird. Vorstöße vonseiten der Politik hinsichtlich gesetzlicher Verpflichtungen zu Sicherheitsupdates etwa waren bislang nicht erfolgreich.

Debatten über Digitalisierung und die veränderten Anforderungen bei Arbeitnehmern werden schnell endlos. Ein anderes Bild ergibt sich, wenn wir das Thema an einem Kernstück der Digitalisierung, der Cyberabwehr, konkretisieren und dabei vor allem die staatliche (militärische) Cyberabwehr und ihr komplexes Wechselverhältnis mit dem privaten Sektor in den Blick nehmen. Eine der vordringlichsten Aufgaben in diesem Bereich ist, den allgegenwärtigen und in vielerlei Hinsicht alltäglichen Cyberkrieg so weit einzuhegen, dass daraus keine größeren Kriege entstehen. Dabei sind anfängliche Vorstellungen von einer starken (völker-)rechtlichen Regulierbarkeit einem tieferen Verständnis von weichen Faktoren der Einhegung gewichen, zu denen auch ethische Perspektiven gehören.[1]

Der folgende Beitrag geht davon aus, dass Perspektiven zur Begrenzung des Cyberkriegs aus den Cyberpraktiken selbst hervorgehen müssen, anstatt von außen aufgestülpt zu werden. Eine Spur hierzu bieten Fragen des Arbeitens im Cyberkrieg. Der Beitrag wird im ersten Teil einige Grundlagen zur Geschichte und Gegenwart von Cyberkriegen erläutern, um festzustellen, wovon bei »Cyberkrieg« überhaupt die Rede ist. Dies ist dem Umstand geschuldet, dass die großen Schemata der Regulierung und Einhegung oft auf unplausiblen Annahmen über Cybergefahren basieren. Im zweiten Teil sollen einige Probleme des Arbeitens im Cyberkrieg (Rekrutierung, Organisation) diskutiert werden. Dabei sollen durch einen kleinen Ländervergleich die unterschiedlichen Cybersicherheitskulturen in Deutschland, den USA, China und Israel beleuchtet werden.

Cyberkrieg: Geschichte und Gegenwart

Die Diskussion zu »Cyberkriegen« befindet sich gegenwärtig in einer Art Vakuum: Die große öffentliche Aufmerksamkeit hat sich bereits anderen Themen gewidmet, während das reale Ausmaß der Gefahr für die meisten Menschen nur schwer einzuschätzen ist. Während sich immer noch viele Ängste und Faszinationen an das Thema knüpfen, weiß kaum jemand so recht, was damit eigentlich gemeint ist und war.

Die intensive öffentliche Debatte hatte bereits um 2009/2010 ihren Höhepunkt erreicht, als mit den ersten staatlichen oder staatlich geförderten

1 Vgl. Philipp von Wussow: »Cyberkrieg«. Geschichte und Gegenwart eines umkämpften Begriffs, in: Ethik und Militär 1 (2019), S. 11-17.

Cyberangriffen die Gefahren und Möglichkeiten der neuen Technologie erstmals großflächig demonstriert worden waren. Einschneidende Ereignisse waren die russischen Angriffe auf Estland 2007 und Georgien 2008, der israelische Angriff auf einen syrischen Nuklearreaktor im Jahre 2007, der durch einen Cyberangriff unterstützt wurde, sowie der amerikanisch-israelische Angriff auf die iranische Atomanlage in Natanz im Jahr 2010, der unter dem Namen Stuxnet bekannt wurde. Für einen Moment schienen »Cyberkriege« in der kollektiven Imagination westlicher Bevölkerungen die nächste große Bedrohung der Menschheit zu sein. Dabei wurden Vorstellungen aus der Zeit des Kalten Kriegs von einer bevorstehenden atomaren Auslöschung der Menschheit reaktiviert.

Inzwischen ist in der wissenschaftlichen Debatte, die zuvor teilweise apokalyptische Züge besaß, eine gewisse Ernüchterung eingekehrt. Diese geht von dem Umstand aus, dass ein wirklicher, großflächiger Cyberkrieg mit massenhaft zivilen Opfern trotz aller technischen Möglichkeiten bislang nicht stattgefunden hat und ein solches Stattfinden zunehmend unplausibel wird. Der einzige Cyberangriff, den man mit gutem Grund als Cyberkrieg im engeren Sinn bezeichnen kann, ist Stuxnet. Dieser Angriff produzierte jedoch keine Opfer und minimierte aller Wahrscheinlichkeit nach die Schäden gegenüber einem »kinetischen« (Bomben-)Angriff. Das große Szenario von Cyberangriffen dagegen waren Angriffe auf sogenannte kritische Infrastrukturen wie Energieversorgung, Verkehr etc. – und solche Angriffe haben nie ernsthaften Schaden angerichtet.[2]

Zugleich gibt es heute eine Vielzahl von alltäglichen Cyberattacken im Bereich von Kriminalität und Spionage, von denen die meisten routinemäßig abgewehrt werden können. Das nahezu gänzliche Ausbleiben großer Cyberkriege bei gleichzeitiger Allgegenwart von Cyberkriminalität und Cyberspionage beschreibt einen neuen Normalzustand im Grenzbereich zwischen Krieg und Frieden, der auf eine etwas unklare, aber prinzipiell nicht unplausible Weise als Cyberkrieg bezeichnet wird. Dieser Zustand lässt sich am besten mit einem Zitat von Raymond Aron aus der Zeit des Kalten Kriegs beschreiben: »Krieg unwahrscheinlich, Frieden unmöglich.«[3]

---

2 Vgl. James Andrew Lewis: Rethinking Cybersecurity. Strategy, Mass Effect, and States, *CSIS Technology Policy Program*, 9.1.2018, www.csis.org/analysis/rethinking-cybersecurity.

In diesem Zusammenhang werden indes drei Begriffe von Cyberkrieg miteinander verknüpft. Erstens und im vollen Sinn des Worts handelt es sich beim Cyberkrieg um einen Krieg zwischen zwei souveränen Staaten (oder protostaatlichen Organisationen), der wesentlich mit Cybermitteln, also weitgehend nichtkinetisch geführt wird. In der kollektiven Imagination ist diese Art von Krieg etwas unglücklich mit dem »Krieg der Sterne« verknüpft, verursacht durch eine semantische Kopplung von »Cyberspace« und Weltraum (*space* bzw. *outer space*).[4] Einschlägige Topoi der gegenwärtigen Diskussion wie Krieg per Mausklick, die Verknüpfung mit der Problematik von Kampfdrohnen (*targeted killing*) – so, als ob diese Drohnen eigentlich den Krieg führen würden – sowie die Überlagerung mit autonomen Waffensystemen (Maschinen, die automatisch töten) verweisen auf einen breiten Imaginationsraum von »Cyberkriegen«. Gegenüber diesen Cyberimaginationen besteht eine wesentliche Aufgabe darin, die realen Gefahren präziser zu bestimmen. Im Gegensatz zu Cyberkriminalität und Cyberspionage hat es Cyberkriege *in diesem Sinne* bislang nicht gegeben und es gibt keine Anzeichen, dass es sie in naher Zukunft geben wird. Wenn es sie je gegeben haben sollte, werden sie eher zu einer Verringerung von Zerstörung und Gewalt beitragen – ein Szenario, das von Anfang an zur ernsthaften Diskussion um zukünftige Cyberkriege gehörte.[5]

Zweitens wird oft von Cyberkrieg gesprochen, wo begrenzte Cyberangriffe als Vorbereitung oder Begleitung eines sogenannten kinetischen Kriegs vorgenommen werden.[6] Ein Beispiel für dieses Szenario ist der israelische

3 Raymond Aron: Die letzten Jahre des Jahrhunderts, Stuttgart 1986, S. 184.

4 Vgl. dazu auch Tim Stevens: Cyber Security and the Politics of Time, Cambridge 2016.

5 John Arquilla/David Ronfeldt: Cyberwar is Coming!, in: Comparative Strategy 12 (1993) 1, S. 141-165, Nachdruck in: In Athena's Camp. Preparing for Conflict in the Information Age, hg. v. John Arquilla/David Ronfeldt, RAND Corporation 1997, S. 23-60; Thomas Rid: Mythos Cyberwar, Hamburg 2018.

6 »Kinetic warfare« ist ein Neologismus, der sich erst aus dem Gegensatz zu »cyber warfare« ergibt. Timothy Noah spricht in diesem Zusammenhang von einem Retronym, das eine bis dato nicht notwendige Unterscheidung einführt, ähnlich wie »akustische Gitarre«, »Zwei-Eltern-Familie« oder »Offline-Publikation«. Vgl. Timothy Noah: Birth of a Washington Word. When War gets »Kinetic«, Slate v. 20.11.2002, www.slate.com/news-and-politics/2002/11/kinetic-warfare.html. »Kinetisch« bezeichnet Bewegung im Unterschied zu Ruhe und Aktivität im Unterschied zu Passivität, enthält aber auch das physische Moment im Unterschied zu »virtuellen« Angriffen.

Cyberangriff auf die syrische Flugabwehr, die den Luftangriff auf den Nuklearreaktor al-Kibar nahe der syrischen Stadt Deir ez-Zor am 5./6. September 2007 flankierte. Auch hier führte der Cyberangriff zu einer Verringerung von physischer Zerstörung, denn es mussten nicht die Flugabwehrradarsysteme bombardiert, sondern nur temporär die Kontrollsysteme außer Gefecht gesetzt werden. Inzwischen ist Cybertechnologie tief in eine Vielzahl von Waffensystemen integriert. Kriege der Zukunft werden damit in hohem Maße *auch* Cyberelemente enthalten; doch es ist zumindest terminologisch unpräzise, in diesem Zusammenhang überhaupt von Cyberkrieg zu sprechen.

Drittens wird die Allgegenwart von Cyberkriminalität und Cyberspionage (die jederzeit in einen vollen Krieg übergehen könnte, aber nicht tatsächlich in einen solchen Krieg übergeht) als eine neue Art von Krieg beschrieben, die den permanenten Ausnahmezustand zum neuen Normalzustand macht. Es handelt sich hier um Krieg nicht im engeren Sinn, sondern im Sinne des Hobbes'schen Naturzustands, des Kampfes aller gegen alle.[7] Die strategische Bedrohung durch Cyberkriege sorgt für eine Permanenz des Kriegs im Frieden. Dieser dritte Begriff ist der eigentlich entscheidende für das Verständnis von Cyberkrieg. Denn er erklärt, weshalb es jenen großen Cyberweltkrieg oder dergleichen nicht gegeben hat und vermutlich auch nicht geben wird, während wir uns doch gewissermaßen mitten im Krieg befinden. Hier gibt es offensichtlich eine Parallele zum Kalten Krieg, als die atomare Auslöschung der Menschheit jederzeit möglich schien, aber es kaum eine strategische Plausibilität gab, für einen atomaren Angriff das Risiko eines atomaren Gegenangriffs und damit die Möglichkeit der Selbstauslöschung in Kauf zu nehmen. Cyberkriege haben somit dem Prinzip der strategischen Abschreckung eine unerwartete Wiederkehr beschert – ein Umstand, der etwa erklärt, weshalb die USA und China noch nicht in einen *richtigen* Cyberkrieg eingetreten sind, obwohl sie sich in einem Cyberdauerkonflikt befinden und alle Vorkehrungen für eine mögliche Eskalation getroffen haben.[8] Cyberkriegsähnliche Angrif-

---

7 Vgl. George Lucas: Ethics and Cyber Warfare. The Quest for Responsible Security in the Age of Digital Warfare, New York 2017, S. 9.

8 Diese Frage, ob das Prinzip der strategischen Abschreckung für Cyberkriege überhaupt gilt, ist in der Forschung hoch umstritten. Bezweifelt wird insbesondere, ob Cyberangriffe ein Abschreckungspotenzial im Sinne der *mutually assured destruction* besitzen oder lediglich *mutually assured disruption* aufbieten können. Man darf sich hier jedoch nicht zu stark von

fe bleiben typischerweise unterhalb der Schwelle zum vollen Krieg. Ausnahmen bilden äußerst schwache Gegner wie Estland, Georgien oder die Ukraine, die allesamt wenig gegen russische Angriffe aufbieten konnten; hier handelt es sich jedoch weitgehend um DDoS-Attacken, die lediglich temporär die Server lahmlegen und keine nennenswerte Zerstörung verursachen.[9]

Die wichtigste Folgerung aus diesem Befund lautet für einen Staat wie Deutschland, dass er die Kapazitäten erhöhen muss. Neben dem mühseligen Aufbau einer funktionierenden Cyberabwehr gilt es zu sehen, wo der Gegner verwundbar ist, ihm gegebenenfalls diese Verwundbarkeit zu demonstrieren und somit einen möglichen Angriff von vornherein unattraktiv erscheinen zu lassen. Stets geht es darum, die Risikokalkulation potenzieller Angreifer zu beeinflussen – ein Vorgehen, das über die klassische Abschreckung bereits hinausgeht. Strategisch lässt sich dieses Vorgehen am besten als »game of chicken« beschreiben[10] – ein notorisch schwer zu übersetzender Ausdruck, der im Deutschen als Feiglingsspiel geläufig ist (hier fahren zwei Autos aufeinander zu, bis einer ausweicht; die Frage ist, wer zuerst ausweicht). Bei den schwelenden Cyberkonflikten etwa zwischen den USA und Russland geht es darum, wer zuerst zurückzieht, und eine vordringliche strategische Aufgabe der USA besteht darin, die russische Annahme, dass es die USA sein werden, in Zweifel zu ziehen. Ähnliches gilt etwa für den schwelenden Iran-Konflikt. Diese neue Art von Konflikt unterhalb der Schwelle zum Krieg wird gewissermaßen erst durch die Cyberangriffskapazitäten geschaffen, die den Staaten neue Möglichkeiten der Manipulation, des Zwangs und potenziell

der Analogie zur atomaren Abschreckung leiten lassen: Cyberwaffen besitzen genügend Eskalationsmöglichkeiten, die bereits in Friedenszeiten angelegt sind. Die USA, Russland und China haben alle notwendigen Tools bereits in den Systemen abgelegt und können sie jederzeit aktivieren. Einmal aktiviert, können diese Tools viel Schaden anrichten, auch wenn dieser Schaden nicht mit dem Ausmaß an möglicher atomarer Zerstörung vergleichbar ist.

9 Distributed-Denial-of-Service-Attacken überfluten die angegriffenen Server mit Anfragen und sorgen so dafür, dass sie ihren Dienst nicht ausführen können (*denial of service*). Beispiele sind etwa die oben erwähnten russischen Angriffe auf Estland 2007 und Georgien 2008.

10 James Andrew Lewis: Cyber Threats to Our Nation's Critical Infrastructure. Statement Before the Senate Judiciary Committee, Subcommittee on Crime and Terrorism, in: CSIS-Online v. 21.8.2018, www.csis.org/analysis/cyber-threats-our-nations-critical-infrastructure (abgerufen am 15.7.2019).

des Angriffs geben.[11] Gerade Russland nutzt diese Möglichkeiten virtuos und dabei ist zunehmend auch Deutschland das Spielfeld.

Bei diesem Spiel ist Deutschland schlecht aufgestellt: Niemand glaubt, dass Deutschland ein gefährlicher Player ist. Dies betrifft nicht nur die digitale Infrastruktur, die zwar nicht gut, aber auch nicht übermäßig schlecht ist. Typische Probleme bei der Cyberabwehr treten vielmehr in der Zusammenarbeit zwischen verschiedenen Stellen auf, die sich aus dem Föderalismus ergeben, sowie beim strategischen Aufbau einer Cybersicherheitsarchitektur. In jedem Fall sieht Deutschland sich genötigt, Kapazitäten aufzubauen, und hierfür ist in erster Linie Personal erforderlich. Die Stellen sind jedoch kaum zu besetzen. Und selbst wenn ausreichend qualifiziertes Personal zur Verfügung stünde, würde viel Arbeitskraft in einer suboptimalen Organisationsstruktur verloren gehen. In jedem Fall ist Arbeit ein wichtiger und bislang vernachlässigter Aspekt des Aufbaus einer staatlichen Cyberabwehr.

Arbeiten im Cyberkrieg

Cybersicherheit unter dem Aspekt der Arbeit zu behandeln, heißt zunächst, die oft vernachlässigten »menschlichen Faktoren« überhaupt erst in den Blick zu nehmen.[12] Dabei können jene menschlichen Faktoren durchaus entscheidend sein. Das heißt, gutes Arbeiten wird zum integralen Bestandteil einer gelingenden Cyberabwehr. Dies betrifft insbesondere Fragen der Rekrutierung, der Arbeitsorganisation und des Verhaltens bei unmittelbaren Gefahren. Erfahrungen zeigen, dass eine gelingende Cyberabwehr in der Regel relativ unreguliert, aber problem- bzw. lösungsorientiert angelegt sein sollte. Dies ist nur schwer vereinbar mit Arbeitsstrukturen, wie sie in staatlichen Behörden gerade in Deutschland etabliert werden.

---

11 James Andrew Lewis: Russia and Critical Infrastructure. We »Should Not Threaten a Nuclear Power«, CSIS Commentary v. 19.3.2018, www.csis.org/analysis/russia-and-critical-infrastructure-we-should-not-threaten-nuclear-power (abgerufen am 15.7.2019).

12 David Danks/Joseph H. Danks: Beyond Machines. Humans in Cyberoperations, Espionage, and Conflict, in: Binary Bullets. The Ethics of Cyberwarfare, hg. v. Fritz Allhoff/Adam Henschke/Bradley Jay Strawser, Oxford 2016, S. 177-197.

Ein erschwerender Faktor ist die allgemeine Krise des Cybersecurity-Jobmarkts: Es gibt viel zu wenige Kandidaten, um die Stellen zu besetzen, gerade auch die Schlüsselpositionen. Dies gilt insbesondere seit den großen, öffentlichkeitswirksamen Sicherheitsleaks von 2014, die eine massive Erweiterung des Cybersicherheitspersonals nach sich zogen und den bestehenden Jobmarkt quasi leerfegten. Eine Leidtragende dieser Entwicklung war die Bundeswehr, die seit 2015 den sogenannten Organisationsbereich Cyber- und Informationsraum aufbaut. Dieser Organisationsbereich ist nominell den Teilstreitkräften Heer, Marine und Luftwaffe (außerdem dem Sanitätsdienst) gleichgestellt, lässt sich faktisch jedoch nicht ohne Weiteres in die bestehende Armeestruktur eingliedern.[13] Generalleutnant Ludwig Leinhos, Inspekteur des Cyber- und Informationsraums, äußerte denn auch die Erwartung, dass die klassischen hierarchischen Strukturen der Streitkräfte auf Dauer von netzwerkorientierten Strukturen überlagert werden, was bis in die Führungsebenen hineinreichen werde.[14] Dieses Szenario ist jedoch derzeit noch wenig plausibel. Wahrscheinlicher ist, dass die hierarchisch-bürokratischen Strukturen sich in dem neuen Cyber- und Informationsraum reproduzieren, während die Cybereinheit nach flexiblen und unbürokratischen Lösungen verlangt. Vieles spricht dafür, dass eine funktionierende Cyberabwehr so organisiert ist wie eine gute Hackergruppe: zusammengesetzt aus Menschen verschiedenster Herkunft, verbunden durch eine gemeinsame Sprache (Codes) und ein gemeinsames Ziel und organisiert durch flache Hierarchien.

Folgt man den ersten Berichten, so herrschen jedoch einstweilen große Probleme bei der Rekrutierung vor. Viele dieser Probleme ergeben sich bereits aus der Verschiedenheit der entsprechenden Sicherheitskulturen: So will gutes IT-Personal meist schon aus weltanschaulichen Gründen nicht für den Staat arbeiten, passt sich nicht gut an die Organisationsstruktur an und verdient obendrein im Dienst des Staats nicht genug. Versuche der Ko-

13 Darin reproduziert sich zugleich die breitere Frage, ob »Cyber« ein Gebiet neben anderen ist oder letztlich nicht lokalisierbar ist – ein Thema, das zahlreiche rechtliche, organisatorische und andere Probleme stellt und etwa auch durchschlägt, wenn es darum geht, ob und wie das Völkerrecht auf den sogenannten Cyberspace zur Anwendung kommt.

14 Daniel Zielke: Cyber Defence Conference – ein Forum zum Austausch, Cyber- und Informationsraum, v. 18.12.2017, www.cir.bundeswehr.de/(abgerufen am 5.8.2019).

operation mit Hochschulen (etwa mit der Hochschule Rhein-Sieg), Personal noch während des Studiums zu rekrutieren, bilden eher eine langfristigere Strategie. Armeen können sich dadurch verleitet sehen, den neuen Bereich durch externe Cybersecurity-Spezialisten abzudecken, die formal nicht der Armeestruktur angehören und diese Struktur intakt lassen. Dadurch kaufen sie sich jedoch neue Unwägbarkeiten ein.

Private Military Contracting als ethisches Problem

Private Militär- und Sicherheitsfirmen spielen bereits eine entscheidende Rolle bei der Herausbildung von Normen für die Kriege des 21. Jahrhunderts. Das bedeutendste Dokument in diesem Zusammenhang ist das sogenannte Montreux Document,[15] ein nicht bindendes Dokument zu Best-Practice-Verfahren hinsichtlich des Einsatzes von sogenannten PMCs (*private military contractors*; ein Begriff, der weiter und offener angelegt ist als der oft nur negativ verwendete Ausdruck Söldner). Das Montreux Document wird gelegentlich als Modell genannt für die gewünschte Etablierung von Normen für den Cyberkrieg. Demnach sollen Best-Practice-Verfahren auch für Cyberangriffe etabliert werden. Entscheidend ist der Status des Montreux Document als nicht bindende Vereinbarung: Es soll eine Art softe Zwischenlösung zwischen der »harten« Anwendung des internationalen Rechts, für die es keine hinreichende Grundlage gibt, und der völligen Nichtregulierung des jeweiligen Bereichs ermöglichen. Auf ebensolche softe Zwischenlösungen kaprizieren sich mehr und mehr die Versuche einer Regulierung des Cyberkriegs.[16]

Die Literatur zu PMCs hat bislang wenig zu bieten im Hinblick auf das Outsourcing der Cybersecurity durch Armeen.[17] Cyberspezifische Aspekte

15 The Montreux Document on Pertinent International Legal Obligations and Good Practices for States Related to Operations of Private Military and Security Companies During Armed Conflict, September 2008, www.icrc.org/en/doc/assets/files/other/icrc_002_0996.pdf (abgerufen am 29.7.2019).

16 Vgl. hierzu von Wussow: »Cyberkrieg«, S. 15 f.

17 Eine wertvolle Ausnahme bildet Tim Maurer: Cyber Mercenaries. The State, Hackers, and Power, Cambridge/New York 2018.

betreffen überwiegend Cybersecurity-Compliance-Regeln für PMCs allgemein: Es geht darum, die Sicherheitsrisiken zu minimieren, die daraus resultieren, dass PMCs Zugang zu sensitiven Informationen erhalten, während sie selbst geringeren Cybersicherheitsstandards unterliegen als die beauftragende Armee. Die erste Maßnahme zur Minimierung von Risiken ist die Zertifizierung von Anbietern, die bereits bei der Ausschreibung berücksichtigt wird, um das Gefälle bei den Sicherheitsstandards abzusenken. Das Zertifizierungsregime führt wahrscheinlich zu höheren Eintrittsschwellen für kleinere Anbieter.

Die ethische und politische Literatur zu PMCs ist weithin auf bewaffnete Söldner fokussiert und widmet sich Fragen, die sich aus der schwierigen Abgrenzung von Kombattanten und Zivilpersonal ergeben: Wie werden sie im Krieg behandelt; wie können sie bei Verbrechen zur Verantwortung vor Gericht gezogen werden; gehören sie gegebenenfalls vor ein Militär- oder Zivilgericht? Zu unterscheiden ist dabei zwischen Söldnern im engeren Sinn und bewaffnetem Sicherheitspersonal im Personenschutz etc.; denn der pejorative Ausdruck »Söldner« wird oft zu breit verwendet: Die meisten bewaffneten PMCs, abgesehen von Support-Jobs wie Essensausgabe oder Reinigung, sind Personenschützer. Dies ist seit dem Blackwater-Skandal rückläufig und die großen PMC-Konzerne sind weithin in den Bereich Cybersecurity abgewandert.

Die Arbeit mit Externen wird indes in verschiedenen Ländern ganz unterschiedlich gehandhabt und darin manifestieren sich große Unterschiede in der jeweiligen Sicherheitskultur. Dies lässt sich beispielhaft an den USA, China, Russland und Israel veranschaulichen. Die USA mit ihren verschiedenen Sicherheitsbehörden beschäftigen in hohem Maß externe Mitarbeiter, auch solche mit *security clearance*. Folgen bei der Sicherheit von Daten wie auch von eigenen Spionageprogrammen betreffen nicht nur die spektakulären Einzelfälle wie den Fall Snowden, vielmehr schafft das System eine unüberschaubare Vielzahl von Sicherheitsrisiken. Die amerikanischen Sicherheitsbehörden beschäftigen etwa eine Million Mitarbeiter mit *security clearance* (wenn auch nicht alle mit *top-level clearance*), teils mit Zeitverträgen, die über Zeitarbeitsfirmen laufen. Niemand hat einen Überblick über das Personal und die teils chaotischen Arbeits- und Anstellungsverhältnisse. Diese Situation macht Fälle wie den von Edward Snowden geradezu wahrscheinlich, der seinen Job als externer IT-Mitarbeiter bei der National Security Agency (NSA), unter Vertrag bei Dell und zuletzt bei Booz Allen Hamilton, wahrscheinlich bereits mit dem Ziel antrat, Daten und Informationen abzusaugen und zu publizieren. Solche Whistleblower sind nicht zwingend Externe, wie andere spektakuläre Fälle zeigen, darunter Bradley (Chelsea) Manning oder Anat Kamm (deren Fall bei der israelischen Armee aber eine große Ausnahme bildet). Doch zweifellos bilden externe Dienstleister ein besonders hohes Sicherheitsrisiko für Regierungsbehörden.[18] Nicht zufällig erfolgten einige der verheerendsten Cyberangriffe durch Russland, China und Nordkorea auf der Basis von Tools, die der NSA durch Leaks und Hacks entwendet worden waren.

Zugleich ist es schwer abzuweisen, dass die Professionalisierung durch die Arbeit mit Externen eher gefördert wird. Diese können sich leichter den veränderlichen Gegebenheiten bei der Cyberabwehr anpassen, da die organisatorischen Faktoren, die eine solche Anpassung oftmals strukturell verhindern, bei ihnen nicht im selben Maß gegeben sind wie bei Cyberbürokratien. Bereits in dieser simplen Frage des Personalaufbaus steht die Cyberabwehr vor einem Dilemma, das sich in keine Richtung auflösen lässt. Staatliche Cyberabwehr-Units können nicht mit und nicht ohne externes Personal arbeiten.

Arbeit mit Kriminellen

Weniger aporetisch ist die Situation, wenn es darum geht, ob der Staat auch Cyberkriminelle – »schwarze« Hacker, insbesondere Betrüger und Diebe – anstellen soll, etwa indem er ihnen Gefängnisstrafen erspart und sich dafür ihre Expertise zunutze macht. Solche Übergänge von der »bösen« auf die »gute« Seite sind innerhalb der Cyberwelt nicht unüblich und sollten nicht in jedem Fall ausgeschlossen werden. In konkreten Arbeitssituationen sind sie jedoch kaum zu trennen von Zwangssituationen, die mit Vorstellungen

18 Dies liegt nicht immer an Leaks durch externe Mitarbeiter, sondern ebenso an der schwächeren IT-Sicherheitsarchitektur der externen Unternehmen. Vgl. Brendan I. Koerner: Inside the Cyberattack that Shocked the US Government, in: Wired v. 23.10.2016, www.wired.com/2016/10/inside-cyberattack-shocked-us-government/(abgerufen am 5.8.2019).

von guter Arbeit im Cyberkrieg nicht zu vereinbaren sind. Forderungen, dass westliche staatliche Cyberabwehreinheiten verstärkt Kriminelle einstellen sollten, sind daher mit Vorsicht zu genießen. John McAfee äußerte einmal, die USA würden den Cyberkrieg gegen China und Russland verlieren, weil sie die falschen Leute anstellen und nicht aus dem Mob rekrutieren. China und Russland seien flexibler, denn sie würden zu den kriminellen Organisationen gehen, die das ganze Chaos und die Zerstörung in der Cyberwelt anrichten, und sie einstellen oder mit ihnen zusammenarbeiten.[19] Was hatte McAfee im Sinn und wie ist die bisherige Praxis?

Russland stellt Cyberkriminelle an, indem es ihnen Gefängnisstrafen erspart – etwa indem ein Spammer zu zehn Jahren Lagerhaft verurteilt wird und daraufhin das Angebot erhält, anstelle der Haft für den Staat zu hacken.[20] Dies ist für ein System, bei dem die Übergänge zwischen Staat und organisierter Kriminalität bei Cyberangriffen notorisch fließend sind, durchaus typisch, die Fluidität ist aber nicht zwingend. Gruppen wie Fancy Bear (APT 28), die zahlreiche bekannte Angriffe verübt haben, werden inzwischen eher für niedrigschwellige Angriffe herangezogen, während komplexere Angriffe, die für nicht staatliche Hackergruppen zu komplex geworden sind, stärker staatlich gelenkt und kontrolliert werden. China stellt ebenfalls Cyberkriminelle ein und integriert sie in ihre Hackergruppen, die in Armee-Units organisiert sind.

So verlockend die Möglichkeit für westliche Länder erscheinen mag, so sehr handelt es sich doch um eine ganz schlechte Lösung – und dies nicht nur, weil Russland und China keine Länder mit den größten Arbeitnehmerfreiheiten und -rechten sind. Man muss sich die Ex-Kriminellen im Dienst des russischen Militärgeheimdienstes psychologisch gesehen als das Äquivalent zu den Kapos in nationalsozialistischen Lagern vorstellen, die so herangezüchtet wurden, dass sie nicht nur keinerlei Gegenwehr gegen Anordnungen hatten, sondern sie oft sogar übererfüllten. Die schlimmsten Grausamkeiten wurden oftmals von jenen Kapos begangen, die nach oben hin ständig ihre

---

19 Graham Flanagan/John McAfee: This is Why the US is Losing the ›Cyber War‹ to China and Russia, in: Business Insider v. 31.5.2016, www.uk.businessinsider.com/john-mcafee-china-russia-cyber-war-hackers-2016-5?IR=T (abgerufen am 4.9.2018).

20 Andrew E. Kramer: How Russia Recruited Elite Hackers for Its Cyberwar, in: The New York Times-Online v. 29.12.2016, www.nytimes.com/2016/12/29/world/europe/how-russia-recruited-elite-hackers-for-its-cyberwar.html (abgerufen am 4.9.2018).

Skrupellosigkeit nach unten beweisen mussten. Das chinesische und russische System der Rekrutierung erzeugt skrupellose Cybersoldaten und ist mit dem Selbstverständnis westlicher Armeen und Geheimdienste prinzipiell unvereinbar. Arbeiten im Cyberkrieg sollte nicht auf die *moral agency* der Beteiligten verzichten – das freie menschliche Urteilen und Handeln, das selbst in einem Arbeitsumfeld mit starken Befehlsketten eine prinzipielle Unterscheidung von Gut und Böse ermöglicht.

Zugleich können staatliche Cyberabwehreinheiten gerade angesichts des Mangels an qualifiziertem Personal nur schwer gänzlich auf Expertise von außen verzichten. Es sollte also eine prinzipielle Durchlässigkeit geben, sofern eine klare Abgrenzung zwischen staatlichen Stellen und kriminellen Organisationen gegeben ist und die Kandidaten etwa einen rigorosen Sicherheitscheck durchlaufen haben.

Der Goldstandard der Cyberabwehr: Das Beispiel Israels

Die ethischen und organisatorischen Probleme des Recruiting für die Cyberabwehr machen es attraktiv, sich nach Lösungen anderer Staaten umzusehen. Zwangsläufig kommt dabei stets das Beispiel Israels ins Spiel, das weithin als Goldstandard einer gelingenden Cyberabwehr gilt. Das Kernstück der militärischen Cyberabwehr in Israel ist das Unit 8200 (Yechida Shmone-Matayim), das durch das Buch Start-Up Nation (2009)[21] weithin bekannt wurde und seither als »Israels geheime Start-up-Maschine«[22] bezeichnet wird. Die Einheit besteht hauptsächlich aus 18 bis 24 Jahre alten Soldaten (mehrheitlich Soldatinnen[23]). Die Recruiter suchen keine Computerspezialisten, sondern hoch intelligente Leute mit guter Auffassungsgabe, die die

21 Dan Senor/Saul Singer: Start-Up Nation. The Story of Israel's Economic Miracle, New York 2009.

22 Richard Behar: Inside Israel's Secret Startup Machine, in: Forbes v. 11.5.2016, www.forbes.com/sites/richardbehar/2016/05/11/inside-israels-secret-startup-machine/#c7719e-c1a519 (abgerufen am 29.7.2019).

23 Shaun Nichols: What Israel's Crack Majority-Women Unit 8200 Can Teach Tech About Diversity, in: The Register v. 18.4.2018, www.theregister.co.uk/2018/04/18/israeli_unit_8200_diversity/(abgerufen am 29.7.2019).

notwendigen Computer-Skills schon lernen werden. Die Erwartung ist, dass die jungen Leute nur einige Jahre in dem Unit bleiben (im Durchschnitt bleiben sie vier Jahre); danach gründen viele von ihnen Start-ups oder gehen in die Wirtschaft. Dieses System schafft eine einzigartige Möglichkeit, trotz schlechter Bezahlung hoch qualifizierte Leute mit hoher Identifikation zu bekommen: Es basiert auf dem Versprechen, dass sie später immer noch viel Geld verdienen können, wobei ihnen als Alumni des Unit 8200 viele Türen offen stehen. Teilweise funktioniert dieser Übergang auch als Public-Private-Partnerships, bei denen die Start-ups mit Arbeitskraft der Einheit oder der Armee ausgestattet werden. Auf diese Weise wurde etwa eine KI-basierte Software zur Voraussage von Krebserkrankungen entwickelt, indem eine Anwendung zur Voraussage von Aufständen oder Terroranschlägen adaptiert wurde. Bei solchen Erfindungen, die ihren Ursprung teilweise im Unit 8200 haben, sind also die Grenzen zwischen militärischer und ziviler Nutzung fließend, während die militärische Anwendung deutlich als technologische Vorreiter erkennbar wird.

Organisiert ist die Unit 8200 in kleinen Einheiten, die möglichst wenig voneinander wissen. Dieses Prinzip ist eine direkte Folge des Jom-Kippur-Kriegs (1973), als ein Offizier der Vorgängereinheit 848 von Syrien gefangen genommen wurde und bei den Verhören wertvolle Informationen preisgab. Von da ist das Prinzip in die Sicherheitskultur übergegangen und sorgt dafür, dass die Cyberabwehr ohne große Bürokratie auskommt. Denn die kleinen Einheiten fördern flache Hierarchien. Es geht darum, problemorientiert zu arbeiten und Dinge unter der Bedingung von Zeit- und Ressourcenmangel herauszufinden – »thinking outside the box«, wie der gängige Terminus lautet. Ein Ergebnis ist etwa die Möglichkeit, Gefahren aus großen Mengen von Rohdaten zu erkennen.[24] Entscheidende Entdeckungen verdanken sich der Improvisation angesichts des Kampfes um Leben und Tod – eine Bedingung, die zugleich eine hohe Identifikation mit der Aufgabe schafft.

Die Pointe des israelischen Beispiels ist denn auch, dass Verfahren der Cybersicherheit nicht ohne Weiteres auf andere westliche Länder übertrag-

24 Die Arbeit mit Metadaten ist inzwischen weitaus verbreiteter. Vgl. James Scott: Metadata. The Most Potent Weapon in This Cyberwar. The New Cyber-Kinetic-Meta War, Washington, DC 2017.

bar sind, da das israelische System wesentlich auf Bedingungen basiert, die anderswo nicht gegeben sind. Entscheidend sind hier die Unterschiede der Sicherheitskultur. Verglichen mit Israel leiden Cyberabwehreinheiten in vielen westlichen Ländern unter einer mangelnden Identifikation des Personals mit der Organisation und unter den eingeschränkten Möglichkeiten in den Arbeitsabläufen. Zudem würde die stark auf Improvisation aufgebaute israelische Sicherheitskultur gerade in Deutschland ihrerseits als Unsicherheitsfaktor wahrgenommen.

Die deutsche, föderal geprägte Sicherheitskultur ist stark von einem architektonischen Ansatz bestimmt. Die Sicherheitsarchitektur ist dabei stark auf den Aufbau von Routinen, die Klärung von Zuständigkeiten und die Abstimmung zwischen den vielen beteiligten Stellen bestimmt. Um die vielen beteiligten Behörden und Stabsstellen zu koordinieren, müssen Koordinationsstellen eingerichtet werden, die zu einer weiteren Bürokratisierung der Cyberabwehr beitragen. Der Föderalismus ist mithin das größte strukturelle Problem für eine funktionierende Cyberabwehr in Deutschland, denn er zwingt quasi in einen architektonischen Ansatz bei der Cyberabwehr hinein, während die neuen Anforderungen bezweifeln lassen, ob ein solcher Ansatz so zeitgemäß ist.

David Schulze

Chinas digitale Transformation: Ein Blick in die Zukunft?

Ob elektronische Gesundheitskarte oder Bezahlen mit dem Smartphone, bei neuen Technologien wünschen sich viele Politiker_innen und Verbraucher_innen in Deutschland vor allem zwei Dinge: keine Experimente und größtmögliche Sicherheit, bevor Veränderungen passieren. Mit einem anderen Ansatz versucht die chinesische Regierung das Land von einer agrarischen Flächenwirtschaft mit staatlichen Industrieunternehmen in eine digitale Supermacht mit Millionen von Start-ups zu verwandeln. Dabei genießen Privatunternehmen und Lokalregierungen beträchtlichen Spielraum. Vor allem eine technikbegeisterte Bevölkerung trägt dazu bei, China in ein großes Labor für jene Veränderungen zu verwandeln, das digitale Innovation in Wirtschaft, Gesellschaft und Politik bewirken kann. Wie sich diese von einer deutschen oder europäischen Erfahrung unterscheidet und wo es Überschneidungen gibt, dazu soll dieser Artikel mit einer Einführung zu Chinas digitaler Transformation beitragen. Denn globale Logistik- und Datennetzwerke, digitale Plattformen und Technologiefirmen stellen nationale und regionale Regierungen weltweit vor neue Herausforderungen. Und Fragen über die Zukunft der Arbeit, Innovation, Disruption sowie den Schutz von Daten und vor Cyberangriffen werden in allen Gesellschaften parallel diskutiert. Dieser Artikel fasst die Ergebnisse meiner Untersuchung »Digitization and Regional Growth in China«[1] aus dem Jahr 2018 zusammen, diskutiert zunächst die wachstums- und entwicklungspolitischen Aspekte und schließt dann mit einer Erörterung regionaler Disparitäten und zukünftiger Trends in China an.

Digitale Wachstumspolitik

Bei der Fertigung von elektronischem Gerät, insbesondere Informations- und Kommunikationstechnik (IKT), gelang es chinesischen Firmen in den 1980ern und 1990ern nach der wirtschaftspolitischen Öffnung des Landes, international wettbewerbsfähige Produktionscluster aufzubauen. Bis heute spielen eine wichtige Rolle dabei neben dem niedrigen Lohnniveau auch die Besonderheiten der IKT-Produktion: Erstens ist sie weniger kapitalintensiv als beispielsweise die Fertigung von Automobilen, zweitens ist die Qualifizierungsanforderung zur Fertigung und Anwendung geringer und drittens ist der Zugang zu Anleitungen und Bauteilen am Weltmarkt einfacher und preiswerter, was insgesamt eine niedrigere Markteintrittsschwelle für chinesische Unternehmen bedeutet.[2]

Motiviert durch die Aussicht auf den Einsatz neuester Technologien für die Festigung des Staatsregimes, der Rüstung und der Verwaltung, finden sich bereits in den 1980er-Jahren Hinweise auf die starke Beteiligung des Staates bei der Förderung neuer Technologien. Beispielhaft ist 1987 die Gründung des State Information Centers (国家信息中心) als direkte Untereinheit der National Development and Reform Commission (NDRC, 国家发展和改革委员会), das bis heute unter anderem die Verwendung von IKT in Regierung und Verwaltung vorantreibt. Flankiert wurde die gezielte Privatisierung von Industriezweigen, deren Effizienz durch den Wettbewerb mit importierten Gütern stieg, mit staatlichen Programmen, die die Rahmen-

1 David Schulze: Digitization and Regional Growth in China (Master Thesis), Berlin 2018.

2 Es ist denkbar, dass transparente internationale Standards ebenfalls den Markteintritt erleichtern. Vgl. W. Edward Steinmueller: ICTs and the possibilities for leapfrogging by developing countries, in: International Labour Review 140 (2001) 2, S. 193-210.

bedingungen für eine funktionierende digitalisierte Volkswirtschaft schaffen sollten. Dazu berief das Ministry of Information Industry (中华人民共和国信息产业部)[3] 1993 unter der Leitung des Zentralkomitees der Kommunistischen Partei Chinas (KPCh) und des Staatsrates die »Nationale Konferenz zur Digitalisierung der Volkswirtschaft« (国家国民经济信息化联席会议) ein. Die dort vorgestellten »Drei Goldenen Projekte« (三金工程) gelten als Startschuss der gezielten staatlichen Digitalisierungspolitik und umfassten zunächst die Vernetzung (das Backbone-Netz mit Satelliten, Funknetzen und Glasfaserkabeln), den internationalen Handel (Automatisierung und Digitalisierung im Zoll, bei See- und Flughäfen) und den Zahlungsverkehr (Geldautomaten und Kartenzahlung).[4]

Die Projekte wurden jedoch bald um ähnliche Programme in der Bildung, Forschung, Verwaltung und im Bereich Sicherheit um das Golden Shield Project zur Unterstützung des Ministeriums für Öffentliche Sicherheit (unter anderem der Polizei) ergänzt. Auf die Eröffnung des ersten öffentlichen chinesischen Internetcafés in Beijing 1996 erfolgt eine rasante Verbreitung des Internetzugangs in den großen Städten. Diese neuen Möglichkeiten der transnationalen Kommunikation unterlagen jedoch von Beginn an staatlicher Zensur.[5] Schon 1997 wurden vom Staatsrat Maßnahmen beschlossen, die bis heute das Verbreiten von Informationen im Internet untersagen, die sich gegen den Staat oder das sozialistische System richten oder gegen andere weitreichende Vorgaben verstoßen.[6] Im Zuge dessen wurde ein immer komplexeres System zur gezielten und automatisierten Kontrolle des Internetzugangs eingerichtet, das internationale Wissenschafts- und Wirtschaftskooperation erschwert. Bis heute gibt es keine Anzeichen, dass die Regierung

---

3 Heute Ministry for Industry and Information Industry (工业和信息化部).

4 Ge Shilun/Dai Yisheng: 企业管理信息系统开发的理论和方法, 清华大学出版社, Beijing 1998, S. 25 f.

5 Es fällt also schwer einen Zeitpunkt zu bestimmen, vor dem der Internetzugang in China auch nur relativ unreguliert war. Vgl. dazu auch Scott E. Feir: Regulations Restricting Internet Access. Attempted Repair of Rupture in China's Great Wall Restraining the Free Exercise of Ideas, Pacific Rim Law & Policy Journal 361 (1997) 6, S. 361-389.

6 State Council of the People's Republic of China: Administrative Maßnahme zum Schutz der Sicherheit in internationalen Computernetzwerken, v. 1997, 计算机信息网络国际联网安全保护管理办法, www.gov.cn/gongbao/content/2011/content_1860856.htm.

in dieser Frage von einem Kurs der zunehmenden Kontrolle grundsätzlich abweichend wird.

Ein weiteres Kennzeichen für das Engagement der Regierung auf höchster Ebene im Bereich der Digitalisierung sind die verschiedenen sogenannten Small Leading Groups (SLG), die sich bereits 1984 konstituierten.[7] 2003 stand der dem Staatsrat zugeordneten Gruppe erstmals der Premierminister (damals Wen Jiabao) vor, unter seiner Leitung verabschiedete der Staatsrat die Nationale Digitale Entwicklungsstrategie 2006–2020. Festgehalten wird sie in einem Konglomerat aus Dokumenten, die Digitalisierungsvisionen und -konzepte für die Politikbereiche Wirtschaft, Sicherheit und Entwicklung enthalten. Dabei werden einzelne Komponenten, wie zum Beispiel Big Data und Künstliche Intelligenz, als Schwerpunkte besonders hervorgehoben.

Insbesondere die Entwicklungsziele in digitalen Schlüsseltechnologien wie dem Mobilfunkstandard 5G in der Industriestrategie »Made in China 2025«[8] wurden durch den chinesisch-amerikanischen Zollkonflikt bekannt und auch in Europa diskutiert. Zu den als förderungswürdig eingestuften Technologien gehören weiterhin Mikrochips, Betriebssysteme, Roboter, das Internet of Things und die intelligente Fertigung, in Deutschland auch unter dem Begriff »Industrie 4.0« diskutiert. Der Plan stellt einerseits den Versuch dar, größere und hochwertigere Teile der Wertschöpfungskette nach China zu verlagern. Dafür sollen Innovation, Forschung und Entwicklung von Produkten mit höherer Qualität gefördert werden. Andererseits soll der Plan der sogenannten »Middle-Income Trap« entgegenwirken, bei der die Produktivität langsamer steigt als die Löhne, was eine reduzierte internationale Wettbewerbsfähigkeit und stagnierendes Wachstum zur Folge hätte. Automatisierung der Produktion könnte dies verhindern, doch der zu erwartende Druck auf die Löhne ist gewaltig, wenn die Bevölkerung im arbeitsfähigen Alter wie vorhergesagt 2015–2050 um 211 Millionen (23,2 %) sinken wird und

7 SLGs sind ein Instrument zur Vernetzung getrennter Arbeitsbereiche der Regierung zu einem gemeinsamen übergeordneten Ziel wie der Wirtschaftsreform oder dem Bau des Drei-Schluchten-Staudamms.

8 State Council of the People's Republic of China: Benachrichtigung über die Veröffentlichung von »Made in China 2025«, 国务院关于印发《中国制造2025》的通知, 国发〔2015〕28号, Beijing 2015, www.gov.cn/zhengce/content/2015-05/19/content_9784.htm.

die Regierung ihren bisherigen Widerstand gegen Immigration aufrechterhält. 1998–2017 lag die Nettoauswanderung bei rund 7,7 Millionen Personen.[9]

2014 wurde die SLG Digitalisierung unter dem Zentralkomitee neugegründet. Den Vorsitz hat mit Xi Jinping der ranghöchste Politiker Chinas, Generalsekretär der KPCh, Präsident und Oberbefehlshaber der Streitkräfte.[10] Die Gruppe übernimmt seitdem als Central Cyberspace Affairs Commission die Aufsicht der Cyberspace Administration of China, dem höchsten Organ zur Regulierung, Kontrolle und Planung des Internets in China.[11] Unter der Führung Xi Jinpings wurden digitalpolitische Ziele sowohl in den 13. Fünfjahresplan 2016 als auch in außenpolitischen Reden und weiteren Strategien und Anweisungen des Staatsrates und der Ministerien aufgenommen und hier mit den höchsten politischen Zielen verknüpft. Illustrativ dafür war Xi Jinpings Rede 2016 auf der Konferenz für Internetsicherheit und Digitalisierungsarbeit:

> »Der Aufbau einer wohlhabenden, starken, demokratischen, zivilisierten und harmonischen, sozialistischen, modernisierten Nation, die Verwirklichung der großartigen Renaissance des chinesischen Volkes, ist der großartigste Traum des chinesischen Volkes seit den Opium-Kriegen […]. Die Entwicklung der Wirtschaft unseres Landes tritt in eine neue Normalität ein. Eine neue Normalität erfordert eine neue Dynamik. Hier kann das Internet einen großen Nutzen entfalten. Setzen wir den ›Internet+‹-Plan um, entfesseln wir einen Boom der Innovation und Unternehmensgründung in der gesamten Gesellschaft. […] Wir müssen den Ausbau der digitalen Infrastruktur verstärken, die vertiefte Integration der digitalen Ressourcen verstärken und die digitalen ›großen Arterien‹ der wirtschaftlichen und gesellschaftlichen Entwicklung öffnen. […] Der Fokus muss darauf liegen, die Verschmelzung

9 NBS (National Bureau of Statistics of the People's Republic of China) via Zhao Xinying: Authorities working on plan to delay retirements, in: China Daily-Online, 23.7.2016, www.chinadaily.com.cn/china/2016-07/23/content_26192140.htm; Worldbank: United Nations Population Division. World Population Prospects. 2017 Revision, in: data.worldbank.org.

10 Li Hongsheng: 我国信息化发展政策分, in: 中国网, 27.11.2003, www.china.com.cn/chinese/2003/Nov/450183.htm.

11 Zum Vergleich: In Deutschland gab es die Enquetekommissionen Neue Informations- und Kommunikationstechniken (1981–83) und zu Internet und digitale Gesellschaft (2010–13), ab 2013 den ständigen Ausschuss Digitale Agenda im Bundestag.

> des Internets und der Realwirtschaft zu einem hohen Grad zu vertiefen. […] Ich hoffe, dass unsere Genoss_innen sich aktiv einsetzen für den Aufbau einer Internetgroßmacht, zum wirksameren Einsatz der Unternehmer_innen, Expert_innen, Techniker_innen in der Internetwirtschaft und zur Unterstützung ihres Beitrags zur Verwirklichung des chinesischen Traums vom vollständigen Aufbau einer Gesellschaft des bescheidenen Wohlstands und der Renaissance der chinesischen Nation!«[12]

Insbesondere die »Internet+«-Initiative, veröffentlicht durch den Staatsrat 2015, setzt dabei das Internet und digitale Technologien nicht als Ergänzung, sondern als Grundlage einer Neuordnung der gesamten gesellschaftlichen Struktur, der Politik, des Militärs und der Wirtschaft. Alle leitenden Stellen sind dabei angehalten, ihren Arbeitsbereich auf dieser Grundlage neu zu entwerfen. Ob dieses Engagement die Entwicklung einer erfolgreichen Digitalwirtschaft begünstigt oder eher erschwert hat, muss aufgrund der Komplexität im Einzelfall genau untersucht werden.

Digitale Entwicklungspolitik

Der Erfolg der chinesischen Digitalisierung war dabei nie unausweichlich. Neben der staatlichen Kontrolle und dem niedrigen Technologieniveau in der Industrie waren ein Mangel an Fachkräften, das allgemein zunächst niedrige Bildungsniveau, aber auch die sehr ungleiche räumliche Entwicklung Hürden für den Aufbau von IKT-Produktion und digitalisierten Wirtschaftszweigen. Einige der Nachteile konnten dabei gezielt adressiert und zu Vorteilen gewendet werden: Die ungleiche Entwicklung erlaubte es beispielsweise in einigen Sonderwirtschaftszonen, durch Zoll- und Steuerrabatte kapitalintensive Industrien anzuziehen.

Arbeiter_innen wanderten in diese Zentren ein, insbesondere nach Shenzhen, die Stadt mit der ersten und erfolgreichsten Sonderwirtschafts-

12 Eigene Übersetzung, Xi Jinping: Rede auf der Konferenz für Internetsicherheit- und Digitalisierungsarbeit, 2016 (Originaltitel: 在网络安全和信息化工作座谈会上的讲话), 19.4.2016, www.xinhuanet.com/politics/2016-04/25/c_1118731175.htm.

zone (SWZ) Chinas, in der Provinz Guangdong. Die Zahl der Einwohner Guangdongs wuchs so 2000–2017 auf 111,7 Millionen, 20 Prozentpunkte schneller als Gesamtchina. Im gleichen Zeitraum stieg der Anteil der Provinz an Chinas Gesamtexporten von 19,4 % auf 24,5 %.[13] Andere Regionen verloren Bevölkerungsanteile, insbesondere durch das Abwandern von hoch qualifizierten Personen. Aber es kommt auch bei ausländischen, staatlichen und privaten Investitionen zu Konzentrations- und Verdrängungseffekten, die Regionen mit einer weniger strategischen Bedeutung benachteiligen. Neben SWZs ziehen vor allem Großstädte mit guten Arbeitsplätzen in der Verwaltung (Beijing) oder im Finanzbereich (Shanghai) Absolvent_innen aus ärmeren Regionen an. Während in Beijing 2016 zum Beispiel schon fast die Hälfte der Bevölkerung einen Hochschulabschluss hatte (45,5 %), waren es in Henan gerade einmal 8 %, eine Zahl, die seit 2013 sogar gesunken ist. Gleichzeitig hemmt die Regierung noch die interne Mobilität durch das Hukou-System[14] und die Begrenzung der Plätze an Hochschulen für Absolvent_innen aus bestimmten Regionen. Ziel ist es, eine Überlastung der Großstädte und eine Entvölkerung der Siedlungen und Dörfer an der Peripherie zu vermeiden.

In mehreren Provinzen entstanden Produktionscluster, die durch ihre starke und enge Vernetzung einen sektoralen Vorteil am Weltmarkt entwickeln konnten, obwohl sie im weltweiten Vergleich weder die niedrigsten Löhne noch von Beginn an die höchste Qualität lieferten.[15] Das niedrige Technologieniveau konnte durch den Fokus auf IKT zum Teil umgangen werden.[16] Teilweise ist das Fehlen von Vorgängertechnologie sogar ein Vorteil, wenn beispielsweise neue Leitungen gleich mit Glasfaser statt mit Kupferkabeln direkt zu den Abnehmer_innen gelegt werden.

Den Grundstein für den massiven Ausbau der Internet- und Mobilfunknetze legte die Regierung 1994 mit der Aufgabe des staatlichen Monopols

13 NBS (Onlinedatenbank), in: www.stats.gov.cn, 2019.

14 Der Zugang zu staatlichen Dienstleistungen ist an den Herkunftsort der Familie gebunden. Dadurch werden interne Migrant_innen, insbesondere aus ländlichen Gebieten, in der Regel benachteiligt.

15 Dan Breznitz/Michael Murphree: Run of the red queen. Government, innovation, globalization, and economic growth in China, New Haven/London 2011.

16 Mikrochips sind eine große und wichtige Ausnahme, sie erfordern sehr hohe Investitionen in Forschung und Entwicklung. 2019 ist China überwiegend auf den Import von Mikrochips angewiesen.

zugunsten eines staatlich gelenkten Systems mit Unternehmen in teilweise privatem Eigentum. Gründungen und Unterabteilungen verschiedener Ministerien entwickelten sich zu eigenständigen Firmen mit unterschiedlich hoher, aber signifikanter Staatsbeteiligung. So ging China Telecom (中国移动) 1994–1995 aus dem Monopol des Ministeriums für Post und Telekommunikation hervor. 1994 wurde China Unicom (中国联通) durch die Ministerien für Bahn, Elektroindustrie und Elektrizität gegründet, heute befinden sich die beiden im quasiduopolistischen Wettbewerb auf dem Markt für Festnetzinternetzugang. Der Mobilfunkanbieter China Mobile (中国移动) entstand 1999 durch die Abspaltung einzelner Sparten von China Telecom, um die Vormachtstellung dieser Firma zu reduzieren. Im Inland ist China Mobile mittlerweile der größte der drei Mobilfunkanbieter, neben Unicom und Telecom, und das drittgrößte Telekommunikationsunternehmen weltweit nach Umsatz. Größer sind nur AT&T und Verizon aus den USA.[17] Im Zuge des WTO-Beitrittes verpflichtete sich China zu einer Öffnung des Marktes für ausländische Investitionen. Doch vorgeblich aus Gründen der nationalen Sicherheit vollzog sich die Lockerung nur langsam und zunächst im Rahmen von Joint Venture mit chinesischen Unternehmen. 2019 gelang es der britischen Firma BT Group als erste ausländische Firma über ein Joint Venture eine Internetdienstleister-Lizenz in China zu erhalten.[18]

Beschleunigt durch staatliche Investitionen und die Breitbandstrategie des Staatsrates 2013 stieg der Anteil der Internetnutzer_innen 2002–2017 von 5 % um fast 50 Prozentpunkte auf 54,3 %.[19] Die Ziele waren neben dem allgemeinen Ausbau des Festnetzbreitbandes auch die Ausdehnung der 3G-/

17 Point Topic: Market shares of internet service providers in China in the fourth quarter of 2013, 2014, in: statista.com, www.statista.com/statistics/326199/number-of-broadband-subscribers-in-china; ETNO: Analysys Mason, 2019, in statista.com, www.de.statista.com/statistik/studie/id/13624/dokument/mobilfunk-weltweit–statista-dossier/.

18 Li Xia, Economic Watch: China speeds up opening up of telecom sector, in: Xinhua, v. 30.1.2019, www.xinhuanet.com/english/2019-01/30/c_137787116.htm.

19 State Council of the People's Republic of China: Nachricht über die Veröffentlichung der »Breitband China« Strategie und ihren Umsetzungsplan, 国务院关于印发«宽带中国«战略及,实施方案的通知,国发〔2013〕31号, 2013, www.gov.cn/zwgk/2013-08/17/content_2468348.htm; Li Hongsheng: Some Aspects of Review and Consideration about China's 30 years of Digitization (Originaltitel: 李红升,中国信息化30年若干方面回顾与思考,国家信息中心信息化研究部), in: www.sic.gov.cn, v. 30.10.2009, www.sic.gov.cn/News/249/1510.htm; CNNIC (China Internet Network Information Center): Statistical Report

LTE-Mobilfunknetze und die Versorgung von mindestens 95 % der kleinsten Ortsgemeinschaften (行政村) mit Breitband bis 2015. Letzteres Ziel wurde 2016 erreicht, damals verfügten laut Regierungsangaben 96,7 % aller Gemeinden über einen Breitbandanschluss.[20] Zum Vergleich: 2018 verfügten in vielen Landkreisen Deutschlands weniger als 50 % der Haushalte über Festnetzbreitband.[21]

Anschaulich lässt sich dieser Unterschied im internationalen Vergleich in Abbildung 1 erkennen. 2016 waren in China alle Internetanschlüsse direkt über Glasfaser verbunden, das war mit 64 % ein größerer Teil aller Haushalte als in Schweden (61 %), den USA (35 %) und Deutschland (7 %), wo die Mehrheit noch auf VDSL-Anschlüsse auf Kupferbasis angewiesen ist.[22] Eine Studie im Auftrag des Bundesministeriums für Wirtschaft und Energie (BMWi) kam zu dem Schluss, dass Kupfer auch mit Aufrüstungen nicht in der Lage ist, zukunftsweisenden Internetanschluss zu gewährleisten.[23] Das gilt in besonderem Maße für Produkte, die eine besonders stabile Verbindung benötigen, wie Liveübertragungen und Fernsteuerungen im Bereich autonome Maschinen und Fahrzeuge, aber auch bei großen Datenvolumina, wie sie im Internet of Things und mit der Anwendung Künstlicher Intelligenz nötig werden. Neue kabellose Technologien wie 5G lösen das Problem nur teilweise, da ihre Reichweite zunächst begrenzt sein wird. Eine weitere Alternative, Internet per Satellit, ist bislang erheblich teurer, instabiler und langsamer. Da in Deutschland der Breitbandausbau überwiegend privatwirtschaftlich durchgeführt wird, hängt der Fortschritt in größerem Maße von Profitinteressen der Unternehmen ab als von politischen Zielen, die in China maßgeblich sind.

of Internet Development in China, 2019. Alle Jahresberichte unter www.cnnic.cn/hlwfzyj/hlwxzbg.

20 NBS, 2019.

21 Bundesministerium für Verkehr und digitale Infrastruktur: Der Breitbandatlas, v. 4.9.2018, www.bmvi.de/DE/Themen/Digitales/Breitbandausbau/Breitbandatlas-Karte/start.html.

22 Ofcom: International Communications Market Report 2017, www.ofcom.org.uk/research-and-data/multi-sector-research/cmr/cmr-2017/international.

23 Christian Wernick et al.: Gigabitnetze für Deutschland. WIK-Studie im Auftrag des BMWi, Bad Honnef 2016, www.wik.org/fileadmin/Studien/2017/Gigabitnetze_Deutschland.pdf.

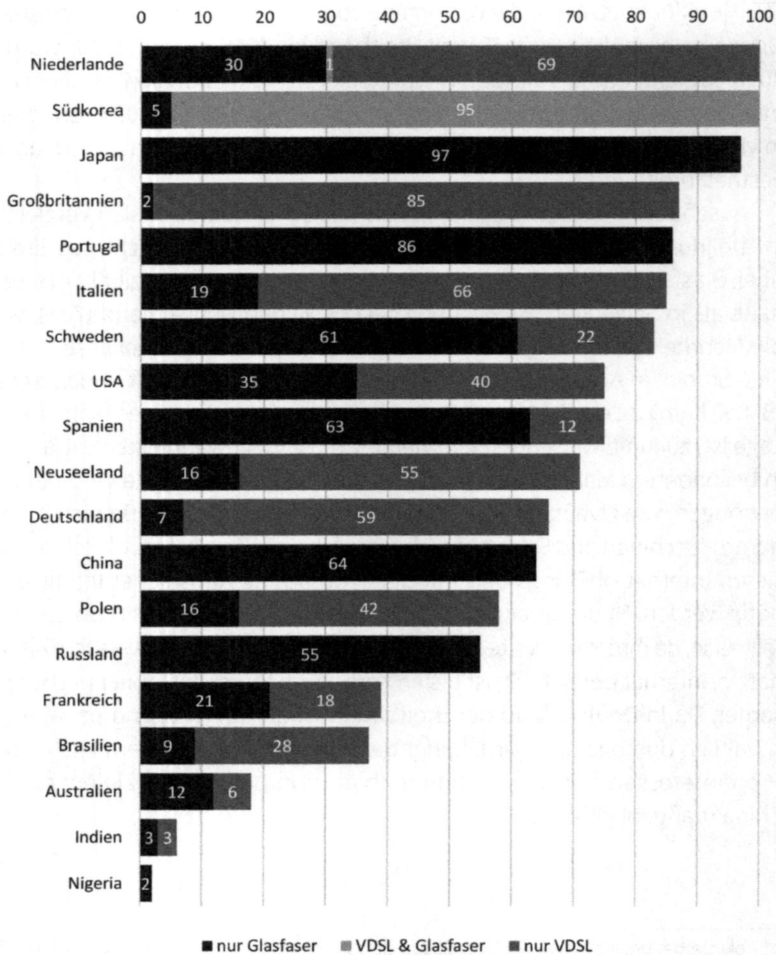

Abb. 1: Glasfaser-Breitband-Verfügbarkeit 2016, eigene Darstellung. *Quelle:* Ofcom (2017): International Communications Market Report 2017, www.ofcom.org.uk/research-and-data/multi-sector-research/cmr/cmr-2017/international.

Auch beim mobilen Internet gelang es China, alte Technik zu überspringen und gleich neue Standards umzusetzen, hier 3G und 4G. Das führte dazu, dass die meisten Nutzer_innen Festnetzinternet übergingen und mobiles Internet zum Standard geworden ist, ein Vorteil für die chinesischen Hersteller von Smartphoneanwendungen und die Anbieter mobiler Onlinedienste. 2016 hatten Nutzer_innen in China auch mit 75 % etwas öfter Zugang zu 3G- bzw. 4G-Netzen als in Deutschland (74 %). Bei der Verfügbarkeit vom bisher schnellsten mobilen Internet (4G/LTE) lag China 2016 mit ca. 74 % weit vor Deutschland (57 %). Auch hier liegen Länder wie Ungarn, Litauen und selbst Indien vor etablierten Industrienationen wie Deutschland, Frankreich (49 %) und Italien (54 %).[24]

Bislang erzielt das deutsche Modell noch schnellere Durchschnittsgeschwindigkeiten beim Internetzugang: Im 1. Quartal 2017 lag der Wert hier bei 24,1 Mbps, in China nur bei 9,3 Mbps. Auch hier gibt es signifikante regionale Unterschiede. 2013 war beispielsweise die durchschnittliche Geschwindigkeit in Shanghai doppelt so hoch wie in Qinghai, einer ländlich geprägten westlichen Provinz. Es bleibt eine offene Frage, ob die Regierung durch große Investitionen und technologischen Fortschritt unter dem bisherigen System der Internetgovernance einen schnellen, zuverlässigen und vor allem international angebundenen Internetzugang gewährleisten kann.[25] Die technischen Voraussetzungen sind mittlerweile gegeben.

Regionale Entwicklungswege

Dünne Besiedelung und geografische Schwierigkeiten bei der Vernetzung ländlicher Gebiete, insbesondere im Westen des Landes, waren zunächst eine große Herausforderung für den Infrastrukturausbau in China. 2010 betrug die Breitbandversorgung auf dem Land nur 5,4 %, in den Städten hin-

24 OpenSignal.com v. 2016, www.opensignal.com/reports/2016/11/state-of-lte; www.opensignal.com/reports/2016/08/global-state-of-the-mobile-network.

25 Akamai: akamai's [state of the internet] Q1 2017 report, v. 2017, www.akamai.com/us/en/multimedia/documents/state-of-the-internet/q1-2017-state-of-the-internet-connectivity-report.pdf.

gegen schon 14,9 %.[26] Auch in den letzten Jahren gab es immer noch einen großen Abstand bei der Internetnutzung zwischen ländlichen und städtischen Regionen. So betrug der »digitale Graben«, der Abstand zwischen Stadt und Land in der Internetdurchdringung, im Zeitraum 2014–2017 konstante 34–35 %, obwohl es eine allgemeine Verbesserung der Durchdringung um 8 Prozentpunkte gab.[27] In einer Umfrage fand das China Internet Network Information Center[28] jedoch als größtes Hindernis bei der Internetnutzung nicht den fehlenden Zugang, sondern mangelnde PC-, Internet- und Sprachkenntnisse (53,5 % und 38,2 %). Zum Vergleich: Eine Umfrage in Deutschland fand hauptsächlich mangelndes Interesse (82 %) und Überforderung (37 %) als Gründe für die Nichtnutzung.[29] Die Verbesserung der Allgemeinbildung spielt also eine entscheidende Rolle für die Digitalisierung, ein Phänomen, das in der Literatur im Zusammenhang mit den Begriffen »absorptive capacity« (in Bezug auf die Unternehmen) und »digital readiness« (in Bezug auf die Gesellschaft insgesamt) diskutiert wird.[30] Ein weiterer Faktor ist die Attraktivität digitaler Produkte und Dienste, die in den USA und in China durch einen großen internen Markt schneller steigt als in Europa, wo der digitale Binnenmarkt noch durch Regulierung, aber auch durch nationale Unterschiede fragmentiert ist.

Wie oben beschrieben, hatte die Zentralregierung durch den Aufbau der Netzinfrastruktur einen hohen Anteil am Erfolg der Digitalisierung in China. Nachdem in einigen Regionen und Großstädten der Aufbau von Produktions- und Forschungszentren geglückt ist, steht sie nun vor der Frage, wie der Rest des Landes von der Digitalisierung profitieren kann. Für diese Phase der Digitalisierung stehen nun die lokalen Bedingungen im Vordergrund: Anders als in der stark konzentrierten IKT-Fertigung können in der Plattformwirtschaft sowie bei der Umsetzung von E-Verwaltung und Smart Cities landesweit Arbeitsplätze entstehen.

---

26 NBS, 2019.

27 CNNIC, wie oben 2017; 2019.

28 CNNIC.

29 TNS Infratest: Initiative D21, 2019, in: statista.com, www.de.statista.com/statistik/daten/studie/39258/umfrage/gruende-fuer-die-nichtnutzung-von-internet/.

30 John B. Horrigan: Digital Readiness Gaps, Pew Research Center v. 20.11.2016, www.pewinternet.org/2016/09/20/digital-readiness-gaps/.

So wuchs der Umsatz im Internethandel 2014–2017 um mehr als das doppelte auf 7,175 Milliarden RMB¥ oder 928 Milliarden Euro, ein Zuwachs, der heimischen Produzenten zugutekommt und ein Zeichen dafür ist, dass die Digitalisierung das Potenzial hat, Chinas traditionell eher schwache Binnennachfrage anzukurbeln.[31] Trotz seines durchschnittlich noch niedrigen Pro-Kopf-Einkommens besitzt China damit schon jetzt den größten Markt für E-Commerce (2018: 576 Milliarden Euro), vor den USA, und liegt laut Prognosen fast gleichauf mit Europa (602 Milliarden Euro).[32] Ob E-Commerce eine Rolle bei der Entwicklung von benachteiligten Regionen und bei der Armutsbekämpfung spielen kann, wurde im Zusammenhang der sogenannten »Taobao-Dörfer« diskutiert. Diese und ähnliche Programme kombinieren logistische und Marketing-Expertise von E-Commerce-Plattformunternehmen, hier Alibaba, mit staatlicher Förderung. Ziel ist es, landwirtschaftliche und handwerkliche Betriebe auf dem Land zu gründen und zu erhalten und dadurch Arbeitsplätze und Wohlstand für die Landbevölkerung zu generieren sowie Migration und Armut zu reduzieren. Erste Studien zu dem Effekt dieser Programme fallen vorsichtig positiv aus.[33]

Grundsätzlich stehen sich bei der regionalen Entwicklung unterschiedliche Interessen der Zentralregierung gegenüber: Der Aufbau einer international wettbewerbsfähigen Digitalwirtschaft mit Fortschritten in kritischen Kerntechnologien wie Künstlicher Intelligenz, Quantencomputern und Blockchain auf der einen Seite und dem Aufbau einer breiten, regional diversifizierten Digitalwirtschaft, die den negativen Folgen der Zentralisierung entgegenwirkt, auf der anderen. Einzelne Initiativen wie die Leitlinie der »Mas-

31 CNNIC, wie oben 2017.

32 Statista: Digital Market Outlook, in: statista.com, 2019, www.de.statista.com/statistik/daten/studie/485047/umfrage/umsaetze-im-e-commerce-nach-laendern-weltweit/; Ecommerce Europe: European B2C Ecommerce Report, 2018. www.ecommercenews.eu/ecommerce-in-europe-was-worth-e534-billion-in-2017/.

33 Anthony H. F. Li: E-commerce and Taobao Villages, in: China Perspectives-Online (2017) 3, www.journals.openedition.org/chinaperspectives/7423; Luo Xubei/Niu Chiyu: E-Commerce Participation and Household Income Growth in Taobao Villages, World Bank Policy Research Working Paper No. WPS 8811, Washington, DC 2019, www.documents.worldbank.org/curated/en/507521554906279569/E-Commerce-Participation-and-Household-Income-Growth-in-Taobao-Villages.

sen-Unternehmungen und Innovationen« (大众创业，万众创新),[34] zunächst durch Premier Li Keqiang beim Weltwirtschaftsforum in Davos 2014 bekannt gemacht, setzen dabei auf eine Kombination aus zentralen und regionalen Programmen zur breiten Förderung von Unternehmensgründungen. Obwohl es bereits seit Längerem staatliche Fonds zur Förderung von Privatunternehmen gibt, ist deren Volumen seit 2013 stark angestiegen. So vervierfachte sich das Gesamtvolumen von 2013–14 auf ca. 37 Milliarden Euro. Danach verfünffachte es sich noch einmal 2014–15 auf ca. 195 Milliarden Euro. Der größte Teil davon wurde über Fonds auf Stadt- bzw. Provinzebene aufgelegt. Zum Vergleich, in Europa warben Private Equity Fonds 2015 rund 53,5 Milliarden Euro ein.[35] Da die chinesischen Fonds politisch gesteuert werden, gibt es jedoch Befürchtungen, dass Korruption und mangelnde Kompetenz zu einer geringeren Erfolgsquote als in den USA und Europa führen werden. Lösungsansätze sind bislang, das Kapital über Ausschreibungen und Wettbewerbe und als Risikokapital unter Beteiligung von privaten Investoren zu verteilen, anstatt wie zu Beginn als direkten Zuschuss.

Zukunft

Mit hochwertiger Infrastruktur, der Ausbildung eines effektiven internen Marktes und einer steigenden Konsumnachfrage wird China langfristig sehr gute Voraussetzungen für den Aufbau einer erfolgreichen digitalen Wirtschaft besitzen. Dieser Heimvorteil wird die Grundlage für eine dominante Position chinesischer Tech-Firmen auf dem Weltmarkt bilden, vergleichbar mit der bisherigen von US-amerikanischen Firmen. Die EU als potenziell zweitgrößter Markt hat hier schon jetzt erheblichen Einfluss und kann von chinesischer Technologie profitieren, solange ein kooperativer Rahmen für den digitalen Wirtschaftszweig gefunden wird. Zögerliche erste Schritte dahin wurden mit dem ICT-Dialog und im Rahmen des EU-China High Level Economic and

34 Sinngemäß: »Wenn das Volk zu Unternehmer_innen wird, entstehen Millionen Innovationen«.

35 Qingke Research: 2016, via www.simu.jrj.com.cn/2016/03/30150620761527.shtml; Invest Europe: 2017 European private Equity Activity, v. Mai 2018, www.investeurope.eu/media/711867/invest-europe-2017-european-private-equity-activity.pdf.

Trade Dialogue zwischen der Europäischen Kommission und der chinesischen Regierung getan. Es fehlt aber an Initiativen, die den digitalen Handel mit Waren und Dienstleistungen, digitalen Lieferketten und die Arbeitsteilung in der Internetwirtschaft systematisch koordinieren und Standards vereinheitlichen. Beispielhaft für solche Kooperationen könnte das »Bilateral Civil Aviation Safety Agreement« sein, das 2019 beim EU-China-Gipfel unterzeichnet wurde und unnötige Evaluation und Zertifizierung im zivilen Luftverkehr reduzieren soll.[36]

Risiken für Chinas Digitalisierung sind die politische Kontrolle des Internets und die damit einhergehenden Hindernisse für die Dynamik des Internetsektors. Aber auch soziale Risiken, die sich aus der regional unterschiedlichen Entwicklung der Produktion, der ungleichen Verteilung von Ausbildungsplätzen und qualifizierten Arbeiter_innen ergeben, könnten das Wachstum bremsen: Wenn Produktivität und Ausbildung nicht mit steigenden Einkommen Schritt halten, könnten Stagnation und technologisch bedingte Arbeitslosigkeit die Folgen sein.

Ungewisse Auswirkungen birgt die Gründung neuer Wirtschaftszonen wie die »Digitale Stadt« Xiong'an als Labor für Smart-City-Technologie oder die digitale Aufwertung bisheriger Wirtschaftszonen wie der Inselprovinz Hainan als »Blockchain-Testgebiet« und »demonstration zone for offshore innovation and entrepreneurship«, unter anderem mit kurzzeitig diskutierten Lockerungen der Internetkontrollen.[37] Bei vielen dieser Initiativen wie auch dem Testlauf einer Kryptowährung durch die chinesische Zentralbank (PBOC) ist noch nicht klar, wie und ob sich daraus grundlegende Änderungen für die chinesische Wirtschaft ergeben. Bis jetzt scheint die Regierung aber der bisherigen Strategie vieler kleiner Experimente zu folgen, um sich möglichst

36 Europäische Kommission: Aviation Strategy for Europe. European Union signs landmark aviation agreements with China, v. 20.5.2019, www.ec.europa.eu/transport/modes/air/news/2019-05-20-aviation-agreements-china_de.

37 Zhang Yunbi: Hainan to be key pilot trade zone, in: China Daily-Online v. 14.4.2018, www.chinadailyhk.com/articles/142/4/104/1523671044425.html; »海南自贸区（港）区块链试验区« 正式设立, in: people.cn, 8.10.2018, http://hi.people.com.cn/n2/2018/1008/c231190-32130790.html; Yawen Chen/Brenda Goh: China's Hainan says will partly lift »Great Firewall« to lure foreign tourists, in: Reuters v. 22.6.2018, www.reuters.com/article/us-china-economy-hainan-idUSKBN1JI1C2.

viele Möglichkeiten offenzuhalten und die nächste transformative Technologie nicht zu verpassen.[38]

Ein Beispiel für ein bereits fortgeschrittenes Experiment ist die Einführung eines zentralen Bonitätssystems, das die nötige Transparenz für Transaktionen im wachsenden Binnenmarkt bieten soll. Dabei werden rechtlicher Status, das Zahlungsverhalten und andere, auch kontrovers diskutierte persönliche Verhaltensdaten gesammelt und entweder öffentlich zugänglich gemacht (für Firmen) oder in eine Kreditpunktzahl umgerechnet. Diese kann dann wiederum anderen Marktteilnehmer_innen Auskunft über die Vertrauenswürdigkeit der Einzelnen geben. Unterschiedliche Varianten wurden durch einige Behörden, staatliche und private Firmen in verschiedenen Regionen und Bereichen gleichzeitig getestet und sollen langfristig durch ein national zentriertes System abgelöst werden. Bislang gibt es jedoch noch kein solches System.[39] Bei einer erfolgreichen Umsetzung könnte es dabei helfen, Transaktionen sicherer und dadurch schneller zu machen. Es birgt jedoch auch Risiken für den persönlichen Datenschutz, politische Instrumentalisierung und die Verzerrung von Anreizen.

Chinesische Technik und Software spielen schon heute eine große Rolle für die Entwicklung der Digitalisierung in Deutschland und Europa, was sich in der Debatte um den Mobilfunkstandard 5G und den chinesischen Netzwerktechnik-Hersteller Huawei zeigt.[40] Es sind aber auch die Erfahrungen der unterschiedlichen chinesischen Regionen mit politischen, wirtschaftlichen und gesellschaftlichen Aspekten der Digitalisierung, die neue Perspektiven für Entscheidungsträger_innen in Deutschland und Europa aufzeigen.[41] Besonders bei der Förderung regionaler Digitalisierungs-Cluster gelten andere Regeln als bei traditioneller Industrieförderung. Die Er-

---

38 Zhang Yuzhe/Han Wei: PBOC Set to Be First to Issue Digital Bills, in: caixinglobal.com v. 26.1.2017, www.caixinglobal.com/2017-01-26/pboc-set-to-be-first-to-issue-digital-bills-101049103.html.

39 Genauere Informationen zum sogenannten Sozialen Kreditsystem: Jeremy Daum, v. 16.10.2018, www.chinalawtranslate.com/social-credit-articles/.

40 Daniel Voelsen: 5G, Huawei und die Sicherheit unserer Kommunikationsnetze. Handlungsoptionen für die deutsche Politik, SWP-Aktuell 2019/A 05, Berlin 2019.

41 Vgl. für die chinesische politische und gesellschaftliche Debatte: Nadine Godehardt/David Schulze: China 4.0. Reaktionen in Partei und Gesellschaft auf die digitale Transformation, SWP-Aktuell 2017/A 01, Berlin 2017.

gänzung der räumlichen Dimension durch virtuelle Netze können beispielsweise durch neue dezentralisierte Plattformen im Bereich E-Commerce und E-Services eine Wertschöpfung und damit Arbeitsplätze an der Peripherie entstehen lassen. Unkorrigiert bleibt die überwiegende Tendenz der Zentralisierung von Kapital, Arbeit und Produktivität mit all den damit verbundenen Vor- und Nachteilen.

Wirtschaft und Arbeitswelten

Samuel Greef · Benedikt Schreiter

Plattformökonomie und Gewerkschaften

Immer häufiger ist die Rede davon, dass wir im »digitalen Zeitalter« leben.[1] Einem Zeitalter, in dem die Digitalisierung alle Bereiche der Gesellschaft, der Wirtschaft und der Politik durchdringt. Allerdings ist vielfach unklar, wie sich die weiteren Entwicklungen ausgestalten werden. Gleichwohl beinhaltet diese Offenheit der Prozesse eine gestaltende Perspektive auf die digitale Zukunft, die mitnichten vordeterminiert ist. Dies trifft insbesondere auf den Aufstieg und die Etablierung monopolartiger digitaler Plattformen zu, denen ein großes wirtschaftliches Umbruchspotenzial zugeschrieben wird. Dieses Phänomen wird unter Begriffen wie »Plattformökonomie«, »On-Demand Economy«, »Sharing Economy«, »Gig Economy« oder »crowd-based capitalism« diskutiert.[2] Wobei diese Bezeichnungen keineswegs untereinander austauschbar sind, was einen Hinweis auf die Heterogenität des Phänomens darstellt.

---

1 Vgl. Oliver Stengel/Alexander van Looy/Stephan Wallaschkowski (Hg.): Digitalzeitalter-Digitalgesellschaft. Das Ende des Industriezeitalters und der Beginn einer neuen Epoche, Wiesbaden 2017.

2 Arun Sundararajan: The sharing economy. The Sharing Economy. The End of Employment and the Rise of Crowd-Based Capitalism, Cambridge/London 2017, S. 26.

Der vorliegende Beitrag fokussiert sich auf einen Teil der Plattformökonomie.[3] Es geht um jenen Teilbereich, der mit dem Begriff des Crowdworking bezeichnet wird. Dahingehend werden nur Plattformen berücksichtigt, die neue Arten von atypischer Beschäftigung sowie neue Formen der Tätigkeits- und Arbeitsorganisation durch Outsourcing von Aufgaben über das Internet (Crowdsourcing) etablieren.[4] Im Allgemeinen kann man von »plattformbasiertem Arbeiten« sprechen, welches unterschiedliche Formen, namentlich Cloudworking und Gigworking, einschließt.

Dem eingangs geäußerten Primat der Gestaltbarkeit der »digitalen Zukunft« folgend, stehen die arbeits- und arbeitsmarktbezogenen Auswirkungen im Zentrum. Die Analyse fokussiert sich dabei auf die Gewerkschaften. Exemplarisch wird am Beispiel von ver.di und IG Metall[5] der Umgang mit den spezifischen Herausforderungen durch Crowdworking in der Plattformökonomie analysiert. Die zwei Schlüsselfragen, die in diesem Beitrag diskutiert werden, sind:

1. Wie reagieren IG Metall und ver.di organisationsstrategisch auf die Herausforderungen des Phänomens Crowdworking?
2. Welche Vorstellungen von Regulierung formulieren sie?

Der Beantwortung dieser Fragen liegt ein qualitatives Forschungsdesign zugrunde, das sich auf Dokumentenanalysen konzentriert. Die empirische Analyse basiert auf einer Auswertung von Pressemitteilungen, Anträgen von Gewerkschaftstagen, Kommentaren zu (geplanten) Gesetzen und politischen Initiativen sowie Stellungnahmen in öffentlichen Anhörungen und Konsultationsprozessen. Die Materialerhebung konzentrierte sich auf den Zeitraum von zehn Jahren von 2008 bis 2019. Ein Teil der Erhebung erfolgte im Rahmen einer Studie für das BMAS.[6] Die Auswertung des erhobenen Materials erfolgt dabei entlang von drei Kategorien:

---

3 Vgl. Samuel Greef/Wolfgang Schroeder: Plattformökonomie und Crowdworking. Eine Analyse der Strategien und Positionen zentraler Akteure, Berlin 2017.

4 Vgl. Philip Schörpf et al.: Triangular love-hate. Management and control in creative crowdworking, in: New Technology, Work and Employment 32 (2017) 1, S. 43-58, hier S. 44.

5 IG Metall und ver.di sind nicht nur die mitgliederstärksten DGB-Gewerkschaften, sondern auch die Akteure auf Arbeitnehmerseite, die sich am intensivsten und kontinuierlichsten mit Crowdworking auseinandersetzen.

6 Vgl. Greef/Schroeder: Plattformökonomie und Crowdworking.

1. Der inhaltlichen Auseinandersetzung mit dem Phänomen Crowdworking,
2. den organisatorischen Reaktionen sowie
3. den regulativen Forderungen.

Zunächst sollen im Folgenden jedoch das Phänomen des Crowdworking und dessen Ausprägungen im Rahmen der Plattformökonomie verortet werden.

Plattformökonomie

Die Plattformökonomie als neues wirtschaftliches Phänomen ist in den letzten Jahren viel diskutiert worden. In ihrer Gesamtheit ist die Plattformwirtschaft allerdings alles andere als einheitlich, sodass zunächst eine begriffliche Klärung und analytische Eingrenzung erfolgt. Das grundlegende Charakteristikum von Plattformen besteht in ihrer dreiseitigen Architektur, die Plattformmärkte von traditionellen zweiseitigen Märkten unterscheidet. Während auf zweiseitigen Märkten Anbieter und Nachfrager direkt aufeinandertreffen, tritt dort der Plattformbetreiber als dritter Akteur hinzu (➞ Abb. 1).

Die dreiseitige Architektur ist dabei durch ein inhärentes Macht- und Risikoungleichgewicht geprägt, wobei der Plattformbetreiber über die stärkste Position verfügt. Als vermittelnde Instanz besitzt und kontrolliert er nicht nur alle Daten und Informationen, er gestaltet auch durch seine Allgemeinen Geschäftsbedingungen (AGBs) primär das Verhältnis zwischen den Plattformnutzern. Folglich lässt sich konstatieren: »[T]he platforms regulate the market. In fact, the platforms have a position ›like that of the government‹«.[7]

7 Janine Berg: Income security in the on-demand economy. Findings and policy lessons from a survey of crowdworkers, Genf 2016, S. 18.

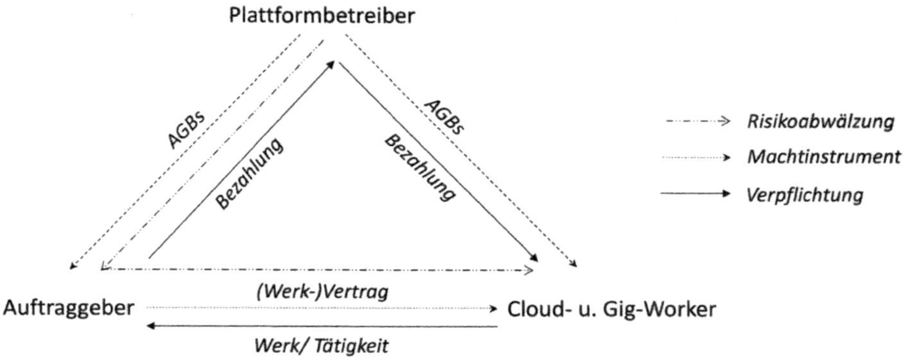

Abb. 1: Die dreiseitige Plattformarchitektur. *Quelle:* Eigene Darstellung.

Die beiden anderen Akteursgruppen, die Auftraggeber (oft Unternehmen) auf der einen und eine undefinierte Gruppe an potenziellen Auftragnehmern (Crowdworker oder Cloud- und Gigworker; oft [Solo-]Selbstständige) auf der anderen Seite, müssen die vorgegebenen Bedingungen in den AGBs akzeptieren. Andernfalls können sie die Plattform nicht nutzen und müssen sich alternative Möglichkeiten suchen.[8] Dies wird dadurch erschwert, dass Plattformen im Gegensatz zu Märkten zur Monopolbildung tendieren. Die Position des ohnehin stärksten Akteurs – des Plattformbetreibers – wird dabei durch zwei weitere Effekte gestärkt:

1. Der Netzwerkeffekt besagt, dass der individuelle Nutzen für den Netzwerkteilnehmer mit jedem weiteren Teilnehmer ansteigt. Daher ist nicht nur für jeden potenziellen Teilnehmer der größte Nutzen durch den Beitritt zum größten Netzwerk zu erwarten, sondern mit jedem Beitritt erhöht sich auch der Nutzen für alle anderen bereits vorhandenen Teilnehmer. Infolgedessen wächst die Mitgliedschaft des führenden Netzwerks exponentiell und tendiert damit langfristig zur Monopolbildung.[9]
2. Lock-in-Effekte stärken etablierte Netzwerke, indem sie den einfachen Wechsel zwischen unterschiedlichen Plattformbetreibern behindern.

8 Vgl. Leonhard Dobusch: Plattformökonomie zwischen neuen Monopolen und Sharing Economy, in: spw 212 (2016) 1, S. 46-50, hier S. 46.

9 Vgl. Florian A. Schmidt: Digital Labour Markets in the Platform Economy. Mapping the Political Challenges of Crowd Work and Gig Work, Bonn 2017, S. 10.

Daten lassen sich oft nicht zwischen den Plattformen übertragen. Daher erhöhen sich mit jeder Investition (Zeit und Geld) eines Teilnehmers in eine Plattform die Kosten für einen potenziellen zukünftigen Wechsel zu einer anderen Plattform, der damit umso unwahrscheinlicher wird.

Jenseits der Gemeinsamkeit der dreiseitigen Architektur ist die Plattformökonomie vielseitig ausdifferenziert. Aus einer grundlegenden Perspektive lassen sich drei Grundtypen von Plattformen identifizieren:[10]

1. Sharing Economy mit allenfalls indirektem Dienstleistungsbezug (AirbnB),
2. Kommerzielle Handelsplattformen für physische Waren (Amazon, etsy), Geld (PayPal), Finanzierung (Kickstarter), Investitionen (Startpage) oder Informationen (Google Maps),
3. Kommerzielle Dienstleistungsvermittlungsplattformen für internetbasierte (MTurk, Upwork) oder ortsbezogene Arbeit (Helpling, BookATiger, Uber).

Im Zentrum dieses Beitrags stehen die »kommerziellen Dienstleistungsvermittlungsplattformen« für Arbeitsaufträge. Diese sind dadurch gekennzeichnet, dass Unternehmen einzelne Tätigkeiten aus dem Betriebskontext herauslösen (Crowdsourcing) und auf internetbasierten Plattformen zur Abarbeitung durch nicht im Vorhinein ausgewählte (Solo-)Selbstständige (Crowdworker) ausschreiben.[11] Je nachdem, ob die Arbeitsaufträge sich zeit- und ortsunabhängig am Computer bearbeiten lassen oder ob der Auftragnehmer persönlich vor Ort anwesend sein muss, um eine Dienstleistung zu erbringen, sprechen wir bei plattformvermittelter Arbeit von Cloudwork oder Gigwork.[12]

Hieraus ergeben sich aus gewerkschaftlicher Perspektive vier entscheidende Aspekte:

1. Werden Arbeitsaufträge und Aufgaben über eine Onlineplattform in die Crowd ausgelagert, verschwindet der Betrieb als Referenz für die Gestaltung von Arbeitsverhältnissen, Arbeitsbedingungen und Lohnstruk-

---

10 Vgl. Schmidt: Digital Labour Markets, S. 5 ff.; Dobusch: Plattformökonomie, S. 46.

11 Internes Crowdsourcing (zum Beispiel »Liquid«-Projekt von IBM) – das heißt, eine Aufgabe wird innerhalb eines Unternehmens bzw. Konzerns ausgeschrieben, für deren Bearbeitung sich unternehmensangehörige Beschäftigte bewerben können – spielt daher für diesen Beitrag keine Rolle.

12 Während wir Crowdwork als Oberbegriff für Cloud- und Gigwork verstehen, setzen andere Autoren die Begriffe Crowdwork und Cloudwork gleich (oder nutzen letzteren erst gar nicht).

tur. Für die Gewerkschaften führt dies zu einer Erosion ihres zentralen Organisations- und Mobilisierungspunktes. Darüber hinaus ermöglicht plattformbasiertes Arbeiten eine neue Ebene der (sozialen) Kontrolle durch einfache automatische Überwachung und die Erfassung aller Daten durch den Plattformbetreiber. Die daraus resultierenden Probleme reichen weit in die Bereiche (Mitarbeiter-)Datenschutz und Recht auf Privatsphäre hinein.

2. Kommerzielle Dienstleistungsvermittlungsplattformen zeichnen sich durch wenige Auftraggeber (Unternehmen) auf der einen Seite und viele, potenziell weltweit ansässige Freiberufler, (Solo-)Selbstständige und Nebenerwerbstätige auf der anderen Seite aus. Auftragnehmer konkurrieren um tätigkeits- oder projektbezogene Aufträge. Die daraus resultierenden Verträge unterliegen im Gegensatz zur abhängigen Beschäftigung im Normalarbeitsverhältnis weder Tarifverträgen noch Mindestlöhnen. Die Auftragnehmer sind nicht sozialversichert. Darüber hinaus gelten gesetzliche Regelungen sowie die etablierten Arbeitsrechtsstandards abhängiger Beschäftigter für sie nicht.[13] Sie sind »typischerweise von den Bestimmungen des Rechts- und Arbeitsschutzes ausgeschlossen […], die während der letzten hundert Jahre durchgesetzt wurden.«[14] Stattdessen sind ihre Arbeitsbedingungen weitgehend unreguliert.[15]
3. Weder die Plattformbetreiber noch die Auftraggeber verstehen sich als Arbeitgeber. Zum einen sehen sich die Betreiber von Plattformen ausschließlich als Vermittler zwischen Angebot und Nachfrage, ohne rechtliche Verpflichtung oder Verantwortung für die daraus resultierenden Verträge zwischen ihren Plattformkunden. Zum anderen greifen die Auftraggeber auf das Argument zurück, dass sie es mit (Solo-)Selbstständigen zu tun haben und durch die Auftragsvergabe kein Beschäfti-

13 Vgl. Sarah A. Donovan/David H. Bradley/Jon O. Shimabukuro: What Does the Gig Economy Mean for Workers?, Washington, DC 2016, S. 11; Berg: Income security, S. 18.

14 Dänische Gewerkschaft der Vertriebs- und Büroangestellten (HK) et al.: Frankfurter Erklärung zu plattformbasierter Arbeit. Vorschläge für Plattformbetreiber, Kunden, politische Entscheidungsträger, Beschäftigte und Arbeitnehmerorganisationen, Kopenhagen 2016, S. 2.

15 Vgl. Christiane Benner: Amazonisierung oder Humanisierung der Arbeit durch Crowdsourcing? Gewerkschaftliche Perspektiven in einer digitalen Arbeitswelt, in: Crowdwork – zurück in die Zukunft? Perspektiven digitaler Arbeit, hg. v. dies., Frankfurt a. M. 2015, S. 289-300, hier S. 292, 295.

gungsverhältnis begründet wird. Die Vereinbarung zwischen Auftraggeber und Auftragnehmer unterliege daher der freien Vertragsgestaltung (und ist allenfalls gegen Sittenwidrigkeit geschützt).

4. Die tatsächliche Tätigkeit von Crowd- und Gigworkern und damit die Honorarhöhe unterscheiden sich erheblich bezüglich Zeit, Komplexität und Anforderungen. Sie reichen von nicht qualifizierten »Mikrotasks« bis hin zu sehr umfangreichen Projekten.[16] Im Kreativbereich kommen Wettbewerbsausschreibungen hinzu, bei denen die Teilnehmer mit der Entwurfserstellung in Vorleistung gehen müssen, am Ende aber in der Regel nur der Gewinner des Wettbewerbs bezahlt wird.[17] Erschwerend kommt hinzu, dass sich der Auftragnehmer in der schwächsten Position – in einer doppelten Abhängigkeit – befindet. Einerseits muss er die AGBs der Plattform akzeptieren. Andererseits legt der Auftraggeber alles Wesentliche, wie Aufgabenbeschreibung und Vergütung, einseitig in der Ausschreibung fest. Die Auftragnehmer müssen diese Bedingungen akzeptieren, da sie nicht dazu in der Lage sind, diese nachzuverhandeln.

Crowdworking in Deutschland

Hinsichtlich des Umfangs und der Größe sowie der daraus resultierenden Bedeutung von Cloud- und Gigworking in Deutschland sind nur unzureichende Daten verfügbar. In der offiziellen Arbeitsmarktstatistik werden Crowdworker nicht erfasst und auch die Plattformen agieren wenig transparent. Dies hat zur Folge, dass sich die gegenwärtigen Betrachtungen auf umfragebasierte Schätzungen berufen. Einzelne Studien werfen zwar ein Licht auf das Phänomen, die von ihnen erhobenen Daten sind aber häufig nur eingeschränkt verallgemeinerbar. Die allgemeine Bedeutung von Crowdwork steht daher zur Debatte und ist umstritten. IG Metall und ver.di gehen

16 Vgl. Jan Marco Leimeister/David Durward/Shkodran Zogaj: Crowd worker in Deutschland. Eine empirische Studie zum Arbeitsumfeld auf externen Crowdsourcing-Plattformen, Düsseldorf 2016, S. 18 ff.

17 Vgl. Schmidt: Digital Labour Markets, S. 16 f.

davon aus, dass die Relevanz von Crowdworking zunehmen wird,[18] ob das Phänomen aber tatsächlich zukünftig einen relevanten Anteil an der gesamten Arbeitsorganisation und dem Arbeitsmarkt haben wird, kann nicht klar gesagt werden.

In einer repräsentativen Umfrage unter deutschen Unternehmen aus dem Jahr 2016 wussten nur 26 % der Umfrageteilnehmer, was Crowdworking bedeutet. Und nur 3 % aller Unternehmen hatten zumindest einzelne Aufgaben bereits an Crowdworker ausgelagert. Dennoch können sich 18 % der Unternehmen vorstellen, in Zukunft Crowdsourcing einzusetzen.[19]

Die Zahl der tatsächlichen Crowdworker ist angesichts fehlender Statistiken nur schwer zu bestimmen. In einer Studie von Huws und Joyce gaben 22 % der Befragten (hochgerechnet fast 13 Millionen Menschen) an, dass sie im vergangenen Jahr versucht hätten, über Plattformen Arbeit zu finden. Tatsächlich wöchentlich als Crowdworker gearbeitet hatten nur 4 % der Befragten (etwa 2,3 Millionen Menschen).[20] Ähnliche Zahlen weist Serfling mit 4,8 % (ca. 2,9 Millionen) aktiven Crowdworkern auf.[21] Diese auffallend hohe Anzahl von Crowdworkern relativiert sich durch eine qualitative Betrachtung: In der Studie von Bertschek et al. verdient eine klare Mehrheit von 69 % der dort befragten Crowdworker weniger als 4,99 € pro Woche und 96,7 % weniger als 20 € pro Woche. Diese Ergebnisse sind nicht überraschend, da eine Mehrheit von 54 % der Befragten weniger als eine Stunde pro Woche arbeitet.[22]

---

18 Vgl. Christiane Benner: Crowdsourcing. Die radikale Form der Digitalisierung von Arbeit. Eine Herausforderung für gewerkschaftliches Handeln, in: Gute Arbeit. Ausgabe 2016. Digitale Arbeitswelt – Trends und Anforderungen, hg. v. Lothar Schröder/Hans-Jürgen Urban, Frankfurt a. M. 2015, S. 129-138, hier S. 130.

19 bitkom: Crowdworking ist noch die Ausnahme – hat aber Potenzial, in: bitkom Pressebereich v. 6.12.2016, www.bitkom.org.

20 Ursula Huws/Simon Joyce: Size of Germany's »Gig Economy« revealed for the first time, Hertfordshire 2016, S. 1.

21 Oliver Serfling: Crowdworking Monitor NR. 1. für das Verbundprojekt »Crowdworking Monitor«, Kleve 2018, S. 16 f.

22 Irene Bertschek/Jörg Ohnemus/Steffen Viete: Befragung zum sozioökonomischen Hintergrund und zu den Motiven von Crowdworkern – Endbericht, Berlin 2016, S. 9, 35 f.

Organisationsperspektive

In Bezug auf die Plattformökonomie sind IG Metall und ver.di unter den Gewerkschaften bislang potenziell am stärksten vom Phänomen Crowdworking betroffen. Trotz der oben angesprochenen Risiken und Herausforderungen sind sich beide Organisationen dabei der möglichen positiven Aspekte bewusst. Eines der Versprechen der plattformbasierten Arbeit ist es, »großen Gruppen vormals ausgeschlossener Personen [...] Zugang zum Arbeitsmarkt zu verschaffen«.[23] Ebenso kann diese Arbeitsform auch mehr Flexibilität und Freiheit mit sich bringen, indem sie zeit- und ortsunabhängiges Arbeiten ermöglicht und damit die Vereinbarkeit von Beruf und Familie verbessert. Darüber hinaus stärkt mehr Freiheit in der Arbeitsorganisation die Autonomie und Selbstbestimmung.[24] Ver.di betont zudem positive Aspekte durch neue Beschäftigungs- und Einkommenschancen für Freiberufler und Selbstständige.[25] Diese differenzierte Sichtweise auf das Phänomen führt zu einer vielschichtigen Beschäftigung und Auseinandersetzung seitens IG Metall und ver.di. Im Folgenden wird daher skizziert, wo in der Arbeit von IG Metall und ver.di Crowdworking eine Rolle spielt und inwieweit diese auf der organisationalen und strukturellen Ebene auf die Herausforderung Crowdworking reagiert haben.

IG Metall

Die IG Metall stellte 2012 unter dem Thema »Zukunft der Arbeit« auf der jährlich stattfindenden »Engineering- und IT-Konferenz« das Phänomen Crowdsourcing in den Mittelpunkt. Seitdem werden Crowdwork und die Frage nach einem angemessenen Umgang kontinuierlich in unterschiedlichen

---

23 HK et al.: Frankfurter Erklärung, S. 2.

24 Vgl. Lothar Schröder/Michael Schwemmle: Gute Arbeit in der Crowd?, in: Gute Arbeit. Ausgabe 2014. Profile prekärer Arbeit – Arbeitspolitik von unten, hg. v. Lothar Schröder/Hans-Jürgen Urban, Frankfurt a. M. 2014, S. 112-122, hier S. 117.

25 ver.di (Hg.): Gute Arbeit und Gute Dienstleistungen in der digitalen Welt, in: verdi.de v. 20.10.2015, www.verdi.de, S. 11.

Zusammenhängen aufgegriffen. Dafür werden drei wesentliche Gründe genannt:[26]

1. Die Arbeitsbedingungen in der Plattformökonomie können potenziell auch die Arbeitsbedingungen aller Arbeitnehmer beeinflussen. Aus ökonomischer Sicht bietet Crowdsourcing eine kostengünstige Form der Leistungserbringung, die den Druck auf die reguläre Beschäftigung erhöht, unter anderem durch den »globalen Unterbietungswettbewerb in und mit der Crowd«.[27]
2. Wenn Menschen in dieser digitalen Arbeitsumgebung arbeiten, um Geld zu verdienen und ihren Lebensunterhalt zu sichern, gehört dies zum Kernbereich der Gewerkschaften.
3. Insgesamt geht es darum, nicht hinter die bereits erzielten Fortschritte in Bezug auf gute Arbeit und soziale Sicherung zurückzufallen.

Ende 2014 veröffentlichte Christiane Benner, zweite Vorsitzende der IG Metall, den Sammelband »Crowdwork – zurück in die Zukunft?«.[28] Seitdem findet eine kontinuierliche Auseinandersetzung mit der Frage des Umgangs mit der Plattformökonomie sowie den damit verbundenen Veränderungen der Arbeitsbedingungen statt. Diese beziehen sich nicht nur auf Inhalte, sondern umfassen auch organisatorische Initiativen und die Erarbeitung konkreter Forderungen nach einer als notwendig erachteten Regulierung (➟ Tab. 1, S. 218).

Für die IG Metall stellt Crowdworking, wie in der Tabelle in Form einer kontinuierlichen Beteiligung von internationalen Akteuren erkennbar, kein allein nationales, sondern ein internationales Phänomen dar, was der Ausrichtung und Arbeitsweise der Plattformen entspricht. »Globale Herausforderungen benötigen globale Antworten, deshalb vernetzen wir uns international«, sagt Christiane Benner.[29] Die IG Metall versucht daher, nicht nur Koalitionen und Projekte auf nationaler Ebene (zum Beispiel mit ver.di), sondern auch auf europäischer und internationaler Ebene zu etablieren. So

26 Benner: Crowdsourcing, S. 130.

27 ver.di: Gute Arbeit und Gute Dienstleistungen, S. 11.

28 Christiane Benner (Hg.): Crowdwork – zurück in die Zukunft? Perspektiven digitaler Arbeit, Frankfurt a. M. 2015.

29 IG Metall: IG Metall gestaltet gute digitale Arbeit: Internationale Vernetzung als Antwort auf Plattformökonomie, in: IG Metall Pressemitteilungen v. 14.12.2016, www.igmetall.de.

Tab. 1: Aktivitäten im Zusammenhang mit Crowdworking durch die IG Metall

Datum	Aktivität	Typ
9.2012	Crowdsourcing als Thema der jährlich stattfindenden »IG Metall – Engineering- und IT-Konferenz«	Inhalt
10.2014	Buchveröffentlichung: »Crowdwork – zurück in die Zukunft«[28]	Inhalt
5.2015	Website Launch: www.faircrowdwork.org zur Evaluierung von Crowdworking-Plattformen	Organisation
10.2015	23. IG Metall-Gewerkschaftskongress: Satzungsänderung ermöglicht Selbstständigen die Mitgliedschaft in der IG Metall	Organisation
12.2015	Buchveröffentlichung: »Gute Arbeit. Ausgabe 2016. Digitale Arbeitswelt – Trends und Anforderungen«[29]	Inhalt
1.2016	Geänderte Satzung tritt in Kraft	Organisation
4.2016	Erstes Treffen mit relevanten deutschen Plattformen	Regelung
	Erstes Treffen mit internationalen Akteuren	Regelung
seit 6.2016	Workshops mit Crowdworkern von verschiedenen deutschen Plattformen	Regelung
seit 7.2016	Start des BMAS-Verbundprojektes »Cloud und Crowd« (Kooperation mit ISF, LMU, Universität Kassel, ver.di, andrena objects)	Inhalt
12.2016	Veröffentlichung: »Frankfurt Erklärung zu plattformbasierter Arbeit« (Ergebnis des internationalen Treffens im April 2016)	Regelung
1.2017	Neufassung des »Code of Conduct« von mehreren Plattformen unter Beteiligung der IG Metall[30]	Regelung
3.2017	Erste Transfer-Konferenz des Kooperationsprojektes »Cloud und Crowd«	Inhalt
6.2017	Relaunch der Website: www.faircrowdwork.org	Organisation
	Pressekonferenz und Buchveröffentlichung: »Crowdwork – A Comparative Law Perspective«[31]	Inhalt
11.2017	»Plattformökonomie – Basis für gute Arbeit« als Thema auf der jährlichen »IG Metall – Engineering und IT-Konferenz«	Inhalt
	Etablierung einer Ombudsstelle zur Überwachung des »Code of Conduct«	Regelung
4.2018	Zweite Transfer-Konferenz des BMAS-Kooperationsprojektes »Cloud and Crowd«	Inhalt
2.2019	Erster Jahresbericht (2017 + 2018) der Ombudsstelle (30 Fälle)	Regelung

Quelle: Eigene Zusammenstellung und Darstellung.[30]

arbeitet die IG Metall mit Gewerkschaften aus anderen europäischen und nordamerikanischen Ländern zusammen. Gemeinsam veröffentlichten sie im Dezember 2016 die »Frankfurter Erklärung zu plattformbasierter Arbeit«. In diesem Papier stellen sie »Vorschläge für Plattformbetreiber, Kunden, politische Entscheidungsträger, Beschäftigte und Arbeitnehmerorganisationen« für faires plattformbasiertes Arbeiten vor.[31] Diese Vorschläge sind das Ergebnis gemeinsamer Diskussionsveranstaltungen mit einem breiten Spektrum von technischen und wissenschaftlichen Beratern.

Auf nationaler Ebene sind IG Metall und ver.di Teil eines gemeinsamen Verbundprojekts mit dem Titel »Herausforderung Cloud und Crowd – Neue Organisationskonzepte für Dienstleistungen nachhaltig gestalten«, das im Juli 2016 mit einer Laufzeit von drei Jahren startete. Gemeinsam mit wissenschaftlichen und industriellen Partnern sollen Ansätze für menschenwürdige digitale Arbeit, soziale Absicherung, Arbeitsrechte und Mitbestimmung in der Plattformökonomie entwickelt werden.[32]

Normalerweise organisieren Gewerkschaften ausschließlich abhängig beschäftigte Arbeitnehmer. Deshalb war eine Satzungsänderung notwendig, um Selbstständigen die Mitgliedschaft in der IG Metall zu ermöglichen. Diese fand auf dem Gewerkschaftstag im Oktober 2015 statt, indem § 3 (»Beitritt«) der Satzung ergänzt wurde: »Selbstständige, die gewerblich oder freiberuflich ohne selbst Arbeitgeber zu sein, Tätigkeiten […] erbringen, können Mitglied der IG Metall werden«.[33] Diese Ergänzung ist eine direkte Folge der zunehmenden Bedeutung von plattformgebundener Arbeit und anderen Formen der selbstständigen Erwerbstätigkeit.

---

30 Samuel Greef/Benedikt Schreiter: Crowdworking and platform economy in Germany – The trade unions and employers' associations perspective on the future of work, regulations, and new forms of governance, Conference Paper ILERA 2018, Kassel 2018, S. 7; IG Metall: Pressekonferenz der IG Metall »Crowdwork im internationalen Vergleich« (Berlin 9. Juni 2017). Bisherige Aktivitäten der IG Metall, in: IG Metall Presseinformation v. 9.6.2017, www.igmetall.de; IG Metall: Fair Crowd Work. News, in: Fair Crowd Work v. 2017, www.faircrowd.work.

31 HK et al.: Frankfurter Erklärung, S. 1.

32 ver.di/IG Metall: Cloud und Crowd. ver.di und IG Metall gemeinsam für Gute Digitale Arbeit, www.innovation-gute-arbeit.verdi.de.

33 IG Metall: Beschlüsse des 23. Ordentlichen Gewerkschaftstages der IG Metall in Frankfurt, Frankfurt a. M. 2015, S. 21.

Die Ansprache von Crowdworkern als potenzielle Mitglieder erfolgt auch über die Schaffung spezifischer Angebote. So hat die IG Metall etwa die Website www.faircrowdwork.org gestartet. Die vier Hauptziele waren Beratung der Mitarbeiter, Organisation der Vernetzung, Schaffung von Transparenz und Aufbau von Gegenmacht.[34] Die Website wurde im Mai 2015 ins Leben gerufen und im Juni 2017 nach einer Generalüberholung neu gestartet. In ihrer heutigen Form bietet sie (nur) generelle Informationen für Crowdworker, Verweise auf für sie relevante Gewerkschaften sowie Bewertungen zu insgesamt zwölf Crowdworkingplattformen. Die Bewertung in den Kategorien Bezahlung, Kommunikation, Evaluation, Aufgaben und Technik wurden mithilfe eines Fragebogens unter Plattformbeschäftigten erhoben. Zusätzlich erfolgt eine rechtliche Bewertung der AGBs, die akzeptiert werden müssen, um auf der Plattform arbeiten zu können, unter den Aspekten Nichtzahlung, AGB-Änderungen, Auftraggeber-Kontaktverbote und Crowdworker-Kontaktverbote.[35]

Zusammenfassend lässt sich für die IG Metall konstatieren, dass es sich bei der Auseinandersetzung mit den Herausforderungen durch die Plattformökonomie und das Crowdworking nicht nur um ein kurzfristiges Engagement handelt. Dafür sprechen zum einen die Kontinuität in der Bearbeitung des Phänomens, die Satzungsanpassung sowie die längerfristig ausgelegten Initiativen faircrowdwork.org und die an späterer Stelle noch aufgegriffene Selbstverpflichtung von Plattformen in Form eines »Code of Conduct«. Zum anderen finden sich auch in den Beschlüssen des 24. Ordentlichen Gewerkschaftstags der IG Metall vom Oktober 2019 immer wieder Bezugnahmen auf Crowdworking und Plattformökonomie. Interessant ist dabei, dass die IG Metall nicht nur die Plattformökonomie als relevante Entwicklung einstuft, sich für eine Stärkung der Rechte und Absicherung von Crowdworkern einsetzt sowie die bestehenden Ansätze zur Verbesserung von deren Arbeits-

34 Benner: Crowdsourcing, S. 136. Die Idee basiert auf dem Browser-Plug-in Turkopticon, das ein Reputationssystem für Amazon Mechanical Turk implementiert. Mit Turkopticon können Crowdworker die Unternehmen bewerten, für die sie gearbeitet haben, www.turkopticon.ucsd.edu.

35 IG Metall: Fair Crowd Work. Plattform-Profile, in: Fair Crowd Work v. 2017, www.faircrowd.work.

bedingungen weiterentwickeln will.[36] Vielmehr wird explizit Crowdsourcing als beispielhaft für Fremdvergabe oder Crowdworking als Beispiel für kleinteiligere Arbeit in der digitalen Wirtschaft herangezogen. Den in der Plattformökonomie besonders sichtbar werdenden Herausforderungen wird damit das Potenzial zugestanden, stellvertretend für Entwicklungen zu stehen, die auf die gesamte Arbeitswelt ausstrahlen können. Daraus ergibt sich ein grundsätzlicher gewerkschaftlicher Handlungsbedarf, der über das eng definierte Feld der plattformvermittelten Arbeit hinausgeht und daher auch grundlegende organisatorische Antworten und das Einschlagen »neue[r] Wege« erfordert.[37]

ver.di

Ein erstes wichtiges Dokument für den Umgang mit dem Thema Digitalisierung, das sich aber nur implizit auf Crowdworking bezieht, findet sich bei ver.di mit dem »Berliner Manifest« von 2008.[38] Mit dem Manifest positionierte und verortete sich ver.di in einer zunehmend digitaler werdenden Gesellschaft. Als Ausgangspunkt für die systematische Befassung mit dem Thema Crowdworking ist das Jahr 2012 zu sehen, in dem ver.di das »Berliner Crowdsourcing-Cloudworking-Papier« veröffentlichte. In diesem Papier findet eine Problembeschreibung des Phänomens Crowdsourcing statt und es werden die Risiken und erwarteten Konsequenzen für die sozialen Sicherungssysteme beschrieben.[39] Dabei wird von den Unterzeichnern das Ziel verfolgt, »dass mit qualifizierter Arbeit auch in Zukunft existenzsichernde und wohlstandsaufbauende Einkommen […] erzielt werden können und eine Daseinsvorsorge möglich bleiben muss. Gleichzeitig müssen Instrumente in-

36 IG Metall: Miteinander für Morgen. Solidarisch und gerecht. Beschlüsse. 24. Ordentlicher Gewerkschaftstag der IG Metall. 6. bis 12. Oktober 2019 in Nürnberg, Frankfurt a. M. 2019, S. 60, 291.

37 Ebd.

38 ver.di: Berliner Manifest: Öffentliche Dienste 2.0. Die Daseinsvorsorge in der Informationsgesellschaft stärken!, Berlin 2008.

39 Vgl. ver.di: Gute Arbeit muss möglich bleiben. Crowdsourcing und Cloudworking: Gefahren für Gesellschaft und Arbeitnehmerinnen und Arbeitnehmer. Berliner Crowdsourcing-Cloudworking-Papier, Berlin 2012, S. 3.

Tab. 2: Aktivitäten im Zusammenhang mit Crowdworking durch ver.di

Datum	Aktivität	Typ
9.2008	Veröffentlichung des »Berliner Manifest: Öffentliche Dienste 2.0. Die Daseinsvorsorge in der Informationsgesellschaft stärken!«	Inhalt
8.2012	Veröffentlichung: »Grenzenlos vernetzt? Gewerkschaftspositionen zur Netzpolitik«[42]	Inhalt
10.2012	Veröffentlichung des »Berliner Crowdsourcing-Cloudworking-Papiers«[43]	Regelung
9.2014	Erster Digitalisierungskongress »Arbeitswelt, Selbstbestimmung und Demokratie im digitalen Zeitalter«	Inhalt
6.2015	Zweiter Digitalisierungskongress »Arbeit 4.0: Würde, Selbstbestimmung, Solidarität und Gute Arbeit in der digitalen Gesellschaft!«	Inhalt
9.2015	Beschluss E001 der Gewerkschaftskonferenz »Gute Arbeit und gute Dienstleistungen in der digitalen Welt«	Regelung
	Sonderausgabe »Arbeitsrecht im Betrieb« mit dem Thema Crowdworking [44]	Inhalt
12.2015	Buchveröffentlichung: »Gute Arbeit. Ausgabe 2016. Digitale Arbeitswelt -Trends und Anforderungen«[45]	Inhalt
seit 7.2016	Start des BMAS-Kooperationsprojekts »Cloud und Crowd« (Kooperation mit ISF, LMU, Universität Kassel, ver.di, andrena objects).	Inhalt
10.2016	Diskussionspapier »Arbeiten 4.0« braucht gleichberechtigte Teilhabe! Mehr Mitbestimmung und Demokratie in der digitalen Arbeitswelt[46]	Regelung
	Dritter Digitalisierungskongress »Arbeit und Gesellschaft 4.0 – Mitbestimmen, Mitgestalten!«	Inhalt
3.2017	Erste Transfer-Konferenz des Kooperationsprojekts »Cloud und Crowd«	Inhalt
11.2017	Vierter Digitalisierungskongress »Öffentlicher Dienst der Zukunft - mit:// gestalten«	Inhalt
4.2018	Zweite Transfer-Konferenz des BMAS-Kooperationsprojekts »Cloud und Crowd«	Inhalt
	Fünfter Digitalisierungskongress »Gemeinwohl in der digital vernetzten Gesellschaft: Wir arbeiten dran!«	Inhalt
5.2019	Sechster Digitalisierungskongress »Künstliche Intelligenz - Wer steuert wen?«	Inhalt

Quelle: Eigene Zusammenstellung und Darstellung.[40]

stalliert werden, die es Auftraggebern unmöglich machen, sich durch die Einführung neuer Arbeitsmodelle der Verantwortung der Finanzierung des Gemeinwohls zu entziehen«.[41] (➟ Tab. 2)

Darüber hinaus wurde das Thema Crowdworking in der Entscheidung E 001 – »Gute Arbeit und Gute Dienstleistungen in der digitalen Welt« – auf dem Gewerkschaftstag 2015 aufgegriffen und mit unterschiedlichen Forderungen und Zielen adressiert.[42] Dabei überschneiden sich die formulierten Zielsetzungen mit den Ausführungen in den Folgeabschnitten, beispielsweise Arbeitsschutz, Persönlichkeitsrechte und Mitbestimmung. Darüber hinaus wurde das Thema in verschiedenen Publikationen adressiert: Etwa Schröder und Schwemmle zum Thema »Gute Arbeit in der Crowd?«[43] oder die Sammelbände von Bsirske et al.[44] sowie von Schröder und Urban.[45] Im Jahr 2016 veröffentlichte ver.di das Diskussionspapier »Arbeiten 4.0 braucht gleichberechtigte Teilhabe! Mehr Mitbestimmung und Demokratie in der digitalen Arbeitswelt«, das sich mit den notwendigen Entwicklungen der Mitbestimmung unter sich verändernden Bedingungen durch Digitalisierung beschäftigt.[46]

Crowdworking wurde auch auf dem jährlichen »Digitalisierungskongress«, der erstmals 2014 stattgefunden hat, in unterschiedlicher Form thematisiert.[47] Wie im vorgelagerten Abschnitt beschrieben, ist für die analytische Beschäftigung mit dem Phänomen auf das Kooperationsprojekt »Herausforderung Cloud und Crowd« in Zusammenarbeit mit der IG Metall zu verweisen.

Im Gegensatz zur IG Metall sind bei ver.di Selbstständige seit der Gründung 2001 in die Organisation(sstruktur) eingebunden.[48] In § 6 (»Mitglied-

40 Greef/Schreiter: Crowdworking and platform economy in Germany, S. 9.

41 Ebd.

42 ver.di: Gute Arbeit und Gute Dienstleistungen, S. 11.

43 Schröder/Schwemmle: Gute Arbeit in der Crowd?, S. 117.

44 ver.di: Gute Arbeit muss möglich bleiben, S. 3.

45 Schröder/Urban: Gute Arbeit.

46 ver.di: Gute Arbeit und Gute Dienstleistungen, S. 11.

47 Vgl. ver.di: Gewerkschaftliche Erklärung. »Gute Arbeit in Zeiten des digitalen Umbruchs!«, v. 2014, www.verdi.de.

48 Vgl. Gunter Haake: Digitalisierung und Gewerkschaften. Solo-Selbstständige integrieren, in: Gute Arbeit. Ausgabe 2016. Digitale Arbeitswelt – Trends und Anforderungen, hg. v. Lothar Schröder/Hans-Jürgen Urban, Frankfurt a. M. 2015, S. 310-321, hier S. 311 f.

schaft«) der Satzung heißt es: »Mitglied kann werden: […] wer im Organisationsbereich der ver.di selbstständig tätig ist«.[49] Die Selbstständigen werden auch in der Matrix-Organisationsstruktur von ver.di separat in einer der acht Personengruppen, die quer zu den Fachbereichen existieren, abgebildet: »Freie Mitarbeiterinnen und Mitarbeiter, persönlich selbstständige, freiberufliche und arbeitnehmerähnliche Personen«. »Für ver.di sind SoloSelbstständige ein selbstverständlicher Teil der Arbeitswelt und mit über 30.000 Personen auch der Mitgliedschaft«.[50] Dementsprechend bietet ver.di etwa Beratungsleistungen für Selbstständige auf der Website selbststaendigen.info an.

Zusammengefasst zeigt sich bei ver.di eine kontinuierliche, primär inhaltliche und an den Digitalisierungsdebatten angedockte Bearbeitung der Phänomene Crowdworking und Plattformökonomie. Organisationsstrukturelle Reaktionen, die sich explizit auf diese Phänomene beziehen, lassen sich dagegen nicht erkennen. Dies liegt aber insbesondere in der Tatsache begründet, dass ver.di bereits mit der Gründung(ssatzung) selbstständigen Personen eine Mitgliedschaft ermöglicht.

Mit Blick auf den 5. ver.di-Bundeskongress 2019 ist festzustellen, dass die Themen Plattformökonomie und Crowdworking insbesondere im Antragsblock D »Digitalisierung in Arbeitswelt und Gesellschaft« (insgesamt 24 Anträge) vertreten sind. Die aufgenommenen und beschlossenen Anträge verweisen dabei auf eine nach vorne gerichtete weitergehende Arbeit an den Themen, die eine »[…] breite Initiative sowohl auf gesellschaftspolitischer, politischer wie tarifpolitischer Ebene verfolg[t]«.[51] Die eingeschlagene Zielsetzung adressiert dabei nicht nur auf einer globalen Ebene die »Gute Arbeit« in einer sich zunehmend digitalisierenden Arbeitswelt, sondern setzt auch dezidiert regulatorische Schwerpunkte. Ein Beispiel dafür stellt unter anderem die Ausweitung des Heimarbeitsgesetzes auf den Bereich Crowdworking dar, aber auch die Konkretisierung der rechtlichen Rahmenbedingungen und die Schaffung von Rechtssicherheit im Rahmen der Plattformökonomie für Crowdworker wird adressiert.

49 ver.di: Satzung. ver.di – Vereinte Dienstleistungsgewerkschaft, Berlin 2018, S. 8.

50 ver.di: Selbstständige, www.selbststaendige.verdi.de.

51 ver.di: 5. ver.di-Bundeskongress. Vom 22. bis zum 29. September 2019 in Leipzig, Leipzig 2019, Antrag: »Gute Arbeit« in Zeiten der Digitalisierung, www.bundeskongress.openslides.verdi.de/motions/1854.

Aus der vielfältigen und kontinuierlichen Auseinandersetzung mit dem Phänomen Crowdworking haben sich nicht nur, wie im Fall der IG Metall durch Satzungsänderung, organisationale Anpassungen ergeben. Insbesondere haben beide Gewerkschaften dezidierte Positionen zum Umgang mit der Plattformökonomie und Ansätze zur Regulierung von Crowdwork erarbeitet.

Regulierungsperspektive

Die Positionen von ver.di und IG Metall bezüglich der Plattformökonomie sind weitgehend identisch. Die Gewerkschaften wollen frühzeitig in den Entwicklungsprozess des Crowdworking als neue Form der Arbeitsorganisation eingreifen. Es geht darum, Chancen zu nutzen und gleichzeitig Risiken zu minimieren. Die (politische) Ausrichtung und das Handeln der Gewerkschaften ist dabei nicht »reaktionär-verhindernd«, sondern die Möglichkeiten und Ziele auslotend und gestalterisch. »Die IG Metall ist nicht gegen Crowdworking an sich, zumal diese Arbeitsform nun mal existiert und wir das Rad nicht zurückdrehen können«.[52] Beide Gewerkschaften teilen die gleiche grundlegende Vision: Die sich bietenden Chancen nutzen und gleichzeitig die Fallstricke und Risiken der Digitalisierung reduzieren: »Es muss möglich sein, die Chancen der Digitalisierung und neuer Arbeitsformen auf digitalen Plattformen nutzen zu können, ohne dabei alles über Bord zu werfen, was in der Vergangenheit zum Schutz und zur Absicherung von Beschäftigten erreicht worden ist«.[53] Auf der inhaltlichen Ebene sind dabei vier Dimensionen entscheidend für den Umgang mit dem Phänomen des Crowdworking: Beschäftigungsstatus, soziale Absicherung, Einkommen sowie Mitbestimmung und Selbstorganisation.

52 Benner: Crowdsourcing, S. 133.
53 IG Metall: IG Metall gestaltet gute digitale Arbeit.

Beschäftigungsstatus

Ein zentraler Ansatz, um die Arbeitsbedingungen von Cloud- und Crowdworkern zu verbessern, ist die Forderung nach einer Klärung ihres Beschäftigungsstatus. Sind Crowdworker echte Selbstständige oder üben sie eine unselbstständige Tätigkeit aus, weil sie in Abhängigkeit von der Plattform oder weisungsgebunden durch den Auftraggeber arbeiten?[54] IG Metall und ver.di betrachten Crowdworker als Arbeitnehmer und abhängig Beschäftigte. Falls nötig, muss der Arbeitnehmerbegriff den sich wandelnden Rahmenbedingungen angepasst oder neu definiert werden. Zuvor ist allerdings zu prüfen, ob nicht doch ein Arbeitsverhältnis zwischen dem Plattformbetreiber und/oder dem Auftraggeber sowie dem (Solo-)Selbstständigen besteht. Auch wenn Crowdworker nicht direkt für die Plattformen arbeiten und nicht von diesen bezahlt werden, legen diese »nichtsdestotrotz die grundlegenden Arbeitsbedingungen« fest und »üben die Kontrolle über die Beschäftigten aus«.[55]

Soziale Absicherung

Die bestehenden gesetzlichen Regelungen und Rechte sind an den Arbeitnehmerstatus gebunden. Auch wenn Crowdworker als Selbstständige gelten, sollten für sie gewisse Mindeststandards verankert werden. Exemplarisch sei auf den Anspruch nach einer erschwinglichen Krankenversicherung und auf Altersversorgungsleistung verwiesen, die durch die Einbeziehung in das Sozialversicherungssystem erreicht werden können. Darüber hinaus sollten die bereits etablierten Arbeitsschutzvorschriften, beispielsweise solche, die im Heimarbeitsgesetz (HAG) Anwendung finden,[56] auf diejenigen Personen ausgedehnt werden, die auf Plattformen tätig sind.[57] Außerdem sollten die

54 Vgl. Christophe Degryse: Digitalisation of the Economy and its Impact on Labour Markets, Brüssel 2016, S. 35 f.; Wolfgang Däubler: Digitalisierung und Arbeitsrecht. Internet, Arbeit 4.0 und Crowdwork, Frankfurt a. M. 2018, S. 421-423, 436 f., 467-472.

55 HK et al.: Frankfurter Erklärung, S. 4 f.

56 Vgl. hierzu Däubler: Digitalisierung und Arbeitsrecht, S. 472-475.

57 Vgl. Benner: Amazonisierung oder Humanisierung, S. 296; Benner: Crowdsourcing, S. 137.

Sozialversicherungsbeiträge nicht allein von Crowdworkern bezahlt werden. Für die Umsetzung werden verschiedene Modelle genannt. Beiträge könnten etwa zwischen Auftragnehmern, Plattformbetreibern, Auftraggebern und der öffentlichen Hand aufgeteilt werden.[58] Bei einer Einordnung von Plattformen als Arbeitgeber müssten diese Sozialversicherungsbeiträge für Crowdworker zahlen; zudem sollten sie die gleichen Lohn- und Arbeitsbedingungen wie »traditionelle Arbeitgeber« bieten.[59] Die Entscheidung E 001 des ver.di-Gewerkschaftstags 2015 sieht beispielsweise vor, dass Auftraggeber analog zu Arbeitgebern anteilig für die Sozialversicherungsbeiträge herangezogen werden sollten.[60] Ein weiterer Vorschlag von ver.di ist die Etablierung eines eigenen Systems der sozialen Sicherung für Selbstständige, das sich an der »Künstlersozialkasse« orientiert und durch Beiträge der Versicherten und der Auftraggeber finanziert wird.[61]

Einkommen

Um eine faire Bezahlung von Cloud- und Gigworkern zu erreichen, schlagen IG Metall und ver.di eine bindende Mindestvergütung vor, auch damit Unternehmen nicht durch Crowdsourcing den Mindestlohn umgehen können.[62] Dafür existieren auch Ansatzpunkte im bestehenden Recht. So wird auf das Urhebervertragsrecht verwiesen, um den Vertragsinhalt und die Höhe der Honorare zu bestimmen.[63] Dies erfordert die Schaffung von Mechanismen zur Standardisierung und gemeinsamen Aushandlung von Vertragsinhalten und Honorarstufen. Bislang besteht hier noch die Gefahr, mit dem Wettbewerbsrecht (Kartellabsprachen) in Konflikt zu geraten. Das Kartellrecht mag für die Regulierung von wettbewerbsrechtlichen Aspekten zwischen Unternehmen ausreichen, aber nicht für die Gestaltung von Verträgen zwischen

58 HK et al.: Frankfurter Erklärung, S. 8.
59 ver.di: Ver.di-Stellungnahme zum Grünbuch »Digitale Plattformen« des Bundesministeriums für Wirtschaft und Energie vom Mai 2016, Berlin 2016, S. 3.
60 ver.di: Gute Arbeit und Gute Dienstleistungen, S. 11.
61 Vgl. Schröder/Schwemmle: Gute Arbeit in der Crowd?, S. 121.
62 Vgl. HK et al.: Frankfurter Erklärung, S. 7 f.
63 Vgl. ver.di: Diskussionspapier, S. 4.

Auftraggebern und (Solo-)Selbstständigen oder die AGBs von Plattformen.[64] Im Hinblick auf die AGBs der Plattform sollte stattdessen eine öffentliche Kontrolle ermöglicht werden, welche die Erfüllung von Mindestanforderungen und Standards (wie Transparenz und dem Schutz vor Willkür) gewährleistet.

Ein wesentlicher Faktor für Cloud- und Gigworker ist ihre »digitale Reputation« auf der jeweiligen Plattform. Sie hat einen maßgeblichen Einfluss auf deren Wettbewerbsfähigkeit und Einkommenssituation. In diesem Zusammenhang ist es wichtig, Transparenzregeln insbesondere in Bezug auf die Bewertungskriterien festzulegen. Darüber hinaus sind wegen der anfallenden Daten rechtliche, technische und organisatorische Schutz- und Abwehrmaßnahmen erforderlich, zum Beispiel in Form eines Gesetzes zum Beschäftigtendatenschutz.[65]

Mitbestimmung und Interessenvertretung

Die betrieblichen Mitbestimmungsrechte sind an den Betriebsbegriff und das Unternehmen gebunden.[66] Daher sollen Betriebsräte zum einen mehr Mitbestimmungsrechte in Bezug auf die Arbeits- und Beschäftigungsbedingungen von arbeitnehmerähnlichen Personen erhalten.[67] So ließe sich auch verhindern, dass die Mitbestimmungsrechte des Betriebsrats durch den Einsatz von Crowdsourcing umgangen werden. Zum anderen sollten bestehende Regeln und Vorschriften für Unternehmen in Bezug auf Outsourcing, Zeitarbeit und Vertragsarbeit auf Arbeitsaufträge ausgedehnt werden, die über Onlineplattformen ausgeschrieben werden. Die IG Metall fordert daher ein Gesetz, das die Informationspflicht des Arbeitgebers gegenüber den Betriebsräten erweitert und die Mitbestimmungsrechte im Hinblick auf die

64 Vgl. Bernd Schlüter: Digitale Plattformen. Ein neues Handlungsfeld für die Daseinsverantwortung des Staates?, Bonn 2017, S. 2.
65 Vgl. ver.di: Gute Arbeit und Gute Dienstleistungen, S. 7.
66 Zur Diskussion der Betriebszugehörigkeit und Einordnung der kollektiven Interessenvertretung vgl. Däubler: Digitalisierung und Arbeitsrecht, S. 421-423, 423 f., 436 f., 464-466.
67 ver.di: Gute Arbeit und Gute Dienstleistungen, S. 10.

Fremdvergabe von Arbeitsaufträgen stärkt.[68] Ver.di argumentiert in die gleiche Richtung, indem sie eine Ausweitung der betrieblichen Interessenvertretung auf Out- und Crowdsourcing sowie Near- und Offshoring fordert.

Als Vermittler verfügen die Plattformbetreiber über ein Monopol auf Kommunikation und Daten. Daher ist es für Crowdworker nicht ohne Weiteres möglich, miteinander in Kontakt zu treten.[69] »Direct communication between the clients and workers is restricted to the interaction within an ongoing business relationship and otherwise not supported. Workers can hardly get in contact with each other«.[70] Im Gegenteil: Immer wieder sind Betreiber von Plattformen bestrebt, Kommunikation zwischen den Cloud- und Gigworkern zu verhindern. Dem entgegen betonen die Gewerkschaften »mit größtem Nachdruck die ausschlaggebende Bedeutung des Koalitionsrechts«.[71] Bislang wird durch das Kartell- und Wettbewerbsrecht die Selbstorganisation von Selbstständigen eingeschränkt. Hier ist eine Änderung notwendig, um (Solo-)Selbstständigen »mit mangelnder Marktmacht Kollektivabsprachen und Zusammenschlüsse zu erlauben«.[72]

Selbstregulierung

IG Metall und ver.di fordern aber nicht nur staatliche Eingriffe. Ein weiterer Ansatz ist die Selbstregulierung. So haben sich, »getrieben von den Gewerkschaften«,[73] bislang acht Plattformanbieter zu einem »Code of Conduct«

68 Vgl. Benner: Crowdsourcing, S. 136.

69 Für Cloudworker ist dies noch einmal um ein Vielfaches schwieriger als für bestimmte Gruppen von Gigworkern. Dies zeigt sich etwa an der Organisation von Fahrradkurieren, die in Kontakt kommen, weil sie gemeinsam an zentralen Punkten in der Stadt auf eingehende Essenbestellungen warten. Vgl. hierzu Anne Degner/Eva Kocher: Arbeitskämpfe in der »Gig-Economy«? Die Protestbewegungen der Foodora- und Deliveroo-»Riders« und Rechtsfragen ihrer kollektiven Selbstorganisation, in: Kritische Justiz 51 (2018) 3, S. 247-265, hier S. 250.

70 Schörpf et al.: Triangular love-hate, S. 50.

71 HK et al.: Frankfurter Erklärung, S. 6.

72 ver.di: Diskussionspapier, S. 4.

73 Testbirds, Streetspotr, clickworker, appJobber, CrowdGuru, content.de, 23Insights und BugFinders.

verpflichtet.[74] »Ziel ist es, ergänzend zur Gesetzgebung allgemeingültige Leitlinien für das eigene Handeln im Rahmen von bezahlter Crowdarbeit zu etablieren und so eine Basis für ein vertrauensvolles und faires Miteinander zwischen Plattformbetreibern und Crowdworkern zu schaffen«.[75] Die IG Metall bezeichnete die festgehaltenen zehn Punkte als »lobenswert«, aber »bei weitem nicht ausreichend«.[76] Auch ver.di formulierte: »[E]in selbstauferlegtes Regelwerk ist zu begrüßen, reicht aber nicht aus. Verbindliche Standards müssen her!«[77] Nach einer Überarbeitung 2017 begrüßte die IG Metall die darin eingeflossenen gewerkschaftlichen Anregungen. »Besonders positiv sei, dass die Plattformen lokale Lohnstandards berücksichtigen wollen, um so ein faires Miteinander zu ermöglichen«.[78] Das weitere Engagement führte Ende 2017 zur Gründung einer paritätisch besetzten Ombudsstelle, welche bei Streitigkeiten zwischen Plattformen, Crowdworkern und Auftraggebern schlichten und die Einhaltung der im Code of Conduct festgelegten Übereinkünfte überwachen soll.[79] In den Jahren 2017 und 2018 wurden 30 Konfliktfälle an die Ombudsstelle herangetragen, von denen bislang 20 durch Vermittlung einvernehmlich gelöst werden konnten.[80]

Fazit

Die Plattformökonomie ist die treibende Kraft hinter der Zunahme einer spezifischen Art von digital vermittelter Arbeit. Diese zeichnet sich bislang durch Arbeits- und Vertragsverhältnisse jenseits einer abhängig beschäftigten Arbeitnehmerschaft aus. (Solo-)Selbststände und Werkverträge stellen die etablierten Formen der Regulierung von Arbeit, die soziale Sicherung

74 Benner: Crowdsourcing, S. 135.
75 Testbirds: Code of Conduct.
76 Benner: Crowdsourcing, S. 135.
77 Nadine Müller: Crowdwork. Arbeit auf Plattformen, in: spw 222 (2017) 5, S. 64-67, hier S. 66.
78 IG Metall: Begrüssenswerte Entwicklung im Crowdsourcing. Unternehmen verbessern Selbstverpflichtung, in: IG Metall v. 1.2.2017, www.igmetall.de.
79 IG Metall: IG Metall: Ombudsstelle für Crowdworking-Plattformen vereinbart, in: IG Metall Presseinformation v. 8.11.2017, www.igmetall.de.
80 Ombudsstelle Code of Conduct: Jahresbericht über die Tätigkeit der Ombudsstelle Code of Conduct für bezahltes Crowdworking für die Jahre 2017 und 2018, Frankfurt a. M. 2019.

und damit das System der Arbeitsbeziehungen vor große Herausforderungen. »Unless governments step in and recognize workers as the employees that they are, platforms will continue to have an advantage over traditional industries, risking a deterioration of working conditions that extends beyond on-line work«.[81] Noch ist unklar, auf welche Weise faire Arbeitsbedingungen, Lohnverhandlungen, Sozialversicherung und Mitbestimmung langfristig gesichert werden können. Gleichzeitig ist gegenwärtig noch nicht absehbar, welche quantitative Dimension diese Arbeitsform zukünftig einnehmen wird. IG Metall und ver.di haben sich daher frühzeitig und kontinuierlich darum bemüht, mit eigenen Ideen, Initiativen und Forderungen die weitere Entwicklung aktiv mitzugestalten, um menschenwürdige Arbeitsplätze im digitalen Zeitalter zu sichern.

Von Anfang an haben sich IG Metall und ver.di dabei generell positiv mit der Digitalisierung auseinandergesetzt. Sie betonen die sich bietenden Chancen, ohne jedoch die möglichen Risiken aus den Augen zu verlieren. Deutlich wird ein »proaktives Handeln« nicht nur in einer frühzeitigen Entwicklung eigener Positionen und Vorschläge für Regelungen und Regulierungen. Auch aus organisationsstrategischer Perspektive sind Reaktionen auf die Plattformökonomie und die sich verändernden Arbeitsmärkte erkennbar. Sie reichen von der Etablierung spezifischer Angebote zur Vernetzung und Information bis hin zur Satzungsänderung der IG Metall, um (Solo-) Selbstständigen eine Mitgliedschaft zu ermöglichen. Ausschlaggebend dafür ist weniger die Vermutung, dass Crowdworking in Zukunft zur alles dominierenden Tätigkeitsform in der Arbeitswelt werden wird. Vielmehr wird zum einen auf die generelle Zunahme von (Solo-)Selbstständigkeit und Werkverträgen rekurriert. »Für Gewerkschaften sind selbständige Erwerbstätige damit ein Zukunfts- und langfristig auch ein Existenzthema«.[82] Zum anderen sehen die Gewerkschaften die Gefahr, dass die Arbeitsbedingungen in der Plattformökonomie negativ auf die etablierten Standards regulärer Beschäftigungsverhältnisse abfärben. »Auch in der digitalen Welt muss Arbeit ihren

81 Janine Berg/Valerio De Stefano: Want to improve crowdwork? Regulate it, Johannesburg 2016, S. 2.

82 Viktoria Mirschel: »Digitale Bohème«, »digitales Proletariat«, »urbanes Pennertum«. Selbstständigkeit und Internet, in: Grenzenlos vernetzt? Gewerkschaftliche Positionen zur Netzpolitik, hg. v. Frank Bsirske et al., Hamburg 2012, S. 143-152, hier S. 152.

Wert haben. […] [Crowdworking ist] ein Indikator, wie die Zukunft der Arbeit aussehen kann«.[83]

Die Themen Plattformökonomie und Crowdworking, als »neue« Beschäftigungsform, lassen sich zusammenfassend als Bausteine einer gewerkschaftlichen Anpassung an sich wandelnde Rahmenbedingungen infolge der Digitalisierung und des damit einhergehenden Strukturwandels verstehen. Gleichwohl sollte dieser Prozess aus organisationaler Perspektive auf IG Metall und ver.di nicht überbewertet werden. Die Mitgliederfrage sowie -gewinnung wird nach wie vor, auch mit Blick auf die Ressourcenallokation, bei abnehmenden Mitgliederzahlen, über den Betrieb realisiert. Bei den vorherrschenden Schwierigkeiten der Zugänge zu und der Ansprache von potenziellen Mitgliedern sowie der quantitativen Dimension von Erwerbstätigen, die der Plattformökonomie zurechenbar sind, ist davon auszugehen, dass dieses Thema auch in naher Zukunft flankierend zu den gewerkschaftlichen Kernthemen sowie der Mitgliederarbeit vor Ort in den Betrieben zu sehen ist.

83 Frank Specht: Christiane Benner im Interview. Gewerkschafterin: »Auch in der digitalen Welt muss Arbeit ihren Wert haben«, in: Handelsblatt v. 25.4.2019, www.handelsblatt.com.

Daniel Buhr · Rolf Frankenberger

Vertrauen und Innovation in der digitalen Welt

Gesellschaftliche Herausforderungen wie Klimawandel, demografischer Wandel und Ressourcenknappheit und damit verbundene Lösungsstrategien wie Energiewende oder Digitalisierung fordern etablierte Routinen, Interaktionsformen und Geschäftsmodelle heraus. In solchen Zeiten des Wandels sind Innovationen gefragt – technische wie soziale. Aufgrund der Reichweite des Wandels geraten dabei verstärkt die Innovationssysteme in den Blick. Denn im sozialen wie im technischen Bereich hängt die Performanz von gesellschaftlichen wie ökonomischen Systemen von der Innovationsfähigkeit von Institutionen, Organisationen und Unternehmen ab. Diese wiederum haben eine eigene Entwicklungsgeschichte und sind in größere Institutionengefüge etwa eines Produktionsregimes oder Innovationssystems eingebunden – und daher zu einem bestimmten Grad pfadabhängig.[1]

Doch mit der zunehmenden Digitalisierung und Vernetzung von Wirtschaft und Gesellschaft sehen sich auch etablierte Innovationsmodelle verstärktem Druck ausgesetzt.[2] Innovationen entstehen vermehrt in Netzwerken vieler

1 Birgit Blättel-Mink/Raphael Menez: Kompendium der Innovationsforschung, Wiesbaden 2015, S. 104.

2 Erik Brynjolfsson/Andrew McAfee: The Second Machine Age. Work, Progress, and Prosperity in a Time of Brilliant Technologies, New York 2014.

unterschiedlicher Akteure – und in Koproduktion mit den Anwenderinnen und Nutzern. Während der »klassische« Innovationsprozess der »Closed Innovation« (nach Schumpeter) vor allem nach innen gerichtet ist, verlangen Innovationen in der Industrie 4.0 nach anderen Modellen. Branchengrenzen verschwimmen, Wertschöpfungsketten lösen sich auf,[3] neue Netzwerke und Geschäftsmodelle mit offenen Innovationsprozessen (»Open Innovation«) entstehen.[4] Denn auch in großen, multinationalen Unternehmen reicht das interne Wissen für komplexe Problemlösung nicht mehr aus. Es muss Wissen externer Akteure eingebunden werden: von Universitäten, Forschungslaboren, anderen Unternehmen und möglichen Mitbewerbern. Dazu müssen Unternehmen innerhalb ihrer Organisation Interaktionskompetenz aufbauen, um von den Vorteilen dieses offenen Innovationsprozesses zu profitieren. Und je mehr Innovation von Interaktion geprägt ist, desto wichtiger werden Mechanismen, die effizient und effektiv Erwartungssicherheit zwischen den beteiligten Akteuren herstellen, sei es durch Kontrolle in Form von Verträgen oder durch Vertrauen. Unklar ist dabei bislang, welche Dynamiken von Kontrolle und Vertrauen sich vor dem Hintergrund der Gegensätze zwischen Closed und Open Innovation entfalten. Denn angesichts der historischen sowie kulturellen Prägung oder Pfadabhängigkeit von Innovationen und Innovationsprozessen stellt sich die Frage, welche Auswirkungen der Wandel von Innovation auf bewährte Vertrauensmuster und Kontrollmechanismen im rheinischen Kapitalismusmodell der koordinierten Marktwirtschaft hat. Dies wird umso relevanter, je stärker technische und soziale Innovationen das gesellschaftliche Zusammenleben – intendiert oder unintendiert – verändern.

In unserem Beitrag werden wir daher der Frage nachgehen, wie sich das Zusammenspiel von Vertrauen und Innovation in unterschiedlichen Produktionsregimen in der Industrie 4.0 entwickelt und welche Rolle politische Institutionen für die Innovationsfähigkeit unter den Bedingungen offener Innovationsprozesse haben. Dazu erläutern wir zunächst den Wandel von Innovationsmodellen im Zeitalter der Digitalisierung. In einem zweiten Schritt

3 Jyrki Ali-Yrkkö et al.: Who Captures Value in Global Supply Chains? Case Nokia N95 Smartphone, in: Journal of Industry, Competition and Trade 11 (2011) 3, S. 263-278.

4 Henry Chesbrough/Wim Vanhaverbeke/Joel West: Exploring the next wave of open innovation research, Cheltenham 2014; Eric von Hippel: The Sources of Innovation, New York/Oxford 1988.

legen wir die Einbindung von Innovationsprozessen in Institutionensysteme vor dem Hintergrund des Varieties-of-Capitalism-Ansatzes dar. Abschließend diskutieren wir den Zusammenhang zwischen Innovationsfähigkeit und Vertrauen in der Industrie 4.0 und bilanzieren, wie im Kontext des komplexen Institutionengefüges der koordinierten Marktwirtschaft interorganisationales Vertrauen für die Moderation des digitalen Wandels genutzt werden kann.

Innovationen im digitalen Zeitalter

Technische und soziale Innovationen sind der Schlüssel zur Bewältigung der großen Herausforderungen unserer Zeit.[5] Sie sind Ergebnisse komplexer sozialer Prozesse, die spontan und situativ, in festen hierarchischen Strukturen, vielleicht aber auch sehr flexibel innerhalb vernetzter Strukturen ablaufen können. Entsprechend werden verschiedene Modelle zur Analyse von Innovationsprozessen unterschieden, wie etwa Kaskaden-, Rückkopplungs- und Netzwerkmodelle.[6] Während das Kaskadenmodell den Innovationsprozess in Inventions- und Innovationsphase unterteilt, deren einzelne Stufen linear und kausal aufeinander aufbauen, geht das in den 1980er-Jahren entwickelte Rückkopplungsmodell[7] davon aus, dass Innovationsprozesse durch vielfältige Interaktionen, Rekursionsschleifen und Überlappungen zwischen den einzelnen Stufen geprägt sind.[8] Innovation wird nicht mehr nur als anbietergetrieben (»technology-push«), sondern auch durch die Nachfrageseite stimuliert gesehen (»demand-pull«). Mit der zunehmenden Digitalisierung und Vernetzung von Wirtschaft und Gesellschaft geraten diese etablierten Innovationsmodelle jedoch unter Druck.[9] Innovationen wie zum Beispiel digitale Plattformen entstehen in Netzwerken vieler unterschied-

---

5 Daniel Buhr: Soziale Innovationspolitik für die Industrie 4.0, Bonn 2015.

6 Johann Welsch: Innovationspolitik. Eine problemorientierte Einführung, Wiesbaden 2005.

7 Stephen Kline/Nathan Rosenberg: An overview of innovation, in: The positive sum strategy. Harnessing technology for economic growth, hg. v. Ralph Landau/Nathan Rosenberg, Washington, DC 1986, S. 275-305.

8 Don E. Kash/Robert Rycroft: Emerging patterns of complex technological innovation, in: Technological Forecasting and Social Change 69 (2002) 6, S. 581-606.

9 Brynjolfsson/McAfee: Second Machine Age.

licher Akteure und in Koproduktion mit den Anwendern und Nutzern. Aufgrund des technologischen Fortschritts und der Komplexitätszunahme von Produkten und Produktionsprozessen sind Unternehmungen kaum mehr in der Lage, Innovationen alleine durchzuführen, sondern zunehmend auf Kooperation mit anderen Unternehmen[10] und externen Forschungsinstitutionen wie Universitäten, Fachhochschulen oder Instituten der angewandten Forschung angewiesen.[11] Das Entstehen von Innovationen wird in diesem Netzwerkmodell als das Ergebnis eines interaktiven und kumulativen Lernprozesses zwischen Organisationen verstanden, der zudem maßgeblich durch das institutionelle Umfeld geprägt wird, in das diese Organisationen eingebettet sind.[12] Aufgrund dieser Entwicklung ist die Zahl interorganisatorischer Innovationsnetzwerke oder strategischer Allianzen im Bereich der Forschung und Entwicklung in den vergangenen Jahrzehnten stark gewachsen.[13]

Mit der zunehmenden Bedeutung von Netzwerken geht ein Wandel von geschlossenen zu offenen Innovationsprozessen einher. Während der »klassische« Innovationsprozess der »Closed Innovation« (nach Schumpeter) vor allem nach innen gerichtet ist – Kundenwünsche (Probleminformation) werden dabei durchaus aufgenommen, aber die Lösung wird intern, innerhalb des Unternehmens, erarbeitet –, verlangen gerade die – sozialen wie technischen – Innovationen der Industrie 4.0 nach anderen Modellen.[14] So zielt das Konzept der »Open Innovation«[15] darauf, dass die Kundinnen und Kunden nicht nur die Problem-, sondern auch die Lösungsinformationen

10 Uli Kowol/Wolfgang Krohn: Innovationsnetzwerke. Ein Modell der Technikgenese, in: Theoriebausteine der Techniksoziologie, hg. v. Jost Halfmann/Gotthard Bechmann/Werner Rammert, Frankfurt a. M. 1995, S. 77-105.

11 Welsch: Innovationspolitik.

12 Charles Edquist/Björn Johnson: Institutions and Organizations in Systems of Innovation, in: Systems of Innovation. Technologies, Institutions and Organizations, hg. v. Charles Edquist, London 1997, S. 41-63.

13 Daniel Buhr: Chaos oder Kosmos? Die Koordination der Innovationspolitik des Bundes – Probleme und Lösungsansätze, Baden-Baden 2010; Chesbrough/Vanhaverbeke/West: Exploring the next wave.

14 Buhr: Soziale Innovationspolitik; Ralf Kopp et al.: Sociotechnical perspectives on digitalisation and Industry 4.0, in: International Journal of Technology Transfer and Commercialisation 16 (2019) 3, S. 291-309.

15 Henry Chesbrough: Open Innovation. The New Imperative for Creating and Profiting from Technology, Boston 2003.

zur Verfügung stellen. Open Innovation ist die Öffnung des Innovationsprozesses von Unternehmen und damit die aktive strategische Nutzung der Außenwelt zur Vergrößerung des eigenen Innovationspotenzials. Open Innovation verlangt von Organisationen die Fähigkeit, externes Wissen zu internalisieren (Outside-in-Prozess), aber eben auch internes Wissen zu externalisieren (Inside-out-Prozess). Durch die Kombination dieser beiden Prozesse sollen die Lieferanten, Kunden und Universitäten aktiv an der Entwicklung von Innovationen beteiligt werden und durch deren gleichzeitige Externalisierung soll sich ein Markt um diese Innovationen herum aufbauen (siehe Open-Source-Entwicklung im Softwarebereich). Unternehmen müssen dafür Interaktionskompetenz aufbauen, um von den Vorteilen dieses offenen Innovationsprozesses zu profitieren. Und sie müssen Vertrauen entwickeln – auf der interpersonellen Mikro- wie der kollektiven Makroebene.

Das Closed-Innovation-Modell setzt vor allem auf Kontrolle: Lösungen werden intern, innerhalb von hierarchischen Organisationen entwickelt, patentiert und dann auf den Markt gebracht. Das Open-Innovation-Modell hingegen lebt noch stärker von Vertrauen. Denn Lösungen werden in Netzwerken entwickelt, dezentral und in enger Zusammenarbeit mit anderen, externen Akteuren: Zulieferern, Kunden, Verbänden, Hochschulen und unter Umständen sogar Konkurrenten. Die Innovationsforschung beschäftigt sich deshalb in jüngster Zeit immer intensiver mit Innovationen auf der Basis von Netzwerken. Die Zusammenarbeit gründet auf dem Vertrauen zwischen den Beteiligten, dass alle verlässlich und dauerhaft ihre Aufgaben und wechselseitigen Verpflichtungen erfüllen und strategische Informationen teilen. So führen zum Beispiel räumliche Nähe und die Verwandtschaft von Branchen zu einem Netzwerk von Abhängigkeiten, die nicht über Austauschprozesse am Markt vermittelt sind, sondern auf persönlichen Kontakten (interpersonales Vertrauen) und auf einer gewachsenen Vertrauensbasis fußen, die letztlich auch durch bestehende Institutionen untermauert wird. Letztlich verknüpfen soziale Prozesse zwischen betrieblichen und überbetrieblichen Akteuren unternehmensinterne Kräfte mit dem unternehmensexternen Institutionengefüge.[16]

16 Kowol/Krohn: Innovationsnetzwerke; Peter A. Hall/David Soskice: Varieties of Capitalism. The Institutional Foundations of Comparative Advantage, Oxford 2001; Daniel Buhr: The

Innovation ist eingebettet in Produktionssysteme

Das komplexe Zusammenspiel verschiedener an Innovationen beteiligter Akteure lässt sich am besten mit dem Begriff des Innovationssystems fassen. Innovationssysteme bestehen aus Institutionen, die einzeln oder in Kooperation miteinander zur Entwicklung und Verbreitung neuer Technologien beitragen. Sie bilden gleichzeitig den Rahmen für die Entwicklung und Umsetzung von Konzepten und Maßnahmen der staatlichen Innovationspolitik. Als offene Systeme stehen sie in Kontakt und in Wechselwirkung zu ihrem Umfeld, aus dem sie ihre Inputs erhalten, die sie durch Kombination mit eigenen, systeminternen Faktoren für das Umfeld wiederum zu Outputs verarbeiten. Innovationssysteme als Treiber in Forschung und Entwicklung[17] und deren breitere Einbettung in formelle und informelle Institutionen und Netzwerkstrukturen auf regionaler wie nationaler Ebene werden damit zentral für die Problembewältigungskapazität moderner Gesellschaften.[18] In Innovationssystemen können Inputs und Anreize aus dem Markt kommen oder durch vielfältige institutionelle Strukturen bestimmt werden.[19] Gerade der Untersuchung letztgenannter Anreize nahm sich die Innovationsforschung der 1980er-Jahre an. Dabei wurden Innovationssysteme und die Unterschiede zwischen Staaten, Regionen und Sektoren hinsichtlich ihrer Innovations- und Wettbewerbsfähigkeit analysiert. Übereinstimmend betonen die Autoren die Wichtigkeit der Institutionen als Einflussfaktor von Innovationen.[20]

LebensPhasenHaus. Innovation by Participation in Practice, in: Local Politics in a Comparative Perspective, hg. v. Rolf Frankenberger/Elena Chernenkova, Baden-Baden 2017, S. 139-152.

17 Blättel-Mink/Menez: Innovationsforschung.

18 Philip Cooke: Reinventing the Region. Firms, Clusters and Networks in Economic Development, in: The Global Economy in Transition, hg. v. Peter Daniels/William Lever, Harlow 1996, S. 310-327; Charles Edquist/Bengt-Åke Lundvall: Comparing the Danish and Swedish systems of innovation, in: National innovation systems. A comparative analysis, hg. v. Richard R. Nelson, Oxford 1993, S. 265-298; Chris Freeman: Technology Policy and Economic Performance. Lessons From Japan, London 1987; Bengt-Åke Lundvall et al.: National systems of production, innovation and competence building, in: Research policy 31 (2002) 2, S. 213-231.

19 Freeman: Technology Policy; Hall/Soskice: Varieties of Capitalism.

20 Zum Beispiel Freeman: Technology Policy; Bengt-Åke Lundvall: National Innovation Systems. Analytical Concept and Development Tool, in: Industry and Innovation 14 (2007) 1, S. 95-119; Nelson: National Innovation systems.

Auch der Varieties-of-Capitalism-Ansatz (VoC) stellt die Bedeutung von Institutionen für die Wettbewerbsfähigkeit verschiedener Volkswirtschaften heraus.[21] Er basiert auf der Annahme, dass sich eine Marktwirtschaft aus einer Reihe von einander komplementären und funktional zusammenhängenden Subsystemen zusammensetzt, deren spezifische nationale Kombination die jeweiligen komparativen Leistungsvorteile einer Volkswirtschaft (und der darin enthaltenen Akteure) bestimmt.[22] Um das Beziehungsgeflecht, in dem sich ein Unternehmen befindet, näher zu erfassen, können fünf Analyseebenen herangezogen werden: 1. Industrielle Beziehungen; 2. Aus-, Weiter- und Fortbildung; 3. Art und Weise der Unternehmensführung (z. B. Arbeitsorganisation, Entscheidungsfindung, aber auch Finanzierung); 4. Beziehungen zwischen Unternehmen sowie 5. Beziehungen zwischen Unternehmen und Mitarbeitern.[23] Je nach Konfiguration und Organisation dieser Subsysteme lassen sich zwei Idealtypen nationaler Marktwirtschaften unterscheiden: der unkoordinierte Kapitalismus angelsächsischer Ausprägung (LME = Liberal Market Economy) und der koordinierte (rheinische) Kapitalismus (CME = Coordinated Market Economy), wie man ihn zum Beispiel in Deutschland finden kann. Dabei zeigen sich grundsätzliche Unterschiede. Unternehmen der LME regeln ihre internen und externen Koordinierungsprobleme durch Hierarchie und Wettbewerb, während sich Unternehmen der CME stärker auf Nicht-Marktmechanismen wie Kooperation, Insidernetzwerke und strategische Allianzen verlassen. Unternehmen neigen zu dem Koordinierungsmodus, der von der jeweiligen Institutionenordnung unterstützt wird. Weil die Analyse der realen Institutionenordnung zu kurz greift, weist der VoC auf die Bedeutung informeller Regelungen und Konventionen hin, die – je nach Ausprägung – erst die notwendige Sicherheit für zielgerichtetes Handeln bieten.

Die institutionelle Struktur bestimmt demnach die Unternehmensstrategie. Das belegen Betrachtungen von Unternehmen in LME und CME. Ex-

---

21 Hall/Soskice: Varieties of Capitalism.

22 Zur Kritik vgl. Richard Deeg/Gregory Jackson: From comparing capitalisms to the politics of institutional change, in: Review of International Political Economy 15 (2008) 4, S. 680-709.

23 Vgl. auch Joseph Rogers Hollingsworth: Doing institutional analysis. Implications for the study of innovations, in: Review of International Political Economy 7 (2000) 4, S. 595-644.

emplarisch kann hier auf die Unterschiede aufgrund verschiedenartiger Finanzierungsregime und Kündigungsschutzregeln verwiesen werden. Die unterschiedliche Institutionenordnung schlägt sich auch auf die Bereiche Innovation und Produktportfolio nieder (spezifische und cospezifische Güter versus volatile Güter). Sowohl in LME als auch in CME kann beobachtet werden, dass bestimmte Strukturen nur dann ihre volle Wirkung entfalten können, wenn sie wiederum in eine unterstützende Ordnung eingebettet sind. Dabei kommt es zu »Spill-over«-Effekten von einem Wirtschaftszweig zum nächsten. Diese »Komplementärprozesse« führen schließlich dazu, dass bestimmte Institutionenkonstellationen gehäuft in bestimmten Ländern anzutreffen sind – und sich gleichsam gewissermaßen inkompatible Konstellationen abzeichnen wie zum Beispiel hohe Aktienmarktkapitalisierung und hoch regulierte Arbeitsmärkte. Die in der LME dominante Form der Finanzierung durch private Investoren führt dazu, dass beispielsweise US-amerikanische Firmen kurzfristigen Gewinnaussichten große Aufmerksamkeit widmen, während in Deutschland die vorherrschende Finanzierung über Eigenkapital oder Bankkredite langfristige Strategien der Unternehmen befördert. Auf der Ebene der internen Zusammenarbeit begünstigen die US-amerikanischen institutionellen Arrangements ein starkes Topmanagement, das beispielsweise schnell und eigenmächtig über Einstellungen und Entlassungen entscheiden kann. Eine Entscheidungsmacht, die in Deutschland aufgrund institutionalisierter Formen der Mitbestimmung und durch das deutsche Arbeitsrecht zweifelsohne begrenzt ist.

Wie beeinflussen diese Institutionenkonstellationen nun die Innovationsaktivitäten von Unternehmen? Hier fallen besonders die unterschiedlichen Kooperationsformen zwischen Unternehmen auf, die sowohl den Wissenstransfer wie auch den Innovationsprozess entscheidend beeinflussen. So wird der Technologietransfer zwischen verschiedenen Unternehmen in den USA oft (nur) dadurch gewährleistet, dass die Beschäftigten häufig ihren Arbeitsplatz bzw. ihren Arbeitgeber wechseln. Die Kooperation zwischen Firmen basiert auf formalen Verträgen und Marktbeziehungen, die einen direkten Wettbewerb fördern. In Deutschland hingegen wird Technologie- und Wissenstransfer durch Kooperation und enge Beziehungen zwischen Unternehmen (Kartelltradition) sichergestellt. Dies fördert die Strategie der Produktdifferenzierung und die Ausnutzung von Nischenmärkten.[24]

Innovationsfähigkeit und Vertrauen

Innovationsprozesse sind von hoher Unsicherheit geprägt.[25] Dies gilt auch unter den Bedingungen der Industrie 4.0 mit zunehmender digitaler Vernetzung und offener Innovation bei gleichzeitiger Entgrenzung nationaler Produktionsregime. Hinzu kommt, dass in der Regel neues Wissen notwendig ist, um dauerhaft zu innovieren.[26] Wissen, Kooperation und Koordination zwischen Akteuren erlangen damit zentrale Bedeutung für die Innovationsfähigkeit, also die Fähigkeit von Gruppen, Organisationen, Netzwerken oder Gesellschaften, ständig zu innovieren.[27] Je mehr und je vielfältiger das Wissen in einer Organisation ist und je besser diese Vielfalt an Wissen zusammengeführt werden kann, desto höher ist die Innovationsfähigkeit einer Organisation. Gerade in Innovationsprozessen der Industrie 4.0 steigt der Bedarf, externes Wissen in die »Smarte Fabrik« und ihre cyberphysischen Systeme zu internalisieren. Das Konzept der »Industrie 4.0« umreißt die Vision einer industriellen Fertigung, die von der umfassenden Vernetzung aller Produktionsteile und -prozesse geprägt ist: Menschen, Dinge, Prozesse, Dienste und Daten – alles wird vernetzt. Künftig könnten so alle relevanten Informationen allen relevanten Menschen und Maschinen in Echtzeit zur Verfügung stehen – auch den Kunden und Geschäftspartnerinnen.[28] Damit geht jedoch das spezifische Problem einher, wie kooperative Wissensgene-

24 Toon Meelen/Andrea M. Herrmann/Jan Faber: Disentangling patterns of economic, technological and innovative specialization of Western economies. An assessment of the Varieties-of-Capitalism theory on comparative institutional advantages, in: Research Policy 46 (2017) 3, S. 667-677; Richard Whitley: Developing innovative competences. The role of institutional frameworks, in: Industrial and Corporate Change 11 (2002) 3, S. 497-528.

25 Bart Nooteboom: Trust and innovation, in: Handbook of Advances in Trust Research, hg. v. Reinhard Bachmann/Akbar Zaheer, Cheltenham 2013, S. 106-124.

26 Donald T. Campbell: Evolutionary epistomology, in: The philosophy of Karl Popper, hg. v. Paul A. Schlipp, Chicago 1974, S. 413-416; Wolfgang Scholl: Vertrauenskultur und Innovationsfähigkeit, in: Innovationsfähigkeit durch Vertrauensgestaltung? Befunde und Instrumente zur nachhaltigen Organisations- und Netzwerkentwicklung, hg. v. Guido Becke et al., Frankfurt a. M. 2013, S. 23-42.

27 Sven Trantow/Frank Hees/Sabina Jeschke: Innovative Capability – an Introduction to this Volume, in: Enabling Innovation. Innovative Capability – German and International Views, hg. v. Sabina Jeschke et al., Berlin 2011, S. 191-203.

28 Buhr: Soziale Innovationspolitik.

rierung und offene Innovationsprozesse erfolgreich und effizient gestaltet werden können. Eine Perspektive zur Erfassung der Fähigkeit zur Innovation ist der Innovationsfähigkeitsindikator.[29] Ausgehend von Arbeiten von Putnam, Cohen und Levinthal sowie Stewart[30] werden vier Kapitalarten als Determinanten der Innovationsfähigkeit identifiziert:

- Humankapital: Fähigkeiten und das Wissen der Beschäftigten (durch Aus- und Weiterbildung sowie das lebenslange Lernen);
- Komplexitätskapital: Wissen, das es erlaubt, komplexe Produkte herzustellen;
- Strukturkapital: die Fähigkeit, Wissen innerhalb von Unternehmen zusammenzubringen;
- Beziehungskapital: die Fähigkeit, Wissen über Organisationsgrenzen hinweg zusammenzubringen.

Gerade für den Aufbau von Beziehungskapital bzw. Sozialkapital[31] stellt Vertrauen als Medium zur Reduktion von Unsicherheit und Risiko in Beziehungen zwischen kollektiven und individuellen Akteuren im Sinne einer Herstellung von Erwartungssicherheit[32] einen zentralen Faktor dar. Vertrauen kann dabei im engeren Sinne verstanden werden als die Zuversicht oder der Glaube daran, dass der jeweilige Kooperationspartner wohlwollend und ehrlich ist.[33] Menschen, die vertrauen, gehen demnach davon aus, dass Kooperationspartner zuverlässig sind und sich selbst dann an Vereinbarungen halten, wenn sich das Entscheidungsumfeld verändert hat und vormalige Absprachen für sie nutzloser oder sogar schädlich werden. Vertrauen bezieht sich also auf die Interaktion zwischen mehreren Akteuren, die Vertrauensgeber oder Vertrauensnehmer sein können. Dabei bestimmt die Reaktion des Vertrauensnehmers darüber, ob der Vertrauensgeber Nutzen aus der

---

29 Ernst A. Hartmann et al.: Der iit-Innovationsfähigkeitsindikator, Working Paper of the Institute for Innovation and Technology 16, Berlin 2014.

30 Robert D. Putnam: Making Democracy Work. Civic Traditions in Modern Italy, Princeton 1993; Wesley M. Cohen/Daniel A. Levinthal: Absorptive Capacity. A New Perspective on Learning and Innovation, in: Administrative Science Quarterly 35 (1990) 1, S. 128-152; Thomas A. Stewart: Intellectual capital. The new wealth of organizations, New York 1997.

31 Putnam: Making Democracy Work.

32 Niklas Luhmann: Trust and Power, Chichester 1979.

33 Peter S. Ring/Andrew H. van de Ven: Structuring cooperative relationships between organizations, in: Strategic Management Journal 13 (1992) 7, S. 483-498.

Interaktion zieht oder ob ihm im Fall von Vertrauensbruch Kosten erwachsen. Entsprechend wird Vertrauen immer dann relevant, wenn strategische Entscheidungen unter den Bedingungen von Komplexität und Ungewissheit mit nur schwer absehbaren Konsequenzen getroffen werden müssen. Zahlreiche Autoren[34] haben in den vergangenen Jahrzehnten gezeigt, dass Vertrauen ein effizientes Instrument darstellt, um auch in Zeiten der Globalisierung die dadurch immer komplexer werdenden Beziehungen innerhalb und außerhalb von Organisationen erfolgreich zu koordinieren. Bachmann[35] und Kroeger[36] folgend, zeigt auch unsere Analyse, dass das Vertrauen zwischen Organisationen maßgeblich vom Institutionengefüge beeinflusst ist, in dem sich die jeweilige Unternehmung bewegt. Mehr noch, gestützt auf das Argument der institutionellen Komplementarität,[37] erwarten wir, dass gerade in offenen Innovationsprozessen kollektives Vertrauen an bestehenden Institutionen anknüpft und sich dementsprechend pfadabhängig entwickeln wird. Denn Vertrauen entsteht aus langfristigen, stabilen, interpersonalen Beziehungen (prozessbasiert), aus gemeinsamen Eigenschaften, die als vertrauenswürdig angesehen werden (eigenschaftsbasiert), sowie auf formalen gesellschaftlichen Strukturen (institutionenbasiert).[38] Es speist sich durch Wiederholung, Routine und persönliche Erfahrung, aber auch durch gesellschaftliche Werte und Normen. Eine weitere zentrale Rolle spielen zudem etablierte Organisationen wie etwa Verbände, denen Ver-

---

34 Vgl. Reinhard Bachmann/Akbar Zaheer: Handbook of Advances in Trust Research, Cheltenham 2013; Roderick M. Kramer/Karen S. Cook: Trust and Distrust in Organizations. Dilemmas and Approaches, New York 2004.

35 Reinhard Bachmann: Trust, Power and Control in Trans-Organizational Relations, in: Organization Studies 22 (2001) 2, S. 341-369.

36 Frens Kroeger: Trusting organizations. The institutionalization of trust in interorganizational relationships, in: Organization 19 (2012) 6, S. 743-763.

37 Masahiko Aoki: The Contingent Governance of Teams. Analysis of Institutional Complementarity, in: International Economic Review 35 (1994) 3, S. 657-676; Hall/Soskice: Varieties of Capitalism.

38 Guido Möllering: Vertrauen und Ressourcen in interorganisationalen Beziehungen, in: RessourcenKultur. Vertrauenskulturen und Innovationen für Ressourceneffizienz im Spannungsfeld normativer Orientierung und betrieblicher Praxis, hg. v. Sebastian Klinke/Holger Rohn, Baden-Baden 2013, S. 63-71; Reinhard Bachmann/Andrew C. Inkpen: Understanding Institutional-based Trust Building Processes in Inter-organizational Relationships, in: Organization Studies 32 (2011) 2, S. 281-301; Kroeger: Trusting organizations.

trauen entgegengebracht wird und die als Vertrauensunternehmer Vertrauen zwischen einzelnen Akteuren herstellen können.[39]

Vertrauen ist im relativ unsicheren Feld der Innovation wichtig für das Ermöglichen von Kooperation[40] und erlangt in tendenziell höchst unsicheren, offenen Innovationsprozessen doppelte Relevanz. Erstens in der Inventionsphase und innerhalb des Innovationssystems selbst, zweitens bei der Verbreitung und Akzeptanz von Innovationen in der Gesellschaft. Es ist nun naheliegend zu argumentieren, dass unter den Bedingungen der Industrie 4.0 sowie wachsender Globalisierung das Systemvertrauen erodieren könnte, weil auch die staatliche oder systemische Instanz immer diffuser erscheint. Durch die Entgrenzung von Arbeit und die Erweiterung von Wertschöpfungsnetzwerken, durch das Entstehen gemeinsamer Plattformen und neuer Geschäftsmodelle prallen nun in der Industrie 4.0 vormals eher getrennt operierende Sektoren aufeinander, sodass künftig auch Branchengrenzen mehr und mehr verschwimmen oder Sektoren stärker miteinander gekoppelt werden könnten. Damit würde die Mesoebene mit ihren etablierten Vertrauensunternehmern sukzessive entfallen. Zudem kommt es durch die Globalisierung und Digitalisierung der Wertschöpfungsnetzwerke zu einer stärkeren Entpersonalisierung, die bewirken kann, dass auch das interpersonale Vertrauen an Bedeutung verliert. Gleichzeitig steigt jedoch der Bedarf an Vertrauensunternehmern und Koordination in einer Zeit des Wandels sowie der weiteren Öffnung von Innovationsprozessen.

Gerade an den radikalen, disruptiven Innovationen in der Kommunikationstechnologie wird deutlich, dass Vertrauen und Kontrolle nicht nur interindividuell oder interorganisational zusammenhängen, sondern wechselseitig über die Ebenen hinweg verschränkt sind. Einerseits ermöglichen diese Innovationen direkte Kommunikation und den direkten Austausch in Innovationsprozessen, verringern Transaktionskosten und öffnen Kanäle für das kommunikative Bilden von Vertrauen. Andererseits ermöglichen sie tief greifende Kontrolle individueller und organisationaler Aktivitäten. Und sie verändern und globalisieren die sozialen Beziehungen in digitalisierten Ge-

39 Andrew H. Kydd: When Can Mediators Build Trust?, in: American Political Science Review 100 (2003) 3, S. 449-462.

40 Nooteboom: Trust and innovation.

sellschaften nachhaltig. Dabei kommt den unterschiedlichen Formen von sozialem Kapital besondere Bedeutung zu. Im Sinne Putnams[41] kann davon ausgegangen werden, dass historisch akkumuliertes soziales Kapital Stabilität, Effizienz, Effektivität und Qualität von Kooperationen zwischen Individuen und/oder Organisationen unter bestimmten Bedingungen steigert und die Wahrscheinlichkeit von Kooperation auch in offenen Netzwerken erhöht. Während das sogenannte »bonding social capital« insbesondere innerhalb von Institutionen und Organisationen zentral ist, gewinnen im Zusammenhang mit Open Innovation und Globalisierung von Produktionszusammenhängen »bridging social capital« und »linking social capital«[42] an Bedeutung. Während ersteres die Integration heterogener Individuen durch die Erzeugung weiterer Identitäten und Reziprozitätsnormen ermöglicht, integriert letzteres »unlike individuals in dissimilar situations«[43] und spannt so den Rahmen sozialen Kapitals weit über die Grenzen realen Zusammenlebens hinaus auch auf Formen virtueller Gemeinschaften.

Die Empirie zeigt diesen Zusammenhang für europäische Staaten und die USA relativ deutlich. Zieht man einschlägige Daten für die Messung von interpersonalem Vertrauen,[44] Vertrauen in die Regierung,[45] Korporatismus,[46] Digitaler Gesellschaft,[47] Innovation[48] und Innovationsfähigkeit[49] heran, so zeigen sich einige signifikante Zusammenhänge, wie Tabelle 1 illustriert. Zwar gibt es keinen direkten Zusammenhang zwischen interpersonalem

41 Putnam: Making Democracy Work.

42 Michael Woolcock: The Place of Social Capital in Understanding Social and Economic Outcomes, in: Canadian Journal of Policy Research 2 (2001) 2, S. 11-17.

43 John Field: Social Capital, London 2003, S. 42.

44 International Social Survey Programme (ISSP) 2014, Variable: Most people can be trusted, Zustimmung in % der Bevölkerung, www.w.issp.org/.

45 ISSP 2014, Variable: Trust in Government, Zustimmung in % der Bevölkerung, www.w.issp.org/.

46 Korporatismus-Index nach Detlef Jahn: Changing the Guard. Trends in Corporatist Arrangements in 42 Highly Industrialized Societies from 1960 to 2010, in: Socio-Economic Review 14 (2014) 1, S. 47-71.

47 Digital Economy and Society Index 2018, overall rating, www.ec.europa.eu/digital-single-market/en/desi.

48 Acatech Innovationsindikator 2017, www.acatech.de/Publikation/innovationsindikator-2017/.

49 IIT Innovationsfähigkeit 2018, www.iit-berlin.de/de/indikator/laenderanalyse/2018/@@idb-ranking.

Vertrauen und Innovation, aber indirekt über interpersonales Vertrauen und Digitalisierung sowie Digitalisierung und Innovation. Hinzu kommen signifikante Zusammenhänge zwischen Institutionenvertrauen und Digitalisierung sowie Innovation.

Tab. 1: Korrelationen (Pearson, zweiseitige Signifikanz)

	Vertrauen: Most People can be trusted ISSP	Vertrauen: Trust in Government	Korporatismus Index Jahn	DESI-Index	Acatech Innovationsindikator	IIT Innovationsfähigkeit
Vertrauen: Most People can be trusted		,852**	,536*	,880**	,245	,233
Vertrauen: Trust in Government			0,283	,888**	,598**	,372
Korporatismus Index Jahn				,322	,063	,227
DESI Index					,750**	,707**
Acatech Innovationsindikator						,872**
IIT Innovationsfähigkeit						

Quelle: Eigene Berechnung. N(min)=8, N(max=21); ** Korrelationen sind auf dem Niveau von 0,01 signifikant; * Korrelationen sind auf dem Niveau von 0,05 signifikant.

Zudem zeigen sich auf der Basis der Unterscheidung von Produktionsregimen signifikante Unterschiede zwischen koordinierten und liberalen Marktwirtschaften:[50] Liberale Marktwirtschaften sind technikaffiner,[51] während koordinierte Marktwirtschaften hohe Werte bei Korporatismus[52] aufweisen. Unterscheidet man zusätzlich verschiedene Typen von koordinierten Markt-

50 John S. Ahlquist/Christian Breunig: Country Clustering in Comparative Political Economy, in: MPIfG discussion paper (2009) 5, S. 1-40.

51 World Value Survey 5, Variable: Science and Technology are making our lives more comfortable, www.worldvaluessurvey.org/wvs.jsp; Anova-Analyse, Signifikanz der Mittelwertunterschiede ,031.

52 Anova-Analyse, Signifikanz der Mittelwertunterschiede ,001.

wirtschaften entlang der Frage nationaler und sektoraler Koordination,[53] so sind nahezu alle Unterschiede zwischen liberalen, national koordinierten und sektoral koordinierten Marktwirtschaften signifikant,[54] wobei die national koordinierten Produktionsregime (Dänemark, Finnland, Schweden und Norwegen) durchgehend die besten Werte aufweisen.

Fazit: Innovation braucht Vertrauen

Wandel gilt es mit Innovationen zu begegnen. Digitalisierung spielt dabei eine zentrale Rolle für die zukünftige Innovationsfähigkeit. Die Frage ist daher, wie das Wissen um und die erfolgreiche Nutzung der Digitalisierung vorangetrieben werden und das nötige Vertrauen in Digitalisierungsprozesse, die auch immer Netzwerk-, Koordinations- und Kooperationsprozesse sind, aufgebracht werden kann. Dabei zeigen sich deutliche Unterschiede hinsichtlich der Governance-Mechanismen und Vertrauensgraden, die interagieren.

In Volkswirtschaften mit niedrigem interpersonalem Vertrauen wird Kontrolle zu einem zentralen Mechanismus, also »harte Regulation«, die in der Regel über Rechtssysteme erfolgt. Der Koordinationsmechanismus ist als Kontrolle durch Recht und Einklagbarkeit routinisiert. Dies finden wir typischerweise in liberalen Marktwirtschaften vor. Vertrauen heißt hier zuvorderst institutionelles Vertrauen in das Rechtssystem. In Nationalökonomien mit hohem interpersonalem Vertrauen hingegen ist die Voraussetzung für Kooperation auch jenseits »harter Regulierung« gegeben. Durch den Vertrauensvorschuss ist eine netzwerkförmige Kooperation möglich. Digitalisierung sollte also ebenso wie Innovation leichter und ohne dominante hierarchische Steuerung funktionieren. Solche Muster mit hohem interpersonalem Vertrauen, hohem Digitalisierungsgrad und besonderen Stärken bei der Innovationsfähigkeit finden wir in koordinierten Marktwirtschaften vor – nicht in allen, sondern vor allem im sogenannten nordischen Typus

53 Einteilung nach Ahlquist/Breunig: Country Clustering.

54 Anova-Analyse. Die Mittelwertunterschiede für Technikaffinität und Korporatismusgrad sind mit ,057 respektive 0,074 nur knapp nicht signifikant.

(also Skandinavien plus Niederlande). Diese sind neben hohem interpersonalem Vertrauen und als Folge historischer Vertrauensprozesse von der Institutionalisierung interpersonalen Vertrauens in dauerhaften Kooperationsstrukturen (Korporatismus) geprägt, die sich meist durch einen hohen gewerkschaftlichen Organisationsgrad sowie eine sehr partizipative und lernförderliche Arbeitsorganisation auszeichnen. Hier gibt es also einen doppelten Vertrauensmechanismus: interpersonal und organisational bzw. institutionell.

Wie verhält es sich in Deutschland? Eigentlich ist der Standort Deutschland gut aufgestellt. Das Institutionengefüge einer koordinierten Marktwirtschaft bietet – im Vergleich zur liberalen Marktwirtschaft – Aushandlungsarenen, um diesen Strukturwandel positiv zu gestalten: Mitbestimmung, Tarifverträge, Sozialpartnerschaft erscheinen als Stärke und großer Vorteil. Das zeigt sich auch im spezifischen Innovationsverhalten von Unternehmen bzw. im Grad der aktiven Beteiligung der Beschäftigten.[55] Die schleichende Erosion der Tarifbindung sowie sinkende Organisationsgrade bei Gewerkschaften und Verbänden sind jedoch ein Warnsignal. Denn angesichts der strukturellen Veränderungen und der Herausforderungen der Digitalisierung für den Arbeitsmarkt ist eine Intensivierung der Koordination sehr viel ratsamer als eine Deregulierung, da diese mit weiteren Vertrauensverlusten einhergehen würde. Auch würde ein Ausbau anstatt eines Abbaus des Wohlfahrtsstaats für deutlich mehr Sicherheit in der Bevölkerung sorgen, sodass der digitale Wandel auch sozial besser moderiert werden könnte. In diesem Zusammenhang hilft ein Blick in die skandinavischen koordinierten Marktwirtschaften. Diese sind flankiert von sogenannten sozialdemokratischen oder nordischen Wohlfahrtsstaaten, die die Risiken des modernen Kapitalismus (und auch des digitalen Kapitalismus) durch den hohen Grad an Dekommodifizierung deutlich besser abfangen können und dadurch möglicherweise auch den (digitalen) Wandel erfolgreicher moderieren können.

55 Wolfgang Schroeder/Claudia Bogedan: Der Umbruch in Wirtschaft und Arbeitswelt und seine Herausforderungen, in: Gute Arbeit und soziale Gerechtigkeit im 21. Jahrhundert, hg. v. dies., Baden-Baden 2015, S. 7-22.

Bruno Cattero

Technologie(n) und Organisation

Die Begriffe »Digitalisierung«, »digitale Revolution« und die intensive wissenschaftliche Forschung sowie die öffentliche Debatte darüber haben dazu beigetragen, Technik und menschliche Arbeit nach langer Zeit wieder ins öffentliche Scheinwerferlicht zu rücken. Die folgenden Ausführungen zielen darauf ab, einen Beitrag zu dieser Debatte auf einer organisationstheoretischen Mesoebene zu leisten. Die Gründe für diesen analytischen Ansatz sind zweierlei: Zum einen steht zwischen Technik und Arbeit immer Organisation, oder besser formuliert: das Organisieren. Technik wird in unterschiedlicher Weise relevant, je nachdem wie sie in Organisationsprozessen und -strukturen eingesetzt wird. Die Organisation von Arbeit ist eng mit der eingesetzten Technik verbunden. Zum zweiten bietet die organisationstheoretische Perspektive den Vorteil, die Entwicklungen sektor- und branchenübergreifend zu analysieren und somit die einseitige Konzentration auf die industrielle Produktionsarbeit zu überwinden, die mit dem Label »Industrie 4.0« einhergegangen ist.[1]

1 Elke Ahlers et al.: Digitalisierung. Dienstleistungsarbeit im Visier. Was bedeutet Digitalisierung für Tätigkeiten im Bereich von Wissensarbeit und Dienstleistungen?, Düsseldorf 2018.

Aus diesen Überlegungen heraus und vor dem Hintergrund eines Verständnisses der Digitalisierung als »sozio-technische Transformation«, in der sich selbst ein radikaler Wandel als ein zeitlich gestreckter und sukzessiver Prozess vollzieht,[2] lauten die hier verfolgten Fragestellungen wie folgt: Lässt sich aus organisationstheoretischer Sicht ein gemeinsamer Nenner bei den unterschiedlichen Anwendungen der digitalen Technologie finden? Wenn es sich um eine »digitale Revolution« handelt, welches ist das »revolutionäre Element«, das Organisation und Arbeit betrifft? Und mit welchen absehbaren Folgen ist dies verbunden?

Ausgangspunkt und roter Faden des Beitrages sind die Ausführungen von James D. Thompson[3] über die Technologien, die im ersten Abschnitt dargestellt werden. Seine Begrifflichkeiten mögen zuerst sehr abstrakt wirken, aber es wird sich schnell zeigen, dass die thompsonschen Technologiebegriffe weiterhin ein fruchtbares analytisches Raster liefern können. In den nachfolgenden Abschnitten werden wir es zuerst auf die digitale Technologie anwenden und darauf aufbauend untersuchen, wie »Digitalisierung« die jeweils kennzeichnende Technologie der Industrie, des tertiären Sektors und der personenbezogenen Dienstleistungen durchdringt. Im letzten Abschnitt werden abschließend einige Implikationen der Analyse sowie offene Forschungsfragen kurz skizziert.[4]

Technologie, Interdependenzen, Koordinierung

Was ist Technologie? Und welche Typen von Technologie sind aus einer Organisationsperspektive relevant? Die Antwort Thompsons auf die erste Frage ist ein weit gefasster Begriff von Technologie: Sie beschränkt sich nicht nur auf Werkzeuge, Maschinen und technische Anlagen, sondern umfasst jedes

2 Ulrich Dolata: Wandel durch Technik. Eine Theorie soziotechnischer Transformation, Frankfurt a. M./New York 2011.

3 James D. Thompson: Organizations in Action. Social Science Bases of Administrative Theory, New York 1967.

4 Die Abschnitte eins bis vier entsprechen einer leicht gekürzten und überarbeiteten Fassung von Bruno Cattero: Amazon in action. Oder: Wo liegt das Neue der digitalen Technologie?, in: AIS- Studien XI (2018) 2, S. 107-123.

spezialisierte Wissen, das zum Erreichen eines bestimmten Zwecks eingesetzt wird.[5] Darauf aufbauend unterscheidet Thompson drei Spielarten oder Varianten (»variations«) von Technologie, die je nach Tätigkeitsfeld und angestrebten Zielen in jeder Organisation eingesetzt werden können: die lineare Verkettungstechnologie (long-linked technology), die Vermittlungstechnologie (mediating technology) und die Intensivtechnologie (intensive technology).

Die jeweiligen zentralen Merkmale lassen sich wie folgt zusammenfassen: Die Verkettungstechnologie sieht eine sequenzielle Interdependenz von aufeinander folgenden Operationen (A → B → C → …) vor: Die Operation B kann nur im Anschluss an Operation A und vor Operation C erfolgen usw. Verkettungstechnologie folgt den Kriterien eines »geschlossenen Systems« im Sinne einer »technischen Rationalität« (optimiertes Verhältnis zwischen Aufwand und Erträgen), die auf Kenntnis und Kontrolle aller systemrelevanten Variablen basiert. Dies setzt freilich voraus, dass der technische Kern (technical core) – gemeint ist die zentrale und kennzeichnende Tätigkeit der Organisation[6] – von allen relevanten Umweltunsicherheiten abgeschirmt wird, das heißt dass die Lieferung des Inputs sowie die Ablieferung des Outputs organisatorisch gewährleistet sind. Hinzu kommt die Bewältigung aller Unsicherheiten, die sich im Laufe des Transformationsprozesses ergeben können (Maschinenschaden usw.). Angesichts der Unzahl möglicher Unsicherheiten ist daher die geschlossene Systemlogik immer als eine »as-if-Abstraktion« zu betrachten.[7] Ist die weitest mögliche Annäherung dieser Abstraktion durch die unsicherheitsabschirmenden Prozesse des Organisierens hergestellt, dann sind alle Variablen bekannt und der technische Kern kann

5 »*Instrumental action is rooted on the one hand in desired outcomes and on the other hand in beliefs about cause/effect relationships. Given a desire, the state of man's knowledge at any point in time dictates the kinds of variables required and the manner of their manipulation to bring that desire to fruition. To the extent that the activities thus dictated by man's beliefs are judged to produce the desired outcomes, we can speak of technology, or technical rationality.*« Thompson: Organizations, S. 16.

6 Im Fall etwa eines Automobilunternehmens entspricht der technische Kern dem gesamten Produktionsprozess zur Herstellung eines Fahrzeugs, in einem Restaurant entspricht er der Küche, im Fall einer Gewerkschaft der tariflichen Normsetzung (was die Gewerkschaft von anderen Interessenorganisationen unterscheidet) usw.

7 Veronika Tacke: Rationalitätsverlust im Organisationswandel, Frankfurt a. M./New York 1997, S. 48.

so gehalten werden, als ob er ein geschlossenes System wäre. Dementsprechend sind organisatorische Koordinierung und Gestaltung darauf ausgerichtet, solche Bedingungen zu erreichen: Der Koordinationsmechanismus besteht aus Planung und den darauffolgenden detaillierten Programmen. Die bevorzugte Organisationsstrategie ist die vertikale Integration, denn die Schließung der technologischen Verkettung kann am besten durch eine ebensolche organisatorische Verkettung erreicht werden. Typische Beispiele von serieller Verkettungstechnologie sind das Fließband und der kontinuierliche Prozess in der Chemieindustrie.

Alle Organisationen versuchen, in ihrem technischen Kern die Bedingungen eines »geschlossenen Systems« so weit wie möglich zu erzeugen, da sie dem höchsten Grad an Reduzierung von Unsicherheit entsprechen. Solche Bedingungen sind aber aus mehreren Gründen nicht in jedem Tätigkeitsfeld erreichbar. Je nach Handlungsfeld greifen Organisationen deshalb auf die zwei anderen Technologietypen zurück, die zwar weniger »perfekt« sind, zugleich aber befriedigende Lösungen bei der Kontrolle der Unsicherheit erreichen können.

Die Vermittlungstechnologie kommt dort zur Anwendung, wo verschiedene, zeitlich und räumlich verteilte Nutzer, Kunden oder auch Partner zu erreichen sind (Banken, Versicherungen und andere Dienstleistungsorganisationen). In diesem Fall ist die Interdependenz zwischen den Tätigkeiten der Organisationsteile (etwa die Filialen einer Bank) eher allgemein: Sie sind voneinander nicht ganz unabhängig, da alle zum Gesamtergebnis beitragen, brauchen aber hierfür auch nicht miteinander eng vernetzt zu sein. Die Koordinierung der Einzelteile erfolgt hauptsächlich durch die Standardisierung der Vorgänge.

Die Intensivtechnologie kennzeichnet schließlich jene Organisationen, bei denen Personen zum Gegenstand von Interventionen werden. In diesem Fall sind die daraus folgenden Interaktionen nicht ganz voraussehbar, da sie von der Reaktion (feedback) des Gegenparts abhängen. Typische Beispiele sind medizinische Hilfe oder Bildungseinrichtungen. Die einbezogenen Organisationseinheiten und Akteure stehen in einer »wechselseitigen Interdependenz« (besser aber: »relationalen Interdependenz«) zueinander. Die Koordinierung wird hauptsächlich durch wechselseitige Anpassung mittels kontinuierlichem Informationsaustausch gewährleistet.

Tabelle 1 umfasst die drei Spielarten von Technologie und die jeweils überwiegenden Interdependenzen und Koordinationsmechanismen, wobei die Tabelle lediglich als eine zusammenfassende Darstellung zu betrachten ist und keine deterministischen Verbindungen herzustellen sind. Thompson selbst stellt keine explizite Verbindung zwischen Spielarten von Technologie und Typen von Interdependenz her: In seinen Ausführungen sind zwar Überlappungen naheliegend, dennoch sind die Interdependenzen nie einfach von der angewendeten Technologie vorbestimmt, sondern immer eine Folge organisatorischer Entscheidungsprozesse und als solche gestaltbar.[8]

Tab. 1: Technologien, Interdependenzen und Koordination nach Thompson

Technologie	Interdependenz	Koordinierungsmechanismen
»Vermittlungstechnologie mediating technology«	allgemeine	»Standardisierung Standardisierung +«
»Verkettungstechnologie long-linked technology«	sequentielle	»Pläne und Programme Standardisierung Pläne und Programme +«
»Intensivtechnologie intensive technology«	wechselseitige	wechselseitige Anpassung

Quelle: Eigene Darstellung, basierend auf Richard L. Daft: Organizzazione aziendale, Mailand 2016, S. 276, 280.

Ein weiterer wichtiger Punkt betrifft die Kopräsenz der Technologien: In komplexen Organisationen sind in der Regel alle drei Spielarten von Technologie zu verorten, je nach Tätigkeitsfeld und angestrebten Zielen ist aber aus gesamtorganisatorischer Sicht immer eine Technologie dominant. Das Beispiel McDonald's ist hier erhellend: Die Küche ist nach den Prinzipien einer seriellen Produktion strukturiert (Verkettungstechnologie), das Handlungsfeld (Gaststättengewerbe) und die umweltgestaltende Strategie (stan-

8 Ausführlicher hierzu siehe Francesco M. Barbini/Massimo Neri: Thompson's legacy on education, in: J. D. Thompson's Organizations in Action 50th anniversary. A reflection, hg. v. Francesco M. Barbini/Giovanni Masino, Bologna 2016, S. 4-40.

dardisierte Leistung zu niedrigen Preisen und daher mit niedrigem Gewinn nach Einzeleinheiten) setzt jedoch die organisationale Wachstumsstrategie der Vermittlungstechnologie voraus. Sie beinhaltet die räumliche Ausweitung eines effektiven und effizienten organisatorischen Pools standardisierter Gaststätten zum Zweck der Vergrößerung der Domänen (Markterweiterung), um die sich aus der kleinen Zahl ergebenden Schwankungen (Unberechenbarkeit) durch Masse zu nivellieren.[9] Ähnliches gilt anderswo: In der F&E-Teamarbeit eines industriellen Unternehmens überwiegt durchaus eine feedbackbasierte relationale Interdependenz (Intensivtechnologie), gesamtorganisatorisch ist jedoch die Verkettungstechnologie entscheidend; in Krankenhäusern oder anderen Einrichtungen sozialer Dienstleistungen stößt man auf zahlreiche standardisierte Verfahren sowie – wann immer es möglich ist – auf Segmente linearer Verkettung. Gesamtorganisatorisch bleibt trotzdem die Intensivtechnologie kennzeichnend, da für die Kernaktivität ein Mangel an Transparenz und Berechenbarkeit konstitutiv ist.

Fokussiert man die Gesamtorganisation und die dominante Technologie weiter, kennzeichnen die drei Technologievarianten jeweils die Industrie (Massenproduktion), die allgemeinen Dienstleistungen und die personenbezogenen Dienstleistungen.[10] Diese Zuschreibung spiegelt nicht zuletzt den Beitrag der jeweiligen Technologien hinsichtlich des organisatorischen Bedarfs nach Kontrolle und Verminderung der Unsicherheit, der in Thompsons Theorie eine zentrale Stellung einnimmt. Dieser Bedarf wird am höchsten von der Verkettungstechnologie erfüllt, da sie sich – wie schon erwähnt – der Als-ob-Abstraktion des »geschlossenen Systems« am weitesten annähert. Der Beitrag der zwei anderen Technologien ist hingegen beschränkt, und zwar vor allem im Fall der Intensivtechnologie.

9 »*Complexity in the mediating technology comes not from the necessity of having each activity geared to the requirements of the next but rather from the fact that the mediating technology requires operating in standardized ways, and extensively; e.g. with multiple clients or customers distributed in time and space.* […] *Organizations employing mediating technologies, and subject to rationality norms seek to expand their domains by increasing populations served.*« Thompson: Organizations, S. 16; 42.

10 Diese Zuschreibung ist in Thompsons Werk nicht explizit, aber dennoch naheliegend. Vgl. Giuseppe Bonazzi: Geschichte des organisatorischen Denkens, Wiesbaden 2008, S. 312 sowie Tacke: Rationalitätsverlust, S. 74.

Digitale Technologie: Was für eine Spielart von Technologie ist sie?

Die thompsonsche Einteilung stellte eine »wichtige Neuerung« in der Organisationstheorie dar, »weil damit zum ersten Mal ein einheitliches Konzept der Technologie entwickelt [wurde]«,[11] das quer zu Organisationstypen, Organisationsarten und Branchen Erkenntniswert aufweist. Es stellt sich daher die Frage, wo die heutige digitale Technologie, die Thompson nicht berücksichtigen konnte, im thompsonschen Schema zu verorten und was daraus abzuleiten ist.

Auf den ersten Blick scheint die digitale Technologie der Vermittlungstechnologie zu entsprechen, ja gar die Vermittlungstechnologie par excellence zu sein: Das auffälligste Merkmal der digitalen Technologie ist ihre Verbindungsleistung, die im Internet zum Ausdruck kommt – ein Verbund von vernetzten Knoten, der alle räumlichen und zeitlichen Barrieren beseitigt und es jedermann ermöglicht, Beziehungen mit jedem anderen einzugehen und zu pflegen. Fokussiert man jedoch nicht nur darauf was die digitale Technologie leistet, sondern wie die digitale Technologie verbindet und vernetzt, dann ergibt sich ein viel differenzierteres Bild.

Wie erfolgt die Verbindung? Die Digitalisierung basiert auf Algorithmen und Programmen. Die Algorithmen sind Handlungsanweisungen, die aus einer Sequenz aufeinander folgender Schritte (Mikroentscheidungen) bestehen. Die sequenzielle Struktur der Algorithmen weist darauf hin, dass es sich um eine Verkettungstechnologie handelt. Hinzu kommt eine andere, auffällige Parallele zu den thompsonschen Ausführungen: Denn Algorithmen müssen der Definition nach einen Beginn (das zu lösende Problem) und ein Ende (die Lösung) haben. Ein Algorithmus, der das Problem, für dessen Lösung er entwickelt worden ist, doch nicht löst, ist kein Algorithmus, sondern lediglich eine mathematische und grafische Sequenz, die aus irgendeinem Grund – fehlerhafte Konstruktion, Komplexität des Problems – kein Algorithmus geworden ist. Anders formuliert: Ein Algorithmus ist ein solcher, wenn er sich »schließt«. Der Definition nach handelt es sich also um ein »geschlossenes System«, das jegliche Unsicherheit intern beseitigt. Im Grun-

11 Bonazzi: Geschichte, S. 311.

de genommen fällt sogar die Einschränkung »als ob es« [ein geschlossenes System wäre] weg, die in Thompsons Werk zentral ist. Um mögliche Missverständnisse jedoch von vornherein zu vermeiden: Dass Algorithmen »geschlossene Systeme« sind, die jegliche Unsicherheit intern beseitigen, heißt keineswegs, dass ein algorithmisches Management jegliche Unsicherheit beseitigt. Wir werden noch im abschließenden Teil des Textes darauf zurückkommen.

Was die Programme angeht, sind sie bekanntermaßen lediglich eine Übersetzung der Algorithmen in »Maschinensprache«. Sie entsprechen Entscheidungskreisläufen, die weitere kleinere Entscheidungskreisläufe einschließen.[12] Beides aber – Programme und darin enthaltene Entscheidungskreisläufe – sind letztlich nichts anderes als das Ergebnis verschiedener algorithmischer Abfolgen.

Algorithmen und Programme sind also sowohl aus logischer Sicht als auch hinsichtlich ihrer Auswirkungen eine Verkettungstechnologie. Darunter fällt auch die für die Digitalisierung kennzeichnende Vernetzung. Sie lässt sich zwar semantisch und bildlich schwer mit dem Begriff der »Verkettung« in Einklang bringen. Dennoch: Sie baut auf Algorithmen und Programmen auf, also auf Verkettungstechnologie. Insofern stellt die digitale Technologie einen durchaus epochalen Qualitätssprung der Verkettungstechnologie dar – als Verstärkung und Verfeinerung dort, wo sie schon am meisten verbreitet war, aber vor allem als Ausweitung ihrer Anwendungsmöglichkeiten über ihren herkömmlichen Bereich hinaus. In den folgenden zwei Abschnitten wollen wir beides mit Bezug auf Amazon als empirische Referenzfolie verdeutlichen.

Die algorithmische Verkettung: Verstärkung und Perfektionierung der Verkettungstechnologie

Der Qualitätssprung der digitalen Technologie geht bis zur ersten Phase der (industriellen) Digitalisierung zurück, auch wenn der Ausdruck »digital« sich damals – in der zweiten Hälfte der 1970er-Jahre – noch nicht etabliert hat-

12 Luciano Gallino: Informatica e qualità del lavoro, Torino 1983.

te. Die verwendeten Begriffe waren bekanntermaßen »elektronische Automatisierung« bzw. »flexible Automation« und sie bezeichneten die erste bedeutende Einführung der Informationstechnologie und Mikroelektronik in die industriellen Herstellungsprozesse, allen voran in der Automobilindustrie. Vorreiter waren hier Volkswagen mit der Halle 54 in Wolfsburg und Fiat Auto mit der asynchronen Motormontage (LAM, Lavorazione Asincrona Motori) und dem automatisierten Schweißsystem »Robogate« (jeweils 1977 und 1978 in den Turiner Werken Mirafiori.) Wenige Hinweise auf die Funktionsweise der LAM,[13] deren Automatisierungsgrad sogar niedriger war als die der Robogate, sollen hier ausreichen, um den damaligen Durchbruch zu markieren.

Das LAM-System ersetzte das Fließband durch feste und voneinander getrennte Arbeitsplätze, die mit automatischen Transporteinheiten (robocarriers) bedient wurden. Gegenstand der Automatisierung waren also weniger menschliche Tätigkeiten, als vielmehr der Transport der halbfertigen Motoren zu und aus den einzelnen Arbeitsstellen sowie die Steuerung des Produktionszyklus. Das computergesteuerte Informationssystem war zugleich »Herz« und »Gehirn« der LAM. Zum einen sendete es die Impulse an die in den robocarriers eingebauten Mikroprozessoren, womit die Fahrwerke in Bewegung gesetzt wurden. Zum anderen leitete es die Fahrwerke zwischen den Arbeitsstationen, steuerte die einprogrammierte Gesamtproduktion und kontrollierte die zeitlich korrekte Ausführung der menschlichen Arbeit. Die Kombination Fahrwerk-Motor, verbunden mit optischen Sensoren, erlaubte es, den Motor an jedem Punkt des Systems zu identifizieren, Vorfahrt bzw. Anhalten von bestimmten Motortypen oder -varianten (Mixregulierung) zu erlauben und den Montageablauf eines jeden einzelnen Motors zu rekonstruieren. Durch die gesammelten Daten und ihre laufende Verarbeitung herrschte Transparenz über die Menge der schon ausgeführten sowie der noch auszuführenden Montageschritte pro Schicht. Parallel dazu speicherte das Informationssystem jede Abweichung und Unstimmigkeit in der stofflichen Verarbeitung (fehlerhafte Stücke, Anomalien, Dysfunktionen)

13 Vgl. Piero Migliarese/Paolo Romano: Strategie di progettazione ed organizzazione del lavoro. Due casi di realizzazione di impianti innovativi in una grande azienda automobilistica, in: Progettazione delle nuove tecnologie e qualità del lavoro, hg. v. Claudio Ciborra/Giovan Francesco Lanzara, Mailand 1984, S. 161-261.

sowie der individuellen Arbeitsleistung (bezüglich Präsenz, Produktivität, Qualität) und konnte zum Schichtende sowohl zusammenfassende als auch detaillierte Statistiken über technische Abläufe und menschliche Arbeit erstellen. Der Kontrast zu dem vormals vorherrschenden Fließband konnte zu jenem Zeitpunkt kaum größer sein: Jede Änderung des Produktionszyklus nahm die immateriellen Züge einer einfachen Umprogrammierung der Anweisungen an den Computer an, ohne Veränderungen der physikalischen Struktur der Anlage vorauszusetzen oder nach sich zu ziehen. Die Rigidität und Störanfälligkeit der mechanischen Verkettung war mit einem System von »intelligenten« und flexiblen Verkettungen überwunden worden. Dies betraf auch die in jener Zeit häufigen Arbeitsniederlegungen in Einzelsegmenten des taylor-fordistischen Produktionsprozesses, die infolge der mechanischen Verkettung schnell zu einer Stilllegung der Produktion führten. Blieben solche Konflikthandlungen innerhalb der LAM auf eine kleine Zahl von Beschäftigten begrenzt, dann betrachtete das computergestützte Steuerungssystem die jeweiligen Arbeitsplätze als vorläufig ausgefallen, schloss sie aus dem laufenden Transformationsprozess aus und konnte Produktions- und Arbeitsabläufe 40 Minuten lang problemlos umleiten.[14]

Machen wir nun einen Zeitsprung von 40 Jahren und betrachten irgendein Verteilzentrum von Amazon: Der gesamte Ablauf der Anlieferung, Lagerung, Abholung und Verpackung der Waren für den Versand wird durch das von Amazon selbst patentierte Warehouse Management System (WMS) gesteuert:[15] Jeder Prozess ist bis ins kleinste Detail programmiert, der Warenfluss und die Laufwege der sogenannten Picker sind algorithmisch vorbestimmt. Das digitale Gerät, das die Picker – die für die Aussortierung der Waren aus den Regalen zuständigen Arbeitnehmer – bei ihrer Arbeit leitet, teilt ihnen mit, welches die abzuholende Ware ist, wo sie gelagert ist und zeigt den schnellsten Weg zu ihr. Im Zusammenspiel mit dem WMS sichern

14 »Die Zeit zum Umdenken« hieß es damals im gewerkschaftlichen Umfeld.

15 Siehe Dennis R. Hodge et al.: Continuous item picking in a distribution center using coordinated item picking periods. United States Patent Application Publication, Patent No. US 7031801 B1, Pub. Date 18.4.2006, Owner Name: Amazon.com, Inc., Seattle, WA (US); Philipp K. Janert et al.: Time-based warehouse movement maps, United States Patent Application Publication, Patent No. US7243001 B2, Pub. Date 10.7.2007, Owner Name: Amazon Technologies Inc., Reno, NV.

das digitale Gerät und die elektronischen Firmenbadges darüber hinaus die Komplettüberwachung der Arbeitsleistung jedes einzelnen Beschäftigten, sei es ein Picker oder ein Packer (derjenige, der die Waren versandbereit verpackt): In jedem Moment ist es möglich, die individuelle Arbeitsleistung zu kontrollieren und ggf. den Betroffenen zu mahnen, falls der Standard nicht eingehalten wird. Dabei ist ein direktes Gespräch mit dem »Team Leader« – in der Amazonsprache: »one-to-one« – nicht einmal nötig: Die Mahnung kommt per SMS direkt auf das Digitalgerät.

Eine treffende Zusammenfassung der Arbeit bei Amazon hat ein Manager von Amazon selbst geliefert: »You're sort of like a robot, but in human form. It's human automation, if you like«.[16] Die wissenschaftliche Zusammenfassung ist in den Begriffen »digitaler Taylorismus«[17] bzw. »digitaler Taylor-Fordismus«[18] enthalten. Bedeutungsmäßig sind die zwei Begriffe so gut wie deckungsgleich. Die zweite Variante zielt vielmehr darauf, das »fordistische« Element auch sprachlich hervorzuheben. Das »tayloristische« Element erscheint nämlich bei Amazon fast zweitrangig: Zwar gibt es eine strikte Vorschrift hinsichtlich der Aufgabe, aber die manuelle Logistikarbeit ist an sich einfach und unterliegt keiner besonderen Fragmentierung. In anderen Dienstleistungsbereichen und -tätigkeiten gab und gibt es viel mehr »digitalen Taylorismus«. Die Beseitigung jeglicher Autonomie in der Ausführung der Arbeit wird bei Amazon nicht mit der Aufgabenbeschreibung, sondern mit der Technologie erreicht: Wie Staab und Nachtwey zu Recht betonen, sind die Handscanner der Picker »mit mobilen Fließbändern zu vergleichen«.[19] In der Tat: Der Mitteilung über das Was und Wo der Warenabholung folgt auf demselben Gerät der Countdown der Zeit, die das WMS auf der Basis des aktuellen Standorts der Picker in der Lagerhalle als ausreichend berechnet. Das digitale Gerät steuert den Picker nicht nur durch die Halle, sondern

16 Zitat in Sarah O'Connors: Amazon unpacked, in: Financial Times v. 8.2.2013.

17 Christian Parenti: Big Brother's Corporate Cousin: High-tech Workplace Surveillance in the Hallmark of a New Digital Taylorism, in: The Nation v. 27.7.2001, S. 26-30, www.thenation.com/article/big-brothers-corporate-cousin/; Bezüglich Amazon: Philipp Staab/Oliver Nachtwey: Die Digitalisierung der Dienstleistungsarbeit, in: APuZ 66 (2016) 18/19, S. 24-31.

18 Bruno Cattero/Marta D'Onofrio: Orfani delle istituzioni. Lavoratori, sindacati e le »fabbriche terziarie digitalizzate« di Amazon, in: Quaderni di Rassegna Sindicale 19 (2018) 1, S. 7-28.

19 Staab/Nachtwey: Die Digitalisierung, S. 28.

zwingt ihm auch den Takt auf, mit dem die Aufgabe schnellstmöglich auszuführen ist. Das mechanische Fließband brachte das Stück, die »werdende Ware«, zum Arbeiter. Das algorithmische Steuerungssystem führt die Arbeiter zur Ware – und sichert zugleich eine ständige Überwachung, bei der die technische Kontrolle[20] panoptisch wird.

Neben der taylor-fordistischen Arbeitsorganisation sind aber bei der algorithmischen Verkettung in den Verteilzentren Amazons auch die Grenzüberschreitungen von Bedeutung. Eine erste lässt sich beim seit Jahren andauernden Tarifkonflikt in Deutschland beobachten: Im Falle eines Streiks kann Amazon Aufträge und Lieferungen zeitweilig auf andere Verteilzentren leicht umleiten, wodurch die Auswirkungen von Arbeitsniederlegungen an einzelnen Standorten erheblich verringert oder sogar zunichte gemacht werden. Die Gewerkschaft sieht sich also mit einer Art »digitaler Rüstung« konfrontiert, die nicht zuletzt wegen ihrer transnationalen Ausdehnung kaum greifbar und mit traditionellen Streikaktionen schwer zu durchschlagen ist.[21]

In diesem Fall bleibt die grenzüberschreitende Steuerung innerorganisatorisch – steuerungsrelevant ist die Grenzüberschreitung zwischen den Organisationseinheiten, während die geografischen Grenzen dank der algorithmischen Vernetzung irrelevant sind – und als solche gehört sie heute zur Normalität. Im Fall der 2017 auf dem US-amerikanischen Markt eingeführten Anwendung Amazon Relay geht die Grenzüberschreitung allerdings einen Schritt weiter. Die App dient dazu, Lkw-Fahrern eine schnellere Warenannahme und -abgabe an den eigenen Logistikzentren zu ermöglichen: Die Fahrer geben die Frachtinformationen in die App ein, bevor sie ankommen, und bekommen einen QR-Code, der die Sicherheitskontrolle am Eingangstor und andere (noch) manuelle Lieferungs- und Versandprozesse beschleunigt. An sich scheint die App nichts Besonderes, eine Rationalisierungsmaß-

20 Richard C. Edwards: Contested Terrain. The Transformation of the Workplace in the Twentieth Century, New York 1979.

21 2014, im Jahr nach Beginn des Konflikts mit ver.di, eröffnete Amazon drei neue Distributionszentren in Polen (zwei in Wroclaw und das dritte in Posen), zwei weitere befinden sich bereits im Bau. Hinzu kommen zwei Zentren in der Tschechischen Republik in der Nähe des Prager Flughafens. All diese Standorte liegen in geringer Entfernung von der Grenze zu Deutschland, sind fast ausschließlich dem deutschen Markt gewidmet und werden direkt von Amazon Deutschland verwaltet.

nahme wie viele andere, um zeitaufwendige und auch fehleranfällige manuelle Prozesse schrittweise zu automatisieren. Durch Relay ist Amazon jedoch auch imstande, ein- wie ausgehende Lieferungen fern- und feinzusteuern und in Echtzeit zu überwachen. Organisationstheoretisch ist der technologische Qualitätssprung unübersehbar: Um unter den Bedingungen eines berechenbaren »geschlossenen Systems« funktionieren zu können, ist die mechanische Verkettungstechnologie mit einem erheblichen Aufwand an organisatorischen und ökonomischen Ressourcen verbunden, die zu ihrer »Abschirmung« von Umweltunsicherheiten hinsichtlich Input und Output eingesetzt werden müssen.[22] Die algorithmische Verkettung kann allerdings auf die Steuerung derselben Input- und Output-Flüsse ausgeweitet werden. Dort, wo dies erfolgt, schirmt sich die Verkettungstechnologie sozusagen von selbst ab. Im Fall von Amazon geht die algorithmische Abschirmung ferner über die unternehmerischen Grenzen hinaus und greift auch in die Organisations- und Arbeitsprozesse von Drittunternehmen unmittelbar ein. Je nach Maß dieser Durchdringung und Umsatzabhängigkeit von Amazon wandeln sich letztere in »scheinselbstständige Unternehmen« oder, wie im Fall von vielen Lkw-Fahrern, »scheinselbstständige Unternehmer«.[23]

Ziehen wir an dieser Stelle eine erste Zwischenbilanz, was die digitale Verkettungstechnologie angeht. Aus dem Vergleich zwischen der »alten« LAM mit einem heutigen Verteilzentrum von Amazon gehen eine deutliche Gemeinsamkeit und ein wesentlicher Unterschied hervor. Das gemeinsame Element besteht in der digitalisierten Steuerung und Überwachung durch das Informationssystem. Zusammen mit der Verbindung von mechanischer und mikroelektronischer Technik führt sie zu einer Flexibilisierung der Verkettungstechnologie. Der wesentliche Unterschied liegt in den Grenzen. Im Fall des LAM-Systems – und all den anderen Anlagen flexibler Automatisierung jener Zeit – war die digitale Verkettung räumlich eingeschränkt und

22 Thompson: Organizations, S. 18 ff.

23 Die Bedeutung der Anwendung Relay geht freilich noch weiter: Während Amazon ein globales und multimodales Logistiknetzwerk aufbaut, sorgt es dafür, dasselbe Netzwerk mit seiner eigenen Technologie zu strukturieren. Eine Technologie, die nicht zuletzt für »Uberisierungs-Prozesse« in der Logistik funktional erscheint. Siehe hierzu Chris Cunnane: Amazon Launches Trucking App, post online, in: logisticsviewpoints v. 29.11.2017, www.logisticsviewpoints.com/2017/11/29/amazon-launches-trucking-app/.

kennzeichnete vereinzelte digitalisierte Inseln innerhalb von Werken und Unternehmen, die überwiegend »analog« blieben. Gleiches galt auch für alle anderen auf der neuen digitalen Verkettung basierenden Innovationen der 1970er- und 1980er-Jahre wie etwa die ersten CIM-Systeme oder die Prozesse von office automation. Auch die verschiedenen computergestützten Kontroll- und Managementsysteme auf Führungsebene und allgemein alle digitalen Entscheidungshilfesysteme, die eine nach und nach immer breitere Anwendung fanden, endeten spätestens an der Grenze der jeweiligen Organisation und waren auf die interne Koordination gerichtet. Umgekehrt ist das Warehouse Management System Amazons global und mit dem weltweiten Netzwerk, dem Data Server von Amazon Web Service (AWS), verbunden, welches die Lieferung der Millionen von Waren im Angebot, die Bestellungen und Bezahlungen auf den verschiedenen standardisierten Webseiten (amazon.com, .de, .es, .fr, .it etc.) und die Adressierung der Aufträge an die inzwischen weit über 300 sogenannten fulfillment centers weltweit gewährleistet. Und die algorithmischen Verkettungen von Amazon machen wie gesehen nicht einmal an der Unternehmensgrenze halt. Zwischen LAM und WMS von Amazon liegen also die Freigabe und der nachfolgende Ausbau des Internets ab den 1990er-Jahren: Beides hat eine rasche Enträumlichung der digitalen Verbindungen und damit die globale Ausweitung der algorithmischen Verkettungstechnologie ermöglicht.

Algorithmische Verkettung und Vermittlungstechnologie: die algorithmische Mediatisierung

In der laufenden sozio-technischen Transformation stellt das Internet eine fundamentale Etappe dar, und zwar deswegen, weil der algorithmischen Verkettung seitdem keine organisatorischen Grenzen mehr im Wege stehen, im Gegenteil: Durch das Internet hat die Algorithmisierung die Umwelt weltweit durchdrungen, zunehmend neukonstituiert und Enträumlichungs- und Vernetzungsprozesse sowohl innerhalb als auch außerhalb von Organisationen sowie zwischen diesen verstärkt. Innerhalb von knapp zwei Jahrzehnten hat eine digitale Beschleunigung stattgefunden, die eine ständige, netzbasierte Verbindung nicht nur von Maschinen und Organisationsprozessen, sondern auch von einzelnen Menschen weltweit ermöglicht hat. Diese weltweite »Hyper-Vernetzung« – so Bianchi zuspitzend[24] – sei das Hauptmerkmal des neuen »technologischen Regimes«, da sie zugleich Treibkraft und Ausdruck einer grundlegenden Umwandlung der Wirtschafts- und Sozialstrukturen ist: das heißt der Marktgrenzen, der Modi und Perspektiven der Produktion von Gütern und Dienstleistungen sowie der Beziehungen und Machtverhältnisse zwischen Individuen und sozialen Gruppen.

Vor diesem Hintergrund und bezogen auf die thompsonsche Theorie ist der bisher größte Umbruch nicht so sehr im industriellen Bereich zu finden: Was unter den Etiketten »Industrie 4.0« oder »Internet of Things« läuft, mag zwar hier und dort auch sehr innovativ wirken, es lässt sich jedoch entlang einer Entwicklungslinie einordnen, deren Ursprünge weit zurückliegen. Das ist nicht der Fall bei den herkömmlichen Anwendungsbereichen der Vermittlungstechnologie, wo die massive Anwendung der algorithmischen Verkettung zusammen mit der Entstehung und dem Ausbau des Internets sehr bald weitreichende De- und Neustrukturierungsprozesse von herkömmlichen Vermittlungsbeziehungen und -konstellationen mit sich gebracht hat.[25]

Auch für diese Entwicklung kann Amazon weiter als Referenzfolie dienen, denn es war eine Avantgarde und ist heute einer der mächtigsten Akteure.[26] Seine Evolution von einer »Onlinebuchhandlung« über ein Technologieunternehmen bis hin zum heutigen digitalen Konglomerat lässt sich mit den Kategorien von Thompson organisationstheoretisch leicht nachvollziehen. Als Onlinebuchhandlung, die keine stationären Verkaufsläden betreibt und die Bücher stattdessen per Versand liefert, war Amazon von Anfang an ein Handelsunternehmen, dessen »technischer Kern« hauptsächlich die Logistik ist. Beides erfordert den Einsatz von Mediationstechniken, um eine Viel-

24 Patrizio Bianchi: 4.0. La nuova rivoluzione industriale, Bologna 2018.

25 Aline M. Chircu/Robert J. Kauffman: Strategies for Internet Middlemen in the Intermediation/Disintermediation/Reintermediation Cycle, in: Electronic Markets 9 (1999) 1-2, S. 109-117; Ravi Sen/Ruth C. King: Revisit the Debate on Intermediation, Disintermediation and Reintermediation due to E-commerce, in: Electronic Markets 13 (2003) 2, S. 153-162.

26 Ulrich Dolata: Apple, Amazon, Google, Facebook, Microsoft. Market Concentration – Competition – Innovation Strategies, Research Contributions to Organizational Sociology and Innovation Studies, Discussion Paper (2017) 1, Stuttgart 2017.

zahl von verschiedenartigen, räumlich zerstreuten Individuen zu erreichen und vermittelnd in Kontakt zu bringen. Dementsprechend zeigt die organisationale Handlungslogik von Amazon – wie auch von allen später gegründeten Internetplattformen, seien sie Google, Facebook, Uber, Airbnb, die zahlreichen Crowdworkingplattformen etc.[27] – die zwei Hauptmerkmale der Vermittlungstechnologie, wie sie Thompson hervorgehoben hatte:

- zum einen das ständige, möglichst rasche Wachstum der Kundschaft (Thompson selbst sprach hierzu vom tendenziellen Ziel der »Marktbeherrschung«), um die sogenannten »Netzwerkeffekte« zu erzeugen und davon selbst zu profitieren;
- zum anderen die höchstmögliche Standardisierung als Koordinationsmechanismus.

Letztere ist bei Amazon vielfach zu beobachten: Die Webseiten der jeweiligen Plattformdienste (E-Commerce, AWS, Amazon Music etc.) sind so gut wie identisch in jedem Land, ebenso wie die Bestellungs- und Bezahlungsverfahren; die Verteilzentren sind ebenso identisch standardisiert bezüglich Eigentum (Leasing), Bau und Layout, Lagerung und Arbeitsorganisation. Der Kundenservice ist sowohl online als auch telefonisch überall derselbe. Und so weiter.

Auffällig ist im Fall von Amazon zudem die Parallelität mit vielen Vermittlungsorganisationen des analogen Zeitalters wie Telefongesellschaften oder Daseinsvorsorgeunternehmen: So wie ihre Wachstumsstrategie eine doppelte räumliche Ausdehnung nach sich zog, nämlich des Vertriebsnetzes (Filialen oder Büros) und des technischen Netzes (Verkabelung und Telefonzentrale bzw. Wassernetzwerk oder Gasleitungen), ist auch bei Amazon eine doppelte räumliche Ausdehnung zu beobachten, denn was den Onlinehandel betrifft, ist neben dem sich ständig ausweitenden Netz von Verteil- und (kleineren) Versandzentren das weltweite Netz der Data Server von Amazon Web Services in Betracht zu ziehen.

Die technische Infrastruktur von AWS, die aus der zuerst amazoninternen Infrastruktur entstanden ist,[28] verweist freilich auch auf das Neue im Bereich

27 Vgl. unter anderen Florian A. Schmidt: Arbeitsmärkte in der Plattformökonomie. Zur Funktionsweise und den Herausforderungen von Crowdwork und Gigwork, Bonn 2016; Nick Srnicek: Platform Capitalism, Cambridge 2016.

28 Brad Stone: The Everything Store. Jeff Bezos and the Age of Amazon, New York 2013.

der digitalen Vermittlungstechnologie: Sie ist eben digital. Das heißt: Sie basiert auf der massiven Anwendung der neuen algorithmischen Verkettungstechnologie, für die das AWS-Netz zugleich Speicherort und Autobahn ist.[29] Die algorithmische Verkettung ist aber nicht nur beim technischen Netz relevant: Laut Granville[30] setzte Amazon im Jahr 2015 über 20 verschiedene Algorithmensysteme ein, um allein seine E-Commerce-Sparte zu betreiben und zu verwalten, darunter Algorithmen zur Optimierung der Lieferkette sowie der Preise und Gewinne (dynamic pricing), zum Kategorisieren von Produkten und Katalogverwaltung (tagging und indexing algorithms), zur Lagerbestandsführung und -vorausberechnung, zur Erkennung falscher Kundenrezensionen (relevancy algorithms), zur Kundenanalyse und -segmentierung (um die Effizienz von Marketing und Werbung zu steigern), zur Abwicklung von Zahlungstransaktionen und einige andere mehr wie etwa Empfehlungsalgorithmen (collaborative filtering, content filtering)[31] und Algorithmen zur »Steueroptimierung« (tax engineering).

Die Liste, unvollständig und an sich schon veraltet,[32] zeigt, wie die Vermittlungstechnologie Amazons – wie freilich auch bei allen anderen neuen digitalen Intermediären – durch die Entwicklung, Verwendung und Weiterentwicklung einer breiten und vielfältigen Art von Algorithmen unterstützt wird. Sie zielen darauf, die notwendige Verminderung der Unsicherheit sowohl bei den Transaktionen als auch in den Organisationsprozessen der digitalen

29 Nicht nur für Amazon: Auf AWS laufen unten anderen Uber, Airbnb und Dropbox, die IT-Systeme einer Vielzahl von Unternehmen weltweit und – noch nicht genug thematisiert – öffentlicher Behörden und Verwaltungen (in den USA etwa erhebliche Teile der Regierungsverwaltungen sowie CIA und NASA). Unter Berücksichtigung der Tatsache, dass die »Cloud« zur digitalen Infrastruktur der digitalen Ökonomie geworden ist, hat der Marktführer Amazon davon ca. 40 % in Händen.

30 Vincent Granville: 21 data science systems used by Amazon to operate its business, in: Data Science Central, v. 19.11.2015, www.datasciencecentral.com/profiles/blogs/20-data-science-systems-used-by-amazon-to-operate-its-business.

31 Hierzu siehe auch Greg Linden/Brent Smith/Jeremy York: Amazon.com Recommendations. Item-to-Item Collaborative Filtering, in: IEEE Internet Computing 7 (2003) 1, S. 76-80; Brent Smith/Greg Linden: Two Decades of Recommender Systems at Amazon.com, in: IEEE Internet Computing 21 (2017) 3, S. 12-18.

32 Es fehlt unter anderem das Algorithmensystem für die Interaktion mit neueren Geräten wie dem cloudbasierten und sprachgesteuerten »intelligenten« Assistenten Alexa, der auf diverse Dienste sowohl von Amazon selbst, etwa den direkten Onlineeinkauf, als auch von Drittanbietern zugreifen kann.

Vermittlung zu erreichen. Parallel dazu erzeugen sie Standardisierung. Insofern geht es hier nicht um eine einfache Kopräsenz der zwei Technologien, die – wie die im ersten Teil dieses Artikels genannten Beispiele zeigen – immer möglich ist und nicht neu wäre, sondern um viel mehr: Die digitale Verkettung erlaubt und strukturiert einerseits das algorithmische Management der digitalen Vermittlung durch die Plattform und andererseits die algorithmische Marktordnung der neuen digitalen und proprietären Märkte,[33] welche die Plattformen erschaffen und regieren.

Insofern ist die neue Vermittlungstechnologie der digitalen Intermediäre untrennbar verbunden mit den meist proprietären Algorithmen, die sie erst ermöglichen. Wohlgemerkt: Es kommt zu keinem Ersatz, denn die dominante Technologie ist nach wie vor die Vermittlung und die organisationale Handlungslogik bleibt daher unverändert. Die dafür eingesetzte und »disruptiv« wirkende Technologie ist nun aber die algorithmische Vernetzung, das heißt die organisatorische Umsetzung der dominanten Technologie (Vermittlung) erfolgt durch die neuartige digitale Verkettungstechnologie. Die daraus entstehende »algorithmische Vermittlung« stellt organisationstheoretisch keine Kopräsenz oder auch Kombination, sondern vielmehr eine Hybridisierung von Verkettungs- und Vermittlungstechnologie dar.

Diese Hybridisierung lässt sich selbst in Amazons »technischem Kern« verorten. Das heutige digitale Konglomerat, zu dem Amazon geworden ist, besteht – wie auch die herkömmlichen Industriekonglomerate – aus einer Matrix mehrerer technischer Kerne bzw. Kerntätigkeiten, die auch sehr unterschiedlich sein können. Im Fall von Amazon ist die Ausdifferenzierung (noch) relativ gering, da sich die meisten Kernaktivitäten auf den digitalen Onlinehandel zurückführen lassen – sei es von Waren, digitale Gütern (etwa Musik- und Videostreaming) oder Dienstleistungen (Cloud-Computing und Anwendungspakete von Amazon Web Services). Von Anfang an basierte aber der Onlinehandel auf der neuartigen algorithmischen Verkettung: Die algorithmische Entwicklung und der Onlineverkauf sind untrennbar verbunden. Dabei ist es freilich die erste, die das Wachstum und die Erschließung neuer

33 Stefan Kirchner/Jürgen Beyer: Die Plattformlogik als digitale Marktordnung. Wie die Digitalisierung Kopplungen von Unternehmen löst und Märkte transformiert, in: Zeitschrift für Soziologie 45 (2016) 5, S. 324-339.

Tätigkeitsfelder bzw. die Herstellung neuer Digitalmärkte ermöglicht und vorangetrieben hat. Insofern lässt sich ein technologischer Hauptkern herausfiltern, der quer zu allen anderen steht und sie ermöglicht: Dieser ist die Digitalisierung selbst im engeren Sinne, das heißt die datenverarbeitende Algorithmisierung der Wirklichkeit – und dadurch die ständige Neufestlegung der Möglichkeitsgrenzen[34] – zum Zwecke ihrer (Neu-)Vermittlung und monetären Verwertung. Organisationsintern liegt dieser Hauptkern in Amazon Technologies und dessen Konzentration hoch qualifizierten Wissens im Bereich der angewandten Algorithmusforschung und -entwicklung.

Algorithmische Verkettung und Intensivtechnologie

Die Ausweitung der algorithmischen Verkettung ist auch im Bereich der Intensivtechnologie zu beobachten, also dort, wo die reine »technische Rationalität« am meisten an ihre Grenzen stößt, weil sie mit den nicht immer oder nicht gänzlich voraussehbaren Folgen der sozialen und zwischenmenschlichen Interaktion konfrontiert wird. Wenn man Gesundheitswesen und Pflege als typische Tätigkeitsfelder der Intensivtechnologie als Referenzfolie betrachtet, lassen sich zwei Entwicklungen feststellen.

Die erste Entwicklung betrifft die instrumentelle Ebene und besteht aus der fortlaufenden Digitalisierung technischer Apparate, die zuerst im Anwendungsgebiet der Telemedizin begann.

Telemedizin, hier im engeren Sinne als Einsatz elektronischer IuK-Technologien zur Bereitstellung von klinischen Ferndiensten und/oder Ferneingriffen verstanden, ist nicht mit der heutigen Digitalisierung entstanden. Die ersten Initiativen in diesem Sinne gehen auf die Nachkriegszeit zurück.[35] Auf diese erste »analoge« Phase, die auf Rundfunk- und Telefonübertragung und der Übertragung von CCTV-Bildern beruhte, folgte Ende der 1970er-Jahre eine zweite Phase, in der erstmals digitale Technologien zum Einsatz kamen. Die Beschleunigung der Entwicklung und Nutzung der Telemedizin

34 Alan Greenfield: Radical Technologies. The Design of Everyday Life, New York/London 2017.

35 Attila Bruni/Rino Fasol/Davide Nicolini: Una prospettiva sociologica allo studio della medicina, in: Sociologia del lavoro 98 (2005), S. 145-157.

fällt auch in diesem Fall mit dem Aufkommen des Internets und der parallelen, kontinuierlichen Verstärkung und Verbesserung von Hardware und Software zur Datenübertragung und -verarbeitung zusammen. Ab diesem Zeitpunkt wird das Angebot an Diagnosediensten durch Teleberatung, Tele- und Videokonferenz, Telereporting und Telemonitoring erweitert und räumlich verbreitet.

Es liegt außerhalb des Rahmens dieses Beitrags, auf die Frage einzugehen, inwieweit die Telemedizin die Versprechen eingehalten hat, die im Klima der generalisierten hypertechnologischen Begeisterung der späten 1970er- und dann 1990er-Jahre formuliert wurden und heute wieder zu lesen sind.[36] Es besteht jedoch kein Zweifel, dass die Telemedizin auch organisatorisch von erheblicher Bedeutung sein kann, denn sie beseitigt – oder zumindest mildert – die Notwendigkeit, das »Objekt« des Eingriffs zu »inkorporieren«, was Thompson als typische Strategie der Organisationen im Bereich intensiver Technologie feststellte. Im Gesundheitswesen kann die stationäre Krankenversorgung abgekürzt und mit ambulanter Medizin und häuslicher Pflege kombiniert werden. Jüngere, aber ähnliche Entwicklungen sind nun auch im Pflegebereich zu beobachten, in dem Digitalisierungsprozesse bislang kaum anzutreffen sind. Dies ist etwa der Fall bei »Assistenzsystemen« für ältere Menschen und insbesondere für Personen mit Altersdemenz,[37] die auf Bewegungssensoren basieren, die in Brennpunkten einer Privatunterkunft oder einem Pflegeheim (Bett, Türen, Fenster, Badezimmer, Küche) platziert werden. Die Sensoren ermöglichen somit eine Fernüberwachung, die Erkennung kritischer Situationen (Stürze, Verlassen der Unterkunft etc.) und die Alarmierung von Familienmitgliedern oder Pflegepersonal über mobile Geräte bzw. Mehrkanaltechnologien. Wie der Autor der Fallstudie selbst hervorhebt, sind solche Systeme nicht gleichwertig zur Interaktion von Angesicht zu Angesicht, da sie den Bedarf an Unterstützung nach vorgegebenen

36 Damals wie heute wird der hyper-technologische Enthusiasmus vor allem von den starken Wirtschaftsakteuren im Gesundheitswesen befeuert, die ausnahmslos digitale Lösungen anbieten, mit denen die Qualität der Versorgung bei gleichzeitiger Kostensenkung gesteigert werden soll. Vgl. ebd.

37 Jannis Hergesell: Assistive Sicherheitstechniken in der Pflege von an Demenz erkrankten Menschen, in: Assistive Gesellschaft. Multidisziplinäre Erkundungen zur Sozialform »Assistenz«, hg. v. Peter Biniok/Eric Lettkeman, Wiesbaden 2017, S. 203-223.

Kriterien »vereinfachen« und zu diesem Zweck »sezieren« und reorganisieren, wobei die Prioritäten auf der Risikominderung (physische Sicherheit) liegen.

Das erwähnte Sensorensystem ist nur ein Beispiel – und nicht einmal das avancierteste – einer fortschreitenden Digitalisierung technischer Apparate im Gesundheitswesen bis zur heutigen Robotik und IoT- bzw. Realität erweiternden Geräten wie »Datenbrillen« mit eingebauten Kameras, die etwa eine Kombination eines »manuellen«, kontextgebundenen Eingriffs vor Ort mit der Fernunterstützung von Fachspezialisten bei Notfalleinsätzen ermöglicht.[38] Auf dieser instrumentellen Ebene dient die algorithmische Verkettung hauptsächlich zur technischen Unterstützung der Intensivtechnologie, wobei die Art und Weise, wie und nach welchen Kriterien die Systeme algorithmischer Sequenzen entwickelt werden, die soziale zwischenmenschliche Beziehung zu Patienten bzw. Pflegebedürftigen sowie die interprofessionellen Beziehungen, Arbeitsteilung und Hierarchien, die im Rahmen der »relationalen Interdependenz« ins Spiel kommen, stark beeinflussen können.

Das weitreichendste Phänomen der Digitalisierung in Kontexten intensiver Technologie, insbesondere aus rein organisatorischer Sicht, scheint gegenwärtig jedoch die deutlich zunehmende Standardisierung. Wie schon im Fall der Telemedizin tritt freilich auch die Standardisierung nicht erst mit der Digitalisierung auf. Aber Hardware und vor allem Computersoftware waren schon immer mächtige Mittel der Standardisierung, da sie Handlungsprozesse (um)strukturieren und neue Vorgehensweise auferlegen. Sie sind Standardisierungsträger, die nicht zuletzt von IuK-Branchenverbänden, Anbietern von IT-Produkten (von Datenbanken über Verwaltungspakete bis hin zu Entscheidungsunterstützungssystemen etc.) und Beratungsunternehmen vorangetrieben werden, um die größte Anzahl von Kunden an sich zu binden, die dann durch Mitgliedschaft, Lizenzen, Unterstützung bei der Implementierung neuer Systeme und Beratungsdienste die Gewinne sichern. Dies gilt selbstverständlich für alle Branchen, angefangen von der Industrie,

38 Nils Ellebrecht/Andrea zur Nieden: Inklusion und Exklusion durch Telemedizin. Zu neuen Formen der Interaktion im vernetzten Rettungsdienst, in: Geschlossene Gesellschaften, Bd. 38, hg. v. Stephan Lessenich, Bamberg 2016; Christoph Dörrenbächer et al.: Cross-border standardisation and reorganisation in European multinational companies, Conference report for the EWPCC Conference in Brussels, 11-12 December 2017, European Trade Union Institute (Etui), Brüssel 2017.

in der die Standardisierung insbesondere in den Bereichen des IT-based process management und data management spürbar ist und durch die Verbreitung des cloud-based computing neue Impulse erhalten hat.[39] Was aber das Gesundheitswesen angeht, ist es kein Zufall, dass die »Rationalisierung der medizinischen Praxis« nach den heute dominierenden Kriterien der Evidence-Based Medicine (EBM) – umfangreiche Verwendung von Statistiken für wissenschaftlich validierte Evidenz, konsequente klinische Leitlinien und therapeutische Protokolle etc.[40] – mit den Entwicklungen der Digitaltechnik Hand in Hand gegangen ist und heute einen neuen Schub aus den Visionen erhält, die in der Literatur über Big Data zu finden sind.[41] Im medizinischen Bereich ist freilich wahr, dass die normative Dimension des Standards, die Vorgabe von Regeln und durchzuführenden Handlungen, auf der kognitiven Ebene durch wissenschaftliche Beweise legitimiert wird, die als vermeintlich neutral und objektiv in den Standard selbst aufgenommen werden.[42] Aber die digitale Übertragung der Normativität durch die algorithmischen Sequenzen digitaler Anwendungsprogramme verstärkt ihre Wirksamkeit sowohl hinsichtlich der homogenen Diffusion als auch vor allem der Einhaltung der Vorschrift: Der Standard schreibt die Handlung vor; die Software legt sie fest und strukturiert ihre Schritte; die in den algorithmischen Sequenzen eingebauten Zwänge erschweren es, den vorstrukturierten Vorgang zu unterlaufen.[43]

Wie stellt sich vor diesem – hier nur skizzierten – Hintergrund das Verhältnis zwischen digitaler Verkettung und intensiver Technologie dar? Organisationen, die durch den Einsatz intensiver Technologie gekennzeichnet

39 Dörrenbächer et al.: Cross-border standardisation and reorganisation in European multinational companies, S. 40 ff.

40 Carlotta Mozzana: Standard in azione. »L'evidence based medicine« tra conoscenza scientifica e pratica medica, in: Rassegna Italiana di Sociologia LV (2015) 3-4, S. 629-650.

41 Markus Fischer et al.: Big Data im Gesundheitswesen. White paper, Swiss Academies Communications 10 (2015) 2, Bern 2015; Rob Kitchin: The Data Revolution. Big Data, Open Data, Data Infrastructures and Their Consequences, London 2014; Victor Mayer-Schönberger/Kenneth Cukier: Big Data, New York 2013.

42 Mozzana: Standard, S. 635 ff.

43 Nicht selten erlaubt die IT-Version der Standards – nicht nur im medizinischen Bereich – keinen Übergang zu nachfolgenden Masken des Programms, wenn die – verfahrenstechnisch oder logisch – vorangehende Maske nicht vollständig ausgefüllt ist.

sind, haben wie erwähnt beschränkte Möglichkeiten, die der Intensivtechnologie immanente Unsicherheit zu reduzieren, und zwar besonders im interaktiven Moment des organisatorischen Handelns. Der vielversprechendste Weg, um die Unsicherheit dennoch zu mindern, besteht schon seit Thompsons Zeiten darin, den organisatorischen Kontext der relationalen Interdependenz und der Koordinierung durch wechselseitige Anpassung zu prozeduralisieren. In einem Krankenhaus heißt dies etwa, die vorgelagerten (Aufnahmeprotokolle), parallelen (Beziehungen zwischen den beteiligten Organisationseinheiten) und nachgelagerten (korrekte Genesung, um Rückfälle auszuschließen) Prozesse zur eigentlich Behandlung der Patienten entsprechend vorzubestimmen und zu regeln und damit die gesamtorganisatorische Hülle um die intensivtechnologische Handlung so weit wie möglich vorzustrukturieren.

Aus dieser Perspektive ist alles, was zum Konzept von E-Health (elektronische Patientenakte und elektronisches Patientenfach, elektronische Gesundheitskarte, digitales Rezept – alles leicht speicherbar und für die statistische Verarbeitung geeignet) und M-Health (individueller und proaktiver Einsatz mobiler Geräte und Gesundheits-Apps) gehört, auch und vor allem ein gigantisches und beispielloses Programm zur Standardisierung des medizinisch-gesundheitlichen Organisationshandelns, das ohne Internet und die nachfolgenden Entwicklungen im digitalen Bereich undenkbar wäre. Wir beobachten also eine immer engere und umfassendere Kombination von algorithmischer Verkettungstechnologie und Intensivtechnologie, wobei die erstere die letztere unterstützt (Telemedizin, digitale Geräte) und regelt (digitale Standardisierung) und die Koordination durch gegenseitige Anpassung weiter strukturiert. »Kombination« und nicht Hybridisierung, weil die zwischenmenschliche Dimension und damit die Abhängigkeit des organisatorischen Handelns vom zwischenmenschlichen Feedback unverändert und unvermeidbar bleiben.

Schlussfolgerungen

Ausgehend von der theoretischen Unterscheidung Thompsons zwischen drei Technologiespielarten sind wir in diesem Beitrag der Frage nach der

Spielart der digitalen Technologie und deren Bedeutung für das organisatorische Handeln nachgegangen. Bezüglich unserer Fragestellungen lassen sich unsere Ausführungen wie folgt zusammenfassen: Aufgrund der sequenziellen Struktur ihrer Grundbausteine (Algorithmen) und der darauf aufbauenden Programme ist die digitale Technologie als Verkettungstechnologie einzuordnen. Zugespitzt formuliert sind »Digitalisierung« und »Verkettung« organisationstheoretisch als äquivalent zu betrachten. Das »revolutionäre Element« der digitalen Revolution besteht in dem zweifachen qualitativen Sprung, den die algorithmische Verkettung darstellt: als Verstärkung und Flexibilisierung der Verkettungstechnologie in ihrem herkömmlichen Anwendungsbereich (Industrie) und als Erweiterung ihrer Anwendungsfelder jenseits der Industrie. Jede Anwendung neuer digitaler Technik – das heißt algorithmischer Verkettung – kommt immer öfter einer Ausweitung der Verkettungsmöglichkeiten auf neue Bereiche und der daraus folgenden erheblichen Reduktion der Unsicherheit gleich. Dies tritt überall in Erscheinung:

a) innerhalb der digitalisierten Verkettungstechnologie selbst, wenn man sie mit der mechanischen Verkettung vergleicht: Denn die neue digitale Verkettung bleibt zwar geradlinig in ihren konstitutiven Bauteilen (den Algorithmen), aber durch die Möglichkeit ihrer – wiederum algorithmischen – Kombination kann sie nun flexibel, vernetzt und enträumlicht eingesetzt werden;
b) in den Handlungsfeldern der Mediationstechnologie dank ihrer digitalen Hybridisierung mit der Verkettungstechnologie: Hier ermöglicht und strukturiert die digitale Verkettung zum einen das algorithmische Management und die Kontrolle der digitalen Mediation und Arbeit durch die Plattform und zum anderen die algorithmische Marktordnung der neuen digitalen Märkte, die von den Plattformen generiert und gesteuert werden;[44]
c) schließlich in der wachsenden Kombination von algorithmischer Verkettung und intensiver Technologie, sowohl in Bezug auf die instrumentelle Unterstützung der zweiten durch die erste (fortgeschrittene Formen der Telemedizin und fortschreitende Digitalisierung der Geräte) als auch und vor allem durch die digitale Standardisierung der relevanten Orga-

44 Kirchner/Bayer: Die Plattformlogik.

nisationsprozesse hinsichtlich der relationalen Interdependenz und der damit verbundenen Mechanismen der gegenseitigen Anpassung.

Wenn die obige, theoretische Argumentation stimmig ist, dann sind die Implikationen und die empirischen Forschungsfragen, die daraus resultieren, zahlreich. Zwei erscheinen uns aus unterschiedlichen Perspektiven besonders relevant.

Zum ersten stellt sich die Frage, was eine solche Verstärkung und Ausdehnung der Verkettungstechnologie für die menschliche Arbeit bedeutet. Diesbezüglich läuft die starke Betonung der vorherigen Ausführungen auf die Technologie womöglich Gefahr, als »technologischer Determinismus« interpretiert zu werden. Darum geht es allerdings nicht. Schon bei Thompson findet sich keine Spur eines naiven Technikverständnisses[45] oder eines technologischen Determinismus, denn die »technische Rationalität« (als Wissen um Kausalwirkungen) ist nur Teil einer gesamtorganisatorischen Rationalität, die einer anderen Logik folgt und folgen muss und dabei auch als »beschränkt« zu betrachten ist. Hinzu warnen die reiche Empirie und das Wissen der soziologischen Technikforschung über die soziotechnische Konstellationen des Technikeinsatzes[46] vor jeglicher Vereinfachung in diesem Gebiet. Nichtsdestotrotz ergeben sich aus den obigen theoretischen Überlegungen wenige Anhaltspunkte für optimistische Visionen. Denn die Verkettungstechnologie setzt Standardisierung (von Produkten und Prozessen) voraus und schreibt diese im Bereich menschlicher Arbeit weiter fort. Das ist die Geschichte der Industrieproduktion und der Industriearbeit und scheint nun auch für die »algorithmische Verkettung« zu gelten: Wo die Arbeit von Anfang an einfache Arbeit ist, erscheint daher unwahrscheinlich, dass digitale Technologie zu ihrer Aufwertung führen wird. In den Dienstleistungsfabriken von Amazon – und allgemeiner in der Logistik – führt sie vielmehr

45 Wie in der obigen Analyse hervorgehoben, ist die unsicherheitsfreie »Schließung des Systems« (technische Rationalität) für Thompson immer nur im Sinne einer »Als-ob-Abstraktion« zu betrachten und sie bedarf stetig abschirmender Organisationsmaßnahmen einschließlich menschlicher Eingriffe.

46 Siehe Werner Rammert: Technik aus soziologischer Perspektive, Opladen 1993; Werner Rammert: Technik in Aktion. Verteiltes Handeln in soziotechnischen Konstellationen, in: Autonome Maschinen, hg. v. Thomas Christaller/Joseph Vollmer, Opladen 2003, S. 289-315; Werner Rammert: Technik – Handeln – Wissen. Zu einer pragmatischen Technik- und Sozialtheorie, Wiesbaden 2007.

zur Industrialisierung von manueller Dienstleistungsarbeit, die Arbeitsverdichtung und erhöhte Kontrolle der Arbeitsleistung nach sich zieht. Im Bereich der »algorithmischen Vermittlung« ist die neue Standardisierungswelle sogar gewaltig und durch die digitalen Plattformen wird sie weiter erzeugt und in der Arbeitsgesellschaft verbreitet. Vor diesem Hintergrund liegt das »industrielle« der heutigen »industriellen Revolution« weniger in der Industrie als vielmehr in der »Industrialisierung« – im Sinne einer Neugestaltung nach industrieller Logik und Technologie – von immer breiteren Teilen der Dienstleistungen und der Dienstleistungsarbeit.

Eine zweite, eher organisationstheoretische Frage, die aber zugleich relevant für die menschliche Arbeit ist, betrifft das Verhältnis zwischen algorithmischer Verkettung und Unsicherheit. Wie vorher erwähnt, entspricht jeder Algorithmus einem »geschlossenen System«, in dem jegliche Ungewissheit beseitigt ist. Das heißt aber keineswegs, dass ein Algorithmus per definitionem fehlerfrei ist bzw. ein algorithmisch gesteuertes Organisationshandeln frei von Unsicherheit wird, denn es können mindestens zwei potenzielle Unsicherheitsquellen angenommen werden, die mit der algorithmischen Verkettungstechnologie selbst zusammenhängen. Die erste betrifft ex ante die Fehler, die bei der Entwicklung und Implementierung von algorithmischen Entscheidungssystemen entstehen können: Sie können etwa bei der Definition des Problems liegen, die falsch oder unzureichend sein kann, sowie in seiner mathematischen Modellierung, die sich als unangemessen erweisen kann, um der Komplexität der intervenierenden Sozial- und Verhaltensvariablen gerecht zu werden. Hinzu kommen Fehler, die unter anderem bei der Datensammlung und -auswahl sowie ihrer Operationalisierung auftreten.[47] Die zweite Unsicherheitsquelle betrifft ex post das »algorithmische Management«, hier verstanden als ein Netzwerk miteinander verbundener Einzelverkettungen. Bei gegebenen Umständen können sich die daraus resultierenden Handlungen als irrational und deren Ergebnisse als unvorhergesehen erweisen.[48] Mit anderen Worten: Der Algorithmus toleriert keine interne

---

47 Katharina Anna Zweig: Wo Maschinen irren können. Verantwortlichkeiten und Fehlerquellen in Prozessen algorithmischer Entscheidungsfindung, Gütersloh 2018.

48 Siehe hierzu Elena Esposito: Algorithmische Kontingenz. Der Umgang mit Unsicherheit im Web, in: Die Ordnung des Kontingenten. Beiträge zur zahlenmäßigen Selbstbeschreibung der modernen Gesellschaft, hg. v. Alberto Cevolini, Wiesbaden 2014, S. 233-249; Elena

Ungewissheit, aber er beseitigt weder die Unsicherheit in Bezug auf sein Design noch die Kontingenzen, die durch die Verwendung algorithmischer Verkettungssysteme erzeugt werden könnten. Im letzteren Fall kann die Skalierbarkeit solcher Systeme gravierende und weitreichende Folgen nach sich ziehen.

Die Fehleranfälligkeit algorithmischer Verkettungen ist zwar gesellschaftlich relevant, vor allem im Fall von Entscheidungssystemen mit hohem Einflusspotenzial auf Teilhabe, und darauf hat sich die Aufmerksamkeit bislang konzentriert;[49] sie ist aber auch auf Organisationsebene von Bedeutung, sowohl hinsichtlich der Anwendungsfelder, hier vor allem innerhalb intensivtechnologischer Bereiche und deren Arbeitsorganisation, als auch allgemeiner in Bezug auf Auswahl-, Kontroll- und Beurteilungssysteme des Personals, wo sich Diskriminierungen und Benachteiligungen nicht »zwischen den«, sondern in den Zeilen der codierten Algorithmen festsetzen können. Beim algorithmischen Management ist aktiver und gestaltender Einfluss also dringend nötig, wenn auch zugleich äußerst schwierig angesichts der Komplexität, Undurchsichtigkeit und oft Unzugänglichkeit algorithmischer Verkettungen. Hierzu könnten die Institutionen und Akteure der deutschen Mitbestimmung mit bahnbrechenden Regelungen eine Vorreiterrolle übernehmen.[50]

Esposito: Artificial Communication? The Production of Contingency by Algorithms, in: Zeitschrift für Soziologie 46 (2017) 4, S. 249-265.

49 Gesellschaft für Informatik: Technische und rechtliche Betrachtungen algorithmischer Entscheidungsverfahren. Studien und Gutachten im Auftrag des Sachverständigenrats für Verbraucherfragen. Sachverständigenrat für Verbraucherfragen, Berlin 2018 sowie Zweig: Wo Maschinen irren können.

50 Der Aufsatz ist im Rahmen eines laufenden Projekts über Digitalisierung entstanden, das mit Forschungsmitteln der Università del Piemonte Orientale gefördert wird.

Miriam Kullmann

Plattformarbeit und das EU-Antidiskriminierungsrecht

Flexible Arbeitsbeziehungen nehmen unaufhaltsam zu.[1] Neue Informations- und Kommunikationstechnologien haben den Arbeitsalltag im 21. Jahrhundert revolutioniert. Nicht nur ermöglichen sie ein »grenzenloses« Arbeiten, sondern sie haben gleichzeitig Einfluss auf jene Zeiten, die bisher dem Privatleben zugeordnet waren.[2] In den letzten Jahren wurde eine Form der Arbeit besonders häufig in Wissenschaft und Medien diskutiert, nämlich die Plattformarbeit. Viele Branchen sind von der Nutzung digitaler Plattformen betroffen: Hotels (Airbnb), Transport (Uber, Lyft), Rechtsdienste (Rocket Lawyer) und alltägliche Besorgungen und Aufgaben (TaskRabbit, Airtasker). Ihr Geschäftsmodell ist einfach. Im Gegensatz zu traditionellen Unternehmen besitzen Onlineplattformen nicht die Transportmittel oder die Hotelzimmer, sondern stellen lediglich eine Webseite oder eine smart-

1 Miriam Kullmann: Flexibilisation of Work. Leave it, Love it, Change it, in: Festskrift till Ann Numhauser-Henning, Lund 2017, S. 399; Judy Fudge/Rosemary Owens (Hg.): Precarious Work, Women, and the New Economy. The Challenge to Legal Norms, Oxford 2006, S. 3.

2 Eurofound/ILO: Working Anytime, Anywhere. The Effects on the World of Work, Genf 2017.

phonebasierte mobile Anwendung (auch bekannt als App) zur Verfügung, mit der Angebot und Nachfrage aufeinander abgestimmt werden können.[3]

Die bisherigen Diskussionen zur Plattformarbeit haben sich hauptsächlich mit der Frage beschäftigt, ob man diejenigen, die ihre Dienstleistungen über Onlineplattformen anbieten, als Arbeitnehmer oder Selbstständige qualifizieren soll. Was in diesem Kontext jedoch seltener Beachtung findet, ist die Frage der möglichen Diskriminierung zwischen Männern und Frauen bei Entscheidungen, die durch Algorithmen und die von ihnen verwendeten Daten getroffen werden.[4] Empirische Daten zeigen, dass die Stundensätze von Frauen teilweise bis zu zwei Drittel niedriger sind als die von Männern. Das derzeitige Antidiskriminierungsrecht – wie auch das Arbeitsrecht – der Europäischen Union (EU) beruht auf dem historisch gewachsenen binären Unterschied zwischen Arbeitnehmern und Selbstständigen. Ausgangspunkt ist das Normalarbeitsverhältnis, das als Vollzeitarbeitsverhältnis zwischen einem (zumeist männlichen)[5] Arbeitnehmer und einem einzelnen Arbeitgeber konzipiert und in der Regel mit einem regulären Arbeitsplatz mit definierten räumlichen und physischen Grenzen verbunden ist.[6] Das Normalarbeitsverhältnis dient als Referenz zur Unterscheidung typischer von atypischen Arbeitsbeziehungen.[7] Da Plattformarbeiter nicht immer einschlägig als Arbeitnehmer eingeordnet werden können, weil sie zum Teil Eigenschaften der Selbstständigkeit besitzen, stellt sich die Frage der Relevanz des EU-Antidiskriminierungsrechts, das bis auf eine Ausnahme[8] nur auf die Kategorie der Arbeitnehmer abstellt.

3 Brishen Rogers: The Social Costs of Uber, in: University of Chicago Law Review Dialogue (2015) 1, S. 84-102, hier S. 86.

4 Für ein seltenes Beispiel Arianne Renan Barzilay/Anat Ben-David: Platform Inequality. Gender in the Gig-Economy, in: Seton Hall Law Review 393 (2017) 47, S. 393-431 und Naomi Schoenbaum: Gender and the Sharing Economy, in: Fordham Urban Law Journal 43 (2017) 4, S. 1-48.

5 Judy Fudge/Eric Tucker/Leah F. Vosko: Changing Boundaries in Employment. Developing a New Platform for Labour Law, in: Canadian Labour & Employment Law Journal 10 (2003) 3, S. 329-366, hier S. 354 f.; Leah F. Vosko: Managing the Margins. Gender, Citizenship, and the International Regulation of Precarious Employment, Oxford 2009, S. 9.

6 Linda Dickens: Problems of Fit. Changing Employment and Labour Regulation, in: British Journal of Industrial Relations 42 (2004) 4, S. 595-616, hier S. 596.

7 Ebd.

Deshalb überprüft dieser Beitrag die EU-Rechtsvorschriften zur Gleichstellung der Geschlechter und insbesondere den EU-Grundsatz für gleiches Entgelt für Männer und Frauen (Art. 157 des Vertrags über die Arbeitsweise der Europäischen Union – AEUV) für den Bereich der Plattformarbeit. Eine solche Untersuchung ist deshalb wichtig, weil Onlineplattformen Algorithmen verwenden, die anhand von vorher spezifizierten Variablen (teils) automatisiert entscheiden, wie Angebot und Nachfrage aufeinander abgestimmt werden, wie hoch die Vergütung ist und welche Folgen es hat, wenn ein Plattformarbeiter positive und/oder negative Bewertungen erhält. Eine der wichtigsten Fragen dabei ist, wie ein Algorithmus festlegt, dass eine Frau, die ihre Dienste bei einem Plattformbetreiber anbietet, 10 Euro für die geleistete Arbeit erhält, während ihr männlicher Kollege 15 Euro bekommt. Dabei gilt es herauszufinden, ob dieser Unterschied intendiert war, und wenn nicht, welche Quelle als Verursacher für diese Diskrepanz verantwortlich ist. Wenn Algorithmen in der Lage sind, Frauen ein niedrigeres Entgelt zuzuweisen als Männern, dann können Algorithmen möglicherweise auch eine Lohngleichheit zwischen Frauen und Männern herstellen. Zu der Grundidee der menschenwürdigen Arbeit gehört, dass Frauen und Männer ein gleichwertiges Entgelt für gleiche oder vergleichbare Arbeit bekommen. Dabei sollen die erbrachte Leistung und Erfahrungen ausschlaggebend sein und nicht das Merkmal Geschlecht. Angenommen wird, dass es keinen zwingenden Grund zu geben scheint, den Schutz, der sich aus der Anwendung des Grundsatzes des gleichen Entgelts auf eine ausgewählte Gruppe privilegierter Arbeitnehmer ergibt, nicht auf Plattformarbeiter zu erweitern, die als Selbstständige gelten.[9] Beide Gruppen sind gleichermaßen den Algorithmen unterworfen.

Dieser Beitrag beginnt mit einer kurzen Übersicht der Herausforderungen der Plattformarbeit für das Arbeitsrecht. Anschließend gilt es, die Rolle der Daten als Quelle für Diskriminierung aufgrund des Geschlechts zu analysieren. In einem weiteren Schritt werden der EU-Grundsatz des gleichen Entgelts

8 Richtlinie 2010/41/EU zur Verwirklichung des Grundsatzes der Gleichbehandlung von Männern und Frauen, die eine selbstständige Erwerbstätigkeit ausüben.

9 Judy Fudge: Self-employment, Women, and Precarious Work. The Scope of Labour Protection, in: Precarious Work, Women, and the New Economy. The Challenge to Legal Norms, hg. v. Judy Fudge/Rosemary Owens, Oxford 2006, S. 201-222, hier S. 219.

für Männer und Frauen (Art. 157 AEUV) und die bestehenden Schwierigkeiten für diesen Grundsatz in Zeiten algorithmischer Entscheidungsfindung betrachtet. Dabei steht insbesondere die Frage der sachlichen Rechtfertigung für mittelbare Diskriminierungen durch (teils) automatisierte Entscheidungen sowie relevante Bestimmungen zu Betriebsgeheimnissen und Datenschutz im Vordergrund.

Arbeiten in der Plattformökonomie

Die Literatur unterscheidet zwischen Crowdwork, das zum Beispiel Amazon Mechanical Turk und Crowdflower verwenden, und Work on Demand, wie es Uber und Foodora nutzen. Crowdwork bedeutet, dass Plattformen eine unbegrenzte Anzahl von Organisationen und Einzelpersonen über das Internet in Kontakt bringen, was eine globale Vernetzung von Kunden und Arbeitnehmern ermöglicht. Dagegen bezieht sich Work on Demand auf eine Form der Arbeit, bei der die Ausführung traditioneller Arbeitstätigkeiten wie Transport, Reinigung und Besorgungen, aber auch Formen der Büroarbeit, über Apps organisiert werden. Unternehmen verwalten diese Apps und greifen bei der Festlegung von Mindestqualitätsstandards für Dienstleistungen und bei der Auswahl und Verwaltung der Arbeitskräfte ein.[10] Crowdworkplattformen sind zum Beispiel ideal für Mikroaufgaben, die schnell und ohne viel Anleitung oder Aufsicht durchgeführt werden können.[11]

Im Allgemeinen kann man Plattformarbeit so charakterisieren, dass den Arbeitenden (ein gewisses Maß an) Flexibilität geboten wird, um zu entscheiden, wann und wo sie arbeiten und welcher Art von Tätigkeit sie nachgehen möchten.[12] Infolgedessen scheint Plattformarbeit gerade für diejeni-

10 Valerio De Stefano: The Rise of the »Just-in-Time Workforce«. On-Demand Work, Crowdwork and Labour Protection in the »Gig-Economy«, Genf 2016, S. 1.

11 Janine Berg: Income Security in the On-demand Economy. Findings and Policy Lessons from a Survey of Crowdworkers, in: Comparative Labor Law and Policy Journal 37 (2016) 3, S. 543-576, hier S. 545.

12 Jeremias Prassl/Martin Risak: Uber, TaskRabbit, and Co. Platforms as Employers? Rethinking the Legal Analysis of Crowdwork, in: Comparative Labor Law and Policy Journal 37 (2016) 3, S. 619-651, hier S. 626.

gen geeignet, die neben ihren beruflichen Tätigkeiten auch Familienmitglieder zu betreuen haben. Für manche Menschen ist Plattformarbeit die einzige Möglichkeit, einer erwerbstätigen Arbeit nachzugehen, weil sie von zu Hause aus arbeiten und gleichzeitig anderweitigen Verpflichtungen nachgehen können.[13] Dabei spielt sicherlich eine Rolle, dass es bisher (immer noch) vor allem Frauen sind, die den Großteil der Betreuungs- und Pflegearbeit leisten.[14] Diese Arbeitnehmerinnen stehen vor einem anhaltenden Konflikt zwischen der Erfüllung ihrer Betreuungsaufgaben und den Anforderungen eines oft unflexiblen Arbeitsumfeldes.[15] Viele Plattformunternehmen werben damit, dass Plattformarbeit die Vereinbarkeit von Beruf und Familie fördert und damit auch die Erwerbstätigkeit unter Frauen.[16]

Die meisten digitalen Plattformen klassifizieren ihre Mitarbeiter in der Regel als unabhängige Unternehmer oder Selbstständige und nicht als Arbeitnehmer mit festen Arbeitszeiten und einem stabilen Einkommen.[17] Dies ermöglicht den Unternehmen, ihre Arbeitskosten zu verringern. Das Wachstum der atypischen Beschäftigung aufgrund strategischer Geschäftsentscheidungen in Kombination mit Lücken in den gesetzlichen Regelungen birgt die Gefahr, dass Unternehmen immer mehr Risiken auf ihre Mitarbeiter verlagern und damit den Schutz, den das Arbeitsrecht gewährt, schwächen oder aushebeln. Gleichzeitig senken sie die Löhne.[18] Diejenigen, die vom Anwendungsbereich des Arbeitsrechts ausgeschlossen sind, weil sie nicht als Arbeitnehmer gelten, sind häufiger als andere der sozialen Ausgrenzung und der Job- und Einkommensunsicherheit ausgesetzt.[19] Nach wie vor basiert das Arbeitsrecht hauptsächlich auf dem traditionellen industriellen

13 Berg: Income Security in the On-demand Economy, S. 552.

14 Barzilay/Ben-David: Platform Inequality, S. 400-401; Sandra Fredman: Discrimination Law, Oxford 2012, S. 48.

15 Nicole Busby: A Right to Care? Unpaid Work in European Employment Law, Oxford 2011, S. 1.

16 Barzilay/Ben-David: Platform Inequality, S. 401.

17 Siehe beispielhaft *Uber BV, Uber London Limited and Uber Britannia v Aslam & Others*. UKEAT/0056/17/DA.

18 Avi Asher-Schapiro: Against Sharing, in: Jacobin v. 19.9.2014, www.jacobinmag.com/2014/09/against-sharing (abgerufen am 13.5.2019).

19 ILO: Non-Standard Employment Around the World. Understanding Challenges, Shaping Prospects, Genf 2016.

Modell bzw. dem Normalarbeitsverhältnis. Um in den Schutzbereich des Arbeitsrechts und des EU-Antidiskriminierungsrechts zu geraten, muss der Arbeitnehmer in einem untergeordneten Verhältnis beschäftigt sein, also nicht als Selbstständiger seiner Arbeit nachgehen.[20] Demnach läuft die Abgrenzung zwischen Arbeitnehmer- und Selbstständigenstatus beinahe auf ein Alles oder Nichts beim Sozialschutz hinaus.[21]

Daten als Quelle für Diskriminierung bei der algorithmischen Entscheidungsfindung

In Arbeitsverhältnissen ergibt sich eine mittelbare oder unmittelbare Diskriminierung aufgrund des Geschlechts in der Regel aus Arbeitgeberentscheidungen, aus Gesetzen oder aus Tarifverträgen. Diskriminierung im Rahmen der Plattformarbeit kann dagegen das Ergebnis von Algorithmen sein, die traditionelle Arbeitgeberentscheidungen teilweise ersetzen. Obwohl das Geschlecht oft kein Pflichtfeld im Profil des Benutzers ist, um sich bei einer Onlineplattform registrieren zu können,[22] ist ein Algorithmus durchaus in der Lage, das Geschlecht zu identifizieren. Darüber kann wiederum, intendiert oder nicht, ein geschlechtsspezifisches Lohngefälle entstehen.

Ein Algorithmus ist eine formal spezifizierte Folge von logischen Operationen, die Computern Schritt-für-Schritt-Anweisungen liefert, um auf Daten zu reagieren und Entscheidungen zu automatisieren.[23] Prinzipiell haben algorithmische Prozesse drei wesentliche Vorteile:[24] Erstens sind sie konsistent, da Algorithmen zuverlässig anhand der vorgegebenen Logik Entscheidungen treffen, die – anders als beim Menschen – nicht tagesformabhängig

20 Fudge/Tucker/Vosko: Changing Boundaries in Employment, S. 354-357.

21 Claudia Schubert: Neue Beschäftigungsformen in der digitalen Wirtschaft. Rückzug des Arbeitsrechts?, in: RdA 71 (2018) 4, S. 200-206, hier S. 203.

22 Barzilay/Ben-David: Platform Inequality, S. 428.

23 Solon Barocas/Andrew D. Selbst: Big Data's Disparate Impact, in: California Law Review 104 (2016) 3, S. 671-732, hier S. 674.

24 Julia Krüger/Konrad Lischka: Damit Maschinen den Menschen dienen. Lösungsansätze, um algorithmische Entscheidungen in den Dienst der Gesellschaft zu stellen, Arbeitspapier im Auftrag der Bertelsmann Stiftung, Gütersloh 2018, S. 15.

oder willkürlich sind.[25] Zweitens können Algorithmen größere Datenmengen analysieren und einfacher Muster erkennen als Menschen. Drittens ist das Auswerten großer Datenmengen durch algorithmische Entscheidungsprozesse in der Regel günstiger und schneller, als wenn man Menschen dafür einsetzen würde.[26] Dennoch sollten die Risiken, die mit der Nutzung von algorithmischen Entscheidungen einhergehen, nicht unterschätzt werden.[27]

Wie die algorithmische Entscheidungsfindung letztendlich aussieht, ist davon abhängig, welches spezifische Problem zu lösen ist. Die Onlineplattform, die das mittlerweile börsennotierte Unternehmen Uber beispielsweise initiierte, um Fahrdienstleistungen anzubieten, hat im Wesentlichen drei Funktionen: (1) das Zusammenbringen von Fahrgast und Fahrer, (2) das Bestimmen der Vergütung für die erbrachte Leistung und (3) das Analysieren des Feedbacks der Fahrgäste über die Fahrer. Es funktioniert im Wesentlichen wie folgt: Wie »erfolgreich« ein Fahrer ist, bestimmt sich durch seine Onlineverfügbarkeit (je öfter und länger er online ist, desto besser), die Geschwindigkeit, mit der er Fahrtanfragen annimmt (Fahrer haben nur wenige Sekunden Zeit) und seine durchschnittliche Bewertung durch die Kunden (je höher das Ranking, desto besser). Die verwendeten Algorithmen werten all diese Daten aus und entscheiden auf dieser Grundlage, welcher Fahrer mehr oder weniger häufig Fahrtanfragen in der App zu sehen bekommt, wie viel ein Fahrgast für die Fahrten zahlen muss, wie viel vom Gesamtbetrag der Fahrer für seine erbrachte Dienstleistung erhält und welche Fahrer aufgrund ihres Rankings zu suspendieren sind, weil sie nicht genügend oder nicht schnell genug Fahrtanfragen angenommen haben. Je nachdem, ob die Zahlen der

---

25 Matthew T. Bodie et al.: The Law and Policy of People Analytics, in: University of Colorado Law Review 88 (2017) 4, S. 961-1042, hier S. 968. Allerdings hat ein Mensch die Möglichkeit, auch andere Informationen bei seiner Entscheidungsfindung miteinzubeziehen. Darüber hinaus ist bisher Intuition eine einzigartige menschliche Eigenschaft. Vgl. dazu Miriam Kullmann: Platform work, algorithmic decision-making, and EU gender equality law, in: International Journal of Comparative Labour Law and Industrial Relations 34 (2018) 1, S. 1-21.

26 Siehe auch Barocas/Selbst: Big Data's Disparate Impact, S. 677.

27 Siehe dazu zum Beispiel die Pressemitteilung des Ministerkomitees des Europarats: Declaration by the Committee of Ministers on the manipulative capabilities of algorithmic processes (Adopted by the Committee of Ministers on 13 February 2019 at the 1337th meeting of the Ministers' Deputies), www.search.coe.int/cm/pages/result_details.aspx?objectid=090000168092dd4b (abgerufen am 13.5.2019).

Fahrtanfragen niedrig oder hoch sind, können die Algorithmen die Arbeit außerdem zu bestimmten Zeiten oder an bestimmten Orten anregen oder die Preise für die Fahrten erhöhen oder absenken.

Das Beispiel Uber verdeutlicht nicht nur, dass algorithmische Entscheidungsfindung darauf abzielt, Unternehmensinteressen und -werte umzusetzen, sondern auch, dass Menschen bei der Identifizierung der Interessen und Werte eine entscheidende Rolle spielen.[28] Insofern handelt es sich bei der algorithmischen Entscheidungsfindung um ein komplexes Zusammenspiel zwischen Mensch und Maschine. Es gilt daher, ihre Einbettung in den sozialen Kontext zu berücksichtigen.[29] Dementsprechend ist der weit verbreitete Glaube, Algorithmen seien frei von Vorurteilen, also neutral und objektiv, falsch. Ebenso falsch ist die Aussage, dass Unternehmen Antidiskriminierungsgesetze allein dadurch umgehen können, dass sie Algorithmen verwenden, die automatisch Menschen aufgrund von Herkunft, Alter, sexueller Orientierung oder Religion bestimmten Gruppen zuordnen.[30] Denn nebst der Zielstellung und Operationalisierung algorithmischer Entscheidungsmodelle sind die verwendeten Trainings- und Analysedaten eine vielfältige Quelle für Diskriminierung.[31] Daher kann die algorithmische Entscheidungsfindung nur so gut sein wie die Daten, die für die Entscheidung herangezogen werden:[32] »As the old saying about data goes, garbage in, garbage out, meaning that poor quality input will always result in poor quality of result«.[33] Folglich liegt es im Bereich des Möglichen, dass Algorithmen historisch institutionalisierte Ungleichheiten widerspiegeln und durch Rückgriff auf verzerrte Daten Diskriminierungen reproduzieren.[34] Ein Algo-

28 Kullmann: Platform Work, S. 8; Krüger/Lischka: Damit Maschinen den Menschen dienen, S. 10.

29 Krüger/Lischka: Damit Maschinen den Menschen dienen, S. 10.

30 Ariel Ezrachi/Maurice E. Stucke: Virtual Competition. The Promise and Perils of the Algorithm-Driven Economy, Cambridge, MA 2016, S. 125.

31 Krüger/Lischka: Damit Maschinen den Menschen dienen, S. 21.

32 Barocas/Selbst: Big Data's Disparate Impact, S. 688; Joshua A. Kroll et al.: Accountable Algorithms, in: University of Pennsylvania Law Review 165 (2017) 3, S. 633-705, hier S. 680 ff.

33 Miriam Cherry: People Analytics and Invisible Labour, in: Saint Louis University Law Journal 61 (2016) 1, S. 1-16, S. 2. Siehe auch Annalyn Ng/Kenneth Soo: Data Science. Was ist das eigentlich?!, Berlin 2018, S. 2.

34 Krüger/Lischka: Damit Maschinen den Menschen dienen, S. 21.

rithmus vermag in Kombination mit den verwendeten Datensätzen, Personen auf vier Arten zu benachteiligen: (1) Er diskriminiert vorsätzlich; (2) er verwendet fehlerhafte Daten; (3) er benachteiligt systematisch eine bestimmte Gruppe aufgrund statistisch verzerrter Datensätze; (4) er diskriminiert systematisch Mitglieder einer bestimmten Gruppe, obwohl die Datensätze statistisch nicht verzerrt sind.[35] Zudem gilt zu beachten, dass die algorithmische Entscheidungsfindung, die Menschen je nach Zweck und Merkmal in Gruppen einordnet, auf Korrelationen und nicht auf Kausalitäten basiert.

Die Entwicklung eines algorithmischen Entscheidungsmodells setzt sich aus verschiedenen Stufen zusammen. Zuerst bestimmen Businessanalysten zusammen mit einem Kunden und/oder einer Unternehmensabteilung die Anforderungen, die für die Probleme, die die Software lösen soll, entscheidend sind. Welcher Algorithmus verwendet wird, hängt von den Aufgaben ab, die er erledigen soll.[36] Softwarearchitekten entwerfen dann ein Entscheidungsmodell unter Berücksichtigung dieser Anforderungen. In einem letzten Schritt übersetzen Softwareentwickler die Anforderungen in eine Programmiersprache (Code).

Algorithmen lassen sich in drei Kategorien unterteilen: in unüberwachtes, überwachtes und bestärkendes Lernen. Unüberwachtes Lernen erlaubt das Aufdecken versteckter Muster in einem Datensatz, das heißt, es ist noch nicht bekannt, nach welchem Muster gesucht wird, weshalb es dem Algorithmus überlassen ist, was er ans Licht bringt. Bei Uber beispielsweise könnte ein solcher Algorithmus die Aufgabe haben, Daten zu analysieren, die die Uber-App über die Fahrer sammelt, um bestimmte Muster (Korrelationen) aufzuzeigen. Überwachtes Lernen dagegen bietet sich an, wenn Vorhersagen gewünscht sind, die auf spezifizierten vorgegebenen Mustern basieren. Kann Uber zum Beispiel aus den Daten ablesen, dass über einen Zeitraum von drei Monaten jeden Freitag um circa 15 Uhr doppelt so viele Fahrtanfragen kommen als bewältigt werden können, da zu wenige Fahrer online sind, könnte der Algorithmus aufgrund dieser Erkenntnisse für die darauffolgenden Freitage mehr Fahrer dazu aufrufen, ihre Fahrdienste anzubieten. Anders

35 Pauline T. Kim: Data-Driven Discrimination at Work, in: William and Mary Law Review 857 (2017) 3, S. 857-936, hier S. 883-890.

36 Ng/Soo: Data Science, S. 7-11.

als beim unüberwachten oder überwachten Lernen, bei denen man einmal implementierte Modelle in der Regel unverändert weiterverwendet, verbessert sich das Modell beim bestärkenden Lernen fortwährend selbst, indem der Algorithmus die erzielten Ergebnisse als Feedback nutzt.[37] So können Lösungswege für bisher völlig unbekannte und unvorhersehbare Ereignisse gefunden werden. Da der Algorithmus allerdings »selbstständig lernt«, ist nicht mehr zu steuern, welche Daten er analysiert und bewertet.[38] Beim unüberwachten und überwachten Lernen kann bewusst in das implementierte Modell eingegriffen werden, um Anpassungen vorzunehmen, die gerade auch im Hinblick auf das Beweisen möglicher diskriminierender Entscheidungen zu dokumentieren sind.[39] Ein aktives Eingreifen beim bestärkenden Lernen ist dagegen nicht vorgesehen, da das Modell sich selbst kontinuierlich weiterentwickelt. Eine zusätzliche Komplikation ergibt sich, weil die vom Algorithmus verwendeten Daten aufgrund von zum Beispiel Datenschutzbestimmungen möglicherweise nicht mehr verfügbar sind.

Der EU-Grundsatz gleichen Entgelts für Männer und Frauen (Art. 157 AEUV) und die Herausforderungen in Zeiten algorithmischer Entscheidungsfindung

Das EU-Gleichstellungsrecht hat seinen Ursprung im Schutz bestimmter Gruppen, die einer ungleichen Behandlung (oder sozialen Ungerechtigkeit) ausgesetzt und damit im Vergleich zu anderen schlechter gestellt sind.[40] Die Bekämpfung der Diskriminierung und die Förderung der Gleichstellung von Männern und Frauen gehören zu den grundlegenden Werten der EU.[41] In

37 Ebd.

38 Justin Grapentin: Die Erosion der Vertragsgestaltungsmacht durch das Internet und den Einsatz Künstlicher Intelligenz, in: NJW 72 (2019) 4, S. 181-185, hier S. 183.

39 Miriam Kullmann: Discriminating Job Applicants Through Algorithmic Decision-Making, in: Ars Aequi 68 (2019) 1, S. 45-53, hier S. 48.

40 Ann Numhauser-Henning: EU Equality Law. Comprehensive and Truly Transformative?, in: Labour Law, Fundamental Rights and Social Europe, hg. v. Mia Rönnmar, Oxford 2011, S. 117-140, hier S. 117.

41 Artikel 10 AEUV verpflichtet die EU, bei der Festlegung und Durchführung ihrer Politik und ihrer Maßnahmen Diskriminierungen aus Gründen des Geschlechts zu bekämpfen. Zudem

Artikel 19 AEUV werden Geschlecht, Rasse, ethnische Herkunft, Religion oder Weltanschauung, Behinderung, Alter oder sexuelle Orientierung als Handlungsfelder für die EU genannt. Zudem zählt Artikel 21 der Charta der Grundrechte der Europäischen Union (GRC), obwohl daraus ausdrücklich keine Kompetenzerweiterung für den europäischen Gesetzgeber hervorgeht,[42] zusätzliche Charakteristika auf, die Grundlage für eine Diskriminierung sein können: Hautfarbe, soziale Herkunft, genetische Merkmale, Sprache, politische oder sonstige Anschauung, Zugehörigkeit zu einer nationalen Minderheit, Vermögen und Geburt.

Artikel 157 AEUV schützt vor (un)mittelbarer Diskriminierung aufgrund des Geschlechts unabhängig davon, ob die Diskriminierung vom Gesetzgeber oder vom Arbeitgeber ausgeht.[43] Männer und Frauen haben demnach das Recht auf gleiches Entgelt bei gleicher oder gleichwertiger Arbeit. Der Gleichbehandlungsgrundsatz reicht dabei so weit wie die jeweilige Rechtsregel, die das diskriminierende Vergütungssystem aufstellt.[44] Um eine unmittelbare Diskriminierung nachweisen zu können, muss eine tatsächliche oder hypothetische Vergleichsperson in dem betreffenden Unternehmen des Arbeitgebers gefunden werden, die zu der begünstigten Arbeitnehmergruppe gehört. Das Motiv oder die Absicht für die Diskriminierung ist dabei unerheblich: Es reicht aus, zu zeigen, dass die Benachteiligung auf dem Merkmal Geschlecht beruht oder dadurch verursacht wird. Eine mittelbare Diskriminierung liegt dann vor, wenn Bestimmungen, Kriterien oder Praktiken scheinbar neutral sind, aber mehrheitlich Frauen betreffen. Die unmittelbare Diskriminierung im Unionsrecht stützt sich auf dem formalen Gleichstellungsmodell, das verlangt, dass gleiche Fälle gleich und unter-

---

stellt Artikel 23 AEUV sicher, dass die Gleichheit von Frauen und Männern in allen Bereichen, einschließlich der Beschäftigung, der Arbeit und des Arbeitsentgelts, sicherzustellen ist. Dazu können spezifische Vergünstigungen für das unterrepräsentierte Geschlecht beibehalten oder eingeführt werden.

42 Felix Hartmann: Diskriminierung durch Antidiskriminierungsrecht? Möglichkeiten und Grenzen eines postkategorialen Diskriminierungsschutzes in der Europäischen Union, in: EuZA (2019) 1, S. 24-44, hier S. 25.

43 Hierzu Generalanwalt Bobek Schlussanträge v. 25.7.2018 – Rs. C-193/17, Rn. 50 – Cresco Investigation.

44 Martin Franzen: Kommentierung zu Art. 157 AEUV, in: Kommentar zum europäischen Arbeitsrecht, hg. v. Martin Franzen/Inken Gallner/Hartmut Oetker, 2. Aufl., München 2018, Rn. 16.

schiedliche Fälle unterschiedlich zu behandeln sind.[45] Eine solche Gleichstellung hat jedoch ihre Grenzen, da sie nicht in der Lage ist, systemische Ungleichheiten zu beseitigen. Diese können nur wirksam bekämpft werden, indem man auf die materielle Gleichstellung abstellt.[46] Bisher hat die EU-Rechtsprechung sich auf die Beseitigung von Benachteiligungen und die Bekämpfung von Stigmatisierung und Stereotypisierung konzentriert und sich weniger mit der Transformation bestehender gesellschaftlicher Strukturen befasst.[47]

Der Grundsatz der gleichen Bezahlung von Frauen und Männern bei gleicher oder gleichwertiger Arbeit nach Artikel 157 Absatz 1 AEUV findet nur Anwendung, wenn Plattformarbeiter als »Arbeitnehmer« eingeordnet werden können.[48] In Allonby hat der EuGH entschieden, dass im Sinne dieser Vorschrift als Arbeitnehmer anzusehen ist, wer während einer bestimmten Zeit für einen anderen nach dessen Weisung Leistungen erbringt, für die er als Gegenleistung eine Vergütung erhält.[49] Selbstständige sind demnach vom Anwendungsbereich der Bestimmung ausgeschlossen. Wie aus dem Fall Jany hervorgeht, erfordert die Einstufung als Selbstständiger nach EU-Recht, dass der Dienstleistende seine Tätigkeit selbstständig ausübt. Das heißt, derjenige arbeitet nicht im Rahmen eines Unterordnungsverhältnisses in Bezug auf die Wahl der Tätigkeit, den Arbeitsbedingungen und das Entgelt; er handelt in eigener Verantwortung und gegen ein Entgelt, das ihm vollständig und unmittelbar gezahlt wird.[50] Dennoch scheint man den Fall Allonby so auslegen zu können, dass die Definition des Arbeitnehmers im Sinne des Artikels 157 AEUV auch wirtschaftlich abhängige Selbst-

45 Philippa Watson/Evelyn Ellis: EU Anti-Discrimination Law, Oxford 2012, S. 5.

46 Sandra Fredman: Pasts and Futures. EU Equality Law, in: Research Handbook on EU Labour Law, hg. v. Alan Bogg/Cathryn Costello/A. C. L. Davies, Cheltenham 2016, S. 391-421, hier S. 392.

47 Ebd., S. 393.

48 Für eine Diskussion des Arbeitnehmerbegriffs im Europäischen Arbeitsrecht siehe Nicola Kountouris: The Concept of 'Worker' in European Labour Law. Fragmentation, Autonomy and Scope, in: Industrial Law Journal 47 (2017) 2, S. 192-225 und Martin Risak/Thomas Dullinger: The Concept of »Worker« in EU Law. Status Quo and Potential for Change, Brüssel 2019.

49 Beispielhaft EuGH v. 13.1.2004 – Rs. C-256/01, Rn. 67 – Allonby; EuGH v. 3.7.1986 – Rs. 66/85, Rn. 17 – Lawrie-Blum.

50 EuGH v. 20.11.2001 – Rs. C-268/99, Rn. 70 – Jany.

ständige erfasst, und zwar dann, wenn die Unabhängigkeit des Arbeitnehmers nur fiktiv ist und somit eigentlich ein Arbeitsverhältnis gemäß Artikel 157 AEUV vorliegt.[51] Dass jemand nach innerstaatlichem Recht formal als Selbstständiger eingestuft ist, schließt nach ständiger EU-Rechtsprechung ausdrücklich nicht aus, dass jemand als Arbeitnehmer nach Artikel 157 AEUV einzuordnen ist, wenn seine Selbstständigkeit nur fiktiv ist und damit ein Arbeitsverhältnis im Sinne dieses Artikels verschleiert wird.[52] All das ist wichtig im Hinblick auf Plattformarbeiter, da Onlineplattformen sie meistens und teilweise fälschlich als Selbstständige betrachten, obwohl manche Plattformarbeiter wirtschaftlich nur von einer Onlineplattform abhängig sind. Dieses Urteil gibt Plattformarbeitern eine Möglichkeit, gerichtlich bestätigt zu bekommen, dass auch sie Arbeitnehmer im Sinne des Artikels 157 AEUV sind.

In diesem Zusammenhang ist auch der Fall FNV Kiem zu nennen, bei dem der EuGH über die Rechtmäßigkeit von tarifvertraglich festgelegten Mindestlohnsätzen für angestellte Aushilfsmusiker, die als selbstständig eingestuft worden waren, entscheiden musste. Nach Ansicht des Gerichts verstoßen solche Sätze nicht gegen das EU-Wettbewerbsrecht und insbesondere nicht gegen Artikel 101 AEUV, sofern diese Dienstleistungserbringer, in deren Namen und für deren Rechnung die Gewerkschaft verhandelt hat, in Wirklichkeit »Scheinselbstständige« sind, das heißt Leistungserbringer, die sich in einer vergleichbaren Situation wie Arbeitnehmer befinden.[53] Wie der EuGH zu Recht betont, ist es im heutigen Wirtschaftssystem nicht immer leicht zu bestimmen, ob bestimmte selbstständige Leistungserbringer wie die Aushilfsmusiker Unternehmensstatus haben.[54] Ein Dienstleistungserbringer kann seine Eigenschaft als unabhängiger Wirtschaftsteilnehmer und damit als Unternehmen verlieren, wenn er sein Verhalten auf dem Markt nicht selbstständig bestimmt, sondern vollkommen abhängig von seinem Auftraggeber ist, weil er keines der finanziellen und wirtschaftlichen Risiken

---

51 Catherine Barnard: EU Employment Law, Oxford 2012, S. 298-299.

52 EuGH v. 13.1.2004 – Rs. C-256/01, Rn. 71 – Allonby; siehe auch EuGH v. 4.12.2014 – Rs. C-413/13, Rn. 35 – FNV Kiem unter Verweis auf EuGH v. 13.1.2004 – Rs. C-256/01, Rn. 71 – Allonby.

53 EuGH v. 4.12.2014 – Rs. C-413/13, Rn. 31 – FNV Kiem.

54 Ebd., Rn. 32.

aus dessen Geschäftstätigkeit trägt und als Hilfsorgan in dessen Unternehmen eingegliedert ist.[55] Ob Plattformarbeiter als Selbstständige gelten, muss allerdings von Fall zu Fall geprüft werden.[56]

Dass der Gleichheitsgrundsatz aus Artikel 157 AEUV nur auf Arbeitnehmer anwendbar ist, überzeugt im Hinblick auf den Gebrauch von Algorithmen, die Onlineplattformen bei Entscheidungen einsetzen, wenig. Immerhin sind von solchen Entscheidungen auch diejenigen Plattformarbeiter betroffen, die als Selbstständige auf Onlineplattformen aktiv sind. Für den Algorithmus ist der Vertragsstatus irrelevant, wenn dieser keine vom Algorithmus als wichtig zu beachtende Variable ist, um das spezifizierte Problem zu lösen. Er wird allerdings dann relevant, sollte ein Gericht zu dem Ergebnis kommen, dass der Selbstständige eigentlich Arbeitnehmer ist und deshalb unter den Anwendungsbereich des Arbeitsrechts fällt.[57] Algorithmen wie die von Uber bestimmen über das zu zahlende Entgelt als Gegenleistung für die getätigten Fahrten. Dies trifft Arbeitnehmer und Selbstständige gleichermaßen und kann sie aufgrund bestimmter Variablen benachteiligen. Es ist demnach zu hinterfragen, warum das Antidiskriminierungsrecht an die Arbeitnehmereigenschaft anknüpft, welche speziell für das Arbeitsrecht geschaffen wurde. Diskriminierung stellt die Ausübung von Macht dar, weil die Onlineplattformen aufgrund der von ihr angewendeten Algorithmen entscheiden, wer wie viel verdient und – wenn auch nicht intendiert –, ob Plattformarbeiterinnen weniger oder mehr verdienen. Eine Möglichkeit, das Entgelt zu verhandeln, gibt es dadurch nicht, weder für Arbeitnehmer noch für Selbstständige.[58]

55 Ebd., Rn. 33.

56 Sofern man sie nur schwer als Arbeitnehmer klassifizieren kann und sie als Unternehmen im Sinne des EU-Wettbewerbsrechts zu betrachten sind, könnte ein Zusammenschluss der einzelnen Unternehmen zu einer Genossenschaft eine rechtmäßige Alternative sein, die das Vereinbaren von Mindesttarifen ermöglicht, die von den Onlineplattformen einzuhalten sind. Vgl. dazu Jaap M. van Slooten/Jorinde Holscher: De werkerscoöperatie, in: Ondernemingsrecht (2019) 1, S. 34-40.

57 Ein solches Urteil hat auch sozialversicherungsrechtliche Konsequenzen für den Arbeitgeber, der nachträglich entsprechende Sozialabgaben zu leisten hat.

58 Sandra Fredman: Equality Law. Labour Law or an Autonomous Field?, in: The Autonomy of Labour Law, hg. v. Alan Bogg et al., Oxford 2015, S. 257-274, hier S. 260.

Diesbezüglich gibt es weitere Urteile des EuGH, in denen der Anwendungsbereich einiger Richtlinien »erweitert« wurde.[59] So dehnte der EuGH im Fall Danosa den Schutz des Gleichstellungsrechts auf eine Geschäftsführerin aus, indem er feststellte, dass das Ziel, das sowohl die Richtlinie 92/85/EG[60] als auch die Richtlinie 76/207/EWG[61] anstrebten, nicht erreicht werden könne, wenn der vom Unionsrecht gewährte Kündigungsschutz für Schwangere von der formalen Qualifizierung des entsprechenden Beschäftigungsverhältnisses nach innerstaatlichem Recht oder von der Entscheidung für den einen oder den anderen Vertragstyp zum Zeitpunkt der Anstellung abhinge.[62] Entscheidend ist laut Generalanwalt Yves Bot, dass das Arbeitsverhältnis, aufgrund dessen die Klägerin in die Unternehmensgesellschaft integriert ist, durch den Beschluss eines Organs, das sie naturgemäß nicht selbst kontrolliert und dessen Kündigungsentscheidung folglich für sie bindend ist, beendet werden kann.[63] Darüber hinaus dehnt die Richtlinie 2010/41/EU den Grundsatz der Gleichbehandlung von Frauen und Männern auf diejenigen aus, die eine selbstständige Erwerbstätigkeit ausüben. Die Richtlinie betrifft die Gründung, Ausstattung oder Erweiterung eines Unternehmens oder die Aufnahme oder Ausweitung einer anderen Form der selbstständigen Erwerbstätigkeit und verpflichtet die Mitgliedsstaaten, Maßnahmen zu ergreifen, um Selbstständigen Leistungen bei Mutterschaft zu gewähren. Andere EU-Gleichstellungsvorschriften, die nicht nur für Arbeitnehmer gelten, finden sich in der Richtlinie 79/7/EWG zur schrittweisen Verwirklichung des Grundsatzes der Gleichbehandlung von Männern und Frauen im Bereich der sozialen Sicherheit.[64]

---

59 EuGH v. 11.11.2010 – Rs. C-232/09, Rn. 51, 56 – Danosa; EuGH v. 9.7.2015 – Rs. C-229/14, Rn. 43 – Balkaya.

60 Richtlinie zur Durchführung von Maßnahmen zur Verbesserung der Sicherheit und des Gesundheitsschutzes von schwangeren Arbeitnehmerinnen, Wöchnerinnen und stillenden Arbeitnehmerinnen am Arbeitsplatz.

61 Richtlinie zur Verwirklichung des Grundsatzes der Gleichbehandlung von Männern und Frauen hinsichtlich des Zugangs zur Beschäftigung, zur Berufsbildung und zum beruflichen Aufstieg sowie in Bezug auf die Arbeitsbedingungen.

62 EuGH v. 11.11.2010 – Rs. C-232/09, Rn. 69 – Danosa.

63 Generalanwalt Bot Schlussanträge v. 2.9.2010 – Rs. C-232/09, Rn. 88 – Danosa.

64 EuGH v. 11.7.1991 – Rs. C-31/90, Rn. 25 – Johnson.

Artikel 157 AEUV verlangt die Zahlung gleichen Entgelts für gleiche oder gleichwertige Arbeit. Dennoch stellte der EuGH in Allonby klar, dass Lohnunterschiede zwischen Frauen und Männern, die gleiche oder gleichwertige Arbeit verrichten, derselben Quelle zugeschrieben werden müssen.[65] Lassen sich die bei den Entgeltbedingungen festgestellten Unterschiede nicht auf ein und dieselbe Quelle zurückführen, so fehlt eine Einheit, die für die Ungleichbehandlung verantwortlich ist und die die Gleichbehandlung wiederherstellen könnte. Nach der Rechtsprechung handelt es sich dabei nicht um vergleichbare Situationen, die demnach auch nicht unter Artikel 157 Absatz 1 AEUV fallen. Das Erfordernis derselben Quellen scheint bei Onlineplattformen nicht problematisch zu sein, sofern es die Plattform ist, die die Höhe des Entgelts für alle Plattformarbeiter bestimmt.

Sachliche Rechtfertigungen für mittelbare Diskriminierungen

Sofern ein Algorithmus nicht so programmiert ist, dass Frauen, die für eine Onlineplattform arbeiten, weniger verdienen als Männer, die einer vergleichbaren Tätigkeit nachgehen – er also unmittelbar diskriminiert –, handelt es sich in den meisten Fällen um eine mittelbare Diskriminierung, wenn die ungleiche Bezahlung das Ergebnis ungünstiger kausaler Zusammenhänge bzw. Korrelationen ist, die der Algorithmus hergestellt hat. Im Falle der mittelbaren Diskriminierung kann der Arbeitgeber das Lohngefälle objektiv rechtfertigen, indem er wirtschaftliche Gründe anführt, die mit der Leitung seines Unternehmens zusammenhängen und demnach geschlechtsunabhängig sind. So entschied der EuGH in Bilka Kaufhaus, dass keine Diskriminierung vorliegt,[66] wenn ein Unternehmen darlegen kann, dass seine Lohnpolitik auf Faktoren beruht, die objektiv gerechtfertigt sind und nicht auf das Geschlecht zurückzuführen sind. Zudem muss die Lohnpolitik danach beurteilt werden, ob sie im Verhältnis zu den vom Unternehmer verfolgten Zielen erforderlich und verhältnismäßig ist.[67] Sollte das Unternehmen in der

65 EuGH v. 13.1.2004 – Rs. C-256/01, Rn. 46 – Allonby.
66 EuGH v. 13.5.1986 – Rs. 170/84, Rn. 29-30 – Bilka Kaufhaus.
67 Ebd., Rn. 35.

Lage sein, seine Lohnpolitik rechtfertigen zu können, reicht der Umstand, dass diese Maßnahmen eine wesentlich größere Anzahl von weiblichen als von männlichen Arbeitnehmern treffen, nicht aus, um eine Verletzung des Artikels 157 AEUV festzustellen.[68]

Was bedeutet es, wenn Algorithmen Entscheidungen auf der Grundlage großer Datenmodelle treffen und die Onlineplattform diese Entscheidungen übernimmt, obwohl sie nicht kausale Zusammenhänge widerspiegeln, sondern Korrelationen? Man könnte argumentieren, dass die Onlineplattform in Fällen, in denen der Kläger das Vorliegen einer mittelbaren Diskriminierung nachweist, prüfen sollte, ob das algorithmische Modell und die verwendeten Daten diskriminierend sind. Schließlich ist es die Plattform, die Zugang zu Informationen darüber hat, wie die Entscheidung getroffen wurde. Nach Artikel 19 Absatz 1 Richtlinie 2006/54/EG ist es Sache des Beklagten nachzuweisen, dass keine Verletzung des Gleichbehandlungsgrundsatzes vorliegt (Umkehr der Beweislast zulasten des Unternehmers), sollte der Kläger die Nichtbeachtung des Gleichbehandlungsgrundsatzes glaubhaft machen können. Im Falle von Algorithmen setzt dies aber eine ausführliche und nachvollziehbare Dokumentation voraus, wie sie beim Modell des überwachten und unüberwachten Algorithmus möglich ist; bei bestärkenden Algorithmen, die selbstständig »versteckte« Muster in Daten auffinden können, ist das Vorgehen aber wenig bis nicht nachvollziehbar und überprüfbar.

Wenn eine Plattformarbeiterin der Ansicht ist, sie werde schlechter bezahlt als ihre männlichen Kollegen, und sie nachweisen kann, kein Einzelfall zu sein, muss die Onlineplattform sachliche Gründe für die Lohndifferenz anführen, wie zum Beispiel ihre berufliche Qualifikation oder Berufserfahrung. Zudem kann die Onlineplattform sich auf weitere Faktoren stützen, die der Algorithmus in Betracht gezogen hat, so etwa die Geschwindigkeit, mit der der Fahrer unterwegs ist (ein rasanterer Fahrstil könnte beispielsweise für das jugendliche Alter stehen, aber auch für ein erhöhtes Unfallrisiko); die Schnelligkeit, mit der jemand ein Angebot akzeptiert (wenn eine Anfrage innerhalb weniger Sekunden angenommen wird, könnte das bedeuten, dass diese Person sehr oft online ist und zur Verfügung steht); die Anzahl der bereits erledigten Tätigkeiten oder Jobs; das erhaltene Kundenfeedback

68 Ebd., Rn. 36.

(ein positives Feedback bedeutet ein höheres Ranking und damit mehr Fahrten, die über die App angeboten werden) und die Einhaltung der von der Onlineplattform vorgegebenen Anweisungen durch die Plattformarbeitskraft (zum Beispiel Fahrrouten). Auf den ersten Blick spielt das Geschlecht hier keine Rolle. Allerdings könnten die Daten möglicherweise zeigen, dass Frauen im Allgemeinen weniger sportlich und damit risikobewusster fahren, weniger oft für die Arbeit zur Verfügung stehen (weil sie eventuell ihre Kinder oder Eltern zu betreuen haben und daher weniger Zeit online verbringen) und in der Folge nicht ganz so positives oder sogar schlechtes Feedback erhalten. Um die Faktoren bestimmen zu können, die für eine mittelbare Diskriminierung verantwortlich zu machen sind, ist es notwendig, einen Einblick in die verwendeten Algorithmen und die entsprechenden Datenmodelle zu erhalten, wenngleich auch hier das Problem der Überprüfbarkeit und Nachvollziehbarkeit bei den bestärkenden Algorithmen besteht.

Die Ermittlung der relevanten Fakten wird zusätzlich erschwert, wenn es sich dabei um (sensible) Informationen von Dritten handelt, wie zum Beispiel von anderen Bewerbern oder Mitarbeitern. Prinzipiell, so der EuGH, sieht Artikel 4 Absatz 1 Richtlinie 97/80/EG über die Beweislast bei Diskriminierung aufgrund des Geschlechts keinen spezifischen Anspruch einer Person auf Einsichtnahme in Informationen vor, um sie in die Lage zu versetzen, »Tatsachen, die das Vorliegen einer unmittelbaren oder mittelbaren Diskriminierung vermuten lassen«, glaubhaft zu machen. Es ist jedoch nicht auszuschließen, dass eine Weigerung des Beklagten, entsprechende Informationen zur Verfügung zu stellen, die Verwirklichung des mit dieser Richtlinie verfolgten Ziels beeinträchtigen und so dieser Bestimmung ihre praktische Wirksamkeit nehmen kann.[69]

Hinsichtlich der Kundenbewertungen akzeptierte der EuGH die organisatorischen Entscheidungen der Arbeitgeber als legitime Ziele gemäß der in Artikel 16 GRC verankerten unternehmerischen Freiheit. In den Fällen ADDH und Achbita erkannte der EuGH den Wunsch des Arbeitgebers an, dass diejenigen Arbeitnehmerinnen, die direkten Kundenkontakt pflegten, ein Bild der weltanschaulichen bzw. religiösen Neutralität gegenüber den Kunden zu vermitteln und auf das Tragen eines Kopftuchs zu verzichten

69 EuGH v. 21.7.2011 – Rs. C-104/10, Rn. 34, 38 – Kelly.

haben.[70] Ob der EuGH ähnlich urteilen würde in Bezug auf Kundenbewertungen zur Beurteilung der Leistung der Mitarbeiter bei Onlineplattformen, ist abzuwarten. Interessant wäre jedoch, ob der EuGH die betreffenden Plattformarbeiter als Arbeitnehmer ansehen würde, um so zu einer Anwendung der Antidiskriminierungsbestimmungen zu gelangen. Das Anliegen des Arbeitgebers, ein bestimmtes Bild zu projizieren, scheint jedoch ein ausreichend breit angelegtes Konzept zu sein, sodass eine weltanschaulich neutrale Außendarstellung sich per se nicht von einem Bild der Pünktlichkeit, Sauberkeit und/oder Freundlichkeit unterscheidet. Dies könnte eine Entscheidung rechtfertigen, Kundenbewertungen zur Beurteilung der Leistungen der Mitarbeiter zu verwenden, von denen einige bereits in die automatisierte Bewertung einfließen, entweder von Kunden oder durch den Algorithmus selbst.[71]

Betriebsgeheimnisse und Datenschutz

Qualifiziert eine Plattform ihre Algorithmen als Geschäftsgeheimnisse, könnte darin ein Problem liegen. Gemäß Artikel 2 der Richtlinie 2016/943/EU gelten als Geschäftsgeheimnis diejenigen Informationen, die alle nachstehenden Kriterien erfüllen: a) Sie sind in dem Sinne geheim, dass sie weder in ihrer Gesamtheit noch in der genauen Anordnung und Zusammensetzung ihrer Bestandteile den Personen in den Kreisen, die üblicherweise mit dieser Art von Informationen umgehen, allgemein bekannt oder ohne Weiteres zugänglich sind; b) sie sind von kommerziellem Wert, weil sie geheim sind; c) sie sind Gegenstand von den Umständen entsprechenden angemessenen Geheimhaltungsmaßnahmen durch die Person, die die rechtmäßige Kontrolle über die Informationen besitzt. Ziel der Richtlinie ist es, vor dem rechtswidrigen Erwerb und der unrechtmäßigen Verwendung und Offenlegung

---

70 EuGH v. 28.4.2017 – Rs. C-188/15, Rn. 33 – ADDH und EuGH v. 14.3.2017 – Rs. C-157/15, Rn. 37 – Achbita.

71 Rossana Ducato/Miriam Kullmann/Marco Rocca: Five Stars Wars. European Legal Perspectives on Customer Ratings and Discrimination, in: Performance Appraisal in Modern Employment Relations. An Interdisciplinary Approach, hg. v. Tindara Addabbo et al., London 2019, S. 225-251.

von Geschäftsgeheimnissen zu schützen. Jedoch wird die Situation nicht geregelt, in der der Zugang zu einem Geschäftsgeheimnis beantragt wird.

Muss ein Arbeitgeber, wenn er wegen angeblicher geschlechtsspezifischer Diskriminierung vor Gericht verklagt wird, begründen, warum er Männer und Frauen unterschiedlich entlohnt, sollte dies auch für einen Arbeitgeber gelten, der einen Algorithmus zur Berechnung der Entgelthöhe verwendet. Ein Plattformunternehmen wie Uber sollte den Zugang zu dem Algorithmus und den verwendeten Datensätzen ermöglichen oder zumindest anderweitig deutlich machen, warum die Lohnunterschiede objektiv gerechtfertigt sind. Nur so kann beurteilt werden, ob es sich tatsächlich um eine Diskriminierung handelt. Hier stellt sich jedoch ein praktisches Problem: Im Idealfall sollten Softwareentwickler die Art und Weise dokumentieren, wie der Algorithmus Entscheidungen trifft und welche Datensätze er zu diesem Zweck verwendet. Zu der Dokumentation gehören auch alle späteren Änderungen an diesem Modell und der Datensätze. Dies ist wichtig, um zu überprüfen, ob der Algorithmus auf Basis der verarbeiteten Daten zu einem bestimmten Zeitpunkt entschieden hat, dass ein Fahrer mehr verdient als eine Fahrerin. Bei nachträglicher Änderung des algorithmischen Modells und/oder bei Verwendung anderer Datensätze ist es ohne hinreichende Dokumentation nicht möglich, festzustellen, ob die Fahrerin für Fahrten tatsächlich einen geringeren Betrag erhalten hat als ihre männlichen Kollegen. Das (lückenlose) Dokumentieren spielt auch deshalb eine wichtige Rolle, weil die vom Algorithmus verwendeten Daten möglicherweise irgendwann nicht mehr verfügbar sind – unter anderem aufgrund der geltenden Datenschutzbestimmungen. In der Konsequenz aber müsste ein Unternehmen eine große Datenmenge speichern, was sehr kostspielig sein kann.

In diesem Zusammenhang kommt der Allgemeinen Datenschutzverordnung (EU) 2016/679 (DSGVO) eine nicht unerhebliche Rolle zu.[72] Die DSGVO gilt für die ganz oder teilweise automatisierte (»Profiling«) sowie für die nichtautomatisierte Verarbeitung personenbezogener Daten, die Teil eines Archivierungssystems sind oder sein sollen (Art. 2 DSGVO). Dabei muss die Verarbeitung auf rechtmäßige Weise, nach Treu und Glauben und in einer für die betroffene Person nachvollziehbaren Weise geschehen (Art. 5

72 Dieser Absatz und die darauffolgenden basieren auf ebd.

DSGVO). Darüber hinaus müssen die Daten richtig sein und für einen bestimmten Zweck erhoben werden.

Die Verordnung verbietet die Verarbeitung von personenbezogenen Daten, aus denen die rassische und ethnische Herkunft, politische Meinungen, religiöse oder weltanschauliche Überzeugungen oder die Gewerkschaftszugehörigkeit hervorgehen, sowie die Verarbeitung von genetischen Daten, biometrischen Daten zur eindeutigen Identifizierung einer natürlichen Person, Gesundheitsdaten oder Daten zum Sexualleben oder der sexuellen Orientierung einer natürlichen Person (Art. 9 DSGVO). Die DSGVO enthält aber einen ausführlichen Ausnahmekatalog: So ist die Verarbeitung der gerade genannten Daten zum Beispiel rechtens, wenn die betroffene Person ihre ausdrückliche Einwilligung erteilt hat und der Zweck eindeutig ist oder wenn es der Erfüllung von Verpflichtungen und der Ausübung spezifischer Rechte der betroffenen Person im Arbeitsrecht und dem Recht der sozialen Sicherheit und des Sozialschutzes dient.[73] Auch ist die Verarbeitung der personenbezogenen Daten zulässig, wenn die betroffene Person sie ersichtlich selber öffentlich gemacht hat – zum Beispiel über Social Media.

Kundenbewertungen, die sich auf Plattformarbeiter beziehen, sind ebenfalls persönliche Daten (Art. 4 Abs. 1 DSGVO). Hier gibt es zwei Probleme.[74] Erstens sind die Bewertungen subjektiv, da es sich um die persönliche Meinung eines Kunden handelt. Die Noten eins bis fünf geben eine quantifizierbare Objektivität vor, die sie faktisch nicht haben. Zweitens erschweren einige Onlineplattformen den Zugang zu den Bewertungsergebnissen und bieten wenig oder gar keine wirksamen Mittel, um die Genauigkeit der Bewertungen infrage zu stellen, geschweige denn, dass sie bereit sind, in einigen Fällen die Löschung der Bewertungen vorzunehmen.[75] Eine solche in-

73 Richtlinie 2019/1152/EU über transparente und vorhersehbare Arbeitsbedingungen in der Europäischen Union.

74 Lene Pettersen: Rating Mechanisms Among Participants in Sharing Economy Platforms, in: First Monday v. 4.12.2017, www.firstmonday.org/ojs/index.php/fm/article/view/7908/6586 (abgerufen am 13.5.2019).

75 Bénédicte Drambine/Joseph Jerome/Ben Ambrose: User Reputation. Building Trust and Addressing Privacy Issues in the Sharing Economy, in: Future of Privacy Forum v. 8.6.2015, www.fpf.org/wp-content/uploads/FPF_SharingEconomySurvey_06_08_15.pdf (abgerufen am 13.5.2019).

transparente Situation dürfte gegen die oben genannten Datenschutzbestimmungen verstoßen.

Vor diesem Hintergrund gibt es drei mögliche Schwierigkeiten. Erstens erfordert die Verordnung die freiwillige Zustimmung zur Datenverarbeitung, die für den bestimmten Fall in informierter Weise und unmissverständlich abgegeben sein muss (Art. 4 Abs. 11 DSGVO). Hier ist zu hinterfragen, inwieweit ein Plattformarbeiter freiwillig seine Zustimmung erteilt hat, wenn er die Arbeitsbedingungen und die Datenschutzerklärung der Plattform akzeptiert. Zweitens hat ein Plattformarbeiter das Recht auf Zugriff, Berichtigung, Widerspruch und Löschung (»Recht auf Vergessenwerden«) von Daten. Nur wenn die betroffene Person weiß, welche Daten von wem und wie verarbeitet werden, kann sie ihre durch die Verordnung garantierten Rechte erfolgreich ausüben. Drittens hat ein Plattformarbeiter das Recht, nicht der automatisierten individuellen Entscheidungsfindung zu unterliegen (Art. 22 DSGVO).[76] Das bedeutet, dass jede Form der Profilerstellung, die darauf abzielt, die Leistung der betroffenen Person zu messen, nicht ausschließlich auf einer automatisierten Entscheidungsfindung beruhen sollte. Wenn sich die Kollegen des Plattformarbeiters auf die Verordnung berufen und die angeforderten Daten können in anonymisierter Form zur Verfügung gestellt werden, scheint dies im Sinne der Verordnung wenig problematisch zu sein. Andernfalls kann man einen aussagekräftigen Vergleich und damit einen statistischen Nachweis der Diskriminierung kaum erbringen.

Fazit

Grundsätzlich gibt es zwei Herausforderungen, vor denen das EU-Antidiskriminierungsrecht steht. Zum einen kann es im Bereich der Plattformarbeit zu Schwierigkeiten bei der Anwendung des Artikels 157 AEUV kommen, wenn Plattformarbeiter keine Arbeitnehmer im Sinne des Unionsrechts sind. Dies hat zur Folge, dass das EU-Antidiskriminierungsrecht, bis auf eine Ausnahme, nicht zur Anwendung kommt. Damit wird die Gruppe der Selbstständigen

76 Siehe auch Article 29 Data Protection Working Party Guidelines on Automated individual decision-making and Profiling for the purposes of Regulation 2016/679.

zwar einer möglichen Diskriminierung durch (teils) automatisierte algorithmische Entscheidungen unterworfen, sie können sich aber nicht auf die im EU-Antidiskriminierungsrecht enthaltenen Schutzbestimmungen berufen. Da Arbeitnehmer und Selbstständige gleichermaßen algorithmischer Entscheidungen ausgesetzt sein können, ist zu hinterfragen, ob der Anwendungsbereich des EU-Antidiskriminierungsrechts im digitalen Zeitalter nicht überholt ist.

Zum anderen ist es schwierig, im Hinblick auf die algorithmische Entscheidungsfindung eine Diskriminierung zu beweisen. Bei unzureichender Dokumentation der unüberwacht und überwacht lernenden Algorithmen und der verwendeten Datensätze ist die Nachvollziehbarkeit nicht gegeben. Es ist demnach nicht feststellbar, zu welchem Zeitpunkt genau der Algorithmus eine bestimmte Entscheidung getroffen hat. Bei bestärkend lernenden Algorithmen ist dies ohnehin nur sehr schwer möglich. Zudem dürfen Daten aufgrund der geltenden DSGVO nicht ohne Weiteres dauerhaft gespeichert werden. Fraglich ist auch die Verarbeitung von personenbezogenen sensiblen Daten, der die Plattformarbeiter mehr oder weniger freiwillig zugestimmt haben. Daten dürfen darüber hinaus nur verwendet werden, wenn dieses für die auszuführenden Tätigkeiten notwendig ist. Außerdem sind Algorithmen als Betriebsgeheimnisse in der Regel nicht zugängig, was das Beweisen einer Diskriminierung zusätzlich erschwert. Unternehmen wie Uber, deren Geschäft auf der Verwendung von (teils) automatisierten Entscheidungen aufbaut, sollten für die algorithmische Entscheidungsfindung, die zu diskriminierenden Ergebnissen führt, verantwortlich und haftbar gemacht werden können, es sei denn, die Entscheidungen sind sachlich gerechtfertigt.

Katharina Oerder

Digitalisierung und Mitbestimmung

Digitalisierung verändert Arbeit und Leben rasant. Die damit einhergehende neue Arbeitswelt wird häufig als Arbeit 4.0 beschrieben, in begrifflicher Anlehnung an Industrie 4.0, die sich als Zukunftsprojekt die umfassende Digitalisierung der industriellen Produktion auf die Fahnen geschrieben hat. Arbeit 4.0 geht dennoch deutlich über eine rein industrielle Perspektive hinaus. Sie ist dabei die Verbindung sozialer und technischer Innovationen.

Neben der Digitalisierung haben aber auch weitere Megatrends Anteil an dem Wandel der Arbeitswelt. Das Grünbuch »Arbeiten 4.0« des BMAS nennt demografischen Wandel, Globalisierung und Wissensgesellschaft als die Arbeitswelt beeinflussende Megatrends.[1] Aber auch die Feminisierung der Arbeitswelt sowie die Individualisierung der Gesellschaft werden genannt.[2] Nicht zuletzt der immer deutlicher sichtbar werdende Klimawandel macht ein Umdenken nötig. Um die zukünftige Arbeit im Interesse von Arbeit-

1 Bundesministerium für Arbeit und Soziales (BMAS): Grünbuch Arbeiten 4.0, Berlin 2015.

2 Reiner Hoffmann/Claudia Bogedan: Arbeit der Zukunft. Möglichkeiten nutzen – Grenzen setzen, Frankfurt a. M. 2015; Matthias Horx: Das Megatrend-Prinzip. Wie die Welt von morgen entsteht, München 2011.

nehmer_innen gerecht verhandeln zu können, ist somit weit mehr als nur die Digitalisierung zu betrachten, wenn es um den Wandel von Arbeit geht.

Sicherlich sind ständige Veränderungen auf dem Arbeitsmarkt, in Industrie und Produktion nicht neu und es hat sie immer gegeben. Mit vielen der sich stellenden Herausforderungen beschäftigt sich auch die Arbeitsforschung seit Jahrzehnten. Es geht weiterhin um die Demokratisierung und Humanisierung der Arbeit. Deshalb spielen auch die Gestaltung der Arbeitszeit, Arbeits- und Datenschutz, Entlohnung, kollektive und individuelle soziale Absicherung sowie Rationalisierung innerhalb der Betriebe wieder eine wichtige Rolle[3]. Aber es ist eine Gleichzeitigkeit und eine Geschwindigkeit in diese Veränderungsprozesse gekommen, sodass von einer umfassenderen Transformation von Wirtschaft und Arbeitsmarkt mit epochalem Charakter gesprochen werden kann.[4] Auch von Gewerkschaften wird der Begriff der Transformation vielfach verwendet.[5]

Anders als die nicht selten formulierte Meinung ist es jedoch nicht so, dass Mitbestimmung ein Hemmschuh in der Transformation der Arbeitswelt ist. Zwar mögen mitbestimmte Prozesse in nicht mitbestimmten Unternehmen schneller ablaufen, eine Transformation im Sinne einer nachhaltigen, tief greifenden Veränderung lässt sich mitbestimmt, also unter Beteiligung von Beschäftigten, Arbeitnehmervertreter_innen und Gewerkschaften gut, wenn nicht sogar besser umsetzen. So die Arbeitshypothese dieses Beitrages. Anzeichen und wissenschaftliche Hinweise darauf sollen im Folgenden diskutiert werden.

Zwei unterschiedliche Perspektiven sind in der Debatte um Transformation und Mitbestimmung wichtig. Die Transformation *durch* Mitbestimmung und die Transformation *von* Mitbestimmung. Beide Punkte sollen im Folgenden erörtert werden. Mitbestimmung ist hier als Oberbegriff gemeint.

---

3 Wolfgang Schroeder/Claudia Bogedan (Hg.): Gute Arbeit und soziale Gerechtigkeit im 21. Jahrhundert. Bausteine einer sozialen Arbeitsgesellschaft, Baden-Baden 2015.

4 Wolfgang Schroeder: Die große Transformation. Gewerkschaften und soziale Verbände als Mitstreiter, in: Ökologisches Wirtschaften-Fachzeitschrift 33 (2019) 4, S. 25-27.

5 Jörg Hofmann: Die Transformation der Industriearbeit, in: Jahrbuch Gute Arbeit 2019. Die Transformation der Arbeit. Ein Blick zurück nach vorn, hg. v. Lothar Schröder/Hans-Jürgen Urban, Frankfurt a. M. 2019; Hans-Jürgen Urban: Gute Arbeit in der Transformation, Hamburg 2019.

Sie bezieht sich in beiden Fällen nicht nur auf die betriebliche Mitbestimmung, sondern schließt auch individuelle Partizipation und Unternehmensmitbestimmung mit ein. Besonders im Abschnitt »Transformation von Mitbestimmung« können auch weitere Institutionen der Mitbestimmung wie zum Beispiel Gewerkschaften unter diese Begrifflichkeit fallen.

Transformation durch Mitbestimmung

Es scheint wie eine Binsenweisheit, dass Akzeptanz für Veränderung, Innovation, verantwortliches Klimahandeln, Digitalisierung und Weiterbildung für Unternehmen ein wichtiges Ziel darstellt, um sich bei anstehenden Transformationsprozessen gut aufzustellen. Nur gelingt dies den Unternehmen in der Realität häufig deutlich schlechter, als ihre modernen Leitbilder dies suggerieren. Aber genau für diese Ziele engagieren sich jedoch Betriebsräte in den Betrieben.

Mitbestimmung schafft Akzeptanz für Veränderung

Innovationen sind ein wichtiger Motor zur Überlebenssicherung eines Unternehmens, gerade in digitalen Zeiten. Nur ein kleiner Teil von in Unternehmen gestarteten Veränderungsprozessen wird jedoch als erfolgreich betrachtet. Viele Innovationsprojekte scheitern dabei nicht daran, dass die Neuerung an sich schlecht wäre, sondern dass ihre Umsetzung nicht gelingt.[6]

Veränderungen im Betriebsablauf werden von der Belegschaft zunächst oft skeptisch aufgefasst.[7] Denn alles Neue muss mühsam erlernt, um routiniert angewandt zu werden. Hinzu kommt, dass Beschäftigte in den letzten Jahren häufig erlebten, dass Veränderungen für sie negative Folgen hatten, wie höhere Arbeitsbelastung und Arbeitsverdichtung. Studien zeigen, dass

---

6 Siegfried Greif/Bernd Runde/Ilka Seeberg: Erfolge und Misserfolge beim Change Management, Göttingen 2004.

7 Wolfgang Scholl et al.: Innovationserfolg durch aktive Mitbestimmung, Berlin 2013.

Umstrukturierungen häufig mit Entlassungen und »Downsizing« einhergehen.[8] Aber auch in Situationen, in denen kein Personal abgebaut wird, haben Restrukturierungsmaßnahmen oft konkrete Auswirkungen für die Beschäftigten, wie Veränderungen der Verantwortlichkeiten, des Aufgabenfeldes und der Teamzusammensetzung. Dies wird von Arbeitnehmer_innen häufig als Stresssituation wahrgenommen.[9] Es scheint also verständlich, dass Arbeitnehmer_innen Innovationen nicht immer positiv gegenüberstehen.

Damit sich Beschäftigte trotz dieses Vorbehalts für Innovationen interessieren, haben Betriebsräte eine Vorbildfunktion. Wie sie sich Veränderungen gegenüber verhalten, ist von entscheidender Bedeutung, denn ihre Rolle wird schnell von Beschäftigten adaptiert. Mit einem Betriebsrat im Rücken, der harte, aber konstruktive Auseinandersetzungen mit der Geschäftsführung nicht scheut, sind Beschäftigte einer Untersuchung zufolge eher bereit, sich auf Innovationen einzulassen.[10] Es macht also einen Unterschied, ob Betriebsräte, die früh in Innovationsprozesse eingebunden waren und diese im Sinne der Beschäftigten mitgestalten konnten, für diese einstehen und vor ihren Kolleg_innen für Veränderungen werben oder nicht.[11]

Sind Betriebsräte in Veränderungsprozesse eingebunden, beschreiben auch Arbeitgeber positive Auswirkungen sowohl auf die Managemententscheidung als auch auf die Akzeptanz der Veränderung durch die Beschäftigten.[12] Auch das direkte Einbinden von Arbeitnehmerinnen und Arbeitnehmern zeigt positive Auswirkungen auf den Erfolg von Veränderungsprojekten. Es zeigt sich auch, dass überwiegend solche Veränderungsprozesse

8 Birgit Köper: Restrukturierung und veränderte Arbeitsbedingungen in Deutschland und insbesondere in der öffentlichen Verwaltung – Zustandsbericht für das Projekt. Health in Restructuring public/HIRES public 2011.

9 Claudia Nebel-Töpfer/Sandra Wolf/Peter Richter: Change-Prozesse im Unternehmen. Eine Herausforderung für die Prävention, in: ZfA 66 (2012) 4, S. 277-290.

10 Wolfgang Scholl et al.: Innovationserfolg durch aktive Mitbestimmung.

11 Erko Martins/Tina Breyer/Friedemann W. Nerdinger: Betriebsräte und Mitarbeiter in Innovationsprozessen – Ausgewählte Ergebnisse aus dem Projekt BMInno, in: Sozialen Wandel gestalten, hg. v. Milena Jostmeier/Arno Georg/Heike Jacobson, Wiesbaden 2014, S. 385-395.

12 Manfred Krenn: Akzeptanz und Nutzen des Betriebsrates aus Unternehmenssicht. Zur Wahrnehmung und Bewertung der betrieblichen Interessenvertretung in privatwirtschaftlichen Betrieben. Studie im Auftrag des ÖGB, Wien 2005; Bertelsmann Stiftung/Hans-Böckler-Stiftung (Hg.): Mitbestimmung für die Zukunft. Ergebnisse und Fazit aus der Arbeit des »Forum Mitbestimmung und Unternehmen«. 1999–2003, Bonn 2004.

Erfolg versprechend sind, bei denen die Mitarbeitenden (aber auch Führungskräfte) in die Verbesserungs- bzw. Veränderungsaktivitäten ausreichend einbezogen werden.[13]

Mitbestimmung macht innovativ

Für die innovative betriebliche Reorganisation kommt Betriebsräten eine wichtige Rolle zu. Hinzu kommt, dass sie in vielen Fällen der wichtigste betriebliche Kontinuitätsfaktor sind. Während Geschäftsführungen häufiger wechseln, sind Arbeitnehmervertreter_innen oft die einzige Konstante in ihren Unternehmen.[14] Aus dieser Kenntnis sowie einem häufig großen Verantwortungsgefühl der Belegschaft gegenüber tragen Betriebsräte immer wieder zu Innovationserfolgen bei.[15]

Betriebsräte sind es gewohnt, auch außerhalb der Hierarchieebenen Altbekanntes infrage zu stellen. Oft sind sie es, die aufgrund ihrer Position mit kreativen Vorschlägen Unternehmen eine neue Richtung geben können. Das hat auch mit der Komplexität ihrer Arbeitsbereiche zu tun. Die Rolle eines Betriebsrats reicht von Konfliktmanagement über Kommunikation bis hin zu wirtschaftlichem Krisenmanagement. Sie kennen den Kostendruck, den die Konzernspitze an den Standort weitergibt, die Unzufriedenheit der Entwicklungsabteilung, die Vorschläge des Vertriebs sowie die großen und kleinen Sorgen der Beschäftigten aus ihren täglichen Sprechstunden im Betriebsratsbüro. Aufgrund ihrer geschützten Position können sie sich »Querschüsse« erlauben und ganz neue Ideen, Forderungen und Konzepte einbringen.

Beispiele dafür lassen sich regelmäßig in der ganzen Republik finden – der Deutsche BetriebsräteTag präsentiert jedes Jahr besonders innovative Projekte auf seiner Tagung.

---

13 Klaus Zink: Mitarbeiterbeteiligung. Bei Verbesserungs- und Veränderungsprozessen, München 2007.

14 Katharina Oerder: Die Rolle der Betriebsräte in einer sich wandelnden Arbeitswelt, in: Lebens.Wert.Arbeiten in NRW. Das schafft gute Arbeit. Impulse zur Konferenz. Friedrich-Ebert-Stiftung. Landesbüro NRW, Düsseldorf 2017.

15 Wolfgang Scholl et al.: Innovationserfolg durch aktive Mitbestimmung.

Aber auch wissenschaftlich wurde der Einfluss von Betriebsräten immer wieder untersucht. Kädtler et al. beispielsweise sehen Prozesse betrieblicher Mitbestimmung als tragende Basis für Innovationen, denn sie legen »zwar den Unternehmen Verpflichtungen auf, entlaste[n] diese aber von ungeregelten Konflikten und unterstütz[en] die betriebliche Kooperation«.[16] Schwarz-Kocher et al. finden in ihrer Untersuchung sowohl quantitativ als auch qualitativ deutliche Hinweise für eine unterstützende Wirkung von Mitbestimmung auf Innovationserfolge. Betriebsräte beschreiten dafür sowohl formelle wie informelle Wege, um sich in das Innovationsgeschehen einzubringen.[17] Sabine Pfeiffer fasst diese und andere Untersuchungen zu dem Thema 2014 so zusammen: »Diese umfassenden empirischen Studien belegen [...] ohne Frage eindrucksvoll einen positiven Zusammenhang zwischen kollektiven Mitbestimmungsinstitutionen und Innovation«.[18]

Mitbestimmung unterstützt Klima- und Umweltschutz

Sicherlich wird man nicht behaupten können, Mitbestimmung komme vor allem in besonders nachhaltigen Unternehmen vor. Im Gegenteil, gute Mitbestimmungsstrukturen finden wir traditionell besonders im energie- und rohstoffintensiven industriellen Sektor. Im Bergbau ist mit der Montanmitbestimmung das bisher weitgehendste Mitbestimmungsgesetz aktiv, auch wenn es sich immer wieder der Kritik ausgesetzt sieht.[19]

In vielen Bereichen der Green Economy ist betriebliche Mitbestimmung noch nicht angekommen. In den aufstrebenden Ökobranchen sind die Arbeitsbedingungen oft schlecht und der gewerkschaftliche Organisierungsgrad

16 Jürgen Kädtler (Hg.): Mitbestimmte Innovationsarbeit. Konstellationen, Spielregeln und Partizipationspraktiken, Berlin 2013, S. 126.

17 Martin Schwarz-Kocher et al.: Interessenvertretungen im Innovationsprozess. Der Einfluss von Mitbestimmung und Beschäftigtenbeteiligung auf betriebliche Innovationen, Berlin 2011.

18 Sabine Pfeiffer: Innovation und Mitbestimmung, in: Industrielle Beziehungen 21 (2014) 4, S. 390-404, hier S. 404.

19 Klaus Lompe/Hinrich Weis: Gelebte Montanmitbestimmung. Ergebnisse empirischer Untersuchungen in drei Unternehmen. Industrielle Beziehungen, in: The German Journal of Industrial Relations 8 (2001) 4, S. 408-429.

niedrig.[20] Viele der oft mittelständischen Unternehmen zahlen nur unterdurchschnittliche Löhne und sind nicht tarifgebunden. Auch die Zuständigkeiten der Gewerkschaften sind in neu entstandenen Branchen zum Teil ungeklärt. Die IG Metall stellte vor einigen Jahren für die Windkraftbranche fest: »Die Arbeitsbedingungen der Beschäftigten sind aus der Sicht der befragten Betriebsräte nicht überdurchschnittlich attraktiv und in vielen Aspekten verbesserungsfähig. Hohe Leistungsanforderungen, begrenzte Einkommensperspektiven, notwendige, aber oft fehlende Weiterbildungsmöglichkeiten und die Zunahme von Leiharbeit prägen den Alltag«.[21]

Dass Mitbestimmung und Umweltschutz dennoch gut zusammen gehen, zeigen Betriebsräte und Arbeitnehmervertreter_innen bereits seit Jahren und nicht erst, seit Fridays for Future das Thema erneut auf die politische Agenda gesetzt hat. Schon 1992 konnte gezeigt werden, dass Vereinbarungen mit Unternehmen über Umweltschutzstandards vor allem auf Druck von Gewerkschaften zustande gekommen sind.[22]

Seit 2001 ist auch auf Druck der Gewerkschaften im Betriebsverfassungsgesetz explizit von einem Auftrag des Betriebsrats zum betrieblichen Umweltschutz die Rede.[23] Eine Auswertung von Betriebsvereinbarungen zum betrieblichen Umweltschutz der Hans-Böckler-Stiftung konnte zeigen: Durch die Veränderungen im Betriebsverfassungsgesetz haben sich Betriebsvereinbarungen seit Beginn der 1990er-Jahre deutlich geändert. Für die betriebliche und die Unternehmensebene wurden zunehmend eigene, zentrale Umweltausschüsse vereinbart. Dort fließen die umweltrelevanten Informationen des Betriebs bzw. des Unternehmens zusammen. In einigen neueren Betriebsvereinbarungen wird die Beteiligung der Beschäftigten deutlich verbessert, zum Beispiel durch Regelungen zur regelmäßigen Information über den betrieblichen Umweltschutz, Qualifizierung im Umweltschutz,

20 Ulrich Brand: Schöne Grüne Welt. Über die Mythen der Green Economy, Berlin 2015.

21 IG Metall-Vorstand: Windkraft-Industrie, 2007. Aktuelle Branchentrends, Frankfurt a. M. 2007, S. 15.

22 Eckart Hildebrandt: Umweltschutz und Mitbestimmung, in: Handbuch des Umweltmanagements. Anforderungs- und Leistungsprofile von Unternehmen und Gesellschaft, hg. v. Ulrich Steger, München 1992, S. 343-373.

23 BetrVG § 89; Siegfried Leittretter: Mitbestimmung beim betrieblichen Arbeits- und Umweltschutz. Eine kurze Handlungshilfe mit relevanten Auszügen aus dem Betriebsverfassungsgesetz u. a. Gesetzen, Düsseldorf 2007, www.boeckler.de/pdf/mbf_as_mbrechtbr_2006.pdf.

Möglichkeiten der aktiven Mitwirkung, Nutzung des betrieblichen Vorschlagswesens und/oder zum individuellen Beschwerderecht.

Aber auch zu dem Thema Klimaschutz gehen immer mehr Projekte an den Start. Im Rahmen der Veranstaltung »Welchen Beitrag kann Mitbestimmung zum Klimaschutz leisten?« (28.11.2017 in Bonn) wurden internationale Beispiele von Betriebsräten und Gewerkschaften vorgestellt, die durch ihr Engagement einen nachhaltigen Beitrag zum Klimaschutz ihres Unternehmens erwirkt haben.[24] So haben sich Betriebsräte in energieintensiven Betrieben dafür eingesetzt, dass sparsamere Lichtanlagen für E-Autos, E-Bikes und viele andere Innovationen eingesetzt werden.[25]

Untersuchungen der Hans-Böckler-Stiftung weisen immer wieder die positiven Effekte von Mitbestimmung in Unternehmen nach. Scholz und Vitols beispielsweise zeigen, dass gute Mitbestimmung in Aufsichtsräten direkte, positive Auswirkungen auf die Corporate Social Responsibility (CSR) der Unternehmen hat. Nachgewiesen werden konnte auch: Je wirkungsvoller die Arbeitnehmervertreter_innen im Aufsichtsrat arbeiten konnten, desto höher fielen spezifische Ziele für CSR wie zum Beispiel die Emissionsreduktion aus.[26] Das Projekt SKORE der Hans-Böckler-Stiftung verweist auf Beispiele, wie sich Betriebsräte zum Thema Ressourceneffizienz um nachhaltigere und ökologischere Arbeitsweisen ihrer Unternehmen bemühen.[27]

Betriebsräte können Digitalisierung

Studien zeigen: Betriebsräte, Personalräte und Gewerkschaften sind kompetente und legitime Akteure, die frühzeitig und direkt einbezogen werden

24 DGB NRW: Veranstaltungsrückblick. Welchen Beitrag kann Mitbestimmung zum Klimaschutz leisten? »No Jobs on a Dead Planet!«, www.dgb.de/themen/++co++1cecf7ac-d390-11e7-a113-52540088cada.

25 IG Metall: UN-Klimakonferenz in Bonn. Betriebsräte schützen das Klima, www.igmetall.de/politik-und-gesellschaft/umwelt-und-energie/betriebsraete-schuetzen-das-klima.

26 Robert Scholz/Sigurt Vitols: Co-determination. A driving force for Corporate Social Responsibility in German companies?, WZB Discussion Paper SP III (2018) 304, Berlin 2018.

27 Jörg Longmuß/Jörg-Peter Skroblin: Skore – Kompetenzentwicklung für Betriebsräte am Beispiel Ressourceneffizienz, Düsseldorf 2016.

sollten, wenn es um die Gestaltung der neuen Arbeitswelt geht.[28] In einer Untersuchung von 419 Betriebsräten aus NRW konnte festgestellt werden, dass sich Arbeitnehmervertreter_innen selbst mehrheitlich eine aktive, handelnde Rolle zuschreiben, wenn es um die Ausgestaltung der Digitalisierung in Bezug auf die Arbeitsbedingungen geht.[29] Im Detail sehen sich die Betriebsräte nicht nur für die Mitgestaltung der Digitalisierung im Betrieb verantwortlich, sondern gehen auch davon aus, die Auswirkungen der Digitalisierung auf die Arbeitsbedingungen tatsächlich beeinflussen zu können. Im Branchenvergleich gibt es einige wenige Besonderheiten. Insgesamt schreiben sich die Betriebsräte der IKT-Branche in den untersuchten Aspekten mehr Handlungsfähigkeit und Verantwortung zu als den anderen Branchen. Die große Mehrheit in allen Betriebsgrößen nimmt die Verantwortlichkeit für die Mitgestaltung der Digitalisierung an.

Insgesamt lässt sich den Betriebsräten somit ein großes Verantwortungsgefühl für die Gestaltung der Digitalisierung sowie Vertrauen in die eigene Digitalkompetenz attestieren. Ähnliche Ergebnisse lassen sich aus dem Digitalisierungsmonitor der IG BCE herauslesen. Ein großer Teil der Befragten ist offen und geht mit großer Veränderungsbereitschaft an diese Thematik heran.[30]

Allerdings sehen Betriebsräte neben den Chancen auch Risiken, die durch eine fortschreitende Digitalisierung entstehen. Einen großen Handlungsbedarf erkennen Betriebsräte beispielsweise darin, dass die durch die Digitalisierung häufig ansteigende Arbeitsintensität nicht oder kaum begrenzt wird oder die Personalbemessung nicht oder nur unzureichend an den tatsächlichen Bedarf angepasst wird.[31] Es fehlt eine überzeugende Digitali-

---

28 Nadine Absenger et al.: Digitalisierung der Arbeitswelt!? Mitbestimmungsreport der Hans-Böckler-Stiftung Nr. 24, Düsseldorf 2016.

29 Katharina Oerder/Clara Behrend/Julijana Stokic: Betriebsrat 4.0 – Digitalisierung aus Sicht der Betriebsräte und deren Potential als Gestalter der digitalen Arbeitswelt in NRW, in: FGW-Studie. Digitalisierung von Arbeit 07, hg. v. Forschungsinstitut für gesellschaftliche Weiterentwicklung, Düsseldorf 2018.

30 Christian Härtwig et al.: Beschäftigtenbefragung Monitor Digitalisierung. Entwicklungen der Arbeitsqualität in zwölf Industriebranchen, hg. v. Stiftung Arbeit und Umwelt der IG BCE, Berlin 2019.

31 Elke Ahlers: Forderungen der Betriebsräte für die Arbeitswelt 4.0., Policy Brief WSI 20 (2018), S. 1-11.

sierungsstrategie der Unternehmen, was Studien der IG Metall sowie der IG BCE eindrücklich zeigen.[32] Darüber hinaus ist es am ehesten die fehlende Qualifizierung, die Betriebsräte hemmt, die Digitalisierung in ihrem Sinne zu gestalten.[33]

Mitbestimmung fördert Weiterbildung

Um in einer sich beschleunigt transformierenden Umwelt weiterhin erfolgreich zu sein, müssen viele Betriebe noch stärker auf Innovation und Entwicklung setzen. Weniger Ressourcen- und Energieverbrauch ist gerade in vielen Industriebetrieben wichtig, gleichzeitig müssen Arbeitnehmer_innen mit dem digitalen Wandel Schritt halten. Für die Beschäftigten stellen die Entwicklungen in Richtung Digitalisierung und Arbeit 4.0 dabei hohe Anforderungen an Qualifikation und Weiterbildungsbereitschaft dar. Um diese Herausforderungen zu meistern, müssen Unternehmen ihre Mitarbeiter_innen noch mehr und besser weiterbilden als bisher. Das wissen Unternehmen, Wirtschaft und Politik. Die Realität sieht dennoch häufig ganz anders aus.

Der Digitalisierungsmonitor der IG BCE mit über 14.000 Befragten stellte beispielsweise fest: Nur 13 % der Befragten nahmen in den letzten zwei Jahren an Weiterbildung zur Arbeit mit digitaler Technologie teil. In höchstens 15 % der Fälle fand dies auf Wunsch des Arbeitgebers statt. Nur 25 % der Befragten bestätigten die Aussage: »Wenn ich mich zu Themen der Digitalisierung weiterbilden möchte, finde ich betriebliche Rahmenbedingungen, die mir das ermöglichen«.[34]

Sowohl das Betriebsverfassungsgesetz (BetrVG) als auch das Berufsbildungsgesetz (BBiG) räumen Betriebsräten Rechte in Bezug auf berufliche Bildung und Weiterbildung ein. Aber auch tarifliche Qualifizierungsregelun-

---

32 Ebd.; Jörg Hofmann: Viele Arbeitgeber haben keine Strategie zur Bewältigung der Transformation, in: IG-Metall Pressemitteilung 5. Juni 2019, www.igmetall.de/presse/pressemitteilungen/hofmann-pressekonferenz-transformationsatlas.

33 Julijana Stockic: Verantworten, Gestalten, Beteiligen. Die Rolle der Betriebsräte im Zeitalter der Digitalisierung, in: MITteilung des MIT Institut, Bonn 2017, www.mit-institut-bonn.de/wp-content/uploads/MITteilungen_2017_02.pdf.

34 Härtwig et al.: Beschäftigtenbefragung Monitor Digitalisierung.

gen und die staatliche Bildungspolitik sprechen ihnen bei der Förderung der beruflichen Weiterbildung im Betrieb eine wichtige Rolle zu.[35] So sind es häufig Akteure der Mitbestimmung, die sich in einer nationalen Weiterbildungsstrategie, aber auch in Tarifverträgen oder Betriebsvereinbarungen für die Weiterqualifizierung von Beschäftigten stark machen. Dass mitbestimmte Firmen im Schnitt mehr für die Weiterbildung ihrer Belegschaft tun, ist in verschiedenen Studien gut dokumentiert. Jirjahn und Smith stellten in einer Studie 2017 fest, dass mitbestimmte Betriebe in der Privatwirtschaft zu 88,5 % Weiterbildung anbieten, ohne Mitbestimmung jedoch nur zu 58,5 %. Auch die Teilnahmequote der Beschäftigten steigt in Betrieben mit Betriebsrat deutlich an auf 25,3 %. Dagegen liegt diese Quote in Betrieben ohne Betriebsrat nur bei 20,5 %.[36]

Betriebsräte könnten sich dabei noch stärker in die Entwicklung und Ausarbeitung von betrieblichen Weiterbildungsstrukturen einmischen und diese langfristig in ihrem Unternehmen etablieren. So können sie selbst mehr Einfluss nehmen und mitentscheiden, welche Qualifikationen in ihrem Unternehmen zukünftig wohl gebraucht werden. Erfahrungen der Mitarbeitervertreter_innen sowie aus der Belegschaft sind wichtige Impulsgeber für erfolgreiche Qualifizierungsprogramme und gewährleisten damit eine nachhaltige Flexibilität und Innovationsfähigkeit für das jeweilige Unternehmen.

Transformation von Mitbestimmung

Auch für Betriebsräte, Vertrauensleute, Gewerkschafter und Arbeitnehmervertreter_innen im Aufsichtsrat stellt Arbeit 4.0 einen Wandel ihres Aufgabenbereichs dar. Die Arbeitswelt verändert sich häufig schneller als bisherige Mitbestimmungsstrukturen dies vorsehen. Um sich den veränderten Anforderungen zu stellen, müssten sich auch die Mitbestimmungsstrukturen selber anpassen. Aus den eingangs beschriebenen Megatrends ergeben sich

35 Carola Iller et al.: Unterstützung der Interessenvertretung in der betrieblichen Weiterbildung in Deutschland und Österreich, Düsseldorf 2016.

36 Uwe Jirjahn/Stephen C. Smith: Nonunion Employee Representation. Theory and the German Experience with Mandated Works Councils, in: IZA Discussion Paper Nr. 11 066, Bonn 2017.

für Akteure der Mitbestimmung dabei unterschiedliche und zum Teil auch widersprüchliche Anforderungen an die Strukturen der Mitbestimmung. Partizipation, Diversifizierung von Mitbestimmungsstrukturen, moderne Kommunikation und agile Mitbestimmungsarbeit sind nur einige der wichtigsten Aspekte, die Betriebsräte und Akteure der Mitbestimmung beherrschen müssen. Um den Interessen von Arbeitnehmerinnen und Arbeitnehmern weiterhin gerecht zu werden, sollten neue Arbeitsformen nicht zu mitbestimmungsfreien Räume werden. Stattdessen sind Veränderungen proaktiv anzugehen, um die Gestaltungshoheit über den Wandel der Arbeit (zurück) zu erhalten.

Mehr Beteiligung ermöglichen

Für Betriebsräte und Gewerkschaften wird es immer wichtiger, nicht nur FÜR eine bestimmte Klientel oder Gruppe zu arbeiten, sondern MIT ihnen. Die Idee von vielen Projekten ist es, nicht die Stellvertretung der Kolleg_innen zu sein, sondern diese zu befähigen, ihre Bedürfnisse selbst zu artikulieren und realisieren. Das organisationspolitische Ziel hinter dieser Idee lautet »Beteiligungsgewerkschaft« und wird vor allem in den letzten Jahren von vielen Gewerkschaften proklamiert.[37] In vielen Gewerkschaften wird dabei verstärkt auf Mitgliederorientierung gesetzt: Mitmachen, teilhaben, aktivieren sind die Schlagworte, mit denen Gewerkschaftsangehörige zum Beispiel in Organizing-Projekten versuchen, ihre Kolleg_innen für die Mitarbeit in einer Gewerkschaft zu motivieren.[38] Auch wenn sich noch nicht von einer massiven Eintrittswelle sprechen lässt, so konnten doch einige DGB-Gewerkschaften seit 2008 den Abwärtstrend verlangsamen, gar umkehren oder zumindest bei den betriebstätigen Beschäftigten einige Erfolge erzielen.[39]

37 Wolfgang Schroeder/Stefan Fuchs: Neue Mitglieder für die Gewerkschaften. Mitgliederpolitik als neues Politikfeld der Gewerkschaften, Frankfurt a. M. 2019.

38 Anke Hassel/Wolfgang Schroeder: Gewerkschaften 2030. Rekrutierungsdefizite, Repräsentationslücken und neue Strategien der Mitgliederpolitik, WSI Report 44 (2018).

39 Heiner Dribbusch/Peter Birke: Die DGB-Gewerkschaften seit der Krise. Entwicklungen, Herausforderungen, Strategien, Berlin 2014; Heiner Dribbusch/Peter Birke: Gewerkschaften in Deutschland. Herausforderungen in Zeiten des Umbruchs, Berlin 2019.

Aber auch Betriebsräte müssen Beschäftigte aktiver in ihre Arbeit einbinden. Sie sind in diesem Wandel gefordert, die individuelle Partizipation der Beschäftigten stärker auszubauen.[40] Sonst besteht die Gefahr, sich von den Belegschaften abzukoppeln. Arbeitnehmervertreter_innen müssen dabei nicht nur für ihre Kernklientel, sondern für alle Mitarbeiter_innen Politik machen.[41]

Aus dem großflächigen Wandel ergeben sich auch Anpassungsbedarfe bei Vertretungs- und Mitbestimmungsrechten – sowohl der Begriff des Arbeitnehmers/der Arbeitnehmerin sowie der Betriebsbegriff werden neu definiert werden müssen. Menschen mit Werkverträgen oder Soloselbstständigen, die vielleicht zu 100 % für ein einziges Unternehmen arbeiten, werden ihre Mitbestimmungsrechte bisher häufig verwehrt. Es ist davon auszugehen, dass diese Arbeitsformen eher zu- als abnehmen werden (Stichwort: Crowd- oder Clickworker). Auch diese Personen müssen von Gewerkschaften und Betriebsräten als zu vertretende Belegschaft identifiziert und anerkannt werden.

Auch mehr direkte Beteiligung entspricht dem Wunsch vieler Beschäftigten. Alle vier Jahre einen Betriebsrat zu wählen, ist vielen nicht mehr genug. Dabei werden vermehrt unterschiedliche Formen der Partizipation getestet – mit unterschiedlichem Erfolg.[42] Direkte Arbeitnehmer_innenbeteiligung sollte dabei nie ohne den Betriebsrat ablaufen oder gar gegen diesen organisiert werden. Dies lässt sich am besten vermeiden, wenn die Beteiligung der Belegschaft durch die Arbeitnehmer_innenvertretung selbst organisiert wird. Erst recht ist Beteiligung der Belegschaft kein Ersatz für etablierte Mitbestimmungsstrukturen, sondern nur eine sinnvolle Ergänzung. Es braucht mehr kollektive Mitbestimmung und mehr individuelle Beteiligung.[43]

---

40 Thomas Haipeter: Digitalisierung, Mitbestimmung und Beteiligung – auf dem Weg zur Mitbestimmung 4.0?, in: Digitalisierung industrieller Arbeit. Die Vision Industrie 4.0 und ihre sozialen Herausforderungen, hg. v. Hartmut Hirsch-Kreinsen/Peter Ittermann/Jonathan Niehaus, Baden-Baden 2018, S. 303-322.

41 Katharina Oerder: MITBESTIMMUNG 4.0. Der Wandel der Arbeitswelt als Chance für mehr Beteiligung, in: WISO direkt 24/2016.

42 Corinna Land/Tino Towara: Produktivkraft Partizipation. Neue Potenziale durch Beteiligung erschließen. Unveröffentlichte Studie im Auftrag der IG BCE, Hannover 2019.

43 Wolfgang Schroeder/Claudia Bogedan (Hg.): Gute Arbeit und soziale Gerechtigkeit im 21. Jahrhundert. Bausteine einer sozialen Arbeitsgesellschaft, Baden-Baden 2015.

Repräsentative Strukturen schaffen

Der personelle Wandel hin zu einer immer diverser werdenden Arbeitnehmerschaft schlägt sich noch nicht genügend in der haupt- und ehrenamtlichen Beteiligung in den Gremien der Mitbestimmung nieder. Während die Arbeitnehmerschaft insgesamt in den letzten Jahren deutlich weiblicher und migrantischer geprägt ist als in den Jahrzehnten zuvor, ist diese Diversität in den meisten Mitbestimmungsgremien wie Betriebsrat oder gewerkschaftlicher Ortsvorstand noch nicht abgebildet. Auch in der Hauptamtlichkeit der Gewerkschaften besteht Diversifizierungsbedarf. Für moderne Mitbestimmungsstrukturen ist es jedoch wichtig, den gesellschaftlichen Trend von Diversität auch in den eigenen Gremien nachzuvollziehen.

Einerseits, um die Diversität in den Belegschaften tatsächlich repräsentieren zu können. Eine sich wandelnde Arbeitnehmer_innenstruktur bei gleichbleibender Zusammensetzung der Mitgliedschaft in den Gewerkschaften kann zu einem Legitimationsproblem führen. Gewerkschaften könnten so als reine Interessenvertretung einer kleinen, herausgehobenen Gruppe erscheinen, während andere Gruppen nicht repräsentiert werden.[44]

Andererseits geht es jedoch auch darum, durch diversere Mitbestimmungsgremien einen progressiven Wandel der Mitbestimmung aus sich selbst heraus organisieren zu können. Gremien, in denen Frauen nicht nur als Minderheiten sitzen, können andere Sichtweisen in Debatten einbringen als Gremien, in denen nur Männer vertreten sind. Auch Gremien, in denen Menschen mit Migrationshintergrund vertreten sind, können die politische Gestaltung bereichern. Dies wird auch als doppelte Mitgliederkrise, quantitativ wie qualitativ, beschrieben.[45] Dieser Wandel ist für Gewerkschaften und andere Mitbestimmungsgremien notwendig, um als zeitgemäße Interessenvertretung auftreten zu können. Entsprechend wird es wichtig sein, gezielte Personalpolitik zu betreiben, Frauen, Menschen mit Migrationshintergrund sowie junge Menschen in Gremien einzubinden und in Verantwortung zu holen. Denn auch bezüglich ihrer Altersstruktur weisen Gewerkschaften

44 Oerder: MITBESTIMMUNG 4.0.
45 Hassel/Schroeder: Gewerkschaften 2030.

deutliche Repräsentationslücken auf.[46] Damit diese Reformen gelingen können, müssen zum Beispiel Mitbestimmungsstrukturen auf Diversitätstauglichkeit überprüft werden. Dies betrifft Sitzungstermine (bestimmte Uhrzeiten sind für Menschen, die Kindererziehung leisten, kaum realisierbar) ebenso wie Räumlichkeiten, die zum Beispiel für Menschen mit Behinderung nicht zugänglich sind.

Kommunikation responsiver machen

Neben der direkten Beteiligung besteht auch ein häufiger Wunsch nach mehr, direkterer und vor allem schnellerer Kommunikation (Instant Response) von Mitgliedern und Beschäftigten.[47] Kommunikation soll klar, schnell und gut verständlich ablaufen. Gerade junge Menschen haben ein verändertes Kommunikationsverhalten und andere Kommunikationsansprüche, als die Gewerkschaften es ihnen bisher bieten. Wollen Gewerkschaften langfristig erfolgreich sein und ihre Mitgliedszahlen stabilisieren, müssen sie vor allem bei den jüngeren Beschäftigten verstärkt Mitglieder werben.[48] Diesen Ansprüchen sollten Gewerkschaften, aber auch viele Betriebsräte und andere Mitbestimmungsakteure stärker entgegenkommen und dabei schneller und direkter werden. Neben der klassischen Kommunikationskaskade (vom Hauptvorstand an die Landesbezirke, an die Bezirke, an die Betriebsräte, an die Vertrauensleute zum Mitglied) werden neuere und direktere Formen der Kommunikation mit den Mitgliedern benötigt. Eine interne Mitglieder- und Beschäftigtenbefragung der IG BCE zeigt deutlich: Neben der bisherigen Kommunikation muss eine klare Online- und Digitalstrategie gesetzt werden, um die Anforderungen an moderne Kommunikation erfüllen zu können.

Gewerkschafts- und Arbeitnehmervertreter_innen müssen digital präsent und ansprechbar sein – und dabei auch schnell eine qualifizierte Rückmeldung geben können. Der Wunsch nach einer zentralen Anlaufstelle wider-

46 Ebd.
47 Land/Towara: Produktivkraft Partizipation.
48 Dribbusch/Birke: Gewerkschaften in Deutschland.

spricht zwar häufig bisherigen Praktiken der Spezialisierung und Regionalisierung, bleibt dabei dennoch existent.

Agile Mitbestimmung

Schnelles Anpassen und Reagieren ist auch für Betriebsräte und Arbeitnehmervertreter_innen immer wichtiger. Bisherige Mitbestimmungsstrukturen schaffen es kaum, mit den modernen Anforderungen an Schnelligkeit Schritt zu halten. Agile Methoden oder Arbeitsweisen werden verstärkt auch in deutschen Unternehmen angewandt. Man verspricht sich davon, schnell und flexibel auf unterschiedliche Anforderungen reagieren zu können und proaktiv auf anstehende Veränderungen zu antworten.[49] Davon kann sicher auch die Mitbestimmung einiges lernen. Ziel muss es sein, schnellere Mitbestimmungsverfahren zu etablieren und dabei ohne Qualitätsverlust im Vorgehen und vor allem im Ergebnis auszukommen. Drei Vorgehensweisen lassen sich dabei diskutieren: Direkte Beteiligung von Betroffenen, Experimentieren/Learning by Doing sowie Evaluation des Umgesetzten.[50]

Das Einbinden der Beschäftigen oder auch Betroffenen erinnert an das agile Prinzip, Kunden möglichst früh in die Entwicklung von Produkten oder Prozessen einzubinden,[51] um so frühzeitig ihre Bedürfnisse berücksichtigen zu können. Dieses Prinzip könnte auch in der Mitbestimmung verstärkt Anwendung finden, beispielsweise, wie es bei einigen Gewerkschaften neuerdings üblich ist, über direkte Informationen aus Tarifkommissionen.

Ein wichtiges Element des agilen Arbeitens ist es des Weiteren, nicht auf ein fertiges Gesamtprodukt zu warten, sondern kontinuierlich (iterativ) Zwischenstände abzufragen, anzusehen und zu bewerten. So sollen frühzeitig mögliche Fehlkonstruktionen erkannt und verbessert werden. Ein solches Vorgehen lässt sich auch auf einzelne Aspekte der Mitbestimmung übertragen. So könnten beispielsweise Beschäftigte nicht erst mit einer

---

49 Steven L. Goldman: Agil im Wettbewerb. Die Strategie der virtuellen Organisation zum Nutzen des Kunden, Heidelberg 1996.

50 Katharina Oerder: Agile Mitbestimmung, in: MITteilung des MIT Institut, Bonn 2017, www.mit-institut-bonn.de/wp-content/uploads/MITteilungen_2017_03.pdf.

51 Goldman: Agil im Wettbewerb.

fertig verhandelten Vereinbarung konfrontiert werden, sondern bereits Zwischenstände publik gemacht und zur Diskussion gestellt werden.

Damit schnelles und flexibles Handeln im Rahmen einer agilen Mitbestimmung nicht im schlimmsten Fall zu einer Falle für die Beschäftigten wird, da sich ein schnell eingeführtes Konzept nach längerer Erprobung als nachteilig für die Beschäftigten herausstellt, müssen klare Spielregeln für die wissenschaftliche Begleitung und Evaluation des kurzfristig Ausprobierten gelten. Hier müssen Verantwortliche ehrlich sein und gegebenenfalls getestete Änderungen auch wieder abschaffen. Ein Beispiel für ein solches Vorgehen sind aktuell die Reallabore des Bundesministeriums für Arbeit und Soziales (BMAS), in denen für einen begrenzten Zeitraum bestehende gesetzliche Regelungen, beispielsweise zur Arbeitszeit, unter Einbeziehung der Sozialpartner ausgehebelt werden können.

Transformation macht vor der Mitbestimmung keinen Halt. Auch hier gilt es, diese einerseits aktiv zu gestalten und sich andererseits selbst zum Objekt eines Transformationsprozesses zu machen. Mitbestimmung in der Gegenwart, die auf der Höhe der Zeit sein und ernst genommen werden will, muss selbst mit der Zeit gehen.

Kai Litschen

Bestimmung der Arbeitsleistung über die Zeit – ein Auslaufmodell?

Gemäß § 611a Bürgerliches Gesetzbuch (BGB) kann in einem Arbeitsverhältnis der Arbeitgeber vom Arbeitnehmer die Leistung von weisungsgebundener, fremdbestimmter Arbeit verlangen. Eine Festlegung der Arbeit im Rahmen einer Zeitbestimmung sieht das Gesetz aber weder unmittelbar noch durch weitere Bestimmungen vor. Dennoch gehört es zu unserem überkommenen Verständnis, den Anspruch eines Arbeitgebers gegenüber dem Arbeitnehmer in Zeit zu messen.

Neben der rein schuldrechtlichen Dimension des Begriffs der Arbeitszeit gibt es weitere Rechtsgrundlagen, die denselben Begriff verwenden, ihn jedoch anders definieren.[1] Die Verschiedenheit zu erkennen und die unterschiedlichen Bedeutungen in ihrem Zusammenhang zu bewerten, fällt auch den erfahrenen Rechtsanwendern nicht immer leicht, was zu einer undifferenzierten Melange der Begrifflichkeiten in der Rechtspraxis führt und eine sachliche Diskussion häufig erschwert.

1 Ulrich Preis in: ErfK, 19. Aufl. 2019, BGB § 611a Rn. 14, 15.

Verschiedene Aspekte der Arbeitszeit

Bei der Bestimmung des Arbeitszeitbegriffs ist daher besonders darauf zu achten, in welchem Zusammenhang dieser gebraucht wird. Schuldrechtlich wird er in den allermeisten Arbeitsverhältnissen als Messgröße für die Leistungspflicht des Beschäftigten verwendet. Der Beschäftigte schuldet dem Arbeitgeber die Ableistung einer vorher bestimmten Arbeitszeit, um Anspruch auf das vereinbarte Entgelt zu bekommen. Anders als im Werkvertragsrecht kommt es daher nicht auf ein inhaltlich definiertes Ergebnis an, sondern allein auf den zeitlichen Umfang, in dem der Beschäftigte dem Arbeitgeber zur Verfügung steht. In dieser Zeit ist der Arbeitgeber berechtigt, dem Beschäftigten Weisungen zu erteilen (§ 106 Gewerbeordnung – GewO), die der Arbeitnehmer grundsätzlich erfüllen muss.[2] Für die Erfüllung dieser Schuld ist es nicht erforderlich, dass der Beschäftigte auch ununterbrochen arbeitet; jedoch ist es nicht ausreichend, dass er sich nur am Arbeitsplatz aufhält, ohne der Arbeitsaufforderung des Arbeitgebers nachzukommen.[3] Dagegen konkretisiert der tarifvertragliche Arbeitszeitbegriff die geschuldete Gegenleistung durch den Arbeitgeber für bestimmte Formen der Arbeit, die ebenfalls zeitabhängig bestimmt werden können.

Der schuldrechtliche Arbeitszeitbegriff beantwortet daher lediglich die Frage nach der Leistung aus dem Rechtsverhältnis, nimmt aber keine Begrenzung der Leistungspflicht im Sinne des Schutzes der Arbeitnehmer vor. Ein solcher Schutz ist aber aufgrund der Machtdisparität zwischen Arbeitgeber und Arbeitnehmer eine der wichtigsten Aufgaben des Gesetzgebers im sozialen Rechtsstaat.[4] Diese Aufgabe übernimmt der ordnungsrechtliche Arbeitszeitbegriff, der die vom Arbeitgeber festzulegende Höchstgrenze der täglichen oder wöchentlichen Arbeitszeit bestimmt und die Weisungsausübung durch den Arbeitgeber begrenzt. Alle drei Begriffe stimmen in ihrer Definition weitestgehend überein, jedoch ist dies nicht zwingend. Daher ist in jedem Fall zu kontrollieren, in welchem rechtlichen Kontext der Begriff verwendet werden soll.

2 BAG, Urteil v. 27.6.2017 – 9 AZR 851/16, WKRS 2017, 21644.
3 Klaus Schreiber in: HK-BGB, 10. Aufl. 2019, BGB § 611a Rn. 10.
4 Kai Litschen: Tarifrecht für Anwender, Köln 2011, Rz. 284.

Was ist Arbeit?

Der schuldrechtliche Arbeitszeitbegriff orientiert sich an der Hauptleistungspflicht aus der schuldrechtlichen Vereinbarung. Danach ist Arbeitszeit die Zeit, in der der Beschäftigte die Arbeit in der geschuldeten Art und Weise leistet. Bei der Erbringung der Arbeitsleistung handelt es sich grundsätzlich um eine nicht vertretbare Handlung (§§ 164 ff. BGB), da der Arbeitnehmer verpflichtet ist, die Arbeitsleistung höchstpersönlich zu erbringen, soweit nicht etwas anderes vereinbart wurde.[5] Arbeitszeit wäre dann streng genommen nur die Zeit, in der der Beschäftigte auch tatsächlich körperlich oder geistig aktiv ist. Arbeit als Leistung der versprochenen Dienste im Sinne des § 611 Abs. 1 BGB ist aber nicht nur die Tätigkeit, die als solche der Befriedigung eines fremden Bedürfnisses dient, sondern auch die vom Arbeitgeber veranlasste Untätigkeit. Während dieser Zeit muss der Arbeitnehmer am Arbeitsplatz oder an einem sonstigen vom Arbeitgeber bestimmten Ort anwesend sein. Er kann damit nicht frei über die Nutzung des Zeitraums bestimmen, hat also weder eine Pause noch Freizeit.[6] Der Beschäftigte darf seine Leistungspflicht nicht selbst festlegen, er muss vielmehr unter angemessener Ausschöpfung seiner persönlichen Leistungsfähigkeit *arbeiten, so wie sie vom Arbeitgeber verlangt wird*.[7]

Es gilt der Grundsatz des »do ut des«: Der Anspruch auf die Gegenleistung, also auf das Entgelt, entsteht nur, wenn die Arbeit auch erbracht wird. Schlechtleistung führt allerdings nicht zur Minderung des Anspruchs, sondern nur die Nichtleistung, zum Beispiel in Form einer Arbeitsverweigerung oder eines unentschuldigten Fernbleibens vom Arbeitsplatz. Der Beschäftigte hat als Erfüllungsanspruch des Arbeitgebers diejenigen Arbeiten zu erbringen, die er bei angemessener Anspannung seiner geistigen und körperlichen Kräfte auf die Dauer ohne Gefährdung seiner Gesundheit zu leisten imstande ist.[8] Es ist dauerhaft weder eine Spitzen- noch eine Durchschnittsleistung erforderlich. Der subjektive Leistungsmaßstab bestimmt Arbeitstempo und Arbeitsintensität. Sollte der Beschäftigte einmal nicht diese Leistung aus-

---

5 BAG, Urteil v. 25.9.2008 – 8 AZR 717/07, WKRS 2008, 30426.
6 BAG, Urteil v. 20.4.2011 – 5 AZR 200/10, Rn. 21, WKRS 2011, 19330.
7 BAG, Urteil v. 19.9.2012 – 5 AZR 678/11, WKRS 2012, 28325.
8 Subjektiver Leistungsmaßstab – BAG, Urteil v. 27.11.2008 – 2 AZR 675/07, WKRS 2008, 31395.

schöpfen, verliert er nicht den Anspruch auf die Gegenleistung, der Arbeitgeber kann jedoch arbeitsrechtliche Maßnahmen ergreifen.

Für die Arbeitgeber birgt dieser Zusammenhang zwischen Zeit und Arbeitsleistung einen erheblichen Nachteil: Qualität und Quantität der Arbeitsleistung des einzelnen Arbeitnehmers werden bei der Entlohnung nicht berücksichtigt. Auch die Arbeitnehmer selbst haben keine Möglichkeit, durch mehr oder weniger gute Arbeit auf das Schuldverhältnis Einfluss zu nehmen.

Arbeitszeit als Schutz der Beschäftigten

Nach Art. 2 Nr. 1 der europäischen Arbeitszeitrichtlinie 2003/88/EG ist Arbeitszeit »jede Zeitspanne, während der ein Arbeitnehmer gemäß den einzelstaatlichen Rechtsvorschriften und/oder Gepflogenheiten arbeitet, dem Arbeitgeber zur Verfügung steht und seine Tätigkeit ausübt oder Aufgaben wahrnimmt«. Die Bestimmung wurde in Deutschland zunächst so ausgelegt, dass es keine verbindlich feststehende Definition von Arbeit auf EU-Ebene gibt. Allerdings hat der Europäische Gerichtshof (EuGH) bereits im SIMAP[9]- und später im Jaeger-Urteil[10] dieser Einschränkung keine Beachtung geschenkt und vielmehr im Sinne eines einheitlichen Arbeitszeitbegriffs im Rahmen der Richtlinie entschieden, der keine einzelstaatliche Abweichung zulässt. Seither hat der EuGH diese Ansicht in einer großen Anzahl weiterer Urteile bestätigt und verfeinert. Nach Ansicht des Gerichts ist für die Beurteilung maßgeblich, dass der Arbeitnehmer verpflichtet ist, sich an einem vom Arbeitgeber bestimmten Ort aufzuhalten und zu dessen Verfügung zu stehen, um gegebenenfalls sofort seine Leistungen erbringen zu können.[11]

Ein Beschäftigter steht im Sinne der Arbeitszeit also nur dann seinem Arbeitgeber zur Verfügung, wenn er rechtlich verpflichtet ist, den Anweisun-

9 EuGH, Urteil v. 3.10.2000 – C-303/98 »SIMAP«, ECLI:EU:C:2000:528; SIMAP (*Sindicato de Médicos de Asistencia Pública*) ist die Gewerkschaft der Ärzte im öffentlichen Gesundheitswesen der Region Valencia, die gegen das Ministerium für Gesundheit und Verbraucherschutz der Regionalregierung von Valencia geklagt hatte.

10 EuGH, Urteil v. 9.9.2003 – C-151/02 »Jaeger«, ECLI:EU:C:2003:437.

11 In diesem Sinne EuGH, Urteil v. 1.12.2005 – C-14/04 »Dellas«, ECLI:EU:C:2005:728; EuGH, Urteil v. 4.3.2011 – C-258/10 »Grigore«, EU:C:2011:122, Rn. 63.

gen seines Arbeitgebers Folge zu leisten und eine Tätigkeit für ihn auszuüben. Im Umkehrschluss ist es daher keine Arbeitszeit, wenn die Beschäftigten ohne größere Zwänge über ihre Zeit verfügen und ihren eigenen Interessen nachgehen können.[12] Verkürzt kann man davon ausgehen, dass es sich immer dann um Arbeitszeit handelt, wenn der Beschäftigte auf Weisung des Arbeitgebers tätig wird. Daher zählen Mehrarbeit, Überstunden, Arbeitsleistung im Rufbereitschaftsdienst und die Zeit der tatsächlichen Arbeitsleistung im Rahmen des Bereitschaftsdienstes ohne Zweifel mit zur ordnungsrechtlichen Arbeitszeit. Fraglich und umstritten sind lediglich die Zeiten der Vor- und Nachbereitungszeiten zur eigentlichen Arbeit (zum Beispiel Wege- und Umkleidezeiten). Unerheblich ist, welche Arbeit der Beschäftigte verrichtet. So zählen auch solche Aufgaben zur Arbeitszeit, die nicht von der schuldrechtlichen Verpflichtung gedeckt werden.[13]

Das Arbeitszeitgesetz (ArbZG) ist die Umsetzung der europarechtlichen Vorgaben der Arbeitszeitrichtlinie. Es definiert die Arbeitszeit jedoch nur rudimentär. Der Gesetzgeber ging bei seinem Verständnis von Arbeitszeit von der Zeit aus, die grundsätzlich für die Erbringung der Arbeitsleistung notwendig war – also die Zeitspanne zwischen Beginn und Ende der vom Arbeitgeber verlangten Arbeit. Dies hatte zur Folge, dass Zeiten, in denen der Beschäftigte sich zwar im Betrieb aufgehalten, aber in der überwiegenden Zeit keine Arbeit leisten musste, zunächst nicht als ordnungsrechtliche Arbeitszeit angesehen wurden. Insbesondere der Bereitschaftsdienst im Gesundheitswesen fiel daher nicht unter die strengen Schutznormen.

In der modernen Arbeitswelt verschwimmt zusehends die Differenzierung zwischen Arbeitsplatz und Privatbereich. Bei sogenannten Homeoffice-Modellen erbringen die Beschäftigten die Arbeitsleistung entweder zu Hause oder an jedem anderen Ort. Voraussetzung ist häufig nur noch die Ausstattung mit einem mobilen PC. Diese Entwicklung birgt eine Reihe von Problemen, die nicht nur im Bereich der Arbeitszeit relevant sind.[14] Solche Tätigkeiten sind – auch außerhalb der Büroarbeitszeit – regelmäßige Arbeit im Sinne des § 2 Abs. 1 ArbZG.

12 EuGH, Urteil v. 10.9.2015 – C-266/14, »Tyco«, ECLI:EU:C:2015:578.
13 Harald Schliemann: ArbZG, 3. Auflage, Neuwied 2017, § 2 Rn. 8.
14 Siehe für die Frage des Arbeitsunfalls: BSG, Urteil v. 31.8.2017 – B 2 U 9/16 R, WKRS 2017, 36328.

Inhaltlich dient die ordnungsrechtliche Arbeitszeitdefinition ausschließlich zur Bestimmung der zeitlichen Grenzen des Weisungsrechts des Arbeitgebers (das »Dürfen«). Beschäftigte haben keinen eigenständigen Anspruch auf Einhaltung der gesetzlichen Höchstarbeitszeiten. Verstößt der Arbeitgeber gegen die Vorschriften, begeht er eine Ordnungswidrigkeit (§§ 22, 23 ArbZG) und kann belangt werden. Diese Systematik stammt aus der Zeit, in denen die Probleme der Industrialisierung kaum eine Generation her waren und die Struktur des Arbeitslebens die direkte und unmittelbare Verfügung über den Arbeitnehmer notwendig machte. Aus dieser Sicht war es sinnvoll, den Einfluss des Arbeitgebers an der Stelle zu begrenzen, die ihm eine (schädliche) Einflussnahme auf den Arbeitnehmer ermöglichte.

Arbeitszeit zur Berechnung des Entgeltanspruchs

Arbeitszeit im tariflichen oder vertraglichen Sinne meint vor allem die Festlegung eines Verrechnungsmaßstabs. Der Arbeitnehmer hat einen Entgeltanspruch abhängig von der dauerhaft zugewiesenen Aufgabe und der vereinbarten Zeit, in der die Aufgabe zu erbringen ist. Der Entgeltanspruch entsteht auch, ohne dass der Beschäftigte tatsächlich in diesem Umfang Arbeit leistet. Maßgeblich ist allein die vertraglich geschuldete Arbeitszeit. Als Äquivalent für diese geschuldete Arbeit erhalten die Beschäftigten den vollen Entgeltbetrag, der für ihre Tätigkeit vorgesehen ist. Dies bezeichnet man umgangssprachlich als »Vollarbeit«. Ist eine abweichende Stundenanzahl vereinbart, erhält der Beschäftigte ein Entgelt in Höhe des Anteils seiner vereinbarten Arbeitszeit zur Vollarbeitszeit. Die Vollarbeit als idealtypische Arbeitszeit ist nicht gesetzlich fixiert. Sie kann von Arbeitgeber zu Arbeitgeber unterschiedlich definiert werden. Davon zu unterscheiden sind Arbeitsverhältnisse mit davon abweichenden Arbeitszeiten.

Diese Abgrenzung ist wichtig, da in diesen Fällen das Teilzeit- und Befristungsgesetz (TzBfG) für den Beschäftigten als Schutzvorschrift greift. Schuldrechtlich hat dies ansonsten keine Auswirkungen auf die vertragliche Stellung. Die Arbeitszeit im tariflichen oder vertraglichen Sinne unterscheidet sich nur dann von der Arbeitszeit im gesetzlichen Sinne, wenn entsprechende Regelungen vorhanden sind und diese nicht die Hauptpflichten einschränken.[15]

Die Tarifvertragsparteien sind im Übrigen berechtigt, die Höhe des Arbeitsentgelts zu tarifieren und hierbei eine unterschiedliche Vergütung von Arbeitszeiten vorzusehen. Diese in der grundrechtlich geschützten Tarifautonomie wurzelnde Rechtsmacht umfasst die grundsätzliche Befugnis, bestimmte Teile der Arbeitszeit von der bestehenden Vergütungspflicht des Arbeitgebers auszunehmen.[16] Dabei können auch gleichartige Belastungen zu unterschiedlichen Vergütungsansprüchen führen. Die Tarifvertragsparteien verfügen über eine Einschätzungsprärogative, die es erlaubt zu beurteilen, ob und in welchem Ausmaß Belastungen durch Entgelt auszugleichen sind.[17]

Beginn und Ende der Arbeitszeit

Da die drei Dimensionen des Arbeitszeitbegriffs nicht einheitlich sind, muss auch die Frage nach Beginn und Ende der Arbeit differenziert bestimmt werden. Ansatzpunkt ist dabei zunächst der schuldrechtliche Arbeitszeitbegriff. Maßgeblich ist hier die Aufnahme bzw. die Beendigung der arbeitsvertraglich geschuldeten Tätigkeit als die »Arbeit«. In dem Augenblick, in dem der Arbeitnehmer die vertraglich geschuldete Tätigkeit aufnimmt, beginnt die Arbeit. Daran orientiert sich auch § 2 Abs. 1 ArbZG.

Die Leistung der versprochenen Dienste bezieht sich nicht nur auf die eigentliche Arbeitsleistung, sondern auf alle Handlungen, die der Arbeitgeber im Rahmen des Beschäftigungsverhältnisses vom Beschäftigten verlangt und die diesen in seiner persönlichen Handlungsfreiheit einschränken.[18] Die Ergänzung, dass die Arbeitsaufnahme an einem vom Arbeitgeber bestimmten Arbeitsplatz stattzufinden hat,[19] ist jedoch obsolet. Der Arbeitsplatz wird entweder vertraglich festgelegt oder dem Arbeitnehmer im Wege des Direktionsrechts zugewiesen, ist jedoch nicht entscheidend für den Beginn der Arbeit. Die Bestimmung des Arbeitsplatzes kann jedoch zur Vereinfachung

---

15 Vgl. BAG, Beschluss v. 12.11.2013 – 1 ABR 34/12, WKRS 2013, 54741.
16 BAG, Urteil v. 13.12.2016 – 9 AZR 574/15, WKRS 2016, 33461.
17 BAG, Urteil v. 14.12.2010 – 9 AZR 686/09, WKRS 2010, 36235.
18 Vgl. BAG, Urteil v. 19.9.2012 – 5 AZR 678/11, WKRS 2012, 28325.
19 Vgl. Rudolf Anzinger/Wolfgang Koberski: ArbZG, 3. Aufl., Frankfurt a. M. 2009, § 2 Rn. 10.

herangezogen werden, wenn eine einheitliche Regelung des Arbeitsbeginns stattfinden soll, etwa durch einen Tarifvertrag.

Beschrieben wird der weisungsgemäße Normalfall. Dadurch kann jedoch nicht ausgeschlossen werden, dass die Arbeit auch an einem anderen Ort beginnen oder enden kann. Es handelt sich also um eine entgeltliche (tarifliche) Bestimmung der Arbeitszeit, jedoch nicht zwingend um die ordnungsrechtliche. Denn jeder Ort, an dem der Beschäftigte auf Weisung des Arbeitgebers tätig wird, ist per se der Arbeitsplatz. Da der Arbeitgeber jedoch nicht täglich neue Arbeitsanweisungen erteilt, hat sich der Begriff des Arbeitsplatzes insofern im Sprachgebrauch entwickelt, als damit der Ort gemeint ist, an dem der Beschäftigte üblicherweise seine Arbeit aufnimmt. Eine gewisse juristische Unschärfe muss dabei hingenommen werden. Die Anwesenheit des Arbeitnehmers an seinem (räumlichen) Arbeitsplatz markiert daher lediglich rechtspraktisch den Beginn der Arbeitszeit, und zwar in aller Regel sowohl unter dem Gesichtspunkt des Arbeitsschutzes als auch der schuldrechtlichen Verpflichtung und der Vergütungspflicht.

Arbeitszeit im Wandel

Die vorstehenden Ausführungen haben vor allem eins gezeigt: Die Arbeitszeit dient lediglich der Vereinfachung, um eine nur schwer fassbare Realität unter verschiedenste rechtliche Anforderungen zu subsumieren. Es gibt jedoch keinen Selbstzweck, der die Bestimmung der Arbeitszeit notwendig machen würde.

Es geht auch nicht um eine gänzliche Abschaffung der Arbeitszeit als Rechtsbegriff. Lediglich in den Fällen, in denen der Arbeitgeber keinen unmittelbaren Einfluss auf das Tun der Beschäftigten hat/haben will, wird dies erforderlich sein. In allen (Standard-)Arbeitsverhältnissen kann dieses Modell zunächst weiter angewendet werden.

Die Notwendigkeit für alternative Arbeitszeitbegriffe ergibt sich vor allem im Ordnungsrecht. Aus arbeitsmedizinischen Erkenntnissen und Erfahrungen ist eine gesetzliche Regelung der täglichen Höchstarbeitszeit zum Schutz der Gesundheit der Arbeitnehmer erforderlich. Gegenstand der Untersuchung hier ist nicht die arbeitsmedizinisch zuträgliche Länge der täglichen Arbeitszeit,[20] die europaweit durchaus unterschiedlich beurteilt wird.[21] Vielmehr geht es darum, ob bei Selbstbestimmtheit der Arbeitszeit die Höchstarbeitszeit ebenfalls festgelegt sein muss und ob die mit der zeitlichen Bestimmung einhergehende Notwendigkeit von Aufzeichnungen zielführend ist. Hierzu sollen drei Fallgruppen von Arbeitnehmern/Dienstleistern unterschieden werden:

1. Abhängige Beschäftigte, die in vollem Umfang dem Weisungsrecht des Arbeitgebers unterliegen und Arbeit an einem vorher festgelegten Ort unter Kontrolle des Arbeitgebers verrichten. Beispiele sind Kellner, Krankenschwestern, Bäcker oder Sicherheitspersonal.
2. Abhängige Beschäftigte, die nur eingeschränkt dem Weisungsrecht des Arbeitgebers unterworfen sind, da dieser auf die Ausübung verzichtet hat oder bei denen aus der Natur der Sache heraus Teile der Arbeitsleistung nicht gut fixierbar sind. Dies gilt beispielsweise für Beschäftigte mit Vertrauensarbeitszeit oder Lehrer (außerhalb der Unterrichtszeiten).
3. Selbstständige, die keinem Weisungsrecht unterworfen, aber wirtschaftlich abhängig von einem Auftraggeber sind.

Für die erste Gruppe ist die Praktikabilität der bisherigen zeitlichen Bestimmung evident: Zum einen sind die zeitlichen Grenzen gut feststellbar und der Arbeitgeber kann die Arbeitsleistung auf diese Zeiträume festsetzen; zum anderen findet sich hier der unmittelbare Zusammenhang zwischen der direkten Einflussnahme des Arbeitgebers (Können) und der rechtlichen Begrenzung durch den Gesetzgeber (Dürfen).

Im dritten Fall gibt es offensichtlich kein Schutzbedürfnis, da es keine Vorschriften gibt, die die Arbeitszeit von Selbstständigen unmittelbar beschränken. Lediglich mittelbar wird der Selbstständige betroffen, etwa bei dem Verbot nach § 315c Abs. 1 Nr. 1b Strafgesetzbuch (StGB), sich übermüdet ans Lenkrad eines Pkws zu setzen. Die Schutzrichtung weist in diesem Fall jedoch nicht auf den Selbstständigen, sondern auf die Allgemeinheit der Verkehrsteilnehmer.

20 Dass diese Festlegung bei der Diversität der Berufe so verallgemeinert werden kann und muss, darf bezweifelt werden.

21 Vgl. Ausarbeitung des Wissenschaftlichen Dienstes des Deutschen Bundestages, WD 6 – 3000 – 074/18 v. 27.9.2018.

Der Grund für die unterschiedliche Behandlung dieser beiden Personengruppen ist einerseits darin zu sehen, dass der Beschäftigte nach Meinung des Gesetzgebers im Rahmen der gegebenen wirtschaftlichen Machtverhältnisse nicht in der Lage ist, gegen den Willen des Arbeitgebers eine gesundheitszuträgliche Arbeitszeit einzufordern und durchzusetzen. Andererseits ist er rechtlich dazu verpflichtet, den Weisungen des Arbeitgebers zu folgen.

Daraus lässt sich schlussfolgern, dass für den Gesetzgeber ein Eingreifen dann notwendig erscheint, wenn sowohl die Abhängigkeit als auch die Weisungsunterworfenheit zusammenfallen. In der zweiten Fallgruppe der Beschäftigten verzichtet der Arbeitgeber jedoch zum Teil auf seine Weisungsbefugnis,[22] indem er dem Beschäftigten freistellt, wann und wo er die Arbeitsleistung erbringt. Zum Teil wird vertreten, dass der Arbeitgeber in solchen Fällen noch nicht einmal ein Recht hat, nachträglich korrigierend einzugreifen.[23] Dennoch soll er verpflichtet sein, die Arbeitsschutzbestimmungen so einzuhalten, als ob der Beschäftigte im Betrieb vor Ort wäre. Hieran wird deutlich, dass sowohl der Gesetzgeber als auch die Rechtsprechung große Schwierigkeiten haben, mit den neuen Arbeitsmodellen in Einklang zu kommen. Für die Zukunft ist daher eine Neuregulierung erforderlich, die sowohl den geänderten und von den Arbeitnehmern ausdrücklich gewünschten Arbeitszeitmodellen gerecht wird als auch den weiterhin notwendigen Arbeitnehmerschutz sicherstellt.

Neue Arbeitsmodelle

Bisherige Vorschläge zur Neujustierung des Arbeitszeitrechts (in seinen verschiedenen Dimensionen) waren immer sehr stark an dem überkommenen

22 Hans Jörg Gäntgen in: HWK, Arbeitsrecht Kommentar 8. Aufl., Köln 2018, ArbZG § 7 Rn. 29.

23 Grundsätzlich keine Eingriffsmöglichkeit des Arbeitgebers, jedoch bei Zustimmung durch Betriebsrat BAG, Beschluss v. 18.4.1989 – 1 ABR 3/88, AP BetrVG 1972 § 87 Arbeitszeit Nr. 33; Eingriffsmöglichkeit bei Verstoß BAG, Beschluss v. 29.4.2004 – 1 ABR 30/02, in: NZA 21 (2004) 12, S. 670-679. Unterlassung der Annahme von Arbeit LAG Hessen, Beschluss v. 21.12.1995 -5 TaBV 33/95, (n. V.); Veränderung von Rahmenbedingungen zulässig LAG Rheinland-Pfalz, Beschluss v. 20.3.1997 – 5 TaBV 3/97, NZA-RR 2 (1997) 10, S. 369-416, hier S. 390.

System orientiert.[24] Dies gilt sowohl für die ordnungsrechtliche als auch für die schuldrechtliche (und entgeltliche) Komponente. Ein radikaler Bruch wird schon an den europarechtlichen Vorgaben scheitern, da insbesondere der EuGH an der überkommenen Aufteilung zwischen Arbeit und Freizeit festhält und die Entwicklungen in der Arbeitswelt nicht achtet.[25]

(a) Definition der Arbeitsinhalte als Leistungsbegriff

Im Vergleich bereitet die Ablösung vom Arbeitszeitbegriff im schuldrechtlichen Sinne noch die geringeren Schwierigkeiten. Zwar verlangt das Bundesarbeitsgericht (BAG) im Rahmen der Prüfung der Allgemeinen Geschäftsbedingungen (AGB) in Arbeitsverträgen immer noch eine Angabe von Zeiteinheiten, dies ist aber nicht zwingendes Merkmal des § 611a BGB. Andere Definitionen von zu leistenden Arbeitsinhalten müssen ebenso möglich sein. Gedanklich ist das BAG mit seiner Begründung immer im ordnungsrechtlichen Arbeitszeitrecht. Die Festlegung einer Zeit als Fixierung von schuldrechtlichen Ansprüchen ist schon jetzt in vielen Arbeitsverhältnissen realitätsfern. Schwankende Arbeitsauslastung ist aber kein innerer Widerspruch zu einer vereinbarten und definierten Arbeitsleistung. Im Bereich der Selbstständigen würde niemand auf die Idee kommen, die Leistung an die Zeit zu knüpfen, wenn dies nicht elementarer Bestandteil der Abrechnung ist. Die Kunst ist nun, die Arbeitsleistung zu definieren, ohne dass der Zeitfaktor eine Rolle spielt. Allein über Zieldefinitionen wird es nicht gehen, da eine solche wiederkehrende Regulierung die Führungskräfte überfordern würde.[26]

Als Alternative böten sich zwei schon praktizierte Definitionen von Arbeitsleistung an, wenn es auch noch weiterer Präzisierungen bedarf. Im Bereich

24 EuGH, Urteil v. 14.5.2019 -C-55/18; Vgl. auch Bernd Wiebauer: Arbeitsschutz und Digitalisierung, in: NZA 33 (2016) 23, S. 1430-1436, hier S. 1430. Alexander Bissels/Isabel Meyer-Michaelis: Arbeiten 4.0. Arbeitsrechtliche Aspekte einer zeitlich-örtlichen Entgrenzung der Tätigkeit, DB 68 (2015) 40, S. 2331-2336, hier S. 2331.

25 Vgl. EuGH, Urteil v. 1.12.2005 – C-14/04 »Dellas«, ECLI:EU:C:2005:728.

26 Zu Recht skeptisch: Gerlind Wisskirchen/Jan Schwindling: Variable Vergütungsstrukturen für digitale Arbeitnehmer. Zielvereinbarungen und Zielvorgaben für alle?, in: ArbRAktuell 9 (2017) 7, S. 155-157, hier S. 155.

der agilen Arbeitsmethoden[27] ist es bereits seit Langem üblich, die Arbeit an die einzelnen Beschäftigten nach einem Ticketsystem zu verteilen. Diese Tickets könnten mit Wertigkeiten versehen werden. Jeder Arbeitnehmer ist verpflichtet, im Monat durchschnittlich den Wert von 100 oder einer anderen Messgröße zu erreichen. Den Wert des Tickets bestimmt der Arbeitgeber mit der Möglichkeit einer Feedbackschleife für den Arbeitnehmer, wenn es zu einer gravierenden Fehleinschätzung gekommen ist. Die Gefahr von Ungleichbelastungen wäre nicht größer als bei der Messung nach Zeit, nur dass sich der Arbeitnehmer nun selbst einteilen kann, wie er die Arbeitslast zeitlich verteilt.

Ebenso wäre es möglich, die Arbeitsleistung über wiederkehrende Aufgaben zu definieren, wie es auch bei der Eingruppierung in Tarifsystemen üblich ist. Dort wird bestimmt, aus welchen Tätigkeiten sich ein Arbeitsplatz zusammensetzt und welche Wertigkeit die einzelne Tätigkeit besitzt. Für eine moderne Arbeitsdefinition könnten diese Aufgabenbeschreibungen als Leistungsinhalt festgelegt werden. Das Entgelt bestimmt sich dann nach den einzelnen Wertigkeiten der Aufgaben und ihrem prozentualen Anteil an der Gesamtarbeitsleistung, was auch zu einer gerechteren Entlohnung führen würde.

Dies erfordert jedoch auch ein gewisses Selbstbewusstsein des Beschäftigten und ist nicht generalisierend über alle Beschäftigtengruppen geeignet. Hier könnten Tarifvertragspartner eine Vorreiterrolle spielen, wenn sie – ganz oder zum Teil – neben der zeitlichen Regulierung auch eine inhaltliche Bestimmung der Arbeitsverpflichtung zulassen würden. In der Probephase sollte dies als Optionsmodell ausgetestet werden, das es dem Beschäftigten erlaubt, ins bisherige System zurückzukehren. Das BAG würde jedenfalls nur dann eine solche Regelung mittragen, wenn die Arbeitsbelastung darüber eindeutig bestimmt werden kann, sonst wäre wieder die betriebsübliche Arbeitszeit maßgeblich.[28]

---

27 Kai Litschen/Ilies Yacoubi: Arbeitnehmerüberlassung und agile Prozess- und Organisationsmethoden, NZA 34 (2017) 8, S. 484-488, hier S. 484.

28 Siehe etwa BAG, Urteil v. 15.5.2013 – 10 AZR 325/12, WKRS 2013, 42967.

(b) Schutzbedürfnis des Arbeitnehmers

Im ordnungsrechtlichen Arbeitszeitbegriff bedürfte es umfangreicher Änderungen im gesetzgeberischen Ansatz. Zunächst müsste eine ernsthafte Auseinandersetzung mit dem realen Schutzbedürfnis der Beschäftigten stattfinden. Die gesamte Struktur des ArbZG und in weiten Teilen auch diejenige der Richtlinie 2003/88/EG ist immer noch am Bild des Arbeitnehmers zu Zeiten der Industrialisierung orientiert. Dies mag in einigen Bereichen noch der Realität entsprechen, doch in weiten Bereichen sind andere Faktoren ursächlich für eine Gefährdung, die sich nicht nur im Arbeitsleben, sondern auch im Privatleben finden lässt. Ständige Erreichbarkeit, Aufgabenverdichtung und Zeitmangel sind keine Besonderheiten des Arbeitslebens. Gleichwohl muss der Arbeitgeber darauf achten, dass die Arbeit die Gesamtbelastung nicht noch signifikant ansteigen lässt. Im Gegenteil kann eine erfüllende Arbeit sogar die Zufriedenheit der Arbeitnehmer erhöhen.[29]

Durch die diversen Vorschriften des ArbZG greift der Gesetzgeber darüber hinaus extrem in die Gestaltungsfreiheit der Arbeitsvertragsparteien ein. Der Belastungsschutz der Beschäftigten braucht klare Regelungen, welche Schutzzeiten der Arbeitnehmer tatsächlich benötigt. Die zusätzliche Beschränkung der täglichen Arbeitszeit besitzt nur dann einen Wert, wenn durch die Ausübung der Tätigkeit selbst oder ihrer besonderen Umstände eine Gefährdung entsteht, wie zum Beispiel bei starker körperlicher Belastung oder durchgehend hoher Konzentration. Der Gesetzgeber selbst geht nicht davon aus, dass das Diktat der §§ 3–5 ArbZG tatsächlich immer erforderlich ist. Dies ergibt sich zwanglos aus § 7 ArbZG, zumal, wenn der Beschäftigte nicht den Weisungen des Arbeitgebers unterliegt und selbst entscheiden kann, wann die Arbeitsleistung erbracht wird. Dies ist grundsätzlich im Modell der Vertrauensarbeitszeit gegeben, allerdings mit der Einschränkung, dass der Arbeitgeber für die Einhaltung der Arbeitszeiten verantwortlich bleibt, obwohl er diese weder kontrollieren noch beeinflussen kann. Das derzeit gelebte Modell entspricht daher weder dem Grundkonzept des ArbZG noch den

29 Vgl. vbw (Hg.): Arbeitnehmerzufriedenheit in Bayern, Deutschland und Europa, München 2017; Bernhard Badura et al.: Fehlzeiten-Report 2018. Sinn erleben – Arbeit und Gesundheit, Berlin 2018.

praktischen Notwendigkeiten. Ein neues Modell sollte an dieser Stelle den Beteiligten, die auf beiden Seiten eine solche Befreiung von den rechtlichen Eingrenzungen wollen, mehr Freiheit geben. Dem gesetzgeberischen Schutzauftrag kann dadurch nachgekommen werden, dass arbeitsmedizinisch absolute Schutzgrenzen definiert werden. Dies könnte, ohne Anspruch auf Vollständigkeit oder medizinische Vertretbarkeit, so aussehen:

- absolute Ruhezeit zum Beispiel acht Stunden ohne jede Einschränkungsmöglichkeit.
- Mindestpause im Laufe des Arbeitstages von einer Stunde oder zwei Mal einer halben Stunde
- Verpflichtung zur regelmäßigen Information des Arbeitnehmers über diese Vorgaben und arbeitsmedizinische Untersuchungen
- jederzeitige Rückkehrmöglichkeit ins bisherige Modell.

Damit wird auch die leidige Diskussion um die E-Mail, die der Arbeitnehmer um 22:00 Uhr noch liest, obsolet. Der Arbeitnehmer kann seine Arbeitszeit frei über den ganzen Tag, die ganze Woche oder den ganzen Monat verteilen. Beiden Vertragsparteien ist bewusst, welche Rechte und Pflichten sich aus einer solchen Regelung ergeben und müssen verantwortungsbewusst damit umgehen. Die Möglichkeit von Missbrauch ist kein Gegenargument, da dies auch bei den bisherigen Regelungen geschehen kann. Wenn aus anderen rechtlichen Zusammenhängen Arbeitsaufzeichnungen erforderlich sein sollten, bleibt dies hier unbenommen.

Fazit

Arbeitszeiten als Tatbestandsmerkmal für gesetzgeberische oder vertragliche Rechtsfolgen sind weder zwingend noch erforderlich. Allerdings ist für eine Neuausrichtung ein Bruch mit der bisherigen dogmatischen Struktur nötig. Dies setzt voraus, dass zunächst die Vielschichtigkeit des Begriffs wahrgenommen und in seinem jeweiligen Kontext, unabhängig von den anderen Begriffsinhalten, auf dessen tatsächliche Notwendigkeit untersucht wird. Die Industrialisierung 4.0 geht ebenfalls den Weg, die überkommenen Prozesse auf deren Notwendigkeit zu überprüfen. Fraglich ist, ob auch die rechtliche Grundlage hinterherkommt.[30]

30 Dieser Beitrag wurde in Teilen bereits veröffentlicht in: Kai Litschen: Arbeit gefangen in der Zeit – dogmatische Denkmuster behindern eine notwendige Reform, in: Handbuch der Aus- und Weiterbildung, hg. v. Carsten Kreklau/Josef Siegers, Beitrag 2519, Köln 2019.

Petra Rossbrey

Kulturwandel im Unternehmen

Dieser praxisbezogene Beitrag untersucht einen bisher noch wenig beleuchteten Aspekt der Digitalisierung in Dienstleistungsunternehmen. Wenn über die Auswirkungen der Einführung neuer Techniken in Unternehmen gesprochen wird, liegt der Fokus in aller Regel auf den technischen Veränderungen und der Frage, inwieweit sich die Arbeitsinhalte verändern und die einzelnen Mitarbeiter_innen davon betroffen sind. Relativ breit – wenn auch auf einer eher übergeordneten Ebene – wird diskutiert, welche Tätigkeiten durch Digitalisierung und technische Innovation wegfallen und inwieweit neue Arbeitsplätze entstehen.

Weniger im Fokus steht die Frage, wie sich die innere Organisation und Verfasstheit des Unternehmens mit der Einführung neuer Techniken verändert. Dabei führt die Einführung neuer Techniken gerade in mittelständischen Unternehmen zu einem tief greifenden Kulturwandel, der beachtet werden muss, wenn der Veränderungsprozess bei diesen Unternehmen erfolgreich sein soll. Da es wenig belastbare Untersuchungen zu unternehmenskulturellen Effekten digitaler Transformation gibt, stützen sich die nachfolgenden Ausführungen weniger auf wissenschaftliche Literaturrecherche als auf die nunmehr 30-jährige Erfahrung als Führungskraft in Logistik- und Dienstleistungsunternehmen, besonders in der Branche Gebäudereinigung.

Bisher ist die Befürchtung verbreitet, dass die mittelständischen Unternehmen sich nicht ausreichend auf zukünftige Herausforderungen einstellen und »die Digitalisierung verschlafen«.[1] Es gibt zwar Stimmen, die dem Mittelstand attestieren, sich in den letzten Jahren »in produktive Schwingungen« versetzt zu haben,[2] es bleibt doch die Erkenntnis, dass die kommenden Veränderungen gerade mittelständische Unternehmen in ganz besonderer Weise herausfordern: Viele Tätigkeiten gerade in der Dienstleistung und der Logistik lassen sich eben nicht so einfach und vollständig automatisieren, wie dies in der Industrie der Fall ist. Trotzdem werden auch die Dienstleistungsunternehmen in den nächsten Jahren mit den verschiedensten Aspekten der Digitalisierung konfrontiert, ihre Führungskräfte sollten sich daher rechtzeitig und bedarfsspezifisch mit neuen Technologien auseinandersetzen. In erster Linie geht es dabei naturgemäß um technisches Wissen. Die Funktionsweisen und Einsatzmöglichkeiten digitaler Techniken müssen erfasst und für die Branche spezifiziert werden. Für das Management ist dabei die Frage zentral, in welchen Abläufen und Prozessen neue Techniken zum Einsatz kommen und welchen Mehrwert sie dort bringen sollen. Dieser muss in einem vernünftigen Verhältnis zu den notwendigen Investitionen stehen, und es muss geklärt werden, ob sich notwendige Preisanpassungen bei den Kunden durchsetzen lassen. Zu Beginn des digitalen Wandels in Unternehmen liegt auch in der Dienstleistungs- und Logistikbranche nach erfolgreicher Identifizierung oder Beschaffung passender Innovationen zunächst der Fokus auf der Organisation der Arbeitsabläufe und der Schulung der Mitarbeiter_innen in der Handhabung der neuen Techniken. Mitarbeiter_innen müssen umfassende neue Kompetenzen erwerben, die Prozesse müssen umgestellt und den neuen Techniken angepasst werden.

Zu diesem Aspekt der Veränderung gibt es tatsächlich schon viele Arbeiten und Veröffentlichungen. Die Gestaltung von Veränderungsprozessen,

1 Patrik Tarkowski: Viele Familienunternehmen verschlafen die Digitalisierung, in: digital magazin-Online v. 15.3.2018, www.digital-magazin.de/familienunternehmen-verschlafen-digitalisierung/; Bundesvereinigung Logistik: Wie die Logistikbranche die Digitalisierung verschläft, in: Produktion-Online v. 27.7.2018, www.produktion.de/trends-innovationen/wie-die-logistikbranche-die-digitalisierung-verschlaeft-103.html.

2 O. A.: Der deutsche Mittelstand schläft nicht, in: Capital-Online v. 17.11.2017, www.capital.de/allgemein/digitalisierung-der-deutsche-mittelstand-schlaeft-nicht.

das sogenannte »Change Management«, gehört mittlerweile zum festen Repertoire gängiger Managementtechniken. Die Beschreibung der notwendigen Maßnahmen, Prozesse und Abläufe sowie damit einhergehender Konflikte konzentriert sich auf den Wandel, der von den im Unternehmen beschäftigten Mitarbeitern getragen werden soll. Weniger im Blickfeld steht der Aspekt, dass sich Belegschaften im Zuge der Einführung neuer Techniken ebenfalls verändern und diese Veränderung Auswirkungen auf die Unternehmen haben kann. Dabei ist es – wie ich noch darlegen werde – eine wesentliche Begleiterscheinung der Einführung neuer Technologien, dass in Unternehmen wesentlich andere Kompetenzen und Persönlichkeiten eine zunehmend wichtige Rolle spielen müssen und die Bedeutung der bisher das Unternehmen tragenden Kompetenzen und Persönlichkeiten zumindest relativiert, wenn nicht völlig in den Hintergrund gedrängt wird. Die Erkenntnis und der Umgang mit diesen Mechanismen sind meines Erachtens ein weiterer Erfolgsfaktor bei der Bewältigung dieses Wandels. Diesen Mechanismus möchte ich entlang des Beispiels der Gebäudereinigung erläutern.

Gebäudereinigung – zur Digitalisierung eines Handwerks

Die Gebäudereinigung ist ein Handwerk. Es handelt sich im Gegensatz zu vielen Handwerksbetrieben um eine Branche mit in der Mehrzahl gering qualifizierten Mitarbeiter_innen, sodass es von der Unternehmensstruktur eher den Dienstleistungsunternehmen ähnelt.[3]

Diese Dienstleistungsunternehmen haben seit Kriegsende einen sehr hohen Professionalisierungsgrad erlebt. Die Tätigkeit wurde als Handwerk anerkannt und als Ausbildungsberuf etabliert.[4] Der enorme Beschäftigungszuwachs der Branche in den vergangenen Jahrzehnten hat seine Ursache in der seit den 1970er-Jahren wachsenden Auslagerung der Reinigung aus den Unternehmen und der Vergabe an private Dienstleistungsunternehmen

3 Wolfgang Dürig/Jörg Weingarten: Das Handwerk wird digital. Bedeutung für Betriebe, Beschäftigte und Marktstrukturen, in: WISO Diskurs (2019) 4, Bonn 2019.

4 Markus Seumer: Vom Reinigungsgewerbe zum Gebäudereiniger-Handwerk, Stuttgart 1998, S. 240 ff.

durch öffentliche Einrichtungen und Kommunen.[5] Diese Phase war bis in die ersten Jahre des 21. Jahrhunderts weitgehend abgeschlossen. Da in dieser Zeit auch der Meisterzwang abgeschafft wurde, haben sich viele kleinere Unternehmen etabliert, die Anzahl der Betriebe stieg um 91 %.[6] Gerade in der Gebäudereinigung erfolgte ein Großteil der Neugründungen ohne formale Qualifikation der Gründer_innen, das heißt ohne Gesellen- oder Meisterbrief. Die Struktur der Branche ist daher durch sehr viele kleine Unternehmen geprägt (ca. 80 % der Unternehmen haben einen Umsatz von weniger als 500 TEUR p. a.). Die Unternehmen, die Dienstleistungen in einem Bereich anbieten, die keine oder nur eine geringe formale Qualifikation fordern, zeichnen sich durch einen hohen Anteil (ca. 80 %) an manueller Tätigkeit mit geringer Wertschöpfung aus. Bisher ist diese Tätigkeit ortsgebunden und mit eher geringer technischer Unterstützung ausgestattet. Auch die Markteintrittshürde ist dadurch gering. Diese Unternehmen stehen in einem sehr intensiven Wettbewerb, der in der Regel über den Preis entschieden wird. Das führt zu einem hohen Druck auf die Kosten und die allgemeinen Arbeitsbedingungen. In der Regel gibt es auch keine nachvollziehbaren Kriterien, die eine Entscheidung über die Qualität erlauben könnte.[7]

Immer wieder gab es technische Innovationen, insbesondere um die Personalkosten zu senken. Trotzdem ist die Gebäudereinigung weiterhin durch einen sehr hohen Anteil manueller Tätigkeiten sowie eine sehr dezentrale Arbeitsorganisation gekennzeichnet. Wie im Handwerk wird die Arbeit überwiegend beim Kunden erledigt, sodass der Einsatz technischer Neuerungen sich auch danach richtet, inwieweit es am jeweiligen Ort der Dienstleistung eingesetzt werden kann. Die meisten Unternehmen arbeiten für sehr viele verschiedene Kunden, sodass sich auch aus diesem Umstand eine eher heterogene Arbeitsorganisation ergibt. Diese Merkmale prägen auch die Organisation der Unternehmen und die Führungskräfte. Die über-

5 Claudia Gather et al.: Vergeben und vergessen? Gebäudereinigung im Spannungsfeld zwischen kommunalen Diensten und Privatisierung, Hamburg 2005.

6 O. A.: Gründerfieber nach Abschaffung des Meisterzwangs, in: FAZ-Online v. 10.3.2005, www.faz.net/aktuell/wirtschaft/handwerk-gruenderfieber-nach-abschaffung-des-meisterzwangs-1210702.html.

7 ArbeitGestalten (Hg.): Branchenreport Gebäudereinigung. Arbeitszeiten und Arbeitsverhältnisse, Berlin 2017, S. 8.

wiegende Mehrheit der eingesetzten Reinigungskräfte (55 %) verfügt über keine formale Qualifikation, hat also keine abgeschlossene Berufsausbildung.[8] Den operativen Führungskräften kommt in erster Linie die Aufgabe zu, die Mitarbeiter_innen anzuleiten und das Arbeitsergebnis zu kontrollieren, um die Kundenzufriedenheit sicherzustellen. Dazu brauchen sie eine hohe Kenntnis der Abläufe und der eingesetzten Reinigungstechniken, weniger umfassendes theoretisches Wissen. Die Kompetenz dieser Führungskräfte liegt daher eher im praktischen Bereich. Das gilt in gewisser Hinsicht für das gesamte Management. Hochschulabsolvent_innen sind in diesen Unternehmen eher weniger vertreten, wenn überhaupt nur bei den wenigen großen Playern der Branche. Personal mit technischem Hintergrund und Führungskräftenachwuchs sind nur schwer für die Branche zu begeistern.[9] Aufgrund des hohen Preisdrucks muss auch der Overhead des Betriebs eher klein gehalten werden und sich an dessen unmittelbaren Anforderungen orientieren. Mitarbeiter_innen, die nur strategischen Aufgaben nachgehen, sind zu »unproduktiv«, um gerade in kleineren Unternehmen Fuß zu fassen. Auch ist die ganze Organisation weniger formal ausgerichtet, sondern an praktischen Erfordernissen orientiert. Zur Erläuterung mag dienen, dass nach eigenen Angaben nur in 36 % der in einer Forsa-Studie befragten Handwerksbetriebe schriftliche Organisationspläne vorliegen.[10] Die Unternehmensführung folgt daher eher einer »Hands-on«-Mentalität und ist schriftlichen Regeln weniger zugänglich. Dazu kommt, dass in diesen Unternehmen in der Regel – auch aufgrund des Kostendrucks – wenige Ressourcen für strategische Investitionen vorhanden sind.

Trotzdem werden auch in dieser Branche digitale Techniken Einzug halten und an Bedeutung gewinnen. Welchen Einfluss diese auf die Unternehmenskultur nehmen können, möchte ich an zwei Beispielen deutlich machen. Ein großes Thema ist die Planung des Einsatzes der Mitarbeiter_innen. Da die Arbeitsgeschwindigkeit der einzelnen Beschäftigten nur geringfügig erhöht werden kann, kommt der Optimierung der Organisation eine besondere Bedeutung zu. Wie oben ausgeführt, gibt es wenige Möglichkei-

8 Hans-Böckler-Stiftung (Hg.): Branchenmonitor Gebäudereinigung. Allgemeine Gebäudereinigung, Düsseldorf 2017, S. 10.

9 Ebd.

10 Forsa (Hg.): Werte und Unternehmenskultur im Handwerk, Berlin 2011, S. 21.

ten, sich im Wettbewerb nachvollziehbar und dokumentiert durch besondere Qualität zu positionieren. Mit digitalen Tools können der Einsatz und die Arbeitsabläufe besser geplant sowie die Qualitätssicherung optimiert werden.[11] Ein weiterer, vielbeachteter Ansatz ist der Einsatz von Robotertechnik. Mit diesen autonom fahrenden Reinigungsmaschinen kann die Flächenreinigung optimiert werden. Die Technologie existiert seit mehreren Jahren, ist allerdings noch nicht so ausgereift, dass sie flächendeckend im professionellen Bereich eingesetzt werden kann. Da die Entwicklung ständig voranschreitet, ist es nur noch eine Frage der Zeit, bis diese Technologie dem professionellen Einsatz zugänglich sein wird.[12]

Algorithmische Organisation, Robotik und der Kulturwandel im Management

Doch der Einsatz dieser technischen Innovationen birgt auch Risiken: Er kann einen erheblichen Veränderungsdruck auf die betreffenden Unternehmen ausüben, dessen Auswirkungen für die Entscheidenden oft noch nicht überschaubar sind. Zunächst einmal müssen hohe Investitionen getätigt werden, auch wenn der *return on investment* sich nicht sofort realisiert. Dies gilt vor allem für die Robotertechnik, die bisher eher als Testfall läuft. Normalerweise wird in diesen Unternehmen – wie allgemein üblich – in Maschinen investiert, um bereits erhaltene Aufträge zu realisieren, jetzt wird investiert in der Hoffnung, dass die Kunden die gestiegene Qualität honorieren bzw. sich die Einsparungen so realisieren, dass sie tatsächlich in der Gewinn- und Verlustrechnung des Unternehmens sichtbar werden. Das ist natürlich für große Unternehmen eher machbar als für kleine und mittlere Unternehmen.

Die Implementierung neuer Techniken kann nur erfolgreich sein, wenn die Mitarbeiter diese auch kompetent anwenden können. Unternehmen müssen daher in Weiterbildung investieren, wobei diese in der Regel ein höheres Maß an theoretischer Unterweisung beinhaltet als dies in herkömm-

11 Zu diesem Ergebnis kommt auch Thomas Ball (Hg.): Digitalisierung im Facility Management. Sensorik in Immobilie, Industrie und Infrastruktur als Basis für das digitale Facility Management. Lünendonk Whitepaper 2019, Mindelheim 2019.

12 Vgl. ArbeitGestalten (Hg.): Branchenreport Gebäudereinigung, S. 11.

lichen Schulungen der Fall ist. Hier sind erfolgversprechende Konzepte zu entwickeln, die den aktuellen Wissensstand der Beschäftigten berücksichtigen. Um gerade die Möglichkeiten der Mitarbeitersteuerung effizient nutzen zu können, wird Planung im Unternehmen wichtiger. Wenn wir noch einmal darauf zurückkommen, dass die Mehrzahl der betroffenen Unternehmen über keine schriftlichen Arbeitsanweisungen verfügt, wird klar, dass die Umstellung auf schriftlich niedergelegte Planung für viele Unternehmen eine Herausforderung darstellt, und zwar in zweifacher Hinsicht. Um diese Anforderung zu bewältigen, werden Unternehmen stärker in Expert_innen mit entsprechender Qualifikation investieren. Aber auch die Zusammenarbeit im Unternehmen wird sich verändern, die zentrale Steuerung der Prozesse bekommt einen anderen Stellenwert. Prozesse müssen beschrieben, Daten müssen vernetzt werden. Das erfordert auch eine andere Kommunikation im Unternehmen. Es kann nicht mehr jeder nur in seinem Bereich individuell gestalten, sondern muss sich mit der Zentrale und den Kolleg_innen austauschen. Die strategische Steuerung wird an Bedeutung gewinnen. Auch die Entscheidungsprozesse werden sich verändern: Statt auf Erfahrungen zu setzen, werden nun zunehmend Daten ausgewertet und Entscheidungen auf dieser Grundlage getroffen. Die Unternehmen müssen sich den Anforderungen der Veränderung der Führungskultur (Vernetzung, Enthierarchisierung), die für viele Unternehmen bereits länger diskutiert werden, stellen.

Ein wesentlicher Treiber des Kulturwandels wird die Notwendigkeit sein, Mitarbeiter_innen zu beschäftigen, die sich in erster Linie mit den digitalen Techniken und erst in zweiter Linie mit dem Kerngeschäft der Reinigung auskennen. Praktische Kenntnisse in der Reinigungstechnik und betriebswirtschaftliches Wissen sind weiterhin notwendig, wichtig wird aber technisches Verständnis, um sicherzustellen, dass die Verhandlungen mit den Anbietern digitaler Technik auf Augenhöhe stattfinden können. Nur so können die richtigen und für das Unternehmen passenden Produkte erworben und eingesetzt werden. Diese Mitarbeiter_innen müssen Einfluss auf die Steuerung des Unternehmens haben, wenn sie ihre Kompetenzen sinnvoll einbringen wollen. Sie treffen auf Führungskräfte, die ihren Beitrag zum Unternehmenserfolg in der Kundennähe, technischen Kompetenz des Produkts und langjähriger Erfahrung geleistet haben. Dies kann eine Quelle unternehmensinterner Konflikte sein.

Für die Mitarbeiter_innen und besonders die Führungskräfte verändert sich der Arbeitsalltag in hohem Maße. Die erste große Herausforderung ist der Erwerb der Kompetenz im Umgang mit den neuen Techniken. Wie schon bemerkt, kann das für viele Mitarbeiter_innen, die im Umgang mit theoretischem Wissenserwerb keine Erfahrung haben, eine nicht zu unterschätzende Hürde darstellen. Gleichzeitig wird die Tätigkeit für die Beschäftigten komplexer und die Führungskräfte sehen sich einer umfassenderen Steuerungsaufgabe gegenüber. Ihre Verantwortung steigt, gleichzeitig steigen die Anforderungen. Einige Arbeitsplätze werden wegfallen und nicht unbedingt durch andere Tätigkeiten kompensiert werden. Gleichzeitig werden die Arbeitsplätze anspruchsvoller. Das ergibt nicht nur eine anspruchsvolle Veränderung der Arbeitsabläufe, sondern auch neue Möglichkeiten für Qualifizierung und Aufstieg.

Dieser große Change an Kompetenzen wird in vielen Unternehmen, so auch in der Gebäudereinigung, mit den jetzigen Stammbelegschaften und ihren bisherigen Berufsbildern allein in aller Regel nicht zu bewältigen sein. Die Möglichkeiten, Mitarbeiter_innen mit den notwendigen Kompetenzen auszustatten, sind erwünscht, werden mitgedacht und eröffnet, stoßen jedoch auch an Qualifizierungsgrenzen. Es wird unvermeidlich sein, Expert_innenwissen von außen in das Unternehmen zu holen, um die neuen Möglichkeiten umfassend und vollständig zu nutzen. Diese externen Kompetenzträger_innen bringen naturgemäß andere Sichtweisen mit, als sie bisher in dem Unternehmen vorherrschten. So liegt die Qualität und Chance des digitalen Change nicht nur im bloßen Einsatz geeigneter technischer Neuerungen, die eingeübte Arbeitsabläufe erleichtern oder ersetzen. Strategische Steuerung und andere Sichtweisen, die von außen in das Unternehmen hereingetragen werden, verändern die Kultur des Unternehmens. Das ist zwangsläufig so, denn ohne eine solche Veränderung kann die Nutzung der digitalen Möglichkeiten nicht gelingen. War es bisher wichtig, die operativen Abläufe funktional zu organisieren und im Vertrieb Erfolg zu haben, rückt die theoretische Steuerung von Prozessen stärker in den Vordergrund. Wenn aufgrund von Daten Abläufe analysiert und daraus Schlüsse für die zukünftige Gestaltung der Prozesse gezogen werden können, wird diese analytische Tätigkeit für das Unternehmen wichtiger.

Eine Konsequenz kann sein, dass das bisher wichtige Erfahrungswissen der langjährigen Mitarbeiter_innen und Führungskräfte tendenziell entwertet wird. Es ist klar, dass die betroffenen Mitarbeiter_innen die Einführung neuer Technologien nicht vorbehaltlos bejahen werden, da ihre bisherige Stellung und ihr Einfluss im Unternehmen tendenziell bedroht sind.

Diese mögliche Entwicklung ist vergleichbar mit der Einführung des Controllings in die Unternehmenswelt. Auch damals kam es zu Auseinandersetzungen zwischen denjenigen, die die Unternehmenswirklichkeit nach den von ihnen erhobenen Daten steuern wollten, und denen, die auf dem Primat der von ihnen erworbenen praktischen Erfahrung in der sogenannten »Lebenswirklichkeit« bestanden.

Auch bringt Digitalisierung von Unternehmensprozessen generell mehr Flexibilität, führt aber auch zu mehr Kontrollmöglichkeiten der Mitarbeiter_innen. Bisherige Freiräume werden eingeengt, der Leistungsdruck steigt. Das ist insbesondere für die Belegschaft in Unternehmen ohne Betriebsrat oder sonstige Interessenvertretung relevant, sie können dem Druck weniger entgegensetzen.

So wird sich auch die Kernarbeit der innerbetrieblichen Mitbestimmung zukünftig sehr stark an den Themen der Digitalisierung ausrichten – und auch hier wird technisches Expert_innenwissen verhandlungsleitend sein und über die Erfolge der Interessensvertretung bestimmen.

Der digitale Wandel ist gestaltbar – jedoch nicht problemlos

Ein Unternehmen, das die Möglichkeiten neuer Techniken voll ausschöpfen wird, muss sich organisatorisch und kulturell tief greifend verändern. Neue Kompetenzen gewinnen an Einfluss und verändern die Kultur im Unternehmen. Praktische Erfahrung wird zugunsten theoretischer Steuerung an Wert verlieren. Um die entsprechenden Fachkräfte zu gewinnen, wird eine Branche, die bisher stark hierarchisch organisiert war, mehr Freiräume in der Unternehmensorganisation bieten müssen. Soll dieser tief greifende Veränderungsprozess erfolgreich verlaufen, muss er gestaltet werden. Dabei darf eben nicht nur die technische Einführung der Technologie im Vordergrund stehen, sondern der eben beschriebene Kulturwandel muss berücksichtigt werden. Für diesen Wandel braucht es in erster Linie Zeit. Diese Zeit sollte sich ein Unternehmen zur Bewältigung der Veränderungen nehmen, wenn diese nachhaltig sein sollen. Die größte Herausforderung für eher praktisch denkende Unternehmenslenker_innen dürfte sein, zunächst zu erkennen, dass mit der Einführung der Technik kulturelle Veränderungen einhergehen und gleichzeitig einen Prozess der Unternehmensentwicklung einzuleiten, der diese Veränderungen gestaltet. Sie können allerdings, wenn sie sich darauf einlassen, von den vielen positiven und negativen Erfahrungen profitieren, die andere Unternehmen mit solchen Change-Management-Prozessen bereits gemacht haben. Am Anfang sollte daher die Analyse stehen, was in dem spezifisch betroffenen Unternehmen wirklich passiert, welche Kompetenzen und Fertigkeiten in Zukunft benötigt werden, welche im Unternehmen aufgebaut werden können und welche von außen kommen müssen. Wichtig ist dabei eine hohe Sensibilität für die Frage, was mit den bisher tätigen Mitarbeiter_innen, insbesondere den Führungskräften, geschieht. Dabei ist auch zu berücksichtigen, welche Rolle die bisherigen Leistungsträger_innen künftig spielen werden, um ihren positiven Beitrag bei der Gestaltung des Wandels sicherzustellen. Diese Überlegungen sollten in ein umfassendes Konzept der Unternehmensentwicklung einmünden, das gerade für kleinere und mittlere Unternehmen Neuland ist und ohne kompetente Hilfe von außen nicht zu bewältigen sein wird. Wie aber aus vielen Change-Management-Prozessen ersichtlich, scheitern viele Veränderungsprozesse, weil sie nicht umfassend und konsequent angegangen werden.

Auch die Mitarbeiter_innen werden sich mit unbekannten Herausforderungen konfrontiert sehen. Sie müssen sich auf die neuen Techniken einlassen und alle Möglichkeiten der Weiterbildung aktiv nutzen. Die Grundhaltung vieler Arbeitnehmer_innen, mit einer einmal erworbenen Kompetenz durchs Arbeitsleben zu gehen, ist angesichts des rasant voranschreitenden technologischen Wandels Makulatur.

Sie müssen sich auch damit auseinandersetzen, dass neue Kolleg_innen und Kompetenzen im Unternehmen eine Rolle spielen, die sie bisher unter Umständen nicht gekannt haben. Sie werden sich auf Weiterbildung in Feldern einlassen müssen, die für sie Neuland sind. Und insbesondere die »Praktiker« werden in den Wettbewerb mit von außen kommenden »Theoretikern« gestellt, der zumindest eine Belastung, wenn nicht sogar eine existenzielle Herausforderung darstellt. Die Ablehnung der Einführung neuer Technologien ist allerdings keine Option, sondern der verantwortungsvolle Umgang mit den Veränderungen, der eben auch durch das Unternehmen gestaltet werden sollte.

Für Führungskräfte bedeuten neue Techniken eine Veränderung der bisher angewandten Führungstechniken. Neben praktischen Anweisungen wird die Vermittlung von Fakten und Zusammenhängen wichtiger. Die Vermittlung neuer Kompetenzen liegt in der Verantwortung der Führungskraft, auch das verändert die Führungsbeziehung schwer.

Herausfordernd und auch schmerzlich wird die Auseinandersetzung mit der Frage sein, welche Mitarbeiter_innen den Wandel künftig mitgestalten und welche bei allen Bemühungen nicht in der Lage sein werden, die neuen Anforderungen zu erfüllen. Diesen Mitarbeiter_innen muss soweit wie möglich eine neue Rolle zugewiesen oder eine Weiterentwicklung außerhalb des Unternehmens ermöglicht werden.

Bei der Veränderung ist darauf zu achten, nicht nur das »Bedrohliche« wahrzunehmen. Die Veränderungen sind zweifellos für alle im Unternehmen eine Herausforderung, aber es bieten sich jedem Unternehmen, das sich auf die Veränderungen einlässt, auch einmalige Chancen. Dabei geht es nicht nur um Erhalt und Ausbau der Wettbewerbsfähigkeit in einem umkämpften Markt, sondern die Digitalisierung bietet den Unternehmen umfassende Chancen, ihre Professionalität und Qualität der Leistungserbringung in den Vordergrund zu stellen, aber auch eine Unternehmenskultur zu etablieren, die allen Beteiligten mehr Raum zur Entfaltung bietet.

Das kann gelingen, weil die neuen Methoden der Datenerfassung und -steuerung die Möglichkeit enthalten, Transparenz und Offenheit zum Standard der Unternehmenskultur zu erheben. Informationen können geteilt und tendenziell allen Kolleg_innen zur Verfügung gestellt werden. Es besteht die Möglichkeit, Mitarbeiter_innen an Informationen über die Gesamtentwicklung des Unternehmens und wichtige Aspekte der Unternehmensführung teilhaben zu lassen, die bisher davon eher ausgeschlossen waren. Auch wenn das für viele Unternehmensleiter_innen eine bisher eher fremde Vorstellung ist, die sicher nicht so einfach und umfassend zu realisieren ist, gibt es doch Beispiele, in denen Unternehmen diese Form der Transparenz praktizieren. Ein der Autorin persönlich bekanntes Beispiel ist der Schindlerhof in Nürnberg, ein Tagungshotel, das in der Vergangenheit häufig mit Preisen für Mitarbeiterführung und Serviceorientierung ausgezeichnet worden ist. In diesem Unternehmen werden den Mitarbeiter_innen alle Unternehmensdaten zur Verfügung gestellt und es wird erwartet, dass sich alle Beschäftigten über die Lage des Unternehmens informieren. Damit einher geht eine Organisation, die die Erledigung der Aufgaben sehr stark in die Verantwortung der Teams legt, die einen großen Teil der Arbeitsprozesse selbst flexibel organisieren können.

So bietet die Digitalisierung eben auch die Chance, die Kompetenzbereiche von Mitarbeiter_innen zu erweitern und ihnen mehr und anspruchsvollere Aufgaben zuzuweisen, vorausgesetzt sie sind in der Lage, sich die dafür notwendigen Kompetenzen anzueignen. Dies bietet die Chance, in einem Bereich, der bisher eher durch niedrige Qualifikation gekennzeichnet war, ein höheres Niveau der Aufgabenwahrnehmung zu erreichen.

Fazit

Wir sehen, dass die Herausforderungen gerade für Dienstleistungsunternehmen, den Wandel durch die Digitalisierung zu bewältigen, beträchtlich sind. Es fängt an mit umfassenden Investitionen in Technik, aber auch in Schulung, Weiterbildung und Expert_innenwissen und geht weiter mit der Anforderung, einen Prozess der Unternehmensentwicklung einzuleiten und zu gestalten. Gerade kleine und mittlere Unternehmen sind hier mit für sie neuen Anforderungen konfrontiert. Sie müssen stärker planen und in wesentlich längeren Linien denken, als das für viele bisher notwendig war, und den Spagat bewältigen, bisher erworbenes Expert_innenwissen nicht zu entwerten. Dabei werden sich viele Investitionen nicht sofort in Kostensenkungen niederschlagen. Hier ist ein langer Atem gefragt, den viele kleine und mittlere Unternehmen mangels Kapitalisierung nicht haben.

Da gerade die kleineren Unternehmen diesen Wandel nicht ohne Hilfe bewältigen werden, ist die Gesellschaft gefragt, den Umbruch zu unterstützen. Es kann nicht im Interesse der Gesellschaft sein, dass aus einem Prozess des technologischen Wandels nur die großen »Player« übrigbleiben. Auch kann es nicht allein den Unternehmen überlassen werden, dafür zu sorgen, dass alle Mitarbeiter_innen die Chance haben, zukünftig notwendige Kompetenzen zu erwerben.

Der Staat tut daher gut daran, sich auch diesen Herausforderungen zu stellen. Neben der Bereitstellung einer leistungsfähigen digitalen Infrastruktur sollten gerade kleine und mittlere Unternehmen bei der Bewältigung des Kulturwandels im Unternehmen unterstützt werden. Besonders wichtig ist das Angebot an Weiterbildung für die Mitarbeiter_innen. Gerade wenn es richtig ist, dass eine einmal erworbene Qualifikation nicht mehr für ein ganzes Berufsleben ausreichen wird, muss den Menschen die Möglichkeit gegeben werden, sich ein- oder mehrmals im Berufsleben neu zu orientieren. Da Unternehmen ihre Weiterbildung in erster Linie an den Notwendigkeiten der Organisation orientieren, sind selbst in größeren Unternehmen solche Angebote nicht zu erwarten. Kleine und mittlere Unternehmen sind besonders darauf angewiesen, dass in ausreichendem Maße öffentlich organisierte Weiterbildungsmöglichkeiten zur Verfügung stehen.

Hierin zu investieren, ist auch eine öffentliche Aufgabe. Die Digitalisierung bedeutet nicht nur einen technischen, sondern auch einen kulturellen Wandel im Unternehmen. Dieser muss umfassend gestaltet werden und bedarf gerade bei kleinen und mittleren Unternehmen einer umfassenden öffentlichen Unterstützung, damit der Wandel für Mitarbeiter_innen und Unternehmen zu einer Erfolgsstory ohne Verlierer wird.

Malte Behrmann

Innovation als Chance und Problem

Nerds, Spinner, Genies und ihre Erfindungen

Einer der bedeutendsten Innovatoren Europas war Leonardo da Vinci (1452–1519).[1] Er war ein uneheliches Kind und durfte deshalb weder eine Schule noch eine Universität besuchen. Deswegen wurde da Vinci zunächst Künstler und ging bei einem Maler in die Lehre. Seine Schulbildung erhielt er von seinem Großvater. In den biografischen Zuschreibungen wird insbesondere seine Rolle als Außenseiter betont. Er war nie verheiratet und es wird vermutet, er sei homosexuell gewesen. Einige nehmen an, dass für die Mona Lisa – seinem bekanntesten Gemälde – ein Mann Modell stand. Ob diese Annahmen stimmen, können wir heute nicht mehr eindeutig rekonstruieren, und vielleicht ist es für uns auch nicht so wichtig. Wichtig ist, dass Leonardo da Vinci Wissenschaft und Kreativität in besonderer Weise verband und so viele technische Innovationen der Moderne modellierte, testete, vorausdachte oder zumindest voraussagte. Er war niemand, der aus dem System selbst heraus entstanden ist, sondern der außerhalb des Systems

1 Vgl. Malte Behrmann: In der Innovationsfalle. Überlegungen zu einer zukunftsfähigen Innovationsförderung, Stuttgart 2017, S. 13-27.

stand und dennoch zeitlebens versuchen musste, als Erfinder und schöpferischer Intellektueller in diesem System zu überleben. Der Apple-Gründer Steve Jobs, der als Adoptivkind aufwuchs und sich später weigerte, seine Tochter anzuerkennen, ist vielleicht ein Leonardo der heutigen Zeit.[2] Heute würde man beide einerseits als Nerds bezeichnen, andererseits als Innovatoren, als Schöpfer von etwas Neuem, das in der Zukunft bahnbrechende oder nachhaltige Wirkungen erzielt.

Innovatorinnen und Innovatoren fallen oft aus dem Rahmen. Sie sind keine gewöhnlichen Menschen. Darauf hat Richard Florida in seiner Analyse der Creative Class hingewiesen.[3] Auch Peter Thiel sieht den Innovator als ungewöhnlichen Charakter.[4]

Nicht jeder Außenseiter ist ein Genie und nicht jeder Radikale ein guter Innovator. Aber ich kann aus meiner Erfahrung mit Entwickler_innen von Computerspielen berichten, dass viele der langfristig erfolgreichen Akteure keine klassische Karriere gemacht haben. Wenige entsprechen der Norm. Häufig sind es Schul- oder Studienabbrecher_innen, Autodidakten, die ihr Glück im Unternehmertum suchten und dort erfolgreich waren. Sie hätten in klassischen Berufen und Ausbildungsgängen auch kaum eine andere Chance gehabt, weil sie keine formalen Abschlüsse vorweisen konnten. Damit waren sie als Unternehmer_innen zum Erfolg verdammt. Wir müssen uns also vor Augen halten, dass die Protagonist_innen der Innovation zwar unter uns sind, aber häufig unkonventionelle Wege eingeschlagen haben.

Karrierepfade unterliegen im Innovationszeitalter einer gewissen Ungleichzeitigkeit. Und der klassische Innovator ist häufig jemand, dem Sie nicht unbedingt einen Job angeboten hätten. Er hätte ihn vielleicht auch nicht haben wollen – häufig bedingt sich das gegenseitig. Vielleicht hätten Sie ihn zwar dennoch angestellt, aber möglicherweise wegen seines Verhaltens schnell wieder gehen lassen. Mir haben jedenfalls mehrere erfolgreiche Unternehmer_innen in informellen Gesprächen gestanden, unbedingt,

2 Vgl. Walter Isaacson: Steve Jobs, New York 2011, S. 4.

3 Vgl. Richard Florida: The Rise of the Creative Class, New York 2014. Er stellte fest, dass in Zentren der Kreativwirtschaft der Anteil an Homosexuellen besonders hoch ist.

4 Vgl. Peter Thiel/Blake Masters: Zero to One. Notes on Startups, or How to Build the Future, New York 2014, S. 127.

wenn er oder sie dieser Lebensphase entwachsen waren, noch den Studienabschluss nachholen zu wollen.

Menschen, die bereit sind, etwas Neues zu wagen, sind typischerweise keine Menschen, die in der Mitte der Gesellschaft stehen. Wichtige Innovationsträger sehen und verstehen sich eher dem Rande der Gesellschaft zugehörig. Denn wer Neues schafft, bedroht die bestehende Ordnung direkt oder indirekt; zumindest stellt er sie infrage.

Vor einigen Jahren war ich bei einer Veranstaltung des Stifterverbandes für die deutsche Wissenschaft. Ein wichtiger Vorstand gab dort zu Protokoll, dass aus seiner Sicht Unternehmensgründer_innen nur dann unterstützt werden sollten, wenn sie jederzeit in einem Betrieb angestellt werden könnten. Am besten sollten sie promoviert sein. Denn, so wörtlich: »Wegen des Geldes sollte man kein Unternehmen gründen.« Welch unvorstellbar weltfremde Arroganz! In der Tat leben Innovator_innen von ihrer Arbeit und das ist richtig so; es ist auch anders kaum vorstellbar. Sie tun dies oft auf der Basis von neuen Produkten oder Dienstleistungen, die vorher nicht existierten. Das kann nicht immer funktionieren, aber es gelingt öfter, als man denkt. Die Angst vor dem Scheitern ist groß, vor allem in Deutschland ist sie sehr stark ausgeprägt. Auch das führt dazu, dass gerade Außenseiter, Eigenbrötler, Einzelgänger, Freaks oder Individualisten – der Mainstream hält viele Bezeichnungen für derlei Nonkonformisten parat – den Sprung ins kalte und unbekannte Wasser der Innovation wagen, weil sie im Zweifel weniger zu verlieren haben. Eine der wichtigen Ungleichzeitigkeiten unserer Zeit ist, dass wir zunehmend auf Menschen angewiesen sind, die eher am Rande unserer Gesellschaft stehen.

Innovator_innen sind außergewöhnliche Charaktere, die in gewisser Weise auf sich selbst bezogen sind. Sie glauben an ihre Sache und sie handeln auch im eigenen Interesse. Solche Unternehmer_innen sind einerseits egozentrisch, andererseits aber auch argwöhnisch und leiden manchmal sogar unter Verfolgungswahn. Dieser spezifische Unternehmertypus ist auf der einen Seite sehr sensibel und auf der anderen Seite sehr robust. Er ist sehr unsicher und zugleich sehr selbstsicher. Diese Zwiespältigkeit, die sich im alltäglichen Handeln niederschlagen kann, ist für viele schwer nachzuvollziehen und stößt innerhalb unserer Gesellschaft häufig auf Unverständnis.

Die Sehnsucht nach Neuem und die Angst vor Veränderungen

Innovationen bringen Neuheiten und Veränderungen mit sich. Sonja Zillner zitiert Hauschildt: »Neuartig ist mehr als neu, es bedeutet eine Änderung der Art, nicht nur dem Grade nach. [...] Innovation ist mehr als eine graduelle Verbesserung und mehr als ein technisches Problem.«[5] Peter Thiel unterscheidet in seinem Buch »Zero to One« zwischen vertikaler und horizontaler Innovation.[6] Horizontale Innovation entwickelt sich Schritt für Schritt weiter, so wie der VW Golf in seiner neuen Ausgabe immer ein bisschen besser ist als sein Vorgängermodell. Davon zu unterscheiden ist die vertikale Innovation, die sich im Grunde mit einem ganz neuen System beschäftigt. Hier werden Dinge so grundsätzlich modifiziert, dass sie den Markt insgesamt verändern. Diese vertikalen Innovationen sind aus der Sicht von Thiel besonders wertvoll. Tatsächlich sind Innovationen immer etwas Neues – etwas, das es vorher noch nicht gegeben hat. Und genau hier stehen sich Chance und Problem diametral gegenüber:

Menschen mögen grundsätzlich keine Veränderungen. »Im Grunde muss der Innovator froh sein, wenn der Widerstand gegen seine Idee unter dem Level der totalen Verweigerung bleibt.«[7]

Innovationen kommen heute immer öfter von der Straße, nicht aus dem Labor. Für etablierte Unternehmen ist das zunächst einmal ärgerliche Konkurrenz. Was im Medienbereich Verlagshäuser, Musikkonzerne und Fernsehsender schon heute erleben müssen, werden Industrieunternehmen spüren, wenn die digitale Revolution sie erreicht. 3D-Drucker sind nur die Vorboten dieser Entwicklung.

Nicht zu unterschätzen sind dabei kulturelle Entwicklungen. Unsere Gesellschaft desintegriert sich. Klassische Arbeitsmodelle verlieren zunehmend an Bedeutung. Zugleich begegnet unsere Gesellschaft der Selbstständigkeit als Lebensform vermehrt mit Skepsis. Und so ringt das Unternehmertum um gesellschaftliche Akzeptanz. Für Selbstständige etwa kann es schwierig sein, einen Kredit für eine Eigentumswohnung zu erhalten, weil das Ein-

5 Sonja Zillner/Bernhard Krusche: Systemisches Innovationsmanagement. Grundlagen – Strategien – Instrumente, Stuttgart 2012, S. 28.

6 Vgl. Thiel/Masters: Zero to One, S. 9.

7 Zillner/Krusche: Systemisches Innovationsmanagement, S. 10.

kommen schwankt, während Postangestellte diese Probleme nicht haben sollten – sie haben zwar ein sicheres Einkommen, tragen aber wesentlich weniger zur Innovation und damit zur gesamtgesellschaftlichen Fortentwicklung bei. Das ist zunächst keine Frage des Rechts, sondern unserer Wirtschaftskultur, die nur sehr mittelbar durch das Recht beeinflusst wird.

Vor diesem Hintergrund kommt der Definition von Innovation eine Schlüsselrolle zu. Dabei vertrete ich die Position, dass Innovationen auch im Zusammenhang mit Inhalt, Design, Dienstleistungen und Geschäftsmodellen entstehen können: Innovation ist die Entwicklung von Neuem – wir müssen den Begriff so offen wie möglich halten. Innovationen können, müssen aber nicht ausschließlich patentfähige technische Erfindungen sein. Nur eine intelligente und flexible Kombination dieser Elemente ist zielführend. Sie sind allesamt gleichberechtigte Elemente des Innovationsökosystems. Sie müssen anpassungsfähig angewendet werden. Heute ist es zwingend erforderlich, die Bedeutung all dieser Elemente als Teil der Wissensökonomie anzuerkennen. Gerade in Kombination bergen sie das Innovationspotenzial für die Wirtschaft und die Gesellschaft insgesamt.

Innovator_innen müssen in Deutschland schnell erfahren, dass oft nur technische Innovationen mit Fördermitteln unterstützt werden. Denn hierzulande werden OECD-Regularien wie das Oslo- oder das Frascati-Manual, die entsprechende rechtliche Einschränkungen vornehmen könnten, eng ausgelegt. Aus der Erfahrung kann ich sagen, dass andere Mitgliedsstaaten der OECD hier anders verfahren. Es entsteht manchmal der Eindruck, dass in Deutschland einige maßgebliche Akteure versuchen, sich hinter diesen internationalen Regelungen zu verstecken, weil sie eine differenziertere Verwendung des Innovationsbegriffs fürchten.

Dabei ist die Frage nach der Definition von Innovation nicht neu. Bereits im Jahre 2005 analysierte die britische Research and Knowledge Transfer Task Group in ihrem viel beachteten Papier »Unweaving the Rainbow. Research, Innovation and Risk in a Creative Economy« den Status nichttechnischer Innovationen im Kontext der relevanten internationalen Abkommen, des sogenannten Frascati-Manuals und des Oslo-Manuals, und kam zu folgendem Ergebnis:

»To see beyond any highly embedded and diffuse structures is invariably challenging; that is, after all, a key characteristic of innovation. Any sustainable engagement in competing in a knowledge economy, however, cannot afford to risk ignoring the fact that sectors such as the CIs, that are central to driving such an economy, are dependent on both technology and other sources of knowledge and research for their continued growth and may engage in forms of R&D and innovation processes that are outside of the definitions currently employed. [...]«.[8]

Die multidimensionalen Innovationen ein und derselben Erfindung

Betrachten wir in diesem Zusammenhang die Bedeutung der Erfindung des Kinematografen der Brüder Lumière in Paris auf die Entwicklung des Kinos in Frankreich am Ende des 19. Jahrhunderts. Die technische Innovation allein war zwar bahnbrechend und kulturstiftend, jedoch wirtschaftlich nicht überlebensfähig. In dieser Situation war es der Einfallsreichtum des Franzosen Jacques Pathé, der dieses für die Filmwirtschaft existenzielle Problem löste. Er hatte die Idee, Kinofilme selbst mitzufinanzieren, um sie dann im Wochenrhythmus an verschiedene Kinos zu verleihen.[9]

Wichtig ist mir die Feststellung, dass wir es hier mit zwei Innovationen zu tun haben: mit der technischen Erfindung des Kinematografen und der Erfindung des Filmverleihs. Letztere fällt in den Bereich der Geschäftsmodell-Innovationen und macht sich zunutze, dass sich Medienprodukte in der Regel nicht physisch abnutzen (der Fachmann spricht von Nichtrivalität im Konsum). Diese Innovationen sind aus meiner Sicht genauso zu würdigen wie die Innovationen im technischen Sinne.

Unsere deutschen Verwaltungen verstehen jedoch bis heute unter Innovationen in der Regel patentierbare technische Innovationen. Insbesondere die deutsche Regierung erkennt nur technische Innovationen an; das heißt,

8 J. Taylor: Unweaving the rainbow. Research, innovation and risk in a creative economy. Discussion Paper. Arts and Humanities Research Council, London 2005, S. 10.

9 Vgl. Wolfgang Mühl-Benninghaus: Vom Augusterlebnis zur UFA-Gründung. Der deutsche Film im 1. Weltkrieg, Berlin 2004, S. 22.

unsere öffentlichen Förderprogramme hätten nur die Entwicklung des Kinematografen unterstützt, die des Geschäftsmodells jedoch nicht. Damit liegt auch das Überleben der technischen Innovation in der Hand des Marktes. Sicher: Nicht jede technische Entwicklung erfordert ein eigenes Geschäftsmodell. Tatsache ist aber, dass bei uns in Deutschland viele technische Erfindungen einfach liegen bleiben und nie im Markt stattfinden.

Ich möchte diesen zwei Dimensionen, der »technischen Erfindung« und dem »Geschäftsmodell«, noch eine dritte hinzufügen, indem ich an den Siegeszug des iPhones in Europa erinnere. Als das iPhone ab November 2007 sukzessive in Europa auf den Markt kam, wurde es exklusiv von den großen staatlichen Telekommunikationsunternehmen (Deutsche Telekom, Orange etc.) vertrieben und offensiv gegen Nokia positioniert. Zu dieser Zeit war den Telekommunikationsunternehmen offenbar noch nicht klar, dass die eigentliche Innovation des iPhones – neben dem neuartigen Design – in einem neuen Geschäftsmodell bestand. Dieses schloss die Telekommunikationskonzerne aus der Wertschöpfungskette aus und führte den sogenannten App Store ein. Dieser erlaubte es Dritten, Applikationen für das iPhone über den Store anzubieten und dann mit einem Abschlag von 30 % direkt an die Nutzer zu verkaufen. Bis zu diesem Zeitpunkt nahmen die Telekommunikationsunternehmen in Europa für solche Geschäfte von Drittanbietern in der Regel mehr als 50 % Marge. Das machte das Geschäft mit mobilen Applikationen sehr riskant und letztlich unrentabel. Durch das neue Geschäftsmodell lohnte sich die Entwicklung von Applikationen plötzlich für einen Teil der kleinen App-Entwicklerfirmen, was wiederum einen enormen Boom der App-Economy auslöste. Auch hier müssen wir also zunächst von einer Innovation der Geschäftsmodelle sprechen.

Warum aber haben sich die Telekommunikationskonzerne Europas dazu bereit erklärt, das iPhone exklusiv und mit großem Marketingaufwand in den Markt zu drücken? Und zwar obwohl sie damit ihrem langjährigen Partner aus Europa, Nokia (2007 bis 2013 Nokia Siemens Networks), die Geschäftsgrundlage entzogen. Sie haben Nokia geradewegs in die Arme von Microsoft getrieben – der Ausgang ist bekannt.

Die klugen Südkoreaner haben das iPhone erst Jahre später überhaupt in den Markt gelassen – mit der Folge, dass bis heute koreanische Handys existieren. Europäische Firmen wie Siemens, Ericsson und Nokia (und das im Kern israelische Motorola) waren viele Jahrzehnte – gemeinsam mit den europäischen Telekommunikationskonzernen – die Treiber der Mobile-phone-Technologie. Es gelang sogar, den europäischen GSM-Standard in den USA gegen die US-Firmen durchzusetzen. Große Teile der Patente in diesem Bereich wurden von Europäern entwickelt. Nur fünf Jahre nach der Einführung des iPhones waren die europäischen Mobilfunkunternehmen – bis auf den Bereich der Gaming Apps aus Finnland – weitgehend marginalisiert.

Selbst die europäischen Telekommunikationskonzerne haben also ihre Entscheidung zugunsten der Amerikaner und zulasten ihrer eigenen europäischen Bündnispartner und vor allem langfristig zulasten ihres eigenen Vorteils auf der Basis von Design-Erwägungen getroffen. Denn das erste iPhone war dem damaligen Nokia-Konkurrenten keineswegs technisch überlegen, es hatte einfach nur den entscheidend cooleren Look und das viel nutzerfreundlichere, intuitive Konzept. Es handelt sich hier also im Kern um eine Design-Innovation. Bleibt nur anzumerken, dass das Apple-Design im Wesentlichen von deutschen Designern geprägt ist, die vorher für Braun tätig waren. Obwohl wir Deutsche also sowohl technologisch als auch im Design die entscheidenden Impulse geliefert haben, ist es uns nicht gelungen, auch nur einen kleinen Teil der Kontrolle über diese Technologie im Land zu behalten.

Das Besondere an der Innovation des iPhones ist, und das ist leider hierzulande nach wie vor umstritten, dass sie mehr ist als ein technisches Produkt. Sie umfasst zugleich Design und Geschäftsmodell; möglicherweise erstreckt sie sich auf den Produktionsprozess oder eine Dienstleistung. Dabei kann die Innovation in einem einzigen Design-Element oder in einer Vereinfachung aus Nutzersicht bestehen. Es muss kein technischer Bezug vorhanden sein. Gerade im Medienbereich können Innovationen durchaus andersartig gestaltet sein. So können zum Beispiel Filmdrehbücher oder Serienbibeln innovativ gestaltet, Inhalte innovativ aufbereitet oder ein Computerspiel inhaltlich innovativ sein.

Die Verknüpfung zwischen Design und Technologie und das Verständnis des Designs als Teil des innovativen Fortschritts ist uns Deutschen schwer zugänglich – und das ist ein großes Problem. Wenn wir über Innovation in Deutschland sprechen, müssen wir über einen weiten Innovationsbegriff sprechen. Innovation bedeutet heute, Fragen des Designs, Fragen des Geschäftsmodells und Fragen der technischen Innovation übereinanderzulegen und gleichrangig zu bewerten. Mal überwiegt der technische Faktor, dann wieder der Geschmacks oder des Geschäftsmodells.

Meine Kritik am prozessorientierten Innovationsbegriff

Aus meiner Sicht ist der prozessorientierte Innovationsbegriff, wie er noch immer im Rahmen der großen Förderprogramme für Forschung und Innovation benutzt wird, vollkommen abwegig. Hier wird unter Innovation ein formaler Prozess verstanden, der unmittelbar vor der Verwertung steht. Daher wird er traditionell zeitlich zwischen der Erforschung und dem Markteintritt angesiedelt. Diese formalprozesshafte Positionierung der Innovation findet sich im Bereich der Forschungs- und Innovationsförderung auf deutscher und europäischer Ebene. Sie trennt zwischen der vorwettbewerblichen kollaborativen Forschungsförderung und der schon wettbewerbsnahen Innovationsförderung (für die in der Logik der Fördergeber der öffentliche Anteil geringer ausfallen sollte).

Nach diesem Verständnis ist Innovation das Vorbereiten des »In-den-Markt-Bringens« von im Rahmen der Forschungsförderung entwickelten Ergebnissen. In einem öffentlich geförderten Projekt sollen die Forschungsergebnisse für den Markteintritt vorbereitet werden. Hier steht der Gedanke Pate, dass es sich dabei nicht mehr um richtige Forschungsförderung handelt, weil es um Innovationen geht, die zeitlich näher am Markt liegen.

Aus meiner Sicht ist dieses Verständnis falsch, auch wenn es im politischen Fördersystem fest etabliert ist. Hier wird der Innovationsbegriff künstlich für die Förderadministration verengt. Die Innovation im Sinne von Neuem im technischen, gestalterischen oder geschäftlichen Kontext ist hier gar nicht gemeint. Denn letztlich geht es dabei nicht um Innovation, sondern um Markteintritt von geförderter Forschung. Dazu kommt: Häufig sind die Forschungsprojekte, die gefördert werden, nicht sonderlich innovativ – im Sinne von schöpferisch, wirkmächtig und bahnbrechend. Trotzdem gelingt es findigen Consultants (nicht ihnen, sondern dem System ist der Vorwurf zu machen) immer wieder, für solche Projekte noch einmal zusätzliche Mittel für den Markteintritt zu beschaffen.

Mir wurde unlängst ein App Store vorgestellt, der auf Initiative der ALECSO (der UNESCO der Arabischen Liga) entwickelt worden war. Dieser App Store war von den verschiedenen arabischen Staaten in Auftrag gegeben worden, um arabischsprachige Inhalte anzubieten. An sich eine sehr gute Idee. Technisch scheint der App Store seit 2015 zu funktionieren und es wurden mittlerweile einige Hundert, meist edukative Apps eingestellt. Als wir aber die Userzahlen ansprachen, erzählte man mir, dass es im gesamten arabischen Raum nur wenige Tausend seien. Ich habe mich daraufhin zu der Aussage verstiegen, dass Angry Birds schon vor einigen Jahren die Eine-Milliarde-Download-Grenze geknackt habe und dass wenige Tausend User eine sehr geringe Zahl seien. Ich schlug vor, für die Zukunft den Spaß stärker in den Mittelpunkt zu stellen und weniger edukative sowie belehrende Inhalte anzubieten. Die Mitarbeiter der ALECSO waren von meiner Aussage schwer getroffen. Sie wollten ihrerseits zusätzliche öffentliche Mittel organisieren, um mit ihrer inhaltlichen Strategie stärker zu punkten. Von einer spaßgetriebenen, die intrinsische Motivation der App-Nutzer berücksichtigenden Strategie hielten sie wenig.

Beispiele aus der Praxis: Computerspiele als Innovationsdimension

Viele Projekte im technischen Umfeld, die seitens des Staates angestoßen oder organisiert werden, erreichen nicht ihre Ziele. Doch statt sie zu optimieren und dem Markt zu überlassen, steckt der Staat weitere Mittel in sie hinein, um ihr Überleben im Markt zu ermöglichen. Und das Ganze heißt dann Innovationsförderung.

Ein anderes Beispiel aus meiner Zeit als Vertreter der europäischen Computerspielentwickler: Zu Beginn, also vor über zehn Jahren, habe ich mich sehr für eine gemeinsame europäische Engine-Technologie stark gemacht, die die Markteintrittsbarrieren für die Entwicklung von Computerspielen in Europa senken helfen konnte. Eine Engine ist so etwas wie ein virtuelles Marionettentheater, in dem man die interaktiven Spiele entwickeln und abspielen kann. Damals mussten die Entwickler_innen von Computerspielen noch hohe Lizenzgebühren für deren Nutzung bezahlen. Ich habe seinerzeit ein Policy-Paper in die EU-Kommission eingebracht. Zielrichtung des Papiers war die Entwicklung einer wettbewerbsfähigen europäischen Engine-Technologie mithilfe öffentlicher Mittel. Umgesetzt wurde das Projekt von der EU-Kommission nicht. Und heute ist das Problem weitgehend obsolet, weil es mit Unity eine allgemein anerkannte und bezahlbare Technologie gibt.

Als ich wenige Jahre später von der französischen Regierung angefragt wurde, ob man nicht eine rein französische Umsetzung des Projekts anstoßen solle, habe ich mich bereit erklärt, dies politisch und inhaltlich zu unterstützen. Der französische Staat hat dann über zehn Millionen Euro ausgegeben, um eine nationale Game Engine auszubauen. Es bedurfte im Vorfeld nicht nur einer Auseinandersetzung in den politischen Arenen – auch innerhalb des eigenen europaweiten Verbandes gab es intern eine sehr harte und sachliche Auseinandersetzung über die Erfolgsaussicht des Projekts. Solche Engines müssten kommerziell entwickelt werden, so die verbreitete Sicht, sonst können sie dem Innovationsfortschritt nicht standhalten. Auch wurde es für wichtig erachtet, dass es grundsätzlich keine hohen technischen Markteintrittshürden gebe. Es sei einfach nicht möglich, dass eine durch öffentliche Fördermittel initiierte Technologie so umgesetzt werde. Ich habe mich damals nicht von solchen skeptischen Einschätzungen leiten lassen und habe meine Anliegen öffentlich vertreten. Aber ich muss im Nachhinein zugeben, dass auch ich die mehrdimensionalen Bedarfe dieser Innovation selbst unterschätzt hatte. Zwar wurde das Projekt umgesetzt und eine staatlich finanzierte französische Game Engine entwickelt, aber wenig später »krähte kein Hahn« mehr danach. Die deutsche Cry Engine, die völlig ohne öffentliche Förderung entwickelt wurde, hat sich dagegen weltweit einen vortrefflichen Ruf erarbeitet. Nichts würde dagegensprechen, die Cry Engine jetzt mit öffentlichen Mitteln zu unterstützen, damit sie im internationalen Wettbewerb bestehen kann.

Im Kern gibt es nicht *ein* Verständnis von Innovation. Verschiedene Communitys verstehen unter Innovation ganz unterschiedliche Dinge. Sie reden deshalb häufig aneinander vorbei, wenn sie aufeinandertreffen. Diejenigen, die Innovationen fördern, haben viel weniger mit Innovation im Sinne von etwas ganz Neuem zu tun, als man annehmen würde. Und diejenigen, die wirklich innovativ sind und Innovation realisieren, so wie ich das verstehe, wissen teils gar nicht, dass sie jetzt innovativ sind. Das Entscheidende an den wichtigsten Innovationsträgern ist, dass sie sich so auf die Sache an sich konzentrieren müssen, dass sie manchmal vergessen, welche Bedeutung ihnen eigentlich zukommt. Das müssen sie auch: Wenn sie sich die ganze Zeit ins Bewusstsein rufen würden, welche innovativen Schritte sie gerade gehen, dann würden sie möglicherweise gar nicht mehr so innovativ sein können, sondern entweder Angst bekommen oder so salbungsvoll werden, dass ihnen nichts mehr einfällt.

Einen weiteren Punkt, den ich gerne noch hinzufügen möchte, ist, dass auch User durch den Miteinbezug einen positiven Beitrag zur Innovation liefern können. Vor allem in der Kreativbranche ist dies eine Praxis, die gerne angewendet wird.[10]

Ich bin dafür, den Begriff Innovation so offen wie möglich zu halten. Innovation ist neu und entzieht sich daher im Kern dem vorher Dagewesenen. Nie da gewesen ist Innovation unabhängig davon, ob sie als Businessmodell in einer Firma passiert, ob sie technisch oder gestalterisch-künstlerisch ist. Sie muss neu sein, muss ein Problem lösen. Je offener und flexibler wir den Begriff handhaben, umso näher kommen wir dem, was wir suchen.

10 Candace Jones/Mark Lorenzen/Jonathan Sapsed: The Oxford Handbook of Creative Industries. User innovation in creative industries, Oxford 2015, S. 303.

Martin Lücke

Musiker 4.0: Schöne neue Welt?

Die global agierende, in sich stark vernetzte Musikwirtschaft, bestehend aus jeweils großen und kleinen Plattenfirmen, Verlagen, Verwertungsgesellschaften, Konzertveranstaltern, Venues, Messen, Tonstudios, Musikinstrumentenbauern etc., war einer der ersten (kulturellen) Wirtschaftsbereiche, der vor inzwischen 20 Jahren unter den Folgen und Auswirkungen der Digitalisierung zu leiden hatte. Sinnbild für dieses wirtschaftliche Leiden in Bezug auf eine sich verändernde Wertschöpfung ist vor allem die produzierende und distribuierende Musik- bzw. Tonträgerindustrie: Innerhalb weniger Jahre sanken die Umsätze durch den Verkauf von physischen Tonträgern – später aber auch digitalen Downloads – weltweit um annähernd 50 %.

Die Gründe hierfür sind hinlänglich bekannt, die Entwicklung des MP3-Komprimierungsformats, das Aufkommen von sogenannten Peer-to-Peer-(P2P)-Plattformen wie Napster, Gnutella und Co. und dies mit sich stetig verbessernden DSL- und mobilen Datenleitungen, führte zu einem damals unvorstellbaren Wandel innerhalb der gesamten Musikwirtschaft. Unternehmen, aber eben auch die Kulturarbeiter selbst (also Komponisten, Textdichter, ausübende Musiker), mussten und müssen sich noch immer auf diesen längst nicht abgeschlossenen Wandel einstellen und ihre althergebrachten, zum Teil über mehrere Jahrzehnte funktionierenden Geschäfts- und Arbeitsmodelle in der heutigen Zeit massiv verändern.[1]

Um sich solch einer komplexen Thematik zum sich verändernden Arbeitsumfeld von an der Musikproduktion Beteiligten angemessen zu nähern, gehören dazu immer auch – in diesem Fall auf Deutschland bezogene – Zahlen, um zum einen zu verdeutlichen, von welcher Wirtschaftsgröße man im Kontext Musikwirtschaft überhaupt sprechen kann, und zum anderen aufzuzeigen, wie sich bestimmte Geschäftsmodelle grundlegend verändert haben.

Musikverbreitende: Musikindustrie im Wandel

Der in Berlin beheimatete Bundesverband Musikindustrie (BVMI), der Dachverband der deutschen Majors (damit sind die großen, global agierenden Musikunternehmen wie Universal Music, Warner Music und Sony Music gemeint), veröffentlicht jedes Jahr eine Studie mit den aktuellen Zahlen zur deutschen Musikindustrie, also den produzierenden und distribuierenden physischen und digitalen Tonträgermedienunternehmen.[2] Aus dieser Studie wird zunächst ersichtlich, dass die deutsche Musikindustrie ab Mitte der 1980er-Jahre, ausgelöst durch die 1983 eingeführte Compact Disc (CD), einen langanhaltenden, stetigen Umsatzzuwachs verzeichnen konnte.[3] Lagen die Umsätze (stets zu Endverbraucherpreisen angegeben) 1984 noch bei ca. 1 Milliarde Euro, stiegen diese bis 1997 auf mehr als 2,7 Milliarden Euro an, wovon allein die CD einen Umsatzanteil von 2,3 Milliarden Euro für sich beanspruchen konnte (der Rest verteilte sich auf Musikkassetten und Single-CDs). Der Hauptgrund für dieses enorme Wachstum war unter anderem darin zu suchen, dass viele Musikenthusiasten ihre Vinylschallplattensammlung auf CD (aufgrund der Klangqualität und der Haltbarkeit des neuen Tonträgers) nachkauften. Für die Musikindustrie waren dies die goldenen Jahre, in denen ausreichend Mittel auch für (musikalische) Experimente zur Verfügung standen. Gleichzeitig wurde aber der Markt mit Compilations

1 Vgl. zum Aspekt der Veränderung der Musikwirtschaft historisch und aktuell unter anderem Josef Limper/Martin Lücke: Management in der Musikwirtschaft, Stuttgart 2013.

2 Bundesverband Musikindustrie: Musikindustrie in Zahlen 2018, Berlin 2019.

3 Ebd., S. 4 f.

(diverse Zusammenstellungen) überflutet, wodurch ab Anfang der 1990er-Jahre ein fast vollständiges Abflachen der Umsatzkurve zu konstatieren ist.[4]

Ab 1998/1999 brachen schließlich die Um- und letztlich auch Absätze der Musikindustrie erst langsam, dann erheblich aufgrund der einleitend kurz beschriebenen technologischen Entwicklung des Komprimierungsstandards MP3 sowie des Aufkommens von (illegalen) Tauschbörsen à la Napster und der Möglichkeit, CDs nun auch privat zu vervielfältigen, erheblich ein;[5] ein erneutes Abflachen der nun stark sinkenden Umsatzkurve ist erst ab 2004 und seit dem (deutschen) Marktstart von iTunes des amerikanischen Technologiegiganten Apple erkennbar. Deutlich wird aus den vom BVMI zur Verfügung gestellten Studien aber auch, dass die Umsatzkurve in den vergangenen Jahren (spätestens seit 2012) wieder eine positivere Richtung einnimmt, die Rekordumsätze der 1990er-Jahre aber noch lange nicht erreicht worden sind. Ob sie jemals wieder erreicht werden können, ist sicherlich eine zentrale Frage für die gesamte Musikindustrie. Gleichzeitig erkennt man, dass hier über einen Markt gesprochen wird, der zu Endverbraucherpreisen (!) gerade einmal 1,6 Milliarden Euro Umsatz erwirtschaftet – und damit ungefähr so groß ist wie der Zuschuss des Bundes für den gesamten öffentlichen Kulturbereich in Deutschland.[6]

Viele Jahre lang war Deutschland eine eher physische Musiknation, die CD war bislang Umsatzbringer Nr. 1, und Deutschland war damit ein fast einzigartiger Sonderfall im Vergleich zu anderen Musikmärkten wie den USA, Schweden oder Frankreich. Doch mit dieser Sonderrolle ist es nun seit dem Jahr 2018 vorbei. Aus den Zahlen zur Musikindustrie 2018 geht hervor, dass der Umsatzanteil des Audiostreamings in Deutschland (bei einem Gesamtumsatz von 1,58 Milliarden Euro) bei 46,4 % liegt, der Anteil der CD bei nur noch 36,4 %. (➡ Abb. 1)

---

4 Die angeführte Grafik ist einsehbar unter www.musikindustrie.de/fileadmin/bvmi/upload/02_Markt-Bestseller/MiZ-Grafiken/2018/ein_blick_zurueck_300dpi.jpg (abgerufen am 13.5.2019).

5 Die Markteinführung des stationären CD-Brenners war 1998. Spätestens ab 2000 verfügte fast jeder PC über einen CD-Brenner, sodass das Kopieren von Dateien aller Art, darunter aber eben auch Musikdateien, einfach und schnell funktionierte.

6 Im Jahr 2015 betrugen die staatlichen Ausgaben für den Kulturbereich 1,5 Milliarden Euro. Statistische Ämter des Bundes und der Länder (Hg.): Kulturfinanzbericht 2018, Wiesbaden 2018, S. 23.

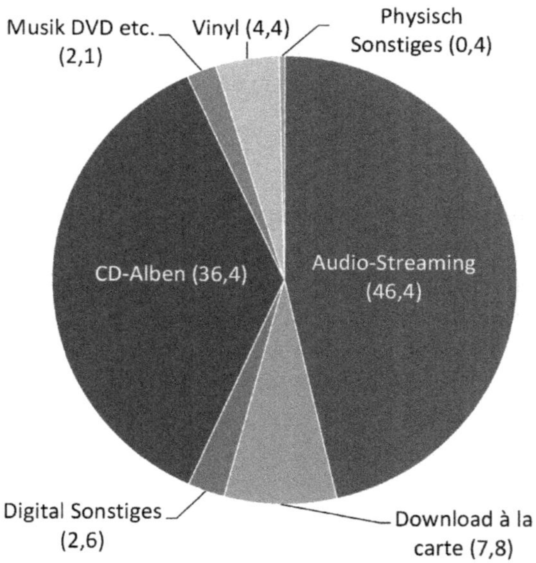

Abb. 1: Umsatzanteile aus dem Musikverkauf 2018 in %. *Quelle:* BVMI: Musikindustrie in Zahlen 2018, S. 7.

Dieser Trend wird sich mit größter Wahrscheinlichkeit nicht wieder umkehren. Also scheint das legale abonnementbasierte Audiostreaming in der Tat das lang gesuchte *next big thing* der Musikindustrie zu sein.

Generell kann die Situation der produzierenden Industrie wie folgt zusammengefasst werden: Die Umbrüche waren für die Mehrzahl der in der Musikindustrie tätigen Unternehmen massiv, viele altbekannte Player wie zum Beispiel der Major EMI sind inzwischen nicht mehr am Markt aktiv;[7] und inzwischen bestimmen viele neue Marktteilnehmer – meist aus der Technologiebranche – wie Apple (iTunes, Apple Music), Amazon (Amazon Music), Google (YouTube) oder Spotify die neuen Regeln des globalen Musikmarktes zumindest in großen Teilen mit. Darüber hinaus erscheint es durchaus logisch, dass diese hier wirklich nur kurz skizzierten Veränderungen innerhalb der

7 Die Tonträgersparte des Majors EMI wurde 2012 von Universal Music für 1,5 Milliarden Euro aufgekauft.

produzierenden und distribuierenden Industrie auch Auswirkungen auf eine der zentralen Personengruppen hat, ohne die – zumindest bisher – Musik kaum möglich erscheint: Urheberinnen und Urheber sowie Interpretinnen und Interpreten.

Musikschaffende: Ausübende Künstler

In einem ersten Schritt soll bei den Musikschaffenden die Gruppe der Interpretinnen und Interpreten betrachtet werden. Allein der bereits skizzierte massive Einbruch im Verkauf von physischen Tonträgern (wurden in Deutschland 2009 noch 1,24 Milliarden CD-Tonträger physisch verkauft, waren es 2018 nur noch 580 Millionen Stück)[8] hat bei den Künstlerinnen und Künstlern zwangsläufig zu massiven Rückgängen ihrer Einnahmen gesorgt. Galt in früheren, vordigitalen Zeiten die Formel, pro verkaufter CD bleibt ca. ein Euro bei den Musikerinnen und Musikern, so sind es im heutigen dominierenden Streamingzeitalter je nach Vertrag der Künstlerinnen und Künstler mit ihrem Label zwischen ca. 0,03 bis 0,00074 US-Dollar pro Stream. Etwas differenziertere Werte ergeben sich aus der folgenden Tabelle (➟ Abb. 2).

Zwar kommt laut dem derzeit den Markt dominierenden schwedischen börsennotierten Streaminganbieter Spotify ein globales Hitalbum trotz dieser hier dargestellten äußerst geringen Mikrocentzahlungen auf etwa 425.000 US-Dollar im Monat, ein Top-Ten-Album auf 145.000 US-Dollar, ein beliebtes Indie-Album auf 76.000 US-Dollar monatlich, ein zeitloses Rock-Album auf 17.000 US-Dollar und ein Indie-Nischenalbum immer noch auf 3.300 US-Dollar;[9] doch schüttet Spotify diese Beiträge an die direkten Rechteinhaber der einzelnen Songs aus – in den meisten Fällen sind dies zunächst die Plattenlabels und nicht die Künstlerinnen und Künstler selbst, die wiederum aufgrund unterschiedlicher Vertragsgestaltungen von den Labels an diesen Ausschüttungen beteiligt werden. 70 % der Einnahmen von Streaminganbietern, zum Beispiel Spotify, gehen generell an die Labels – doch wie die

8 BVMI: Musikindustrie in Zahlen 2018, S. 10.

9 Martin Lewicki: So wenig verdienen Musiker auf Spotify, in: Techbook v. 27.4.2017, www.techbook.de.

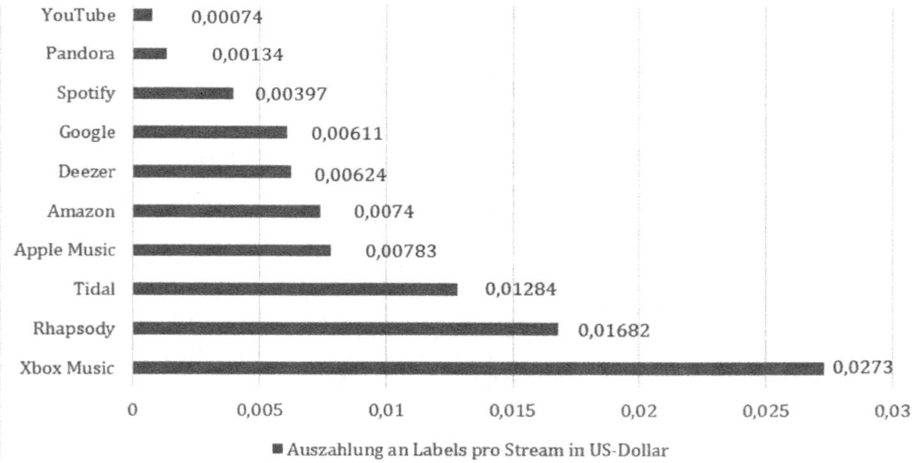

Abb. 2: Auszahlung an Labels pro Stream in US-Dollar. ***Quelle:*** Patrick Wagner: Musik-Streaming: Wer zahlt am besten?, in: Statista v. 3.4.2018, www.statista.de.

Labels wiederum diese Einnahmen an die Künstler verteilen, ist abhängig vom individuell ausgehandelten Vertrag. Schon 2015 veröffentlichte die Plattform Music Business Worldwide eine Aufteilung der Einnahmen aus einem derzeit typischen 9,99-Euro-Abonnement eines Streaminganbieters (➞ Abb. 3, S. 362).

Der Wiener Musikwirtschaftsforscher Peter Tschmuck hat diese Verteilung der Einnahmen aus Streamingaktivitäten eindrücklich für die Universal Music Group (UMG) dargestellt.[10] So konnten sich die digitalen Umsätze der UMG zwischen 2005 und 2017 von 259 Millionen Euro auf 2,656 Milliarden Euro mehr als verzehnfachen, während die physischen Verkäufe im selben Zeitraum um zwei Drittel einbrachen. Doch selbst innerhalb der digitalen Segmente kam es zwischen 2014 und 2017 zu massiven Veränderungen: weg vom Download, hin zum Streaming, wie aus Abbildung 4 (➞ S. 363) deutlich wird. Anders ausgedrückt: Der Besitz von Musik wird für die Nutzerinnen und Nutzer – und damit für die distribuierende Industrie – weniger bedeutsam.

10 Peter Tschmuck: Musik-Majors in der Streaming-Ökonomie. Universal Music Group, in: Musikwirtschaftsforschung v. 2.7.2018, www.musikwirtschaftsforschung.blogpress.com.

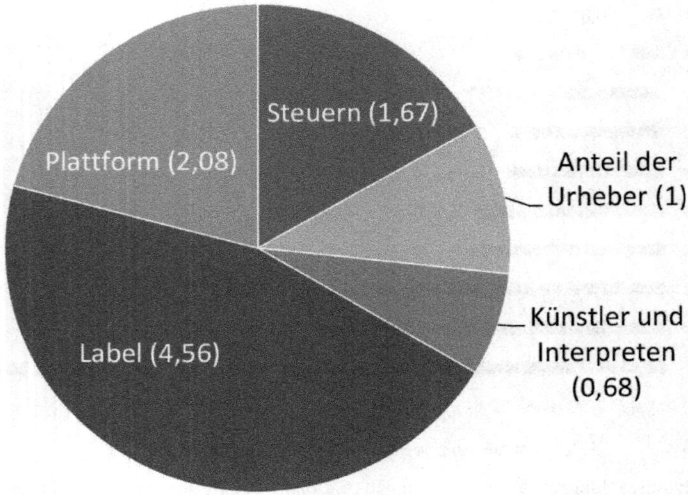

Abb. 3: Anteil der einzelnen Beteiligten an einem 9,99-Euro-Abonnement (in Euro). *Quelle:* Tim Ingham: Major Labels keep 73 % of Spotify Premium Payouts – Report, in: Music Business Worldwide v. 3.2.2015, www.musicbusinessworldwide.com.

Stattdessen leihen sich die Konsumentinnen und Konsumenten mittels Streamingabonnement den grenzenlos erscheinenden Zugang zum sogenannten Weltrepertoire (➞ Abb. 4).

An dieser Stelle könnte zudem ein weiterer, spannender Exkurs stehen, der hier nun angedeutet werden soll, denn vor allem die großen (Major-) Labels wie die Universal Music Group agieren hier, so muss man dies in aller Deutlichkeit sagen, wieder als eine Art Gatekeeper, die zwar nicht mehr wie in früheren, vordigitalen Zeiten in jedem Fall über einen generellen Markteintritt von Künstlerinnen und Künstlern bestimmen – hierzu gibt es inzwischen andere Wege, wie zum Beispiel YouTube –, aber mindestens über die Einnahmebeteiligung aus Streamingservices.

Schon in der aus heutiger Sicht grau erscheinenden Vorzeit, also vor der inzwischen fast alle Lebensbereiche tangierenden Digitalisierung, errichteten die Labels teils unüberwindliche Barrieren für den Markteintritt von Künstlerinnen und Künstlern. Es waren in der Regel die Labels, die darüber bestimmten, welche Musik welcher Künstlerinnen und Künstler auf (physische)

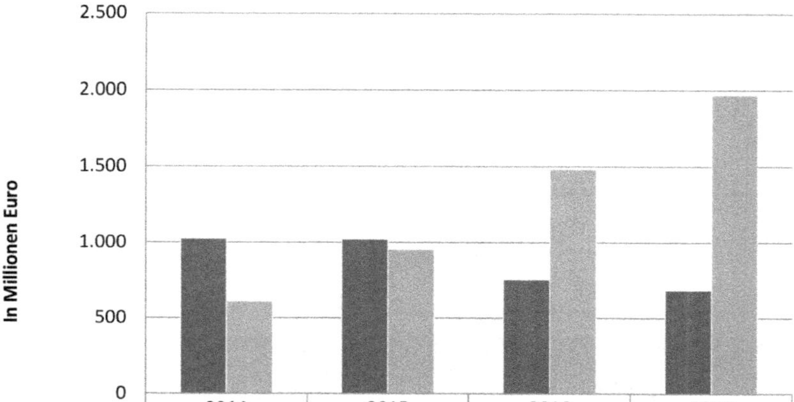

	2014	2015	2016	2017
Download	1.026	1021	755	685
Streaming	610	954	1483	1971

Abb. 4: Der digitale Musikumsatz der UMG nach Segmenten 2014–2017. ***Quelle:*** Ingham: Major Labels keep 73 % of Spotify Premium Payouts.

Tonträger gepresst wurde, um Umsätze beim Konsumenten und damit im Idealfall Gewinne beim Unternehmen zu generieren.

Deutlich wird dieses alte Rollenverständnis eines Labels auch an der traditionellen Wertschöpfungskette innerhalb der Musikwirtschaft (➞ Abb. 5, S. 364).

Im Zuge der Digitalisierung hat sich die klassische Wertschöpfungskette jedoch stark gewandelt. Bis dahin fand die traditionelle Wertschöpfung beginnend beim Urheber oder Künstler über entweder Label und Handel oder Livemusik hin zum Konsumenten statt. Durch die Digitalisierung ist eine direkte Kundenbeziehung inzwischen auf fast allen Ebenen der Wertschöpfungskette unter Auslassung der nachgelagerten Stufen möglich. Der Urheber kann seine Musik über eine selbst betriebene Homepage direkt vertreiben; der Künstler kann sich zudem direkt mit seinen Fans über Social Media und andere Kanäle verbinden. Statt klassischem – und oft auch kostspieligem – Marketing in Form von Plakatwerbung, Radio- oder Fernsehspots etc. spielt das virale Marketing eine immer zentralere Rolle. Videos auf YouTube oder anderen Social-Media-Kanälen werden nicht nur im

Freundeskreis verbreitet, sondern können direkt mit einer Kaufoption erweitert werden.

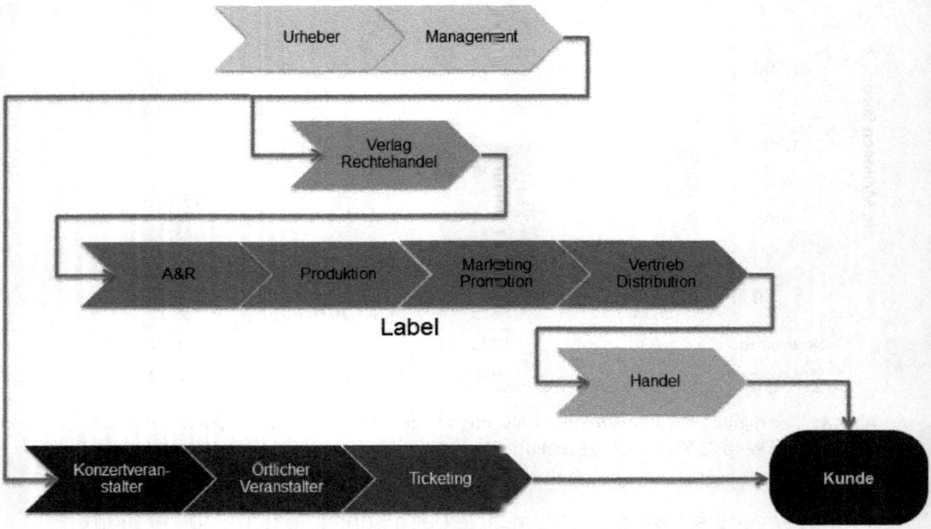

Abb. 5: Traditionelle Wertschöpfungskette der Musikwirtschaft (eigene Darstellung). *Quelle:* Limper/Lücke: Musikwirtschaft, S. 198.

Die hier dargestellten Veränderungen haben in der Tat zu einer enormen, noch nie da gewesenen Vielfalt von Musik geführt; kann doch in der Theorie ein jeder seinen kreativen Output über die diversen Kanäle einer (Fan-)Öffentlichkeit zur Verfügung stellen. Doch so ehrlich muss man in diesem Zusammenhang auch sein: Um in einem Mainstreamgenre wie Popmusik international sichtbar und damit auch erfolgreich zu sein, bedarf es noch immer – die Ausnahme bestätigt die Regel – eines idealerweise global agierenden Labels samt vorhandener Promotion- und Vertriebsnetzwerke. Somit bleibt die Gatekeeperfunktion der Labels trotz Veränderungen der digitalen Welt (zumindest) weiterhin bestehen (→ Abb. 6).

Ein Topstar mit seinen – wie bereits dargestellt – zig Millionen Streams jährlich und zahlreichen Fans weltweit erzielt auch über die Konsumform Streaming hohe Tantiemenzahlungen, das ist unzweifelhaft. Aber dieser Zu-

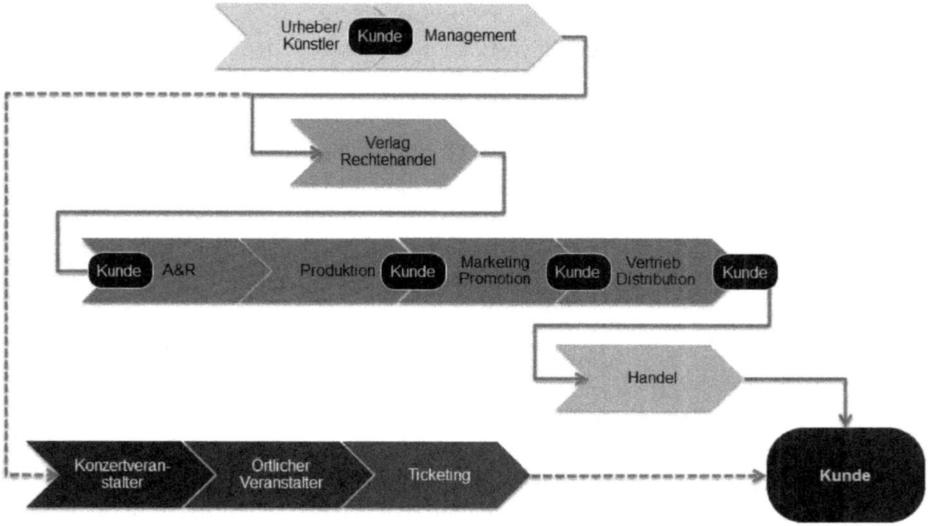

Abb. 6: Auswirkungen der Digitalisierung auf die Wertschöpfungskette der Musikwirtschaft (eigene Darstellung). *Quelle:* Limper/Lücke: Musikwirtschaft, S. 199.

stand betrifft nur sehr wenige Künstlerinnen und Künstler. Die Mehrzahl der Interpretinnen und Interpreten (nicht umsonst verfügen die Streamingdienstleister wie Spotify und Co. über einen Repertoirekatalog von inzwischen mehr als 40 Millionen Titeln) erhält aus dieser Verwertungsform nur (vielfach zu) geringe Einnahmen. Und gleichzeitig müsste an dieser Stelle noch ein ganz anderes Thema angesprochen werden, das letztlich die Zahlungsströme von der Streamingplattform über das Label hin zum Künstler beeinflusst: die Playlists sowie die diversen Vorschlagsmodelle der Streaminganbieter. Denn die meisten Musiknutzer beschäftigen sich nicht intensiv mit Musik; sie nutzen sie als reine Dienstleistung, Musik ist nur ein Beiwerk des alltäglichen Lebens. Viele Konsumenten lassen sich schlicht und einfach durch ein vorhandenes Musikangebot »berieseln«, ob durch das passive Medium Radio (im Übrigen ist das Radio in Deutschland noch immer die Musiknutzungsquelle Nr. 1)[11]

11 Laut BVMI beträgt der prozentuale Anteil des Radiohörens (terrestrisch und digital) im Jahr 2018 43,3 %. Auf Platz zwei folgt das Hören von physischen Tonträgern (17,2 %). Der

oder durch Streamingangebote. Umso wichtiger für Labels ist es daher, dass ihre Werke in den diversen Playlists der Plattformen oder im Flow von beispielsweise Deezer vorhanden sind. Hier hat ein neuer, algorithmisch getriebener Wettbewerb um die besten, da bezahlten Plätze begonnen, worauf dieser Beitrag im weiteren Verlauf noch einmal eingehen wird.

Im Jahr 2015 wurde die bislang umfangreichste Studie zum deutschen Musikmarkt von Professor Wolfgang Seufert, Universität Jena, im Auftrag von elf großen deutschen Musikbranchenverbänden veröffentlicht. Diese Studie untersuchte auch die Zusammensetzung der Einnahmen von ausübenden Künstlerinnen und Künstlern detailliert. Das Ergebnis überraschte, denn einer der zentralen Schaffungsprozesse von Künstlerinnen und Künstlern, der Verkauf von Tonträgerprodukten über die diversen Vertriebsformen, macht inzwischen weniger als 10 % aus (➟ Abb. 7).

Hingegen stammen mehr als ein Drittel der durchschnittlichen Einnahmen aus Honoraren, zum Beispiel von Livemusikauftritten. Wie oft war in der Vergangenheit zu hören, dass die massiven Umsatzeinbrüche des Tonträgergeschäfts von Künstlern mit Liveauftritten ausgeglichen werden müssen. Doch dabei gilt zu bedenken: Zum einen kann ein Künstler nicht unbegrenzt Konzerte geben (anders als beim Verkauf von CDs sind hier Grenzen gesetzt), zum anderen sind auch die zu beobachtenden steigenden Preise von Eintrittskarten kein dauerhaftes Erfolgsmodell, denn am Ende muss noch immer der Konsument bereit sein, diese zu zahlen. Die aktuellen Zahlen zum deutschen Veranstaltungsmarkt zeigen zwar 2017 ein seit 2013 deutlich gestiegenes Umsatzwachstum (von 2,7 Milliarden Euro auf 3,7 Milliarden Euro), aber ausschließlich ausgelöst durch stark steigende Ticketpreise (von ca. 36 Euro auf 51 Euro) bei gleichzeitig rückläufigen Besucherzahlen (von 74 Millionen auf 71 Millionen).[12] Auch diese Tendenz muss in den kommenden Jahren verstärkt Beachtung finden. Vor allem die Kosten für Rock-, Pop-, aber auch Klassikfestivals oder Tourneen alternder Stars haben inzwischen schwindelerregende Höhen erreicht. So werden laut einer aktuellen Studie 60 % aller Konzertticketerlöse weltweit von gerade einmal 1 % der globalen

---

Anteil des kostenpflichtigen Audiostreamings liegt nach dieser Studie bei nur 4,6 %. Es ist aber davon auszugehen, dass dieser Anteil in den kommenden Jahren stetig ansteigen wird. BVMI: Musikindustrie in Zahlen 2018, S. 25.

12 bdv: bdv-Studie 2018, Hamburg 2018, S. 6.

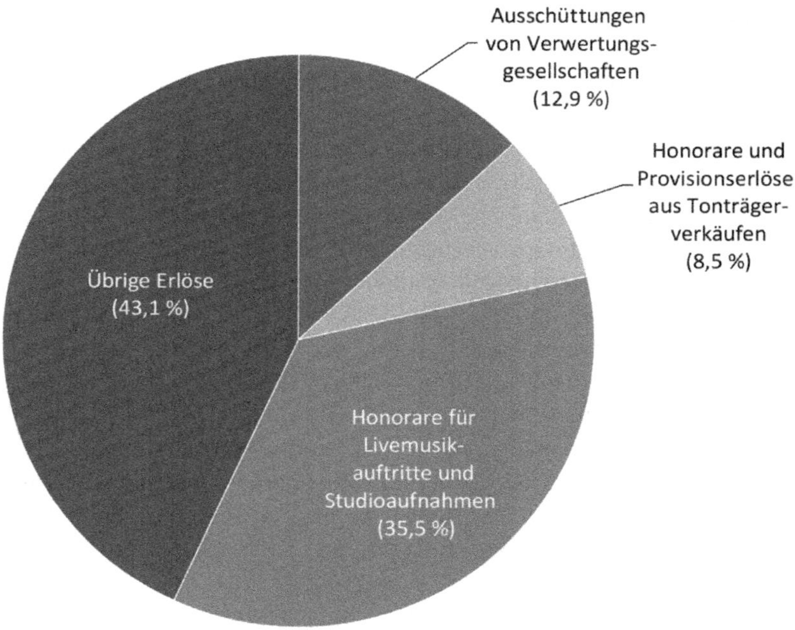

Abb. 7: Struktur der Gesamterträge für ausübende Künstler. *Quelle:* Wolfgang Seufert: Musikwirtschaft in Deutschland. Studie zur volkswirtschaftlichen Bedeutung von Musikunternehmen unter Berücksichtigung aller Teilsektoren und Ausstrahlungseffekte, Berlin 2015, S. 26.

Topstars wie Beyoncé oder Taylor Swift erwirtschaftet – Tendenz steigend.[13] Zugleich ist es bislang ungewiss, ob der Erlebnisfaktor Livekonzert oder Festival bzw. das dort zu findende Gemeinschaftsgefühl (Vergemeinschaftung) auch bei zukünftigen Generationen weiterhin so stark ausgeprägt ist, wie es bislang zu konstatieren ist.[14]

13 Neil Shah: Music Superstars Are the New One Percenters, in: The Wall Street Journal v. 4.5.2019, www.wsj.com.

14 Vgl. zu diesem Aspekt unter anderem Ronald Hitzler/Thomas Bucher/Arne Niederbacher: Leben in Szenen. Formen jugendlicher Vergemeinschaftung heute, Wiesbaden 2001.

Musikschaffende: Urheber

Auch die Gruppe der Urheber (Komponisten, Bearbeiter, Textdichter) muss in diesem Kontext betrachtet werden. Anders als Interpreten erhalten Autoren einen Großteil ihrer Einnahmen als Erlöse der entsprechenden Verwertungsgesellschaften, im Fall der Musik durch die Gesellschaft für musikalische Aufführungs- und mechanische Vervielfältigungsrechte (GEMA). Betrachtet man hier die Ausschüttungen der vergangenen Jahre, ist für die knapp 70.000 durch die GEMA vertretenen Musikurheber ein Wachstum festzustellen. Inzwischen haben die Einnahmen der GEMA sogar die Eine-Milliarden-Euro-Grenze durchbrochen.[15] Die GEMA – und damit die durch sie vertretenen Urheber – lassen sich im Durchschnitt mit ca. 10 % an den verschiedenen mit Musik erzielten Umsatzerlösen beteiligen. Sie erhalten zum Beispiel 10,25 % von Streaminganbietern (bezogen auf den Abonnentenpreis), zwischen 9,009 % und 13,25 % von Labels bei einer CD-Produktion (bezogen auf den sogenannten HAP, Händlerabgabepreis) und bis ca. 10 % von Konzertveranstaltern im U-Musiksegment (bezogen auf die Bruttoumsatzerlöse) (➟ Abb. 8).

Letztlich sind die hier dargestellten prozentualen Angaben der Einnahmen aber nicht aussagekräftig genug. Und in der Tat ist es nicht einfach, konkrete Aussagen über das Einkommen von ausübenden Künstlern oder Autoren zu erhalten, zu unterschiedlich ist auch deren Status, ein deutscher Topstar wie Herbert Grönemeyer ist nicht mit einem jungen Nachwuchssänger zu vergleichen. Allerdings gibt die 1983 gegründete Künstlersozialkasse (KSK) Auskunft darüber, wie hoch das durchschnittliche Einkommen (Einnahmen abzüglich Ausgaben) von Künstlern allgemein und Musikern im Speziellen ist – wobei man in diesem Zusammenhang immer mitbedenken muss, dass die genannten Einkommenssummen Schätzungen der Künstler selbst sind.

Ca. 14.000 Euro beträgt das durchschnittliche Einkommen eines im Bereich Musik bei der Künstlersozialkasse angenommenen Künstlers oder

15 Die Erträge der GEMA beliefen sich 2018 auf 1,019 Milliarden Euro. Abzüglich der Aufwendungen (ca. 160 Millionen Euro) konnte die GEMA somit ca. 860 Millionen Euro an die Berechtigten (im In- und Ausland) ausschütten. GEMA: 2018. Geschäftsbericht mit Transparenzbericht, München 2019.

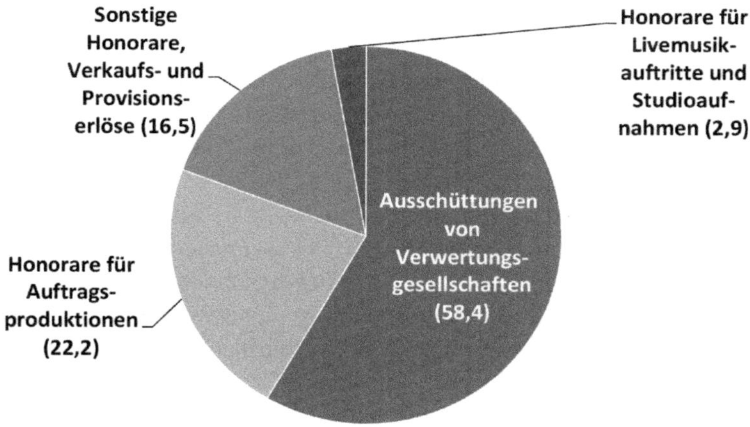

Abb. 8: Struktur der Gesamterträge für Autoren und Komponisten. *Quelle:* Seufert/Schlegel/Sattelberger: Musikwirtschaft in Deutschland , S. 25.

Autors,[16] wobei große Einkommensunterschiede zwischen den Geschlechtern und dem Alter bestehen. Es scheint nicht übertrieben, diese Einkommenshöhe als prekär zu bezeichnen. Durchschnittlich 1.166 Euro monatlich vor gegebenenfalls zu zahlenden Steuern und (Sozial-)Abgaben sind – mit Ausnahme der an zwei Händen abzuzählenden Topstars im Pop-, Rock-, Klassik- und Jazzsegment – zu wenig, um davon angemessen leben zu können – und dies ganz abgesehen von auch für Künstler und Urheber wichtigen Themen wie Altersvorsorge etc. Natürlich ist es ein Leichtes, eine fairere Verteilung der Umsätze zwischen den Beteiligten zu fordern, sprich zwischen Streamingdienstleistern, Labels, Verlagen, Autoren und Interpreten. Diese Forderung ist darüber hinaus nicht neu, steht im Raum seitens zahlreicher Lobbyverbände und hat vor allem zu Beginn des Jahres 2019 auch in der allgemeinen medialen Berichterstattung für Aufmerksamkeit gesorgt. Am 26.3.2019 beschloss das EU-Parlament mehrheitlich eine Änderung über das Urheberrecht und verwandte Schutzrechte, die europaweit für ein großes mediales Echo und zahlreiche Proteste von Gegnern dieser Reform

16 Hierunter fallen unter anderem Orchestermusiker, Popmusiker, Sänger, Komponisten, Librettisten etc.

geführt hat. Sinnbildlich hierfür war vor allem Artikel 13 (in der endgültigen Fassung Artikel 17), der, wenn auch im Wortlaut nicht vorkommend, sogenannte (schon heute existierende) Uploadfilter für (große) Plattformen vorsieht, um die Urheber- und Leistungsschutzrechte der Rechteinhaber – und damit die angemessene Vergütung – zu schützen. Dabei ist der Wert der künstlerischen Arbeit eigentlich kaum in Geld zu messen. Was die Gesellschaft wünscht – wie auch der Staat – ist eine künstlerische Vielfalt. Doch lässt sich diese nur dauerhaft aufrechterhalten, wenn Künstler und Autoren in die Lage versetzt werden, von ihrer Kunst adäquat leben zu können.

Unzweifelhaft verfügen Künstler über einen Einnahmemix – Tonträger und Streams, Honorare aus zum Beispiel Livemusikauftritten, Tantiemen von Verwertungsgesellschaften etc. –, doch reicht selbst dieser Mix für viele (dies lässt sich aus den Zahlen der Künstlersozialkasse schließen) nicht zum (Über-)Leben. Die noch längst nicht abgeschlossene Digitalisierung hat – wie bereits dargestellt – für massive Veränderungen im Künstlerdasein geführt. Althergebrachte Geschäftsbeziehungen sind verschwunden, ganz neue Möglichkeiten, wie zum Beispiel der direkte Zugang der Künstler, aber auch der Unternehmen zu den Fans, haben sich dadurch erst ergeben – und werden intensiv genutzt.

Neue Welten: Big Data und Co.

Inzwischen bestimmen auch weitere Zahlen und Daten das Künstlerdasein, was mit den Oberbegriffen Big Data und Algorithmen umschrieben werden kann.[17] Anhand von drei skizzierten Beispielen soll verdeutlicht werden, welche neuen Möglichkeiten durch die Verwendung von Daten und Algorithmen für die Musikwelt entstehen bzw. bereits vorhanden sind – und welche Auswirkungen dies eben auch auf die Künstler bzw. Autoren selbst haben kann.

17 Vgl. zum Thema Musik und Big Data unter anderem den Sammelband Michael Ahlers et al.: Musik und Big Data, Wiesbaden 2017.

Beispiel 1: Playlists/Echo Nest

2014 kaufte der schwedische Streamingdienstleister Spotify ein damals junges Start-up für 100 Millionen Euro, das sich selbst als »leading music intelligence company with the deepest understanding of music content and music fan« bezeichnete.[18] Diese Aussage ist keine Übertreibung, denn The Echo Nest verfügt mit mehr als einer Billiarde Daten über nahezu jedes Musikstück, das auf der Welt jemals geschrieben wurde, also das Weltrepertoire. Das Unternehmen nutzt diese Datenmengen, analysiert Songs nach ungezählten musikalischen Parametern und durchforstet soziale Medien nach allen erdenklichen Daten zu den entsprechenden Liedern. Songs samt Datenanalyse sind somit ein Kern des Geschäftsmodells von Spotify. Ziel dieser Unternehmung bzw. Analyse ist die vollständige Integration der Musik, genauer gesagt des Streaminganbieters Spotify in den Alltag der User. Dank GPS-Daten und anderer Sensoren von aktuellen Smartphonemodellen kennt Echo Nest, und damit Spotify, welcher Tag heute ist, ob der Nutzer joggt oder vielleicht irgendwo sitzt oder liegt – und kann so die für den Nutzer individuell passende Musik (je nach Situation und Stimulation) vorschlagen bzw. abspielen.

Die zudem im System implementierte Möglichkeit mit diesen Daten vorherzusagen, in welcher Sekunde das Einsetzen eines welchen Instruments zum Skippen eines Songs führt, wird – so die noch genauer zu überprüfende These – vor allem auf die Massen ausgerichtete Popmusik grundlegend verändern. Wenn Plattenfirmen anhand dieser zur Verfügung stehenden Analysen einschätzen können, wie ein Song aufgebaut sein muss, um nicht beendet zu werden, werden sie Lieder nach einem, so nennen wir es mal, Spotify-Bauplan konstruieren. Wenn beispielsweise 71 % aller Hörer ein Musikstück skippen in dem Moment, wenn Thom Yorkes Gesang einsetzt, wird es für das Label nur noch wenig Gründe geben, weiterhin Songs mit dieser Stimme bzw. diesem Künstler aufzunehmen. So werden Labels nur noch Songs einkaufen oder gar in Auftrag geben, die in Spotify und vergleichbaren Angeboten bestehen können.

18 The Echo Nest: Our Company, in: The Echo Nest o. D., www.the.echonest.com.

Und diese hier nur knapp skizzierte Entwicklung hat längst begonnen: Songs müssen eine 30-Sekunden-Schwelle überstehen, denn Spotify und andere Anbieter zählen einen Stream erst dann – und schütten dafür eine Vergütung aus –, wenn ein Nutzer diesen Song mehr als 30 Sekunden lang angehört hat. Dies hat zwangsläufig zur Folge, dass Songschreiber prägende, zuhörerbindende Elemente eines Stücks, die früher vielleicht aus dramaturgischen Gründen erst viel später im Lied aufgetaucht wären, schon in diesen ersten entscheidenden Anfangssekunden platzieren müssen. Eine Folge davon könnte sein, dass instrumentale Intros über kurz oder lang verschwinden und dafür ein zweiter, einem Refrain ähnlicher Intro-Chorus entsteht. Dafür gibt es auch aktuelle Beispiele. 2017 dominierten die Charts sowohl Pink mit *What About Us* und Selena Gomez feat. Kygo mit *It Ain't Me*. Nach jeweils weniger als zehn Sekunden waren die Stimmen der Sängerinnen bereits zu hören. Für den Song *Despacito*, dieser ist derzeit das meistgeklickte Video auf YouTube aller Zeiten, gibt es extra für Spotify sogar eine Version des Songs, die nach 10 – und eben nicht erst nach 30 Sekunden – Luis Fonsis Stimme hören lässt. Je genauer die Datenanalyse also in Zukunft sein wird, desto genauer werden Popsongs auf ihre Ausspielung hin konzipiert werden.

Beispiel 2: Hatsune Miku

Wenn schon mittels dargestellter Datenanalyse die künstlerische Freiheit vermeintlich stark eingeschränkt wird, stellt sich zwangsläufig die Frage, ob man dann überhaupt noch eigene Künstler braucht. Hatsune Miku ist eine japanische Sängerin, sie hat 2,5 Millionen Fans auf Facebook, ist zierlich und 16 Jahre alt – allerdings seit elf Jahren. Denn Hatsune Miku ist nicht real, sondern ein 3D-Manga. Kreiert vom Software-Synthesizer-Hersteller Vocaloid begeistert Hatsune Miku seit Jahren ihre treue Fangemeinde.[19] Es soll hier noch einmal betont werden, es handelt sich dabei um eine nicht reale Person, die hier ihre Fans anspricht. Dabei funktioniert diese Fanbindung nicht nur im Rundfunk oder auf Tonträgern, sondern auch bei Livemusikveranstaltungen, für die die Figur als Hologramm auf die Bühne projiziert wird.[20]

Beispiel 3: AIVA

Der große Hype um Hatsune Miku ist zwar inzwischen verebbt, die technischen Möglichkeiten haben sich aber weiter verbessert und letztendlich wurde das dargestellte Prinzip durch immer besser aufbereitete Daten nur verfeinert: AIVA ist ein von der 1851 gegründeten SACEM,[21] dem französischen Pendant zur deutschen GEMA, anerkannter Komponist. Nur, AIVA ist kein Mensch, sondern eine Künstliche Intelligenz (KI), die gelernt hat, Musik zu komponieren, indem sie mehr als 30.000 Werke namhafter Komponisten implementiert bekam.[22] Nun sagen die Entwickler zwar selbst, dass AIVA – das Akronym steht für Artificial Intelligence Virtual Artist[23] – menschliche Autoren nicht ersetzen, sondern ergänzen möchte. Als Beispiel werden von den Machern der KI unter anderem Computer- bzw. Videospiele angeführt, die zwar Hunderte Stunden gespielt werden können, aber nur über meist wenige Stunden sich stetig wiederholende Originalmusik verfügen. AIVA soll hier zunächst helfen, individualisiert endlos immer wieder neue Musik zu erschaffen, und damit das eigentliche Tätigkeitsfeld von Autoren, die Schaffung neuer Musik, nicht direkt tangieren. Aber die Möglichkeiten dazu sind vorhanden, durch noch mehr Daten wird sich auch die Erschaffung neuer Musik mittels KI perfektionieren. Werden daher in Zukunft Maschinen den kreativen Prozess von Autoren übernehmen? Dies ist noch nicht ausgemacht, auch wie sich dies auf die zukünftige Rolle der ausübenden Künstler (der Interpreten auf der Bühne) auswirken wird, denn diese sind noch immer Identifikationsobjekte für ihre Fans. Hier lässt sich aus heutiger Sicht noch keine Tendenz ableiten.

---

19 Siehe zum Thema Hatsune Miku und andere virtuelle Idole auch Rafael Zaborowski: Hatsune Miku and Japanese Virtual Idols, in: The Oxford Handbook of Music and Virtuality v. 3.2016, www.oxfordhandbooks.com.

20 Siehe dazu auch folgendes Video auf YouTube: World is mine, in: www.youtube.com/watch?v=YSyWtESoeOc (abgerufen am 10.5.2019).

21 SACEM steht für: La Société des Auteurs, Compositeurs et Éditeurs de Musique, abrufbar unter www.sacem.fr.

22 Siehe zum Thema Künstliche Intelligenz auch Ulrich Eberl: Smarte Maschinen. Wie Künstliche Intelligenz unser Leben verändert, München 2016.

23 Siehe zu AIVA auch www.aiva.ai.

Fazit

Die neue Musikwelt, die der Unternehmen, die der Künstler und die der Autoren bleibt auch in Zukunft spannend. Noch ist nicht in Gänze abzusehen, in welche Richtung sich zum Beispiel Unternehmen wie Labels, die dahinterstehenden Geschäftsmodelle, aber auch die Rolle und Funktion von Autoren und Künstlern auf Basis der stetigen Digitalisierung und der konsequenten Weiterentwicklung von Big Data und Künstlichen Intelligenzen entwickeln werden. Die Musik als kreatives Gut und die Musikwirtschaft als Ort des Austausches bleiben auch in Zukunft ein interessantes Laboratorium, da sich hier schon in der Vergangenheit viele Entwicklungen erstmals gezeigt haben. Denn die Musikwirtschaft ist zwar ein kleiner, finanziell überschaubarer ökonomischer Markt, aber die Musik selbst ist ein zentrales Gut, das die meisten Menschen konsumieren und nutzen und das damit zum aktiven Teil des alltäglichen Lebens dazugehört. Die zentrale Frage wird sein, ob und wie es gelingen wird, die Künstler und Autoren an den Finanzströmen ausreichend zu beteiligen, damit diese von ihrer Kunst (über)leben können. Doch vielleicht hat der Markt dafür schon Ersatz gefunden. Hatsune Miku oder AIVA sind hier zunächst einmal nur Einzelbeispiele, doch wird sich, so viel ist sicher, die dahinterstehende Technik weiterentwickeln. Es wird am Ende also auch auf den Konsumenten ankommen, ob dieser ein Interesse daran hat, dass das Kulturgut Musik weiterhin vom Menschen gemacht wird.

Gesundheit und Technologie

Mareike Misselhorn · Julia Schwanholz

Telemedizin und E-Health – Deutschland im europäischen Vergleich

Kaum ein Lebensbereich ist so sensibel wie die Gesundheit des Menschen. Die Digitalisierung hat auch vor dem Gesundheitssektor nicht Halt gemacht und wird diesen in Zukunft verändern. Besonders im Politikfeld Gesundheit treffen dabei Fortschrittshoffnungen auf ein meist diffuses Unbehagen, inwieweit technische Innovationen noch zu beherrschen und zu kontrollieren sind. In Bezug auf Telemedizin erwarten die einen eine Entlastung von Arztpraxen, weniger menschliche Fehler und eine flächendeckende Versorgung durch den Einsatz digitaler Technik. Die anderen sorgen sich hingegen um ihre persönlichen Daten und befürchten Datenschutzlücken oder Technikversagen bei der Übertragung und Speicherung sensibler Inhalte. Doch schon längst geht es bei der Transformation des Gesundheitswesens nicht mehr um das Ob, sondern nur noch um das Wie, also um die Gestaltung verbindlicher Spielregeln.

Die Europäische Union versucht, auf diese Spielregeln makropolitisch einzuwirken, in einem Bereich, der weitgehend der Hoheit ihrer Mitgliedsländer unterstellt ist. Diese wiederum müssen sowohl EU-Gemeinschaftsrecht beachten (beispielsweise die Europäische Datenschutz-Grundverordnung –

DSGVO) als auch eigene Strategien entwickeln, um ihre Gesundheitsversorgung unter den Bedingungen einer fortschreitenden Digitalisierung zukunftsfit zu machen. Ländervergleichend zeigt sich dabei ein sehr unterschiedlicher Entwicklungsstand. Einige Staaten weisen in ihrer gesundheitspolitischen Praxis bereits ein hoch entwickeltes und ausgereiftes Digitalkonzept auf (etwa mit einer elektronischen Gesundheitskarte und E-Rezepten). Andere kommen kaum mit dem Ausbau der erforderlichen digitalen Infrastruktur voran und erfüllen somit nicht einmal minimale Vorbedingungen.

In der Literatur wird die Bundesrepublik als Nachzügler in fast allen Feldern der Digitalisierung beschrieben. Politikwissenschaftlich weitgehend unerforscht sind mögliche Erklärungen für den digitalen Entwicklungsstand im Gesundheitssektor. Im Beitrag fragen wir daher, warum Deutschland im europäischen Vergleich schlecht abschneidet. In einem Dreischritt erarbeiten wir dazu erstens, welche Vorgaben zu E-Health von der EU kommen, vergleichen zweitens mithilfe eines Länder-Rankings, wer die Digitalisierungsspitzenreiter und -verlierer im Hinblick auf E-Health in der EU sind, und hinterfragen drittens, warum Deutschland am unteren Ende rangiert. Wir begeben uns hierfür zunächst auf die föderale Ebene der Bundesrepublik und tragen Telemedizinprojekte in einem Vergleich der 16 Bundesländer zusammen. Wir zoomen dann auf die Bundesebene ins Parlament bzw. konkreter das Plenum als den zentralen, öffentlich einsehbaren Ort, wenn es allgemein um gesundheitspolitische und konkret um telemedizinische Diskurse geht. Mithilfe einer diskursiven Netzwerkanalyse können wir zeigen, dass Telemedizin über eine lange Zeit immer wieder nur punktuell auf der politischen Agenda auftauchte und sich der Diskurs mit dem E-Health-Gesetz 2015 viel später als in anderen Ländern der EU intensivierte. Bis heute sind es in Deutschland vor allem Datenschutzfragen, die den Telemedizin-Diskurs der Bundesrepublik bestimmen.

Einordnung zentraler Begriffe und Konzepte

Wenn die Rede von Digitalisierung im Gesundheitswesen ist, werden darunter alle Innovationen in der Gesundheitsversorgung verstanden, die durch den Einsatz von Informations- und Kommunikationstechnologien (IKT) bedingt sind.[1] Dieser Hybrid lässt sich konkretisieren in E-Health (oder M-Health), Gesundheitstelematik und Telemedizin (oder Teleforschung). (→ Abb. 1)

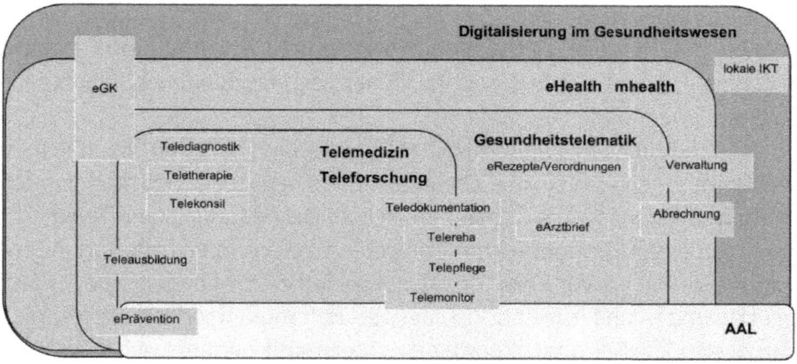

Abb. 1 Begriffsabgrenzung Digitalisierung im Gesundheitswesen. ***Quelle:*** Eigene Darstellung, angelehnt an Blachetta et al. 2016, S. 27.

Als Ende der 1990er-Jahre der Begriff E-Health im Umfeld der New Economy geprägt wurde, indem man die E-Commerce-Idee auf das Gesundheitswesen übertrug, war noch nicht abzusehen, dass sich der Begriff später zu einer »[…] Art Sammelbecken oder kleinste[m] gemeinsame[n] Nenner aller Varianten telemedizinischer oder telematischer Anwendungen«[2] entwickeln würde. Laut World Health Organization ist E-Health »the use of information and communication technologies (ICT) for health«.[3] Auch dieser Beitrag nutzt E-Health als Überbegriff für alle digitalen Anwendungsarten im Gesundheitssystem, mit denen die Qualität, Wirtschaftlichkeit und Transparenz des Gesundheitssystems zu steigern ist.

1 Frederik Blachetta et al.: Weiterentwicklung der eHealth-Strategie. Studie im Auftrag des Bundesministeriums für Gesundheit (BMG) v. 24.10.2016, www.bundesgesundheitsministerium.de/fileadmin/Dateien/3_Downloads/E/eHealth/BMG-Weiterentwicklung_der_eHealth-StrategieAbschlussfassung.pdf (abgerufen am 23.7.2018), S. 26.

2 Jörg Pelleter: Grundlagen der Telemedizin, in: Telemedizin. Wege zum Erfolg. Management und Innovation im Gesundheitswesen, hg. v. Carsten Schultz/Thomas M. Helms, Stuttgart 2013, S. 36-61, hier S. 38.

3 World Health Organization: eHealth, in: World-Health-Organization-Online v. 2019, www.who.int/ehealth/en/(abgerufen am 21.2.2019).

Gesundheitstelematik bezeichnet eine Kombination aus Gesundheitswesen, Telekommunikation und Informatik. Es handelt sich um eine Wortschöpfung, aus der später E-Health wurde. So werden die Begriffe E-Health und Gesundheitstelematik noch heute häufig gleichgesetzt, obwohl sie en détail zu differenzieren sind: Gesundheitstelematik ist ein Teil von E-Health, der beispielsweise die elektronische Vernetzung verschiedener Stakeholder im Gesundheitswesen ermöglicht.[4]

Telemedizin meint begrifflich ein Hilfsmittel, um Therapien, Diagnostiken und Beratungen via IKT über Ortsgrenzen hinweg zu ermöglichen. Immer dann, wenn Menschen sich nicht am selben Ort befinden, kann Telemedizin – also eine Übertragung medizinischer Daten und Informationen beispielsweise in Form von Text, Ton oder Bild – helfen, die geografische Distanz zu überwinden und Prävention, Diagnose, Behandlung oder Weiterbetreuung zu ermöglichen. Im Unterschied zur Telematik geht es bei der Telemedizin um die Erbringung konkreter medizinischer Dienstleistungen für den Patienten mithilfe von Gesundheitstelematik.[5] Das Anwendungsspektrum von Telemedizin ist entsprechend vielfältig.[6]

Bedingungen für E-Health in der Europäischen Union

In der Europäischen Union ist Digitalisierung im Gesundheitssystem ein wichtiges Thema. Allerdings ist die sozialpolitische Gestaltungskompetenz der EU sehr begrenzt. Dies trifft auf das Politikfeld Gesundheit besonders zu, weil sich die nationalen Gesundheitssysteme teilweise gravierend voneinander unterscheiden und somit kaum einheitlich regeln lassen. Gesund-

4 Blachetta et al.: Weiterentwicklung der eHealth-Strategie, S. 26; Denise Kluska: Versorgung aus der Ferne. Die Arzt-Patient-Beziehung unter den Bedingungen der Telemedizin, in: Forschung Aktuell IAT (2012) 10, S. 1-17, hier S. 2.

5 Blachetta: Weiterentwicklung der eHealth-Strategie, S. 27; Kluska: Versorgung aus der Ferne, S. 2; Florian Fischer/Violetta Aust/Alexander Krämer: eHealth. Hintergrund und Begriffsbestimmung, in: eHealth in Deutschland. Anforderungen und Potenziale innovativer Versorgungsstrukturen, hg. v. Florian Fischer/Alexander Krämer, Berlin/Heidelberg 2016, S. 3-23, hier S. 8.

6 Gernot Marx/Rainer Beckers: Telemedizin in Deutschland, in: Bundesgesundheitsblatt – Gesundheitsforschung – Gesundheitsschutz 58 (2015) 10, S. 1053-1055, hier S. 1053.

heitspolitik ist und bleibt daher vor allem eine Angelegenheit der Nationalstaaten. Neben der zentralen Aufgabe der EU, einen gemeinsamen Binnenmarkt zu realisieren, ist es hingegen ihre (global formulierte) Aufgabe, »ein hohes Gesundheitsschutzniveau« (Art. 168 Abs. 1 AEUV) sicherzustellen. Da der Schutz der Gesundheit eine Querschnittsaufgabe ist, berührt er nahezu alle Politikfelder.

Die Europäische Kommission beschäftigt sich entsprechend mit E-Health, weil darüber die Verbesserung der Gesundheit der Bürgerinnen und Bürger erreicht werden kann und die Qualität und Zugänglichkeit der medizinischen Versorgung sowie die Schaffung effizienter, benutzerfreundlicher und umfassend akzeptierter elektronischer Gesundheitsdienste zu realisieren sind.[7] Dazu wurde auf EU-Ebene ein E-Health-Network etabliert, das sich mit den Potenzialen und Herausforderungen befasst und eine gesamtpolitische Steuerung innerhalb der EU anleitet.[8]

Die EU-Kommission hat überdies schon frühzeitig konkrete Maßnahmen angestoßen, um Telemedizin zu fördern. Unter anderem wurden Fördermittel für Projekte zur Verfügung gestellt, die sich mit der Erarbeitung sicherer, standardisierter Informationsflüsse und -austausche zwischen den EU-weiten Gesundheitswesen beschäftigten. Beispielhaft hierfür ist das 2008 initiierte Smart Open Services for European Patients (epSOS)-Projekt, dessen Ergebnisse (darunter vor allem Vorschläge für organisatorische, rechtliche und technische Rahmenbedingungen) später in die Richtlinie über die Ausübung der Patientenrechte in der grenzüberschreitenden Gesundheitsversorgung (Richtlinie 2011/24/EU) einflossen. Die Richtlinie ist nichts anderes als eine europäische Normgebung, die die Nationalstaaten zur Umsetzung von Telemedizin verpflichtet. Dabei wird aber nicht in die jeweilige nationale Gesundheitspolitik eingegriffen, sondern Telemedizin und elektronische Gesundheitsdienste als ein Fortschritt in der Interoperabilität und Standardisierung der digitalen Technologien in der EU beschrieben, die über eine

---

7 Europäische Kommission: Elektronische Gesundheitsdienste (eHealth), www.ec.europa.eu/health/ehealth/overview_de (abgerufen am 11.2.2019).

8 Robert Krimmer/Dirk-Hinnerk Fischer/Carsten Schmidt: Digitalisierung und E-Health in Europa, in: ersatzkasse magazin 5./6. v. 21.6.2018, www.vdek.com/magazin/ausgaben/2018-0506/titel-europa.html (abgerufen am 11.2.2019).

positive Entwicklung im Gesundheitswesen vor allem den gemeinsamen digitalen Binnenmarkt voranbringen.

Für die Gestaltung von Digitalstrategien und die Umsetzung von Telemedizin in den Nationalstaaten ist außerdem die seit dem 25. Mai 2018 geltende DSGVO maßgeblich. Dabei handelt es sich um einen Bestandteil des neuen europäischen Rechtsrahmens zum Schutz personenbezogener Daten. Die Verordnung hat zum Ziel, das Datenschutzniveau innerhalb der EU zu vereinheitlichen. Durch die Implementierung einer europäischen Verordnung zum Datenschutz verbleibt den Mitgliedsstaaten kein Umsetzungsspielraum, der in der Vergangenheit durch die Regelung mittels Richtlinien noch existierte.[9] Die DSGVO wirkt somit direkt auf die Implementierung von Telemedizin, etwa in Fragen zum Datenschutz durch Technik und datenschutzfreundliche Voreinstellungen oder hinsichtlich der Verarbeitung personenbezogener Gesundheitsdaten: Die technischen Schutzeinstellungen müssen im E-Health-Sektor regelmäßig höchsten Standards entsprechen, denn ein Verlust bzw. eine Offenlegung von Gesundheitsdaten kann gravierende Folgen für die Betroffenen haben. Aus diesem Grund ist bei der Gestaltung von Telematik-Anwendungen sicherzustellen, dass »durch Voreinstellungen grundsätzlich nur personenbezogene Daten verarbeitet werden, die für die spezifischen Zwecke der Verarbeitung erforderlich sind«.[10] Auch bei der Verarbeitung personenbezogener Gesundheitsdaten muss sich an die Grundsätze der DSGVO gehalten werden. Jede Verarbeitung dieser hoch sensiblen, persönlichen Daten hat eine konkrete Zweckbindung zu enthalten. Dazu zählt beispielsweise die Notwendigkeit der Verarbeitung für die Diagnostik, Gesundheitsversorgung oder Behandlung. Ebenfalls kann eine Datenverarbeitung aus Gründen des öffentlichen Interesses erfolgen, zum Beispiel bei grenzüberschreitenden Gesundheitsgefahren.[11]

---

9 Andreas Leupold/Silke Glossner/Stefan Peintinger: eHealth. Rechtliche Rahmenbedingungen, Datenschutz und Datensicherheit, in: eHealth in Deutschland. Anforderungen und Potenziale innovativer Versorgungsstrukturen, hg. v. Florian Fischer/Alexander Krämer, Berlin/Heidelberg 2016, S. 47-82, hier S. 73.

10 Ebd., S. 74.

11 Ebd.

Zur Umsetzung von E-Health in den EU-Mitgliedsländern

Der Ländervergleich zeigt, dass die Nationalstaaten Telemedizin unterschiedlich voranbringen. Eine Studie der Bertelsmann Stiftung vergleicht die Smart Health Systems von 17 Ländern (darunter 12 EU-Mitglieder) anhand eines Digital-Health-Index[12] miteinander (vgl. für die vollständige Liste und das Ranking Tabelle 1 im Anhang, ➟ S. 398). An vier Länderbeispielen lassen sich die verschiedenen Entwicklungsstände besonders gut illustrieren: Estland und Dänemark stehen an der Spitze des Rankings und werden als Vorreiter für die Digitalisierung im Gesundheitswesen ausgewiesen. Deutschland und Polen bilden die Schlusslichter des Rankings. Polen liegt auf dem letzten Platz und gilt als digital unterentwickelt, während Deutschland vorhandene Potenziale bisher nicht ausgeschöpft hat.[13] Die Unterschiede basieren vor allem auf strukturellen Gegebenheiten, historischen Entwicklungen und politischen (Nicht-)Entscheidungen.

Digital Health wurde in Estland bereits im Jahr 2005 zentral organisiert: Die E-Health-Foundation war als Teil des Ministeriums für Soziale Angelegenheiten bis 2017 für alle digitalen Aufgaben zuständig. Seitdem hat das Zentrum für Gesundheits- und Sozialinformationssysteme (TEHIK) die Verantwortung für estnische E-Health-Dienste. Anders als es in Deutschland vor allem in Bezug auf das Thema Datenschutz der Fall ist,[14] war die Digitalisierung des Gesundheitswesens in Estland nie Teil einer öffentlichen Debatte.[15] Stattdessen ist der baltische Staat aufgrund seiner speziellen Infrastruktur, die durch das estnische Gesundheitsinformationsaustauschnetzwerk (ENHIS) einen Datentransfer zwischen allen Stakeholdern des Gesundheitssystems

---

12 Der *Digital-Health-Index* bildet den Digitalisierungsstand eines nationalen Gesundheitssystems aufgrund von 34 Indikatoren (Strategie, technischer Implementierungsstand/digitaler Reifegrad und tatsächlicher vernetzter Gesundheitsdatenaustausch) ab. Der Index kann Werte zwischen 0 und 100 annehmen. Je größer der Wert ist, desto höher ist auch die Entwicklungsstufe der Digital Health (vgl. Rainer Thiel et al.: #SmartHealthSystems. Digitalisierungsstrategien im internationalen Vergleich, Gütersloh 2018, S. 16, 225).

13 Ebd.

14 Arno Elmer: eGesundheitskarte, in: eHealth in Deutschland. Anforderungen und Potenziale innovativer Versorgungsstrukturen, hg. v. Florian Fischer/Alexander Krämer, Berlin/Heidelberg 2016, S. 155-163, hier S. 155; Thiel et al.: #SmartHealthSystems, S. 358.

15 Thiel et al.: #SmartHealthSystems, S. 99.

ermöglicht, eines der innovativsten Länder im Bereich von E-Health. Seit 2008 ist die digitale Organisation von Patientendaten in ENHIS verpflichtend. Aus EU-Fördermitteln wurden unter anderem die Elektronische Patientenakte (ePa) und das E-Rezept finanziert. Beide Dienste sind bereits seit 2009/2010 vollständig umgesetzt.[16] Über ihre Personalausweise haben alle Bürger Zugriff auf die öffentlichen Dienste und können selbst entscheiden, welche Ärzte Zugriff auf die persönlichen Gesundheitsdaten haben.

Hinter Estland (und Kanada) landet Dänemark auf Platz 3 im Ranking. Auch die Dänen setzen auf Patientenautonomie. Aktuell finden sich dort drei Strategien, um E-Health voranzutreiben: eine Citizen and Patient Involvement Strategy 2017 für die bessere Einbindung von Patienten, eine Digital Strategy 2016–2020 zur Verbesserung der Dienstleistungen und A Coherent Trustworthy Health Network for All: Digital Health Strategy 2018–2022, um mobile Gesundheits-Apps zu fördern.[17] Der elektronische Datenaustausch ist im dänischen Gesundheitswesen entsprechend weit fortgeschritten.[18] In sundhed.dk – dem dänischen Gesundheitsinformationsportal, das die drei wichtigsten Datenbanken vereint – werden patientenbezogene Informationen gesammelt und für Ärzte und Patienten zugänglich gemacht.[19] In Bezug auf Telemedizin hat Dänemark früh begonnen, Kliniken miteinander zu vernetzen. Mithilfe einer Strukturreform 2006[20] und der National Strategy for Digitalisation of the Danish Healthcare Service 2008–2012 wurden dänische Regionen, die den Gesundheitsservice bereitstellen, zusammengelegt und gleichzeitig wurde von staatlicher Seite in Krankenhäuser und Regulierungs-

16 Ebd., S. 98-99.

17 Ebd., S. 295.

18 Ministry of Health: Digitalisation and Health Data. Healthcare in Denmark. An Overview. Indenrigs- og Sundhedsministeriet, Kopenhagen 2017.

19 Thiel et al.: #SmartHealthSystems, S. 86-87, 288.

20 Bei der Strukturreform 2006 handelt es sich um eine der größten Verwaltungsreformen des Landes, die maßgeblich dazu beigetragen hat, den (medizinischen) Datenverkehr innerhalb und zwischen den Regionen zu erleichtern (vgl. Terkel Christiansen: Ten years of structural reforms in Danish healthcare, in: Health Policy 106 (2012) 2, S. 114-119).

instanzen investiert (etwa mehr Personal).[21] Zugute kam Dänemark dabei die schon 2010 entwickelte digitale Infrastruktur (NemID).[22]

Am unteren Ende des Gesundheitssystemvergleichs rangiert Polen. In Bezug auf E-Health weist Polen eine vergleichsweise unterentwickelte digitale Infrastruktur auf.[23] Zentrale Institutionen für die Implementierung digitaler Strukturen sind das Ministerium für Gesundheit, das Ministerium für Digitalisierung sowie das Nationale Zentrum für Gesundheitsinformationssysteme (CSIOZ). Polen hat bisher für die Digitalisierung des Gesundheitswesens kaum eigenstaatliche Investitionen getätigt, sondern vor allem auf EU-Förderungen gesetzt. Dadurch verzögerten sich viele Projekte oder scheiterten ganz. Das Finanzierungsproblem trifft auf eine schlechte IT-Ausstattung in polnischen Kliniken, eine lückenhafte Kommunikation zwischen Institutionen (Ministerien, Nationaler Gesundheitsfonds, CSIOZ) und fehlende Standards für eine Interoperabilität digitaler Anwendungen.[24]

Deutschland landet auf dem vorletzten Platz des Bertelsmann-Rankings. Mit der 2015 vom Bundestag verabschiedeten E-Health-Strategie hat die Bundesregierung einen gesetzlichen Rahmen für alle Aktivitäten auf Bundes- und Länderebene geschaffen. Im föderalen System der Bundesrepublik sind verschiedene regionale Ebenen zu unterscheiden, weil die Länder – teilweise schon vor 2015 – eigene Strategien verfolg(t)en. Eines der konkreten Ziele der Bundesregierung war die Implementierung einer elektronischen Gesundheitskarte. Die dafür gegründete Gesellschaft gematik[25] hat die Aufgabe, das in der E-Health-Strategie vorgesehene Zeitfenster für die Einführung

---

21 Thiel et al.: #SmartHealthSystems, S. 289-294.

22 Bei NemID handelt es sich um eine elektronische Log-in-Möglichkeit für Behörden, Websites und Banken (vgl. Thiel et al.: #SmartHealthSystems, S. 288).

23 Die wichtigsten Rechtsnormen sind das Gesetz über das Informationssystem im Gesundheitswesen 2011 und das Patientenrechtegesetz 2008.

24 Marcin Kautsch/Mateusz Lichon/Natalie Matuszak: Development of Publicly Funded eHealth in Poland. Barriers and Opportunities, in: Economics & Sociology 9 (2016) 3, S. 28-40.

25 Die gematik ist die 2005 von den Spitzenorganisationen des Gesundheitswesens gegründete Gesellschaft für Telematik-Anwendungen der Gesundheitskarte mbH. Bestehend aus diversen Stakeholdern des Gesundheitswesens ist sie mit der Aufgabe betraut, eine sichere und sektorenübergreifende Telematik-Infrastruktur für eine digitale Vernetzung des deutschen Gesundheitssystems aufzubauen.

einer entsprechenden Telematik-Infrastruktur zu nutzen.[26] Auch ein modernes Stamm- und Notfalldatenmanagement, der Anspruch auf einen Medikationsplan in Papierform für Patienten, denen drei oder mehr Arzneimittel verordnet werden,[27] die Förderung von elektronischen Arztbriefen sowie der Einstieg in die ePA werden in der Strategie geregelt. Überdies soll die Datenhoheit beim Patienten liegen, wie es in Estland und Dänemark längst gängige Praxis ist. Um die Digitalisierung zügig voranzubringen, baute der Gesetzgeber zeitlich begrenzte finanzielle Anreize und Sanktionen ein,[28] die jedoch bisher keinen zügigen, flächendeckenden Ausbau von E-Health in Deutschland bewirkt haben.[29]

Auffällig ist, dass die Bundesrepublik – als ein in Forschung und Entwicklung in vielen Politikfeldern führendes Industrieland – in puncto Digitalisierung des Gesundheitssystems unterentwickelt ist. Woran liegt das? Ein Grund könnte der politische Top-down-Ansatz sein, der beim Ausbau der Telematik-Infrastruktur bisher verfolgt worden ist. Denn mit ihm wird dem komplexen System der deutschen Selbstverwaltung im Gesundheitswesen kaum Rechnung getragen.[30] Überdies gab und gibt es eine breite öffentliche Debatte mit (zu) vielen Partikularinteressen. Getrieben wird diese vor allem von konkurrierenden Telematik-Infrastrukturentwicklungen,[31] die eine einhellige politische Linie erschweren.

---

26 Bundesministerium für Gesundheit: Glossar. Begriffe A-Z. E-Health-Gesetz, v. 2018, www.bundesgesundheitsministerium.de/service/begriffe-von-a- z/e/e-health-gesetz.html (abgerufen am 12.2.2019).

27 An dieser Stelle wird deutlich, dass das E-Health-Gesetz nicht nur Aspekte der Digitalisierung des Gesundheitssystems beinhaltet und weniger fortschrittlich ist als Initiativen aus Dänemark und Estland.

28 Stefan Müller-Mielitz/Thomas Lux: E-Health-Gesetz, in: E-Health-Ökonomie, hg. v. dies., Wiesbaden 2017, S. 125-136, hier S. 127.

29 Als Gründe hierfür sind Lieferverzögerungen bei Konnektoren für die TI, kassenzentrierte ePA-Angebote sowie die immer wiederkehrende Debatte über die Rolle von M-Health und den Zugriff auf medizinische Daten via Smartphone zu nennen (vgl. Thiel et al.: #SmartHealthSystems, S. 356).

30 Ebd., S. 357.

31 Ärzteblatt-Online: KBV will technische Standards für elektronische Patientenakten selbst entwickeln, in: Ärzteblatt-Online v. 15.8.2018, www.aerzteblatt.de/nachrichten/97158/KBV-will-technische-Standards- fuer-elektronische-Patientenakten-selbst-entwickeln (abgerufen am 12.5.2019).

Telemedizin in den deutschen Ländern und auf Bundesebene

Sind der Bund und die Länder gleichermaßen langsam in der Formulierung, Verabschiedung und Implementierung einer gesundheitspolitischen Digitalstrategie? Der Blick auf die regionale Ebene zeigt, dass viele Bundesländer längst eine stattliche Zahl von Telemedizin-Projekten (teilweise länderübergreifend oder bundesweit) initiiert haben und diese bereits seit Jahren umsetzen. Die Zahl der Telemedizin-Projekte variiert dabei in den 16 deutschen Bundesländern deutlich (➞ Abb. 2).

Im April 2019 gibt es insgesamt 55 bundesweite Projekte. Unter den Bundesländern steht Berlin mit 32 laufenden Projekten an der Spitze, gefolgt von Bayern (28), Nordrhein-Westfalen (22) und Baden-Württemberg (19). Im Durchschnitt werden 10,6 Projekte umgesetzt. In den meisten Bundesländern laufen allerdings weniger als ein Viertel der in Berlin durchgeführten Projekte. Lediglich Hamburg implementiert aktuell kein Telemedizin-Projekt.

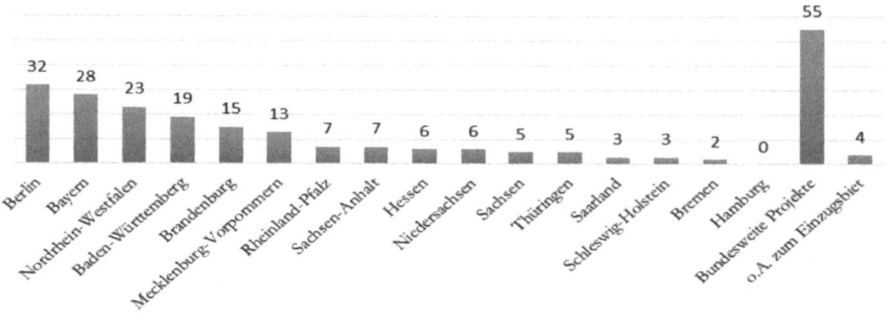

Abb. 2 Telemedizin-Projekte in Deutschland. ***Quelle:*** Eigene Darstellung auf Grundlage des Vesta-Informationsportals (Stand: 24.4.2019).

Um die politischen Strategien der Bundesländer bei der Einführung von Telemedizin zu illustrieren, werden im Folgenden drei Beispiele näher erläutert: Bayern, Niedersachsen und Nordrhein-Westfalen. Diese Beispiele unterscheiden sich nicht nur hinsichtlich ihrer geografischen Lage innerhalb Deutschlands, sondern setzen auch ungleich viele Telemedizin-Projekte um (➞ Abb. 2).

Bayern verfolgt seit 1995 eine Telemedizin-Offensive.[32] Diese besteht aus fünf Säulen: (1) Langfristige finanzielle Förderungen; (2) Bündelung der Kompetenzen und Verbesserung der Öffentlichkeitsarbeit über Telemedizin (dazu etwa Gründung einer Bayrischen TelemedAllianz und Zentren); (3) zielgerichteter Ausbau neuer telemedizinischer Angebote und Integration in die Regelversorgung; (4) Einsatz telemedizinischer Anwendungen sowohl im stationären als auch ambulanten Bereich; (5) Verknüpfung verschiedener Telemedizin-Dienste zur langfristigen und sektorübergreifenden Nutzung, um die medizinische (Notfall-)Versorgung zu verbessern. Mit 28 Projekten steht Bayern an zweiter Stelle im Telemedizin-Ranking.

In Niedersachsen ist Telemedizin in den Masterplan Digitalisierung integriert, das heißt, Modellprojekte werden gefördert und erfolgreiche weiterhin umgesetzt. Die Projekte beinhalten Maßnahmen zur Verbesserung der Versorgung im Alter oder einen schnelleren Datenaustausch im Notfallmanagement.[33] Niedersachsen liegt mit sechs Projekten unter dem Median (10,6) und im unteren Drittel des Rankings.

In Nordrhein-Westfalen ist Telemedizin in die Landesinitiative eGesundheit.nrw integriert und umfasst Projekte zur Vernetzung des Gesundheitswesens. Im Kern geht es darin um die Verbesserung der Qualität der medizinischen Versorgung durch sektorübergreifenden Informationsaustausch. Zudem sollen eine Modellregion Ostwestfalen-Lippe und ein Zentrum für Telemedizin am Gesundheitscampus Bochum etabliert werden.[34] Nordrhein-Westfalen setzt aktuell 23 Projekte um und belegt damit den dritten Platz des Rankings.

Beurteilungen über den Stand der Digitalisierung des deutschen Gesundheitssystems hängen folglich von der Ebene der Betrachtung ab. Lenkt man etwa die Aufmerksamkeit vom Bund auf die Länder, so hält die Bewertung einer unterentwickelten Telemedizin kaum mehr stand. Ganz im Gegenteil: Es sind gerade die Bundesländer, die Telemedizin-Projekte aktiv initiiert haben, teilweise schon seit Jahren (wie in Bayern seit 2012) umsetzen und oftmals über ausgefeilte Digitalstrategien verfügen.

32 Vgl. Homepage des Bayrischen Staatsministeriums für Pflege und Gesundheit.
33 Vgl. Homepage Niedersächsisches Ministerium für Soziales, Gesundheit und Gleichstellung.
34 Vgl. Homepage Ministerium für Arbeit, Gesundheit und Soziales Nordrhein-Westfalen.

Der politische Diskurs auf Bundesebene rund um Telemedizin ist in der politikwissenschaftlichen Forschung bislang nicht systematisch durchdrungen worden. Schon seit Beginn des neuen Jahrtausends wird darum gerungen, eine Digitalisierung des Gesundheitssystems auch auf zentralstaatlicher Ebene voranzubringen. Unklar ist allerdings, was genau dazu angestrengt wurde und wie entsprechende politische Diskurse verlaufen sind.

Eine wichtige Maßnahme war das bereits erwähnte E-Health-Gesetz aus dem Jahr 2015. Die Bundesregierung hat damit einen bundesweit gültigen Rechtsrahmen beschlossen, der unter anderem auch für die regionalen Projekte der Bundesländer maßgeblich ist.

Steuerungstheoretisch umfasst das E-Health-Gesetz die Bereitstellung öffentlicher Güter (teilweise durch den Staat, teilweise durch öffentliche Stellen oder Unternehmen der Gesundheitsökonomie und Organisationen der Selbstverwaltung). Es enthält einen konkreten Fahrplan für den Aufbau einer sicheren Telematik-Infrastruktur und die Einführung medizinischer Anwendungen.

Ungeachtet dieses Gesetzes hat der internationale Ländervergleich gezeigt, wie weit Deutschland abgeschlagen ist, was die Digitalisierung des Gesundheitssystems betrifft. Ein möglicher Grund könnte im Top-down-Regierungsstil liegen.[35]

Policy-theoretischer Analyserahmen: Politikstile

In der Policyforschung wurden Politikstile[36] – auch Regierungs- oder Regulierungsstile[37] – lange Zeit strikt nach länder- und sektorenspezifischen Faktoren unterschieden. Die einseitig auf Sektoren oder Länder fokussierte Forschung konnte allerdings keine befriedigenden empirischen Befunde liefern und bildete überdies politischen Zeitenwandel nicht systematisch ab. Aufgrund dieser Erkenntnis haben Knill und Tosun ein integratives Modell vorgeschlagen (➞ Tab. 2, S. 388), das sowohl den Länder- und Sektoren-

35 Thiel et al.: #SmartHealthSystems, S. 99.

36 Jeremy Richardson: Policy Styles in Western Europe, London 1982.

37 David Vogel: National Styles of Regulation. Environmental Policy in Great Britain and the United States, Ithaca, NY 1986.

vergleich als auch die Berücksichtigung von Politikveränderungen über die Zeit ermöglicht.[38]

Tab. 2: Integriertes Modell von nationalen und sektoralen Politikstilen

	Strukturelle Faktoren	Konjunkturelle Faktoren
Länderspezifische Faktoren	Sozioökonomischer Entwicklungsstand	Wirtschaftliche Konjunkturlage
	Kulturelle Orientierung	Öffentliche Meinung
	Institutionen	Regierungszusammensetzung
	Beziehungsmuster zwischen Staat und Gesellschaft	Veränderung des Beziehungsmusters zwischen Staat und Gesellschaft
Sektorspezifische Faktoren	Problemnatur	Problemdruck
	Policy-Paradigmen und Routinen	Aktuelle Erkenntnisse
	Pfadabhängigkeiten	Aktuelle Ereignisse
	Typische Konfliktlinien	Untypische Konfliktlinien

Quelle: Knill/Tosun 2012, S. 35.

Die in Tabelle 2 aufgeführten Erklärungsfaktoren können hilfreich sein, um die Gründe zu überprüfen, warum Deutschland im Ranking schlecht abschneidet. Dazu gehören beispielsweise ein Top-down-Politikstil, die Komplexität des deutschen Gesundheitssystems oder die Art der Diskurse innerhalb und außerhalb des zentralen politischen Entscheidungssystems.

38 Christoph Knill/Jale Tosun: Public Policy. A New Introduction, New York 2012.

Methodik und Daten

Die Methode der Diskursnetzwerkanalyse[39] wird eingesetzt, um diskursive Interaktionen vieler Akteure über bestimmte Zeiträume hinweg sichtbar zu machen.[40] Dabei geht es darum, Pro- und Contra-Argumente der am Diskurs beteiligten Akteure aufzuzeigen. So lässt sich beantworten, welche Argumente sich durchgesetzt haben und wie sich die Akteure zueinander verhalten. Mittels der Diskursnetzwerkanalyse kann überdies eine Anordnung zentraler Akteure innerhalb des Gesamtnetzwerks dargestellt werden. Schließlich lassen sich Eigenschaften der gesamten Netzwerkstruktur ermitteln: Ein hoher Zentralitätsgrad zeigt, wie Akteure aufgrund ihrer Position die Kommunikation im Diskursnetzwerk beeinflussen oder diese sogar steuern.[41]

Die für die Diskursnetzwerkanalyse dieses Beitrags gewählte Datengrundlage besteht aus Parlamentsdokumenten, die mittels der Suchbegriffe Telemedizin, E-Health (in seinen verschiedenen Schreibvarianten), Digitalisierung im Gesundheitswesen, Telematik und Gesundheitstelematik generiert wurden. Der Stichtag für die letzte Suchanfrage war der 31. Dezember 2018. Insgesamt ergab die Suche 512 Dokumente. Dabei handelt es sich um 74 Plenarprotokolle aus Bundestags- bzw. Bundesratsdebatten. Alle anderen Dokumente sind Drucksachen des Bundestags bzw. -rats. Diese sind auf der Homepage der jeweiligen Institution öffentlich zugänglich. Aus diesen Dokumenten konnten schließlich 175 (davon 50 Plenarprotokolle) für die Analyse verwendet werden, weil die Suchbegriffe tatsächlich in Bezug auf

39 Philip Leifeld: Die Untersuchung von Diskursnetzwerken mit dem Discourse Network Analyzer (DNA), in: Politiknetzwerke. Modelle, Anwendungen und Visualisierungen, hg. v. Volker Schneider et al., Wiesbaden 2009, S. 391-404; Philip Leifeld/Sebastian Haunss: Political Discourse Networks and the Conflict over Software Patents in Europe, in: European Journal of Political Research 51 (2012) 3, S. 382-409.

40 Sebastian Haunss/Matthias Dietz/Frank Nullmeier: Der Ausstieg aus der Atomenergie, in: Zeitschrift für Diskursforschung 1 (2013) 3, S. 288-315.

41 Sarah Herweg: Politische Diskursnetzwerke und der Konflikt um das Anti-Piraterie-Abkommen ACTA, in: PIPE Working Paper v. 15.11.2013, www.refubium.fu-berlin.de/bitstream/handle/fub188/18691/PIPE_Working_Paper_15-13_Herweg_-_Politische_Diskursnetzwerke_und_der_Konflikt_um_das_Anti-Piraterie-Abkommen_ACTA.pdf?sequence=1 (abgerufen am 12.5.2019), S. 9.

Gesundheitspolitik oder den Bereich Digitalisierung genannt wurden. Insgesamt wurden 782 Statements codiert.

Zur Analyse wurde die Software Discourse Network Analyzer (DNA) verwendet.[42] Es handelt sich dabei um ein auf Java basierendes Programm für qualitative und kategorienbasierte Inhaltsanalysen mit dem Schwerpunkt auf einer akteurszentrierten Analyse politischer Diskurse.[43]

Telemedizin-Diskurse im Parlament

Wie wird in Bundestag und Bundesrat über E-Health diskutiert? Eine mikroperspektivische Betrachtung legt die Interaktion der Akteure im Parlament frei. Dabei geht es darum aufzuzeigen, wer den politischen Diskurs zu E-Health im neuen Jahrtausend dominiert und welche Themen vordringlich sind.

Es zeigt sich, dass die Intensität des Telemedizindiskurses im Zeitverlauf zunimmt (➞ Abb. 3, S. 391). Für die ersten Jahre weisen die Dokumente jährlich bis zu 44 Statements[44] aus. Im Jahr 2015 findet der Diskurs mit 270 Nennungen seinen Höhepunkt. Davor sind kleinere Anstiege in den Jahren 2003, 2011 und 2014 ersichtlich. Diese gehen auf richtungsweisende Gesetzesinitiativen zurück, wie das Gesetz zur Modernisierung der gesetzlichen Krankenversicherung (GMG), das GKV-Versorgungsstrukturgesetz und das E-Health-Gesetz. (➞ Abb. 4, S. 399)

---

42 Leifeld: Die Untersuchung von Diskursnetzwerken mit dem Discourse Network Analyzer (DNA), S. 391-404; Philip Leifeld: Discourse Network Analyzer (DNA) manual, in: Philip-Leifeld-Online v. 2010, www.philipleifeld.de/cms/upload/Downloads/dna-manual-1.30.pdf (abgerufen am 29.11.2018).

43 Im Programm können Statements markiert und mit Informationen versehen werden (Person, Organisation, Konzept, Zustimmung/Ablehnung). Nach der Codierung lassen sich die Daten für einen bestimmten Zeitraum (oder für Teilzeiträume) in verschiedenen Formaten exportieren und anschließend in Programmen wie Visone, Ucinet oder R analysieren. Hierzu Melanie Nagel: Polarisierung im politischen Diskurs. Eine Netzwerkanalyse zum Konflikt »Stuttgart 21«, Wiesbaden 2016, S. 114.

44 Die Begriffe Forderungen, Statements und Konzepte werden in diesem Beitrag synonym verwendet.

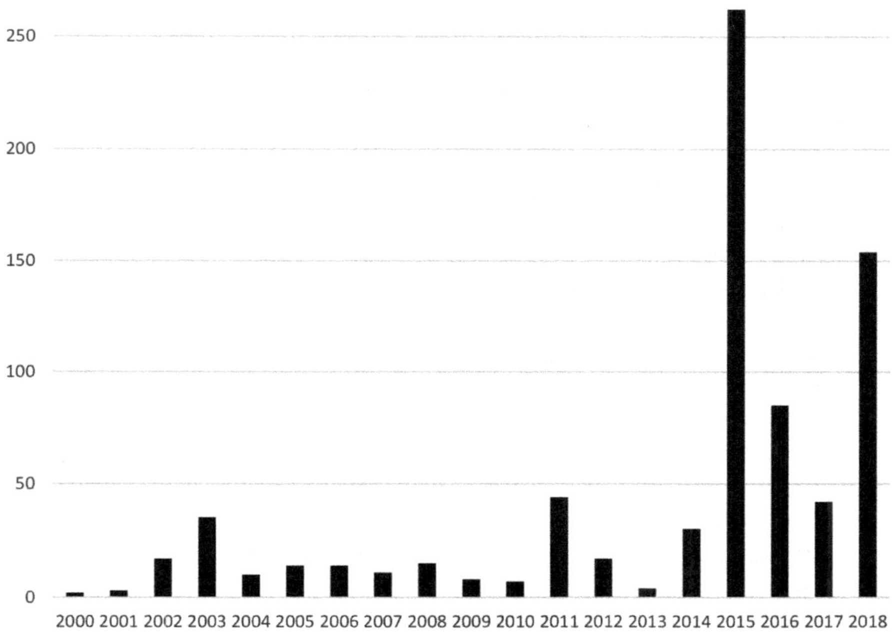

Abb. 3 Anzahl der Claims nach Jahren. *Quelle:* Eigene Darstellung.

Nach der Verabschiedung des E-Health-Gesetzes 2015 werden Diskursbeiträge zum Thema seltener. 2018 belebt die Gesetzesinitiative zum E-Health-Gesetz II den Diskurs wieder.

Inhaltlich weist der Diskurs zwischen 2002 und 2018 eine Vielzahl unterschiedlicher Konzepte auf. Während ungefähr die Hälfte der 33 Konzepte selten bis sehr selten genannt werden (weniger als zehn Erwähnungen), gibt es auch Forderungen, die häufig oder sehr häufig wiederholt werden (40 bis 80 Erwähnungen). Es lassen sich thematisch fünf Cluster zusammenfassen, die den parlamentarischen Diskurs maßgeblich prägen: (1) Chancen/Möglichkeiten der Telemedizin; (2) Innovation/Forschungsbedarf; (3) gesetzliche Regulierung; (4) Infrastrukturbereitstellung/Vernetzung des Gesundheitssystems; (5) Datenschutz und Umsetzung.

Betrachtet man die Aussagen über alle Untersuchungszeiträume hinweg, so zeigt sich, dass die Debatte über Telemedizin in Deutschland mit Forderungen nach Forschung und der Erprobung von E-Health-Anwendungen durch Modellprojekte beginnt (➟ Abb. 4 u. 5, S. 399). Einige Instrumente zur Umsetzung einer Digitalisierungsstrategie werden in den ersten Jahren der Debatte angeführt, jedoch nicht weitergedacht bzw. nicht zur Entscheidung gebracht.

In der 15. Wahlperiode (2002–2005) wird in Parlamentsdebatten das Thema Digitalisierung im Gesundheitswesen nicht ausführlich diskutiert.[45] In den zur Analyse herangezogenen Dokumenten finden sich insgesamt 82 Statements. Thematisch geht es vor allem um die Einführung einer elektronischen Gesundheitskarte und die Gründung der gematik, die man mit der Implementierung der neuen Karte betrauen will.[46] Die Bundesregierung dominiert den parlamentarischen Diskurs – Bundesgesundheitsministerin ist in dieser Zeit Ulla Schmidt (SPD) (➟ Abb. 4, S. 399).

In der 16. Wahlperiode (2005–2009) zeigt die Anzahl der Statements, dass ein parlamentarischer Diskurs zum Thema Digitalisierung des Gesundheitssystems kaum mehr auftritt. In den wenigen Debatten, die dazu im Parlament stattfinden, ist abermals die Bundesregierung der zentrale und beherrschende Akteur (➟ Abb. 5, S. 399).

In der 17. Wahlperiode (2009–2013) vergrößert sich das Diskursnetzwerk. Auffällig ist erstens, dass die Forderungen in dieser Zeit spezifischer und diverser werden. Zweitens ist die FDP-Fraktion trotz Regierungsbeteiligung als Diskursakteur im Parlament bedeutungslos. Die Bundesregierung bestimmt den Diskurs deutlich. Das Bundesministerium für Gesundheit wird in dieser Zeit von der FDP geführt (zunächst von Philipp Rösler bis 2011 und anschließend von Daniel Bahr bis zum Ende der Wahlperiode). Die parlamentarische Opposition trägt zum Thema im parlamentarischen Diskurs nur wenig bei (➟ Abb. 6, S. 400).

Nach der Bundestagswahl 2013 übernimmt erneut eine Große Koalition die Regierungsgeschäfte. Die FDP scheitert an der 5 %-Hürde und zieht nicht

45 In diesem Zeitraum ist von Gesundheitstelematik die Rede, da der Begriff E-Health erst später Einzug in den bundesdeutschen Diskurs gefunden hat.

46 Arno Elmer: Elektronische Gesundheitskarte und Telematikinfrastruktur. Plattform für ein sicher vernetztes Gesundheitswesen, in: eHealth. Wie Smartphones, Apps und Wearables die Gesundheitsversorgung verändern werden, hg. v. Volker P. Andelfinger/Till Hänisch, Wiesbaden 2016, S. 97-103, hier S. 98

mehr in den Bundestag ein. Das Bundesministerium für Gesundheit wird nun von der CDU geführt. Der Diskurs über die Digitalisierung des Gesundheitssystems intensiviert sich in der 18. Wahlperiode (2013–2017) merklich. Bundesgesundheitsminister Hermann Gröhe legt einen Entwurf für das E-Health-Gesetz vor. Dabei handelt es sich um die bisher umfassendste gesetzliche Maßnahme zur Digitalisierung des Gesundheitssystems in Deutschland. Der Gesetzentwurf bestimmt den Telemedizin-Diskurs im Parlament. Er durchläuft die Entscheidungsorgane binnen eines Jahres und wird im Dezember 2015 vom Deutschen Bundestag beschlossen. Auch der Bundesrat stimmt dem Gesetz zu.

Aufgrund der herausgehobenen Stellung des E-Health-Gesetzes stellt Abbildung 8 (➟ S. 401) das Diskursnetzwerk für das Jahr 2015 gesondert dar. Die Debatte über das E-Health-Gesetz im Parlament beginnt Anfang 2015. Zentrale Themen sind neben der Regulierung vor allem der Datenschutz, die Bereitstellung einer digitalen Infrastruktur und die Forderung nach mehr Vernetzung im Gesundheitswesen (➟ Abb. 7, S. 400).

Da sich die Regierungskonstellation durch die abermalige Bildung einer Großen Koalition von der 18. zur 19. Wahlperiode nicht verändert hat, zeigt das Diskursnetzwerk in Abbildung 8 den Zeitraum bis einschließlich 2018 an. Die FDP schafft bei der Bundestagswahl 2017 den Wiedereinzug ins Parlament und ist daher in diesem Schaubild als Oppositionsfraktion enthalten.

Betrachtet man die Akteure im Diskursgeschehen, so ist festzustellen, dass vor der 18. Wahlperiode die Bundesregierung die Debatten weitgehend beherrschte. Darüber hinaus speiste nur die CDU/CSU-Fraktion einige spezifische Forderungen in den Diskurs ein.

Dies ändert sich mit der Behandlung des E-Health-Gesetzes (➟ Abb. 7, S. 400). Nun bringen auch die Oppositionsfraktionen ihre Argumente ein und positionieren sich im Diskursnetzwerk deutlich sichtbar. Diese Positionierung behalten die Parteien bei: Ab der 19. Wahlperiode mischt auch die 2017 wieder in den Bundestag eingezogene FDP im Telemedizin-Diskurs mit (➟ Abb. 8, S. 401).

In den Diskursnetzwerken wird auch erkennbar, dass sich die Diskursintensität über die Wahlperioden hinweg vor allem entlang von Datenschutzfragen entwickelt hat. Ist das Thema in den ersten drei betrachteten Wahlperioden noch nachrangig, gehört es zwischen 2013 und 2018 mit 45 Statements zu den wichtigsten Forderungen. Die Parteien im Parlament sind damit im Vergleich zu Interessengruppen außerhalb des Parlaments spät dran: Die Ärztekammer forderte schon 1998 auf ihrem 101. Deutschen Ärztetag eine besondere Berücksichtigung des Datenschutzes beim Ausbau der Telemedizin.[47] Dieser Forderung entspricht der deutsche Gesetzgeber allerdings erst Jahre später.

Ergebnisse

Die Analyse des Diskursverlaufs zur Digitalisierung des Gesundheitssystems im Deutschen Bundestag über einen Zeitraum von 18 Jahren ergibt drei Auffälligkeiten: Erstens hat sich die Bundesregierung als besonders dominanter Akteur im Diskurs über eine lange Zeit hervorgetan. Außer der CDU/CSU-Fraktion waren alle anderen Fraktionen – ungeachtet einer Regierungsbeteiligung bzw. Oppositionsrolle – auffallend zurückhaltend, was den Diskurs im Parlament anbetrifft. Der Diskurs hat erst mit der Initiative für ein E-Health-Gesetz im Jahr 2015 an Fahrt aufgenommen. Die Argumente sind dabei zweitens auf allen Seiten zahlreicher und diverser geworden. Vor allem Datenschutzforderungen sind ins Zentrum der Auseinandersetzung gerückt. Am Diskurs beteiligen sich hierbei neuerlich auch die Oppositionsfraktionen. Drittens ist das Thema Digitalisierung des Gesundheitssystems selbst nach der Verabschiedung des E-Health-Gesetzes 2015 nicht mehr von der parlamentarischen Agenda gerückt. Der Diskurs in den Jahren 2016 und 2018 ist in Bezug auf die Forderungen zwar weniger intensiv als noch im Jahr 2015, liegt aber dennoch deutlich über dem Niveau der Diskursintensitäten in den Jahren davor. Dies ist auf weitere Telemedizin-Gesetzesinitiativen der Bundesregierung zurückzuführen.

Erklärungen dafür, warum für den Gesetzgeber das Thema Digitalisierung über eine auffällig lange Zeit nachrangig war, finden sich in der Parlaments- und Policyforschung:[48] Die Historie von Netzpolitik im Bundestag verdeutlicht,

---

47 Harald Clade: Telemedizin. Umfassender Datenschutz, in: Deutsches Ärzteblatt 25 (1998) 1, S. 1.

48 Julia Schwanholz: Der Deutsche Bundestag als Akteur in der Netzpolitik, in: Netzpolitik. Ein einführender Überblick, hg. v. Andreas Busch/Yana Breindl/Tobias Jakobi, Wiesbaden

dass Parlamente langsam arbeitende und auf Routinen und Prozessregeln basierende Institutionen sind, in denen häufig zeitverzögert auf Innovationen reagiert wird. Digitalisierung ist eine solche Innovation und überdies ein Querschnittsthema, das in alle Politikfelder hineinwirkt. Es erfordert mittlerweile in nahezu allen Gesellschafts- und Lebensbereichen neue Regeln. Politische Parteien haben für solche Herausforderungen jedoch keine Schubladenlösungen parat. Hinzu kommt, dass informierte Politik Zeit braucht. Besonders wichtige gesellschaftliche Fragen können im Bundestag daher auf Antrag in Gremien (beispielsweise Enquetekommissionen) verlagert werden. Hier widmet sich eine Gruppe von Parlamentariern aller Fraktionen in Zusammenarbeit mit externem Sachverstand ohne Zeitdruck (meist bis zum Ende einer laufenden Wahlperiode) den entsprechenden Herausforderungen. Zuletzt bearbeitete die Enquetekommission »Internet und digitale Gesellschaft« von 2011 bis 2013 Digitalisierung als ein solches wichtiges Querschnittsthema.

Mit Blick auf die diskursive Netzwerkanalyse lässt sich festhalten, dass die Digitalisierung Gesundheitspolitik früh tangierte, die politikfeldspezifische Digitalisierung (des Gesundheitssystems) aber über eine lange Zeit vernachlässigt wurde und sich entsprechend verzögerte. Zu erklären ist die zeitliche Verzögerung der Digitalisierung im Gesundheitswesen vor allem mit dem innovativen Gehalt der Policy in Verbindung mit der deutschen Parlamentspraxis. Mit Blick auf die Heuristik der Politikstile sind es also sowohl strukturelle als auch konjunkturelle Gründe und genauso länderspezifische wie sektorale Faktoren, die erklären, warum sich Deutschland im Politikfeld Gesundheit bisher vergleichsweise langsam digitalisierte.

Zusammenfassung und Fazit

In diesem Beitrag ging es um die Frage, warum Deutschland in der Digitalisierung seines Gesundheitswesens im Vergleich zu vielen anderen Ländern

2019, S. 105-125; Julia Schwanholz/Tobias Jakobi: There's a place for us? The digital Agenda Committee and internet policy in the German Bundestag, in: Internet Policy Review 10/2020.

schlecht abschneidet. Dazu wurden zunächst Rahmenbedingungen der EU geklärt und ein Blick auf das Länder-Ranking einer Studie der Bertelsmann Stiftung geworfen, wonach Deutschland im Vergleich zu Estland und Dänemark, die die vorderen Plätze belegen, sehr schlecht abschneidet und vor Polen auf dem vorletzten Platz landet. Ein detaillierter Blick auf die Bundesrepublik ergab, dass das Ranking nicht standhält, wenn die Aktivitäten der Bundesländer einbezogen werden: Fast alle Länder – mit Ausnahme Hamburgs – setzen seit einigen Jahren Telemedizin-Projekte um, die auf teilweise konkreten regionalen Digitalisierungsstrategien beruhen. Das Vorgehen der Bundesländer ähnelt diesbezüglich demjenigen Dänemarks, wo man frühzeitig damit begonnen hat, Telemedizin-Projekte zu initiieren und das eigene Gesundheitssystem darüber zu digitalisieren. Anders als in Deutschland ist es dort allerdings gelungen, unterschiedliche elektronische und IKT-Lösungen in den Regionen zu harmonisieren.

Um zu überprüfen, warum dies in Deutschland versäumt worden ist, wurde der Blick auf die Bundesebene gelenkt. Mit der Analyse von Parlamentsdiskursen über Telemedizin zwischen 2002 und 2018 sollte nachvollzogen werden, welche Forderungen vorherrschten und welche Akteure den Diskurs dominierten. Es zeigte sich, dass die Bundesregierung wenige Initiativen zur Digitalisierung des Gesundheitswesens ins Parlament einbrachte und der Gesetzgeber entsprechend selten mit der Thematik befasst war (Anzahl der Gesetze und Diskurse über Zeit). Wenn dem Parlament ein Gesetzentwurf vorgelegt wurde (beispielsweise zur elektronischen Gesundheitskarte), dominierte die Bundesregierung den parlamentarischen Diskurs. Dies änderte sich mit zunehmender Kompetenz und Expertise der Fachpolitiker (die mit einer Befassung mit Digitalisierung in anderen Politikbereichen zu erklären ist): Die Verabschiedung des bis heute wichtigsten und umfassendsten E-Health-Gesetzes im Jahr 2015 war gekennzeichnet von einem lebhaften Diskurs im Parlament unter Beteiligung aller Fraktionen. Eine zentrale Forderung im Diskurs ist dabei der Datenschutz. Dieser Diskurs findet vergleichsweise spät statt. Eingedenk außerparlamentarischer Debatten in der deutschen Öffentlichkeit sowie in Verbänden und Interessengruppen, bei denen der Datenschutz im Zusammenhang mit der Digitalisierung des Gesundheitssystems bereits Ende der 1990er-Jahre thematisiert wurde, hinkten sowohl die Bundesregierung als auch der Gesetzgeber ihrer Zeit deutlich hinterher.

Gleichwohl unterscheidet sich die Bundesrepublik klar von Ländern wie Dänemark und Estland, die als Vorreiter einer gelungenen Digitalisierung gelten. Auf der Länderebene, also im Rahmen kleinerer Gebietskörperschaften, lassen sich innovative Telemedizin-Projekte augenscheinlich einfacher und schneller umsetzen, als dies im komplexen System der Selbstverwaltung auf Bundesebene der Fall ist. Hinzu kommen zahlreiche Pfadabhängigkeiten, die das deutsche Gesundheitssystem aufgrund vorheriger Politikentscheidungen besonders betreffen. Diese erschweren weitreichende Änderungen. Der neue Bundesminister für Gesundheit, Jens Spahn, scheint sich seit seiner Amtsübernahme im März 2018 hieran allerdings kaum zu stören und entfaltet stattdessen mit einer Vielzahl neuer Gesetzesinitiativen eine kräftige Dynamik. Deshalb bleibt abzuwarten, inwieweit Deutschland die Digitalisierung des Gesundheitssystems auf Bundesebene beschleunigen wird und im internationalen Vergleich aufholen kann.

Anhang

Tab. 1: Länderrangfolge nach dem Digital-Health-Index

Rangplatz		Digital-Health-Index	
1	Estland	81,9	Gruppe 1 > 70
2	Kanada	74,7	
3	Dänemark	72,5	
4	Israel	72,4	
5	Spanien	72,4	
6	NHS-England	70,0	Gruppe 2 ≤ 70
7	Schweden	68,3	
8	Portugal	67,2	
9	Niederlande	66,1	
10	Österreich	59,8	Gruppe 3 < 60
11	Australien	57,3	
12	Italien	55,8	
13	Belgien	54,7	
14	Schweiz	40,6	Gruppe 4 < 50
15	Frankreich	31,6	
16	Deutschland	30,0	
17	Polen	28,5	
	Mittelwert	**59**	
	Standardabweichung	**16,9**	

Quelle: Eigene Darstellung, in Anlehnung an Thiel: #SmartHealthSystems, S. 225.

Abb. 4 Telemedizin-Diskurs 15. WP (2002–2005). *Quelle:* Eigene Darstellung.*

* Für die Unterstützung bei der grafischen Aufarbeitung und Darstellung der Diskurs-Netzwerke (Abb. 4-8) danken wir Lavinia Zinser.

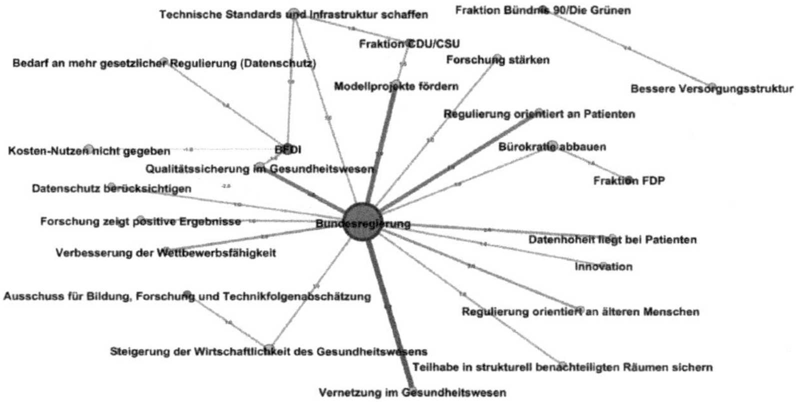

Abb. 5 Telemedizin-Diskurs 16. WP (2005–2009). *Quelle:* Eigene Darstellung.

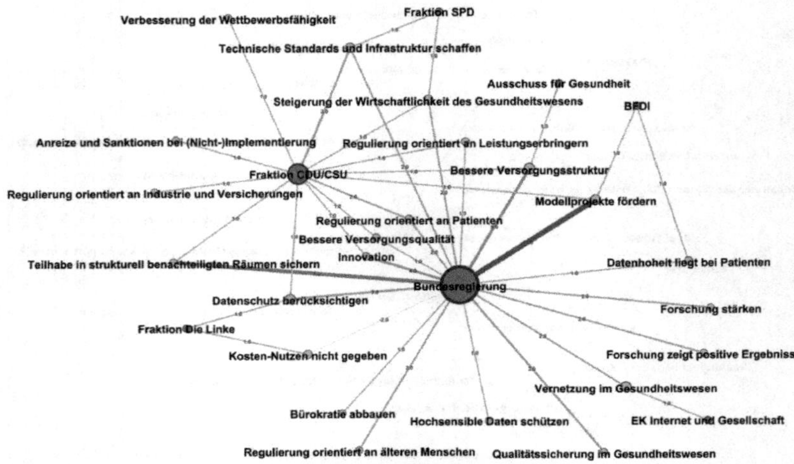

Abb. 6 Telemedizin-Diskurs 17. WP (2009–2013). *Quelle:* Eigene Darstellung.

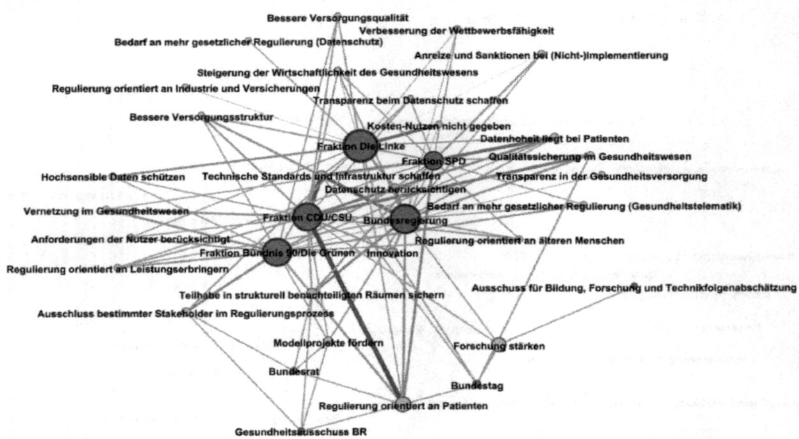

Abb. 7 Telemedizin-Diskurs zum E-Health-Gesetz (2015). *Quelle:* Eigene Darstellung.

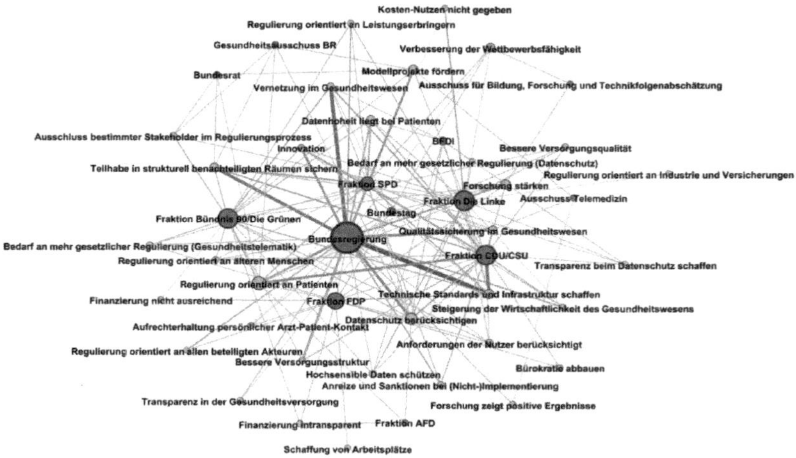

Abb. 8 Telemedizin-Diskurs 18. und 19. WP (2013–2017 und ab 2017). *Quelle:* Eigene Darstellung.

Theresa Gerlach · Simon Neumann

Pflege 4.0 und Fourastiés Drei-Sektoren-Hypothese

Als »Entzauberung der Welt«[1] beschreibt Max Weber den Wandel von der traditionellen zur modernen Gesellschaft, da an die Stelle magischer, unerklärlicher, geheimnisvoller und außeralltäglicher Momente die berechenbare, beherrschbare und rationalisierte Welt tritt. Wesentliches Charakteristikum des gesellschaftlichen Transformationsprozesses sind demnach ökonomische Rationalisierungsprozesse, die Weber zufolge in den sich herausbildenden modernen kapitalistischen Gesellschaften zunehmend alle Lebensbereiche erfassen. Auch Jean Fourastié ist Zeuge gesellschaftlicher und ökonomischer Transformationsprozesse. Ein halbes Jahrhundert nach Weber, in den 1950er-Jahren, liegt sein Beobachtungsfokus jedoch nicht auf dem Strukturwandel von der traditionellen zur modernen, sondern innerhalb der modernen Gesellschaft: Prominent geworden ist Fourastié durch die globale Entwicklungshypothese, wonach industrialisierte Gesellschaften mit dem Erreichen eines gewissen Industrialisierungsgrades einen epocha-

1 Max Weber: Wirtschaft und Gesellschaft. Grundriss der verstehenden Soziologie, hg. v. Johannes Winckelmann, Tübingen 1972, S. 594.

len wirtschaftsgeschichtlichen Bruch aufweisen und die Industrie ihr Übergewicht in der Wirtschaft an den Dienstleistungsbereich verliert. Gemein ist Weber und Fourastié, dass sie die mit der Intellektualisierung und Technisierung einhergehende Rationalisierung als maßgebliches Charakteristikum für industriekapitalistische Gesellschaften identifizieren.

In den entwicklungshypothetischen Annahmen bezüglich der Rationalisierung differieren jedoch die Theoretiker: Während für Weber der wissenschaftlich-technische Fortschritt im Verein mit ökonomischer Rationalisierung als dynamischer Motor gesellschaftlicher Entwicklung unaufhaltsam zu sein scheint, prognostiziert Fourastié eine konträre Trendentwicklung für die tertiäre Zivilisation, da der Dienstleistungssektor ein geringes Rationalisierungspotenzial beinhalte. Insbesondere die These, in der Dienstleistungszivilisation könne sich der Mensch wieder auf das »eigentlich Menschliche«[2] spezialisieren, lässt die fourastiésche Theorie zum Ausgangspunkt dieser Untersuchung werden, die sich im zweiten Teil einer Dienstleistung zuwendet, in der die menschliche Interaktion besonders im Zentrum steht: der Pflege. Neben vielen anderen Arbeitsbereichen ist auch der Pflegebereich mit den Herausforderungen der Digitalisierung konfrontiert. In Anlehnung an die fourastiésche Theorie steht im Folgenden die Frage im Zentrum, ob die digitalen Transformationsprozesse im Bereich der Pflege als spezifisch personenbezogene Dienstleistung zu einer Ver- oder Entmenschlichung der pflegerischen Tätigkeit führen. Dazu wird zunächst der gesellschaftliche Strukturwandel im 20. und 21. Jahrhundert anhand einer kritischen Auseinandersetzung mit der fourastiéschen Dienstleistungstheorie nachgezeichnet. Daran anschließend werden Chancen und Gefahren der Digitalisierung im Pflegebereich diskutiert, um davon ausgehend Rückschlüsse auf den Begriff der Rationalisierung sowie dessen Bedeutung im Kontext der Digitalisierung sozialer Dienste zu ziehen.

2 Jean Fourastié: Die große Hoffnung des zwanzigsten Jahrhunderts, Köln 1969, S. 271.

Der Strukturwandel im 20. und 21. Jahrhundert: Zur Drei-Sektoren-Hypothese Jean Fourastiés

Die fourastiésche Vision einer tertiären Zivilisation: Die Wiederentdeckung des Menschen

Technischer Fortschritt und der damit verbundene wirtschaftliche und gesellschaftliche Strukturwandel sind Ausgangspunkt der fourastiéschen Theorie, die überschrieben als »[d]ie große Hoffnung des 20. Jahrhunderts« das Ende des Industriezeitalters und den Übergang zu einer »[t]ertiäre[n] Zivilisation«[3] proklamiert. Konstitutiv für technischen Fortschritt[4] ist Fourastié zufolge einerseits die dauerhafte Vergrößerung der Zahl der verwendbaren natürlichen Stoffe sowie der Wirkung der menschlichen Arbeit und andererseits die Steigerung der Geschwindigkeit menschlicher Hindernisbewältigung und Problemlösung:

> »Fortschritte [...] machen, heißt doch schneller lernen, theoretische oder praktische, früher schlecht und langsam überwundene oder vielleicht sogar unlösbare Probleme überhaupt und dann schneller lösen, der Natur oder der natürlichen Hindernisse Herr werden, die sich dem Handeln des Menschen entgegenstellen.«[5]

Eng verbunden mit technischem Fortschritt sind demzufolge Produktivitätssteigerungen. Laut Fourastié erhöht sich nicht nur die Gesamtproduktion, der technische Fortschritt bewirkt darüber hinaus eine Veränderung der Produktionsstruktur. Gekennzeichnet werden kann diese anhand der Drei-Sektoren-Hypothese. Danach können moderne Volkswirtschaften in den primären (landwirtschaftlichen) Sektor, den sekundären (industriellen)

---

3 Fourastié: Die große Hoffnung des zwanzigsten Jahrhunderts, S. 228.

4 Ursache für den technischen Fortschritt ist der wissenschaftliche Fortschritt – insbesondere in den Naturwissenschaften, ferner auch in den neuen Wissenschaften, zu denen Fourastié das Rechnungswesen, die Arbeits- und Absatzorganisation sowie die Normung zählt. Erst mit der wissenschaftlichen Entdeckung von Dampfkraft, Elektrizität etc. ist ein Anstieg der Produktivität zu verzeichnen.

5 Fourastié: Die große Hoffnung des zwanzigsten Jahrhunderts, S. 39.

Sektor und den tertiären (Dienstleistungs-)Sektor aufgeschlüsselt werden. Die Dreisektoreneinteilung der Wirtschaft geht bereits auf Colin Clark zurück;[6] dieser betrachtet jedoch die Grenzen zwischen den Sektoren als starr. Fourastié geht dagegen von dynamischen Verschiebungsprozessen der Sektorengrenzen aus, die mit der unterschiedlichen Entwicklung der Produktivität in den Sektoren korrelieren. Hierbei sind zwei Kriterien entscheidend: Erstens unterscheiden sich die Sektoren hinsichtlich der Intensität des technischen Fortschritts. Während der technische Fortschritt im primären Sektor mittelmäßig stark ist, werden unter dem sekundären Sektor die Wirtschaftsbereiche mit großem technischen Fortschritt gefasst. Dem tertiären Sektor schreibt Fourastié geringen bzw. keinen technischen Fortschritt zu.[7] Zweitens differieren die Sektoren in der Sättigung der Nachfrage. Der relativ schnell eintreffenden Marktsättigung materieller Güter des primären und sekundären Sektors steht dabei der unstillbare »Hunger nach Tertiärem«[8] gegenüber, womit die Bedürfnisverschiebung der Konsumenten auf (immaterielle) Dienste erfasst wird.

Die dynamische Abgrenzung der drei Wirtschaftssektoren erlaubt es Fourastié, langfristige Veränderungen wirtschaftlicher und gesellschaftlicher Strukturen zu erfassen sowie Entwicklungstendenzen zu prognostizieren. Grundsätzlich geht er von einer Verschiebung des Schwerpunktes der Beschäftigungsquote bzw. der wirtschaftlichen Tätigkeit zunächst vom primären Wirtschaftssektor (Rohstoffgewinnung) auf den sekundären (Rohstoffverarbeitung) und anschließend auf den tertiären Sektor (Dienstleistungen) aus. Während um das Jahr 1750, vor der Industrialisierung, im Durchschnitt 80 % der Produktion (und des Verbrauchs) im primären Sektor und jeweils 10 % im sekundären und tertiären Sektor lagen, prognostiziert Fourastié für die tertiäre Zivilisation einen Rückgang der Produktion im primären Sektor auf 10 % zugunsten des sekundären Sektors (mit einem Anstieg der Produktion auf 20 %) sowie insbesondere zugunsten des tertiären Sektors (mit einem Anstieg der Produktion auf 70 %).[9] Fourastié bewertet diese Entwicklung als

6 Vgl. Colin G. Clark: The conditions of economic progress, London 1940.
7 Vgl. Fourastié: Die große Hoffnung des zwanzigsten Jahrhunderts, S. 74 f.
8 Ebd., S. 245.
9 Der jeweils dominierende Wertschöpfungssektor in der Gesellschaft entspricht nach Fourastié drei unterschiedlichen gesellschaftlichen Entwicklungsphasen. Die erste jahrtausen-

eine, »die im ganzen äußert positiv für die Menschheit ist«,[10] da sie mit einer Humanisierung des Arbeitslebens – mit der fortschreitenden Beseitigung knechtischer Arbeit, der Verkürzung der Arbeitszeit, der Reduzierung der Arbeitslosigkeit, der Steigerung der durchschnittlichen Lebensdauer – sowie einer allgemeinen Verbesserung des Lebensstandards einhergehen würde.[11] Besonders hervorgehoben wird außerdem die Wiederentdeckung des Menschen[12] in der tertiären Zivilisation. Indem sich der Mensch im Zuge des technischen Fortschritts zunehmend von den »knechtischen Arbeiten«[13] und der Unterwerfung unter einfache Automatik befreie, erlange er ein hohes Maß an Unabhängigkeit, Freiheit und individueller Selbstbestimmung. Nicht nur in der beruflichen Arbeit würden zunehmend geistige Fähigkeiten und ein höheres Qualifikationsniveau gefördert werden, auch die Zunahme der Freizeit würde Möglichkeiten für »geistige, künstlerische und menschliche Bildung«[14] eröffnen. Insgesamt könne sich der Mensch auf das »eigentlich Menschliche«[15] spezialisieren.

Die fourastiésche Fiktion einer tertiären Zivilisation: Rationalisierungsprozesse und digitaler Kapitalismus

Das fourastiésche Modell und dessen Implikationen haben sowohl eine breite Rezeption als auch Kritik erfahren. Wird Fourastié einerseits als Vater der Dienstleistungstheorie gehandelt, der »treffende, langfristige Entwicklungstendenzen in den frühindustrialisierten Gesellschaften des Westens

delange Phase der traditionellen Zivilisation, in der der landwirtschaftliche Sektor die Produktion dominiert, wird mit dem Einsetzen der Industrialisierung im 18. Jahrhundert durch eine Übergangsperiode abgelöst, in der sich die Gesellschaft in den 1950er-Jahren weiterhin befindet. Von einer zukünftigen tertiären Zivilisation spricht Fourastié, wenn der technische Fortschritt die große Masse der Erwerbstätigen aus dem primären in den tertiären Sektor überführt hat.

10 Ebd., S. 256.

11 Vgl. ebd.

12 Vgl. ebd., S. 272.

13 Ebd., S. 270.

14 Ebd., S. 271.

15 Ebd.

[voraussagt]«,[16] gerät die Drei-Sektoren-Hypothese andererseits sowohl in der wirtschafts- als auch sozialwissenschaftlichen Reflexion unter Druck.[17] In Bezug auf Fourastiés Überlegungen hinsichtlich der tertiären Zivilisation kann zunächst konstatiert werden, dass die Entwicklung der wirtschaftlichen Tätigkeit im Wesentlichen mit den Prognosen Fourastiés übereinstimmt: Die Beschäftigungsquote in Deutschland hat sich im primären Sektor auf 1,4 % und im sekundären Sektor auf 24,1 % reduziert, im tertiären Sektor ist sie auf 74,5 % angestiegen,[18] sodass die von Fourastié angenommene gesellschaftliche Entwicklungstendenz hin zu einer Dienstleistungsgesellschaft bestätigt werden kann. Der damit verbundene Grundoptimismus seitens Fourastié bezüglich einer Humanisierung des Arbeitslebens, steigendem Wohlstand und Lebensstandard sowie einer Wiederentdeckung des Menschen beruht auf der Annahme, dass es im tertiären Sektor keinen bzw. nur geringen Fortschritt geben würde. Danach wären im tertiären Sektor keine Produktivitätssteigerungen sowie Rationalisierungsprozesse möglich – Fourastié rechnete damit, dass »der Kapitalismus [...] durch den technischen Fortschritt gänzlich zerstört [werde]«.[19] Zugestimmt werden kann Fourastiés Beobachtungen dahingehend, dass sich seit dem Einsetzen der Industriellen Revolution Mitte des 19. Jahrhunderts und dem damit entstehenden Industriekapitalismus die Produktivität und das ökonomische Wachstum immens gesteigert und der gesellschaftliche Wohlstand vergrößert haben, was grundsätzlich zu einer Überwindung der Massenarmut und einer Zunahme an

16 Martin Baethge/Ingrid Wilkens: »Goldenes Zeitalter« – »Tertiäre Krise«. Perspektiven von Dienstleistungsbeschäftigung zu Beginn des 21. Jahrhunderts, in: Die große Hoffnung für das 21. Jahrhundert? Perspektiven und Strategien für die Entwicklung der Dienstleistungsbeschäftigung, hg. v. dies., Opladen 2001, S. 9-19, hier S. 9.

17 Zur Rezeption der Drei-Sektoren-Hypothese vgl. Martin Baethge/Ingrid Wilkens (Hg.): Die große Hoffnung für das 21. Jahrhundert?, Perspektiven und Strategien für die Entwicklung der Dienstleistungsbeschäftigung, Wiesbaden 2001; Bernhard Schäfers: Sozialstruktur und sozialer Wandel in Deutschland, Stuttgart 2002; Uwe Staroske: Die Drei-Sektoren-Hypothese. Darstellung und kritische Würdigung aus heutiger Sicht, Regensburg 1995; Hans Joachim Pohl: Kritik der Drei-Sektoren-Theorie, in: Mitteilungen aus der Arbeitsmarkt- und Berufsforschung 3 (1970) 4, S. 313-325.

18 Vgl. Florian Schwahn/Christoph-Martin Mai/Michael Braig: Arbeitsmarkt im Wandel – Wirtschaftsstrukturen, Erwerbsformen und Digitalisierung, in: WISTA (2018) 3, hg. v. Statistisches Bundesamt (Destatis), S. 24-39, hier S. 29.

19 Fourastié: Die große Hoffnung des zwanzigsten Jahrhunderts, S. 276.

Lebenschancen geführt hat. Mit dem wachsenden Reichtum haben sich die Bedürfnisstrukturen zugunsten von (immateriellen) Dienstleistungen gewandelt, was an der Verlängerung von Ausbildungszeiten, der tendenziellen Verwissenschaftlichung der Arbeit sowie dem generellen Wertewandel von materialistischen zu postmaterialistischen Werten sichtbar wird.

Da der empirische Beobachtungszeitraum Fourastiés jedoch in den 1940er-Jahren und damit deutlich vor der digitalen Revolution[20] endet, lässt das fourastiésche Modell den enormen technischen Fortschritt im Dienstleistungssektor gänzlich außer Acht. Die These, im tertiären Sektor sei nur geringer technischer Fortschritt möglich, ist durch die rasanten Entwicklungen in diesem Bereich längst widerlegt.[21] Auch in der tertiären Zivilisation bewirken neue Technologien die innovative Entwicklung neuer Produkte und Produktionsabläufe sowie neue Formen der Arbeitseinteilung und Arbeitsplatzgestaltung. Gleichzeitig begründen die mit dem Einsatz digitaler Technologien einhergehenden Produktivitätssteigerungen und Rationalisierungsprozesse neue Konfliktlinien des Kapitalismus, die die Wiederentdeckung des Menschen in der Dienstleistungszivilisation als fourastiésche Fiktion erscheinen lassen. Denn anders als es der Optimismus bezüglich der Beschäftigungsstruktur und der sozialen Verhältnisse im fourastiéschen Werk impliziert, sind die tertiären Zivilisationen weiterhin mit hohen Einkommensungleichheiten, Arbeitslosigkeit sowie schlechten Arbeitsbedingungen konfrontiert. Auch im Dienstleistungssektor beinhaltet ein Großteil der Arbeitsplätze äußerst unqualifizierte, unsichere und niedrig entlohnte, kaum existenzsichernde Beschäftigungen (z. B. Einzelhandel, Hotel und Gaststättengewerbe, Pflegetätig-

20 Die digitale Revolution kann entlang von zwei Phasen gekennzeichnet werden. Die erste Phase umfasst eine in den 1960er-Jahren einsetzende Entwicklung, bei der der zunehmende Einsatz von Elektronik und Informations- und Kommunikationstechnologien eine neue Dimension der Automatisierung der Produktion bewirkt (Stichwort Industrie 3.0). Die zweite Phase der digitalen Revolution kennzeichnet wiederum die Ablösung des Computers als zentrale Technologie durch das Internet. An Bedeutung gewinnt hierbei die intelligente Vernetzung von Maschinen und Abläufen in der Industrie mithilfe von Informations- und Kommunikationstechnologie (Stichwort Industrie 4.0).

21 Die digitale Revolution hat nicht nur Veränderungen innerhalb der traditionalen drei Sektoren hervorgerufen, sondern darüber hinaus einen vierten Produktionssektor begründet, der als Informationssektor bezeichnet wird. Das Sammeln, Aufbereiten und die Weitergabe von digital verfügbaren Daten und Informationen bilden den Arbeitsschwerpunkt der entsprechenden Branchen.

keiten, Reinigungsgewerbe). Gerade die Sicherung materieller Bedürfnisse sowie die Einkommensangleichung auf hohem Niveau stellen jedoch Voraussetzungen für die Befriedigung der höheren Bedürfnisse nach Diensten dar.[22]

Eingewendet werden könnte zugunsten der fourastiéschen Argumentation, dass sich diese auf personenbezogene Dienste konzentriert, die von privaten Haushalten als Endverbraucher in Anspruch genommen werden. Im letzten Jahrzehnt erzeugten dagegen insbesondere unternehmensbezogene Dienste in Verbindung mit den neuen Informations- und Kommunikationstechnologien mittelbare Rationalisierungseffekte.[23] Zu überprüfen wäre folglich, welchen Einfluss der Einsatz digitaler Technologien auf personenbezogene Dienste hat. Eine spezifisch personenbezogene Dienstleistung, bei der der Mensch im Zentrum der Arbeit steht, soll im Folgenden Gegenstand der Untersuchung sein: die ambulant und stationär sowie in Krankenhäusern erbrachte Pflege, die sich durch den technischen Fortschritt im Zuge der digitalen Revolution mit vielfältigen Wandlungsprozessen konfrontiert sieht.

---

22 Dieses Argument eines bestimmten notwendigen Lohnniveaus im niedrigproduktiven Dienstleistungssektor – wovon die Kaufkraft der privaten Haushalte abhängt – lässt sich außerdem gegen die fourastiésche Prämisse einer beliebigen Ausweitung der Nachfrage nach Dienstleistungen (den immerwährenden Hunger nach Tertiärem) vorbringen.

23 Kennzeichnend für personenbezogene Dienstleistungen ist, dass sie in unmittelbarer Interaktion zwischen Dienstleistungsproduzent und -konsument produziert werden sowie als immaterielles Gut im Prozess ihres Entstehens vergehen. Produktion und Konsumtion sind demzufolge zeitlich und räumlich eng gekoppelt (Uno-actu-Prinzip) und setzen damit sowohl der Technisierung als auch Rationalisierung von Dienstleistungen Grenzen. Insbesondere bei unternehmensbezogenen Dienstleistungen haben dagegen die neuen Informations- und Kommunikationstechnologien die Standortgebundenheit und das Uno-actu-Prinzip aufgehoben und Produktivitätssteigerungen bewirkt.

Der Pflegebereich unter Transformationsdruck: Pflege 4.0 aus der Sicht Pflegender und Gepflegter

Ausformungen der Pflege 4.0

Pflege 4.0 umfasst laut der Initiative Neue Qualität der Arbeit »den Einsatz digitaler, vernetzter Technologien in der Pflege«[24] und bezieht in den Begriffshorizont auch die damit einhergehenden Veränderungen in der Pflegearbeit ein. Die vielfältigen Technologien, die vom Konzept der Pflege 4.0 erfasst werden, lassen sich auf unterschiedliche Weise clustern. Die Differenzierung nach Daum unterteilt das Feld in drei Bereiche: die Informations- und Kommunikationstechnologien, intelligente und vernetzte Technik oder Robotik sowie vernetzte Hilfs- und Monitoringsysteme.[25] Die Unterscheidung erfolgt dabei entlang der Beschaffenheit der adressierten Technologien. Merda/Schmidt/Kähler differenzieren hingegen vier Bereiche der Pflege 4.0 – elektronische Dokumentationsanwendungen, Telecare, technische Assistenz sowie die Robotik.[26] Für die vorliegende Analyse folgen wir der Klassifikation von Merda/Schmidt/Kähler, wenngleich an dieser Stelle angemerkt sei, dass eine trennscharfe Unterteilung in eindeutige Cluster mit keinem dieser beiden vorherrschenden Konzepte in Gänze gewährleistet werden kann.

Als Technologien der elektronischen Dokumentation werden all jene Anwendungen verstanden, die einzelne Schritte in der Planung sowie die schriftliche Fixierung durchgeführter pflegerischer Maßnahmen digital ermöglichen.[27] Dienste aus diesem Bereich zielen neben der möglichst umfassenden Aufzeichnung pflegerelevanter Informationen der Pflegebedürftigen auch auf eine enge Kooperation mit Kollegen oder anderen medizini-

24 Initiative Neue Qualität der Arbeit (Hg.): Digitalisierung in der Pflege. Wie intelligente Technologien die Arbeit professionell Pflegender verändern, Berlin 2018, S. 6.

25 Vgl. Mario Daum: Digitalisierung und Technisierung der Pflege in Deutschland. Aktuelle Trends und ihre Folgewirkungen auf Arbeitsorganisation, Beschäftigung und Qualifizierung, Hamburg 2017.

26 Vgl. Meiko Merda/Kristina Schmidt/Bjørn Kähler: Pflege 4.0 – Einsatz moderner Technologien aus der Sicht professionell Pflegender, Hamburg 2017, S. 20.

27 Vgl. Initiative Neue Qualität der Arbeit (Hg.): Digitalisierung in der Pflege.

schen Berufsgruppen ab. Die Implementierung dieser Technologie ist in Deutschland bislang am weitesten fortgeschritten. In einer Befragung von Fachkräften aus dem Pflegebereich gaben knapp 74 % an, elektronische Dokumentation im Arbeitsalltag zu nutzen.[28] Deutlich seltener sind den Ergebnissen zufolge die alltäglichen Berührungspunkte mit Telecare-Technologien (27 %), die bislang meist in Pilotprojekten erprobt werden. Anwendungen aus diesem Bereich ermöglichen die Bereitstellung gesundheitlicher Dienstleistungen auch dann, wenn die pflegende und die pflegebedürftige Person sich nicht am selben Ort aufhalten, indem sie auf Informations- und Kommunikationstechnologien zurückgreifen.[29] Technische Assistenzsysteme scheinen den Pflegenden etwas häufiger im Alltag zu begegnen, allerdings öfter in der stationären und ambulanten Pflege als in Krankenhäusern. Auch hier beschränkt sich die Nutzung der Systeme vorwiegend auf Pilotprojekte. Zum Feld gehören sowohl Verfahren aus der Sicherheits- und Kommunikationstechnik, wie beispielsweise der Hausnotruf, Sturzdetektoren, automatische Beleuchtungssysteme und sensorische Funktionen, als auch serviceorientierte und arbeitserleichternde Anwendungen.[30] Vergleichsweise selten verwendet werden derzeit noch Innovationen aus der Robotik, die in der Pflege »Tätigkeiten und Dienstleistungen teil- oder vollautomatisch unterstützen oder übernehmen«[31] sollen. Rund ein Fünftel aller Pflegenden begegnete dieser Technologie bereits im Arbeitsalltag, wobei derzeit weitgehende Einigkeit herrscht, dass Robotik in der Pflege noch am Anfang steht.[32]

Chancen der digitalen Transformation in der Pflege

Die Abwägung der Chancen und Risiken digitaler Technologien in der Pflege bedarf zunächst der Klärung, welcher normative Maßstab der Bewertung zugrunde liegt. Einen Bewertungsmaßstab hinsichtlich der Pflegequalität

28 Vgl. Merda/Schmidt/Kähler: Pflege 4.0, S. 119.
29 Vgl., ebd., S. 21.
30 Vgl. Initiative Neue Qualität der Arbeit (Hg.): Digitalisierung in der Pflege, S. 8; 33.
31 Ebd., S. 51.
32 Vgl. ebd., S. 87.

liefert die dreistufige definitorische Differenzierung nach Pfau-Effinger et al.[33] Danach bezieht sich die enge Begriffskonzeption der (1) körperbetonten Pflege vornehmlich auf ein medizinisches Verständnis der geleisteten Tätigkeiten, während das Konzept der (2) tätigkeitsbezogenen Pflege zusätzlich auch die Unterstützung der Alltagsbewältigung beinhaltet. Dem (3) sozialen Konzept der Pflege, der sogenannten Sorgearbeit, liegt ein weites Begriffsverständnis zugrunde. Hier gewinnen zusätzlich persönliche Beziehungen und Interaktionen an Bedeutung. Psychologische, emotionale und physische Aufmerksamkeit sind demnach integraler Bestandteil der Pflege. Vor dem Hintergrund der in dieser Arbeit verfolgten Frage nach dem vermenschlichenden Potenzial digitaler Technologien in der Pflege können jene Folgen als Chancen identifiziert werden, die bei der Umsetzung des dritten Pflegeverständnisses förderlich sind. Darüber hinaus werden auch jene Auswirkungen auf die Pflegenden als Chance betrachtet, die darauf abzielen, ihre Arbeit zu erleichtern, sicherer zu gestalten, und die grundsätzlich gewährleisten, dass ihr Tätigkeitsfeld nicht substituiert wird.

Ausgehend von diesen Annahmen ergibt sich ein breites Spektrum an positiven Effekten, die sich durch digitale Technologien in der Pflege einstellen können. Elektronische Dokumentationssysteme haben das Potenzial, den Informationsfluss, die Kommunikation und die Arbeitsorganisation zu verbessern, die inter- und intraprofessionelle Vernetzung zu intensivieren, die Qualität der pflegerischen Versorgung zu erhöhen und darüber hinaus eine bessere Transparenz von Prozessen zu gewährleisten.[34] Zusätzlich ermöglichen Telecare-Anwendungen ortsunabhängige Pflegeleistungen und helfen auf diese Weise, Doppeluntersuchungen zu vermeiden, die psychische Belastung der Pflegenden zu verringern sowie Zeit und Kosten einzusparen. Technische Assistenzsysteme erweitern das Feld der Chancen um physische Erleichterungen im Arbeitsalltag, die Entlastung der Pflegenden bei Routinetätigkeiten und eine verbesserte Koordination der Versorgung. Ähnliche Chancen ergeben sich auch aus dem Einsatz von Robotern, denen jedoch im Vergleich zu technischen Assistenzsystemen ein höheres Maß an Selbst-

33 Vgl. Birgit Pfau-Effinger/Ralf Och/Melanie Eichler: Ökonomisierung, Pflegepolitik und Strukturen der Pflege älterer Menschen, in: Sozialpolitik, hg. v. Adalbert Evers/Rolf G. Heinze, Wiesbaden 2008, S. 83-98, hier S. 89.

34 Vgl. Merda/Schmidt/Kähler: Pflege 4.0, S. 48 f.

ständigkeit zukommt. Die aus diesen Technologien resultierenden Arbeitserleichterungen und Zeiteinsparungen beinhalten darüber hinaus die entscheidende Chance, dass Pflegenden mehr Zeit für soziale Aspekte und den Aufbau persönlicher Bindungen zu den Pflegebedürftigen bleibt. Dies entspräche auch dem Berufsbild, das die Pflegenden von ihrer Arbeit haben, nämlich die Pflege als eine »situations- und kontextbezogene Beziehungsarbeit«[35] zu sehen. Längerfristig könnte die bessere Vernetzung mit tätigkeitsnahen Berufsgruppen überdies dazu führen, dass der Pflegeberuf in seiner Reputation auf Augenhöhe zu den medizinischen Berufen gelangt.[36]

Risiken der digitalen Transformation in der Pflege

Den positiven Potenzialen steht eine Vielzahl an Risiken gegenüber. In Verbindung mit Anwendungen, die die Dokumentation, Verarbeitung und den Transfer von Informationen erleichtern, werden insbesondere Datenschutzbedenken ins Feld geführt – sowohl hinsichtlich der Patientendaten als auch bezüglich der Arbeitsprozesse der Pflegenden. Damit einher geht die Sorge, dass diese Dienste vermehrt zur Überwachung der Prozesse genutzt werden könnten.[37] Weit verbreitet ist das Bedenken, dass infolge der Rationalisierung vieler Prozesse in der Pflege die kommunikativen und psychosozialen Aspekte der Pflege verloren gehen und damit die Beziehungsebene zwischen Pflegenden und Pflegebedürftigen entwertet wird – eine folgenschwere Entwicklung für die Pflegequalität.[38] Telecare-Ansätze beispielsweise beruhen konzeptionell auf der Idee, persönliche Interaktion zu ersetzen. Der Einsatz von technischen Assistenzsystemen und Robotik könnte diese Entwicklung zusätzlich befördern: Mit der Nutzung dieser Technologien werden viele Wege der Pflegenden zu den Pflegebedürftigen (insbesondere aus einem

35 Ebd., S. 32.

36 Vgl. Denise Becka/Michaela Evans/Josef Hilbert: Digitalisierung in der sozialen Dienstleistungsarbeit. Stand, Perspektiven, Herausforderungen, Gestaltungsansätze, Düsseldorf 2017, S. 32.

37 Vgl. Initiative Neue Qualität der Arbeit (Hg.): Digitalisierung in der Pflege, S. 25 f.

38 Vgl. Merda/Schmidt/Kähler: Pflege 4.0, S. 33; Initiative Neue Qualität der Arbeit (Hg.): Digitalisierung in der Pflege, S. 11.

körperbezogenen Pflegeverständnis heraus) überflüssig und somit Momente der persönlichen Interaktion potenziell seltener.[39] Hinzu kommt die Sorge, dass die mit dem Einsatz digitaler Technologien einhergehende Rationalisierung in Verbindung mit der Ökonomisierung des Gesundheitssektors vor allem die Maximierung monetärer Gewinne adressiert und fördert. Bestimmen ökonomische Motive und Prinzipien das Agieren der Leitungsakteure in der Pflege, könnten zunächst positive Effekte wie Zeiteinsparungen, sinkende Arbeitsbelastung und digitale Informationserfassung negative Potenziale entfalten. Eingesparte Zeit führt gemäß dieser Prognose zu einer höheren Anzahl an Patienten pro Pflegekraft, sinkende Arbeitsbelastung zu einer Ergänzung des Berufsbildes um weitere Tätigkeiten und die digitale Dokumentation zu mehr Überwachung. Das Substituierungspotenzial der Beschäftigung wird in der Pflege jedoch als gering eingestuft.[40]

Ver- oder Entmenschlichung durch Rationalisierungsprozesse in der Pflege?

Das als normativer Bewertungsmaßstab für das vermenschlichende Potenzial digitaler Technologien im Pflegebereich herangezogene soziale Konzept der Pflege findet auf empirischer Ebene Anschluss. Für die Branche in Deutschland gilt, dass das soziale Konzept, das interpersonelle Interaktionen ausdrücklich inkludiert, unter den Pflegenden breite Unterstützung erfährt.[41] Sowohl die in Deutschland geltende Charta der Rechte hilfe- und pflegebedürftiger Menschen (insbesondere das Recht auf Teilhabe an der Gesellschaft, Art. 6) als auch Veröffentlichungen verschiedener Verbände von Pflegebeschäftigten (DBfK) und -unternehmen (VDAB) lassen darauf schlie-

39 Vgl. Daum: Digitalisierung und Technisierung der Pflege in Deutschland, S. 36.

40 Vgl. Regina Stoll/Jutta Palm-Nowak: Folgen der Digitalisierung für die Arbeitswelt. Substituierbarkeitspotenziale von Berufen in Deutschland, Nürnberg 2015, S. 30.

41 Vgl. Agnes-Karll-Gesellschaft für Gesundheitsbildung und Pflegeforschung gGmbH: Mein Beruf. Pflegen, Berlin 2019; Verband Deutscher Alten- und Behindertenhilfe e. V.: Die Charta der professionellen Pflege in Deutschland, Berlin 2014; Bundesministerium für Familie, Senioren, Frauen und Jugend/Bundesministerium für Gesundheit: Charta der Rechte hilfe- und pflegebedürftiger Menschen, Berlin 2019.

ßen, dass hinsichtlich der zu erbringenden Leistungen und zu verwirklichenden Rechte ein breiter Konsens besteht.

Allerdings wird die Pflegetätigkeit in ihrer idealen Form seit einem politischen Paradigmenwechsel Anfang der 1990er-Jahre mit der Herausforderung konfrontiert, den ökonomischen Prinzipien des freien Marktes gerecht werden zu müssen.[42] Dieser Ökonomisierungstrend hat die Pflegequalität in den vergangenen Jahrzehnten nachweislich beeinträchtigt. Erste internationale Befunde zur Versorgungsqualität zeigen einen signifikanten Zusammenhang zwischen quantitativ und qualitativ niedriger Stellenbesetzung und einem Anstieg von Komplikationen und Mortalität bei Patienten.[43] Im Wettbewerb mit den Gesetzen der freien Wirtschaft, nach denen jeder Handlung eine die Kosten und Nutzen kalkulierende Steuerungslogik zugrunde liegen muss, stößt zudem die emotionale Fürsorgearbeit zunehmend an Grenzen und gerät in Krankenhäusern zum Teil unter Legitimationsdruck.[44] Slotala weist auf eine Vielzahl an Autoren hin, die den Bedeutungsgewinn der Marktlogik im Gesundheitswesen als »unvereinbar mit den Qualitätsanforderungen einer bedarfsgerechten und professionellen Krankenversorgung«[45] sehen; Angebot und Nachfrage gehorchten bei der medizinischen und pflegerischen Versorgung nicht den klassischen Marktprinzipien. Trete der Pflegefall ein, könne der Betroffene nicht uneingeschränkt über Zeitpunkt, Umfang und Qualität der pflegerischen Leistungen bestimmen und somit nicht als souveräner Kunde auftreten. Je nach Situation könne der Betroffene auch nicht auf die Pflegeleistung verzichten – marktsteuernde Elemente wie beispielsweise der Konsumverzicht kämen also nicht zum Tragen. Außerdem stünde zu befürchten, dass insbesondere sozial schwächere Bevölkerungsschichten von einer adäquaten Versorgung weitgehend ausgeschlossen werden würden. Nach Kühn manifestiert sich in dieser Entwicklung die Umkehrung einer Mittel-Zweck-Beziehung: »Geld bleibt nicht Mittel zur Sicherstellung der Ver-

---

42 Vgl. Karina Becker/Sarah Lenz/Marcel Thiel: Pflegearbeit zwischen Fürsorge und Ökonomie. Längsschnittanalyse eines Klassikers der Pflegeausbildung, Wiesbaden 2017, S. 504.

43 Vgl. Lukas Slotala: Ökonomisierung der ambulanten Pflege. Eine Analyse der wirtschaftlichen Bedingungen und deren Folgen für die Versorgungspraxis ambulanter Dienste, Wiesbaden 2011, S. 187 f.

44 Vgl. Becker/Lenz/Thiel: Pflegearbeit zwischen Fürsorge und Ökonomie, S. 520.

45 Slotala: Ökonomisierung der ambulanten Pflege, S. 63 f.

sorgung, sondern die Versorgung von Kranken wird tendenziell zum Mittel, durch das Gewinn erzielt werden soll«[46]. Mit einer Dominanz des ökonomisierten Handelns als handlungsanleitendes Motiv, das in seiner idealen Ausformung vor allem auf die Generierung größtmöglicher finanzieller Gewinne ausgerichtet ist, tritt das Versorgungsziel der Pflegeeinrichtungen hinter die ökonomischen Interessen gemäß einer Kosten-Nutzen-Abwägung zurück.[47] Anhand einer fünfstufigen Skala der Ökonomisierungsgrade nach Schimank und Volkmann[48] gelangt Slotala zu der Diagnose, dass das Gesundheitswesen auf dritter Stufe einzuordnen sei, da die Vermeidung von ökonomischen Verlusten bereits als *Muss*-Erwartung Einzug gehalten hat.[49]

Diese Entwicklung trifft in Zeiten der Digitalisierung nun auf Technologien, deren maßgeblicher Existenzgrund die Gewährleistung von größerer Rationalität ist. Systeme der elektronischen Dokumentation standardisieren die Informationserfassung, Telecare ermöglicht den schnellen Informationsaustausch ohne persönliche Interaktion, technische Assistenzsysteme klassifizieren Bewegungsmuster zur Übernahme einfacher Aufgaben und Robotik könnte geeignet sein, mehrere dieser Ansätze zu kombinieren. Mit den neuen Technologien einher gehen vor allem große Potenziale im Bereich der Zeit- und Kosteneinsparung, aber auch bei der Qualitätssicherung, Arbeitserleichterung und Versorgungsleistung. Die erwähnten Chancen und Risiken machen deutlich, dass die Folgen digitaler Anwendungen zwar vielfältig, allerdings nicht unkalkulierbar sind. Eingesparte Zeit könnte einerseits zur Entlastung der Pflegekräfte beitragen und eine Hinwendung der Tätigkeit zu mehr sozialer Interaktion fördern, andererseits aber auch die Anzahl der Pflegebedürftigen pro Arbeitskraft erhöhen und auf diese Weise für die Pflegenden die Belastung steigern. Mittels elektronischer Dokumentation können Informationen zwar schneller und einfacher erfasst und verarbeitet werden. Doch dieser Umstand scheint auch dazu zu führen, dass im Gegen-

---

46 Hagen Kühn: Die Ökonomisierungstendenz in der medizinischen Versorgung, in: Markt versus Solidarität. Gesundheitspolitik im deregulierten Kapitalismus, hg. v. Gine Elsner/Thomas Gerlinger/Klaus Stegmüller, Hamburg 2004, S. 25-41, hier S. 26.

47 Vgl. Slotala: Ökonomisierung der ambulanten Pflege, S. 65.

48 Vgl. Uwe Schimank/Ute Volkmann: Ökonomisierung der Gesellschaft, in: Handbuch der Wirtschaftssoziologie, hg. v. Andrea Maurer, Wiesbaden 2008, S. 382-393.

49 Vgl. Slotala: Ökonomisierung der ambulanten Pflege, S. 185.

zug die Menge der zu erhebenden Informationen gesteigert wird, anstatt die handschriftliche Dokumentation lediglich zu substituieren. Wenn zum Zwecke der Qualitätssicherung und Prozessoptimierung Daten aus den alltäglichen Arbeitsabläufen der Pflegenden und Pflegebedürftigen erhoben und ausgewertet werden, steht auf der Bedenkenseite die Frage nach der Gewährleistung des Datenschutzes und der Privatsphäre.

Fourastiés Vorstellung eines nicht rationalisierbaren tertiären Sektors ist im Lichte des ökonomisierten Gesundheitswesens und der Implementierung rationalisierender Technologien in der Pflege nicht haltbar. Dies gilt umso mehr, als sich sein Begriff der Dienstleistungen auf personenbezogene Leistungen konzentriert, der zunehmende Einsatz digitaler Technologien in der Pflege allerdings unter Beweis stellt, dass auch dieser Bereich nicht vor Prozessen der Rationalisierung gefeit ist. Dennoch ist seine Logik in der Abwägung von Chancen und Risiken digitalisierter Pflegetechnologien präsent. Fourastié erkennt in der Rationalisierung das Potenzial der Zeiteinsparung und folgert, dass mit dem steigenden Zeitbudget seitens der Individuen eine Spezialisierung auf das eigentlich Menschliche möglich wird. Im Bereich der Pflege 4.0 lässt sich analog die Chance identifizieren, dass die durch den Einsatz digitaler Technologien freiwerdende Zeit in ausgedehntere Fürsorge und persönliche Interaktionen investiert werden könnte. Das Ausschöpfen dieses Potenzials ist jedoch aufgrund der Beschaffenheit des ökonomisierten Gesundheitssystems in Deutschland fraglich. Die Entwicklung von einem bedarfsorientiert finanzierten Gesundheitssystem hin zu dessen Unterwerfung unter die Gesetze des Marktes bestätigt statt der fourastiéschen These einer Rationalisierungsresistenz personenbezogener Dienste die webersche These, dass der unaufhaltsame Prozess der Rationalisierung zunehmend alle Bereiche des gesellschaftlichen Lebens erfasst. Indem die digitale Revolution als Rationalisierungsbeschleuniger wirkt, wird die Pflege für die Wirkmechanismen des freien Marktes noch zugänglicher. Die Unterordnung aller Funktionsbereiche der Pflegetätigkeit »unter das Maß der Rentabilität, permanente betriebswirtschaftliche Kontrolle und Reorganisation der Leistungsstrukturen zur einzelwirtschaftlichen Optimierung«,[50] die durch die Ökonomisierung Einzug in die Sorgearbeit erhalten hat, droht damit zu-

50 Ebd., S. 187.

lasten der Pflegequalität zu gehen. Slotala identifiziert in seiner Studie zur Ökonomisierung in der ambulanten Pflege zwei unterschiedliche Typen an Leitungsakteuren – jene mit großer Nähe zur ökonomischen Sphäre und jene, die zu dieser eine große Distanz aufweisen.[51] Letztere fühlen sich deutlich stärker ihrem Arbeitsethos verpflichtet und sind häufig gewillt, durch die Ökonomisierung produzierte Missstände mit eigenen Überstunden zu kompensieren. Das Verständnis dieser Führungspersonen entspricht dem sozialen Konzept der Pflegequalität unter Einbeziehung von emotionalen und psychischen Aspekten. Rationalisierungsmaßnahmen wie die Erhöhung des Zeitdrucks, Personalabbau oder die kaufkraftbezogene Rationierung von Pflegeleistungen machen es hingegen notwendig, bei der Pflege möglichst effizient zu arbeiten und somit den Schwerpunkt auf diejenigen Aufgaben zu legen, die als Grundbedürfnisse erkannt werden. Dies entspricht eher einem körperbezogenen Pflegeverständnis, das die Unterstützung bei Alltagstätigkeiten sowie die Pflege sozialer Kontakte nicht beinhaltet. Becker et al. äußern die Sorge, dass die Gefühlsarbeit, die von den Pflegenden selbst als zentraler Bestandteil ihres Berufes gesehen wird, im Zuge dieses Wandels zu einer optionalen Dienstleistung mutiert, die nur gegen zusätzlich Bezahlung erworben werden kann.[52]

Konstatiert werden kann, dass die Eintrittswahrscheinlichkeit der Chancen und Risiken der Pflege 4.0 für die Pflegenden und Pflegebedürftigen maßgeblich von der fortschreitenden Entwicklung ökonomischer Maßstäbe in der Fürsorgearbeit abhängig ist. Zwei Szenarien erscheinen in diesem Zusammenhang denkbar. Einerseits könnte es der Pflegebranche gelingen, das soziale Verständnis der Pflege dergestalt zu verankern, dass psychische und emotionale Aspekte der Fürsorge stets mitgedacht und in die Organisation der Pflegedienste integriert werden. Unter dieser Bedingung können die rationalisierungsbefördernden Technologien der Pflege 4.0 das positive Potenzial entfalten, indem sie den Pflegenden die Arbeit erleichtern und ihnen mehr Zeit für den persönlichen Kontakt mit den Pflegebedürftigen verschaffen. In diesem Szenario würde das Substituierungspotenzial der Branche weiterhin auf einem niedrigen Niveau verbleiben. Andererseits

---

51 Vgl. ebd., S. 191 f.

52 Vgl. Becker/Lenz/Thiel: Pflegearbeit zwischen Fürsorge und Ökonomie, S. 522.

könnte der anhaltende Trend der betriebswirtschaftlichen Rationalisierung durch die digitalen Technologien deutlich verstärkt werden. Schon heute geht eine Erhöhung des Zeitdrucks damit einher, dass Pflegende dem sozialen Pflegeverständnis unter Umständen nicht mehr gerecht werden können. Verstetigt sich die Kosten-Nutzen-kalkulierende Marktlogik als handlungsanleitendes Prinzip in der Pflege und wird die Rationalisierung von Prozessen im Zuge der Digitalisierung immer einfacher, so könnte sich die Pflege in Zukunft eher einem körperbezogenen Verständnis annähern. Die Tätigkeiten, die der Pflege dann als unabdingbar zugerechnet werden, fallen in einen Bereich, der von technologischen Entwicklungen wie sensorischen Systemen oder Servicerobotern inzwischen stark adressiert wird. Das Substituierungspotenzial einer solchen Pflege würde folglich deutlich ansteigen.

Fazit

Ausgangspunkt der Untersuchung ist die fourastiésche These von der Wiederentdeckung des Menschen in der Dienstleistungsgesellschaft. Diese Prognose beruht auf der Prämisse, im tertiären Sektor seien technischer Fortschritt und damit Produktivitätssteigerungen nur in geringem Maße möglich. Die vorangegangene Analyse hat jedoch am Beispiel des Pflegebereichs dargelegt, dass selbst personenbezogene Dienstleistungen im Zeitalter der tertiären Zivilisation nicht ökonomisierungs- und rationalisierungsresistent sind. In der fourastiéschen Logik ist die Abstinenz von Rationalisierungsprozessen im tertiären Sektor die Voraussetzung für die Spezialisierung des Menschen auf das eigentlich Menschliche. Dagegen konnte hier gezeigt werden, dass eine Rationalisierung in der Pflegebranche nicht notwendigerweise und ausschließlich mit einer Unterordnung der Tätigkeit unter ökonomische Prinzipien einhergeht, sondern innerhalb dieses Berufsfeldes sowohl ent- als auch vermenschlichende Effekte entfalten kann.

Ausgehend von der Gegenüberstellung der Chancen und Risiken der digitalen Revolution für die Pflege kann konstatiert werden, dass diese sich derzeit an einem Scheideweg befindet. Erste Implementierungen zeigen, dass der Einsatz digitaler Technologien in der Pflege mit der Chance einer

Annäherung der Pflegequalität an das soziale Konzept der Pflege verbunden ist. Nicht trotz, sondern sogar durch Rationalisierungsprozesse können digitale Technologien Potenziale zur Vermenschlichung der Pflegetätigkeit entfalten. Diese kommen allerdings nur dann zum Tragen, wenn das soziale Verständnis der Pflege nicht durch eine gewinnmaximierende Handlungslogik unterminiert wird. Denn anschlussfähig an Steuerungsmechanismen, die im Sinne einer Kosten-Nutzen-Abwägung zu verlustvermeidendem oder gar profitorientiertem Handeln anregen, ist allein das enge, körperbetonte Konzept der Pflege, bei dem alle über den medizinischen Sinn hinausgehenden Tätigkeiten auf ein Minimum beschränkt werden. Sowohl die alltagsunterstützende als auch die emotionale Dimension der Fürsorgearbeit lassen sich demgegenüber nicht gänzlich rationalisieren. Infolge einer Manifestierung ökonomischer Handlungsmotive erscheint es daher nicht unwahrscheinlich, dass die Pflege 4.0 mit der fortschreitenden Rationalisierung einen Prozess der Entmenschlichung erleben könnte, der die Branche zugleich einer größeren Gefahr der Substituierung aussetzt. Die Entwicklung digitaler Technologien für die Pflege sollte daher partizipativ gestaltet werden, um gemeinsam mit den Akteuren aus der Praxis konstruktive Lösungen zu erarbeiten, die sowohl Pflegenden als auch Pflegebedürftigen zugutekommt, und um nicht aus dem Auge zu verlieren, dass es sich hierbei um eine besondere Form der Arbeit – der Arbeit von Menschen für Menschen – handelt.

Eckhard Geitz

Digitale Konfiguration der Psychiatrie

»Die Utopie von gestern ist die Wahrheit von heute. Die Utopie von heute ist die Wahrheit von morgen«,[1] lautet der Untertitel einer Cyborg-Illustration des Arztes und Utopisten Fritz Kahn aus dem Jahre 1931, auf der technische Artefakte Körperteile ersetzen. »Was bei der Imagination geschieht, kann ungefähr so geschildert werden«, schreibt der Kulturphilosoph Vilém Flusser:

> »Man tritt von etwas zurück, macht sich ein geistiges Bild davon (das heißt: reduziert es auf zwei Dimensionen) und lässt diese Reduktion dann für das symbolisch Verlassene einstehen. Dieses geistige zweidimensionale Symbol kann man dann nach außen als Landkarte, Gemälde, Fotografie oder geometrisches Modell usw. zurückprojizieren und die imaginäre Welt sozusagen materialisieren«.[2]

---

1 Uta von Debschitz/Thilo von Debschitz: Fritz Hahn. Infographics Pioneer, Köln 2017, S. 312-313.

2 Vilém Flusser: Imagination und Imaginäres, in: Bildfabriken. Infografik 1920–1945 Fritz Kahn, Otto Neurath et al., hg. v. Helena Doudova/Stephanie Jacobs/Patrick Rössler, Berlin 2017, S. 49-56, hier S. 52.

Noch vor der Programmierung von Websites und Interfaces wird eine Vorstellung davon erzeugt, welches technische Bild beispielsweise (psychische) Gesundheit auf den Bildschirmen unserer Endgeräte repräsentieren könnte. Technische Bilder sind im Sinne Flussers Emergenzen theoretischer Begriffe; sie sind Symbole, die in ihrer Symbolhaftigkeit verkannt und aufgrund ihrer objektiv wirkenden Erscheinung mit Wirklichkeit verwechselt werden.[3] Die Monitore, auf denen sie heute auftreten, sind feedbackgeleitete Steuerungssysteme, die Mensch-Maschine-Interaktionen für Menschen sichtbar machen und als Evocative Objects[4] Eingaben generieren. Menschen nehmen diesen Prozess weniger als Aufwand, sondern als Erleichterung, eventuell sogar als heilsam wahr. Die mögliche Tiefe der Verhaltenssteuerung lässt sich an Abilify MyCite beobachten. Die amerikanische Food and Drug Administration (FDA) hat im November 2017 die Zulassung dieses Medikaments genehmigt. Dabei handelt es sich um eine antidepressiv und antipsychotisch wirkende Tablette mit integriertem Sensor, der bei Medikamenteneinnahme über ein Hautpflaster Signale an eine App zur Dokumentation der Einnahme sendet, die durch diese Feedbackschleife überwacht und garantiert werden soll. Anwendungsbereiche sind laut Hersteller Schizophrenie, bipolare Störungen und klinische Depressionen.[5]

Die psychiatrische Landschaft befindet sich offensichtlich im Prozess der digitalen Konfiguration, einer Erweiterung der Psychiatrie und Psychotherapie in Richtung des digitalen Raums und einer entsprechenden Anpassung von Systemen der Diagnostik, der Dokumentation und der Behandlung. Aspekte dieses Prozesses wurden auf dem Kongress »Die Psychiatrie und Psychotherapie der Zukunft« der Deutschen Gesellschaft für Psychiatrie, Psychotherapie und Nervenheilkunde (DGPPN) diskutiert, so unter anderem der Einsatz von Telemedizin, virtueller Realität, Robotik und digitaler Phä-

3 Der Fotoapparat gilt Flusser als Prototyp einer programmierten Blackbox zur Herstellung technischer Bilder, deren Entzifferung Gegenstand der Medienkritik zu sein habe. Vilém Flusser: Für eine Philosophie der Fotografie, Göttingen 1983.

4 Sherry Turkle führte 1984 den Begriff Evocative Object für den Reiz ein, der vom Computer als einer Projektionsfläche ausgeht, in der sich das Selbst spiegelt. Sherry Turkle: The Second Self. Computers and the Human Spirit, New York 1984, S. 11 ff.

5 Abilify MyCite: www.abilifymycite.com/.

notypisierung.[6] Letzteres Phänomen bedeutet, dass User_innendaten – zum Beispiel hinsichtlich des Mailverkehrs, der Fitness, der Kreditkarten-, Internet- und Appnutzung – sowohl für diagnostische als auch therapeutische Zwecke gescannt und unter Zuhilfenahme von Big Data Analyse und Machine Learning ausgewertet werden können.[7]

Die Weltgesundheitsorganisation (WHO) definiert die Nutzung von Informations- und Kommunikationstechnologien (IKT/ICT) im Gesundheitsbereich folgendermaßen: »eHealth is the cost-effective and secure use of ICT in support of health and health-related fields, including health-care services, health surveillance, health literature, and health education, knowledge and research«.[8] Als M-Health versteht die WHO den Einsatz mobiler Geräte zur direkten gesundheitsbezogenen Anwendung.[9] Telemedizin bezeichnet die Interaktion zwischen Patient_innen und Behandler_innen über eine räumliche Distanz mittels IKT.[10] Findet diese Interaktion im Bereich der Psychiatrie und Psychotherapie statt, handelt es sich um Telepsychiatrie. E-Mental-Health kann als erweiterter Begriff von Telepsychiatrie verstanden werden, unter den sowohl Anwendungen mit und ohne therapeutische Begleitung subsumiert werden.[11]

Wie kann man die Entwicklung von E-Mental-Health als Phänomen der digitalen Konfiguration[12] von Psychiatrie und Psychotherapie skizzieren? Inwiefern entsteht hier ein Netz komplexer Verknüpfungen von (Macht-)Beziehungen zwischen Menschen, Maschinen, Programmen, Institutionen,

6 DGPPN-Kongress 2018: Die Psychiatrie und Psychotherapie der Zukunft, Berlin 28. November bis 1. Dezember.

7 Der amerikanische Hersteller Mindstronghealth.com bietet dieses Verfahren beispielsweise an. Vgl. dazu dessen Website, www.mindstronghealth.com/.

8 WHO: Global diffusion of e-Health: Making universal health coverage achievable, v. 1.12.2016, S. 5.

9 Ebd., S. 27.

10 Ebd., S. 56.

11 Davor Mucic/Donald M. Hilty: e-Mental Health, Heidelberg 2016, S. 4.

12 Konfiguration wird hier als heuristischer Begriff verwendet, der auf die Anpassung des »Programms« Psychiatrie an das neue »System« Digitalisierung abzielt. Norbert Elias beschreibt in seinem Konzept der Figuration die Emergenz sozialer Ordnungen: »Mit dem Begriff der Figuration lenkt man die Aufmerksamkeit auf die Interdependenzen der Menschen. Die Frage ist, was die Menschen eigentlich in Figurationen zusammenbindet.« Norbert Elias: Was ist Soziologie?, Frankfurt a. M. 1970, S. 144.

Diskursen und Praktiken? Worin liegt der analytische Wert, für Netze dieser Art auf den von Michel Foucault geprägten Begriff des Dispositivs zurückzugreifen, mit dem er eine explizit dynamische Verknüpfungsordnung beschreibt? Der vorliegende Artikel geht auf Beziehungen und ihre Praktiken ein, die sich genauso ändern können wie die Materialität der Knotenpunkte selbst. Entscheidend für Foucaults Begriff dieser Assemblage ist, dass auf einen »Notstand« geantwortet wird, dem Dispositiv mithin eine strategische Funktion zugrunde liegt. Untersuchte Foucault Dispositive der »Kontrolle und Unterwerfung [besser die alte Übersetzung: Subjektivierung-Unterwerfung (assujetissement)] des Wahnsinns, der Geisteskrankheit und der Neurose«,[13] werden aktuelle Dringlichkeiten in der psychiatrischen und psychotherapeutischen Landschaft eher als Versorgungsprobleme artikuliert. Worin liegen Konfliktlinien der Konfiguration von Psychiatrie und Psychotherapie als Antwort auf Versorgungsnotstände und die fortlaufende Herstellung und Erneuerung dieses Netzes? Warum ist die digitale Erweiterung der Psychiatrie und Psychotherapie, ihre Medialisierung und Technisierung in ihrem Symbolcharakter zu begreifen und wie können Abbilder dispositiver Anordnungen einer (medien-)kritischen Betrachtung zugänglich gemacht werden?

Zur Beantwortung der hier gestellten Fragen wird ein Textkorpus herangezogen, der in seiner Heterogenität mit dem Gegenstand selbst vergleichbar ist. Bereits zitiert wurde Vilém Flusser, dessen Analyse technischer Bilder sich durch fortlaufende Perspektivwechsel auszeichnet.[14] Flusser wandert vom Apparat zum Bild, zu dem oder der Programmierer_in, zur gesamten Assemblage und nimmt somit Dispositiv-Elemente in den Blick, die für die vorliegende Untersuchung relevant sind. Georges Didi-Huberman konkretisiert diese analytische Bewegung in seiner Studie über die Erfindung der Hysterie,[15] die die Zusammenhänge zwischen Medialisierung und Psychiatrie aufdeckt. Joseph Weizenbaums ELIZA ist ein klassischer und oft zitierter Fall eines psychotherapeutischen Interfaces, in das seitens der Psychothe-

13 Michel Foucault: Ein Spiel um die Psychoanalyse. Gespräch mit Angehörigen des Departement de Psychoanalyse der Universität Paris/Vincennes, in: Dispositive der Macht. Über Sexualität, Wissen und Wahrheit, hg. v. ders., Berlin 1978, S. 118-175, hier 119 ff.

14 Flusser: Für eine Philosophie der Fotografie.

15 Georges Didi-Huberman: Erfindung der Hysterie, München 1997, S. 58.

rapie große Hoffnungen gesetzt wurden.[16] Weniger bekannt sind die frühen Studien von Peter J. Lang, der in den 1960er-Jahren behavioristische Automaten und Computer baute,[17] um damit die Verhaltenstherapie zu untersuchen.[18] Aus dem Bereich der E-Mental-Health werden einerseits exemplarisch zwei Wirksamkeitsstudien vorgestellt, die in Verbindung mit Angeboten großer Krankenkassen stehen, und andererseits die Stellungnahmen der Bundespsychotherapeutenkammer (BPtK) analysiert.[19] Die im Artikel dargestellten Positionen problematisieren erstens die Therapie auf Distanz, zweitens Paradigmen der Qualitätssicherung und drittens die Telepsychiatrie als Folge und Verstärker eines weitgehend ökonomisierten Gesundheitssystems. Außerdem gilt es, Leerstellen in der Erzählung herauszuarbeiten, wonach digitale Antworten Versorgungsprobleme beheben können.[20]

Notstand in der Versorgung

Dispositive, diese »heterogenen Ensembles«, Netzwerke aus Verknüpfungen von Menschen, Maschinen, Wissen, Machtbeziehungen, Diskursen und des

16 Joseph Weizenbaum: ELIZA – A Computer Program For the Study of Natural Language Communication Between Man And Machine, in: Communications of the ACM 9 (1966) 1, S. 36-45; vgl. Joseph Weizenbaum: Die Macht der Computer und die Ohnmacht der Vernunft, Frankfurt a. M. 1978.

17 Automaten, die so programmiert wurden, dass sie das Verhalten der Nutzer_innen manipulieren konnten.

18 Peter J. Lang et al.: A psychophysiological analysis of fear modification using an automated desensitization procedure, in: Journal of Abnormal Psychology 76 (1970) 2, S. 220-234, hier S. 220; Peter J. Lang: The on-line Computer in Behavior Therapy, in: American Psychologist 24 (1996) 3, S. 236-239.

19 Pavle Zagorscak et al.: Abschlussbericht zum TK-DepressionsCoach. Eigenschaften Teilnehmender, Wirksamkeit, Zufriedenheit, 2017, www.tk.de; Claudia Buntrock et al.: Effect of a Web-Based Guided Self-help Intervention for Prevention of Major Depression in Adults with Subthreshold Depression. A Randomized Clinical Trial, in: Journal of American Medical Association 315 (2016) 17, S. 1854-1863; BPtK-Standpunkt – Internet in der Psychotherapie, v. 23.6.2017, www.bptk.de.

20 Maggie Mort/Carl R. May/Tracy Williams: Remote Doctors and Absent Patients. Acting at a Distance in Telemedicine?, in: Science, Technology, & Human Values 28 (2003) 2, S. 274-295; Lisa Cartwright: Reach out and heal someone. Telemedicine and the globalization of health care, in: Health 4 (2000) 3, S. 347-377, hier S. 356.

Ungesagten, sind laut Foucault Antworten auf Notstände, auf Dringlichkeiten, die durch sozialen und technischen Wandel produziert werden.[21] Die Artikulation etwa von Notständen im Bereich der psychischen Gesundheit und die digitalisierte Psychiatrie als Antwort(-versuch) darauf können als Belege dafür gelten, dass hier eine solche dispositive Anordnung entsteht. International wird der Bedarf an psychotherapeutischer Behandlung als größer eingeschätzt als das Angebot an Therapieplätzen. Besonders Depression[22] wird als dringendes Problem der Gesundheitsversorgung benannt. So kommt die WHO in ihrem Bericht »Depression und andere verbreitete Störungen der psychischen Gesundheit« zu dem Ergebnis, dass Depression 2015 weltweit mit 7,5 % für den größten Teil gesundheitlicher Einschränkungen verantwortlich und mit 800.000 Fällen Hauptursache für Selbsttötungen ist.[23] Bereits 2010 kam eine Studie zur globalen Krankheitslast (Global Burden of Disease – GBD) zu dem Befund, Depression sei eines der gravierendsten Gesundheitsprobleme weltweit: »GBD 2010 identified depressive disorders as a leading cause of burden. MDD [Major Depressive Disorder/Anm. d. Verf.] was also a contributor of burden allocated to suicide and ischemic heart disease. These findings emphasize the importance of including depressive disorders as a public-health priority and implementing cost-effective interventions to reduce its burden.«[24] Gefordert ist also nicht nur, die Behandlung von Depression als eine öffentliche Aufgabe anzuerkennen, sondern auch, den Notstand Unterversorgung mithilfe kosteneffizienter (technischer) Formen zu verringern.

21 Foucault: Ein Spiel um die Psychoanalyse, S. 119 ff.

22 Entsprechend des aktuell gültigen Diagnostic and Statistical Manual of Mental Disorders (DSM-5) lauten die Diagnosekriterien für Major Depressive Disorder: »At least 2 weeks of low or depressed mood, anhedonia, significant changes in appetite, disturbed sleeping patterns, psychomotor retardation or agitation, reduced energy levels, feelings of guilt and worthlessness, reduced concentration/decision making, ideas or acts of self-harm or suicide.« Vgl. Edward S. Friedman/Ian M. Anderson: Handbook of Depression, London 2014, S. 3 zur Genealogie der Depression im 20. Jahrhundert vgl. Alain Ehrenberg: Das erschöpfte Selbst. Depression und Gesellschaft in der Gegenwart, Frankfurt a. M. 2015.

23 WHO: Depression and Other Common Mental Disorders. Global Health Estimates, v. 2017, www.who.int, S. 5.

24 Vgl. Alize J. Ferrari et al.: Burden of Depressive Disorders by Country, Sex, Age and Year. Findings from the Global Burden of Disease Study 2010, in: PloS Medicine 10 (2013) 11, S. 2-12.

The Joint Action for Mental Health and Well-Being, ein von der EU finanziertes und durch die Universität Lissabon koordiniertes internationales Netzwerk, rät in einer umfangreichen Studie, E-Mental-Health-Interventionen neben Face-to-Face-Kontakten als obligatorischen Bestandteil von Psychotherapien zu etablieren, die schwerpunktmäßig Depressionen behandeln.[25] Außerdem empfiehlt das Netzwerk, freiwillige Kooperationsabkommen mit der Tech-Industrie abzuschließen, um ethische Standards, Datenschutz und den Schutz geistigen Eigentums zu gewährleisten. Schließlich regt es an, auf nationaler Ebene unter Beteiligung von Krankenversicherern und politischen Gremien Qualitätskontrollen einzuführen und auf EU-Ebene E-Mental-Health zum klar definierten Bestandteil von E-Health-Richtlinien zu machen.[26]

Forschung an Computerprogrammen für die Psychotherapie

Das so abgesteckte strategische Feld und die Empfehlungen fußen nicht nur auf einem deklarierten Notstand in der Versorgung, sondern auch auf technologischem Wandel und dessen Verhältnis zur Psychotherapie. Die beiden folgenden Beispiele zeigen, wie psychotherapeutische Konzepte für die Programmierung schwacher Künstlicher Intelligenz (KI) und wie Computerisierung zur Erforschung psychotherapeutischer Interventionen genutzt wurden. Der bekannteste Fall ist der von Joseph Weizenbaum programmierte erste Chatbot ELIZA. Dabei handelt sich um ein Textprogramm, das auf User_innen-Input reagiert, indem – angelehnt an die klient_innenzentrierte Gesprächsführung nach Carl Rogers – Gesprächsanlässe geschaffen werden.[27] Grundsätzlich geht es in dem Programm darum, aus User_inneneingaben

25 György Purebl et al.: Joint Action on Mental Health and Wellbeing. Depression, suicide prevention and e-Health. Situation analysis and recommendations for action, v. 29.10.2015, www.ec.europa.eu/, S. 142.

26 Ebd.

27 Weizenbaum: ELIZA, S. 36-45. Als drei wesentliche Kennzeichen des Klient_innen-zentrierten Ansatzes gelten laut Rogers Echtheit, Akzeptanz und Empathie, die sich in offenen Gesprächssituationen spiegeln sollen. Das Formulieren offener Fragen, das Paraphrasieren von Gesprächsinhalten und die Motivation der Klient_innen, neue Gedanken zu formulieren, fußen in der Annahme eines hohen Selbsterkenntnis- und Therapiepotenzials seitens der Klient_innen. Siehe dazu: Carl Rogers: Der neue Mensch, Stuttgart 1997, S. 66 ff.

Schlüsselbegriffe zu identifizieren und in den Dialog zurückzugeben. Bereits in seinem ersten veröffentlichten Forschungsbericht über ELIZA macht Weizenbaum klar, dass die für das Funktionieren notwendige (Auto-)Suggestion auf ganz bestimmten Erwartungen basiert, die mit psychiatrischer Behandlung einhergehen:

> »ELIZA performs best when its human correspondent is initially instructed to ›talk‹ to it, via the typewriter of course, just as one would to a psychiatrist. This mode of conversation was chosen because the psychiatric interview is one of the few examples of categorized dyadic natural language communication in which one of the participating pair is free to assume the pose of knowing almost nothing of the real world. If, for example, one were to tell a psychiatrist ›I went for a long boat ride‹ and he responded ›Tell me about boats‹, one would not assume that he knew nothing about boats, but that he had some purpose in so directing the subsequent conversation. It is important to note that the assumption is made by the speaker«.[28]

Der zweite Fall betrifft ein Forschungsprojekt, das computergestützte Verhaltenstherapie untersuchte. Der Psychologe Peter J. Lang forschte zur Wirksamkeit computerisierter Behandlung von Angststörungen.[29] Seine erste Studie, die noch auf Basis analoger Technik durchgeführt wurde, ergab:

> »An apparatus designed to administer systematic desensitization automatically was as effective as a live therapist in reducing phobic behavior, suggesting that effective desensitization is not dependent on a concurrent interpersonal interaction«.[30]

Nach Lang lag der Erfolg der Studie nicht nur darin, dass Therapeut_innen in gewissem Umfang ersetzt werden konnten, sondern auch in der Zuverlässigkeit bzw. Reliabilität – entstanden und begünstigt durch ein Setting, in dem therapeutische Module automatisiert und insofern menschlichem

28 Ebd., S. 42.
29 Lang: The on-line Computer in Behavior Therapy, S. 236-239.
30 Lang et al.: A psychophysiological analysis of fear modification, S. 220.

Einfluss entzogen wurden. Nachdem Lang die Weiterentwicklung des Settings durch die Nutzung eines Computers in einer Folgestudie untersucht hatte, kam er zu einer noch positiveren Einschätzung seiner Ergebnisse:

> »A machine capable of quickly assimilating complex information (well beyond the capacity of the human experimenter), able to make decisions in the light of previous instructions, and yet adapt its responses to the changing behavior of subjects is a uniquely suitable tool for studying problems of treatment and psychopathological processes«.[31]

Die Beispiele von Weizenbaum und Lang belegen, dass sich das Feld der Psychologie und Psychotherapie schon zu Beginn des Computerzeitalters in besonderem Maße als geeignet für die Anwendung der neuen Kommunikationsformen herausstellte. (Auto-)Suggestion und Kontrolle der Umweltfaktoren – vermittelt über technische Bilder – sind und waren grundlegende Bedingungen für die Einlassung auf Mensch-Computer-Interaktionen. Insofern sind sie essenziell für die digitale Konfiguration der Psychiatrie.

Psychotherapeutische Behandlung per Computer

Zu Beginn der 1980er-Jahre wurden Computer nicht mehr nur zu Studienzwecken, sondern in kognitiv behavioristischer Psychotherapie und damit erstmals zur Behandlung von Depressionen eingesetzt.[32] Seitdem haben sie wachsenden Einfluss in diesem Bereich.[33] Internet-based Cognitive Behaviour Therapy (ICBT), ein Kernelement von E-Mental-Health-Applikationen, gründet auf Aaron T. Becks Verknüpfung von kognitiven und behavioristischen Formen der Psychotherapie. Für die Kombination der therapeutischen Konzepte

---

31 Lang: The on-line Computer in Behavior Therapy, S. 239.

32 Paulette M. Selmi et al.: An investigation of computer-assisted cognitive-behavior therapy in the treatment of depression, in: Behavior Research Methods & Instrumentation 14 (1982) 2, S. 181-185.

33 Jesse H. Wright/D. Kristen Small: Computer Programs for Cognitive-Behavior Therapy, in: Encyclopedia of Cognitive Behavior Therapy, hg. v. Arthur Freeman, New York 2015, S. 130-133.

sprach Becks Ansicht nach die Schwerpunktsetzung auf die Symptomatik psychischer Leiden, die detaillierte Anleitung der Kontrolle von Verhalten oder Gedanken der Patient_innen, der Verzicht auf psychoanalytische Interpretationen der Selbstauskünfte von Patient_innen und die Verlernbarkeit von Reaktionsmustern.[34] Die unterschiedlichen therapeutischen Fixierungen – auf Verhalten und auf Wahrnehmung – wurden seit den 1970er-Jahren zusammengeführt und gewannen als Cognitive Behavioral Therapy (CBT) in den 1990er-Jahren zunehmend an Bedeutung.[35] Wesentlicher Bestandteil des CBT-Konzepts ist der Rückgriff von Patient_innen auf Selbsthilfebücher zum Zweck der Selbsttherapie.[36]

In der ICBT-Behandlung werden Bilder, Videos, Computeranimationen, Audiodateien oder Online-Psychoedukations-Module eingesetzt. Patient_innen müssen Hausaufgaben machen und erhalten dazu Feedback durch die Therapeut_innen. Direkter Kontakt dauert im Regelfall nicht länger als zehn Minuten pro Woche.[37] Andersson et al. weisen darauf hin, dass in Zukunft auch therapeutische Aufgaben wie ein Feedback per Mail automatisiert erfolgen könnten. Zudem komme es auch in einer Eins-zu-eins-Situation am Computer nicht unbedingt darauf an, dass diese durch medizinisch ausgebildetes Fachpersonal erfolge. Hier könne auch auf sehr kurzfristig geschultes, fachfremdes Personal zurückgegriffen werden.[38]

---

34 Aaron T. Beck: Cognitive Therapy. Nature and Relation to Behavior Therapy, in: Journal of Psychotherapy, Practice and Research 2 (1993) 4, S. 342-356.

35 Courtney L. Benjamin: History of Cognitive-Behavioral Therapy (CBT) in Youth, in: Child and Adolescent Psychiatric Clinics of North America 20 (2011) 2, S. 179-189.

36 Vgl. David Burns: Feeling Good. The New Mood Therapy, New York 2012; Isaac Marks: Living with Fear, Berkshire 2005. Eine Studie zu Isaac Marks' Selbsthilfekonzept kam 1984 zu dem Ergebnis, dass die Behandlungsresultate bei bibliotherapeutischer und computerbasierter Selbsttherapie sowie Therapeut_in-gelenkter Behandlung von Angststörungen nur minimal voneinander abwichen. Vgl. A. Ghosh/I. M. Marks/A. C. Carr: Controlled study of self-exposure treatment for phobics. Preliminary communication, in: The Royal Society of Medicine (1984) 77, S. 483-487.

37 Gerhard Andersson/Birgit Wagner/Pim Cuijpers: ICBT for Depression, in: Guided Internet-Based Treatments in Psychiatry, hg. v. Nils Lindefors/Gerhard Andersson, Heidelberg 2016, S. 17-32.

38 Ebd.

E-Mental-Health-Apps

Die Diskurse um E-Mental-Health werden seitens der gesetzlichen Krankenkassen und der Anbieter_innen von psychotherapeutischen Onlineprodukten als Antworten auf Versorgungsnotstände und als Reaktionen auf veränderte Kommunikationsgewohnheiten der Versicherten geführt. Anlässlich des Symposiums »Internet in der Psychotherapie« am 27. Juni 2017 in Berlin zeigte Hanne Horvath, Geschäftsführerin des GETet.on Instituts für Onlinegesundheitstrainings, in einer Präsentation, wie die von ihrem Institut entwickelte App Promind mit einem komplexen Netzwerk aus Krankenversicherungen, Fachverbänden, Universitäten, Start-ups und diversen Kliniken verknüpft ist und wie Forschung, Finanzierung, Bereitstellung der erforderlichen Hardware und Anwendung der App im Rahmen eines gemeinsamen Herstellungsprozesses ineinandergreifen.[39]

Zahlreiche Studien werden als Belege beigebracht, die zeigen sollen, dass bisher ungedeckter Bedarf nunmehr vermittelt durch Onlineangebote gedeckt werden kann. Im Vordergrund der Analysen stehen Fragen, die sich mit der Wirksamkeit webbasierter Psychotherapie auseinandersetzen. So untersuchte eine Studie, an der Versicherte der BARMER Krankenkasse teilnahmen, die Wirksamkeit eines Onlinetrainings. Die sechs zu absolvierenden ca. 30-minütigen interaktiven Multimedia-Module der Studie, die auf kognitiv-behavioristischer und problemlösender Therapie sowie Psychoedukation basieren, hätten sich – so das Ergebnis – positiv auf die Prävention von depressiven Symptomen ausgewirkt.[40] Die Untersuchung stellte den Ausgangspunkt für die Entwicklung von Promind dar, der E-Mental-Health-Applikation der BARMER Versicherung.

Ganz ähnlich lautet das Ergebnis einer Studie der Freien Universität Berlin und der Techniker Krankenkasse (TK). Der aus dieser Kooperation entstandene TK-DepressionsCoach mindere wirksam depressive Symptome

39 Hanne Horvath: Online Gesundheitstrainings in der Prävention und Versorgung psychischer Beschwerden. Anwendungsbeispiel »PRO MIND« am 27.6.2017. Der Vortrag war bis Mai 2019 auf der Website der BPtK abrufbar und zum Download bereitgestellt, kann aber inzwischen nicht mehr gefunden werden.

40 Buntrock et al.: Effect of a Web-Based Guided Self-help Intervention for Prevention of Major Depression in Adults With Subthreshold Depression.

und trage zum Wohlbefinden der Proband_innen bei. Über einen Zeitraum von sechs Wochen wurden ca. 1.000 Studienteilnehmer_innen behandelt und vor sowie nach der Behandlung zu ihrem Befinden befragt. Laut der Studie tragen »evidenz-basierte kognitiv-verhaltenstherapeutische Komponenten (Expressive Writing, positive behaviorale Aktivierung, kognitive Umstrukturierung und Rückfallprophylaxe) [...] zur Reduktion leichter bis mittelgradiger depressiver Symptome« bei.[41]

Während nur wenige der gesetzlichen Krankenkassen, wie die BARMER oder TK, ihren Mitgliedern exklusive E-Mental-Health-Applikationen anbieten können, stellt das Internetportal der Zentralen Prüfstelle Prävention (ZPP) des Spitzenverbandes der Gesetzlichen Krankenversicherungen (GKV), der 2009 vom Gesetzgeber geschaffenen Interessenvertretung aller gesetzlicher Krankenkassen, eine Suchfunktion für E-Mental-Health-Apps. Das Portal kann über die Webseiten der Krankenkassen angesteuert werden. Die angebotenen Gesundheitskurse sind nach den vier Handlungsfeldern Bewegungsgewohnheiten, Ernährung, Stressmanagement und Suchtmittelkonsum gegliedert. Die ZPP stellt nicht nur das Portal für die Gesundheitskurse zur Verfügung, sondern ist auch für die Zertifizierung der Angebote zuständig.[42] Der offizielle Name der von der ZPP zertifizierten E-Mental-Health-Apps lautet »IKT-basierte Selbstlernprogramme«. Gegenstand der Programme sind »neben der möglichen selbstständigen Aneignung digital aufbereiteten Gesundheitswissens auch Methoden und Techniken zur Gesundheitsveränderung im Alltag«.[43] Unterschieden werden Blended Learning (Verknüpfung von E-Learning und Präsenzkursen), Onlinekurse, Webinare, Fernkurse, Game based learning/serious games/e-teaching und Telefoncoaching.

---

41 Zagorscak et al.: Abschlussbericht zum TK-DepressionsCoach.

42 Zentrale Prüfstelle Prävention: Information für Anbieterinnen und Anbieter von IKT-basierten Selbstlernprogrammen nach § 20 SGB V, www.zentrale-pruefstelle-praevention.de. Die rechtlichen Grundlagen von E-Mental-Health-Apps durch die gesetzlichen Krankenkassen sind in § 20 des fünften Sozialgesetzbuchs zwar dem Grundsatz nach geregelt, jedoch nicht in Bezug auf IKT. Deshalb hat die ZPP ihre Regelungen in einem eigenen Dokument festgehalten.

43 Ebd., S. 3.

Kritik am Umgang mit E-Mental-Health

In einem Statement äußerte sich die BPtK in mehrfacher Hinsicht kritisch zu E-Mental-Health-Apps. So verletzten die exklusiven Angebote der Krankenkassen für ihre Versicherten den Gleichheitsgrundsatz, der garantieren solle, dass nachgewiesene Wirksamkeit in der Behandlung von Krankheiten und Leiden allen Versicherten zugute zu kommen habe.[44] Außerdem forderte die BPtK, »Internetprogramme für Prävention und Behandlung psychischer Beschwerden und Erkrankungen als Medizinprodukte zu prüfen und zu zertifizieren. Die Zulassung sollte – anders als bisher – nicht über unterschiedliche private Anbieter, sondern durch ein finanziell unabhängiges Institut, wie beispielsweise das Bundesinstitut für Arzneimittel und Medizinprodukte, erfolgen.«[45]

Aus der Begründung des Referentenentwurfs für ein Gesetz für eine bessere Versorgung durch Digitalisierung und Innovation (Digitale-Versorgung-Gesetz – DVG) vom 15. Mai 2019 geht hervor, dass die BPtK sich mit dieser Forderung durchgesetzt hat. Dabei hat die BPtK nicht nur Kritik am Modus der Einführung von E-Mental-Health in das deutsche Gesundheitswesen geübt; sie hegt auch Zweifel an den Erfolgsmeldungen der oben zitierten und anderen Studien.[46]

Die Stellungnahmen der BPtK offenbaren Bruchlinien in der digitalisierten Psychiatrie bezüglich Fragen nach der Gleichheit unter Versicherten, der Qualität der angebotenen Produkte und der Aussagekraft von diskursmächtigen Studien. Sie markieren somit einen Teil des dispositiven Kraftfeldes,

---

44 Bundespsychotherapeutenkammer: BPtK-Standpunkt – Internet in der Psychotherapie.

45 Ebd., S. 5.

46 »Auch wenn die Wirksamkeit von Internetprogrammen ähnlich hoch ist wie die Wirksamkeit von Psychotherapie im unmittelbaren Gegenüber [...], heißt dies nicht, dass beide Behandlungsarten tatsächlich gleich wirksam sind. Die Studien zu Internetprogrammen untersuchen meist eine sehr spezielle Patientengruppe: Sie befragen die Personen, die diese Programme genutzt haben und diesen gegenüber grundsätzlich positiv eingestellt sind. Ob Internetprogramme Patienten helfen, die eigentlich eine Psychotherapie im direkten Gespräch bevorzugen, ist fraglich. Schließlich gibt es praktisch keine Studien zu Internetprogrammen, in denen es nicht zumindest einen schriftlichen Kontakt des Nutzers mit einem Behandler gibt, zum Beispiel per E-Mail oder über Videotelefonat. Auch dieser Kontakt könnte dazu führen, dass die Wirksamkeit von Internetbehandlung besser erscheint, als sie tatsächlich ist.« Ebd., S. 15.

in dem Wissen über E-Mental-Health-Apps und entsprechende strategische Effekte entstehen. Diese Bruchlinien und die erfolgreiche Durchsetzung der BPtK-Forderung, E-Mental-Health-Apps als Medizinprodukte den Zulassungsprozess durchlaufen zu lassen, entkleiden die technischen Bilder ihres objektiven Charakters und zeigen sie als Momentaufnahmen dispositiver Ensembles. (Versorgungs-)Probleme und vermeintliche Antworten darauf im Bereich der digitalisierten Psychiatrie werden als programmierte Software, die als Nutzerinterface auf Bildschirmen erscheint, als materialisierte Möglichkeit der digitalen Ergänzung therapeutischen Wirkens sichtbar. Unterschiedliche soziologische Arbeiten und die Public Health und Visual Studies unterziehen die Telemedizin und E-Health einer kritischen Analyse. Mort et al. argumentieren, dass telemedizinische Anwendungen das nicht eingelöste Versprechen einer flächendeckenden Versorgung kompensieren.[47] Laut Cartwright trage Telemedizin dazu bei, die globale Wertschöpfungskette im Gesundheitsbereich zu optimieren. Profitorientierte Kliniken hätten ein kommerzielles Interesse daran, durch Telemedizin ihren Zugriff auf Patient_innen in unterversorgten Regionen zu vergrößern. Dies gelinge genau dann, wenn räumliche Distanzen aufrechterhalten werden würden.[48] Teghtsoonian hält fest, dass staatliche Gesundheitsfürsorge sich von ihrem Versorgungsauftrag distanziert und die Verantwortung für die Behandlung an die Patient_innen weiterreicht. Insbesondere die für E-Mental-Health-Apps konstitutive Cognitive Behavior Therapy sei dafür ein Mittel:

> »CBT reinforces the marginalizing of the socio-political that the practice of diagnosing depression as an illness already entails. It frames depression as a problem of faulty thinking processes that those experiencing it can learn to correct by replacing ›negative self talk‹ with more positive and ›realistic‹ views of the world in which they live«.[49]

Teghtsoonian untersuchte in ihrer Diskursanalyse Dokumente der kanadischen Provinzregierung British Columbias zum gesundheitspolitischen

47 Mort/May/Williams: Remote Doctors and Absent Patients, S. 274-295.
48 Cartwright: Reach out and heal someone, S. 356.
49 Katherine Teghtsoonian: Depression and mental health in neoliberal times. A critical analysis of policy and discourse, in: Social Science & Medicine 69 (2009) 1, S. 28-35, hier S. 34.

Umgang mit Depression. Diese zeigten, dass sich vor dem Hintergrund des prägenden Diskurses zur Eigenverantwortung die gesundheitspolitische Orientierung auf den Abbau öffentlich finanzierter Angebote für Depressions-Patient_innen richtete.

Der Eigenverantwortungsdiskurs wird auch von Brijnath et al. in ihrer Studie zu Selbstmanagement und Depression hervorgehoben. Behandelnde würden als Tutor_innen auftreten, die dabei unterstützen, Patient_innen bezüglich ihrer Depression besser zu informieren, sie zu befähigen, geeignete therapeutische Maßnahmen zu ergreifen, weniger von Therapeut_innen abhängig zu sein und sich selbst medikamentieren zu können. Letztlich verbliebe Patient_innen keine andere Möglichkeit, ein gescheitertes Selbstmanagement ihrer eigenen Depression auf sich selbst zurückzuführen.[50]

Die digitalisierte Psychiatrie als Mediendispositiv

In den vorangegangenen Abschnitten wurde eine Assemblage der digital konfigurierten Psychiatrie skizziert: Diskurse um Versorgungsnotstand und Prävention, E-Mental-Health-Applikationen, frühe Studien zur Anwendung von Computern in der Psychotherapie, Aushandlung neuer gesetzlicher Vorgaben, Wirksamkeitsstudien und kritische Positionen zur Psychiatrie als Teil der Wertschöpfungskette. Diese Verknüpfungen sind in Anlehnung an Foucaults Dispositiv-Konzept als heterogenes Ensemble zu verstehen und technische Bilder auf den Bildschirmen der Endgeräte der User_innen als Momentaufnahmen, als Materialisierungen dieser Verknüpfungen.

Ein Exkurs in die Anfangs- und Hochphase der Fotografie als neuestes Medium der Bildreproduktion kann helfen, kritische Perspektiven auf das Mediendispositiv der digitalisierten Psychiatrie zu entwickeln. Während Vilém Flusser die Fotografie als Ausgangspunkt für die kritische Analyse technischer Bilder nimmt, problematisiert Georges Didi-Huberman in seiner Studie über die Erfindung der Hysterie den Einfluss von (Foto-)Technik auf die Herstellung einer psychiatrischen Diagnose.

50 Bianca Brijnath/Josefine Antoniades: »I'm running my depression«. Self-management of depression in neoliberal Australia, in: Social Science & Medicine 152 (2016) 5, S. 1-8.

Für Flusser beginnt das Universum der technischen Bilder und die Möglichkeit ihrer Entzifferung mit der Fotografie. Sie markiert für ihn einen grundlegenden Einschnitt in die Art und Weise, wie Menschen die Welt wahrnehmen, sie verstehen und ihre Anschauungen über sie kommunizieren. Dies beinhaltet auch die Zeichenmanipulation, die weder bezüglich der Fotografie noch in der Softwareprogrammierung von allen User_innen verstanden werde. Entscheidend sei das Innere des Apparates, einer Black Box, die auf eine ganz bestimmte Art und Weise programmiert sei und im Zusammenspiel mit den Fotograf_innen sowie den Vorstellungen, die sie beeinflussen, bestimmte Outputs generiere. Flussers Weg zu einer Philosophie der Fotografie betrifft den kybernetisch-behavioristischen Kern der schwarzen Kiste und ihrer assemblierten Elemente des technischen Bildes.[51] Die Analyse des Herstellungsprozesses besteht im Entziffern der Anordnung und vom Zusammenwirken von Menschen, Apparateteilen, Chemikalien, Urteilen, Entscheidungen und Wünschen:

> »Analysiert man das Foto, dann kann man daraus diese gerafften Partikel (etwa Photonen oder Dezideme) herauskristallisieren. Die Vorstellung dabei ist die eines Drahtgeflechts (so wie es auf digitalisierten Computerbildern ersichtlich ist), innerhalb welchen sich eng gestreute Täler bilden (zum Beispiel eben Fotos). In diesen Tälern laufen die einzelnen Fäden zusammen (im Fall des Fotos die Fäden der Photonen, des Apparats und des Fotografen). Tatsächlich sind die Täler Überschneidungen verschiedener Möglichkeitsfelder«.[52]

Bezogen auf die digitalisierte Psychiatrie heißt dies, dass es kein Pixel einer E-Mental-Health-App geben kann, das nicht Ausdruck dieses Geflechts, dieses heterogenen Ensembles wäre.

Die Vermessung der Möglichkeitsfelder, die sich durch den Einzug der Fotografie in die Psychiatrie für beide Bereiche eröffneten, sind Gegenstand von Georg Didi-Hubermans Analyse der Medialisierung von Psychiatrie.

51 Flusser: Für eine Philosophie der Fotografie.

52 Flusser: Fotografieren als Lebenseinstellung, in: Standpunkte. Texte zur Fotografie, hg. v. ders., Göttingen 1998, S. 175-180, hier S. 178 f.

Didi-Huberman zeigt, wie die große Reformpsychiatrie des 19. Jahrhunderts, die Pariser Salpêtrière, selbst ein fotografischer Dienst wurde und wie die Fotografie den Blick auf den Gegenstand der psychiatrischen Disziplin veränderte:

> »So kam es, daß die photographische Praxis ganz und gar die Würde eines Spital-Dienstes erlangte. Als da war: ein Territorium: Atelier mit Fenster, Dunkelkammer, helle Kammer – Ein protokollarisches Dispositiv: Estrade, Bett, Hintergrundschirme und Vorhänge, schwarz, dunkelgrau, hellgrau; Kopfstützen, Streben – eine photographische Technologie, immer gekünstelter, wie man so schön sagt: Multiplikation der Objekttypen und der Zimmer, Gebrauch von künstlichem Licht, ›Photochronographie‹ und alle Entwicklungen der Entwicklungen … – Und endlich: die klinischen und administrativen Prozeduren der Archivierung: die ganze Beförderung der Bilder, von der ›Beobachtung‹ bis zur Fichierung. […] Meine Frage ist nicht nur, wozu die Photographie gedient hat, sondern auch: Wer oder was wurde in der Salpêtrière den photographischen Bildern dienstbar gemacht?«[53]

Ausgesprochen detailreich beantwortet Didi-Huberman seine Frage sowohl hinsichtlich der eingesetzten Technik als auch der Fotomotive. So kamen im fotografischen Dienst der Salpêtrière Kameras mit zwölf Objektiven und Zeitschalter zum Einsatz, die Serienaufnahmen machten und zur Typenbildung eines synoptischen Tableaus des »großen, vollständigen und regelmäßigen hysterischen Anfalls« dienten.[54] Didi-Huberman geht auch ausführlich auf die Rolle der Fotomodelle ein, Patientinnen, die auf eine bestimmte Art für die Fotografie inszeniert wurden und sich mitunter selbst inszenierten. Die entstandenen Aufnahmen waren die Grundlage für diverse Bildbände, unter anderem für das dreibändigen Werk »Iconographie photographique de la Salpêtrière«, das zu einer Blaupause der »Irrenfotografie« des späten 19. und frühen 20. Jahrhunderts wurde und in dem sich die problematische Einheit von Bild und Diagnose manifestierte. Man betitelte Porträts von Patient_innen der Psychiatrie mit bestimmten Diagnosen, um so den psy-

53 Didi-Huberman: Erfindung der Hysterie.

54 Ebd., S. 132-133.

chiatrischen Blick zu »schärfen«. Wie viele Entwicklungen des 19. Jahrhunderts galt der Einzug der Fotografie in die Psychiatrie als Reform und Fortschritt, als Beitrag zur Humanisierung und Herausbildung einer neuen Profession.

Medienkritische Perspektiven auf die digitalisierte Psychiatrie

Im Anschluss an Flusser und Didi-Huberman lassen sich vier Perspektiven formulieren, um die digitalisierte Psychiatrie einer Medienkritik zugänglich zu machen.

Erstens ist die Rolle des technischen Bildes in der digitalisierten Psychiatrie nicht vorwiegend als Bereitstellung einer Kommunikationsmethode zur Verbesserung der psychotherapeutischen Versorgung zu verstehen, sondern als grundsätzlicher Wandel in der (Selbst-)Behandlung. Die von Didi-Huberman herausgestellten klinischen und administrativen Abläufe der Archivierung und Bildbeförderung gleichen in der digitalisierten Psychiatrie Prozeduren, die ihrer eigenen komplexen Verknüpfungsordnung folgen und etwa durch das Aufeinandertreffen von technischen Möglichkeiten, Pfadabhängigkeiten ihrer Entwicklung, Auseinandersetzungen um Zugänge zu digitalisierten Angeboten und Diskursen über Wirksamkeiten und Notständen strukturiert werden. Dieser dynamische Prozess folgt Logiken von Projektionen und Gegenprojektionen, in denen sich das Bild von Psychiatrie und Psychotherapie in dem Maße verändert, in dem man digitale Angebote imaginiert, programmiert, empfiehlt, verkauft, kauft, kritisiert und nutzt. Die Spuren dieser Praktiken sind digital und werden selbst zum Gegenstand der Analyse großer Datenmengen und zu Feedbackschleifen von verschränkten Blackboxes, aus denen neue Generationen von digitalisierten Therapien hervorgehen.

Zweitens ist das technische Bild als materialisierter Ausdruck der Verknüpfungsordnungen des dispositiven Arrangements der digitalisierten Psychiatrie zu verstehen. Bereits der Zugang zur entsprechenden Anwendung entscheidet darüber, welche Art von App – und somit, welche Art von Bild – auf dem Endgerät der User_innen entsteht. Aktuell spielt dafür beispielsweise die Frage eine Rolle, bei welcher Krankenkasse User_innen versichert sind und ob sie dadurch die entsprechenden Angebote kostenfrei nutzen können. Die Art und Weise wie User_innen über Apps angesprochen werden, folgt therapeutischen Konzepten, die sich erfolgreich in den psychotherapeutischen Diskurs integriert haben. Deren Wirksamkeit ist zwar durch Studien belegt worden, welche jedoch keineswegs unumstritten sind. Sämtliches auf den Webseiten verwendetes Bildmaterial – von therapeutischen Videonachrichten bis zur fotografischen Darstellung bestimmter Erkrankungen ihrer Heilung – folgt Inszenierungsstrategien und verkörpert damit die Imaginationen dessen, wie »gesund« und »krank« digital abbildbar sind. Solche Inszenierungen sind hinsichtlich ihrer Symbolhaftigkeit zu untersuchen und ihres behaupteten objektiven Charakters zu entkleiden.

Drittens stellt sich die Frage nach dem Wesen strategischer Effekte sowie von Notständen und Dringlichkeiten, auf die die digitalisierte Psychiatrie eine Antwort sein soll. Anknüpfend an die eingangs zitierte Aussage Fritz Kahns, dass die Wahrheit von heute die Utopie von gestern ist, ließe sich folgende These ableiten: In der Utopie von gestern wurden gleichermaßen Notstände und Antworten einer antizipierten Zukunft formuliert. Die Wirklichkeit von heute fußt also auf Notstandskonstruktionen der Vergangenheit. Gilles Deleuze argumentiert, dass das Wesen der Dispositive nicht zuletzt in ihrer eigenen Geschichte zu suchen sei.[55] ELIZA und Peter Langs behavioristischer Automat beispielsweise gehören einerseits zur Geschichte der E-Mental-Health-Applikationen und folgen andererseits selbst technischen Pfadabhängigkeiten. Der technologische Anteil am Prozess der Notstandskonstruktion folgt dem Paradigma, wonach es auf Probleme grundsätzlich passende Antworten geben muss. Doch verführt diese Weltanschauung nicht dazu, Probleme von vornherein so zu formulieren, dass sie zu denkbaren Antworten passen? Auf diese Schwierigkeit machen sowohl die Kritik der BPtK an E-Mental-Health-Apps als auch diejenigen kritischen Positionen

55 Nach Gilles Deleuzes Erweiterung von Foucaults Dispositiv-Konzepts hat »[j]edes Dispositiv […] seine Lichtordnung – die Art und Weise, in der dieses fällt, sich verschluckt oder sich verbreitet und so das Sichtbare und das Unsichtbare verteilt und das Objekt entstehen oder verschwinden läßt, welches ohne dieses Licht nicht existiert. […] Wenn es eine Geschichtlichkeit der Dispositive gibt, so ist diese eine der Lichtordnungen, aber auch eine der Aussageordnungen. Gilles Deleuze: Was ist ein Dispositiv, in: Spiele der Wahrheit. Michel Foucaults Denken, hg. v. Francois Ewald/Bernhard Waldenfels, Frankfurt a. M. 1991, S. 153-162, hier S. 154.

aufmerksam, die Telepsychiatrie und psychotherapeutische Selbstbehandlung als Resultat eines wettbewerbsorientierten Gesundheitswesens interpretieren. Darüber hinaus sind medizinische Diagnosen im Allgemeinen und psychiatrische Befunde im Besonderen Konjunkturen unterworfen, die selbst Effekte sozialen Wandels sind. Daher lautet eine Frage hinsichtlich der Notstandskonstruktion, ob die digital behandelbare psychische Erkrankung die gleiche ist, die zuvor in Eins-zu-eins-Gesprächen und/oder durch Psychopharmaka behandelt wurde.

Viertens muss eine Kritik der digitalisierten Psychiatrie eine kritische Analyse sowohl ihrer Prämissen, ihrer Konstruktion und ihrer Anwendung als auch ihrer gesellschaftlichen Bedeutung und medientheoretischen Perspektiven auf ihren Herstellungsprozess mit einschließen. Auf den Endgeräten erscheinende technische Bilder, Konsequenzen der digital konfigurierten Psychiatrie, sind auf ihre dispositiven Verknüpfungen hin zu untersuchen. Didi-Hubermans Vorstellung der Salpêtrière und Flussers Perspektive auf Möglichkeitsräume technischer Bilder, die durch Imaginationen und Wünsche von Apparateprogrammierer_innen geschaffen werden, verdeutlichen, dass es eine Tendenz technischer Bilder gibt. Diese Tendenz besteht darin, ihre Entstehungsbedingungen als für die Analyse nicht relevant erscheinen zu lassen, also ungesagt zu bleiben und unsagbar zu werden. Eine dispositivanalytische Perspektive verfolgt daher das Ziel, das Ungesagte zu sagen und das Unsagbare sagbar zu machen.

Fazit

Das Phänomen der digitalen Konfiguration von Psychiatrie und Psychotherapie kann als Entstehung eines Netzes komplexer Verknüpfungen verstanden werden. (Macht-)Beziehungen zwischen Menschen, Maschinen, Programmen, Institutionen, Diskursen und Praktiken sind nicht nur therapeutisch, sondern auch rechtlich, technologisch und medial codiert. Der analytische Wert, Netze dieser Art auf ihre dynamische Verknüpfungsordnung hin zu untersuchen, liegt darin, Sichtbarkeiten und Unsichtbarkeiten nicht als unhinterfragbare Tatsachen aufzufassen, sondern als strategische Effekte im Prozess der Herstellung einer digitalisierten Psychiatrie. Eine (medien-)

kritische Reflexion dieses Prozesses bedeutet auch eine Analyse seines Symbolcharakters. Die digitale Erweiterung des psychiatrischen Raums fängt gerade erst an; mit ihr beginnt auch die Entwicklung neuer psychiatrischer Bildsprachen. Künftige Untersuchungen haben nach Optionen kritischer Aneignung dieser Bildsprachen zu fragen: Wie kann die digitale Oberfläche des neuen psychiatrischen Raums durch User_innen in ihrem eigenen Interesse manipuliert werden? Die Reform der Psychiatrie seit den 1960er-Jahren wäre ohne die antipsychiatrische Bewegung undenkbar, die Einsperrungen, Fesselungen, Gewalt, unzureichende therapeutische Versorgung, schlechte bauliche Bedingungen – kurz gesagt, allgegenwärtige und sichtbare (bzw. sichtbar zu machende) Entrechtung, anprangerte. Man kann den digitalen Raum zwar nicht durchschreiten, inventarisieren, renovieren, kritisieren oder gestalten wie ein psychiatrisches Krankenhaus oder eine psychotherapeutische Praxis; eine medienkritische Perspektive ist aber hilfreich, um zu sehen, ob und wo im digitalen Raum der Putz von der Decke rieselt und ob und wo Menschen gegen ihren Willen behandelt werden.

Maike Janssen

Klinik 4.0. Ein Theorie-Methoden-Paket für eine funktionale Softwareanalyse

Das Krankenhaus ist, wie alle anderen Organisationsformen auch, im Zuge der Digitalisierung in einem tief greifenden Strukturwandel begriffen. Dieser lässt sich plausibel aus unterschiedlichen Perspektiven begründen, beispielsweise ökonomisch, medizinisch oder wissenschaftsgeschichtlich. Dieser Beitrag fragt danach, welchen Einfluss das 4.0-Förderprogramm auf das Krankenhaus ausübt, und zwar ausgehend von einem Software-Artefakt, in das viele Aspekte einer möglichen Klinik 4.0 »eingeschrieben« sein könnten.[1] In einer praxisnahen Darstellung meines Forschungsprojekts erläutere ich die theoretischen, methodologischen und methodischen Herausforderungen einer funktionalen Analyse, die danach fragt, wofür die hergestellte 4.0-Software tatsächlich eine Lösung darstellt und in welcher Weise dieser Forschungsprozess eine vermeintliche Klinik 4.0 beobachtbar machen kann. Das vorgeschlagene Theorie-Methoden-Paket aus Situationsanalyse, Arte-

1 Madeleine Akrich: The De-Scription of Technical Objects, in: Shaping Technology/Building Society. Studies in Sociotechnical Change, hg. v. Wiebe E. Bijker/John Law, Cambridge/London 1992, S. 205-224.

faktanalyse und Grenzobjekt-Konzept ermöglicht es, die Komplexität und Multiperspektivität einer sozialwissenschaftlichen Forschung zur Klinik 4.0 abzubilden und die Software in ihrer vermittelnden Funktion zu lesen. Eine überraschende Erkenntnis ist, dass die Software funktional gesehen insbesondere das Problem der Kooperation zwischen heterogenen sozialen Welten löst, die ohne das 4.0-Förderprogramm so nichts miteinander zu tun hätten.

Im ersten Schritt meiner Argumentation zeige ich anhand der Operationalisierung meiner Fragen, mit welchen konkreten Herausforderungen sich eine Forschung zur Klinik 4.0 aktuell konfrontiert sieht. Im zweiten Schritt entwickle ich darauf aufbauend einen Vorschlag für einen methodisch und konzeptionell fruchtbaren Forschungsrahmen. Dieser richtet sein Hauptaugenmerk zunächst auf die methodologischen Annahmen und die kartografischen Methoden der Situationsanalyse nach Adele Clarke.[2] Daran anschließend stelle ich den interpretativen Dreischritt einer soziologischen Artefaktanalyse nach Ulrike Froschauer und Manfred Lueger vor, der die konkrete Software für nierentransplantierte Patient_innen zuerst deskriptiv, dann alltagskontextuell und zuletzt distanziert-strukturell analytisch fassbar macht.[3] Als theoretische Klammer im Sinne eines »sensibilisierenden Konzepts«[4] dient das Grenzobjekt-Konzept nach Susan Leigh Star.[5] Abschließend diskutiere ich, wie sich mit diesen Werkzeugen eine vermeintliche Klinik 4.0 beobachtbar machen lässt und auf welche Weise sie dadurch sichtbar wird.

2 Adele Clarke: Situationsanalyse. Grounded Theory nach dem Postmodern Turn, hg. v. Reiner Keller, Wiesbaden 2012.

3 Ulrike Froschauer/Manfred Lueger: Artefaktanalyse, in: Handbuch Interpretativ forschen, hg. v. Leila Akremi/Nina Baur/Hubert Knoblauch, Weinheim 2018, S. 775-801, hier S. 783.

4 Herbert Blumer: What is Wrong with Social Theory, in: American Sociological Review 19 (1954) 1, S. 3-10.

5 Susan Star/James Griesemer: Institutionelle Ökologie, »Übersetzungen« und Grenzobjekte. Amateure und Professionelle im Museum of Vertebrate Zoology in Berkeley, 1907–39 (1989), in: Grenzobjekte und Medienforschung, hg. v. Sebastian Gießmann/Nadine Taha, Bielefeld 2017, S. 81-116.

Wo ist die Klinik 4.0?

Der Diskurs zu einer Industrie 4.0 wurde im Jahr 2011 geprägt und seitdem mit großem politischem Nachdruck weiterverfolgt.[6] Die darin enthaltenen Annahmen finden sich in vielerlei Förderprogramme des Bundes, die im Kern entweder auf die Vernetzung von cyberphysischen Systemen zu »smarten Fabriken« bzw. »smarten« Organisationen im Allgemeinen abzielen oder aber auf »smarte Dienstleistungen« für das Krankenhaus von morgen, die Klinik 4.0. Unter diesem Begriff ließen sich nun aus den hinlänglich bekannten Diskursen zu Organisationswandel, Automatisierung und Ökonomisierung mehr oder weniger analoge Schlüsse für das Krankenhaus zusammenführen.[7] Die Beschreibung einer Klinik 4.0 liefe dann auf die einer »Netzwerkorganisation« hinaus, deren Mitglieder in immer stärker automatisierten und technisierten Arbeitsprozessen tätig wären, auf neue Möglichkeiten der technischen Repräsentation des Körpers zugreifen könnten und einem allgemeinen Diktum der Ökonomie unterlägen.[8] Allein: Kann sich eine theoriegebundene empirische Sozialforschung tatsächlich auf solche analogen Schlüsse verlassen? Von einer postmodernen, kritischen Position aus scheint dies nicht ausreichend; vielmehr ergibt sich aus dem Aufkommen des Begriffs »Klinik 4.0« die Aufforderung, sich den heterogenen Perspektiven, Tätig-

---

6 Die Industrie 4.0 wurde 2011 von einer Forschungsunion der deutschen Bundesregierung ausgerufen. Sie proklamiert konkret die »Vernetzung« auf Basis von cyberphysischen Systemen als neues Leitparadigma der industriellen Produktion, welches die zuvor dominante »Automatisierung« (Industrie 3.0) ablöst, die wiederum auf »Elektrifizierung« (Industrie 2.0) und »Mechanisierung« (Industrie 1.0) folgte. Vgl. dazu Henning Kagermann/Wolf-Dieter Lukas/Wolfgang Wahlster: Industrie 4.0. Mit dem Internet der Dinge auf dem Weg zur 4. industriellen Revolution, in: ingenieur.de v. 1.4.2011, www.ingenieur.de/technik/fachbereiche/produktion/industrie-40-mit-internet-dinge-weg-4-industriellen-revolution/.

7 Vgl. allgemein: Thomas Bauernhansl/Michael ten Hompel/Birgit Vogel-Heuser (Hg.): Industrie 4.0 in Produktion, Automatisierung und Logistik. Anwendung, Technologien, Migration, Wiesbaden 2014; zur Ökonomisierung: Sabine Pfeiffer: Industrie 4.0 und die Digitalisierung der Produktion – Hype oder Megatrend?, in: APuZ 31-32 (2015), S. 6-12; zum Organisationswandel: Dieter Sauer: Vermarktlichung und Vernetzung der Unternehmens- und Betriebsorganisation, in: Handbuch Arbeitssoziologie. Band 2. Akteure und Institutionen, hg. v. Fritz Böhle/G. Günter Voß/Günther Wachtler, Wiesbaden 2018, S. 177-206.

8 Vgl. Raymond E. Miles/Charles C. Snow: Organizations. New Concepts for New Forms, in: California Management Review 28 (1986) 3, S. 62-73; Jörg Sydow: Strategische Netzwerke. Evolution und Organisation, Wiesbaden 2005.

keiten und Materialitäten des Phänomens auf eine angemessene und damit neue Weise empirisch und theoretisch anzunähern.

Was muss eine funktionale Softwareanalyse leisten?

»Vereinfachungen, die funktionieren, nennen wir Technik«, formuliert der Systemtheoretiker Dirk Baecker.[9] Doch wie entstehen und gelingen diese Vereinfachungen, wenn die politisch erwünschte Heterogenität der Akteur_innen gleichzeitig die Komplexität des Handlungsfeldes erheblich steigert? Auf Basis von welchen Interessen und Machtressourcen wird entschieden? Welche Einflüsse sollen von diesen materialisierten Entscheidungen für das Einsatzfeld ausgehen? Und inwiefern lässt sich hieran tatsächlich eine Klinik 4.0 beobachten? Anders als die Arbeiten der soziοinformatischen Strömung der Computer Supported Cooperative Work (CSCW) zielt die zu entwickelnde funktionale Analyse nicht nur auf die unmittelbaren Interaktionen zwischen Software und Nutzer_innen und die zu lösenden Handlungsprobleme zwischen den Akteur_innen ab. Vielmehr sollen »strukturelle« Bedingungen, unter denen die Software entsteht und genutzt wird, einbezogen werden. Des Weiteren gilt es, die Software in ihrer konkreten Materialität und Struktur zu betrachten und als nicht menschliche Teilnehmerin an Interaktion ernst zu nehmen.[10] Zuletzt soll ihre mediale Funktion in den Blick genommen werden: Inwieweit vermittelt die Software nicht nur Daten, sondern Bedeutungen und Handlungen? Die hier aufgeworfenen Fragen sind bislang nur teilweise im Rahmen der interdisziplinären Science and Technology Studies (STS) bearbeitet worden. Software in ihren multidimensionalen Funktionen und Funktionszusammenhängen zu beschreiben,

9 Dirk Baecker: Vor 23 Jahren. Fehldiagnose »Überkomplexität«, in: gdi-Online v. 15.5.2015, www.gdi.ch/de/publikationen/trend-updates/vor-23-jahren-fehldiagnose-ueberkomplexitaet.

10 Vgl. dazu den Vorschlag von Werner Rammert, der dafür den Begriff der »Technographie« vorschlägt, s. Werner Rammert: Technographie trifft Theorie. Forschungsperspektiven einer Soziologie der Technik, in: Theoretische Empirie. Zur Relevanz qualitativer Forschung, hg. v. Herbert Kalthoff/Stefan Hirschauer/Gesa Lindemann, Frankfurt a. M. 2008, S. 341-367.

stellt daher ein dringliches Forschungsdesiderat dar.[11] Meine Forschungsarbeit, die im vom Bundeswirtschaftsministerium (BMWi) geförderten AMELWEB-Projekt[12] verortet ist, und dieser Artikel zielen darauf ab, sich konkret mit der Software zu beschäftigen, die die Klinik 4.0 herstellen soll, und empirisch zu untersuchen, wofür diese Software eine Lösung darstellt.

Das Projekt »Alle medizinischen Leistungen werden besser« (AMELWEB)

Unter der politischen Maßgabe ein »innovatives Produkt« zu entwickeln, fanden sich 2016 sieben verschiedene Organisationen zusammen: eine Universitätsklinik, ein Technologiekonzern, ein Technologie-Start-up, zwei spezialisierte Softwareanbieter, ein Forschungsinstitut und eine Hochschule. Die Konstellation war durch die Bedingungen des ministerialen Geldgebers vorgezeichnet. Im Zusammenschluss von »Wirtschaft, Wissenschaft und Medizin« – so die Selbstbeschreibung der Akteur_innen im Projekt – sah dieser eine notwendige Bedingung erfüllt, um laut seiner Förderleitlinie »Mehrwert-Informationen« zu erschaffen, die »breit für die Wirtschaft verwertbar gemacht werden« können.[13] Das beantragte Projekt AMELWEB umfasste konkret das gemeinsame Entwickeln einer Software, die Ärzt_innen in Transplantationszentren, niedergelassene Nierenfachärzt_innen und nierentransplantierte Patient_innen »direkt« und »transparent« miteinander kommunizieren lassen sollte. Das medizinisch-ökonomische Ziel lautete,

---

11 Die Frage nach adäquaten Modellen für die Analyse von technologischer Innovation und deren gesellschaftlichen Auswirkungen beschäftigt die Science and Technology Studies zwar von Beginn an. Jedoch wurden bislang nur bruchstückhaft Modelle entwickelt, die sowohl konzeptionell fruchtbar als auch methodologisch ausreichend scheinen, um komplexe Software zu untersuchen. Vgl. u. a. Neil Pollock/Robin Williams: The Biography of Artefacts Framework, in: Software and Organisations. The biography of the enterprise-wide system or how SAP conquered the world, hg. v. dies., London/New York 2009, S. 80-127.

12 AMELWEB ist das pseudonymisierte Akronym für »Alle medizinischen Leistungen werden besser«.

13 Der genaue Titel des Förderprogramms soll hier zum Schutz der beforschten Akteur_innen nicht genannt werden. Aus demselben Grund werden alle beteiligten Namen und Organisationen nur anonymisiert bzw. pseudonymisiert verwendet.

Komplikationen schneller zu erkennen, ungeplante Hospitalisierungen und Transplantatverluste zu verringern und so die Kosten für die medizinische Versorgung zu reduzieren. Um eine Förderung für eine solche Plattform durch das BMWi zu erhalten, vernetzten sich die Mediziner_innen zunächst intern und dann mit externen Forscher_innen, die bereits andere 4.0-Projekte erfolgreich beantragt hatten. Das Vorhaben wurde für den Antrag als »Smart Health Service Platform« bezeichnet und so beschrieben, dass es sowohl von der Funktions- als auch von der Verwertungslogik in das 4.0-Förderprogramm des Ministeriums passte. AMELWEB wurde bewilligt, sodass im März 2016 knapp 30 Personen aus sieben Organisationen zum »Kick-off-Meeting« zusammenkamen, darunter Mediziner_innen, Softwareingenieur_innen, Forschungsassistent_innen und Projektmanager_innen.

Praktisch forschen in der Klinik 4.0: Erfahrungen und Herausforderungen

Im Zeitraum November 2017 bis März 2019 näherte ich mich schrittweise meinem Forschungsfeld an: Über einen privaten Kontakt lernte ich einen »Türöffner« im Technologiekonzern kennen und konnte ab Februar 2018 als Gastwissenschaftlerin (an der Uniklinik) bzw. als wissenschaftliche Mitarbeiterin (im Technologiekonzern) ohne interne Pflichten ethnografisch forschen. Ich knüpfte mehr als 100 Kontakte, sichtete Strukturdaten und Artefakte der Zusammenarbeit und führte mehr als 30 Interviews mit Projektbeteiligten aus allen sieben Organisationen, dazu eine Vielzahl von ethnografischen Interviews am Arbeitsplatz. An mehr als 70 Tagen war ich bei einem Projektpartner persönlich anwesend, vor allem in der Universitätsklinik und im Technologiekonzern. Außerdem war ich in vielen Telefonkonferenzen und persönlichen Projektmeetings, bei Präsentationen und in strategischen Verhandlungen zwischen den Projektpartnern dabei.

Die heterogenen Daten, die aus diesen Feldbeobachtungen hervorgingen, umfassten schriftliche und fotografische Feldnotizen, Tonaufnahmen, Projektanträge und -berichte, E-Mails, Wiki-Einträge sowie grafische Darstellungen der Software und ihrer Komponenten. Diese Daten waren unmittelbar im Projekt und für das Projekt entstanden, sei es durch die Akteur_innen, sei es durch mein eigenes Zutun. Aber auch andere Daten, die zum Verständnis der verschiedenen Perspektiven beitrugen, flossen in meine Analyse ein, beispielsweise Pressemitteilungen, Werbevideos, Gesetzestexte und regulatorische Vorgaben.

Parallel zur Datenerhebung verfolgte ich die (offene) Codierung und Interpretation meines Materials, unter anderem gemeinsam mit Wissenschaftler_innen (in Kolloquien) und Praktiker_innen (in kurzen Präsentationen und Gesprächen). Angeleitet wurden meine insgesamt drei Analysezyklen aus Datenerhebung, Interpretation und Feedback durch theoretisches Sampling,[14] das heißt die Entscheidung über den Einbezug weiteren Materials leitete ich aus dem jeweiligen Forschungsstand ab.[15] Somit führte die Frage, auf welches Problem die spezifische Materialität der AMELWEB-Software eigentlich eine Antwort darstellt, zu immer neuen Sites[16] bzw. »sozialen Welten« und ihren jeweiligen Sichtweisen, von denen nur ein Bruchteil durch die initiale Projektkonstellation vorgegeben war. Methodologisch und methodisch ergaben sich hieraus zahlreiche Herausforderungen, die sich im Kern auf Erhebungs- und Abbildungsmöglichkeiten von Heterogenität, Komplexität, Situiertheit und Materialität bezogen.

Vorschlag eines Theorie-Methoden-Pakets: Die Methodologie der Situationsanalyse

Folgt man den Annahmen der Grounded-Theory-Methodologie (GTM) nach Glaser und Strauss, können Theorien gegenstandsverankert und mithilfe eines mehrstufigen Codierungsprozesses aus empirischen Daten »emergieren«.[17] Clarke hat dieses Verfahren in ihrer »Situationsanalyse« aufgegriffen

14 Vgl. Ulrike Froschauer/Manfred Lueger: Interpretative Sozialforschung. Der Prozess, Wien 2009, S. 76.

15 Vgl. Barney G. Glaser/Anselm L. Strauss: Grounded theory. Strategien qualitativer Forschung, Bern 2008.

16 Ich verwende den Begriff der »Sites« im Sinne von räumlich abgegrenzten Settings mit feldrelevanten Akteur_innen oder Ereignissen, die von den Forschenden aufgesucht werden können.

17 Glaser/Strauss: Grounded theory.

und mit Blick auf seine »postmodernen Eigenschaften« weiterentwickelt.[18] Mit »postmodern« meint sie insbesondere das sofortige Kategorisieren (Codieren) der erhobenen Daten,[19] die Orientierung an theoretischen Fragestellungen bei der Datenerhebung (theoretisches Sampling)[20] und die Darstellung von heterogenen, situierten Positionen.[21] Die Situationsanalyse entwickelte Clarke als Antwort auf drei methodologische Problemkreise, die von der Grounded-Theory-Methodologie nicht ausreichend adressiert wurden: erstens die mangelnde Fähigkeit von Methoden, Komplexität hinreichend zu erfassen; zweitens das Darstellen von bisher illegitimen oder marginalisierten Perspektiven von sozialem Leben und drittens das analytische Hinausgehen über das »wissende bzw. erkennende Subjekt«,[22] indem in der Forschungssituation wichtige Diskurse als eigenständige Objekte thematisiert werden.[23] Dies betrifft in unserem Fall insbesondere den Diskurs zur Industrie 4.0 bzw. zur Klinik 4.0.

Weiterhin finden menschliche und nicht menschliche Elemente gleichermaßen Eingang in die Untersuchung: Soziales Handeln in Interaktionen wird als kleinste Einheit sozialen Handelns aufgefasst und ergänzt durch eine ökologische Leitmetapher,[24] die auch diskursive und materielle Objekte in die Analyse miteinbezieht.[25] Hieraus ergibt sich die für unseren Fall wichtige Auffassung, die herzustellende AMELWEB-Software als grundsätzlich »de-

18 Clarke: Situationsanalyse.

19 Barney G. Glaser: Theoretical Sensitivity. Advances in the Methodology of Grounded Theory, Mill Valley, CA 1978.

20 Vgl. Glaser/Strauss: Grounded theory, S. 148; Anselm L. Strauss/Juliet M. Corbin: Grounded Theory. Grundlagen qualitativer Sozialforschung, Weinheim 1996, S. 201-215.

21 Clarke: Situationsanalyse, S. 67-72.

22 Vgl. dazu Michel Foucault: Überwachen und Strafen. Die Geburt des Gefängnisses, Frankfurt a. M. 1995; Michel Foucault: Der Wille zum Wissen. Sexualität und Wahrheit I, Frankfurt a. M. 2014.

23 Clarke: Situationsanalyse, S. 31-32.

24 Zur Illustration dieses ökologischen Ansatzes schreibt Susan Star: »If one adopts an ecological position, then one should include all elements of the ecosphere: bugs, germs, computers, wires, animal colonies, and buildings; as well as scientists, administrators, and clients or consumers«, Susan Star: Ecologies of Knowledge. Work and Politics in Science and Technology, Albany, NY 1995, S. 13.

25 Clarke: Situationsanalyse, S. 33-34.

zentriert«[26] zu behandeln, sie also als eingebettet in soziales Handeln zu beschreiben und ihr besondere methodische Aufmerksamkeit zu widmen.

Als analytischen Rahmen schlägt Clarke grundsätzlich die »Situation« vor, in der all das relevant sei, was von den teilnehmenden Akteur_innen relevant gemacht werde – inklusive aller Diskurse, Strukturen und Artefakte, die in dieser Situation einen Unterschied machen:

> »*Die Bedingungen der Situation sind in der Situation enthalten.* So etwas wie ›Kontext‹ gibt es nicht. Die bedingten Elemente der Situation müssen in der Analyse selbst spezifiziert werden, da sie *für diese konstitutiv sind* und sie nicht etwa nur umgeben, umrahmen oder etwas zur Situation beitragen« (Herv. im Orig.).[27]

Aus diesen Überlegungen folgert Clarke, dass es bestimmte Werkzeuge zum Erfassen der situativen Komplexität brauche, und schlägt selbst drei verschiedene Mapping-Methoden vor.[28] Dabei handelt es sich um kartografische Darstellungen unterschiedlicher Elemente und Ebenen, die in einer Situation vorhanden sind. Die primäre Funktion dieser Maps liegt nicht in der Ergebnisaufbereitung und -repräsentation;[29] sie stellen eher Heuristiken und erkenntnisstimulierende Verfahren dar.[30] Maps von sozialen Welten bzw. Arenen im Speziellen »veranschaulichen kollektive Akteure, wichtige nichtmenschliche Elemente und die Arenen ihres Wirkens und Diskurses, innerhalb derer sie in fortgesetzte Aushandlungsprozesse eingebunden sind«.[31] Wenn

---

26 Ebd., S. 32.

27 Ebd., S. 112.

28 Die Maps von sozialen Welten/Arenen im Besonderen sind geeignet für »Interpretationen der Situation auf der Mesoebene« (Clarke: Situationsanalyse, S. 24). Als weitere Ansätze nennt Clarke »Situations-Maps, welche wichtige menschliche, nichtmenschliche, diskursive und andere Elemente der Forschungssituation verdeutlichen und es ermöglichen, die Beziehungen zwischen ihnen zu analysieren« (ebd., S. 148 f.) sowie »Positions-Maps«, die versuchen, »das gesamte Spektrum der diskursiven Positionen zu bestimmen« und dabei über Personen oder Gruppen hinausgehen (ebd., S. 38).

29 Clarke: Situationsanalyse, S. 121.

30 Jörg Strübing: Situationsanalyse. Eine pragmatische Erweiterung der Grounded Theory unter dem Eindruck der Postmoderne, in: Handbuch Interpretativ forschen, hg. v. Leila Akremi/Nina Baur/Hubert Knoblauch, Weinheim 2018, S. 681-706, hier S. 694.

31 Clarke: Situationsanalyse, S. 24.

wir als zentralen Aushandlungsprozess unseres Falls die Entscheidung über die materielle Beschaffenheit der AMELWEB-Software annehmen; wenn wir ferner alle diejenigen Akteur_innen als soziale Welt zusammenfassen, die empirisch beobachtbar mindestens eine primäre Handlungsverpflichtung teilen, und wenn wir formale Organisationen an Schnittstellen von sozialen Welten beschreiben, dann lässt sich der Herstellungsprozess der AMELWEB-Software als »Map sozialer Welten/Arenen« wie in der folgenden Abbildung darstellen:

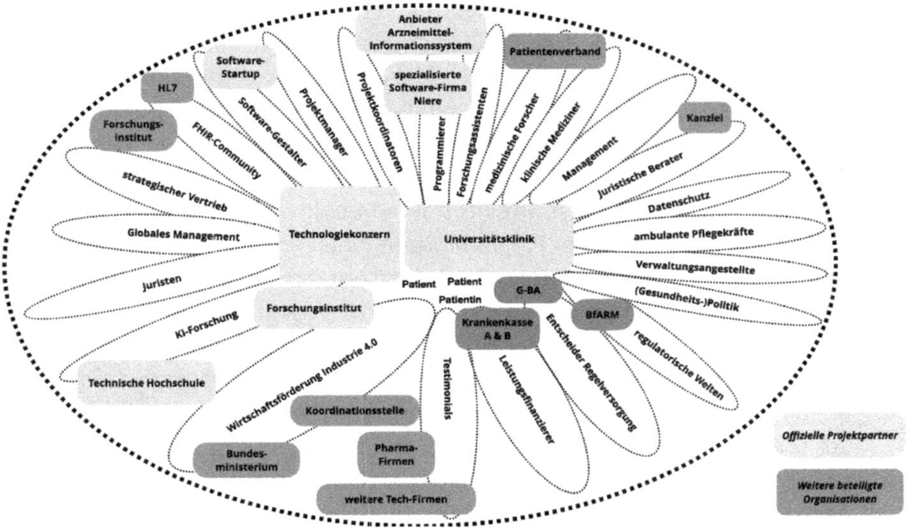

Abb. 1: Arena »Herstellen einer 4.0-Software zur telemedizinischen Behandlung von nierentransplantierten Patient_innen«. ***Quelle:*** Maike Janssen: »Dies ist kein Medizinprodukt«. Analytische Zugänge zu Black-Boxing-Prozessen in der Software-Herstellung, in: Black Boxes. Interdisziplinäre Perspektiven auf Versiegelungs- und Öffnungskontexte, hg. v. E. Geitz/C. Vater/S. Zimmer-Merkle (i. E.).

Es wird deutlich, dass am Herstellungsprozess nicht nur die sieben formalen Organisationen beteiligt sind, die durch das Projekt offiziell gefördert werden, sondern eine Vielzahl von weiteren formalen Organisationen. Dies ist auf den ersten Blick wenig überraschend, wenn man das hochgradig institutionalisierte Gesundheitswesen vor Augen hat. Doch neben den klassischen Beteiligten – beispielsweise die Krankenkassen als Leistungsfinanzierer oder der Gemeinsame Bundesausschuss (G-BA) als Entscheidungsgremium der Regelversorgung – sehen wir auch Organisationen, die exklusiv dem Förderprogramm 4.0 zuzurechnen sind. Weiterhin wird eine gemeinnützige Organisation zum Teil der Arena, die sich der Standardisierung von medizinischen Datenprotokollen widmet. Sie bringt deshalb relevantes Wissen in den Herstellungsprozess ein, weil der vorangetriebene FHIR-Standard[32] aus vertriebstechnischen Gründen auch für AMELWEB verwendet werden soll.

Die wahre Komplexität der Situation entfaltet sich jedoch erst beim Blick auf die »sozialen Welten«. Diese umfassen zwar teilweise auch formale Organisationen, grenzen sich aber durch ihre Handlungsorientierungen, Diskurse und (Arbeits-)Techniken voneinander ab.[33] So lassen sich beispielsweise »Programmierer« von »Entwicklern« unterscheiden.[34] Obwohl beide Welten an der konkreten Herstellung von Software arbeiten, orientiert sich die Welt der Entwickler_innen an einer stark konzeptionell geprägten Arbeitsweise, während die Welt der Programmierer_innen vorwiegend konzeptionelle Vorgaben in Code übersetzt. Ähnliches lässt sich auch über die empirische Unterscheidung von Projektmanager_innen (konzeptionell-strukturierte Arbeitsweise) und Projektkoordinator_innen (am akuten Bedarf orientierte Arbeitsweise) festhalten. So treffen im Herstellungsprozess nicht nur unterschiedliche Selbstbezeichnungen und Arbeitspraktiken aufeinander, sondern auch unterschiedliche Perspektiven auf die hergestellte Software selbst: Einmal soll sie ein konzeptionell erfasstes Problem zuverlässig lösen, einmal auf einen akuten Bedarf konkret antworten.

Weiterhin kann die Wirtschaftsförderung zur Industrie 4.0 als eigenständige soziale Welt aufgefasst werden. Sie pflegt einen spezifischen Diskurs zu

---

32 FHIR steht für Fast Healthcare Interoperability Standard, ein Standard für den Austausch medizinischer Daten zwischen unterschiedlichen Geräten und Softwareanwendungen. Seit 2018 wird FHIR auch von großen Software-Unternehmen wie Apple und Google verwendet.

33 Vgl. Anselm L. Strauss: A Social Worlds Perspective, in: Studies in Symbolic Interaction, hg. v. Norman K. Denzin, Greenwich 1978, S. 119-128; Howard S. Becker: Photography and Sociology, in: Studies in the Anthropology of Visual Communication 1 (1974), S. 3-26.

34 Die Verwendung der männlichen Form entspricht der Selbstbezeichnung im erforschten Feld.

Innovation, Verwertbarkeit und Interdisziplinarität und grenzt sich durch diesen von den anderen beteiligten sozialen Welten ab. Weiterhin ist innerhalb dieser Welt von Bedeutung, die geförderten »Innovationsprojekte« so darzustellen, dass eine Investition in sie gerechtfertigt erscheint (zum Beispiel im Rahmen von Zwischenberichten, Präsentationen etc.).

Die »Map von sozialen Welten/Arenen« macht somit sichtbar, wie mannigfaltig und komplex die Situation ist, in der die Software AMELWEB entsteht. Zudem verdeutlicht die Darstellung, dass die Verwobenheit sozialen Handelns auch mit diesem Instrument bestenfalls annähernd abgebildet werden kann. Wie Clarke selber betont, müssten zum Verständnis jeder einzelnen sozialen Welt alle weiteren Arenen, in die diese eingebunden ist, erforscht werden.[35] Außerdem können die bisher dargestellten Methoden allein das materialisierte Ergebnis der Aushandlungen – die AMELWEB-Software – nicht analytisch erfassen. Daher möchte ich den Werkzeugkasten der Situationsanalyse durch die Artefaktanalyse und das Grenzobjekt-Konzept erweitern.[36]

Artefaktanalyse

Die Artefaktanalyse widmet sich grundsätzlich materiellen Dingen – und nicht Objekten im Allgemeinen –, wobei Software dieser materiellen Welt zugerechnet werden kann.[37] Mit dem Begriff des Artefakts sind weiterhin nur jene Dinge gemeint, die durch menschliche Aktivität geformt werden bzw. wurden:[38]

35 Vgl. Clarke: Situationsanalyse, S. 89.

36 Clarke meint dazu: »Die Situationsanalyse bietet eine […] Werkzeugkiste, aus der die Forschenden wohl ein wenig von diesem und ein wenig von jenem nehmen werden« (Clarke: Situationsanalyse, S. 275).

37 »Elektronische und digitale Medien bestehen aus Stromspannungen, Schaltungen und Berechnungen, in denen Dinge wie Rundfunk, Fernsehen, Computer, Hardware, Software oder das Internet möglich sind«, unterscheidet Dirk Baecker im Sinne von Fritz Heiders Medientheorie (Dirk Baecker: 4.0 oder Die Lücke die der Rechner lässt, Berlin 2018, S. 23; vgl. auch Fritz Heider: Ding und Medium, Berlin 2015 (1926).

38 Froschauer/Lueger: Artefaktanalyse, S. 777.

> »Aufgrund der mit dem Prozess ihrer Schöpfung und Nutzung verbundenen Veränderungen sind Artefakte gleichzeitig *ideell* (konzeptuell) und *materiell*. Ideell sind sie insofern, als dass ihre materielle Form durch ihre Beteiligung an den Interaktionen gestaltet wird, von denen sie zuvor ein Teil waren und die sie in der Gegenwart vermitteln« (Herv. im Orig.).[39]

Im Zusammenhang mit der Herstellung digitaler Objekte sprechen Fitsch und Meißner von einem »langen Materialisierungsprozess [...], dem viele Vorannahmen, mathematische Algorithmen, spezifische Techniken und subjektive Entscheidungen vorangehen«.[40]

Wenn wir Artefakte also als fundamental verwoben mit sozialem Handeln ansehen, lassen sie sich interpretieren als

> »Hinweise auf Aktivitäten, die sie in Existenz gebracht haben [...] und auf soziale Konstellationen, in denen sie Bedeutung erhalten oder benützt werden [...]. Sie signalisieren darüber hinaus Handlungserwartungen [...] oder Handlungsverbote [...], verdeutlichen, was sie ermöglichen oder verhindern«.[41]

Aus interpretativer Sicht stellen Artefakte damit »Objektivation[en] gesellschaftlicher Verhältnisse, Prozesse und Beziehungen« dar.[42] Eine besondere Aussagekraft kommt in unserem Fall den vorab getroffenen Überlegungen und Entscheidungen zu, das Artefakt (die Software) so und nicht anders zu gestalten, denn: »[I]ntentional hergestellte Gegenstände [entfalten] ihre Bedeutung bereits prospektiv in der Vorstellung, was sie einmal sein werden«.[43]

Froschauer und Lueger schlagen zum Lesen von Artefakten einen interpretativen Prozess in drei Schritten vor, der erstens die materiellen und struk-

39 Michael Cole: Cultural Psychology. A Once and Future Discipline, Cambridge, MA 1996, S. 117.

40 Hannah Fitsch/Hanna Meißner: Das An- und Fürsich apparativer Sichtbarmachungen. Ein historisch-kritischer Blick auf digitale Materialität, in: Behemoth – A Journal on Civilisation 10 (2017) 1, S. 74-91, hier S. 85.

41 Froschauer/Lueger: Artefaktanalyse, S. 779.

42 Ebd.

43 Ebd., S. 778.

turellen Eigenschaften des Artefakts erfasst (deskriptive Analyse), zweitens seine Bedeutung im sozialen Kontext beschreibt (gemeint als alltagspraktische Sinneinbettung) und drittens seine Produktion, die eingeschriebenen Wirkungen und Funktionen sowie die konkreten Umgangsweisen mit der Software analysiert (distanziert-strukturelle Analyse).[44]

Integriert man die Artefaktanalyse in den Forschungsrahmen der Situationsanalyse und kombiniert sie mit Maps von sozialen Welten/Arenen, kann die Komplexität der Situation an der konkreten Beschaffenheit des Objekts »in der Mitte«[45] entfaltet werden. Das Objekt wird so gleichermaßen in seiner eigenständigen Materialität und Funktionsweise ernst genommen und eingebettet in soziales Handeln beschrieben, es ist also »dezentriert«.[46]

Grenzobjekt-Konzept

Eine letzte Zutat zum vorgeschlagenen Theorie-Methoden-Paket ist konzeptioneller Natur: Das Grenzobjekt-Konzept nach Susan Leigh Star[47] hilft dabei, den Untersuchungsfokus scharf zu stellen in Hinsicht auf die vermittelnde Funktion der Software. Es soll methodisch als »sensibilisierendes Konzept« und somit explizit als Ausgangspunkt weiterer Untersuchungen verwendet werden.[48] In einer Forschungsarbeit zur Funktion von Exponaten in einem naturkundlichen Museum stellte Star zusammen mit James Griesemer fest:

> »Wenn Gruppen aus verschiedenen Welten zusammenarbeiten, erzeugen sie verschiedene Arten von Grenzobjekten. Der Überschneidungscharakter der gemeinschaftlichen Arbeit […] erzeugt Objekte, die in vielen Welten

44 Ebd., S. 783.

45 Sebastian Gießmann/Nadine Taha: »Study the unstudied«. Zur medienwissenschaftlichen Aktualität von Susan L. Stars Denken, in: Grenzobjekte und Medienforschung, hg. v. dies., Bielefeld 2017, S. 13-77, hier S. 37.

46 Clarke: Situationsanalyse, S. 32.

47 Star/Griesemer: Institutionelle Ökologie.

48 »Sensibilisierendes Konzept« wird hier und im Folgenden im Sinne von Herbert Blumer verwendet: »Whereas definitive concepts provide prescriptions of what to see, sensitizing concepts merely suggest directions along which to look« (Blumer: What is Wrong with Social Theory, S. 7).

> gleichzeitig zuhause sind und den Anforderungen jeder einzelnen Welt entsprechen müssen.«[49]

Indem sie gleichzeitig »plastisch genug« seien, sich den jeweiligen lokalen Gegebenheiten anzupassen, und dabei »robust genug« blieben, an unterschiedlichen Orten eine gemeinsame Identität zu wahren, würden sie zu zentralen Medien der Zusammenarbeit.[50] Stellt man das Grenzobjekt ins Zentrum einer Situation im Clarkeschen Sinne, verschiebt sich die zu beobachtende zentrale Einheit sozialen Handelns von der Interaktion zur spezifischen Handlung, »das Objekt zu übersetzen, und zwar so, dass es die vielfältigen Bedürfnisse und Anforderungen bedienen kann, mit denen es durch die verschiedenen Welten konfrontiert wird«.[51] Das Konzept des Grenzobjekts trifft den Kern dessen, was die AMELWEB-Software leisten soll. Diese wird zunächst in sieben heterogenen Organisationen hergestellt, um dann an drei unterschiedlichen Orten (Krankenhaus, Arztpraxis, Zuhause des Patienten) eingesetzt zu werden. In Abwesenheit geteilter Arbeitsorte, -praktiken oder -biografien ist die digitale Software schon während ihrer Herstellung ein zentrales Instrument, um analoge Kollaborationsprozesse zu vermitteln. Die Übersetzungsarbeit des Artefakts sollte demnach den Beobachtungsfokus einer funktionalen Softwareanalyse darstellen: Wie interpretieren die unterschiedlichen sozialen Welten die Funktion der Software? Und wie gestalten und verwenden sie die Software entsprechend?

Fazit

Aus den zahlreichen methodologischen, konzeptionellen und forschungspraktischen Herausforderungen, die sich aus den Versuchen ergeben, die Klinik 4.0 im Entstehen zu beobachten, ergibt sich das Desiderat eines spezifischen Forschungsprogramms. Dieses sollte in der Lage sein, die besondere Materialität von Software in Verbindung mit der Komplexität einer

49 Star/Griesemer: Institutionelle Ökologie, S. 104.
50 Ebd., S. 88.
51 Clarke: Situationsanalyse, S. 91.

typischen »4.0-Arena« abzubilden und auf ihre Funktionalität hin zu befragen. Dieser Beitrag hat dargestellt, wie diese Aufgabe von einem Theorie-Methoden-Paket aus Situationsanalyse, Artefaktanalyse und Grenzobjekt-Konzept gelingen kann. Doch wie lässt sich die vermeintliche Klinik 4.0 im Lichte dieses Forschungsrahmens sichtbar machen?

Anhand einer »Map sozialer Welten/Arenen« konnte gezeigt werden, wie die Wirtschaftsförderung 4.0 als eigenständige soziale Welt am Herstellungsprozess teilnimmt. In der Arena, in der die heterogenen Welten die Software jeweils anders »übersetzen«, wirkt die 4.0-Welt vor allem, indem sie ökonomische Verwertungsbedingungen definiert und Vorgaben zu der Akteurskonstellation macht. Hieraus ergibt sich unter anderem eine erhebliche Komplexitätssteigerung im Herstellungsprozess. Betrachtet man die Software mit dem sensibilisierenden Konzept des Grenzobjekts, gerät ihre vermittelnde Funktion in den Fokus. Fragte man aus dieser Perspektive, für welches Problem die Software eigentlich eine Lösung darstellt, ließe sich antworten: Die 4.0-Software löst das Problem, die institutionell geforderte Komplexität zu bewältigen.

Darüber hinaus gehe ich davon aus, mit dem vorgestellten Werkzeugkasten auch andersherum untersuchen zu können, welche Intentionen auf Basis welcher Aushandlungsprozesse in die Software eingeschrieben werden – und welche möglichen Auswirkungen dies für die Klinik hat. Eine Klinik, die sich durch den Einsatz dieser Software möglicherweise verändert, kann ohne Bedenken »Klinik 4.0« genannt werden, denn sie ist sicher auch ein Ergebnis der Wirtschaftsförderung 4.0. Ungewiss ist indes, ob sich die Beschaffenheit dieser Klinik 4.0 mit den Erwartungen des politischen Förderers deckt. Mit größerer Wahrscheinlichkeit darf davon ausgegangen werden, dass die Software auch auf Probleme antwortet, die nie formuliert wurden, sondern sich erst aus der Komplexität des Handlungsfeldes ergeben.

Anhang

Abkürzungsverzeichnis

AEUV	Vertrag über die Arbeitsweise der Europäischen Union
AfD	Alternative für Deutschland
AGB	Allgemeine Geschäftsbedingung
AGV	Automated Guided Vehicles
AIVA	Artificial Intelligence Virtual Artist
ALECSO	Arab League Educational, Cultural and Scientific Organization
AMELWEB	Alle medizinischen Leistungen werden besser (Projektname)
ArbZG	Arbeitszeitgesetz
AVF	Automatisiertes und vernetztes Fahren
AWS	Amazon Web Services
BBiG	Berufsbildungsgesetz
BDA	Bundesvereinigung der deutschen Arbeitgeberverbände
BDI	Bundesvorstand der deutschen Industrie
BetrVG	Betriebsverfassungsgesetz
BEV	Batterieelektrofahrzeuge
BGB	Bürgerliches Gesetzbuch
BMWi	Bundeswirtschaftsministerium
BPtK	Bundespsychotherapeutenkammer
BVerfGE	Bundesverfassungsgericht
BVMI	Bundesverband Musikindustrie
BWS	Bruttowertschöpfung
CAD	Computer-aided Design
CBT	Cognitive Behavioral Therapy
CCTV	Closed Circuit Television
CD	Compact Disc
CI	Corporate Identity
CIO	Chief Information Officer
CME	Coordinated Market Economy
CNNIC	China Internet Network Information Center
CPS	Cyber-Physical Systems
CSCW	Computer Supported Cooperative Work
CSIOZ	Nationales Zentrum für Gesundheitsinformationssysteme Polen
CSR	Corporate Social Responsibility

CTA	Container Terminal Altenwerder
DBfK	Deutscher Berufsverband für Pflegeberufe
DDoS	Distributed-Denial-of-Service
DGPPN	Deutsche Gesellschaft für Psychiatrie, Psychotherapie und Nervenheilkunde
DNA	Discourse Network Analyzer
DSGVO	Europäische Datenschutzgrundverordnung
DVG	Digitale-Versorgung-Gesetz
EBM	Evidence-Based Medicine
EmoG	Elektromobilitätsgesetz
ENHIS	Estnisches Gesundheitsinformationsaustauschnetzwerk
ePa	Elektronische Patientenakte
epSOS	Smart Open Services for European Patients
EuGH	Europäischer Gerichtshof
F&E	Forschung und Entwicklung
FDA	Food and Drug Administration
FHIR	Fast Healthcare Interoperability Standard
FSJ	Freiwilliges soziales Jahr
G-BA	Gemeinsamer Bundesausschuss
GBD	Global Burden of Disease (Studie zur globalen Krankheitslast)
GEMA	Gesellschaft für musikalische Aufführungs- und mechanische Vervielfältigungsrechte
GG	Grundgesetz
GMG	Gesetz zur Modernisierung der gesetzlichen Krankenversicherung
GRC	Charta der Grundrechte der Europäischen Union
GTM	Grounded-Theory-Methodologie
HAG	Heimarbeitsgesetz
HAP	Händlerabgabepreis
HHLA	Hamburger Hafen und Logistik AG
IAB	Institut für Arbeitsmarkt- und Berufsforschung
IAO	Fraunhofer Institut für Arbeitswirtschaft und Organisation
ICBT	Internetbasierte kognitiv-behavioristische Therapie
ICT	Information and Communication Technology
IHK	Industrie- und Handelskammer
IIC	Industrial Internet Consortium
IKT	Informations- und Kommunikationstechnologie
IoT	Internet of Things
IuK-	Informations- und Kommunikations-
KI	Künstliche Intelligenz
KMU	Kleine und Mittlere Unternehmen
KPCh	Kommunistische Partei Chinas
KSK	Künstlersozialkasse
LAM	Lavorazione Asincrona Motori
LME	Liberal Market Economy
MAS	Multiagentsystem
MBF	Navigationsframework Move Base Flex
MDD	Major Depressive Disorder
M-Health	Mobile Health
MINT	Mathematik, Informatik, Naturwissenschaft und Technik
NDRC	National Development and Reform Commission (China)
NDVI	Normalized Difference Vegetation Index
NKI	Nationale Klimaschutzinitiative
NSA	National Security Agency
OECD	Organisation for Economic Co-operation and Development

ÖPNV	Öffentlicher Personennahverkehr
PBOC	People's Bank of China/Chinesische Volksbank
PMC	Private Military Contractors
PR2	Personal-Robot-Program
ProdHaftG	Produkthaftungsgesetz
R&D	Research and Development
RAMI	Research Architecture Model Industry
RGB	Rot, Grün, Blau
RMB¥	Renminbi
ROS	Robot Operating System
SACEM	La Société des Auteurs, Compositeurs et Éditeurs de Musique
SLG	Small Leading Groups
STAIR	Stanford Artificial Intelligence Robot
STS	Science and Technology Studies
StVG	Straßenverkehrsgesetz
StVO	Straßenverkehrsordnung
SWZ	Sonderwirtschaftszone
TEHIK	Zentrum für Gesundheits- und Informationsdienste Estland
TK	Techniker Krankenkasse
TzBfG	Teilzeit- und Befristungsgesetz
UMG	Universal Music Group
UNESCO	United Nations Educational, Scientific and Cultural Organization
VDA	Verband der Automobilindustrie
VDAB	Verband Deutscher Alten- und Behindertenpflege e. V.
VoC	Varieties of Capitalism
WEF	Weltwirtschaftsforum
WHO	World Health Organization
WMS	Warehouse Management System
WP	Wahlperiode
ZPP	Zentrale Prüfstelle Prävention

Autorinnen und Autoren

Malte Behrmann, Hochschullehrer an der bbw Hochschule und Anwalt in Berlin. Er war Gründungsgeschäftsführer des GAME e. V., langjähriger Generalsekretär der European Games Developer Federation (EGDF) sowie Präsident der Jury des Call for projects – Swiss Games. Neben seiner juristischen und universitären Arbeit schrieb er Bücher wie »In der Innovationsfalle« oder den Beitrag »Digital Revolutions Affecting Distribution Within the Games Sector«, für den er den best paper award 2017 der ASE (Automated Software Engineering) erhielt.

Alexander Berzel, Politikwissenschaftler, FES-Stipendiat; promoviert im Fachgebiet Politisches System der BRD zum Thema »Staatlichkeit im Wandel« an der Universität Kassel zu Ländervarianzen bei der Gestaltung der Digitalisierung von Arbeit. Seine Forschungsschwerpunkte liegen in den Bereichen der Policy-Analyse, insbesondere Arbeitsmarkt- und Sozialpolitik, Föderalismusforschung, politische Kommunikation und Parteienforschung.

Ursula Bitzegeio, promovierte Politikwissenschaftlerin und Historikerin, Lehrbeauftragte am Institut für Politische Wissenschaft und Soziologie der Universität Bonn und Leiterin des Referats Public History im Archiv der sozialen Demokratie der Friedrich-Ebert-Stiftung.

Jonas Botta, promovierter Jurist und Forschungsreferent im Programmbereich »Digitalisierung« am Deutschen Forschungsinstitut für öffentliche Verwaltung Speyer, Lehrauftrag für Grund- und Menschenrechte an der Hochschule für Wirtschaft und Recht Berlin. Er beschäftigt sich vornehmlich mit den datenschutzrechtlichen Herausforderungen neuer Technologien und internationaler Datenströme. Im Kontext dieser Interessengebiete steht auch seine Dissertation »Datenschutz bei E-Learning-Plattformen« (Baden-Baden 2020), für die er Stipendien der Studienstiftung des deutschen Volkes und des Studienförderwerks Klaus Murmann erhielt.

Daniel Buhr, Leiter des Steinbeis Transferzentrums Soziale und Technische Innovation sowie außerplanmäßiger Professor an der Wirtschafts- und Sozialwissenschaftlichen Fakultät der Eberhard Karls Universität Tübingen. Er arbeitet an der Schnittstelle von Wirtschaft und Politik. Sein besonderes Interesse gilt dabei der Digitalisierung und ihren Auswirkungen auf Wirtschaft, Politik und Gesellschaft. Dabei forscht und lehrt er interdisziplinär und translateral sowie international vergleichend zu Arbeitsmarkt-, Pflege- und Gesundheitspolitik sowie Wirtschafts-, Forschungs- und Innovationspolitik.

Bruno Cattero, Professor für Wirtschafts- und Organisationssoziologie an der Università degli Studi del Piemonte Orientale (Alessandria, Italien). Davor Promotion an der Universität Göttingen, wissenschaftlicher Mitarbeiter an derselben Universität und später wissenschaftlicher Assistent an der Universität Frankfurt am Main. Seine Forschungsschwerpunkte sind industrielle Beziehungen, das europäische Sozialmodell und Digitalisierung.

Sandra Fischer, wissenschaftliche Mitarbeiterin am Institut für Politische Wissenschaft und Soziologie der Universität Bonn. Promotion 2018 an der Technischen Universität Chemnitz. Sie beschäftigt sich unter anderem mit vergleichender Wohlfahrtsstaatsforschung, Föderalismus und Geschlechterpolitik.

Rolf Frankenberger, Dr. rer. soc., ist Akademischer Rat am Institut für Politikwissenschaft der Eberhard Karls Universität Tübingen. Er studierte Politik, Soziologie und Psychologie und beschäftigt sich mit Fragen zu Demokratie, Autokratie und Partizipation sowie Politik und Ökonomie. Zuletzt publizierte er unter anderem »Zwischen mitmachen und Dagegen sein. Politische Lebenswelten in Baden-Württemberg« (zusammen mit Daniel Buhr und Tim Gensheimer), in: Demokratie-Monitoring Baden-Württemberg 2016/2017, Wiesbaden 2019, S. 149-172, »Family Policy Patterns in autocratic countries« (zusammen mit Dorian Woods), in: Guðný Björk Eydal & Tine Rostgaard (Hg.): Handbook of Family Policy, Cheltenham 2018, S. 289-306 und »Systemtransformation und Extremismus«, in: Eckard Jesse/Tom Mannewitz (Hg.): Extremismusforschung. Handbuch für Wissenschaft und Praxis, Baden-Baden 2018, S. 513-546.

Eckhard Geitz promoviert am Institut für Soziologie der Universität Freiburg zur Digitalisierung der Psychiatrie. Vor seinem Studium der Politikwissenschaft an der Universität Kassel arbeitete der examinierte Krankenpfleger in der Klinik für Forensische Psychiatrie Bad Emstal und unterrichtete als Gastdozent Psychiatrie für Pflegeberufe am Klinikum Kassel. Eckhard Geitz coachte das Videokonzept des SFB 933 Materiale Textkulturen der Universität Heidelberg.

Theresa Gerlach studiert Politikwissenschaft mit dem Schwerpunkt Politische Theorie und Ideengeschichte an der Rheinischen Friedrich-Wilhelms-

Universität Bonn. Sie arbeitet als Wissenschaftliche Hilfskraft am Lehrstuhl für Politische Theorie und Ideengeschichte.

Justin Grapentin studierte von 2008 bis 2015 Jura an der Universität Hamburg, an der er im Anschluss an das erste Staatsexamen auch über die zivilrechtliche Haftung für den Einsatz von Künstlicher Intelligenz promovierte. Während dieser Zeit arbeitete er zunächst als wissenschaftlicher Mitarbeiter in der Sozietät Freshfields Bruckhaus Deringer in Hamburg. Nach seiner Aufnahme in die Promotionsförderung der Friedrich-Ebert-Stiftung wechselte er zur Bucerius Law School an den Lehrstuhl für Unternehmensrecht von Prof. Dr. Dr. h. c. mult. Karsten Schmidt. Derzeit ist er Referendar am Schleswig-Holsteinischen Oberlandesgericht im Landgerichtsbezirk Lübeck.

Samuel Greef, Promotion 2012 an der Universität Kassel, wissenschaftlicher Mitarbeiter im Fachgebiet Politisches System der BRD – Staatlichkeit im Wandel an der Universität Kassel. Seine Forschungsschwerpunkte sind Industrielle Beziehungen, Digitalisierung, Netzpolitik und Organisationsforschung.

Maike Janssen studierte Europäische Medienkultur in Weimar und Lyon sowie Kommunikationsmanagement in Hannover. Seit 2017 promoviert sie am Lehrstuhl für Mediensoziologie der Bauhaus-Universität Weimar zu dem Thema »Digitalisierung der Organisation/Organisation der Digitalisierung«. In ihrer Forschung beschäftigt sie sich damit, wie sich das Krankenhaus als Arena komplexer Aushandlungsprozesse durch den digitalen Wandel verändert.

Miriam Kullmann ist Universitätsassistentin an der WU Wien. Zudem ist sie Gastwissenschaftlerin am Business and Law Research Center der Radboud Universität Nijmegen. Promotion im April 2015 an der Radboud Universität Nijmegen. Ihre Dissertation »The Enforcement of Labour Law in Cross-Border Situations. A Legal Study of the EU's Influence on the Dutch, German, and Swedish Enforcement Systems« (veröffentlicht bei Kluwer in 2015) wurde im September 2017 mit dem niederländischen Levenbach Dissertationspreis ausgezeichnet. Bevor sie im Januar 2018 an die WU kam, war sie als Universitätsassistentin an der Universität Leiden für das EU-finanzierte Projekt European Labour Law Network tätig, hat als Postdoc an der Universität Lund (Schweden) in dem Elder Law Research Programm geforscht und war Assistenzprofessorin an der Universität Maastricht (Niederlande). Aktuelle Forschungsschwerpunkte sind die Herausforderungen durch den Einsatz von Algorithmen für das Arbeitsrecht und insbesondere das Antidiskriminierungsrecht. Dazu hat sie im Dezember 2018 beim Europäischen Ausschuss für soziale Rechte in Straßburg referiert. Darüber hinaus befasst sie sich mit der Frage, wie ein zukunftsfähiges Arbeitsrecht aussehen könnte und sollte.

Kai Litschen ist promovierter Rechtswissenschaftler. Zwischen 2001 und 2010 war er stellvertretender Geschäftsführer des Kommunalen Arbeitgeberverbands Schleswig-Holstein. Seit 2010 hat er eine Professur für Wirtschaftsprivatrecht an der Ostfalia Hochschule Wolfenbüttel. Seine Schwerpunkte sind dabei Arbeitsrecht sowie Sozialrecht.

Martin Lücke ist seit 2009 Professor für Musikmanagement an der Hochschule Macromedia, Campus Berlin und derzeit Studiendekan. Der promovierte Musikwissenschaftler war vor seiner Hochschullaufbahn unter anderem Dramaturg bei den Bochumer Symphonikern und Kurator am Haus der Geschichte, Bonn. Seine Forschungsschwerpunkte liegen derzeit unter anderem im Bereich Ausbildungsforschung, Musikwirtschaftsforschung, Populäre Musik und Kulturförderung. Er war Vorsitzender der Gesellschaft für Musikwirtschafts- und Musikkulturforschung (GMM) und Vorstandsmitglied im Fachverband Kulturmanagement. Martin Lücke ist Autor und Herausgeber zahlreicher Publikationen.

Mareike Misselhorn ist seit 2019 wissenschaftliche Mitarbeiterin an der Georg-August-Universität Göttingen. In ihrem Dissertationsprojekt befasst sie sich mit Auswirkungen der digitalen Transformation auf Gesundheitspolitik. Zuvor hat sie in Göttingen einen Doppelmaster in Politikwissenschaft und Germanistik abgeschlossen.

Simon Neumann absolvierte 2017 seinen Bachelor in Politikwissenschaft und Öffentlichem Recht an der Universität Mainz mit einer Thesis über den Zusammenhang zwischen E-Government und Transparenz. In seinen bisherigen Studien befasste er sich intensiv mit Aspekten der Digitalisierung in Politik und Gesellschaft. Dabei richtete er den Fokus auf die Schwerpunkte Onlinepartizipation, elektronische Regierungsdienste, Sharing Economy und digitale Anwendungen. Seit 2017 studiert er an der Universität Bonn im Master Gesellschaften, Globalisierung und Entwicklung.

Katharina Oerder ist promovierte Psychologin mit den Arbeitsschwerpunkten Arbeitsmarktpolitik und Mitbestimmung. Von 2015 bis 2018 war sie

Leiterin des Hauptstadtbüros des MIT Instituts – Institut für Mitbestimmung, Innovation und Transfer und dort für Forschung und Gewerkschafts- und Betriebsrats-Beratung verantwortlich. Seit 2019 arbeitet sie bei der Hauptverwaltung der IG BCE in der Abteilung Politik und Gesellschaft in Berlin.

Sebastian Pütz promoviert seit 2017 als Stipendiat der FES im Fach Informatik an der Universität Osnabrück im Bereich Robotik und KI in der Arbeitsgruppe Wissensbasierte Systeme in enger Zusammenarbeit mit dem Deutschen Forschungszentrum für Künstliche Intelligenz (DFKI) zum Thema Autonomous 3D Semantic Mapping and Navigation in uneven Terrain. Seit 2013 sammelte er Erfahrungen in der Robotik im Studium, in seiner Masterarbeit, als Robot Software Developer bei Magazino GmbH, in der Lehre und als Gastforscher an der University of Auckland. Seine Forschungsschwerpunkte sind dabei Roboternavigation, 3D Kartierung, Dreiecksnetze, Sensordateninterpretation und ROS.

Heike Raab ist seit 1989 Mitglied der SPD und war von 2006 bis 2011 Generalsekretärin der rheinland-pfälzischen SPD. Im Jahr 2011 wurde sie zur Staatssekretärin im Ministerium des Innern, für Sport und Infrastruktur sowie zur IT-Beauftragten der Landesregierung berufen. Seit Juli 2015 wirkt Heike Raab als Staatssekretärin in der Staatskanzlei und als Bevollmächtigte des Landes Rheinland-Pfalz beim Bund und für Europa, für Medien und Digitales.

Petra Rossbrey studierte Rechtswissenschaft in Mannheim und Frankfurt mit Abschluss des zweiten Staatsexamens. Seit 1988 ist sie bei der Deutschen Lufthansa AG in diversen Management- und Führungspositionen in den Bereichen Immobilien und Verwaltung tätig. 2001 Wechsel zur Fraport AG, dort Leiterin Grundbesitzmanagement, Leiterin Facilitymanagement, derzeit Geschäftsführerin der GCS Gesellschaft für Cleaning Services, einer 100 %igen Tochtergesellschaft der Fraport AG. Insgesamt neun Jahre Mitglied des Aufsichtsrates der Fraport AG als Vertreterin der Leitenden Angestellten, derzeit Mitglied des Aufsichtsrates der Flughafen Friedrichshafen GmbH. Sie ist Mitglied des Managerkreises der Friedrich-Ebert-Stiftung, dort im Regionalvorstand Region Rhein-Main sowie im Bundesvorstand.

Benedikt Schreiter, Consultant bei der arbeitsorientierten Beratungsgesellschaft PCG – Project Consult GmbH und Promovend im Fachgebiet Politisches System der BRD – Staatlichkeit im Wandel an der Universität Kassel. Seine

Forschungsschwerpunkte sind Gewerkschafts- und Verbändeforschung, Industrielle Beziehungen, Digitalisierung und Wohlfahrtsstaatsforschung.

Wolfgang Schroeder, Professor für Politikwissenschaften an der Universität Kassel. Fellow am Wissenschaftszentrum Berlin (WZB), Staatssekretär a. D.; Forschungsschwerpunkte: Staatlichkeit im Wandel, Sozialpolitik-, Parteien-, und Verbändeforschung.

David Schulze ist Forschungsassistent in der Forschungsgruppe Asien der Stiftung Wissenschaft und Politik (SWP Berlin). Er studierte Volkswirtschaftslehre und Management Science an der Humboldt-Universität zu Berlin und verbrachte mehrere Jahre in der VR China, zuletzt als Student an der Zhejiang University in Hangzhou. Zu seinen Forschungsschwerpunkten gehören regionales Wirtschaftswachstum und Technologiepolitik. Er veröffentlichte zu Chinas Digitalisierung und den digitalpolitischen EU-China-Beziehungen an der SWP Berlin.

Julia Schwanholz vertritt aktuell eine Stiftungsprofessur für Ethik in Politikmanagement und Gesellschaft an der NRW School of Governance, Universität Duisburg-Essen. Sie wurde 2014 an der Georg-August-Universität Göttingen promoviert. Ihre Arbeitsgebiete umfassen Politische Systeme, Parlaments- und Demokratieforschung sowie die digitale Transformation. Forschungs- und Lehraufenthalte führten sie bisher nach Australien (Melbourne und Brisbane) sowie in Europa nach Groningen, Lund und an die Sciences Po in Paris.

Jennifer Ten Elsen ist wissenschaftliche Mitarbeiterin an der Universität Kassel. Ihre Forschungsschwerpunkte sind Parteien, Parlamentarismus sowie Demokratie- und Zivilgesellschaftsforschung.

Anna Wenz-Temming ist als wissenschaftliche Mitarbeiterin am Institut für Politische Wissenschaft und Soziologie der Rheinischen Friedrich-Wilhelms-Universität Bonn tätig. Sie promovierte 2016 zum Einnahmesystem der Europäischen Union. Ihre Forschungsschwerpunkte liegen neben dem europäischen Haushalts- und Finanzsystem in den Bereichen Policyforschung und Mobilitätspolitik.

Gernot Wolfram ist Professor für Kultur- und Medienmanagement an der Macromedia Hochschule Berlin. Zur Zeit vertritt er die Professur für Kulturmanagement an der Europa-Universität Viadrina in Frankfurt/Oder. Zu seinen Forschungsschwerpunkten gehören Kulturelle Bildung, Transkulturelle

Identitäten und Forschungen zu Dritten-Raum-Konzepten in Kultur und Medien. Zuletzt erschien von ihm der Essay »Die Kunst, für sich selbst zu sprechen« (2018/19) bei der Bundeszentrale für politische Bildung.

Philipp von Wussow studierte Philosophie, Germanistik und Informationswissenschaft an der Heinrich-Heine-Universität Düsseldorf und der Hebräischen Universität Jerusalem. Nach seiner Promotion über Theodor W. Adorno (2006) war er als wissenschaftlicher Mitarbeiter in Leipzig und Frankfurt am Main tätig. Nach einem Gastaufenthalt an der University of Pennsylvania (2016/17) wurde er 2017 in Frankfurt mit einer Arbeit über den politischen Philosophen Leo Strauss habilitiert. Seit 2018 leitet er ein Forschungsprojekt zur Cyberethik am Institut für Theologie und Frieden (IThF) in Hamburg.

Literaturverzeichnis (Auswahl)

Ahlers, Elke et al.: Digitalisierung. Dienstleistungsarbeit im Visier. Was bedeutet Digitalisierung für Tätigkeiten im Bereich von Wissensarbeit und Dienstleistungen?, Düsseldorf 2018.

Ahlers, Michael et al.: Musik und Big Data, Wiesbaden 2017.

Ahlquist, John S./Christian Breunig: Country Clustering in Comparative Political Economy, in: MPIfG discussion paper (2009) 5.

Akrich, Madeleine: The De-Scription of Technical Objects, in: Shaping Technology/Building Society. Studies in Sociotechnical Change, hg. v. Wiebe E. Bijker/John Law, Cambridge/London 1992, S. 205-224.

Ali-Yrkkö, Jyrki et al.: Who Captures Value in Global Supply Chains? Case Nokia N95 Smartphone, in: Journal of Industry, Competition and Trade 11 (2011) 3, S. 263-278.

Andelfinger, Volker/Till Hänisch: Internet der Dinge. Technik, Trends, Geschäftsmodelle, Wiesbaden 2015.

Andersson, Gerhard/Birgit Wagner/Pim Cuijpers: ICBT for Depression, in: Guided Internet-Based Treatments, in Psychiatry, hg. v. Nils Lindefors/Gerhard Andersson, Heidelberg 2016, S. 17-32.

Aoki, Masahiko: The Contingent Governance of Teams. Analysis of Institutional Complementarity, in: International Economic Review 35 (1994) 3, S. 657-676.

Aron, Raymond: Die letzten Jahre des Jahrhunderts, Stuttgart 1986.

Arquilla, John/David Ronfeldt: Cyberwar is Coming!, in: Comparative Strategy 12 (1993) 1, S. 141-165, Nachdruck in: In Athena's Camp. Preparing for Conflict in the Information Age, hg. v. John Arquilla/David Ronfeldt, RAND Corporation 1997, S. 23-60.

Babka, Anna/Gerald Posselt/Homi K. Bhaba: Über kulturelle Hybridität. Übertragung und Übersetzung, Wien 2012.

Bachmann, Reinhard: Trust, Power and Control in Trans-Organizational Relations, in: Organization Studies 22 (2001) 2, S. 341-369.

Bachmann, Reinhard/Akbar Zaheer: Handbook of Advances in Trust Research, Cheltenham 2013.

Bachmann, Reinhard/Andrew C. Inkpen: Understanding Institutional-based Trust Building Processes in Interorganizational Relationships, in: Organization Studies 32 (2011) 2, S. 281-301.

Badura, Bernhard et al.: Fehlzeiten-Report 2018. Sinn erleben – Arbeit und Gesundheit, Berlin 2018.

Baecker, Dirk: 4.0 oder Die Lücke die der Rechner lässt, Berlin 2018.

Baethge, Martin/Ingrid Wilkens: Die große Hoffnung für das 21. Jahrhundert?, Perspektiven und Strategien für die Entwicklung der Dienstleistungsbeschäftigung, Opladen 2001.

Baethge, Martin/Ingrid Wilkens: »Goldenes Zeitalter« – »Tertiäre Krise«. Perspektiven von Dienstleistungsbeschäftigung zu Beginn des 21. Jahrhunderts, in: Die große Hoffnung für das 21. Jahrhundert? Perspektiven und Strategien für die Entwicklung der Dienstleistungsbeschäftigung, hg. v. dies., Opladen 2001, S. 9-19.

Barbini, Francesco M./Massimo Neri: Thompson's legacy on education, in: J. D. Thompson's Organizations in Action 50th anniversary. A reflection, hg. v. Francesco M. Barbini/Giovanni Masino, Bologna 2016, S. 4-40.

Barnard, Catherine: EU Employment Law, Oxford 2012.

Barocas, Solon/Andrew D. Selbst: Big Data's Disparate Impact, in: California Law Review 104 (2016) 3, S. 671-732.

Barzilay, Arianne Renan/Anat Ben-David: Platform Inequality. Gender in the Gig-Economy, in: Seton Hall Law Review 393 (2017) 47, S. 393-431.

Bauer, Marc Christian: Elektronische Agenten in der virtuellen Welt. Ein Beitrag zu Rechtsfragen des Vertragsschlusses, einschließlich der Einbeziehung allgemeiner Geschäftsbedingungen, des Verbraucherschutzes sowie der Haftung, Hamburg 2006.

Bauernhansl, Thomas: Die Vierte Industrielle Revolution. Der Weg in ein wertschaffendes Produktionsparadigma, in: Industrie 4.0 in Produktion, Automatisierung und Logistik. Anwendung, Technologien, Migration, hg. v. Thomas Bauernhansl/Michael ten Hompel/Birgit Vogel-Heuser, Wiesbaden 2014, S. 5-35

Bauernhansl, Thomas/Michael ten Hompel/Birgit Vogel-Heuser (Hg.): Industrie 4.0 in Produktion, Automatisierung und Logistik. Anwendung, Technologien, Migration, Wiesbaden 2014.

Beck, Aaron T.: Cognitive Therapy. Nature and Relation to Behavior Therapy, in: Journal of Psychotherapy, Practice and Research 2 (1993) 4, S. 345-356.

Becka, Denise/Michaela Evans/Josef Hilbert: Digitalisierung in der sozialen Dienstleistungsarbeit. Stand, Perspektiven, Herausforderungen, Gestaltungsansätze, Düsseldorf 2017.

Becker, Howard S.: Photography and Sociology, in: Studies in the Anthropology of Visual Communication 1 (1974), S. 3-26.

Becker, Karina/Sarah Lenz/Marcel Thiel: Pflegearbeit zwischen Fürsorge und Ökonomie. Längsschnittanalyse eines Klassikers der Pflegeausbildung, Wiesbaden 2017.

Becker, Nora et al.: Multifunktionales Elektromobil. Elektromobile im urbanen Ballungsraum, in: Mobilität und digitale Transformation, hg. v. Heike Proff/Thomas Martin Fojcik, Wiesbaden 2018, S. 405-420.

Behrmann, Malte: In der Innovationsfalle. Überlegungen zu einer zukunftsfähigen Innovationsförderung, Stuttgart 2017.

Bell, Daniel: The Coming of Post-Industrial Society. A Venture in Social Forecasting, New York 1973.

Bender, Justus: Was will die AfD? Eine Partei verändert Deutschland, München 2017.

Benjamin, Courtney L.: History of Cognitive-Behavioral Therapy (CBT) in Youth, in: Child and Adolescent Psychiatric Clinics of North America 20 (2011) 2, S. 179-189.

Benner, Christiane (Hg.): Crowdwork – zurück in die Zukunft? Perspektiven digitaler Arbeit, Frankfurt a. M. 2015.

Benner, Christiane: Amazonisierung oder Humanisierung der Arbeit durch Crowdsourcing? Gewerkschaftliche Perspektiven in einer digitalen Arbeitswelt, in: Crowdwork – zurück in die Zukunft? Perspektiven digitaler Arbeit, hg. v. dies., Frankfurt a. M. 2015, S. 289-300.

Benner, Christiane: Crowdsourcing. Die radikale Form der Digitalisierung von Arbeit. Eine Herausforderung für gewerkschaftliches Handeln, in: Gute Arbeit. Ausgabe 2016. Digitale Arbeitswelt – Trends und Anforderungen, hg. v. Lothar Schröder/Hans-Jürgen Urban, Frankfurt a. M. 2015, S. 129-138.

Berbuir, Nicole/Marcel Lewandowsky/Jasmin Siri: The AfD and its Sympathisers. Finally a Right-Wing Populist Movement in Germany?, in: German Politics 24 (2015) 2, S. 154-178.

Berg, Janine: Income Security in the On-Demand Economy. Findings and Policy Lessons from a Survey of Crowdworkers, Genf 2016.

Berg, Janine: Income Security in the On-Demand Economy. Findings and Policy Lessons from a Survey of Crowdworkers, in: Comparative Labor Law and Policy Journal 37 (2016) 3, S. 543-576.

Berg, Janine/Valerio De Stefano: Want to improve crowdwork? Regulate it, Johannesburg 2016.

Bertschek, Irene/Jörg Ohnemus/Steffen Viete: Befragung zum sozioökonomischen Hintergrund und zu den Motiven von Crowdworkern – Endbericht, Berlin 2016.

Bianchi, Patrizio: 4.0. La nuova rivoluzione industriale, Bologna 2018.

Bieber, Christoph/Markus Lewitzki: Das Kommunikationsmanagement der Piraten, in: Die Piratenpartei, hg. v. Oskar Niedermayer, Wiesbaden 2013, S. 101-124.

Blancke, Susanne: Politikinnovationen im Schatten des Bundes. Policy-Innovationen und -Diffusionen im Föderalismus und die Arbeitsmarktpolitik der Bundesländer, Wiesbaden 2004.

Blättel-Mink, Birgit/Raphael Menez: Kompendium der Innovationsforschung, Wiesbaden 2015.

Blumer, Herbert: What is Wrong with Social Theory, in: American Sociological Review 19 (1954) 1, S. 3-10.

Bodie, Matthew T. et al.: The Law and Policy of People Analytics, in: University of Colorado Law Review 88 (2017) 4, S. 961-1042.

Bollmann, Alexander/Annette Elisabeth Töller: Lösungen auf der Suche nach Problemen? Instrumentenwandel in der deutschen Elektromobilitätspolitik, in: Zeitschrift für Umweltpolitik und Umweltrecht 9 (2018) 2, S. 105-142.

Bonazzi, Giuseppe: Geschichte des organisatorischen Denkens, Wiesbaden 2008.

Bonin, Holger/Terry Gregory/Ulrich Zierahn: Übertragung der Studie von Frey/Osborne (2013) auf Deutschland, Mannheim 2015.

Borges, Georg: Rechtliche Rahmenbedingungen für autonome Systeme, in: NJW (2018) 14, S. 977-982.

Borges, Georg: Rechtsfragen der Haftung im Zusammenhang mit dem elektronischen Identitätsnachweis, Baden-Baden 2001.

Bornemann, Basil: Integrative Political Strategies. Conceptualizing and Analyzing a New Type of Policy Field, in: European Policy Analysis 2 (2016) 1, S. 168-195.

Boyd, Ovid Pacific: Differences in eDemocracy parties' eParticipation systems, in: Information Polity 13 (2008) 3-4, S. 167-188.

Brand, Ulrich: Schöne Grüne Welt. Über die Mythen der Green Economy, Berlin 2015.

Brauner, Karl-Ernst: Das Erklärungsrisiko beim Einsatz von elektronischen Datenverarbeitungsanlagen, eine rechtsvergleichende Studie zu Problemen des irrtumbehafteten Vertragsschlusses im englischen und deutschen Recht, Witterschlick/Bonn 1988.

Bräutigam, Peter/Thomas Klindt: Industrie 4.0, das Internet der Dinge und das Recht, in: NJW (2015) 16, S. 1137-1142.

Brenner, Walter/Rüdiger Zarnekow/Hartmut Wittig: Intelligente Softwareagenten. Grundlagen und Anwendungen, Berlin 1998.

Breznitz, Dan/Michael Murphree: Run of the red queen. Government, innovation, globalization, and economic growth in China, New Haven/London 2011.

Brijnath, Bianca/Josefine Antoniades: »I'm running my depression«. Self-management of depression in neoliberal Australia, in: Social Science & Medicine 152 (2016) 5, S. 1-8.

Bruni, Attila/Rino Fasol/Davide Nicolini: Una prospettiva sociologica allo studio della medicina, in: Sociologia del lavoro (2005) 98, S. 145-157.

Brynjolfsson, Erik/Andrew McAfee: The Second Machine Age. Work, Progress, and Prosperity in a Time of Brilliant Technologies, New York 2014.

Bsirske, Frank et al. (Hg.): Grenzenlos vernetzt? Gewerkschaftliche Positionen zur Netzpolitik, Hamburg 2012.

Buchholtz, Gabriele: Legal Tech. Chancen und Risiken der digitalen Rechtsanwendung, in: JuS (2017) 10, S. 955-960.

Buck, Sebastian: Liquid Democracy – eine Realisierung deliberativer Hoffnungen? Zum Selbstverständnis der Piratenpartei, in: Zeitschrift für Parlamentsfragen 43 (2012) 3, S. 626-635.

Buhr, Daniel: Chaos oder Kosmos? Die Koordination der Innovationspolitik des Bundes – Probleme und Lösungsansätze, Baden-Baden 2010.

Buhr, Daniel: Soziale Innovationspolitik für die Industrie 4.0, Bonn 2015.

Buhr, Daniel: The LebensPhasenHaus. Innovation by Participation in Practice, in: Local Politics in a Comparative Perspective, hg. v. Rolf Frankenberger/Elena Chernenkova, Baden-Baden 2017, S. 139-152.

Bundesministerium für Umwelt, Naturschutz und nukleare Sicherheit: Wie umweltfreundlichen sind Elektroautos? Eine ganzheitliche Bilanz, Berlin 2018.

Bundesregierung: Sofortprogramm Saubere Luft 2017–2020, Berlin 2017.

Buntrock, Claudia et al.: Effect of a Web-Based Guided Self-help Intervention for Prevention of Major Depression in Adults with Subthreshold Depression. A Randomized Clinical Trial, in: Journal of American Medical Association 315 (2016) 17, S. 1854-1863.

Burns, David: Feeling Good. The New Mood Therapy, New York 2012.

Busby, Nicole: A Right to Care? Unpaid Work in European Employment Law, Oxford 2011.

Campbell, Donald T.: Evolutionary epistomology, in: The philosophy of Karl Popper, hg. v. Paul Schlipp, Chicago 1974, S. 413-416.

Cartwright, Lisa: Reach out and heal someone. Telemedicine and the globalization of health care, in: Health 4 (2000) 3, S. 347-377.

Casado-Asensio, Juan/Reinhard Steurer: Integrated strategies on sustainable development, climate change mitigation and adaptation in Western Europe. Communication rather than coordination, in: Journal of Public Policy 34 (2014) 3, S. 437-473.

Cattero, Bruno/Marta D'Onofrio: Orfani delle istituzioni. Lavoratori, sindacati e le »fabbriche terziarie digitalizzate« di Amazon, in: Quaderni di Rassegna Sindacale 19 (2018) 1, S. 7-28.

Cherry, Miriam: People Analytics and Invisible Labor, in: Saint Louis University Law Journal 61 (2016) 1, S. 1-16.

Chesbrough, Henry: Open Innovation. The New Imperative for Creating and Profiting from Technology, Boston 2003.

Chesbrough, Henry/Wim Vanhaverbeke/Joel West: Exploring the next wave of open innovation research, Cheltenham 2014.

Chircu, Aline M./Robert J. Kauffman: Strategies for Internet Middlemen in the Intermediation/Disintermediation/Reintermediation Cycle, in: Electronic Markets 9 (1999) 1-2, S. 109-117.

Clark, Colin G.: The conditions of economic progress, London 1940.

Clarke, Adele: Situationsanalyse. Grounded Theory nach dem Postmodern Turn, hg. v. Reiner Keller, Wiesbaden 2012.

Clarke, Adele/Susan Leigh Star: On Coming Home and Intellectual Generosity, in: Symbolic Interaction 21 (1998) 4, S. 341-352.

Cohen, Wesley M./Daniel A. Levinthal: Absorptive Capacity. A New Perspective on Learning and Innovation, in: Administrative Science Quarterly 35 (1990) 1, S. 128-152.

Cole, Michael: Cultural Psychology. A Once and Future Discipline, Cambridge, MA 1996.

Cooke, Philip: Reinventing the Region. Firms, Clusters and Networks in Economic Development, in: The Global Economy in Transition, hg. v. Peter Daniels/William Lever, Harlow 1996, S. 310-327.

Cornelius, Kai: Vertragsabschluss durch autonome elektronische Agenten, in: MMR 353 (2002) 6, S. 353-358.

Coser, Lewis A.: Gierige Institutionen. Soziologische Studien über totales Engagement, Frankfurt a. M. 2015.

Costello, Cathryn: Gender Equalities and the Charter of Fundamental Rights of the European Union, in: Economic and Social Rights under the EU Charter of Fundamental Rights. A Legal Perspective, Oxford/ Portland, OR 2003.

Däubler, Wolfgang: Digitalisierung und Arbeitsrecht. Internet, Arbeit 4.0 und Crowdwork, Frankfurt a. M. 2018.

Danks, David/Joseph H. Danks: Beyond Machines. Humans in Cyberoperations, Espionage, and Conflict, in: Binary Bullets. The Ethics of Cyberwarfare, hg. v. Fritz Allhoff/Adam Henschke/Bradley Jay Strawser, Oxford 2016, S. 177-197.

Daum, Mario: Digitalisierung und Technisierung der Pflege in Deutschland. Aktuelle Trends und ihre Folgewirkungen auf Arbeitsorganisation, Beschäftigung und Qualifizierung, Hamburg 2017.

Dawkins, Richard: Das egoistische Gen, Berlin/Heidelberg/New York 1976.

Dengler, Katharina/Britta Matthes: Folgen der Digitalisierung für die Arbeitswelt. Substituierbarkeitspotenziale von Berufen in Deutschland, Nürnberg 2015.

De Stefano, Valerio: The Rise of the »Just-in-Time Workforce«. On-Demand Work, Crowdwork and Labour Protection in the »Gig-Economy«, Geneva 2016.

Deeg, Richard/Gregory Jackson: From comparing capitalisms to the politics of institutional change, in: Review of International Political Economy 15 (2008) 4, S. 680-709.

Deffner, Jutta et al.: Elektrofahrzeuge in betrieblichen Fahrzeugflotten. Akzeptanz, Attraktivität und Nutzungsverhalten, in: ISOE-Studientexte (2012) 17.

Degner, Anne/Eva Kocher: Arbeitskämpfe in der »Gig-Economy«? Die Protestbewegungen der Foodora- und Deliveroo-»Riders« und Rechtsfragen ihrer kollektiven Selbstorganisation, in: Kritische Justiz 51 (2018) 3, S. 247-265.

Degryse, Christophe: Digitalisation of the Economy and its Impact on Labour Markets, Brüssel 2016.

Deleuze, Gilles: Was ist ein Dispositiv, in: Spiele der Wahrheit. Michel Foucaults Denken, hg. v. François Ewald/Bernhard Waldenfels, Frankfurt a. M. 1991, S. 153-162.

Dickens, Linda: Problems of Fit. Changing Employment and Labour Regulation, in: British Journal of Industrial Relations 42 (2004) 4, S. 595-616.

Didi-Huberman, Georges: Erfindung der Hysterie, München 1997.

Di Maria, Eleonora/Vladi Finotto/Francesco Rullani: User Innovation in Creative Industries, in: The Oxford Handbook of Creative Industries, hg. v. Candace Jones/Mark Lorenzen/Jonathan Sapsed, Oxford 2015, S. 301-319.

Dobusch, Leonhard: Plattformökonomie zwischen neuen Monopolen und Sharing Economy, in: spw 212 (2016) 1, S. 46-50.

Dolata, Ulrich: Wandel durch Technik. Eine Theorie soziotechnischer Transformation, Frankfurt a. M./New York 2011.

Donovan, Sarah A./David H. Bradley/Jon O. Shimabukuro: What Does the Gig Economy Mean for Workers?, Washington, DC 2016.

Dudenhöffer, Ferdinand: Die Bedeutung der Elektromobilität für den Standort Deutschland und Defizite in der Förderung, in: Zeitschrift für Umweltrecht und Umweltpolitik 33 (2010) 3, S. 243-260.

Dudenhöffer, Kathrin: Akzeptanz von Elektroautos in Deutschland und China. Eine Untersuchung von Nutzungsintentionen im Anfangsstadium der Innovationsdiffusion, Wiesbaden 2015.

Düllo, Thomas/Franz Liebl: Cultural Hacking. Kunst des Strategischen Handelns, Wien/New York 2005.

Dürig, Günter: Der Grundrechtssatz von der Menschenwürde. Entwurf eines praktikablen Wertsystems der Grundrechte aus Art. 1 Abs. I in Verbindung mit Art. 19 Abs. II des Grundgesetzes, in: AöR 81 (1956) 2, S. 117-157.

Dürig, Wolfgang/Jörg Weingarten: Das Handwerk wird digital. Bedeutung für Betriebe, Beschäftigte und Marktstrukturen, in: WISO Diskurs (2019) 4, Bonn 2019.

Dzida, Boris: Big Data und Arbeitsrecht, in: NZA 34 (2017) 9, S. 541-546.

Eberl, Ulrich: Smarte Maschinen. Wie Künstliche Intelligenz unser Leben verändert, München 2016.

Edler, Dietmar von/Alexander Eickelpasch: Die Industrie – ein wichtiger Treiber der Nachfrage nach Dienstleistungen, in: DIW Wochenbericht (2013) 34, S. 16.

Edquist, Charles/Bengt-Åke Lundvall: Comparing the Danish and Swedish systems of innovation, in: National innovation systems. A comparative analysis, hg. v. Richard R. Nelson, Oxford 1993, S. 265-298.

Edquist, Charles/Björn Johnson: Institutions and Organizations in Systems of Innovation, in: Systems of Innovation. Technologies, Institutions and Organizations, hg. v. Charles Edquist, London 1997, S. 41-63.

Edwards, Richard C.: Contested Terrain. The Transformation of the Workplace in the Twentieth Century, New York 1979.

Ehrenberg, Alain: Das erschöpfte Selbst. Depression und Gesellschaft in der Gegenwart, Frankfurt a. M. 2015.

Elias, Norbert: Was ist Soziologie?, Frankfurt a. M. 1970.

Ellebrecht, Nils/Andrea zur Nieden: Inklusion und Exklusion durch Telemedizin. Zu neuen Formen der Interaktion im vernetzten Rettungsdienst, in: Geschlossene Gesellschaften, Bd. 38, hg. von Stephan Lessenich, Bamberg 2016.

Elmer, Arno: eGesundheitskarte, in: eHealth in Deutschland. Anforderungen und Potenziale innovativer Versorgungsstrukturen, hg. v. Florian Fischer/Alexander Krämer, Berlin/Heidelberg 2016, S. 155-163.

Elmer, Arno: Elektronische Gesundheitskarte und Telematikinfrastruktur. Plattform für ein sicher vernetztes Gesundheitswesen, in: eHealth. Wie Smartphones, Apps und Wearables die Gesundheitsversorgung verändern werden, hg. v. Volker P. Andelfinger/Till Hänisch, Wiesbaden 2016, S. 97-103.

Esposito, Elena: Algorithmische Kontingenz. Der Umgang mit Unsicherheit im Web, in: Die Ordnung des Kontingenten. Beiträge zur zahlenmäßigen Selbstbeschreibung der modernen Gesellschaft, hg. v. Alberto Cevolini, Wiesbaden 2014, S. 233-249.
Esposito, Elena: Artificial Communication? The Production of Contingency by Algorithms, in: Zeitschrift für Soziologie 46 (2017) 4, S. 249-265.
Eymann, Torsten: Digitale Geschäftsagenten, Berlin 2003.
Ezrachi, Ariel/Maurice E. Stucke: Virtual Competition. The Promise and Perils of the Algorithm-Driven Economy, Cambridge, MA 2016.
Ferber, Jacques: Multiagentensysteme. Eine Einführung in die verteilte Künstliche Intelligenz, München 2001.
Ferrari, Alize J. et al.: Burden of Depressive Disorders by Country, Sex, Age and Year. Findings from the Global Burden of Disease Study 2010, in: PloS Medicine 10 (2013) 11, S. 2-12.
Field, John: Social Capital, London 2003.
Fischer, Florian/Violetta Aust/Alexander Krämer: eHealth. Hintergrund und Begriffsbestimmung, in: eHealth in Deutschland. Anforderungen und Potenziale innovativer Versorgungsstrukturen, hg. v. Florian Fischer/Alexander Krämer, Wiesbaden 2016, S. 3-23.
Fitsch, Hannah/Hanna Meißner: Das An- und Fürsich apparativer Sichtbarmachungen. Ein historisch-kritischer Blick auf digitale Materialität, in: Behemoth – A Journal on Civilisation 10 (2017) 1, S. 74-91.
Florida, Richard: The Rise of the Creative Class, New York 2014.
Flusser, Vilém: Fotografieren als Lebenseinstellung, in: Standpunkte. Texte zur Fotografie, hg. v. ders., Göttingen 1998, S. 175-180.
Flusser, Vilém: Für eine Philosophie der Fotografie, Göttingen 1983.
Flusser, Vilém: Standpunkte. Texte zur Fotografie, Göttingen 1998.
Foucault, Michel: Der Wille zum Wissen. Sexualität und Wahrheit I, Frankfurt a. M. 2014.
Foucault, Michel: Ein Spiel um die Psychoanalyse. Gespräch mit Angehörigen des Departements de Psychoanalyse der Universität Paris/Vincennes, in: Dispositive der Macht. Über Sexualität, Wissen und Wahrheit, hg. v. ders., Berlin 1978.
Foucault, Michel: Überwachen und Strafen. Die Geburt des Gefängnisses, Frankfurt a. M. 1995.
Fourastié, Jean: Die große Hoffnung des zwanzigsten Jahrhunderts, Köln 1969.
Franzen, Martin: Kommentierung zu Art. 157 AEUV, in: Kommentar zum europäischen Arbeitsrecht, hg. v. Martin Franzen/Inken Gallner/Hartmut Oetker, 2. Aufl., München 2018.
Fredman, Sandra: Discrimination Law, Oxford 2012.
Fredman, Sandra: Equality Law. Labour Law or an Autonomous Field?, in: The Autonomy of Labour Law, hg. v. Alan Bogg et al., Oxford 2015, S. 257-274.
Fredman, Sandra: Pasts and Futures. EU Equality Law, in: Research Handbook on EU Labour Law, hg. v. Alan Bogg/Cathryn Costello/A. C. L. Davies, Cheltenham 2016, S. 391-421.
Freeman, Chris: Technology Policy and Economic Performance. Lessons From Japan, London 1987.
Frese, Yorck: Recht im zweiten Maschinenzeitalter, in: NJW 68 (2015) 29, S. 2090-2092.
Friedman, Edward S./Ian M. Anderson: Handbook of Depression, London 2014.
Fritz, Friedrich: Softwareagenten. Ein Taschenbuch, Gelnhausen 2014.
Froschauer, Ulrike/Manfred Lueger: Artefaktanalyse, in: Handbuch Interpretativ forschen, hg. v. Leila Akremi/Nina Baur/Hubert Knoblauch, Weinheim 2018, S. 775-801.
Froschauer, Ulrike/Manfred Lueger: Interpretative Sozialforschung. Der Prozess, Wien 2009.
Fudge, Judy: Self-employment, Women, and Precarious Work. The Scope of Labour Protection, in: Precarious Work, Women, and the New Economy. The Challenge to Legal Norms, hg. v. Judy Fudge/Rosemary Owens, Oxford 2006, S. 201-222.
Fudge, Judy/Eric Tucker/Leah F. Vosko: Changing Boundaries in Employment. Developing a New Platform for Labour Law, in: Canadian Labour & Employment Law Journal 10 (2003) 3, S. 329-366.

Fudge, Judy/Rosemary Owens (Hg.): Precarious Work, Women, and the New Economy. The Challenge to Legal Norms, Oxford 2006.

Gäbler, Bernd: AfD und Medien. Erfahrungen und Lehren für die Praxis, Frankfurt a. M. 2018.

Gallino, Luciano: Informatica e qualità del lavoro, Turin 1983.

Gassmann, Oliver/Ellen Enkel: Open Innovation. Die Öffnung des Innovationsprozesses erhöht das Innovationspotenzial, in: zfo 75 (2006) 3, S. 132-138.

Gather, Claudia et al.: Vergeben und vergessen? Gebäudereinigung im Spannungsfeld zwischen kommunalen Diensten und Privatisierung, Hamburg 2005.

Gau, Sønke: Institutionskritik als Methode. Hegemonie und Kritik im künstlerischen Feld, Wien 2016.

Gießmann, Sebastian/Nadine Taha: »Study the unstudied«. Zur medienwissenschaftlichen Aktualität von Susan L. Stars Denken, in: Grenzobjekte und Medienforschung, hg. v. dies., Bielefeld 2017, S. 13-77.

Gitter, Rotraud: Rechtsfragen mobiler Agenten, in: Sicherheit und Rechtsverbindlichkeit mobiler Agenten, hg. v. ders. et al., Wiesbaden 2007, S. 41-57.

Gitter, Rotraud: Softwareagenten im elektronischen Geschäftsverkehr. Rechtliche Vorgaben und Gestaltungsvorschläge, Berlin 2003.

Gitter, Rotraud/Andreas Roßnagel: Rechtsfragen mobiler Agenten im E-Commerce, in: K&R (2003) 2, S. 64-72.

Glaser, Barney G.: Theoretical Sensitivity. Advances in the Methodology of Grounded Theory, Mill Valley, CA 1978.

Gless, Sabine: Von der Verantwortung einer E-Person, in: Goltdammer's Archiv für Strafrecht 164 (2017) 6, S. 324-329.

Goldman, Steven L.: Agil im Wettbewerb. Die Strategie der virtuellen Organisation zum Nutzen des Kunden, Heidelberg 1996.

Gornig, Martin/Alexander Schiersch: Perspektiven der Industrie in Deutschland, in: Vierteljahreshefte zur Wirtschaftsforschung (2015) 1, hg. v. Deutsches Institut für Wirtschaftsforschung, S. 37-54.

Grapentin, Justin: Die Erosion der Vertragsgestaltungsmacht durch das Internet und den Einsatz Künstlicher Intelligenz, in: NJW 72 (2019) 4, S. 181-185.

Grapentin, Justin: Konstruktionspflichten des Herstellers und Mitverschulden des Anwenders beim Einsatz von Künstlicher Intelligenz, in: JR (2019) 4, S. 175-181.

Grapentin, Justin: Vertragsschluss und vertragliches Verschulden beim Einsatz von Künstlicher Intelligenz und Softwareagenten, Baden-Baden 2018.

Greef, Samuel/Wolfgang Schroeder: Plattformökonomie und Crowdworking. Eine Analyse der Strategien und Positionen zentraler Akteure, Berlin 2017.

Greenfield, Alan: Radical Technologies. The Design of Everyday Life, New York/London, 2017.

Grimm, Detlef: Überwachung im Arbeitsverhältnis. Von Befragungen bis zur GPS-Ortung – wie viel Kontrolle ist erlaubt?, in: jM (2016) 1, S. 17-27.

Günther, Jens/Matthias Böglmüller: Arbeitsrecht 4.0. Arbeitsrechtliche Herausforderungen in der vierten industriellen Revolution, in: NZA 32 (2015) 17, S. 1025-1031.

György Purebl et al.: Joint Action on Mental Health and Wellbeing. Depression, Suicide Prevention and E-Health. Situation analysis and recommendations for action, 2015

Haake, Gunter: Digitalisierung und Gewerkschaften. Solo-Selbstständige integrieren, in: Gute Arbeit. Ausgabe 2016. Digitale Arbeitswelt – Trends und Anforderungen, hg. v. Lothar Schröder/Hans-Jürgen Urban, Frankfurt a. M. 2015, S. 310-321.

Härtwig, Christian et al.: Beschäftigtenbefragung Monitor Digitalisierung. Entwicklungen der Arbeitsqualität in zwölf Industriebranchen, hg. v. Stiftung Arbeit und Umwelt der IG BCE, Berlin 2019.

Haipeter, Thomas: Interessenvertretung in der Industrie 4.0. Das gewerkschaftliche Projekt Arbeit 2020, Baden-Baden 2019.

Hall, Peter A./David Soskice: Varieties of Capitalism. The Institutional Foundations of Comparative Advantage, Oxford 2001.

Hartmann, Felix: Diskriminierung durch Antidiskriminierungsrecht? Möglichkeiten und Grenzen eines postkategorialen Diskriminierungsschutzes in der Europäischen Union, in: EuZA (2019) 1, S. 24-44.

Haunss, Sebastian/Matthias Dietz/Frank Nullmeier: Der Ausstieg aus der Atomenergie, in: Zeitschrift für Diskursforschung 1 (2013) 3, S. 288-315.

Heckelmann, Martin: Zulässigkeit und Handhabung von Smart Contracts, in: NJW (2018) 8, S. 504-510.

Heider, Fritz: Ding und Medium, Berlin 2015 (1926).

Helms, Hinrich et al.: Weiterentwicklung und vertiefte Analyse der Umweltbilanz von Elektrofahrzeugen, Umweltbundesamt Texte 27/2016.

Hensel, Alexander: Erfolgreich gescheitert? Die Entwicklung der Piraten als Partei der Internetkultur, in: Der Bürger im Staat 64 (2014) 4, S. 246-251.

Hergesell, Jannis: Assistive Sicherheitstechniken in der Pflege von an Demenz erkrankten Menschen, in: Assistive Gesellschaft. Multidisziplinäre Erkundungen zur Sozialform »Assistenz«, hg. v. Peter Biniok/Eric Lettkeman, Wiesbaden 2017, S. 203-223.

Hess, Thomas: Digitale Transformation strategisch steuern, Wiesbaden 2019.

Heuermann, Roland/Andreas Engel/Jörn von Lucke: Digitalisierung. Begriff, Ziele und Steuerung, in: Digitalisierung in Bund, Ländern und Gemeinden. IT-Organisation, Management und Empfehlungen, hg. v. Roland Heuermann/Matthias Tomenendal/Christian Bressem, Berlin/Heidelberg 2018, S. 9-45.

Heussen, Benno/Maximilian Damm: Manager- und Beraterhaftung bei unterlassener Systemprüfung und Notfallplanung, in: BB (1999) 10, S. 481-487.

Hippel, Eric von: The Sources of Innovation, New York/Oxford 1988.

Hitzler, Ronald/Thomas Bucher/Arne Niederbacher: Leben in Szenen. Formen jugendlicher Vergemeinschaftung heute, Wiesbaden 2001.

Hoffmann, Reiner/Claudia Bogedan: Arbeit der Zukunft. Möglichkeiten nutzen – Grenzen setzen, Frankfurt a. M. 2015.

Hoffmann-Riem, Wolfgang: Verhaltenssteuerung durch Algorithmen – eine Herausforderung für das Recht, in: AöR 142 (2017) 1, S. 1-43.

Hofmann, Kai: Smart Factory – Arbeitnehmerdatenschutz in der Industrie 4.0. Datenschutzrechtliche Besonderheiten und Herausforderungen, in: ZD 6 (2016) 1, S. 12-17.

Hollingsworth, Joseph Rogers: Doing institutional analysis. Implications for the study of innovations, in: Review of International Political Economy 7 (2000) 4, S. 595-644.

Hornberg, Claudia et al.: Umsteuern erforderlich. Klimaschutz im Verkehrssektor. Sondergutachten des Sachverständigenrates für Umweltfragen v. 11.2017.

Horx, Matthias: Das Megatrend-Prinzip. Wie die Welt von morgen entsteht, München 2011.

Huws, Ursula/Simon Joyce: Size of Germany's »Gig Economy« revealed for the first time, Hertfordshire 2016.

Igelbrink, Felix et al.: Markerless Ad-hoc Calibration of a Hyperspectral Camera and a 3D Laser Scanner, in: Intelligent Autonomous Systems 15, hg. v. Marcus Strand et al., Cham 2018, S. 748-759.

Isaacson, Walter: Steve Jobs, New York 2011.

Ittermann, Peter/Jonathan Niehaus: Industrie 4.0 und Wandel von Industriearbeit. Überblick über Forschungsstand und Trendbestimmungen, in: Digitalisierung industrieller Arbeit, hg. v. Hartmut Hirsch-Kreinsen/Peter Ittermann/Jonathan Niehaus, Baden-Baden 2015, S. 33-51.

Jacob, Klaus/Axel Volkery: Umweltpolitikintegration und Selbstregulierung. Ein Vergleich von Instrumenten zur Umweltpolitikintegration in den OECD-Ländern, in: Politik und Umwelt, hg. v. Klaus Jacob et al., Wiesbaden 2007, S. 360-381.

Jahn, Detlef: Changing the Guard. Trends in Corporatist Arrangements in 42 Highly Industrialized Societies from 1960 to 2010, in: Socio-Economic Review 14 (2014) 1, S. 47-71.

Jun, Uwe: Die Piraten. Bedingungen und Ursachen des plötzlichen Auf- und Abstiegs einer Internet- und Protestpartei, in: Abkehr von den Parteien? Parteiendemokratie und Bürgerprotest, hg. v. Oskar Niedermayer/Benjamin Höhne/Uwe Jun, Wiesbaden 2013, S. 261-288.

Junker, Abbo: Entwicklung des Computerrechts in den Jahren 2003/2004, in: NJW (2005) 39, S. 2829-2834.

Kash, Don E./Robert Rycroft: Emerging patterns of complex technological innovation, in: Technological Forecasting and Social Change 69 (2002) 6, S. 581-606.

Kautsch, Marcin/Mateusz Lichon/Natalie Matuszak: Development of Publicly Funded eHealth in Poland. Barriers and Opportunities, in: Economics & Sociology 9 (2016) 3, S. 28-40.

Kemfert, Claudia/Carl-Friedrich Emer/Miriam Dross: Grenzen der Technologieneutralität. Infrastrukturförderung als notwendiger Pull für den Übergang zur Elektromobilität, in: Zeitschrift für Politikwissenschaft 27 (2017) 4, S. 483-491.

Kepplinger, Hans Mathias/Marcus Maurer: Abschied vom rationalen Wähler. Warum Wahlen im Fernsehen entschieden werden, Freiburg i. Br./München 2005.

Kilian, Matthias: Zukunft der Juristen. Weniger, anders, weiblicher, spezialisierter, alternativer – und entbehrlicher?, in: NJW 70 (2017) 42, S. 3043-3050.

Kilian, Wolfgang: Haftung für Softwaremängel, in: Computer-Software und Sachmängelhaftung, hg. v. Peter Gorny/Wolfgang Kilian, Stuttgart 1985, S. 19-34.

Kim, Pauline T.: Data-Driven Discrimination at Work, in: William and Mary Law Review 857 (2017) 3, S. 857-936.

Kirchner, Stefan/Jürgen Beyer: Die Plattformlogik als digitale Marktordnung. Wie die Digitalisierung Kopplungen von Unternehmen löst und Märkte transformiert, in: Zeitschrift für Soziologie 45 (2016) 5, S. 324-339.

Kirn, Stefan/Claus D. Müller-Hengstenberg: Intelligente (Software-)Agenten. Von der Automatisierung zur Autonomie?, in: MMR (2014) 4, S. 225-232.

Kitchin, Rob: The Data Revolution. Big Data, Open Data, Data Infrastructures and Their Consequences, London 2014.

Klecha, Stephan/Alexander Hensel: Zwischen digitalem Aufbruch und analogem Absturz. Die Piratenpartei, Opladen/Berlin/Toronto 2013.

Kline, Stephen/Nathan Rosenberg: An overview of innovation, in: The positive sum strategy. Harnessing Technology For Economic Growth, hg. v. Ralph Landau/Nathan Rosenberg, Washington, DC 1986, S. 275-305.

Klügl, Franziska: Multiagentensysteme, in: Handbuch der Künstlichen Intelligenz, hg. v. Günther Görz/Josef Schneeberger, München 2014.

Kluska, Denise: Versorgung aus der Ferne. Die Arzt-Patient-Beziehung unter den Bedingungen der Telemedizin, in: Forschung Aktuell IAT (2012) 10, S. 1-17.

Knetch, Jack L.: The Endowment Effect and Evidence of Nonreversible Indifference Curves, in: American Economic Review 79 (1989) 5, S. 1277-1284.

Knill, Christoph/Jale Tosun: Public Policy. A New Introduction, New York 2012.

Komarnicki, Przemyslaw/Jens Haubrock/Zbigniew A. Styczynski: Elektromobilität und Sektorenkopplung. Infrastruktur- und Systemkomponenten, Berlin/Heidelberg 2018.

Kopp, Ralf et al.: Sociotechnical perspectives on digitalisation and Industry 4.0, in: International Journal of Technology Transfer and Commercialisation 16 (2019) 3, S. 291-309.

Kort, Michael: Neuer Beschäftigtendatenschutz und Industrie 4.0. Grenzen einer »Rundumüberwachung« angesichts der Rechtsprechung, der DSGVO und des BDSG nF, in: RdA 71 (2018) 1, S. 24-33.

Kountouris, Nicola: The Concept of 'Worker' in European Labour Law. Fragmentation, Autonomy and Scope, in: Industrial Law Journal 47 (2017) 2, S. 192-225.

Kowol, Uli/Wolfgang Krohn: Innovationsnetzwerke. Ein Modell der Technikgenese, in: Theoriebausteine der Techniksoziologie, hg. v. Jost Halfmann/Gotthard Bechmann/Werner Rammert, Frankfurt a. M. 1995, S. 77-105.

Kramer, Roderick M./Karen S. Cook: Trust and Distrust in Organizations. Dilemmas and Approaches, New York 2004.

Kroeger, Frens: Trusting organizations. The institutionalization of trust in interorganizational relationships, in: Organization 19 (2012) 6, S. 743-763.

Kroll, Joshua A. et al.: Accountable Algorithms, in: University of Pennsylvania Law Review 165 (2017) 3, S. 633-705.

Krücken, Georg/Carmela Mazza/Renate Meyer (Hg.): New Themes in Institutional Analysis, Cheltenham 2017.

Kühn, Hagen: Die Ökonomisierungstendenz in der medizinischen Versorgung, in: Markt versus Solidarität. Gesundheitspolitik im deregulierten Kapitalismus, hg. v. Gine Elsner/Thomas Gerlinger/Klaus Stegmüller, Hamburg 2004, S. 25-41.

Kuhlen, Rainer: Potenziale einer politischen Kollaborationskultur, in: Von der Politik- zur Gesellschaftsberatung. Neue Wege öffentlicher Konsultation, hg. v. Claus Leggewie, Frankfurt a. M. 2007, S. 199-222.

Kuhn, Matthias: Rechtshandlungen mittels EDV und Telekommunikation, München 1991.

Kullmann, Miriam: Discriminating Job Applicants Through Algorithmic Decision-Making, in: Ars Aequi 68 (2019) 1, S. 45-53.

Kullmann, Miriam: Flexibilisation of Work. Leave it, Love it, Change it, in: Festskrift till Ann Numhauser-Henning, Lund 2017.

Miriam Kullmann: Platform work, algorithmic decision-making, and EU gender equality law, in: International Journal of Comparative Labour Law and Industrial Relations 34 (2018) 1, S. 1-21.

Kütük-Markendorf, Merih/David Essers: Zivilrechtliche Haftung des Herstellers beim autonomen Fahren. Haftungsfragen bei einem durch ein autonomes System verursachten Verkehrsunfall, in: MMR (2016) 1, S. 22-26.

Kydd, Andrew H.: When Can Mediators Build Trust?, in: American Political Science Review 100 (2003) 3, S. 449-462.

Land, Corinna/Tino Towara: Produktivkraft Partizipation. Neue Potenziale durch Beteiligung erschließen. Unveröffentlichte Studie im Auftrag der IG BCE, Hannover 2019.

Lang, Peter J.: The on-line Computer in Behavior Therapy, in: American Psychologist 24 (1969) 3, S. 236-239.

Lang, Peter J. et al.: A psychophysiological analysis of fear modification using an automated desensitization procedure, in: Journal of Abnormal Psychology 76 (1970) 2, S. 220-234.

Latour, Bruno: Eine neue Soziologie für eine neue Gesellschaft, Frankfurt a. M. 2010.

Lauer, Christopher/Sascha Lobo: Aufstieg und Niedergang der Piratenpartei. Versuch der Erklärung eines politischen Internetphänomens, Hamburg 2014.

Lazzarotti, Valentina et al.: Open Innovation in the automotive industry. Why and How? Evidence from a multiple case study, in: International Journal of Technology Intelligence and Planning 9 (2013) 1, S. 37-56.

Leifeld, Philip: Die Untersuchung von Diskursnetzwerken mit dem Discourse Network Analyzer (DNA), in: Politiknetzwerke. Modelle, Anwendungen und Visualisierungen, hg. v. Volker Schneider et al., Wiesbaden 2009, S. 391-404.

Leifeld, Philip/Sebastian Haunss: Political Discourse Networks and the Conflict over Software Patents in Europe, in: European Journal of Political Research 51 (2012) 3, S. 382-409.

Leimeister, Jan Marco/David Durward/Shkodran Zogaj: Crowd worker in Deutschland. Eine empirische Studie zum Arbeitsumfeld auf externen Crowdsourcing-Plattformen, Düsseldorf 2016.

Lennings, Frank et al.: Auswirkungen und Chancen der Digitalisierung für KMU, in: Arbeit in der digitalisierten Welt. Beiträge der Fachtagung des BMBF 2015, hg. v. Christopher Schlick, Frankfurt a. M. 2015, S. 193-206.

Lesshafft, Karl/Detlef Ulmer: Softwarefehler und Gewährleistung, in: CR (1988) 10, S. 813-818.

Leupold, Andreas/Silke Glossner/Stefan Peintinger: eHealth. Rechtliche Rahmenbedingungen, Datenschutz und Datensicherheit, in: eHealth in Deutschland. Anforderungen und Potenziale innovativer Versorgungsstrukturen, hg. v. Florian Fischer/Alexander Krämer, Berlin/Heidelberg 2016, S. 47-82.

Lewinski, Kai von: Die Matrix des Datenschutzes. Besichtigung und Ordnung eines Begriffsfeldes, Tübingen 2014.

Lewke, Christian: »... aber das kann ich nicht tun!«: Künstliche Intelligenz und ihre Beteiligung am öffentlichen Diskurs, in: InTeR (2017) 4, S. 207-216.

Limper, Josef/Martin Lücke: Management in der Musikwirtschaft, Stuttgart 2013.
Linden, Greg/Brent Smith/Jeremy York: Amazon.com Recommendations. Item-to-Item Collaborative Filtering, in: IEEE Internet Computing 7 (2003) 1, S. 76-80.
Litschen, Kai: Arbeit gefangen in der Zeit – dogmatische Denkmuster behindern eine notwendige Reform, in: Handbuch der Aus- und Weiterbildung, hg. v. Carsten Kreklau/Josef Siegers, Beitrag 2519, Köln 2019.
Litschen, Kai/Ilies Yacoubi: Arbeitnehmerüberlassung und agile Prozess- und Organisationsmethoden, in: NZA 34 (2017) 8, S. 484-488.
Lompe, Klaus/Hinrich Weis: Gelebte Montanmitbestimmung. Ergebnisse empirischer Untersuchungen in drei Unternehmen. Industrielle Beziehungen, in: The German Journal of Industrial Relations 8 (2001) 4, S. 408-429.
Lucas, George: Ethics and Cyber Warfare. The Quest for Responsible Security in the Age of Digital Warfare, New York 2017.
Luhmann, Niklas: Trust and Power, Chichester 1979.
Lundvall, Bengt-Åke: National Innovation Systems. Analytical Concept and Development Tool, in: Industry and Innovation 14 (2007) 1, S. 95-119.
Bengt-Åke Lundvall et al.: National systems of production, innovation and competence building, in: Research policy 31 (2002) 2, S. 213-231.
Lux, Thomas/Bernhard Breil: Digitalisierung im Gesundheitswesen. Bessere Versorgungsqualität trotz Kosteneinsparung, in: Wirtschaftsdienst – Zeitschrift für Wirtschaftspolitik 97 (2017) 10, S. 687-692.
Mallot, Hanspeter/Wolfgang Hübner: Neuronale Netze, in: Handbuch der Künstlichen Intelligenz, hg. v. Günther Görz/Josef Schneeberger/Ute Schmid, München 2014, S. 357-404.
Manning White, David: The »Gate keeper«. A Case Study in the Selection of News, in: The Journalism Quarterly 27 (1950) 4, S. 383-390.
Margetts, Helen: Cyber Parties, in: Handbook of Party Politics, hg. v. Richard Katz/William Crotty, London/Thousand Oaks, CA/New Delhi 2006, S. 528-535.
Marks, Isaac: Living with Fear, Berkshire 2005.
Martini, Mario/Jonas Botta: Iron Man am Arbeitsplatz? – Exoskelette zwischen Effizienzstreben, Daten- und Gesundheitsschutz. Chancen und Risiken der Verschmelzung von Mensch und Maschine in der Industrie 4.0, in: NZA 35 (2018) 10, S. 625-637.
Martins, Erko/Tina Breyer/Friedemann W. Nerdinger: Betriebsräte und Mitarbeiter in Innovationsprozessen – Ausgewählte Ergebnisse aus dem Projekt BMInno, in: Sozialen Wandel gestalten, hg. v. Milena Jostmeier/Arno Georg/Heike Jacobsen, Wiesbaden 2014, S. 385-395.
Marx, Gernot/Rainer Beckers: Telemedizin in Deutschland, in: Bundesgesundheitsblatt – Gesundheitsforschung – Gesundheitsschutz 58 (2015) 10, S. 1053-1055.
Mayer-Schönberger, Victor/Kenneth Cukier: Big Data, New York 2013.
Mehrings, Josef: Vertragsabschluß im Internet. Eine neue Herausforderung für das »alte« BGB, in: MMR (1998) 1, S. 30-33.
Merda, Meiko/Kristina Schmidt/Bjørn Kähler: Pflege 4.0 – Einsatz moderner Technologien aus der Sicht professionell Pflegender, Hamburg 2017.
Migliarese, Piero/Paolo Romano: Strategie di progettazione ed organizzazione del lavoro. Due casi di realizzazione di impianti innovativi in una grande azienda automobilistica, in: Progettazione delle nuove tecnologie e qualità del lavoro, hg. v. Claudio Ciborra/Giovan Francesaco Lanzara, Mailand 1984, S. 161-261.
Miles, Raymond E./Charles C. Snow: Organizations. New Concepts for New Forms, in: California Management Review 28 (1986) 3, S. 62-73.
Mirschel, Viktoria: »Digitale Bohème«, »digitales Proletariat«, »urbanes Pennertum«. Selbstständigkeit und Internet, in: Grenzenlos vernetzt? Gewerkschaftliche Positionen zur Netzpolitik, hg. v. Frank Bsirske et al., Hamburg 2012, S. 143-152.

Möllering, Guido: Vertrauen und Ressourcen in interorganisationalen Beziehungen, in: RessourcenKultur. Vertrauenskulturen und Innovationen für Ressourceneffizienz im Spannungsfeld normativer Orientierung und betrieblicher Praxis, hg. v. Sebastian Klinke/Holger Rohn, Baden-Baden 2013, S. 63-71.

Mort, Maggie/Carl R. May/Tracy Williams: Remote Doctors and Absent Patients. Acting at a Distance in Telemedicine?, in: Science, Technology, & Human Values 28 (2003) 2, S. 274-295.

Mozzana, Carlotta: Standard in azione. »L'evidence based medicine« tra conoscenza scientifica e pratica medica, in: Rassegna Italiana di Sociologia LV (2015) 3-4, S. 629-650.

Mucic, Davor/Donald M. Hilty: e-Mental Health, Heidelberg 2016.

Mühl-Benninghaus, Wolfgang: Vom Augusterlebnis zur UFA-Gründung. Der deutsche Film im 1. Weltkrieg, Berlin 2004.

Müller, Markus M.: Länderwirtschaftspolitik, in: Die Politik der Bundesländer. Staatstätigkeit im Vergleich, hg. v. Achim Hildebrandt/Frieder Wolf, Wiesbaden 2008, S. 215-234.

Müller, Nadine: Crowdwork. Arbeit auf Plattformen, in: spw 222 (2017) 5, S. 64-67.

Müller-Hengstenberg, Claus D./Stefan Kirn: Intelligente (Software-)Agenten. Eine neue Herausforderung unseres Rechtssystems – Rechtliche Konsequenzen der »Verselbstständigung« technischer Systeme, in: MMR (2014) 5, S. 307-313.

Müller-Mielitz, Stefan/Thomas Lux: E-Health-Gesetz, in: E-Health-Ökonomie, hg. v. dies., Wiesbaden 2017, S. 125-136.

Munir, Hussan et al.: Open innovation using open source tools. A case study at Sony Mobile, in: Empirical Software Engineering 23 (2018) 1, S. 186-223.

Nagel, Melanie: Polarisierung im politischen Diskurs. Eine Netzwerkanalyse zum Konflikt »Stuttgart 21«, Wiesbaden 2016.

Nebel-Töpfer, Claudia/Sandra Wolf/Peter Richter: Change-Prozesse im Unternehmen. Eine Herausforderung für die Prävention, in: ZfA 66 (2012) 4, S. 277-290.

Nestler, Christian/Jan Rohgalf: Eine deutsche Angst – Erfolgreiche Parteien rechts von der Union. Zur AfD und den gegenwärtigen Gelegenheitsstrukturen des Parteienwettbewerbs, in: ZfP 64 (2014) 4, S. 389-413.

Ng, Annalyn/Kenneth Soo: Data Science. Was ist das eigentlich?!, Berlin 2018.

Nitschke, Tanja: Verträge unter Beteiligung von Softwareagenten – ein rechtlicher Rahmen, Frankfurt a. M. 2011.

Nooteboom, Bart: Trust and innovation, in: Handbook of Advances in Trust Research, hg. v. Reinhard Bachmann/Akbar Zaheer, Cheltenham 2013, S. 106-124.

Numhauser-Henning, Ann: EU Equality Law. Comprehensive and Truly Transformative?, in: Labour Law, Fundamental Rights and Social Europe, hg. v. Mia Rönnmar, Oxford 2011, S. 117-140.

O'Reilly, Tim: Government as a Platform, in: Innovations. Technology, Governance, Globalization 6 (2011) 1, S. 13-40.

Oerder, Katharina: MITBESTIMMUNG 4.0. Der Wandel der Arbeitswelt als Chance für mehr Beteiligung, in: WISO direkt 24/2016, Bonn 2016.

Oerder, Katharina/Clara Behrend/Julijana Stokic: Betriebsrat 4.0 – Digitalisierung aus Sicht der Betriebsräte und deren Potential als Gestalter der digitalen Arbeitswelt in NRW, in: FGW-Studie. Digitalisierung von Arbeit 07, hg. v. Forschungsinstitut für gesellschaftliche Weiterentwicklung, Düsseldorf 2018.

Papsdorf, Christian: Arbeit und Internet, in: Handbuch Arbeitssoziologie, hg. v. Fritz Böhle/G. Günther Voß/Günther Wachtler, Wiesbaden 2018, S. 401-434.

Parenti, Christian: Big Brother's Corporate Cousin. High-tech Workplace Surveillance in the Hallmark of a New Digital Taylorism, in: The Nation 8 (2001) 6, S. 26-30.

Pelleter, Jörg: Grundlagen der Telemedizin, in: Telemedizin. Wege zum Erfolg. Management und Innovation im Gesundheitswesen, hg. v. Carsten Schultz/Thomas M. Helms, Stuttgart 2013, S. 36-61.

Peters, Jan/Ulrich Pinsdorf/Volker Roth: Sicherheitsaspekte mobiler Agenten, in: Sicherheit und Rechtsverbindlichkeit mobiler Agenten, hg. v. Rotraud Gitter et al., Wiesbaden 2007, S. 21-39.

Petrocik, John R.: Issue Ownership in Presidential Election, with a 1980 Case Study, in: American Journal of Political Science 40 (1996) 3, S. 825-850.
Pfau-Effinger, Birgit/Ralf Och/Melanie Eichler: Ökonomisierung, Pflegepolitik und Strukturen der Pflege älterer Menschen, in: Sozialpolitik, hg. v. Adalbert Evers/Rolf G. Heinze, Wiesbaden 2008, S. 83-98.
Pfeiffer, Sabine: Industrie 4.0 und die Digitalisierung der Produktion – Hype oder Megatrend?, in: APuZ 31-32 (2015), S. 6-12.
Pieper, Fritz-Ulli: Die Vernetzung autonomer Systeme im Kontext von Vertrag und Haftung, in: InTeR (2016) 4, S. 188-194.
Piller, Frank: Von Open Source zu Open Innovation, in: Harvard Business Manager 25 (2003) 12, S. 114-115.
Plötz, Patrick et al.: Elektromobilität in gewerblichen Flotten, Karlsruhe 2014.
Plumpe, Werner: Industrieland Deutschland 1945 bis 2008, in: Einsichten und Perspektiven (2008) 3, S. 160-185.
Pohl, Hans Joachim: Kritik der Drei-Sektoren-Theorie, in: Mitteilungen aus der Arbeitsmarkt- und Berufsforschung 3 (1970) 4, S. 313-325.
Pollock, Neil/Robin Williams: The Biography of Artefacts Framework, in: Software and Organisations. The biography of the enterprise-wide system or how SAP conquered the world, hg. v. dies., London/New York 2009, S. 80-127.
Poscher, Ralf: »Die Würde des Menschen ist unantastbar«, in: JZ 59 (2004) 15/16, S. 756-762.
Prassl, Jeremias/Martin Risak: Uber, TaskRabbit, and Co. Platforms as Employers? Rethinking the Legal Analysis of Crowdwork, in: Comparative Labor Law and Policy Journal 37 (2016) 3, S. 619-651.
Proff, Heike et al.: Management des Übergangs in die Elektromobilität. Radikales Umdenken bei tiefgreifenden technologischen Veränderungen, Wiesbaden 2014.
Pütz, Sebastian et al.: 3D Navigation Mesh Generation for Path Planning in Uneven Terrain, in: IFAC-Papers OnLine 49 (2016) 15, S. 212-217.
Putnam, Robert D.: Making Democracy Work. Civic Traditions in Modern Italy, Princeton 1993.
Rammert, Werner: Technik aus soziologischer Perspektive, Opladen 1993.
Rammert, Werner: Technik – Handeln – Wissen. Zu einer pragmatischen Technik- und Sozialtheorie, Wiesbaden 2007.
Rammert, Werner: Technik in Aktion. Verteiltes Handeln in soziotechnischen Konstellationen, in: Autonome Maschinen, hg. v. Thomas Christaller/Joseph Vollmer, Opladen 2003, S. 289-315.
Rammert, Werner: Technographie trifft Theorie. Forschungsperspektiven einer Soziologie der Technik, in: Theoretische Empirie. Zur Relevanz qualitativer Forschung, hg. v. Herbert Kalthoff/Stefan Hirschauer/Gesa Lindemann, Frankfurt a. M. 2008, S. 341-367.
Rammler, Stephan: Nachhaltige Mobilität. Gestaltungsszenarien und Zukunftsbilder, in: Handbuch Verkehrspolitik, hg. v. Oliver Schwedes/Weert Canzler/Andreas Knie, Wiesbaden 2016, S. 899-917.
Raschke, Joachim/Ralf Tils: Politische Strategie. Eine Grundlegung, Wiesbaden 2013.
Rayner, Jeremy/Michael Howlett: Introduction. Understanding integrated policy strategies and their evolution, in: Policy and Society 28 (2009) 2, S. 99-109.
Redeker, Helmut: Softwareherstellung und § 651 BGB. Die typischen Vertragsgestaltungen verlangen differenzierte Ergebnisse, in: CR (2004) 1, S. 88-91.
Rehfeld, Dieter: Clusterpolitik im Rahmen des strukturpolitischen Mehrebenensystems. Pfadabhängigkeiten, Rahmenbedingungen und Herausforderungen für die kommunale Wirtschaftsförderung, in: Zukunft der Wirtschaftsförderung, hg. v. Rasmus C. Beck/Rolf G. Heinze/Josef Schmid, Baden-Baden 2014, S. 591-612.
Reinemann, Carsten: Populismus, Kommunikation, Medien. Ein Überblick über die Forschung zu populistischer politischer Kommunikation, in: ZfP 64 (2017) 2, S. 167-190.
Richardson, Jeremy: Policy Styles in Western Europe, London 1982.
Rid, Thomas: Mythos Cyberwar, Hamburg 2018.

Ring, Peter S./Andrew H. van de Ven: Structuring cooperative relationships between organizations, in: Strategic Management Journal 13 (1992) 7, S. 483-498.
Risak, Martin/Thomas Dullinger: The Concept of 'Worker' in EU Law. Status Quo and Potential for Change, Brüssel 2019.
Rogers, Brishen: The Social Costs of Uber, in: University of Chicago Law Review Dialogue (2015) 1, S. 84-102.
Roth, Dieter: Empirische Wahlforschung. Ursprünge, Theorien, Instrumente und Methoden, Wiesbaden 2008.
Salb, Catarina et al.: Klimaschutz in Zahlen. Fakten, Trends und Impulse deutscher Klimapolitik, hg. v. Bundesministerium für Umwelt, Naturschutz und nukleare Sicherheit, Berlin 2018.
Salje, Peter: Literaturanmerkungen zu Wolfgang Kilian. Haftung für Mängel der Computer-Software, in: JZ 42 (1987) 7, S. 342-343.
Sauer, Dieter: Vermarktlichung und Vernetzung der Unternehmens- und Betriebsorganisation, in: Handbuch Arbeitssoziologie. Band 2, Akteure und Institutionen, hg. v. Fritz Böhle/G. Günter Voß/Günther Wachtler, Wiesbaden 2018, S. 177-206.
Schäfers, Bernhard: Sozialstruktur und sozialer Wandel in Deutschland, Stuttgart 2002.
Schärdel, Julian: »Ein Schelm, wer Böses dabei denkt«. Eine empirische Analyse der Onlineberichterstattung über die Alternative für Deutschland unter Einbezug von Leserkommentaren, in: Zeitschrift für vergleichende Politikwissenschaft 10 (2016) 2, S. 131-163.
Schallmo, Daniel R. A./Christopher A. Williams: Digital Transformation Now! Guiding the Successful Digitalization of Your Business Model, Wiesbaden 2018.
Schimank, Uwe: Rationalitätsfiktionen in der Entscheidungsgesellschaft, in: Zur Kritik der Wissensgesellschaft, hg. v. Dirk Tänzler/Hubert Knoblauch/Hans-Georg Soeffner, Konstanz 2006, S. 57-81.
Schimank, Uwe/Ute Volkmann: Ökonomisierung der Gesellschaft, in: Handbuch der Wirtschaftssoziologie, hg. v. Andrea Maurer, Wiesbaden 2008, S. 382-393.
Schlegel, Arndt: Normative Grenzen für internetbasierte Ermittlungsmethoden. Zugleich ein Beitrag zur Technikoffenheit strafprozessualer Befugnisnormen, Berlin 2019.
Schlüter, Bernd: Digitale Plattformen. Ein neues Handlungsfeld für die Daseinsverantwortung des Staates?, Bonn 2017.
Schmid, Josef/Horst Hedrich: Arbeitslosigkeit und Arbeitsmarktpolitik in den Bundesländern. Differenzierungen und Differenzen, in: Die Politik der Bundesländer. Staatstätigkeit im Vergleich, hg. v. Achim Hildebrandt/Frieder Wolf, Wiesbaden 2008, S. 193-214.
Schmid, Josef/Susanne Blancke: Arbeitsmarktpolitik der Bundesländer. Chancen und Restriktionen einer aktiven Arbeitsmarkt- und Strukturpolitik im Föderalismus, Berlin 2001.
Schmidt, Florian A.: Arbeitsmärkte in der Plattformökonomie. Zur Funktionsweise und den Herausforderungen von Crowdwork und Gigwork, Bonn 2016.
Schmidt, Florian A.: Digital Labour Markets in the Platform Economy. Mapping the Political Challenges of Crowd Work and Gig Work, Bonn 2017.
Schmidt, Jan: Das neue Netz. Merkmale, Praktiken und Folgen des Web 2.0, Konstanz 2009.
Schmidt, Jan: Persönliche Öffentlichkeiten und politische Kommunikation im Social Web, in: Wahl-Probleme der Demokratie, hg. v. Béatrice Ziegler/Nicole Wälti, Zürich 2012, S. 137-147.
Schneider, Jochen: Erstellung von Software – das Softwareprojekt, in: Handbuch des EDV-Rechts. IT-Vertragsrecht, Datenschutz, Rechtsschutz und E-Business, hg. v. ders., Köln 2017.
Schörpf, Philip et al.: Triangular love-hate. Management and control in creative crowdworking, in: New Technology, Work and Employment 32 (2017) 1, S. 43-58.
Scholl, Wolfgang et al.: Innovationserfolg durch aktive Mitbestimmung, Berlin 2013.
Scholl, Wolfgang: Vertrauenskultur und Innovationsfähigkeit, in: Innovationsfähigkeit durch Vertrauensgestaltung? Befunde und Instrumente zur nachhaltigen Organisations- und Netzwerkentwicklung, hg. v. Guido Becke et al., Frankfurt a. M. 2013, S. 23-42.
Schröder, Christian: Herausforderungen von Industrie 4.0 für den Mittelstand, Bonn 2016.

Schröder, Lothar/Hans-Jürgen Urban (Hg.): Gute Arbeit. Ausgabe 2016. Digitale Arbeitswelt – Trends und Anforderungen, Frankfurt a. M. 2015.

Schröder, Lothar/Michael Schwemmle: Gute Arbeit in der Crowd?, in: Gute Arbeit. Ausgabe 2014. Profile prekärer Arbeit – Arbeitspolitik von unten, hg. v. Lothar Schröder/Hans-Jürgen Urban, Frankfurt a. M. 2014, S. 112-122.

Schroeder, Wolfgang/Claudia Bogedan: Der Umbruch in Wirtschaft und Arbeitswelt und seine Herausforderungen, in: Gute Arbeit und soziale Gerechtigkeit im 21. Jahrhundert, hg. v. dies., Baden-Baden 2015, S. 7-22.

Schroeder, Wolfgang/Claudia Bogedan (Hg.): Gute Arbeit und soziale Gerechtigkeit im 21. Jahrhundert. Bausteine einer sozialen Arbeitsgesellschaft, Baden-Baden 2015.

Schroeder, Wolfgang et al.: Parlamentarische Praxis der AfD in deutschen Landesparlamenten, in: WZB Discussion Paper SP V (2017) 102.

Schubert, Claudia: Neue Beschäftigungsformen in der digitalen Wirtschaft. Rückzug des Arbeitsrechts?, in: RdA 71 (2018) 4, S. 200-206.

Schulz, Thomas: Verantwortlichkeit bei autonom agierenden Systemen, Baden-Baden 2015.

Schulze, David: Digitization and Regional Growth in China (Master Thesis), Berlin 2018.

Schwahn, Florian/Christoph-Martin Mai/Michael Braig: Arbeitsmarkt im Wandel – Wirtschaftsstrukturen, Erwerbsformen und Digitalisierung, in: WISTA (2018) 3, hg. v. Statistisches Bundesamt (Destatis), S. 24-39.

Schwanholz, Julia: Der Deutsche Bundestag als Akteur in der Netzpolitik, in: Netzpolitik. Ein einführender Überblick, hg. v. Andreas Busch/Yana Breindl/Tobias Jakobi, Wiesbaden 2019, S. 105-125.

Schwarz, Marcel/Dominik Kolz: Schlüsselfaktoren für die Entwicklung der Elektromobilität, in: Mobilität und digitale Transformation. Technische und betriebswirtschaftliche Aspekte, hg. v. Heike Proff/Thomas Martin Fojcik, Wiesbaden 2018, S. 421-434.

Schweinoch, Martin: Geänderte Vertragstypen in Software-Projekten. Auswirkungen des BGH Urteils vom 23.7.2009 auf die vertragstypologische Einordnung üblicher Leistungen, in: CR (2010) 3, S. 1-8.

Scott, James: Metadata. The Most Potent Weapon in This Cyberwar. The New Cyber-Kinetic Meta War, Washington, DC 2017.

Searchinger, Tim: Creating a sustainable Food Future. A Menu of Solutions to Feed Nearly 10 Billion People by 2050, Washington, DC 2018.

Selmi, Paulette M. et al.: An investigation of computer-assisted cognitive-behavior therapy in the treatment of depression, in: Behavior Research Methods & Instrumentation 14 (1982) 2, S. 181-185.

Sen, Ravi/Ruth C. King: Revisit the Debate on Intermediation, Disintermediation and Reintermediation due to E-commerce, in: Electronic Markets 13 (2003) 2, S. 153-162.

Senor, Dan/Saul Singer: Start-Up Nation. The Story of Israel's Economic Miracle, New York 2009.

Serfling, Oliver: Crowdworking Monitor NR. 1. für das Verbundprojekt »Crowdworking Monitor«, Kleve 2018.

Sester, Peter/Tanja Nitschke: Software-Agenten mit Lizenz zum …? Vertragsschluss und Verbraucherschutz beim Einsatz von Softwareagenten, in: CR (2004) 7, S. 548-554.

Seufert, Wolfgang/Robert Schlegel/Felix Sattelberger: Musikwirtschaft in Deutschland. Studie zur volkswirtschaftlichen Bedeutung von Musikunternehmen unter Berücksichtigung aller Teilsektoren und Ausstrahlungseffekte, Berlin 2015.

Seumer, Markus: Vom Reinigungsgewerbe zum Gebäudereiniger-Handwerk, Stuttgart 1998.

Shifman, Limor: Meme. Kunst, Kultur und Politik im digitalen Zeitalter, Frankfurt a. M. 2014.

Slotala, Lukas: Ökonomisierung der ambulanten Pflege. Eine Analyse der wirtschaftlichen Bedingungen und deren Folgen für die Versorgungspraxis ambulanter Dienste, Wiesbaden 2011.

Smith, Brent/Greg Linden: Two Decades of Recommender Systems at Amazon.com, in: IEEE Internet Computing 21 (2017) 3, S. 12-18.

Sørensen, Eva: Metagovernance, in: The American Review of Public Administration 36 (2006) 1, S. 98-114.

Sorge, Christoph: Softwareagenten, Vertragsschluss, Vertragsstrafe, Reuegeld, Karlsruhe 2006.

Spindler, Gerald: Das Jahr-2000-Problem in der Produkthaftung. Pflichten des Herstellers und der Softwarenutzer, in: NJW 52 (1999) 51, S. 3737-3745.
Sprague, Lee: Testverfahren für Software, in: IuR (1986) 4, S. 248-253.
Sprenger, Florian/Christoph Engemann (Hg.): Internet der Dinge. Über smarte Objekte, intelligente Umgebungen und die technische Durchdringung der Welt, Bielefeld 2015.
Srnicek, Nick: Platform Capitalism, Cambridge 2016.
Staab, Philipp/Oliver Nachtwey: Die Digitalisierung der Dienstleistungsarbeit, in: APuZ 66 (2016) 18/19, S. 24-31.
Stalder, Felix: Kultur der Digitalität. Frankfurt a. M. 2016.
Star, Susan: Ecologies of Knowledge. Work and Politics in Science and Technology, Albany, NY 1995.
Staroske, Uwe: Die Drei-Sektoren-Hypothese. Darstellung und kritische Würdigung aus heutiger Sicht, Regensburg 1995.
Steinmueller, W. Edward: ICTs and the possibilities for leapfrogging by developing countries, in: International Labour Review 140 (2001) 2, S. 193-210.
Stengel, Oliver/Alexander van Looy/Stephan Wallaschkowski (Hg.): Digitalzeitalter – Digitalgesellschaft. Das Ende des Industriezeitalters und der Beginn einer neuen Epoche, Wiesbaden 2017
Stewart, Thomas A.: Intellectual capital. The new wealth of organizations, New York 1997.
Stiemerling, Oliver: »Künstliche Intelligenz« – Automatisierung geistiger Arbeit, Big Data und das Internet der Dinge. Eine technische Perspektive, in: CR (2015) 12, S. 762-765.
Stone, Brad: The Everything Store. Jeff Bezos and the Age of Amazon, New York 2013.
Strathmann, Timo: Elektromobilität als disruptive Innovation. Herausforderungen und Implikationen für etablierte Automobilhersteller, Wiesbaden 2019.
Strauss, Anselm L.: A Social Worlds Perspective, in: Studies in Symbolic Interaction, hg. v. Norman K. Denzin, Greenwich 1978, S. 119-128.
Strauss, Anselm L./Juliet M. Corbin: Grounded Theory. Grundlagen qualitativer Sozialforschung, Weinheim 1996.
Strøm, Kaare: A Behavioral Theory of Competitive Political Parties, in: American Journal of Political Science 34 (1990) 2, S. 565-598.
Strübing, Jörg: Situationsanalyse. Eine pragmatische Erweiterung der Grounded Theory unter dem Eindruck der Postmoderne, in: Handbuch Interpretativ forschen, hg. v. Leila Akremi/Nina Baur/Hubert Knoblauch, Weinheim 2018, S. 681-706.
Südekum, Jens: Digitalisierung und die Zukunft der Arbeit. Was ist am Arbeitsmarkt passiert und wie soll die Wirtschaftspolitik reagieren?, in: IZA Standpunkte (2018) 90, S. 1-31.
Sundararajan, Arun: The Sharing Economy. The End of Employment and the Rise of Crowd-Based Capitalism, Cambridge/London 2017.
Sydow, Jörg: Strategische Netzwerke. Evolution und Organisation, Wiesbaden 2005.
Tacke, Veronika: Rationalitätsverlust im Organisationswandel, Frankfurt a. M./New York 1997.
Taeger, Jürgen: Außervertragliche Haftung für fehlende Computerprogramme, Tübingen 1995.
Takeda, Arata: Wir sind wie Baumstämme im Schnee. Ein Plädoyer für transkulturelle Erziehung, Münster 2012.
Teghtsoonian, Katherine: Depression and mental health in neoliberal times. A critical analysis of policy and discourse, in: Social Science & Medicine 69 (2009) 1, S. 28-35.
Theurer, Michael: Erfolg hat, wer Internet kann!, in: Digitale Politikvermittlung. Chancen und Risiken interaktiver Medien, hg. v. Mike Friedrichsen/Ronald A. Koch, Wiesbaden 2015, S. 379-411.
Thiel, Peter/Blake Masters: Zero to One. Notes on Startups, or How to Build the Future, New York 2014.
Thiel, Rainer et al.: #SmartHealthSystems. Digitalisierungsstrategien im internationalen Vergleich, Gütersloh 2018.
Thomas, Alexander et al.: Handbuch Interkulturelle Kommunikation und Kooperation, Band 1 und 2, Göttingen 2009.
Thompson, James D.: Organizations in Action. Social Science Bases of Administrative Theory, New York 1967.

Tils, Ralf: Politische Strategieanalyse. Konzeptionelle Grundlagen und Anwendung in der Umwelt- und Nachhaltigkeitspolitik, Wiesbaden 2005.

Töteberg, Michael: Fritz Lang, Reinbek b. Hamburg 1985.

Trantow, Sven/Frank Hees/Sabina Jeschke: Innovative Capability – an Introduction to this Volume, in: Enabling Innovation. Innovative Capability – German and International Views, hg. v. Sabina Jeschke et al., Berlin 2011, S. 191-203.

Turkle, Sherry: The Second Self. Computers and the Human Spirit, New York 1984.

van Slooten, Jaap M./Jorinde Holscher: De werkerscoöperatie, in: Ondernemingsrecht (2019) 1, S. 34-40.

Vogel, David: National Styles of Regulation. Environmental Policy in Great Britain and the United States, Ithaca, NY 1986.

Vosko, Leah F.: Managing the Margins. Gender, Citizenship, and the International Regulation of Precarious Employment, Oxford 2009.

Voßhoff, Andrea/Bertram Raum/Walter Ernestus: Telematik im Gesundheitswesen. Wo bleibt der Schutz der Gesundheitsdaten?, in: Bundesgesundheitsblatt – Gesundheitsforschung – Gesundheitsschutz 58 (2015) 10, S. 1094-1100.

Waas, Bernd et al.: Crowdwork. A Comparative Law Perspective, Frankfurt a. M. 2017.

Watson, Philippa/Evelyn Ellis: EU Anti-Discrimination Law, Oxford 2012.

Weber, Max: Wirtschaft und Gesellschaft. Grundriss der verstehenden Soziologie, hg. v. Johannes Winckelmann, Tübingen 1972.

Weber, Philipp: Dilemmasituationen beim autonomen Fahren, in: NZV 29 (2016) 6, S. 249-254.

Weisband, Marina: Wir nennen es Politik. Ideen für eine zeitgemäße Demokratie, Stuttgart 2013.

Weizenbaum, Joseph: Die Macht der Computer und die Ohnmacht der Vernunft, Frankfurt a. M. 1978.

Weizenbaum, Joseph: ELIZA – A Computer Program For the Study of Natural Language Communication Between Man And Machine, in: Communications of the ACM 9 (1966) 1, S. 36-45.

Welsch, Johann: Innovationspolitik. Eine problemorientierte Einführung, Wiesbaden 2005.

Wiebe, Andreas: Die elektronische Willenserklärung, Kommunikationstheoretische und rechtsdogmatische Grundlagen des elektronischen Geschäftsverkehrs, Tübingen 2002.

Wietschel, Martin/Matthias Kühnbach/David Rüdiger: Die aktuelle Treibhausgasemissionsbilanz von Elektrofahrzeugen in Deutschland, Working Paper Sustainability and Innovation (2019) 2.

Wisskirchen, Gerlind/Jan Schwindling: Variable Vergütungsstrukturen für digitale Arbeitnehmer – Zielvereinbarungen und Zielvorgaben für alle?, in: ArbRAktuell 9 (2017) 7, S. 155-157.

Witzel, Michaela: Abnahme, Projektbeendigung und Schadensersatz. Gestaltungsmöglichkeiten für die »worst-case«-Scenarien in IT-Projekten, in: CR (2017) 4, S. 213-219.

Wolfram, Gernot: Polyphoner Widerstand, in: Widerstand in Organisationen. Organisationen im Widerstand. Virtuelle Plattformen, Edupunks und der nachfolgende Staat, hg. v. Ayad Al-Ani, Wiesbaden 2017, S. 251-258.

Wolfram, Gernot/Patrick Föhl: Transkultur. Eine kurze Einführung, München/Berlin 2018.

Woolcock, Michael: The Place of Social Capital in Understanding Social and Economic Outcomes, in: Canadian Journal of Policy Research 2 (2001) 2, S. 11-17.

Wussow, Philipp von: »Cyberkrieg«. Geschichte und Gegenwart eines umkämpften Begriffs, in: Ethik und Militär 6 (2019) 1, S. 11-17.

Zillner, Sonja/Bernhard Krusche: Systemisches Innovationsmanagement. Grundlagen – Strategien – Instrumente, Stuttgart 2012.

Zolleis, Uwe/Simon Prokopf/Fabian Strauch: Die Piratenpartei. Hype oder Herausforderung für die deutsche Parteienlandschaft, München 2010.

Zuther, Ingo Arnd: Die Auswirkung der Rationalisierung im Rechtsverkehr auf die Abgabe und Anfechtung von Willenserklärungen, Hamburg 1968.

Zweig, Katharina Anna: Wo Maschinen irren können. Verantwortlichkeiten und Fehlerquellen in Prozessen algorithmischer Entscheidungsfindung, Gütersloh 2018.